2018上海工会年鉴

《上海工会年鉴》编纂委员会

上海社会科学院出版社

《上海工会年鉴(2018)》编纂委员会

《上海工会年鉴》编辑部

上海市劳动模范和先进工作者代表共同庆祝2017年五一国际劳动节

11月8日，中共上海市委书记李强在浦东新区科创企业调研（陈正宝摄）

3月1日，中共上海市委副书记、市长应勇在上海能源装备有限公司调研（张春海摄）

11月7日，上海市人大常委会主任殷一璀在上海神开石油化工装备股份有限公司调研（殷淑荣摄）

9月7日，上海市政协主席吴志明在中国商飞总装制造中心考察（沈 砚摄）

全国工会推广上海顾村经验
观摩交流会
张茂华
李玉赋
尹弘

贯彻十九大精神推进国有企业工会改革工作会议

闵行区颛桥镇非公企业工会改革
试点工作推进会
⑥

金山区试点镇非公

①5月26日，全国工会推广上海顾村经验观摩交流会在宝山区召开（吴良荣摄）

②11月8日，上海市总工会贯彻十九大精神推进国有企业工会改革工作会议召开（金卫星摄）

③4月11日，市总工会党组书记、主席莫负春一行调研奉贤区工会工作（薛思涵摄）

④3月30日，徐汇区天平街道非公企业工会改革试点工作推进会召开（徐艳杰摄）

⑤5月23日，杨浦区非公有制企业工会改革推进会召开（张东寅摄）

⑥4月5日，闵行区颛桥镇非公企业工会改革试点工作推进会召开(李乘风摄）

⑦6月30日，金山区试点镇非公有制企业工会改革工作推进会召开（雷　霆摄）

⑧12月5日，嘉定区非公企业工会改革现场推进会召开（汤利强摄）

①5月27日，中华全国总工会党组书记、副主席、书记处第一书记李玉赋调研徐汇滨江建设者之家（徐艳杰摄）
②3月15日，市总工会十三届九次全委（扩大）会议上，洪浩祝贺莫负春当选新一任市总工会主席（严信军供稿）
③11月9日，中华全国总工会党组副书记、副主席邓凯一行参观调研中国劳动组合书记部旧址（裘梅芳供稿）
④7月18日，市总工会召开十三届十次全委（扩大）会议（严信军供稿）
⑤3月1日，市总工会经审会召开十三届十次全体会议，经审会主任桂晓燕在会上讲话（周　杰摄）
⑥6月14日，上海工会经审工作改革推进会召开（应启跃摄）

市总工会十三届九次全委(扩大)会议

上海工会经审工作改革推进会

①9月22日，市总工会党
书记、主席莫负春为
东机场工会联合会职
综合服务站揭牌
（赵立荣摄

②9月3日，市总工会巡视
何惠娟为普陀区家政
务行业工会联合会揭
（许王丽摄

③4月1日，上海工会基
（职工）服务站建设
场推进会召开
（吴良荣摄

④1月16日，中国（上海）
由贸易试验区保税区
工会成立（赵立荣摄

⑤6月14日，中国福利会
会工作委员会成立
（黄　巍摄

⑥3月28日，崇明区工会
一次代表大会召开
（秦春华摄

上海工会基层（职工）服务站建设
现场推进会
③

中国（上海）自由贸易试验区
保税区工会第一次代表大会
④

上海市崇明区工会第一次代表大会
工作报告
工人阶级主力军作用
有效发挥
⑥

2017年上海市庆祝“五一”国际劳动节特别节目

五一国际劳动节暨
表彰大会
迈向美好未来

2017年上海工匠命
暨创新创业零距离工匠论坛

①4月29日，上海市庆祝五一国际劳动节特别节目举行（何文庆供稿）

②4月26日，长宁区召开庆祝五一国际劳动节大会（杨柳青摄）

③9月19日，2017年上海工匠命名暨创新创业零距离工匠论坛举行（刘峙钒摄）

④1月5日，上海市劳动模范协会第六届会员代表大会召开（吴良荣摄）

⑤4月30日，浦东新区召开庆祝五一国际劳动节大会（赵立荣摄）

①11月17日，市总工会副主席李斌在上海劳模代表宣讲团成立仪式上讲话（宋昶供稿）

②4月27日，静安区举办五一国际劳动节庆祝活动（裘梅芳供稿）

③5月18日，嘉定区2017年全国（市）工人先锋号、上海市五一劳动奖状、奖章获得者合影（徐　浩摄）

④4月26日，青浦区庆"五一"劳模代表座谈会暨劳模创新工作室授牌仪式举行（朱建强摄）

⑤4月25日，奉贤区召开庆祝五一国际劳动节暨表彰大会（薛思涵摄）

⑥4月25日，崇明区总工会庆祝五一国际劳动节表彰崇明工匠（秦春华摄）

劳动最光荣 我们在行动
2017年城投集团五一先进表彰
①

創造·傳承·匠心

劳动论坛
世界500强企业
LABOUR FORUM
工匠精神·员工智造
②

工人先锋号

①4月27日，城投集团举行五一先进表彰会（刘秀国 摄）

②1月6日，劳动报社举办第六届世界五百强企业劳动论坛（孔孝元供稿）

③5月18日，“创造·传承·匠心”——上海工匠、黄浦工匠风采展开幕（林均虎摄）

④4月27日，市级机关召开庆祝五一国际劳动节暨表彰先进大会（王　颖摄）

⑤4月27日，上海铁路局庆祝五一国际劳动节暨首届“上铁工匠”颁奖仪式举行（李　忱摄）

⑥12月5日，上海城市建设“智慧工匠”“领军先锋”评选颁奖活动举行（黄　俭供稿）

⑦4月27日，“非凡匠心 筑梦地铁”——地铁工匠表彰暨卓越班组建设展示会举行（吴侃俊摄）

①5月22日，上海职工科技节开幕式上，市总工会党组书记、主席莫负春颁发上海市科技进步奖（金卫星摄）

②12月11日，市职工技协"职工优秀创新成果交流转化平台"上线（刘峙钒摄）

③11月1日，崇明区职工创新成果表彰会暨职工创新创业论坛举行（秦春华摄）

④6月7日，上港集团召开集装箱专项立功竞赛动员大会（丁训俊摄）

⑤中远海运重工参加金砖国家国际焊接大赛获殊荣（魏敬民供稿）

⑥8月27日，上汽职业技能竞赛现场（金　易摄）

⑦11月21日，华东电网交流特高压技术技能竞赛决赛举行（徐　彬摄）

⑧4月29日，上海宝冶开展"一带一路"马来西亚联合钢铁项目立功竞赛（龚瑞斌摄）

③

⑥

SIPG
上港集团
上港集团
党工团突击队
④

2017年华东电网交流特高压技术技能竞赛(决赛)
0198
芜湖站
0223
东吴站
0286
榕城站
0242
⑦

⑤

干90天立功竞赛
MCC
企业精神
超越自我
MCC
⑧

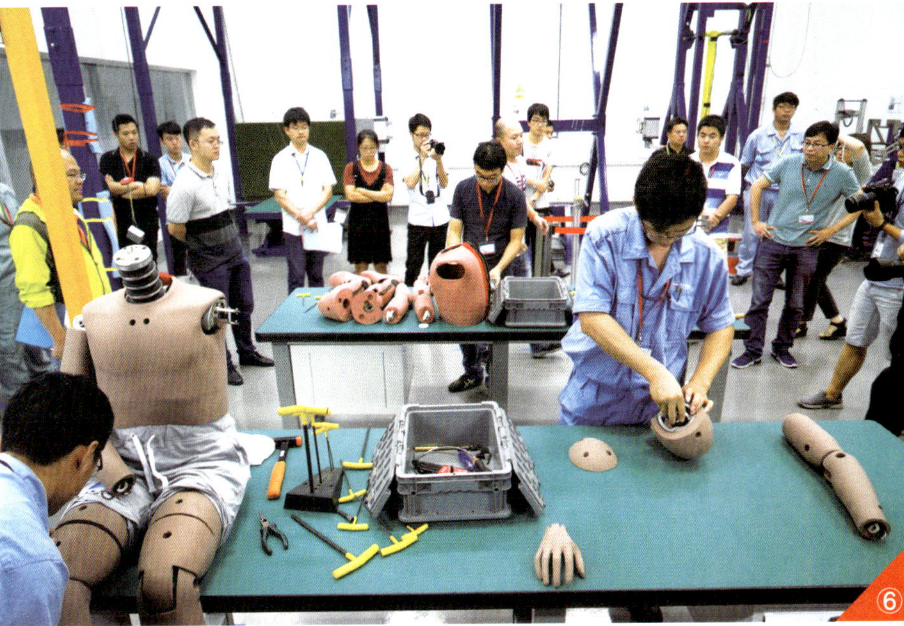

①6月29日，国核工程有限公司工会开展现场立功竞赛活动（钱　蓉摄）
②6月22日，中国商飞召开ARJ21劳动竞赛动员大会（严天宇摄）
③11月10日，隧道股份公司召开基建工程立功竞赛动员大会（顾歆臻摄）
④5月19日，上海文化广播影视集团举行劳动竞赛启动仪式（秦伊龄供稿）

①9月20日，上海市厂务公开工作领导小组（扩大）会议召开（吴良荣摄）
②5月3日，徐汇区天平街道餐饮行业职代会召开（吴良荣摄）
③7月29日，高桥石化公司召开2017年第二次职工代表大会（陈鸣启摄）
④10月26日，中国电信上海公司举行2017年员工沟通会（殷　茵摄）
⑤10月17日，中交上航局召开2017年企务公开民主管理工作会议（于美庆摄）

①

上海工会劳动
争议调解工作室
②

治宣传咨询活动

共同加强本市劳动关系矛盾预防化解工作会
上海市总工会　上海市高级人民法院　上海市人力资源和社会保障局　上海市司法局
③

①12月21日，上海工会维权律师陆敬波当选全国维护职工权益杰出律师（汪姣钰供稿）

②12月8日，上海工会劳动争议调解工作室成立（严信军供稿）

③4月24日，共同加强本市劳动关系矛盾预防化解工作会议召开（秦利佳供稿）

④6月12日，全总督查组调研督查本市深化集体协商落实情况（金邓凯供稿）

⑤3月7日，市总工会在复兴公园开展三八国际妇女节法治宣传咨询活动(吴良荣摄）

⑥12月4日，市总工会在闸北公园开展宪法宣传日活动（蒋慧勤供稿）

⑦7月12日，市总工会副主席朱雪芹接待农民工法律咨询（赵田野摄）

⑧12月5日，市总工会举办劳动关系工作指导员专题培训班（金邓凯供稿）

①1月5日，市人大常委会副主任、市总工会主席洪浩探望全国劳模马桂宁（孔孝元供稿）

②7月26日，市总工会党组书记、主席莫负春在鲁中矿业慰问一线职工（李宗峰摄）

③1月16日，市总工会副主席姜海涛在松江区生产企业进行安全检查（吴良荣摄）

④6月29日，市总工会副主席、经审会主任桂晓燕在市职工援助中心参加该中心成立5周年座谈会活动（吴良荣摄）

⑤12月4日，市总工会召开服务职工实事项目机制建设推进会（蔡瑾供稿）

②

③

④

⑤

①3月6日，上海工会举办纪念三八国际劳动妇女节107周年暨"爱心妈咪小屋"创建升级推进会（孔孝元供稿）

②8月11日，市总工会首家户外职工驿站在静安区揭牌（裘梅芳摄）

③7月14日，中建八局开展"幸福初夏"关爱农民工实事项目活动（王广滨摄）

④11月6日，上海市第九届公益万人相亲会上海工会专区（孔孝元供稿）

⑤11月15日，上海工会举办大学生择业洽谈会（赵田野摄）

⑥10月28日，第三十个敬老日大型为老服务活动在复兴公园举行（黎　颖摄）

⑦10月22日，市工人疗养院医务志愿者队赴崇明联益村为村民体检（王　珏摄）

⑧上海环卫一线职工赴沙家浜疗休养（卫　敏供）

同行 关爱农民工
夏 启动仪式
③

⑥

会
领交友专区
本届公益万人相亲会上,上海市总工会女职工委员会“七色花关爱行
”的近二十家团体会员单位组织了上千名适龄单身青年报名参会，
玫瑰丝带”搭建的白领交友平台，关爱适龄白领女性的幸福生活，
上海市总工会“七色花”女工工作品牌项目再放异彩。
总工会女职工委员会
道工程股份有限公司工会女职工委员会
通地铁集团有限公司工会女职工委员会
医药工会女职工委员会
④

总质量12800Kg
⑦

⑤

热烈欢迎上海环卫一线职工莅临沙家浜休养
⑧

①10月22日，十九大会议期间莫负春与李斌等来自一线产业工人的党代表交谈（张　驰摄）

②6月19日，“不忘初心、继续前进——迎接建党100周年革命圣地系列展”启动仪式在市工人文化宫举行（王超颖摄）

③6月22日，市总工会党组中心组召开“不忘初心 始终和职工在一起”主题学习会（孔孝元供稿）

④7月7日，上海工会管理职业学院与中国劳动组合书记部旧址陈列馆共建“上海工会干部教育培训基地”签约揭牌仪式举行（刘一民摄）

②

⑤11月1日，市总工会召开宣传学习十九大精神劳模代表座谈会（吴良荣摄）
⑥11月24日，“创新　超越　奉献——劳模（工匠）精神进校园”活动在上海交通大学举办（何文庆供稿）
⑦4月20日，第十九届上海读书节开幕（王超颖摄）
⑧4月26日，上海市五一新闻奖颁奖仪式举行（吴良荣摄）

⑤

⑦

⑥

⑧

①7月20日，市总工会巡视员杜仁伟出席首届上海市职工微电影节开幕式（孔孝元供稿）
②9月25日，市总工会副主席李友钟出席上海市班组（团队）文化网络大奖赛开幕式（吴良荣摄）
③8月17日，普陀区举办“普工英”职工文艺展演活动（许王丽摄）
④5月25日，市烟草工会举办五月歌会（马日盛摄）
⑤11月25日，中国电信上海公司第五届员工文化艺术节闭幕（殷　茵摄）
⑥4月25日，黄浦区举办职工庆“五一”文艺汇演（陆中斌供稿）

"赞劳模 颂工匠"
2017年"普工英"职工文艺展演
(国资专场)
③

④

中国电信上海公司
开启新征程
第五届员工文化艺术节闭幕式
⑤

中国梦 劳动美
2017黄浦区职工"庆五一"文艺汇演
主办单位：黄浦区总工会
承办单位：黄浦区工人文化宫 黄浦区工人俱乐部
2017.4.25
⑥

上海建工集团2017年送文化到工地
暨“公益乐学”项目启动仪式
①

LINGANG GROUP

喜迎十九大 颂歌献给党
上海市民政局职工歌咏大会
②

上海城投
smi
凝心聚魂 共筑城投梦
上海城投集团第六届职工艺术节
③

①7月28日，上海建工集团举行送文化到工地项目启动仪式（缪云明摄）
②10月2日，市民政局举行喜迎十九大职工歌会（阙文伟摄）
③12月6日，城投集团举办第六届职工艺术节（何　韵摄）
④1月10日，临港集团举行员工大会暨艺术节闭幕式（梁杰文摄）
⑤5月14日，五冶上海有限公司开展城市挑战赛（费　虎摄）
⑥11月10日，上海邮政举办第八届员工运动会电子竞赛（陆　斌摄）
⑦9月30日，华谊集团举办职工健身运动会（张雪莲供稿）
⑧5月13日，上海市第八届教工运动会在上海交大开幕（沈　瑶摄）

①4月20日，市总工会主席莫负春会见日本横滨市劳联第16次访华代表团（孙孝元供稿）

②9月11日，市教育工会与洛杉矶县劳工联合会代表团会谈交流（吴　波摄）

③11月15日，市总工会副主席姜海涛率上海市总工会代表团访问韩国（陈梗宝供稿）

④10月18日，市总工会巡视员何惠娟率上海工会代表团访问俄罗斯圣彼得堡和列宁格勒州工会联合会（管一珉摄）

⑤3月22日，上港集团工会接待韩国釜山港运工会来访（顾　泰摄）

⑥11月14日，市总工会副主席桂晓燕会见巴西工人总联盟第五次访华代表团（杨幼平摄）

⑦8月8日，市总工会秘书长宋钟蓓率上海工会代表团访问胡志明市劳联并会见阮文凯主席（管一珉摄）

⑧10月11日，上海建工集团股份有限公司工会与意大利米兰总工会代表团会谈交流（张国峰供稿）

②

한국노동조합총연맹
FEDERATION OF KOREAN TRADE UNIONS
①

④

热烈欢迎
韩国釜山港运
工会访华团
⑤

CHÀO MỪNG
欢迎
I THƯỢNG HẢI
工会
ĐỘNG TP. HỒ CHÍ MINH
08 năm 2017
⑦

让鲜艳的党旗在北横工地高高飘扬
建好北横 便民利民
上海建工北横通道工程建设指挥部
CGIL
FUNZIONE PUBBLICA MILANO
CGIL
FILLEA CGIL
Zhang Lixin
⑧

①4月18日，市总工会党组中心组调研徐汇区行政服务中心（孔孝元供稿）

②6月1日，市总工会申工社、劳动报、市医务工会等微信公众平台入选全国最具影响力工会百家新媒体（马艳芳供稿）

③10月17日，上海纺织工会微信公众号上线（周　斐摄）

④9月11日，上海工会网上平台建设会议召开（吴良荣摄）

编辑说明

1.《上海工会年鉴》是系统记述上年度本市工会工作成果的资料性工具书。本年鉴编纂工作由上海市总工会主办，各区局(产业)工会及市总工会机关部室、直管单位供稿，年鉴编辑部负责编纂，至今连续出版了23卷。

2.本年鉴框架体例采用分类编排方法，设置栏目—分目—条目三级架构。共设22个栏目，127个分目，1287个条目，选辑照片320余幅，图表40份，基层工会宣传彩页81家，年鉴总字数为104万字。

3.本年鉴卷首设宣传彩页，用以概要记录上海工会重要信息。正文起首部分设“特载”“专文”“专记”等栏目，“特载”用以特辑党和国家领导以及全国总工会、上海市委领导的重要文章（讲话）；“专文”选辑上海市总工会领导对上海工会工作所作的总结性、综合性、指导性的署名文章(讲话)；“专记”则着重记录上年度上海工会各项特色性、开创性工作。

4.各记事栏目之首设“综述”，区局(产业)工会及市总工会直管单位栏目设“概况”，用以综合记述本地区(系统)、本部门(单位)的总体情况，便于考察比较各年度工作连续性及对比资料的完整性、系统性。除此之外，各记事分目之首设“概要”，记录专项工作取得的新进展并介绍各级工会的经验做法。

5.本年鉴所辑录的市总工会机关部室、区局(产业)工会、直管单位提供的文章、照片、图表等资料，其记录时间均为2017年1月1日至12月31日；其编排按机关部室、区局(产业)工会、直管单位的顺序排列，年鉴卷尾设“索引”以便查询。

6.“统计”栏目中所辑录的相关统计数据均由市总工会统计部门提供，在其他栏目中出现的数据，则由相关撰稿单位的作者提供。

7.本年鉴的目录索引采用主题词分析索引法，按条目主题词首字汉语拼音字母顺序排列。

8.本年鉴的正文内容制作成CD—R电子光盘，附于年鉴的封三随书赠送，便于读者使用检索。

2018

上海工会年鉴

目录

特　　载

专　　文

专　　记

大　事　记

概　　况

基层组织建设

经济建设

劳模先进

劳动关系

民主管理

经济权益

宣传教育

自身建设

理论研究

信息 信访 网络

财务经审与工会企事业

友好交往

区局(产业)工会

直管单位

人 物

表 彰

统 计

索 引

上海市人民政府
关于本市企业基本养老金计发办法的通知

沪府发〔2017〕70号

各区人民政府,市政府各委、办、局:

根据国家关于计发企业职工基本养老金的规定,结合实际,现就本市企业2017年1月1日以后申领养老金人员的基本养老金计发办法作如下通知:

一、参加本市企业职工基本养老保险的人员,达到法定退休年龄时累计缴费满15年,按照规定办理申领基本养老金手续后,按月发给基本养老金。

二、基本养老金由基础养老金和个人账户养老金组成。

(一)基础养老金按照本人办理申领基本养老金手续时上年度全市职工月平均工资和本人指数化月平均缴费工资的平均值为基数,缴费每满1年发给1%(详见附件1)。

指数化月平均缴费工资按照本人办理申领基本养老金手续时上年度全市职工月平均工资乘以本人月平均缴费工资指数确定。其中,视同缴费年限(不含折算工龄,下同)的缴费工资指数统一按照1.0计算;1993年至2010年的缴费工资指数低于1.0的,按照1.0计算;2011年至2013年的缴费工资指数分别按照不低于1.0、0.85、0.75计算。

(二)个人账户养老金按照本人办理申领基本养老金手续时个人账户储存额除以国家规定的计发月数(详见附件2)确定。

三、1992年底以前参加工作的参保人员,根据"合理衔接、平稳过渡"的原则,在发给基础养老金和个人账户养老金的基础上,再发给过渡性养老金。

过渡性养老金先按照本人1992年底以前视同缴费年限每满1年发给办理申领基本养老金手续时上年度全市职工月平均工资的1.2%,再按照本人办理基本养老金申领手续时1993年到1997年5年内个人账户储存额对应的"虚账实记"总额除以120,两者相加计发。

四、为确保本通知实施前后基本养老金水平的有序衔接,凡按照本通知规定计发的基础养老金、根据本人1992年底以前视同缴费年限计发的过渡性养老金,高于原办法计发标准的部分,分别按照一定比例计发。具体比例,由市人力资源和社会保障局另行制定。

五、2015年、2016年办理申领基本养老金手续的参保人员,可参照本通知规定计发过渡性养老金。

六、本通知自2017年1月1日起实施,有效期至2021年12月31日。本市已有规定与本通知不一致的,按照本通知执行。

附件:

1. 基础养老金计算公式

2. 个人账户养老金计发月数表

上海市人民政府

2017年9月25日

2018

上海工会年鉴

特载

弘扬劳模精神、劳动精神、工匠精神以优异成绩迎接党的十九大胜利召开

——在2017年庆祝“五一”国际劳动节暨全国五一劳动奖和全国工人先锋号表彰大会上的讲话

（2017年4月27日）

李建国

同志们：

今天，我们隆重集会，热烈庆祝全世界工人阶级和劳动群众的节日——“五一”国际劳动节！我受党中央委托，并代表中华全国总工会，向全国各族工人、农民、知识分子和其他各阶层劳动群众，向中国人民解放军指战员、武警部队官兵和公安民警，向香港特别行政区同胞、澳门特别行政区同胞、台湾同胞、海外侨胞，致以节日的问候！向荣获全国五一劳动奖状、奖章和工人先锋号荣誉的先进集体和个人，向各条战线的劳动模范和先进工作者，致以崇高的敬意！向世界各国工人阶级和劳动群众，致以美好的祝愿！

2016年是“十三五”开局之年和供给侧结构性改革攻坚年。面对错综复杂的国际形势和艰巨繁重的国内改革发展稳定任务，以习近平同志为核心的党中央团结带领全国各族人民，统筹推进“五位一体”总体布局和协调推进“四个全面”战略布局，坚持新发展理念，坚定推进改革，经济社会保持平稳健康发展，人民生活持续改善，党和国家各项事业都取得了新成就，实现了“十三五”良好开局，极大地提振了党心军心民心。这些成就的取得，首先是因为有中国共产党的坚强领导，同时，离不开工人阶级和广大劳动群众的奋斗和创造。

党的十八大以来，在治国理政新的实践中，以习近平同志为核心的党中央坚持以人民为中心的发展思想，高度重视工人阶级，全心全意依靠工人阶级。在政治保证上，强调全心全意依靠工人阶级方针不能忘记、不能淡化，工人阶级作为领导阶级的地位和作用不容动摇、不容忽视，巩固党的执政地位，夯实党执政的阶级基础；在制度落实上，强调要坚持工人阶级领导的、以工农联盟为基础的人民民主专政的社会主义国家的国体，不断拓展人民参与管理国家和社会事务、管理经济和文化事业的渠道，着力健全以职工代表大会为基本形式的民主管理制度，落实职工群众知情权、参与权、表达权、监督权；在素质提高上，强调要实施科教兴国战略、人才强国战略、创新驱动发展战略，打造有理想守信念、懂技术会创新、敢担当讲奉献的宏大的产业工人队伍，提高广大劳动者的整体素质；在权益维护上，强调要以保障人民根本权益为出发点和落脚点，依法保障人民各项权益，坚持就业优先战略，实施更加积极的就业政策，坚持共享新理念，深化收入分配制度改革，健全社会保障体系，促进社会公平正义，维护广大职工群众的切身利益和长远利益。党中央对工人阶级的重视和关怀，极大地调动了亿万职工和广大劳动群众的积极性主动性创造性。

今年是党和国家事业发展中具有重大意义的一年。中国共产党将召开第十九次全国代表大会。开好党的十九大，是全党全国各族人民政治生活中的头等大事。全国劳动模范和广大职工要以迎接、服务和贯彻党的十九大为主线，发扬优良传统，立足本职岗位，团结稳定鼓劲，撸起袖子加油干，汇聚起强大正能量，展现工人阶级的时代风采。

要坚定不移听党话、跟党走。中国共产党是中国工人阶级的先锋队，同时是中国人民和中华民族的先锋队。没有共产党，就没有新中国；没有共产党，就没有中国特色社会主义。坚持中国共产党的领导，是中国特色社会主义最本质的特征。工人阶级是我们党最坚实最可靠的阶级基础。在革命、建设、改革各个历史时期，工人阶级最鲜明的特点、最优良的传统就是，紧跟党的步伐、听从党的指挥、走在时代的前列。党的十八届六中全会正式确立习近平同志为党中央的核心、全党的核心，充分反映了包括广大职工在内的全党全军全国各族人民的共同心愿，这是关系党和人民根本利益的大事，是关系党中央权威、关系全党团结和集中统一的大事，是关系党和国家事业长远发展的大事。广大职工要永葆工人阶级政治本色，坚决维护习近平总书记的核心地位，紧密团结在党的周围，自觉接受党的引领，不断增强中国特色社会主义道路自信、理论自信、制度自信、文化自信，积极践行社会主义核心价值观，牢牢把握当代中国工人运动的时代主题，矢志不渝为实现中华民族伟大复兴中国梦而奋斗。

要为推进供给侧结构性改革、振兴实体经济建功立业。推进供给侧结构性改革，是党中央基于我国经济发展进入新常态这一重大战略判断提出的调整经济结构、转变经济发展方式的治本良方。着力振兴实体经济是深化供给侧结构性改革的重要方面。广大职工要增强信心，旗帜鲜明支持改革，积极主动参与改革。要围绕实现“十三五”规划目标任务，服务区域发展总体战略和京津冀协同发展、长江经济带发展、“一带一路”建设、河北雄安新区建设等国家战略，自觉投身“践行新理念、建功‘十三五’”主题劳动和技能竞赛，在推进“三去一降一补”、振兴实体经济、保持经济平稳健康发展第一线做出新的贡献。

要大力弘扬劳模精神、劳动精神、工匠精神。这三个精神彰显了社会主义核心价值观的深刻内涵，体现了以爱国主义为核心的民族精神和以改革创新为核心的时代精神。“工人伟大、劳动光荣”，是我们这个时代的主旋律。劳动只有分工和岗位不同而没有高低与贵贱之分。建国以来，一代又一代各条战线的劳动模范灿若星辰，何止千万！无论是什么职业、干什么工种，他们都有一个共同点，那就是干一行、爱一行、钻一行、专一行，专业技能和道德精神都成为当世和后人的榜样。广大职工要弘扬爱岗敬业、争创一流、艰苦奋斗、勇于创新、淡泊名利、甘于奉献的劳模精神，通过辛勤劳动、诚实劳动、创造性劳动实现自己的人生价值和工人阶级的远大理想。要恪尽职业操守，执着专注、精益求精，以工匠精神打磨“中国品牌”、助推产业转型升级。弘扬劳模精神、劳动精神、工匠精神，就要像先进人物那样，树立自觉学习、刻苦学习、终身学习理念。要学习时事政治，关心国家大事，增强社会责任。要学习专业知识，参加技术培训，努力掌握新知识、提高新技能、增长新本领，不断发展工人阶级先进性。

要做维护社会和谐稳定的中坚力量。党的十八大以来，协调推进全面建成小康社会、全面深化改革、全面依法治国、全面从严治党带来的中国之大治，反观当今世界一些地方之乱象，让我们更加为中国特色社会主义道路而自豪，也让我们进一步认识到，没有安定团结的政治局面，一切改革发展都无从谈起，人民的所有权益也无从谈起。工人阶级是维护社会和谐稳定的中流砥柱。广大职工要发扬工人阶级识大体、顾大局的优良传统，深刻认识国家好民族好、大家才会好的道理，始终坚信以习近平同志为核心的党中央领导的英明正确，把思想和行动统一到党中央的决策部署上来。目前，在改革进程中遇到的困难是暂时的困难，出现的问题是前进中的问题。要正确处理个人利益和集体利益、局部利益和整体利益、当前利益和长远利益的关系，积极克服困难，有效化解矛盾，研究解决问题。要依法理性有序表达利益诉求，促进劳动关系和谐，自觉维护社会稳定。要进一步增强政治敏锐性，坚决同一切不利于工人阶级队伍团结统一的行为作斗争，同一切危害民族团结、社会稳定和国家安全的现象作斗争。

中国工会是中国共产党领导的职工自愿结合的工人阶级群众组织。要坚持以人民为中心的发展思想，依法履行好工会维权基本职责，从职工群众需要出发开展工作，实实在在帮助职工解决就业和生活上遇到的新困难、新问题。特别是在去产能过程中，要突出维护好一线职工、农民工的劳动经济权益，协助做好思想引导、转岗安置、就业培训等工作。要把城镇困难职工帮扶解困融入国家脱贫攻坚大局，坚持因地制宜和差别化方针，实现精准帮扶、精准脱困。要把工会是“职工之家”、工会干部是职工“娘家人”的称号做得更加名副其实，不断增强职工群众的获得感和对工会的信任感。要适应职工队伍新变化，研究解决工会工作的新问题，坚持增“三性”、去“四化”、强基层、促创新，推动工会改革向纵深发展、向基层延伸，不断增强各级工会组织特别是基层工会的吸引力凝聚力战斗力。要把推进“两学一做”学习教育常态化制度化作为工会系统全面从严治党的战略性、基础性工程，坚持用习近平总书记系列重要讲话精神和治国理政新理念新思想新战略武装工会干部头脑，增强“四个意识”，始终在思想上政治上行动上同以习近平同志为核心的党中央保持高度一致。

同志们，党的十八大以来，习近平总书记就我国工人阶级和工会工作作了一系列重要讲话和重要指示，这些新思想新论断新要求，是习近平总书记治国理政思想的重要组成部分。习总书记高度重视工人阶级，十分关注产业工人队伍建设，强调工人阶级是我国的领导阶级，必须坚持全心全意依靠工人阶级方针，把提高职工队伍整体素质作为一项战略任务抓紧抓好，推动建设宏大的知识型、技术型、创新型劳动者大军，充分调动一线工人、制造业工人、农民工的积极性。并指出，产业工人是工人阶级中发挥支撑作用的主体力量，是创造社会财富的中坚力量，是创新驱动发展的骨干力量，是实施制造强国战略的有生力量。为了贯彻习近平总书记重要指示精神，中央全面深化改革领导小组今年2月审议通过了《新时期产业工人队伍建设改革方案》，中共中央、国务院已于今年4月中旬正式印发了这个方案。这是党中央、国务院就我国产业工人队伍建设改革作出的一项重要决策，是一件大事，对于巩固党执政的阶级基础和群众基础，充分调动广大产业工人的积极性主动性创造性，为实现“两个一百年”奋斗目标、实现中华民族伟大复兴中国梦更好地发挥产业工人的主力军作用，具有十分重要的意义。这个方案明确了产业工人队伍建设改革的指导思想、基本原则和目标任务，从加强和改进产业工人队伍思想政治建设、构建产业工人技能形成体系、运用互联网促进产业工人队伍建设、创新产业工人发展制度、强化产业工人队伍建设支撑保障这5个方面，提出了25条主要举措。方案要求，加强组织实施，坚持党委统一领导，政府有关部门各司其职，工会、行业协会、企业代表组织充分发挥作用，统筹社会组织的协同力量，构建合力推进产业工人队伍建设改革的工作格局。各级党委和政府要把落实好党中央、国务院的这一重要决策作为一项政治责任，结合各自实际，认真组织实施。通过改革，不断壮大产业工人队伍，提高产业工人整体素质，健全保障产业工人地位的制度，实现产业工人合法权益。

当前，世界多极化、经济全球化深入发展，和平、发展、合作、共赢的时代潮流更加强劲。中国工会将认真学习贯彻习近平总书记外交思想，继续高举和平、发展、合作、工人权益的旗帜，积极发展同各国工会组织、国际和区域性工会组织的关系，进一步增进同各国工人阶级的友谊，加强与各国工会和劳动界交流交往，携手维护工人权益，助力“一带一路”建设，共同推动建设持久和平、共同繁荣的世界，构建人类命运共同体。

人民创造历史，劳动开创未来。让我们紧密团结在以习近平同志为核心的党中央周围，全面贯彻党的十八大和十八届三中、四中、五中、六中全会精神，以邓小平理论、“三个代表”重要思想、科学发展观为指导，深入贯彻习近平总书记系列重要讲话精神和治国理政新理念新思想新战略，坚持走中国特色社会主义工会发展道路，团结动员广大职工，稳中求进、埋头苦干，以优异成绩迎接党的十九大胜利召开！

关于促进本市公益性劳动组织转制的指导意见

为促进本市“公共服务类万人就业项目”、“社区四保”和“千百人就业项目”等现有各类公益性劳动组织实现组织正规化、管理规范化,现就促进本市公益性劳动组织转制提出如下指导意见:

一、工作目标

按照“组织全面转制、人员整体安置、政策分类衔接、运作依法规范”的原则,推动现有公益性劳动组织于2018年3月底前,全面转制为符合劳动法规定的用人单位,建立权责相统一的组织管理机制,进一步提升管理运行效能。确保组织全面转制后,从业人员就业稳定不影响,困难群体的就业安置渠道不萎缩,全市就业局势持续保持稳定。

二、转制方式

各区要根据各类公益性劳动组织的特点和实际情况,会同有关行业主管部门研究确定组织转制的具体方式,将组织转制为民办非企业单位、企业法人等用人单位,或通过其他用人单位吸纳从业人员的方式实现转制。具体转制方案,由各区会同有关部门根据实际情况确定。

组织转制后,要对原组织从业人员进行成建制转移安置,并与从业人员明晰劳动关系,有效保障劳动权益。

三、主要措施

(一) 加强政策扶持

在转制之前享受市级岗位补贴、社会保险费补贴的公益性劳动组织从业人员,原则上在转制后的组织(以下简称“转制组织”)中可按照规定继续享受公益性岗位相关补贴,直至退出该组织(男性最长补贴不超过60周岁、女性最长补贴不超过55周岁)。其中,对于“千百人就业项目”转制组织的补贴期限,不超过2020年12月31日。岗位补贴标准为本市月最低工资标准的50%,社会保险费补贴标准为以本市上年度职工月平均工资60%作为基数计算的养老、医疗和失业保险缴费额的50%。补贴资金从本市失业保险基金列支。

对于从事长期护理保险业务的原“社区助老”组织从业人员,转制组织吸纳其就业后,相关补贴按照市民政局、市人力资源社会保障局、市教委和市财政局《关于加快推进本市养老护理人员队伍建设的实施意见》(沪民老工发〔2017〕2号)有关规定执行。

“千百人就业项目”原从业人员中属于本市“就业困难人员”的,或经区人力资源社会保障部门评估认为难以实现市场化就业且经市人力资源社会保障部门确认的,可分流安置到“社区四保”转制组织中并享受相应的政策扶持。具体分流方案,由各区结合实际确定。

(二) 调整资金拨付方式

“公共服务类万人就业项目”劳动组织和“千百人就业项目”劳动组织实现转制后,岗位补贴资金根据补贴人数及补贴标准进行核算,按季度拨付至各区财政专户。“社区四保”劳动组织实现转制后,岗位补贴资金按月拨付至转制组织银行账户。

各类组织的社会保险费补贴均实行先缴后补方式,由失业保险基金按月拨付至转制组织的社会保险缴费账户。

(三) 建立就业援助基地

以“社区四保”转制组织为载体,在街镇建立就业援助基地,承担公益性岗位开发和困难群体托底安置任务,原则上每个街镇一家,由所在街镇负责管理。岗位总量实行严格控制,岗位类型由全市统一规划,各区可结合实际,在社区“保洁、保绿、保养、保安”的基础上,拓展一线非管理类的社会公共服务岗位,并向市人力资源社会保障部门报备。在总量范围之内,新安置的“就业困难人员”可按照规定享受公益性岗位相关补贴,直至从业人员退出公益性岗位或达到法定退休年龄。其中,岗位补贴标准为本市月最低工资标准的50%,社会保险费补贴标准为以本市上年度职工月平均工资60%作为基数计算的养老、医疗和失业保险缴费额的50%。补贴资金从本市失业保险基金列支。

四、具体要求

(一) 各区要加强组织领导,区级相关行业主管部门和人力资源社会保障、财政、税务、社团、市场监管等部门协同配合,统筹规划本区公益性劳动组织转制工作,积极稳妥推进组织转制。要针对就业援助基地等转制组织面临管理、税收、福利待遇等成本增加的情况,统筹安排资金做好保障工作,合理确定区、街镇负担经费比例,适度增加必要的资金投入。

(二) 市相关行业主管部门要统筹安排好条线扶持资金,加强业务指导,帮助各区行业主管部门加强人员培训和考核评估,积极配合各区推进转制工作。

(三) 各区要在2017年12月底前,提出本区公益性劳动组织转制的实施方案。2018年3月底前,确保完成公益性劳动组织转制的工作目标。

本指导意见自2017年12月1日起实施,有效期至2020年12月31日。

上海市人力资源和社会保障局
上海市财政局
上海市民政局
上海市绿化和市容管理局
上海市水务局
上海市残疾人联合会
2017年11月28日

专文

在市总工会十三届十次全委(扩大)会议结束时的讲话

(2017年7月18日)

莫负春

各位委员,同志们:

在大家共同努力下,本次全委(扩大)会议即将圆满结束。结合学习贯彻市第十一次党代会和十一届市委二次全会精神,大家认真审议全委会工作报告,提出很多很好的意见建议。当前,上海工会进入持续深化改革的关键时期,我们要按照中央深改组第32次会议关于"已经开展试点的群团和地方要继续在建机制、强功能、增实效上下功夫,巩固改革成果"的要求,扎实推进改革创新各项工作,把上海工会改革进行到底。下面,我就做好下半年工作再讲几点意见。

一、抓好思想理论武装

理论上清醒,政治上才能坚定。我们要把习近平总书记系列重要讲话精神作为根本遵循,学深、悟透、思进,始终确保正确政治方向。一要学深学透中央市委要求。上半年,上海市第十一次党代会胜利召开,描绘了今后五年上海发展的宏伟蓝图。下半年,党的十九大将隆重召开,将为党和国家事业的进一步发展指明方向。我们要认认真真、源源本本学习,用最新理论武装头脑。要认真学习习近平总书记系列重要讲话精神特别是关于工人阶级和工会工作的重要论述,认真学习党的十九大报告和市第十一次党代会报告,认真学习中央和市委对加强产业工人队伍建设的要求,认识工会新的目标和新的任务,推进改革和体现作为。二要创新学习教育方式。结合时代发展特点和职工思想实际,创新学习教育形式,切实增强学习教育的针对性有效性。要扎实推进"两学一做"学习教育常态化制度化。要组织工会领导干部带头学,推动各级工会领导干部学习理论知识、提升政治素养。要引导广大职工大家学,切实把党的精神要求宣传到广大职工群众当中。三要坚持学以致用。要学而明理,通过学习不断增强"四个意识",引导广大职工坚定走中国特色社会主义道路,切实把思想和行动统一到中央和市委的决策部署上来。要学而明责,明确工会在改革发展大局中的责任,特别是围绕市第十一次党代会确定的科创中心建设、社会治理创新、人民生活改善等重点领域,切实履行工会职责、发挥工会作用。

二、抓好改革落地见效

改革贵在行动,喊破嗓子不如甩开膀子。我们要着力完善抓落实的工作机制和办法,确保各项改革举措和工作落地生根。一要逐项对照改革要求。对照中央、市委关于群团改革的目标、任务和要求,对照工会改革的实施方案,认真梳理各项改革措施的落地落实情况,逐项对账销号。对已经落实的,要立足于建立完善长效机制,着力固化改革成果。对还没有落实或进展不大、成效不明显的,要认真分析背后深层次原因,采取更为有效的措施,确保改革任务措施落到实处、取得实效。二要建立完善考核制度。改变以往从上而下、自我评价为主的考核方式,推动形成以职工评价、基层评价为导向的工会考核体系。要鲜明考核导向,把考核作为推动工会改革的重要抓手,通过考核激发各级工会组织和工会干部干事创业的积极性。要细化考核内容,改革当中哪些事情不被重视的、哪些事情有短板的,就要把哪些事情放到考核里去,而且要加大考核权重。要创新考核方法。三要认真开展督促检查。前不久,中共中央印发了《关于加强新形势下党的督促检查工作的意见》。根据中央改革办的要求,全总前一段时间组成8个专项督查组,在全国工会系统内开展了中央改革重点任务落实情况的专项督查。我们要按照中央、市委和全总的有关要求,加大督促检查工作力度,确保工会改革和工会各项工作部署到位、落实到位。今年年底前,我们将对地区工会普遍开展一次改革督查与指导工作,对各区工会落实市委和区委改革方案、破解瓶颈短板、推动改革落地等相关情况,进行检查指导。

三、抓好工作重点突破

要切实处理好整体推进和重点突破的关系,抓住工作当中的重点、难点和痛点,攻坚克难、补齐短板。一要继续抓好非公企业工会改革。在市委和全总的领导下,在全市各级工会的共同努力下,上海非公企业工会改革已经取得了阶段性成效,受到全总的充分肯定。今年5月,李玉赋同志在全国工会推广上海顾村经验观摩交流会上指出,要总结推广宝山顾村等地非公企业工会改革经验,夯实基层工会基础,激发基层工会活力,通过改革给广大职工带来更多获得感。我们要以全总总结推广"顾村经验"为契机,继续坚持依法依规、坚持依靠职工推进改革的总体思路和原则,在前期改革试点的基础上,要将非公企业改革成为各区工会的普遍要求,全面部署、深入推进。在整体推进过程中,要特别注意做好试点经验的总结宣传,加强基层改革方案指导以及基层干部实战培训,推进工会工作和服务资源向基层倾斜,确保改革推进推开质量。同时,试点地区和街镇要继续探索,创造新的经验,走在改革前列。二要着力抓好产业工人队伍建设。党中央、国务院就产业工人队伍建设改革进行专题谋划和部署,释放了坚持以人民为中心的发展思想和全心全意依靠工人阶级方针的强烈信号。按照市委有关要求,市总工会牵头制定上海贯彻落实中央改革方案的工作方案,联合市委组织部、市发展改革委等相关部门、单位正在开展紧锣密鼓的调研。下一步,我们要充分发挥市总工会作为本市贯彻落实中央《改革方案》工作机制办公室的协调联络作用,重点抓好改革方案和各项改革举措的出台,完成市委交办的在党的十九大之前拿出上海推进产业工人队伍建设文件的任务。这项工作是深化工会改革、推进工会工作的重要抓手,各级工会要切实用好这个机会,整合各部门、各有关方面的资源力量,促进产业工人队伍建设,推进工会事业发展。三是创新国有企业工会工作。国有企业工会在工会整体工作中具有十分重要的基础性、示范性作用。当前,国有企业工会工作总体上是好的,但不可否认,与发展要求相比,一些国有企业工会,特别是基层国有企业工会工作存在一些问题,迫切需要加强和改进。我们要按照群团改革的总体部署和要求,借助中央和市委加强国有企业党建工作的有利时机,与市委组织部等有关部门的合作,推动出台国有企业工会改革的相关文件,全面加强和创新国有企业工会工作。要坚持在党的领导下,探索推动将工会、职代会、职工董事监事、集体协商等制度纳入国有企业治理结构,加强国有企业工会思想和组织建设,创新国有企业工会工作方式方法,更好地发挥国有企业工会的示范引领作用。

四、抓好制度机制建设

制度机制具有系统性、权威性和有效性。我们要加强制度机制建设,切实从体制机制上解决问题、推动改革发展。一要以统筹提高工作系统性。要统筹工会机关改革与推动基层基础建设,重在夯实基层基础、发挥基层作用。要统筹宏观参与具体维权工作,重在反映好、维护好职工群众最关心、最直接、最现实的利益问题。要统筹职工维权的工会内部机制与外部机制,多管齐下依法保障职工群众合法权益。要统筹改革的点上经验与面上推开,及时发现总结基层创新实践经验,及时推广推开、扩大改革成效。要统筹国有企业工会创新与非公企业工会改革,发挥国有企业工会的示范带头作用。二要以法治提高工作权威性。职工群众拥护和法治权威保障是工会工作两大力量之源。我们要大力弘扬社会主义法治精神,按照《工会法》《中国工会章程》的规定,坚持依法建会、依法管会、依法履职、依法维权。要善于运用法律规定推进工会改革和工会工作,切实做到重大改革、重大工作于法有据。要善于运用法治思维和法治方法解决劳动争端,引导职工群众依法理性维权。要善于运用法律赋予的武器手段,特别是要用好"两书",把侵害职工合法权益行为纳入公共信用平台等方法,发挥依法监督作用。要善于运用参与人大地方立法、政府政策制定和企业民主管理的机会,切实反映好、维护好职工群众各项劳动经济权益。三要以机制放大工作有效性。特别是不断完善群众化、社会化、网络化的运行机制。所谓"群众化",要坚持一切为了职工群众,一切依靠职工群众。坚持从职工需要出发,尽最大努力扩大组织覆盖面和提高工作吸引力。所谓"社会化",就是要善于引领带动社会组织,延长手臂,增强力量。要善于拓展社会职工服务空间,面向广大职工群众开展开放式、普惠制服务。要善于运用社会媒体等方法,更好替职工群众代言,为职工群众服务。所谓"网络化",就是要充分运用网络技术和条件,建设"互联网+"工会。今年下半年,我们将集中精力加快实施市总工会网上服务、工作两大平台及一体化建设,并推进实际运用。希望全市各级工会、各有关方面共同支持,要把"互联网+工会"建设作为工会组织创新、服务创新的重大机遇、难得机遇,推动工会工作大步迈上新台阶。

五、抓好前瞻研究和规划

当前工会所面临的新问题、新课题和新挑战越来越多,我们要抓好调查研究,及时发现新情况、总结新经验、形成新对策。一要围绕重点开展调研工作。紧紧围绕党和政府最关心、职工群众需求最迫切、社会反映最强烈的重点、难点和热点问题,广泛深入开展调查研究。要从服务于上海改革开放、产业转型出发,加强对产业工人队伍变化趋势及特点的研究。要从服务于上海科创中心建设出发,加强对工业园区、科技园区和商务区工会工作研究。要从维护劳动者劳动权益出发,加强对"网约工"等新兴就业群体就业形式变化的研究。要从适应经济社会变革、职工需求变化出发,强化对工会组织体系、工作架构、运行机制及工作方法研究。特别是,今年是五年一次的上海职工队伍状况调查之年,也是明年市第十四次工代会筹备工作启动之年,希望大家认真抓好调查研究相关工作,为系统谋划今后五年上海工会工作打好基础。二要坚持科学的调研方法。我们要以科学理论为指导,运用习近平总书记治国理政新理念、新思想、新战略,做好调查研究工作。要深入基层一线、深入职工群众,摸清实情,找准对策。要理论和实践相结合,将调查研究与工会工作有机结合,不断深化工会理论创新和实践创新。三要加强工会研究力量建设。调查研究是各级工会干部的看家本领。各级工会领导干部要善于以调查研究推进工作、培养队伍。要亲自部署和直接参与调查研究工作。要善于运用"外脑"和专家力量,开展社会调查和理论研究工作,提升工运理论研究水平,使工会工作更好地体现时代性、把握规律性、富于创造性。

六、抓好队伍作风建设

深化工会改革创新,干部队伍是基础,作风建设是关键。我们要持续加强干部队伍的作风建设,以作风建设的新面貌换来改革创新的新成果。一要保持开创性。面对劳动领域的新变化新问题、职工群众的新期待新要求,要敢于改革,敢于坚持职工立场、敢于维护职工利益、敢于破除改革藩篱。要善于创新，善于把握新情况、善于开拓新阵地、善于尝试新办法。我们要给干事者褒奖、替改革者撑腰、为创新者喝彩。二要增强坚韧性。工会改革正在爬坡过坎的过程中，改革不进则退。改革起步难，巩固改革成果和深化改革更难。我们要做实盯牢，朝着既定目标一步一个脚印，不断积累经验、积累信心和积累成果。要咬定青山不放松，既不要有些小的成效而自满，也不要碰到困难障碍而放弃，要长期坚持、久久为功。要不断夯实工会基层基础，深耕基层、厚植基础、抓好队伍。我认为，特别是要抓好队伍，队伍是我们做好工作的基础，没有队伍做不成事情，没有好队伍做不成好事情、大事情。这些年我们一直在努力解决有人做事的问题，现在有一些人了，以为就一定会做好事情，那是一种理想主义。各位领导要高度重视队伍建设，包括教育培养，关心爱护和严格管理。三要追求精细化。天下大事，必作于细，就像总书记说的像绣花一样精细。精细化说到底就是一种认真、务实和科学的态度。我们要以工匠精神推进工会改革，要精益求精、追求卓越，要杜绝大而化之、笼而统之的做派。希望大家紧紧抓住职工“三最”利益的一件实事、一项政策，沉下心来推动落实和解决。希望借鉴城市网格化管理的思路方法，网格化是精细化的基础，要探索建立工会网格单元，把工会服务对象、服务资源，特别是服务责任纳入网格体系，聚焦一个个园区、一个个群体、一件件实事，精准服务、精细服务。

最后，我特别要强调两件事：一要扎实做好维权维稳工作。党的十九大即将召开，加强劳动关系协调、确保职工队伍和谐稳定，是工会的重大政治责任。我们要针对地区和产业的特点，加强分析研判，深入研究劳动关系领域存在的突出问题，有针对性地做好工作。完善群体性劳资纠纷的预警机制、发现机制、报告机制和调处机制，特别要建立重大事件跟踪调处和后续督办制度，切实协助党政把劳动关系矛盾消除在基层和萌芽状态，为党的十九大胜利召开营造和谐稳定的社会环境。二要做好当前高温季节劳动保护和防暑降温工作。当前正值高温酷暑季节，安全生产事故高发易发，特别是室外作业的劳动者非常辛苦。全市各级工会要主动作为、积极履职、关爱职工，特别是要督促政府和企业认真落实夏季劳动保护和防暑降温各项工作，有效预防和控制高温中暑和其他各类安全生产事故的发生，切实保障好、维护好广大职工群众的生命安全和健康权益。在做好高温慰问工作中，一定要坚决杜绝形式主义，我提出“三不”，不准举牌子、不准列队（等候领导慰问）、不准搞仪式，真正把好事做好。

各位委员，同志们：让我们在中央、市委和全总的领导下，勇当排头兵、敢为先行者，切实完成好今年年初设定的各项目标任务，不断推动工会改革和工会工作的创新发展，以更加优异的成绩迎接党的十九大胜利召开！

加强思想认识、注重统筹协调，确保国企工会改革有力推进

姜海涛

为进一步加强和改进本市国企工会工作，贯彻党的十九大精神和习近平新时代中国特色社会主义思想，市总工会、市委组织部、市委宣传部、市国资委党委、市经济信息化工作党委、市建设交通工作党委共同制定下发了《关于加强和改进本市国有企业工会工作的指导意见》，该文件的制定主要考虑以下几个方面：一是贯彻中央、市委群团工作会议和国有企业党的建设工作会议精神。聚焦中央要求，结合上海实际，细化深化具体化相关举措，使中央和市委的决策部署在本市国有企业工会得到有力有效的贯彻落实。二是解决突出问题。对照习近平总书记关于群团组织存在“机关化、行政化、贵族化、娱乐化”问题，重点聚焦国企工会保障职工权益的制度机制不够健全，国企工会干部联系服务职工未能做到常态化制度化等问题，力求通过改革的思路、改革的办法来解决和改进。三是适应新的发展要求。中国特色社会主义进入新时代，国企工会工作的对象、环境和条件也发生了深刻变化，需要通过改革将国企工会工作进一步融入基层大党建和社会治理大格局，加快构建“互联网+”工会，使得国企工会与时俱进、创新发展，努力跟上时代发展进步的要求。所以，在指导意见中提出要坚持党的领导、坚持依靠职工、坚持主业主责、坚持服务大局、坚持继承创新等5条原则。这些总体要求和基本原则是统领性的，将其贯穿于国企工会建设的全领域、全过程。本次国企工会改革重点内容涵盖维权制度机制建设、运行机制、工作方式、组织队伍和党的领导等5个方面。

一、把保障职工权益、协调劳动关系的制度机制纳入

国企法人治理结构

要在各级党组织的领导下，把工会组织、职代会、职工董事监事、集体协商、劳动争议调解等维护职工权益、协调劳动关系的制度纳入公司章程、公司年报以及企业管理的制度规范，融入企业治理结构。明确董事会每年至少一次听取职工董事关于企业劳动关系总体状况的报告，把相关劳动关系建设情况列入企业社会责任报告并对外披露；涉及职工切身利益的事项应当事先听取职工董事、职工监事的意见，并严格按照民主程序规范操作；职工董事、职工监事应当定期向职代会作述职报告，接受职工代表的民主评议。

二、建立以服务职工为导向的国企工会运行机制

工会是职工群众自愿结合的组织，必须把竭诚为职工群众服务作为工会一切工作的出发点和落脚点。要把服务职工与服务大局紧密结合起来，发挥工会"大舞台"和"大学校"作用，坚持需求导向，把工作重心、服务资源更多放在最普通、最基层、最一线的职工群众身上，更加精准有效地为职工服务。建立健全联系和服务职工的工作制度和以职工满意度为导向的工作评价机制，把工会工作的考核评价权真正交到职工群众手里。

三、创新国企工会工作方式

要推动国企工会工作融入城市基层党建和社会治理大格局，大力支持地区工会按照属地原则，推进各类合作、入驻企业做好建会、入会及服务各项工作。创新对特殊职工群体的维权工作，建立完善网络化工作机制，推进工会工作线上线下、网上网下的融合发展。要创新经费保障监督机制，加强和创新工会经费审查监督工作，采取工会内审、国家审计、社会审计及职工会员监督等各种途径，让工会经费使用在阳光下运行。

四、与时俱进加强国企工会组织体系和工作队伍建设

为了促进国企工会组织体系全覆盖、扁平化，增强工会干部队伍多元化和代表性、群众性，要加大国企工会组织建设力度，适应国企产权关系、组织架构、管理模式等发展变化，在各个层面同步建立工会组织，特别要强调任何组织和个人不得以改革改制为名，随意撤销或将工会工作机构合并、归属到党群工作部门或其他工作部门。要科学设置国企工会工作机构，突出维权基本职能，提高服务效率。

五、进一步加强党对国企工会的领导

工会是党领导的群团组织，必须始终坚持党的领导、加强党的领导、改善党的领导。明确国企工会建设工作的领导体制，把国企工会建设纳入全市国企党的建设总体规划和工作部署之中。要加强对国企工会工作的领导和支持，把工会工作摆在党组织工作的重要位置，强化党组织对工会的领导和工作的支持，并规范落实双重领导制度，支持工会依法依章程开展工作，鼓励支持工会组织积极履职、有效发挥作用。下一步，各单位要认真落实好各项工作，确保国企工会改革的各项措施有效落地取得实效。

加强职工思想引领　深化职工素质工程
推动上海工会宣教工作迈上新台阶

杜仁伟

2017年上海工会宣教工作在党的十八大、十八届六中全会精神指导下，践行社会主义核心价值观，以群团改革为动力，弘扬劳模精神、劳动精神和工匠精神，引导广大职工为经济社会发展凝心聚力。

一、加强思想引领，努力夯实广大职工共同奋斗的思想基础

一要深入学习领会中央和市委精神。深入学习领会习近平总书记系列重要讲话精神，教育引导广大干部职工牢固树立"四个意识"，深入系统学习"五位一体"总体布局、"四个全面"战略布局等重要论述、重大思想，准确把握其科学内涵、精神实质、理论体系，切实把广大干部职工的思想统一到中央的精神上来。二要广泛组织开展各类宣讲教育活动。面向基层和职工群众，及时、广泛、深入宣传党的十九大精神，通过举办报告会、开办辅导讲座、开展班组学习及组织相关主题教育活动等形式，进行宣传、学习和讨论，为党的十九大胜利召开营造良好氛围。三要深化社会主义核心价值观教育。加强以职业道德为重点的"四德"教育，使社会主义核心价值观内化为职工的精神追求、外化为职工的自觉行动。组织开展"网聚职工正能量，争做中国好网民"主题活动，"中国梦·劳动美"主题教育活动，通过职工文化寻访、职工微电影创作比赛、书法绘画大赛等系列活动将社会主义核心价值观教育落细落小落实。四要准确掌握职工思想状况。2017年市总工会将开展五年一次的职工队伍大调查。各级工会要结合此次市总职工队伍大调查，深入了解基层职工思想动态，研判、把握不同行业、不同所有制企业职工队伍出现的新情况、新问题。增强职工的思想认同、情感认同和文化认同，进一步把握好新形势下工人运动的特点和规律。

二、深化素质工程，着力打造一支与上海经济社会发展要求相适应的新型职工队伍

一要大力弘扬劳模精神、劳动精神和工匠精神。今年市总将启动上海劳模博物馆的筹建工作，各区局（产业）工会要把筹建过程作为一次宣传劳模的契机，做好重点展示名单梳理、展品征集、记录采访等前期筹备工作；坚持需求导向，更多地为劳模创造条件，提供更加优质服务。二要深入推进《上海职工素质工程建设五年规划》。各级工会要把推进职工素质工程作为工会履行主业主责的重要内容来抓，要根据《规划》提出的"六项目标任务"和"八项工作载体"，运用"互联网+"思维和工作方式，通过职工学力提升计划、EBA培训、职工教育示范点和职工书屋示范点建设，全面完成市总实事项目"公益乐学"年度目标任务，加快培养与上海建设科创中心要求相适应的知识型、技术型、创新型的高素质劳动者队伍。三要大力推进新时期产业工人队伍建设。今年2月，中央全面深改组会议审议通过了《新时期产业工人队伍建设改革方案》，提出要按照"政治上保证、制度上落实、素质上提高、权益上维护"的总体思路。全市各级工会要按照中央和全总要求，发挥各行业高技能领军人才榜样示范作用，营造更加浓厚的劳动光荣、技能宝贵、创造伟大的时代风尚。

三、聚焦文化权益，努力促进职工文化繁荣发展

一要打通"文化惠民"最后一公里。探索"互联网+"职工文化服务模式，顺应群团改革要求，顺应网络时代发展，顺应职工文化需要，将更多运用网络化方式，借助互联网更多地举行类似班组文化网络大奖赛、带副春联回家乡等活动，使职工文体活动线上线下结合，把工会文体资源直接送到基层、送达职工，打通文化惠民服务职工最后一公里。二要加强职工文化阵地建设。根据《中华全国总工会关于加强和规范工人文化宫管理的意见》，坚持"工会、公益、公共"理念，推动各区工人文化宫的公益性发展方向，加强阵地管理和资产管理；各区工会要通过签订"共建协议"和为职工办实事的方式，推动社区文化活动中心进一步面向基层企业，面向广大职工，推动职工文化融合发展。三要扶持职工文化创作。要聚焦普通一线劳动者，通过"我要上五一"、微电影、话剧、劳动歌曲创作等多种形式，开展职工主题文艺创作，激发职工创作活力和热情，创作出一批歌颂工人阶级伟大品格和劳模精神，反映职工群众生产生活的优秀作品。

四、加强网络建设，推动工会工作线上线下融合发展

一要把网上工会建设作为"一把手工程"。按照全总和市总要求，把这项工作作为"一把手工程"，在方向上把握，工作上指导，政策上支持，投入上保障，实行"统一规划、集中管理、归口负责、责任到人"的运营管理模式，以此保障网上工会工作从建设到运行的顺畅进行。二要工会内部形成合力。申工社APP今年4月底将推出升级版。网上工会工作，不仅仅是宣传、教育平台，更是应该涵盖维权、入会、保障等工会主责主业的各方面相关工作，以及服务下级工会和广大职工的服务类项目，需要各级工会内部统一协作、上下联动。三要加强线上线下融合发展。要坚持网上工会建设与网下工会改革联动推进、同步协调、紧密契合，实现工会工作以线下为主向线上线下互动融合的转变，推动"互联网+"时代的工会转型升级。

五、围绕服务工会工作全局，着力加强工会新闻宣传工作

一要加强工会各项工作宣传。坚持把握正确的政治方向和舆论导向，牢牢掌握意识形态工作主动权，充分运用既有工会报纸、网站、微信和APP等传统媒体和新媒体手段，及时把工会的立场、观点、主张以及工会改革过程、进展、经验宣传到位，提高工会工作的影响力。二要调整五一新闻奖评选方式。在传统媒体单位参评的基础上，进一步扩大新媒体参评范围，同时对新闻的播出时段、版面位置、转发数、评论数、点赞数设置一定条件，以职工关注度和社会认可度为标准，提高奖项的含金量。三要充分运用社会资源推动工会宣传工作。加强与市委新闻宣传联席会议、社会新闻媒体、相关委办及区局（产业）工会对接，加强对宣传工作的整体统筹协调和工作策划，坚持市总新闻协调会议制度和市总双月新闻宣传菜单，分阶段、有重点地开展宣传，做到重大事件有声音、重要时点有呼应、重要工作有反映。

2017年是供给侧结构性改革的深化之年，是上海持续深化改革开放、推进创新转型的关键一年。上海工会宣教工作要紧紧围绕党和国家发展大局，坚持不懈深化工会改革，不断增强工会组织和工会工作的政治性、先进性、群众性，开拓进取，推动上海工会宣教工作迈上新台阶。

构建职工创新体系　深化职工创新实践

何惠娟

群众性技术创新活动是城市创新体系的重要组成部分，是企业技术进步的动力源泉。上海各级工会围绕创新驱动、转型发展的新要求，着力构建职工创新工作组织体系、活动体系和人才培养体系，最大限度地组织动员广大

职工投身创新实践，引导职工提高岗位创新能力和技能素质，取得显著成效。

一、汇聚力量整合资源，构建职工创新工作组织体系

上海工会积极争取政府支持，充分利用社会力量，整合工会内部资源，努力形成全社会合力推进职工创新工作的良好氛围。

一是建立职工创新工作联动机制。建立由市总工会牵头，市发改委、市科委、市教委、市人社局等部门和有关社团共同参加的推进职工科技创新工作联席会议制度，定期研究、部署和协调职工群众性技术创新工作。会同市知识产权局等部门联合成立上海市优秀发明选拔赛组委会，组织开展优秀发明成果评选活动；会同市经信委等部门联合开展职工合理化建议和先进操作法优秀成果征集命名活动，着力构建企业自主创新、职工推动创新、市场主导创新、社会支持创新的工作格局。

二是促进完善职工创新相关政策。先后联合市科委等政府部门，制定下发《关于深入推进本市职工群众性科技创新活动的指导意见》《关于深化推进高师带徒活动进一步加强本市职工技能人才培养的通知》《关于完善地方教育附加专项资金分配使用办法进一步加强企业职工职业培训的实施意见》等文件，修订《上海市合理化建议和技术改进奖励实施办法》。特别是由市总工会牵头、联合市发改委等六委办制定《关于推动一线职工岗位创新，促进"大众创业、万众创新"的若干意见》，明确了多项支持职工岗位创新、技能提升的政策意见，充分调动广大职工投身创新实践的积极性。

三是整合工会内部创新工作资源。从职能定位、服务载体和组织运行等方面对职工技协实施改革和转型，明确市职工技协承担职工技术创新、技能提升、技术协作等方面的工作职责和任务，通过"搭平台、重服务、强指导"，深化群众性技术创新活动。

二、创新载体强化服务，构建职工创新工作活动体系

坚持不断创新活动载体、强化服务指导、拓展活动领域，进一步提高职工技术创新活动的参与度和覆盖面。

一是分层搭建职工创新活动平台。在市级层面，搭建上海职工科技节、上海职工创新创意大赛等十大职工创新活动平台。在各区局（产业）层面，平均每届职工科技节举行199项活动，有120余万职工参与。在企业层面，广泛开展合理化建议、课题揭榜攻关、"五小"等群众性技术创新活动。

二是强化创新工作服务指导。建立"上海职工知识产权服务工作站"，组织市职工科普讲师团成员到企业作报告；建立职工科技创新专家智库等平台，为职工开展科技创新活动提供政策、信息等相关服务；编制《上海职工科技创新指南》《上海职工技能提升政策汇编》《上海职工合理化建议与技术改进活动指南》等，指导职工提高政策水平和活动能力。

三是重点拓展非公企业职工创新工作。建立上海市非公企业职工创新工作联席会议制度，制定《推进本市非公企业职工创新工作实施计划》《关于推进工业园区、创业园区、高新技术产业园区非公企业职工创新实施计划》；举办"非公企业职工科技创新成果网上展"和"园区职工创新创意成果展"，开展"非公企业职工焊接技能培训交流比武"活动；建立100家非公企业职工创新活动直联点，开展非公企业职工创新活动情况实地调研。2017年全市命名的上海市合理化建议和先进操作法优秀成果中，非公企业的优秀成果占到33%。

三、创新模式完善机制，构建职工创新人才培养体系

上海工会坚持在职工创新实践中发现人才、培育人才、集聚人才，支撑上海经济社会发展的提升和超越。

一是积极选树创新领军人才。注重在各个领域、各个行业、不同序列的职工中，培养和选树技能领军人物、职工科技创新年度人物和科技创新团队。市总工会先后命名了100名工人发明家、50名职工科技创新英才。2016年开始实施"上海工匠"培养选树千人计划，两年来共命名183名上海工匠，选树了李斌、徐小平、王军等一大批高技能领军人才。

二是系统培养工匠人才。市总工会、市职工技协集聚基层高技能专业人才，成立了数控、焊接、设计制造等职工专业技术委员会，举办技能比武大赛等活动；依托社会资源，建立上海职工焊接、数控等技能实训基地；推出"千名技能人才交流培训实施计划"，联合开放大学举办"上海工匠"研修班，开设"上海工匠"大讲堂、举办技师技能专题辅导讲座和专业技术研讨、现场观摩、考察等，推动高技能人才培育。

三是充分发挥领军人才作用。大力开展劳模创新工作室、职工（技师）创新工作室创建命名以及名师带徒、高师结对等活动。同时通过在基层单位推广领军人物工作室、创新室，建立革新者俱乐部、工程师论坛、创造发明协会、优秀人才促进会等，发挥高技能创新人才的领军作用和传帮带作用。

四是大力实施奖励计划普惠职工。先后实施职工技能晋级、一线职工授权发明专利和职工技能晋级带教师傅奖励计划，激发了一线职工立足岗位钻研技术的学习热情。

围绕发展大局 对接职工需求 加强资源整合 切实加强新形势下职工权益保障工作

桂晓燕

一、增强责任意识，进一步围绕大局抓“公转”

2017年是党的十九大召开之年，也是上海第十一次党代会召开之年；同时又是供给侧结构性改革深化之年，是上海持续深化改革开放、推进创新转型的关键之年。做好工会权益保障工作，与当前和今后一个阶段经济社会发展形势密不可分。我们要以高度的责任感与自觉性，把“稳中求进”的工作总基调，始终贯穿于今年工会权益保障的各项工作中。

一是审时度势。就是要研究分析时势，把握遵循发展趋势，从工会组织职能定位出发，更加注重基本民生的保障，更加关注职工群众生产生活状况的改善，营造和谐稳定的社会环境。同时，供给侧结构性改革不断深化，经济下行压力依然较大，转型升级和动能转换的任务艰巨繁重。中央、市委对“三去一降一补”都做出了总体部署，比如，明确了要“合理确定最低工资标准调整幅度和调整频率”，“继续适当降低‘五险一金’有关缴费比例”等。一方面，我们要站在职工的立场上做工作，帮助职工群众共享改革发展、企业发展的成果；另一方面，又要把握好阶段性发展特点，顺势而为，因势利导，可持续、可承担地推进职工权益保障工作。

二是问题导向。就是要把围绕和服务大局中存在的问题与短板作为当前工作的突破口。今年工会改革将按照“转职能、转方式、转作风”的“三转”要求，进一步向纵深推进，把改革试点成果、成效不断转化为服务职工群众的能力和水平，让职工群众切实享受到工会改革红利，对工会改革有真切的认同感与获得感。这就要求我们进一步把服务职工工作做到基层一线去。比如，一些工会服务项目在一线职工中的知晓度、覆盖面还不尽理想，亟待加以改进；劳动关系多元多样情况下，工作方式方法的创新突破相对滞后，特别对“两非一无”群体还缺乏有效的维权服务路径；部分项目和资源在落地过程中出现“肠梗阻”，仍然在一定程度上存在“上头热、下头冷”的问题，影响了工作成效。今年，我们要以真正打通工会组织联系服务职工“最后一公里”为重中之重工作，坚持以问题为导向，把服务职工工作向基层延伸。

二、聚焦主业主责，进一步对接职工需求抓“自转”

一是做强源头参与工作。第一，诉求表达机制要夯实。各级工会要建立健全联系职工、联系基层的工作机制，在法规、政策、措施的制定过程中，在企业改革改制的推进过程中，及时、准确、全面地担负起职工诉求表达者的职责。第二，协商质量要突破。在民主协商中要围绕职工群众最关心、最实际的利益问题，既重民主程序，更重实体内容。第三，监督检查动真格。我们要充分发挥各级工会在联合执法、常规监管、职代会代表巡视检查中的作用，切实做到敢发声、会发声、先发声、多发声，旗帜鲜明地当好职工劳动经济权益的代表者和维护者。

二是做优工会实事项目。进一步规范和完善本级工会服务职工机制，逐步形成以实事项目为主的长效服务机制和特色品牌，总结形成更多可复制、可推广的成功经验。第一，拓展广度，实现服务内容多元化。各级工会要从本地区、本系统职工需求出发，不断创新设置富有特色的服务项目，将市总项目的“普惠性”和本级项目的“特惠性”结合起来，不断满足职工群众的多元需求。第二，找准角度，实现服务途径多渠道。探索运用群众化、网络化、社会化方式，切实提高各个实事项目在基层企业中的渗透率和在一线职工、劳务派遣工、农民工中的覆盖率。第三，挖掘深度，实现服务方式多层次。以行业特性、地域特性、职业特性为依据，结合不同职工群体特点，制定具有个性化的服务项目，使不同职工群体不同层次的需求得到更及时的回应与关注。

三是做实劳动保护机制。围绕“12355”的具体内容，认真落实好“安康杯”竞赛、职业病防治、高温劳动保护、职工食堂食品安全等工作，并将工作重点放在薄弱环节，争取有突破、有进展。在源头预防上跨前一步，主动搭建职工方、行政方和工会方共治、共通、共享的工作架构；在制度健全上下功夫，明确职责，制度先行；在监督检查上促长效，进一步构建专业化的监督检查网络。同时，要抓好人才培训，为应对安全工作形势和需求提供队伍保障。

四是做精帮困救助举措。第一，提高建档的精准性，实行动态化管理。各级工会要当好职工冷暖的“第一知情人”,记入档案,广泛、及时、准确地排摸梳理动态变化情况,为做好精准帮扶打好基础。第二,提高措施的针对性,实行链条式服务。在唱响传统“四季歌”的基础上,着眼于受助人学习、生活、就业、职业发展全过程,从助学、助能、助志、助业等各方面帮助职工缓解和摆脱生活困境,提高脱困解困率。第三,提高管理的规范性,实行基金型运作。各级工会要尽可能创造条件建立帮困基金,逐步形成可持续的筹资和运行模式,加强规范制度,让困难帮扶资金运作有制度可依、有标准可循。

三、强化协作融合,进一步加强资源整合抓“联转”

一是纵向联动,层层落实。

按照群团改革“管办分离”的要求,市区两级权益保障部门要加强整体谋划、顶层设计、综合协调、业务指导,承接具体保障事务的市区两级直管单位(包括职工援助服务中心、职保中心、疗休养院所等)要实施、操作、落实好市总、区总下达的任务目标,定期沟通、形成合力。同时,在推动基层工会职能建设中,将更多服务资源下放到基层工会,切实提高基层工会干部服务职工的意识和能力。

二是横向联动,拓展资源。

一方面争取政府职能部门的支持,在服务项目和活动的宣传和实施上,要加大与相关职能部门的联动配合,放大效应。另一方面要充分整合好工会内部各类资源,如文化宫、体育馆、服务中心等工会服务设施和阵地,提升能效。

三是跨界联动,借势借力。

各级工会要探索吸纳、调动和整合更多社会资源开展工作的有效方法,充分利用社会机构的工作平台和服务资源,采取市场化手段和项目化方式,运用购买服务或项目补贴等模式,为职工提供更多具备组织优势和资源优势的服务项目。

四是信息联动,建好网上工会。

要运用新媒体,开展宣传推广;要衔接管理系统,提高工作效率;要搭建信息平台,开展统计查询。各级工会要充分运用好市总已有的信息化系统,积极打通与本级平台的对接,要学会运用大数据库,对服务职工有关数据进行分析对比,了解职工参与度,进一步完善服务方案和工作措施。

融入社会治理大局　深化新时期区域化工会建设

宋钟蓓

党的十九大明确提出,要打造共建共治共享的社会治理格局。工会作为党领导的群团组织,应当主动融入国家战略、党政大局,也应当在主动参与社会治理中找准自身定位。从本市经验看,以街道乡镇为基本单位加强区域化建设,已经成为本市加强和创新社会治理的重要选择。在这样的背景下,必须大力推动构建“党建引领、党工共建,条块联动、以块为主,网格为基、交叉覆盖,社工负责、智能管理”的区域化工会建设体系,形成新时期工会精细化管理的新模式。

一、加强对区域化工建与党建、社建的融合研究

深化区域化工建与区域化党建的具体联系、研究工会参与区域社会治理可依托的平台机制是实现制度融合的前提。一要跟进城市基层党建步伐,对与社会治理密切相关的各类法律法规、文件政策等进行实证研究,总结相关街道乡镇的有关工作经验,形成制度性安排。二要在融入社区公共服务、公共管理、公共安全等工作时,工会援助服务中心、职工服务站、工会网格、工会网上平台等阵地平台与党政的各类平台中心在体制机制和工作内容上形成衔接联动。

二、探索区域化工会融合的多种实现方式

依托区域内不同隶属工会之间的共建共享、功能区区域化工建、产业链龙头企业带动是创新融合方式的有效途径。一要进一步研究搭建区域化工建平台,探索会员代表会议、街道乡镇总工会委员会议、工建联席会议以及行业工会会议等多种制度方式。二要借鉴功能区与地区党建融合的有效经验,探索与地区工会工作融合的各种形式,形成各方机制的有机融合,服务职工区域联合。三要通过龙头带动、条块联手、以块为主方式,在项目区、商务区等处推动整条产业链以及所有合作方依法建会,依法开展集体协商等工会各项工作。

三、建立健全新时期区域化工建网格化管理体制机制

区域化工建网格化管理的关键在于对接和借鉴本市城市网格化管理模式,理顺工会组织在网格化管理体制中的关系，研究开发工会网格化综合管理平台。一要认真学习相关制度性文件，总结提炼各区、街道乡镇在实行网格化管理工作中取得的可为工会借鉴的有效经验，超前思考实行网格化管理后工会可依托和借助的各类平台和资源。二要制定工会区域化工建配套制度，科学设置工会网格，明确各级工会职责，建立以网格为基本管理单元的工会工作运行机制。三要在工会网上工作平台中开发网格化管理模块，以街道乡镇为单位，与城建网格基本管理单元相对应，与工会组织库、会员库相衔接，与12351服务热线相呼应，与手机移动端APP相联通，逐步建立起工会网格化管理信息系统。

四、实现与党领导的社会治理大格局有机融合

工会的工作优势在于密切联系职工群众，要实现全面融入社会治理大局，工作系统性对接是重要途径。一要发挥工会依法组建的优势，着力完善组织体系，加大新型就业群体覆盖的力度，实现对职业人群"盲区"的组织覆盖、工作覆盖和服务覆盖。二要发挥工会服务机制、活动方式的优势，将各类党政资源、工会阵地、服务窗口等通过网格化管理形式有机连接起来，提高服务职工群众的能力和水平。三要发挥工会协调劳动关系的优势，推动市、区、街镇三级进一步健全政府与工会联席会议制度和劳动关系三方机制，完善工会、法院、人社、司法"四方联动"机制，推进和谐劳动关系建设。

专记

国有、非公企业工会改革

【出台《关于推进上海非公有制企业工会改革工作的指导意见》】 5月26日，市总工会出台《关于推进上海非公有制企业工会改革工作的指导意见》，进一步推动非公企业工会深化改革，打通服务职工的“最后一公里”。《意见》明确了推进非公有制企业工会改革的四大工作措施。一是依靠职工建会，推进依法建会。区、街镇（开发区）总工会要主动融入区域化党建和社会治理创新大格局，在酝酿两代表一委员和工商联执委等具有政治身份人士以及在推荐申报或评先评优等工作中，要提出对非公企业人选的意见。建立健全对不配合工会组建或拒缴工会经费非公企业的监督制约机制。二是明确主业主责，推进依法维权。区、街镇（开发区）总工会要明确非公企业工会在服务中实现维权、上级工会在维权中落实服务的工作定位。建立健全街镇（开发区）“小三级”工会体系，完善上级工会代表下级工会履行维权职能的工作机制，当非公企业工会遇到不能维权、不敢维权、不便维权的情形时，上级工会要代表企业工会与行政方沟通协调，协助或代替企业工会履行维权职能。三是提升干部能力，推进依法履职。区、街镇（开发区）总工会要稳步推进企业工会主席公推直选，逐步推动企业工会主席专职化。要加快培育社会化工会工作者，要向区域性、行业性工会联合会配备专职工会干部。对规模以上或有特殊需求的非公企业，可由上级工会安排社会化工会工作者协助开展工作。四是惠及基层一线，推进依法管会。区、街镇（开发区）总工会要依法规范非公企业工会经费收缴。上级工会经费要进一步向基层和职工倾斜，鼓励有条件的上级工会以项目化补贴形式回拨工会经费。依法规范会员会费的缴纳，强调会员身份等。

（陈　蓓）

【深入推进非公企业工会协调劳动关系制度建设】 为进一步深化本市非公企业工会改革，促进街镇及所属“小三级”工会更好地在加强协调劳动关系制度建设、履行工会主业主责等方面发挥机制性、长效性作用，市总工会劳动关系工作部根据市总工会主席室要求，于2017年三季度起，会同宝山顾村、杨浦长白、闵行梅陇等街镇探索深化非公企业工会协调劳动关系制度建设，重点以街镇及所属“小三级”工会为工作主体，以推进工会“四位一体”（法律援助、法律监督、集体协商、民主管理）协调劳动关系体系建设为主要内容，以维护职工权益、促进企业发展、构建和谐劳动关系为工作目标，进一步推动非公企业工会建起来、转起来、活起来。市总工会劳动关系工作部根据试点情况专门制订非公企业工会协调劳动关系制度模板，以此指导各地区规范推进。同时，重点指导闵行梅陇、静安石门二路、黄浦南京东路、青浦香花桥、普陀长征、金山朱泾等街镇，就职代会和集体协商制度规范化建设、政府与工会联席会议制度落实、劳动争议联合调处等方面形成重点突出、特色鲜明的工作方案。全市各区确定43个试点街镇，稳步有序推进非公企业工会协调劳动关系制度建设。

（庄若冰）

11月8日，市总工会召开贯彻十九大精神推进国有企业工会改革工作会议 （吴良荣）

【全面启动国有企业工会改革】 2017年，为解决新形势下国企工会所面临的弱化、淡化等问题，市总工会联合市委组织部、市委宣传部、市国资委党委、市经济信息化工作党委、市建设交通工作党委共同制定《关于加强和改进本市国有企业工会工作的指导意见》，明确国企工会改革的总体要求、基本原则和主要内容，并形成《关于实施〈关于加强和改进本市国有企业工会工作的指导意见〉的通知》。《指导意见》从维权制度机制建设、运行机制、工作方法、组织队伍和党的领导等5个方面，明确了20余条具体措施。要求各级国企工会把保障职工权益、协调劳动关系的制度机制纳入国企法人治理结构；建立以服务职工为导向的国企工会运行机制；创新国企工会工作方式；与时俱进加强国企工会组织体系和工作队伍建设；加强党对国企工会的领导。11月8日，市总工会召开“贯彻十九大精神推进国有企业工会改革工作会议”，全面推进国企工会改革工作。市级层面确定上海电气集团总公司工会、上海国际港务（集团）股份有限公司工会、市机械施工集团有限公司工会、上海机场集团有限公司工会、上海城投水务集团有限公司工会、宝山钢铁股份有限公司工会、中国建筑第八工程局有限公司工会、上海电信工会、新徐汇（集团）有限公司工会、上海静安置业（集团）有限公司工会等10家试点单位。会上，国际港务工会、宝钢股份党委、机场集团工会、新徐汇集团党委、上海锅炉厂党委等单位围绕国企工会改革工作做了交流发言。

（王珍宝）

【浦东新区总工会推进非公企业工会改革，探索“三联”工作模式】 深化群团改革，浦东新区总工会以非公企业为主攻方向，协助区委制定并下发《浦东新区关于加强非公有制企业工会建设的改革方案》。召开全区非公企业工会改革推进会，聚焦非公企业工会体系、功能、机制、载体以及队伍建设，持续用力、不断深化，将改革的压力层层传导向基层，实现非公企业工会工作全面推进，为改革的持续深入奠定了坚实基础。召开浦东机场工会联合会第一次代表大会暨浦东机场非公企业工会建设推进大会，成立浦东机场区域非公企业工会联合会，以"组织联建、服务联动、活动联办"的"三联"工作模式，把更多流动、分散、灵活就业的职工群体凝聚到工会组织中来。（陈 维）

12月19日，长宁区召开非公有制企业工会改革推进会（李悦琳）

【徐汇区推进非公企业工会改革】 3月底，市总工会组织召开全市非公企业改革现场推进会上确定天平街道总工会作为徐汇区首个开展非公企业工会改革试点工作的单位。8月，区总工会召开全区推进非公企业改革工作交流座谈会，以典型引路，推动全区其余12家街镇按照"一街一方案"的原则，以需求为导向，紧密结合地区中心工作、职工队伍状况等，制订完善本地区非公企业改革工作方案。天平街道总工会以"推三张服务清单、建三维服务阵地"被评为2017年度上海市基层工会十大创新案例，康健街道总工会、龙华街道总工会获得十大创新案例提名奖。（徐飒爽）

【长宁区召开非公有制企业工会改革推进会】 12月19日，长宁区召开非公有制企业工会改革推进会。市总工会党组书记、主席莫负春，长宁区委书记王为人出席大会并讲话。会议确定了改革的指导思想、工作目标、基本原则和工作措施。明确从"依托区域社区党建格局，实现依法建会；提升工会干部能力素质，最大限度地调动工会干部积极性；牢固树立主责主业意识，实现依法维权；加大工会经费保障力度，实现依法管会"等4个方面着手，推进全区非公企业工会改革，提升工会组织影响力，增强职工群众认同感和获得感。市总工会巡视员何惠娟，市总工会相关部门、区有关部门主要领导，各街道（镇）、园区党（工）委书记以及工会主席，部分非公企业工会代表出席本次大会。（李悦琳）

【普陀召开非公企业工会改革推进会】 9月21日，普陀区长征镇园区非公企业工会改革推进会在长征工业区召开，这是全市首个以街镇"小二级"工会为重点的非公企业工会改革试点。市总工会党组成员、巡视员何惠娟，区委副书记孙萍，区人大常委会副主任、区总工会主席李松海等市、区领导出席大会。各街镇党委书记，工会主席、副主席和园区及非公企业的负责人、工会主席和职工代表共120余人参加会议。会上出台"1+6"园区非公企业工会改革方案，即1份《长征镇推进园区非公企业工会改革实施方案》和6个相关方案附件。针对"四难三不足"问题（即非公企业"工会组建难、建会企业运转难、工会主席履职难、工会经费收缴难"和园区工会"经费不足、人员不足、活动场地不足"），改革方案明确了"四大改革路径"以及"四大改革举措"。会议要求全区各级党组织和工会组织切实增强推进非公企业工会改革的责任感和使命感；始终坚持党对非公企业工会改革工作的领导，合力推进各项改革措施落地；主动融入全区发展大局，不断开创非公企业工会改革的新局面。（陆 蕾）

【虹口区非公企业工作改革试点启动】 8月25日，虹口区非公企业工会改革试点现场会在欧阳路街道召开。市总工会巡视员何惠娟、区委副书记洪流出席会议并讲话，区各街道总工会主席、副主席及工会干部参加会议，会议由区人大副主任、总工会主席胡军主持。欧阳街道总工会从"增强主体意识、强化保障制度、完善服务重点"3个方面着手，扩大工会组织覆盖面和影响力，增强职工群众的获得感。建立以网格化为运作方式的区域性工会联合会，以行政管理服务网格划分为参考，结合辖区内企业和职工分布，借助区域化党建联席会议平台，形成"小二级"工会组织运作的新模式，在区域性工会建设上取得关键突破。在欧阳社区物业行业工会联合会成功经验的基础上，推动建立养老护理行业工会联合会，并将试点经验向全区推广，鼓励各街道总工会根据自己特点设计改革方案。（徐 洁）

【市总工会第三督查组督查杨浦工会改革工作】 12月26日，市总工会第三督查组一行5人由闵行区人大常委会原副主任、总工会原主席俞莉红带队，实地督查杨浦区总工会改革工作情况。杨浦区委常委、组织部部长黄红与市总工会第三督查组成员见面。督查组通过听取区总工会汇报、召开基层工会干部和职工座谈会、征求区委意见、查阅有关资料等形式，全面调查了解区总工会改革工作主要指标以及特色创新工作的落实情况。区总工

会班子成员出席汇报会，麦碧莲作工会改革工作汇报。（张东寅）

【全市首个高新园区非公企业工会改革试点在静安启动】 8月24日，静安区召开市北高新园区非公企业工会改革试点工作现场会。市总工会党组书记、主席莫负春，静安区委书记安路生，市总工会党组成员、巡视员何惠娟，秘书长宋钟蓓等出席。静安区人大常委会副主任、区总工会主席叶坚华主持会议。市北高新园区总规划面积3.13平方公里，注册在园区的企业1800家，现有企业员工3万名左右，其中非公企业员工2万名左右。园区总工会成立于2015年，现有工会组织85个，其中独立工会79个，联合工会6个。已建基层工会的非公有制企业230家，占总数的28%；非公有制企业工会会员6430人，占总数的32%；按照要求缴纳工会经费的非公有制企业12家，占总数的5%。此次改革以“三好五规范”为总体目标。即通过改革，努力做到组织建设规范化、工作项目规范化、经费拨缴规范化、会员交费规范化、队伍建设规范化，最终实现在园区非公企业中建好工会、建好阵地、建好队伍的目标。改革试点启动后，三年内力争使非公企业：工会覆盖率由原来的28%提高到50%；会员入会率由原来的32%提高到50%；企业工会经费缴费率由原来的5%提高到50%；工会工作会员覆盖率由原来的50%提高到80%；工会组织正常运作率由原来的50%提高到80%。会上印发《关于搞活非公企业工会的改革方案(试行)》，并同步推出市北高新园区非公企业工会基本职责、园区非公企业工会经费收缴、会费收交和管理办法、非公企业工会主席岗位津贴实施办法，关于组织开展工会会员活动日的工作方案。（张　欣）

【静安区总工会有序推进非公企业工会改革】 11月30日，静安区非公有制企业工会改革工作推进会召开。市总工会党组成员、巡视员何惠娟，区委副书记顾云豪讲话。会议由区人大常委会副主任、区总工会主席叶坚华主持。自非公企业工会改革启动实施以来，区总工会从本区非公企业业态和工会工作实际出发，以市北高新园区工会改革为突破口，积极探索非园区公企业工会改革工作，以“三好五规范”为工作目标，通过“工会会员日”推进非公企业工会组建工作，为全市非公企业工会改革向纵深推进积累了有益经验。会议要求，要统一思想认识，明确改革意义；坚持问题导向，提高非公企业工会改革的针对性和有效性。要在扩大组织覆盖，创新宣传方式，落实会员权利，提升服务水平上下功夫；确保非公企业工会改革落实落地。市北高新园区就探索推进非公企业工会改革作工作汇报，大宁街道党工委、石二街道总工会、江宁街道总工会、天目西路街道总工会作交流发言。（严　琪）

3月29日，宝山区推广顾村经验全面推进非公企业工会改革大会召开

（胡立伟）

【全国工会推广上海顾村经验观摩交流会在宝山召开】 5月26日，中华全国总工会在顾村召开全国工会推广上海顾村经验观摩交流会。中华全国总工会党组书记、副主席、书记处第一书记李玉赋做重要讲话。上海市委副书记尹弘出席并致辞。市总工会党组书记、主席莫负春，区领导汪泓、范少军、周志军、袁罡、王丽燕及来自全国各地的工会干部出席会议。同日，市总工会出台《关于推进上海非公有制企业工会改革工作的指导意见》《关于非公有制企业兼职工会主席履职津贴实施办法(试行)》。明确推进非公有制企业工会改革要依靠职工建会，推进依法建会；明确主业主责，推进依法维权；提升干部能力，推进依法履职；惠及基层一线，推进依法管会等四大工作措施，提出非公企业工会要引导职工依法交纳的会费用于直接惠及会员的项目，形成会员与非会员的区别效应；聚焦职工需求实施普惠性、精准化服务；加大疗休养、健康体检、困难帮扶等工作力度；聚焦涉及职工切身利益的问题积极开展集体协商。（万　晶）

【宝山区全面推进非公企业工会改革工作启动】 3月29日，宝山区推广顾村经验全面推进非公企业工会改革大会在宝山区委党校召开。市总工会党组书记、主席莫负春、宝山区委书记汪泓、区委副书记周志军出席会议并讲话。宝山区开展非公企业工会改革工作，是为了破解联系服务职工群众的瓶颈问题，运用法治思维和法治方式，不断扩大工会组织覆盖面，提升工会组织影响力，增强职工群众认同感和获得感，凝聚广大职工为实现“两区一体化升级版”奋斗目标和“魅力滨江、活力宝山”发展愿景贡献力量。（万　晶）

【闵行区启动非公企业工会改革】 2017年，闵行区总工会研究制定《闵行区关于推进非公企业工会改革的实施意见(试行)》，并于4月5日、6月23日分别召开颛桥镇非公企业改革试点工作推进大会、全区非公企业工

会改革推进大会。全区各街镇和莘庄工业区相继启动改革，通过明确基本职责，拓展依法建会路径，发挥服务职能，实施工会主席履职津贴制度以及推行向基层倾斜的经费收缴使用制度等措施。区总工会根据各街镇和莘庄工业区实地实体型企业工会建会数，按每家企业工会1500元标准实施补助，下拨经费231.15万元。推进实地实体型企业、各类经济园区、商务楼宇，房产中介、社会医疗机构行业建会工作。聚焦新兴灵活就业群体，加大“两非一无”人员入会工作力度，最大限度地把职工纳入到工会组织中来，全年新建工会组织167个，覆盖企业446家，发展会员26173名。

（王　凯）

【嘉定区召开非公企业工会改革现场推进会】　12月5日，嘉定区非公企业工会改革现场推进会在嘉定区南翔镇智地群团服务站召开。市总工会党组书记、主席莫负春，嘉定区委书记马春雷出席会议并讲话。市总工会秘书长宋钟蓓，嘉定区委副书记周金林，嘉定区人大常委会副主任、区总工会主席王建新，嘉定区副区长陆祖芳出席会议。嘉定区总工会在区委领导下，积极探索非公企业工会改革，南翔镇非公企业工会改革试点成功并取得阶段性成果，并以人群为导向，建立了以货运司机为主要对象的货运行业工会、以社区保安物业管理人员为主要对象的物业行业工会，取得成效。周金林主持会议，宋钟蓓和陆祖芳分别为嘉定区货运行业工会联合会和嘉定区物业行业工会联合会揭牌，王建新部署嘉定区非公企业工会改革工作。南翔镇党委、南翔镇总工会、南亚新材料科技有限公司行政、新时达电气有限公司工会在会上作交流发言。部分兄弟区非公企业工会改革试点街镇总工会代表，各街镇党（工）委书记、分管副书记，各街镇总工会主席、专职副主席和基层有关党组织书记、工会主席、非公企业代表等150余人参加会议。

（黄点点）

【金山区试点镇非公有制企业工会改革工作推进会召开】　6月30日，金山区试点镇非公有制企业工会改革工作推进会召开，市总工会副主席何惠娟，区委副书记程鹏，市总工会基层工作部部长丁巍出席会议，区人大常委会副主任、区总工会主席朱喜林主持会议。区非公企业工会改革领导小组成员、区相关委办局负责人，试点镇党政工、非公企业负责人等参加会议。金山区以枫泾镇和漕泾镇非公企业工会改革为突破口，着力破解基层工会工作的瓶颈难点问题，围绕职工群众获得感上做文章，努力推动非公企业工会“建起来、转起来、活起来”。会上，枫泾镇总工会和漕泾镇总工会分别汇报了两个试点镇的非公企业工会改革实施方案。

（雷　霆）

【松江区总工会全面推进非公企业工会改革工作】　松江区总工会全面贯彻全国总工会在顾村镇召开的会议精神，在石湖荡镇非公企业工会改革试点的基础上，制定《松江区总工会关于推进非公有制企业工会改革工作的实施意见》及任务分解表，各街镇、开发区总工会分两个批次，三个阶段推进全区层面的非公企业工会改革。非公企业工会改革推进工作呈现出领导重视、统筹协调、分步实施、以点带面、条块结合的特点。石湖荡镇非公企业工会改革“职工汇”项目的功能模块开发完成，进入“基层工会—区域性、行业性工会联合会—镇总工会”三级工会干部的操作培训阶段，覆盖工会干部人数100多人次。以“职工汇”APP为中心的互联网服务平台，涵盖会员服务与会员管理两个系统。同时，实行“镇总工会、区域性行业性工会联合会、基层工会”三级管理。实施工会主席激励保障新政策，根据非公企业工会会员规模大小结合主席的履职情况，给予工会主席每月50～300元的工作补贴。推行工会经费收缴使用新方式，建立镇工会经费管理中心，以上代下收缴工会经费，指定镇总工会专职财务人员，确保依法收费和使用。工会经费采取先收后返的办法，上级工会提留不超过20%，其余80%全额返拨企业工会。

（朱　慧）

【青浦区朱家角镇探索非公企业工会工作新思路】　一是注重党工共建。探索“党建带工建、工建服务党建”循化互促模式，依托“两新”驿站，由党组织和工会带头集中流动党员，组织开展各类活动。组团式服务进企业注重加强法律法规、权益维护等政策宣讲，定期开展便民服务项目。二是注重阵地建设。着力加强职工服务站与群团组织间、群团与职工间的联系，延伸服务职工手臂。积极推进“朱家角镇工会”微信号进企业，开展“微信送好礼”等互动服务，吸引职工关注工会组织、参与工会活动。同时，探索打造“公益乐学教学点——基层服务站——网络平台”三维服务阵地，打造线上线下优质服务平台。三是注重服务延展。按照职工选“菜”点单、工会配送服务的模式，开展送文化、送法律、送关爱等活动。组织文体活动进

8月23日，崇明区召开非公企业工会改革试点工作启动会　（秦春华）

9月22日，浦东机场非公企业工会第一次代表大会暨浦东机场非公企业工会建设推进会召开 （张雯倩）

企业、安全保障进企业等，保障职工各项权益。扩大职工书屋、爱心妈咪小屋、职工亲子活动室等建设，实行资源配送，提升工会服务覆盖的广度和深度。 （朱建强）

【崇明区总工会启动非公企业工会改革试点】 为深化群团改革，努力推动非公企业工会建起来、转起来、活起来，8月23日，崇明区总工会在长兴镇召开非公企业工会改革试点工作启动会。市总工会巡视员何惠娟，区委副书记、副区长侯继军等出席并讲话。会上，长兴镇总工会交流了非公企业工会改革试点工作情况，长兴镇党委和3家企业做了交流发言，长兴镇“蓝领品牌”产业工人队伍建设项目揭牌成立。 （秦春华）

【浦东机场探索条块结合的非公企业工会改革“机场模式”】 9月22日，在上海机场集团工会与浦东新区总工会联手推进下，浦东机场非公企业工会第一次代表大会暨浦东机场非公企业工会建设推进会在浦东机场召开，为探索“属地建会、条块结合”的新方式进行有益尝试。市总工会党组书记、主席莫负春，市总工会巡视员何惠娟，浦东新区人大常委会副主任、区总工会主席周奇，上海机场集团工会主席张永东等有关领导，以及浦东机场企业和职工代表、浦东各街镇专职副主席近200人参加会议。机场区域内共有非公企业80家，职工近9000人，其中有58家尚未建会。非公企业大多规模小、数量多、资源有限，针对这一情况，上海机场集团主动与浦东新区总工会对接，成立区域非公企业工会建设领导小组，全力推进浦东机场工会联合会建设。同日，浦东机场非公企业的46名代表通过选举产生浦东机场工会联合会第一届“两委委员”、主席、副主席、经审委主任。浦东机场工会联合会按照“组织联建、属地管理，服务联动、资源叠加，活动联办、双向服务”的原则，由机场股份公司工会和祝桥镇总工会联合建立区域性基层工会联合会，承担着在“小三级”工会组织体制中承上启下的职能，具体负责机场区域内非公企业工会组建和会员的发展、服务。同日，位于浦东机场职工活动中心的工会联合会职工综合服务站揭牌成立，这是根据浦东机场非公企业职工日常工作、生活、休憩的特点和需求，围绕职工“生物钟”特性而搭建的一个“零距离”联系服务广大职工的平台。 （李　挚）

【百联集团工会开展国企工会改革工作】 12月26日，根据市总工会关于推进国有企业工会改革工作的要求，百联集团工会召开专题研讨会，制订改革总体工作计划，确定2家基层试点单位。成立集团工会工作改革小组，制订3项重点内容：把维权制度和要求融入企业治理结构和管理制度、健全以职工需求为导向的服务关爱机制、提升职工技能适应企业改革转型任务。确定新华联大厦工会、上海物贸大厦工会作为基层试点单位，在完成规定工作、自选工作的基础上，注重抓住难点、热点问题，注重抓好特色、亮点工作，不断加强基层组织建设，努力提高群众工作本领，在实践中逐步形成便于推广应用的工会工作改革经验和做法，更好地把广大职工的智慧和力量凝聚到企业改革发展上来。 （姜　杰）

大事记

2017 年大事记

1 月

1 月 5 日　市总工会召开上海市劳动模范协会第六届会员代表大会。市总工会领导洪浩、杜仁伟、李斌、李友钟、宋钟蓓出席会议。李斌当选新一届劳模协会会长。

6 日　市总工会举行“职业女性喂爱坚持—爱心妈咪小屋新春嘉年华”活动。市总工会副主席何惠娟出席活动并讲话。

12 日　市总工会举行 2016 年上海市“技师创新工作室”命名大会。市总工会副主席何惠娟出席大会并讲话。

19—20 日　全国总工会副主席、人力资源社会保障部副部长邱小平率领全总慰问团赴上海，分别走访慰问全国劳模、大国工匠、上海飞机制造有限公司数控车间钳工组组长胡双钱，杨浦区困难职工蒯淑兰，中建八局上海公司耀华路项目部，为上海职工送来关怀和问候。

19—21 日　市总工会利用援外干部统一回沪休假期间，组织 140 名援外干部及家属赴沙家浜、西山休养院进行为期三天的疗休养。

2 月

21 日　市总工会召开上海工会宣教文体工作会议。市总工会巡视员杜仁伟、副主席李友钟出席会议。

27 日　市总工会召开主席办公会、常委会、全委会工作规范专题会。市总工会党组书记莫负春、副主席姜海涛、秘书长宋钟蓓、经审主任桂晓燕出席。

3 月

6 日　市总工会召开市总工会女职工委员会六届五次全委（扩大）会议。市总工会副主席何惠娟出席会议并讲话，秘书长宋钟蓓、经审会主任桂晓燕出席会议。

6 日　市总工会召开上海工会纪念三八国际劳动妇女节 107 周年暨“爱心妈咪小屋”创建升级推进会。市总工会领导班子成员，市妇联有关领导，市总机关部室负责人、女职工委员，区局（产业）工会女职工干部、“爱心妈咪小屋”和“职工亲子工作室”负责人代表出席会议。

15 日　市总工会召开市总十三届九次全委（扩大）会。市委副书记尹弘出席会议并讲话。市总十三届委员、经审委员、部分女职工委员，非委员区局（产业）工会主要负责人，区局集团公司党委分管领导，直管单位主要负责人等参加会议。全会选举莫负春为市总工会主席，桂晓燕为市总工会副主席。

28 日　市协调劳动关系三方共同组织召开深入推进本市和谐劳动关系创建活动工作会议，市人社局、市总工会、市工商联和市企联相关领导出席会议，市总工会党组副书记、副主席姜海涛出席会议并讲话。

28 日　市总工会召开 2017 年上海工会基层（经济）工作条线会议，市总工会副主席何惠娟出席会议并讲话。

29 日　市总工会和宝山区联合召开宝山区非公企业工会改革启动大会。市总工会党组书记、主席莫负春，副主席何惠娟，秘书长宋钟蓓和宝山区有关领导出席大会。这次会议标志全市非工企业工会改革进入全面启动阶段。

30 日　2017 年上海工会职工权益保障工作会议召开。市总工会副主席桂晓燕出席会议并讲话。

4 月

1 日　市总工会召开上海工会基层（职工）服务站现场推进会，市总工会党组书记、主席莫负春，副主席何惠娟，秘书长宋钟蓓出席会议。

11 日　市总工会举办 2016 年以来新任区局（产业）工会主席、副主席培训班。市总工会党组书记、主席莫负春，党组副书记、副主席姜海涛，秘书长宋钟蓓出席开班式。

17 日　市总工会召开 2017 年上海工会年鉴工作会议。市总工会副主席桂晓燕出席会议并讲话。

24 日　市总工会、市高院、市人社局、市司法局联合下发《关于共同加强本市劳动关系矛盾预防化解工作的意见》，就共同推进本市劳动关系矛盾预防化解工作，形成市总工会、市高院、市人社局、市司法局共同加强本市劳动关系矛盾预防化解工作的“四方合作”机制。

28 日　市总工会、市高院、市人社局共同召开会议，部署推进“四方合作”，共同加强本市劳动关系矛盾预防化解工作。市总工会党组书记、主席莫负春出席会议并讲话，党组副书记、副主席姜海涛分别与市高院、市人力资源和社会保障局、市司法局签定合作纪要。

28 日　市总工会举行上海市庆祝五一国际劳动节特别节目。市委书记韩正等四套班子领导、市总工会领

3 月 15 日，市总工会十三届九次全委（扩大）会议召开　（吴良荣）

4月28日，参加上海市庆祝五一国际劳动节特别节目的市劳动模范和先进工作者代表与市领导合影 （吴良荣）

导、市有关部委办领导及劳模先进代表等观看特别节目。观看节目前，韩正等市领导接见劳模先进代表。

5月

22日　市总工会举行2017年上海职工科技节开幕式。市总工会党组书记、主席莫负春，党组副书记、副主席姜海涛，副主席何惠娟、李斌，秘书长宋钟蓓出席开幕式。

24日　市总工会召开本市工业开发区、创业园区、高新技术产业园区（三区）职工创新创意成果展启动仪式。市总工会党组副书记、副主席姜海涛，副主席何惠娟、朱雪芹出席相关活动。

26日　全国总工会召开宝山区顾村镇经验现场观摩交流会。各省区市总工会党组书记（常务副主席）、各全国产业工会、中央和国家直属机关联合工会主要负责人出席观摩交流会。市总工会主席莫负春，副主席何惠娟、桂晓燕，秘书长宋钟蓓陪同观摩交流。

27日　市总工会举办上海职工技能实训基地揭牌暨2017年职工焊接技能开班式。市总工会党组书记、主席莫负春，副主席何惠娟，秘书长宋钟蓓出席。

29日　市总工会举行《我是小小朗读者》六一庆祝活动，本市单亲、困难、一线职工代表及其子女300余人参加庆祝活动。市总工会副主席何惠娟出席并讲话。

31日　市总工会举办2017年上海工会庆“六一”职工亲子工作室实事项目对接会，市总工会副主席何惠娟出席会议并致辞。市总工会对已建和在建的47家亲子工作室授牌。

6月

13日　市总工会举办遵义市工会干部培训班。市总工会副主席、经审会主任桂晓燕出席开班式并讲话。

14日　市总工会召开上海工会经审工作改革推进会，各区审计局局长，区局（产业）工会主席、经审主任及市总经审委员等250余人参加推进会。市总工会党组书记、主席莫负春，党组副书记、副主席姜海涛，副主席、经审会主任桂晓燕，秘书长宋钟蓓出席。

15日　市总工会与上海开放大学全面合作签约暨首期上海工匠研修班开班式，在上海开放大学国际会议中心举行。市总工会党组书记、主席莫负春、巡视员杜仁伟、副主席李友钟出席开班式。

16日　市总工会召开本市职工队伍状况调查动员部署会。市总工会党组书记、主席莫负春，党组副书记、副主席姜海涛，副主席、经审会主任桂晓燕，秘书长宋钟蓓出席。

26日　市总工会举办新时期产业工人建设改革方案专题讲座。市总工会领导班子成员出席。

7月

5—8日　市总工会举办区局（产业）工会经审主任培训班。市总工会副主席、经审会主任桂晓燕出席开班式并作动员讲话。

18日　市总工会召开市总工会十三届十次全委（扩大）会议。会议选举麦碧莲、周奇为上海市总工会第十三届委员会常委。

29日　市总工会举办“中国梦·劳动美”上海工会慰问滨江建设者专场文艺演出。市总工会领导班子成员与滨江45公里贯通开放工程参建单位职工一起观看演出。

8月

7日　市总工会举行上海职工亲子工作室设置及管理办法发布暨爱心妈咪小屋关爱使者训练营活动。各区局（产业）工会女工干部，亲子工作室负责人，爱心妈咪小屋负责人代表等700人参加。市总工会巡视员何惠娟出席相关活动。

14日　市总工会召开2017年上海智慧城市建设“智慧工匠”选树、“领军人物”评选组委会第一次全体会议。市总工会巡视员何惠娟出席并讲话。

30日　市总工会召开2017上海班组文化网络大奖赛动员培训会议，市总工会副主席李友钟出席并作动员。

9月

7日　市总工会举办市总工会女职工委员会委员履职培训班。市总工会巡视员何惠娟出席开班式并作动员讲话。

11日　市总工会举行上海工会网上建设工作推进会，标志此项工作全面启动并进入运行阶段。市总工会领导班子成员出席会议，市总工会党组书记、主席莫负春讲话。

18日　市总工会牵头，市委组织部、市委宣传部、市国资委党委、市经信委党委、市建交委党委、市社会工作党委等市厂务公开领导小组主要成员单位共同制定下发《关于进一步深化本市厂务公开民主管理加强和谐劳动关系建设的实施意见》，文件就进一步完善企事业单位民主管理制度、提升职工民主管理实效提出目标要求，依法推进民主管理制度纳入公司章程，依法实施工会定向劳动法律监督。

18 日　市总工会召开 2017 年度上海工会统计工作会议。市总工会副主席、经审会主任桂晓燕出席会议并讲话。

19 日　市总工会举行 2017 上海工匠命名暨“创新创业零距离”工匠论坛。市总工会领导班子成员出席会议，市总工会党组书记、主席莫负春讲话。

20 日　上海市厂务公开工作领导小组召开扩大会议，就当前和今后一段时间本市推进厂务公开民主管理的目标要求和工作任务进行部署。市委副书记、市厂务公开工作领导小组组长尹弘出席会议并讲话，副市长、市厂务公开工作领导小组副组长彭沉雷出席会议并宣读表彰决定，市总工会党组书记、主席莫负春主持会议。各区、系统(产业)厂务公开领导小组主要负责人、工会主席等 150 余人参加会议。

25 日　市总工会举行全市班组(团队)文化网络大奖赛开幕式。市总工会副主席李友钟出席开幕式并讲话。

29 日　由上海市总工会承办的“中国梦・劳动美”第四届全国职工摄影展开幕式，在中华艺术宫举行。全国职工摄影爱好者，本市各区局(产业)工会宣教部长、文化宫主任等参加开幕式，市总工会党组书记、主席莫负春，市总工会副主席李友钟出席相关活动。

29 日　市总工会举办 2017 年“蝴蝶杯”上海职业女性拼布缝纫创意大赛。大赛历时 5 个月，收到来自女职工周末学校和 30 多个区局(产业)工会的女职工、社会各界拼布爱好者 130 余幅作品。市总工会巡视员、女职工委员会主任何惠娟出席仪式并发表讲话。

10 月

11 日　市总工会召开上海市职工技术协会第七次会员代表大会暨七届一次理事会。市总工会党组书记、主席莫负春、巡视员何惠娟出席。

19—20 日　市总工会举办上海工会信息培训班。市总工会秘书长宋钟蓓出席开班式并作动员讲话。

30 日　市总工会组织市总工会机关系统传达学习党的十九大精神。十九大代表、市总工会党组书记、主席莫负春，副主席李斌传达学习并交流参加十九大的体会。

11 月

3 日　市总工会会同市委组织部、市委宣传部、市国资委党委、市经济信息化工作党委、市建设交通工作党委共同制定下发《关于加强和改进本市国有企业工会工作的指导意见》，对加强和改进本市国有企业工会工作提出总体要求和基本原则。

8 日　市总工会联合市委组织部、市委宣传部、市国资党委、市经信党委、市建交党委共同召开推进本市国有企业工会改革工作会议。各区委组织部部长、总工会主席，局(产业)工会主要领导、党委组织部部长等参加会议。市总工会党组书记、主席莫负春出席会议并讲话，市委组织部副部长冷伟青代表党委组织部门对国有企业工会改革提出要求，市总工会党组副书记、副主席姜海涛，副巡视员吴萌出席会议。

10 日　市总工会举行工会社工队伍初任培训结业仪式。市总工会巡视员何惠娟出席会议并讲话。

17 日　市总工会举行党的十九大精神劳模代表宣讲团成立仪式。市总工会党组书记、主席莫负春，副主席李友钟出席。

27 日　市总工会召开 2017 年“放心职工食堂”建设工作总结大会。各区市场局分管领导、食品经营科负责人；各区总工会、部分局(产业)工会分管主席、权益保障部长等参加大会。市总工会副主席、经审会主任桂晓燕出席并讲话。

12 月

1 日　市总工会召开本市职工文化建设工作会议。各区总工会主席、产业(局)工会分管主席和宣教部部长，各区工人文化宫、工人体育场主任，工业园区、开发区、经济园区工会负责人参加会议。市总工会党组书记、主席莫负春，党组副书记、副主席姜海涛，副主席李友钟，秘书长宋钟蓓出席会议，莫负春讲话。

5 日　市总工会举行 2017 上海智慧城市建设“智慧工匠”选树、“领军先锋”评选活动颁奖典礼。活动组委会领导、部门负责人，各区信息化主管部门、系统单位工会代表、获奖选手代表等 600 余人参加典礼。市总工会巡视员何惠娟出席相关活动。

11 日　市总工会举行 2017 年上海职工优秀成果交流转化平台上线仪式。市总工会巡视员何惠娟出席并讲话。

13—15 日　市总工会举办“2017 年上海工会女干部学习贯彻党的十九大精神专题培训班”。

14 日　市总工会召开市总领导班子民主测评会，全总在沪执委，市总常委、机关正副部长(主任)，直管单位党政主要负责人参加测评会。

20—21 日　市总工会上海工会学习贯彻党的十九大精神专题研讨班。市总工会党组书记、主席莫负春作主题讲座。

24 日　市总工会举办“预备，爱——新时代，新活力，青年交友”活动，帮助单身青年职工搭建交友平台，解决“交友难”“婚恋难”这一社会普遍关注的问题。

28 日　上海市班组(团队)文化网络大奖赛颁奖暨闭幕式在市群众艺术馆举行。市总工会党组书记、主席莫负春，副主席李友钟、秘书长宋钟蓓出席相关活动。

概况

组织概述

上海市总工会机关设9个内设机构，分别为办公室、研究室、组织部、基层工作部、劳动关系工作部、权益保障部、宣传教育部、财务资产管理部、经费审查委员会办公室。按有关规定设置直属机关党委、纪委和工会，与组织部合署办公。市总工会机关核定人员编制82名，所辖区局（产业）工会122个。市总工会下属上海工会管理职业学院、市工人文化宫、劳动报社、市职工技协服务中心、市总工会职工援助服务中心、市职工保障互助中心、市总工会幼儿园、市退休职工服务中心、海鸥控股（集团）有限公司等9个企事业单位。（庄　勤）

上海市总工会领导及各部室负责人名单

中共上海市总工会党组名录

党组书记　莫负春
党组副书记　肖堃涛（2017.2免）
姜海涛（2017.2任）
党组成员　杜仁伟（2017.8免）　何惠娟（女）
李友钟　宋钟蓓（女）高黎萍（女）
桂晓燕（女）

上海市总工会第十三届委员会主席、副主席、常委名录

主　席　洪　浩（2017.3免）
莫负春（2017.3任）
副主席　肖堃涛（2017.3免）
侯继军（2017.3免）
何惠娟（女，2017.7免）　姜海涛
李　斌（兼）　李友钟（挂）朱雪芹（女，兼）
桂晓燕（女，2017.3任）
常　委（按姓氏笔画为序）
王　震　麦碧莲（女，2017.7任）
杜仁伟　何惠娟（女）宋钟蓓（女）
陈　欣（女）　周　奇（2017.7任）
俞莉红（女，2017.7免）
顾晓鸣（2017.7免）　徐　文

上海市总工会经费审查委员会主任、副主任、常委名录

主　任　桂晓燕（女）
副主任　倪伟琦
常　委（按姓氏笔画为序）
马龙英（女）　李扣庆　袁一平
黄银萍　彭陆强

上海市总工会巡视员、秘书长等名录

巡视员　杜仁伟（2017.6免）
何惠娟（女，2017.6任）
秘书长　宋钟蓓（女）
副巡视员　吴　萌（2017.2任）

上海市总工会各部室负责人名录

办公室
主　任　沈雄德
副主任　李学兵　刘培顺（2017.12免）　张国峰
研究室
主　任　杨伟良（2017.9免）
崔校军（2017.12任）
副主任　操志扬（挂）
组织部
部　长　桂晓燕（女，2017.5免）
庄　勤（女，2017.12任）
基层工作部
部　长　丁　巍（女）
副部长　竺　敏
副部长　钱传东
副部长　常　青（挂）
劳动关系工作部
部　长　周永宝
副部长　黄　琦（女）
副部长　陈　嵘
副部长　张　敏（女，挂）
权益保障部
部　长　陈美琴（女）
副部长　杨　敏（女）
宣传教育部
部　长　陈必华
副部长　李　伟
副部长　张　路（女，挂）
财务资产管理部
部　长　赵　伟
副部长　卢家平
副部长　唐文韵（女）
副部长　梁　军（挂）
经审办
主　任　倪伟琦
副主任　卢能飞（2017.9免）

上海市总工会直属机关党、纪、工、团负责人名录

直属机关党委
书　记　桂晓燕（女，兼，2017.5免）
姜海涛（兼，2017.5任）
副书记　宫运利　桂云林（女，2017.12任）
直属机关纪委
书　记　张　红（女，2017.12免）
桂云林（女，2017.12任）
直属机关工会
主　任　夏　勇
直属机关团委
书　记　庄　勤（女，兼）

工作概述

【上海市总工会综述】 2017年在市委和全总的领导下，上海工会以习近平新时代中国特色社会主义思想为指引，统筹推进深化工会改革的各项任务，在围绕中心服务大局中切实履行工会职责，开启新时代上海工会事业发展的新征程。一是聚焦学习宣传贯彻党的十九大精神，动员广大职工凝心聚力、共促发展。制订上海工会学习宣传贯彻党的十九大精神总体计划，成立党的十九大上海劳模代表宣讲团，开展劳模精神进校园等活动，推动十九大精神和劳模精神、工匠精神进园区、进企业、进学校、进社区。开展“践行新理念、建功‘十三五’”主题劳动竞赛，动员全市职工增强主人翁意识、发挥主力军作用。集中评选产生3家全国五一劳动奖状、30名全国五一劳动奖章、29个全国工人先锋号和176家上海市五一劳动奖状、596名上海市五一劳动奖章、300个上海市工人先锋号。积极培育和践行社会主义核心价值观，深入开展“中国梦·劳动美”主题宣传教育活动，全面开展“网聚职工正能量·争做中国好网民”主题活动。实施“百万在岗人员学力提升行动计划”，做好公益乐学、EBA培训等各项工作。举办上海职工科技节等各项活动，选树第二批94名上海工匠，命名一批劳模先进创新工作室，制作《上海工匠》画册及电视专题片，与上海开放大学联合举办工匠研修班，实施授权发明专利奖励、技能晋级奖励、带教师傅奖励等，激发职工学技术、学技能的积极性。二是持续深化改革，推动上海工会改革向纵深发展。根据中央和市委要求，研究谋画产业工人队伍建设改革，牵头制定本市贯彻落实《新时期产业工人队伍建设改革方案》的工作方案，成立文件起草小组，初步形成《关于推进新时期上海产业工人队伍建设改革的实施意见》。以全总在上海召开全国工会推广顾村经验观摩交流会为契机，出台推进非公企业工会改革工作的指导意见，召开全市非公企业工会改革推进会，实现非公企业工会改革全市全覆盖。探索创新新型就业群体入会建会方式，长宁区、浦东新区、徐汇区、普陀区成立家政行业工会，杨浦区成立医养照护行业工会，青浦区成立快递物流行业工会，普陀区成立网约送餐行业工会，徐汇区成立房产中介行业工会，浦东新区、机场集团条块结合共同推进浦东机场区域非公企业工会组织建设。以中央、市委加强国企党建、深化国企改革为契机，研究启动国企工会改革。会同市委组织部、市国资委党委等制定《关于加强和改进本市国有企业工会工作的指导意见》和全市国企工会改革总体推进计划。实施工会经费监督体系改革，制定推进工会内部审计、国家审计、社会审计和职工会员监督“四位一体”立体经审监督体系建设的意见，形成审计工作合力。建立第三方审计机构备选库，加大购买社会审计服务工作力度。完善和普及基层工会经审工作台账，推进基层工会审计结果公开。三是创新维权服务方式方法，切实维护和保障职工群众合法权益。积极参与《上海市职代会条例》修订工作，市人大常委会审议通过条例修正案，明确政府及相关部门在推进职代会制度中的主体责任、规范非公企业重大改革调整中的民主程序、强化工会劳动法律监督职责等；积极参与本市最低工资标准、企业工资指导线及医疗、养老、工伤等相关民生保障政策的制定、调整和实施；会同市国资委修改完善《上海市国有控股公司章程指引》，为进一步推进基层民主建设提供制度保障。完善工会维权工作体系，联合市高院、市人社局、市司法局制定《关于共同加强本市劳动关系矛盾预防化解工作的意见》，与市一中院、二中院等签署深度合作会商纪要，形成多方参与协调劳动关系矛盾的工作格局。加强群体性劳资纠纷预防化解，督促改革调整企业依法、妥善处置职工切身利益事项。加强工会法律援助，实体化运作职工法律援助站点291个，为职工提供代写法律文书、协商协调、仲裁诉讼代理服务等2.6万起。制订实施工会定向劳动法律监督和归集管理失信信息办法，推动违规企业组建工会、建立职代会制度、开展集体协商。会同相关部门开展农民工工资支付等专项检查。指导河道养护等行业开展集体协商，编印《行业工资集体协商指导文本》，在钟表行业等公布主体工种平均工资水平。积极推进上海工会劳动保护三年行动计划，深化“安康杯”竞赛活动，做好职业病防治、防暑降温等各项工作，切实保障职工的生命安全和健康权益。联合市人社局等制定《关于加强服务职工经费保障的意见》，进一步明确职工福利费、职工教育经费、安全生产费、工会经费等相关政策和操作标准。落实好12项服务职工实事项目，强化第三方评估，会员服务卡、职工疗休养、爱心妈咪小屋等项目的市总补贴资金近1亿元、受益人数比上年度增长7.5%。持续开展元旦春节送温暖、金秋助学、农民工关爱、就业援助等系列活动，全年各级工会共筹措送温暖资金1.97亿元，发放助学资金2534.5万元，为职工提供免费就业服务11.6万人次。扎实推进“四项医疗互助保障计划”，全年共给付12.5亿元保障金，惠及212.52万人次，创新“在职住院保障计划”自动给付方式，有效发挥“职工第二医保”作用。深化基层（职工）服务站建设，建立95家“户外工作驿站”，进一步拓展站点服务功能。积极推进职工亲子工作室建设。加强与市文广局、市体育局等相关部门的协调合作，推动各区工人文化宫退租还文、公益转型，年内各区工人文化宫全部纳入公益一类。制定《上海工会网上工作行动计划》，强化网上服务平台和工作平台一体化联动建设。开发建设“申工社”APP2.0版本，网上整合推出50多个服务职工项目。实施网上工作平台迭代开发计划，完成组织管理、会员管理、网上入会等20个业务应用系统及10个办公通用模块的开发建设。至年底，工会网上工作平台录入329万实名会员、7.3万多个工会组织的相关信息。四是强化工会自身建设，不断提升群众工作能力水平。组织开展五年一次的全市职工队伍状况大调查，广泛深入开展调查研究，全面把握职工队伍的结构特征、变化特点、发展趋势。制订市总机关领导干部联系基层和职工制度，开展“争当工会改革实干家，争做职工信赖娘家人”活动，推动机关领导干部下基层、进企业、访职工、抓调研、办实事常态化制度化。开展新任区局（产业）工会领导班子成员等专题培训，工会劳动保护干部、经审干部等专项业务培训。加强社会化工会工作者队伍建设，将社会化工会工作者初任培训时间从原来的1周延长至1个月，全年共对1200多人次开展4期初任培训、10期轮训。进一步建立完善工会考核办法和考核体系。组织开展工会改革落实情况督查,全面调查了解各区工会改革主要指标及特色创新工作的落实情况,指导帮助各区工会总结经验、改进不足、提高实效。开展基层工会经费专项督查。深入推进“两学一做”学习教育常态化制度化,切实加强党风廉政建设。规范市总机关部室和直管单位职责分工,进一步推进管办分开、协同协作。持续推进工会财务规范化管理、工会资产分类管理,进一步优化工会经费支出结构。落实工会对口援助各项工作,全年完成31个援助项目,援助资金1000余万元。基本完成《工会志》编纂,工会对外交流、老干部、信访、信息、统计、年鉴等各项工作取得积极进展。 (沈雄德)

【上海市总工会经费审查委员会综述】 2017年,市总工会经审会紧紧围绕工会中心工作,以加强基层工会经审工作为主线,以规范工会经审工作为抓手,以制度建设为重点,充分发挥审查审计监督职能,使工会经审工作得到健康有序发展,在工会工作全局中发挥了应有的作用。一是召开市总工会十三经审会第十次全体会议,讨论、审议并原则同意了上海市总工会2016年经费收支决算和2017年经费收支预算(草案)以及《关于上海工会2016年经费审查工作情况和2017年经费审查工作安排的报告》。二是召开市总工会十三经审会第十一次全体会议,审议并原则同意了2017年上半年经费收支情况和2017年预算调整,听取了关于2017年经审办工作的汇报。开展了对同级工会预算执行情况和财务收支情况的审计。委托公开招标的中标事务所对市总工会9家直管单位半年以及全年的预算执行情况和财务收支情况进行审计、对30个区局(产业)工会的预算执行情况和经费收支情况进行审计、对8个区总工会的专项资金进行审计,同时对20个基建项目进行造价审计等。与市审计局共同召开上海工会经审工作改革推进会,出台《关于推进工会内部审计、国家审计、社会审计和职工会员监督“四位一体”的立体经审监督体系建设的意见》,落实工会改革精神,补齐工会经审工作的短板。组织参与对下审计的会计师事务所开展培训,提高审计人员的业务水平。继续组织区局(产业)工会经审主任培训班和新上任经审干部培训班。配合组织部和工会学院为市总基层委员、新上任工会主席进行经审知识培训,并为有需要的区局(产业)工会进行工会经审干部岗位培训。定期召开区局(产业)工会经审互助组工作例会,搭建交流、沟通平台。建立经审互助组微信群,提高交流的有效性和及时性。为区局(产业)工会和基层工会提供各项政策咨询,答疑解惑。 (倪伟琦)

【上海市总工会女职工委员会综述】 2017年,市总工会女职工委员会紧密结合全市女职工实际,认真履行职责,在学习宣传贯彻党的十九大精神、加强女职工思想引领、拓展女职工服务项目、维护女职工合法权益、深化女职工“五大行动”等方面取得了新成效。一是注重思想引领,团结动员全市女职工坚定不移跟党走。举办“上海工会女干部学习贯彻党的十九大精神专题培训班”,采用专题辅导、学习分享、讨论交流、现场教学等形式,及时学习宣传贯彻党的十九大精神,全市各级工会女职工组织迅速掀起学习宣传贯彻党的十九大精神特别是习近平新时代中国特色社会主义思想高潮,汇聚女职工团结奋进的强大正能量。二是发挥先进典型示范引领作用,深入开展提素建功活动,激发女职工创新创造活力。以“践行新理念,建功‘十三五’”为主题,在女职工中广泛开展岗位练兵、技术比武、技能提升活动,搭建女职工创新创造成长成才舞台,提高女性先进在2017年全国五一劳动奖章、上海市五一劳动奖章、上海工匠等评选表彰中的比例;上海工会职工晋升技师、高级技师奖励中,女职工占比达23%;55个由女职工领衔的工作室获评市级职工(技师、巾帼)创新工作室。组织女劳模疗休养,关爱女劳模身心健康活动。以女职工周末学校、公益乐学等为载体,广泛开展女职工素质提升行动。广泛开展女职工读书活动,举办上海女职工风采主题展示活动,开展“共话家风”“和美家庭”好家书征集活动等,诠释了“注重家庭家教”和“传承文明家风”的时代主题。三是依法履行维权职责,女职工各项权益得到有效维护。开展《〈女职工劳动保护特别规定〉贯彻落实情况》《生育政策调整后如何帮助青年职工解决后顾之忧》《全面二孩政策背景下女职工生育权益保障状况》等调研,积极参与0—3岁企业内幼托点标准的制定等。开展女职工维权行动月活动,与市人社局等联合开展专项检查,共抽查用人单位1365户,涉及女职工49644人。开展2017年女职工劳动权益落实情况监督检查,重点对园区、楼宇内用人单位贯彻落实《女职工劳动保护特别规定》情况进行督查,有力维护了女职工合法权益和特殊利益。加大普法宣传力度,举办以“增强法制观念,维护女工权益”为主题的法制宣传咨询活动,发放《上海女职工假期与待遇示意图》《女职工劳动保护特别规定》宣传册等,取得了很好的效果。开展上海市“尊法守法·携手筑梦”服务农民工法治宣传行动,法治讲座涉及多个女职工维权主题,一批女农民工在行动中受益。加大法律援助力度。2017年全市各级工会共办理涉及女职工的法律援助案件9405件,比上年同期增加了204%,全市女职工权益保护专项集体合同共签订18949份,覆盖女职工218万余人。四是不断拓展幸福关爱实事项目,提升女职工获得感。举办上海工会纪念三八国际劳动妇女节107周年暨“爱心妈咪小屋”创建升级推进会,制作《幸福小屋 爱的守护》爱心妈咪小屋建设工作巡礼专题片,表彰在推进小屋建设中作出积极贡献的“爱心公益使者”。继续实施爱心妈咪小屋助推计划,为618家新建小屋提供建屋资金补贴共计294万余元,全市小屋已达2200余家。创建职工亲子工作室实事项目,在职工需求集中且有条件、有意愿的机关企事业单位试点开展职工子女托管服务,支持用人单位因企制宜、力所能及地帮助职工解决后顾之忧。颁布《上海“职工亲子工作室”设置及管理办法(试行)》,对设置标准、管理要求、保障措施等作出明确要求。举办亲子工作室项目对接会,创造条件让更多项目供应方和需求方见面洽谈相关合作事宜。全市职工亲子工作室已达到70家,受益职工子女达2500余人。关爱女职工身心健康,开展困难企业女职工免费“两病”筛查服务实事项目,有12000余名女职工受益，2.69万名女职工参加职工疗休养计划，1.25万名女职工参加了健康体检计划。女职工特种保障计划有效会员65.51万人，给付人数619人，给付金额645.62万元。办理工会会员服务卡女职工人数145.65万人。关心关爱农民工群体，开展“电话诉亲情，温暖进万家”赠送通讯费活动、农民工“平安返乡返城”行动和农民工健康医疗、体检行动等活动，覆盖约1万名女农民工。搭建青年职工交友平台，作为联合主办方举办了“让爱见证，城市让生活更美好”公益万人相亲会和“新时代新活力青年交友活动”，为基层单位职工牵线搭桥。五是切实加强组织自身建设，推动女职工工作创新发展。深化推进上海工会群团改革，开展《上海工会女职工组织情况调查》，就深化上海工会女职工工作改革进行深入调研和指导，确保女职工组织建设和女干部队伍建设得到有效加强。推动女职工工作改革向街镇基层工会延伸。加快新领域新阶层组织建设，重点推进街镇、园区、非公领域等同步建立工会女职工组织。（许燕军）

2017年主要文件

发文日期	文　号	文件名
2017.1.26	沪工总基〔2017〕26号	关于转发《中华全国总工会办公厅关于印发〈上海市宝山区顾村镇加强基层工会建设的经验做法〉的通知》的通知
2017.2.15	沪工总财〔2017〕41号	关于转发中华全国总工会办公厅《工会行政事业性资产管理办法》的通知
2017.3.22	沪工办〔2017〕4号	关于印发《上海市总工会常委会2017年工作要点》的通知
2017.4.24	沪工总基〔2017〕142号	关于表彰上海市模范之家、上海市模范职工小家、上海市优秀工会工作者的决定
2017.4.24	沪工总基〔2017〕143号	上海市总工会关于表彰上海市五一劳动奖状（章）、上海市工人先锋号的决定
2017.4.27	沪工总发〔2017〕7号	关于加强服务职工经费保障的意见
2017.5.18	沪工总基〔2017〕172号	关于印发《上海市总工会关于推进上海非公有制企业工会改革工作的指导意见》的通知
2017.5.18	沪工总基〔2017〕173号	关于印发《上海市总工会关于非公有制企业兼职工会主席履职津贴实施办法（试行）》的通知
2017.7.31	沪工总基〔2017〕247号	上海市总工会关于印发《上海“职工亲子工作室”设置及管理办法》的通知
2017.8.21	沪工办〔2017〕11号	关于转发《中华全国总工会办公厅关于进一步加强工会劳动保护监督督促企业落实安全生产责任主体的通知》的通知
2017.8.21	沪工办〔2017〕12号	关于转发《中华全国总工会办公厅关于进一步加强和规范劳模休养工作的通知》的通知
2017.9.8	沪工总办〔2017〕279号	关于印发《上海工会网上工作行动计划（2017年—2019年）》的通知
2017.9.14	沪工总劳〔2017〕288号	关于印发《上海市总工会定向关于开展工会定向法律监督的实施办法》的通知
2017.9.18	沪工总劳〔2017〕295号	关于进一步深化本市厂务公开民主管理加强和谐劳动关系建设的实施意见

续 表

发文日期	文　号	文件名
2017.11.3	沪工总发〔2017〕13号	关于加强和改进本市国有企业工会工作的指导意见
2017.11.3	沪工总劳〔2017〕338号	关于实施《关于加强和改进本市国有企业工会工作的指导意见》的通知
2017.11.13	沪工总宣〔2017〕342号	上海市总工会关于认真学习宣传贯彻党的十九大精神的通知
2017.11.15	沪工总宣〔2017〕344号	关于成立党的十九大精神上海劳模代表宣讲团的通知
2017.12.6	沪工总办〔2017〕360号	上海市总工会关于印发2018年《职工"应援尽援"维权服务实施方案》等九个实事项目实施方案的通知
2017.12.28	沪工总研〔2017〕386号	关于印发《在全市工会系统开展"不忘初心、牢记使命，勇当新时代排头兵、先行者"大调研的实施方案》的通知

基层组织建设

综　述

2017 年，上海工会创新职工入会方式，拓展职工入会渠道，推进基层工会组织规范化建设，完善“网上入会”流程，加强社会化工会工作者队伍建设，推进职工服务站建设，夯实工会组织基层基础。截至年底，全市基层工会 48310 家，覆盖单位 20.7 万个，会员 766.6 万名。一是推进基层工会规范化建设。在全市层面开展基层工会组织规范化建设自查自纠工作，下发《关于开展 2016 年度会员评家工作情况自查的通知》，要求各级工会围绕“六有”工会建设、“双争”活动、非公企业工会改革试点、本地区本单位开展的重点工作等情况开展自查。全市有 13750 家单位开展自查自纠活动，其中非公企业 8827 家，社会组织 304 家，国有企业 1708 家；上级工会抽查 1828 家单位，其中非公企业 1130 家。二是做实企业体制外入会。指导各区、各街镇（园区）推进企业体制外职工入会，加大倒逼企业建会的工作力度。总结各地区在企业体制外组织职工加入工会的典型经验和成功做法，并加以推广复制。推进“两非一无”职工入会。制订下发《关于落实“两非一无”政策有关事项的通知》。三是完善“网上入会”流程。召开“网上入会”人员座谈会，挖掘成功入会的典型代表和经典案例，开展系列宣传，扩大社会影响面。借助会员服务卡等大数据信息，提升网上平台审核的准确率，依托申工社 2.0 版本上线，进一步完善后台审核功能和数据分析功能，增设职工网上申请入会提醒及信息比对功能，提高网上入会审核时效性。四是推进工会干部队伍建设。推进宝山、闵行成立社会组织，建立社会化工会工作者队伍。统计至年底，全市已有工会社工 1413 人。共组织开展 4 期社会化工会工作者初训，共 224 人次，10 期社会化工会工作者轮训，共 796 人次；7 期大中型企业（含非公）工会主席培训，共 439 人次；17 期新上岗主席培训班，共 942 人次。首次建立非公企业工会主席网上培训平台，为全市的非公企业工会主席（干部）提供在线培训学习。五是推动职工服务站建设。截至 11 月底，全市已建成职工服务站 256 家。服务站工作人员共计 2139 人，投入资金近 9300 余万元。38 家职工服务站挂牌设立“公益基地”。建立 95 家“户外职工驿站”。六是加强调查研究。对上海工会组织、行业工会建设、职工服务站建设等进行调查研究。分别形成《关于上海工会组织建设状况的调查报告》《上海市行业工会建设状况的调查报告》《上海市职工服务站建设状况的调查报告》。同时，以张江国家自主创新示范区的 124 个园片区为重点，开展园区情况调研，对园区内企业及职工情况、园区工会组织形态、工会工作者队伍、运作模式、服务载体等内容排摸梳理。并选取园区业态相对齐全并具有代表性的闵行区开展试点，对园区工会建设情况开展专题调研，为全市园区工会工作提供依据。

（赵志灏）

8 月 4 日，长宁区家政行业工会联合会成立　（严信军）

新型就业群体入会建会

【概要】 2017 年，上海工会重点聚焦物流快递员、家政服务员、护工护理员、商场信息员、房产中介员、网约送餐员、货运驾驶员等流动、分散、灵活就业群体，探索创新新型就业职工群体的建会模式。制订下发《关于进一步推进家政服务员入会和服务工作的通知》，推动长宁、浦东、徐汇、普陀等区成立区级家政行业工会，吸纳 2 万多名家政员入会，推动 200 多家家政公司建会。重点指导快递公司总部集中的青浦区成立快递物流行业工会；医疗护理机构较为集中的杨浦区成立医养照护行业工会；网络送餐品牌企业“饿了么”总部所在的普陀区成立网约送餐行业工会；房产中介企业和网店相对集中的徐汇区建立房产中介行业工会；物流货运企业相对集中的宝山区、嘉定区探索成立物流货运行业工会联合会。　（赵志灏）

【浦东新区总工会深化体制外建会模式】 区总工会主动与区妇联、区家政协会对接，成立负责指导和推动区家政行业建会和服务工作领导小组，遵照“公司属地建会、行业二次覆盖”的原则，借鉴“小三级”工会建设组织模式，搭建家政公司工会、街镇家政行业工会联合会、新区家政行业工会联合会的“三级”组织框架，在家政公司比较聚集的花木街道、金杨街道、浦兴街道、金桥镇、北蔡镇，根据家政员人数，以单独建会或纳入行业性基层联合工会覆盖的形式，先行试点建立家政行业工会联合会，并召开浦东新区家政行业工会第一次代表大会暨家政行业工会建设推进会。　（陈　维）

【长宁区召开家政行业工会联合会成立大会】 8 月 4 日，长宁区家政行业工会联合会成立大会在长宁区工人文化宫召开。市总工会党组书记、主席莫负春，长宁区委副书记韩志强等出席成立大会。会议由区人大副主任、区总工会主席刘英主持，全区百余名家政从业人员代表和工会干部参加大会。长宁区家政行业工会联合会作为全市首家区级层面的家政行业工会，目前已有首批15家家政公司建立工会组织，成为家政行业工会会员单位，共吸纳千余名家政服务员加入工会。莫负春、韩志强共同为行业工会联合会揭牌，与会领导为家政行业工会会员代表赠送了慰问品、书籍和两病筛查体检卡。 （李悦琳）

【普陀成立全市首家网约送餐行业工会】 12月13日，区网约送餐行业工会联合会正式成立，首批吸纳400余名网约送餐员入会，这也是全市首家网约送餐行业工会。市总工会巡视员何惠娟，区人大常委会副主任、区总工会主席李松海等市区工会领导出席成立大会。全区各街镇的工会干部和网约送餐员联合工会主席、站点负责人、网约送餐员代表等参加会议。何惠娟和李松海共同为行业工会揭牌，与会领导为会员代表赠送慰问品。网约送餐员代表发起《交通安全我遵守 食品安全我监督》的倡议。 （陆 蕾）

【普陀区家政行业工会联合会成立】 9月3日，区家政服务行业工会联合会在长寿邻里中心召开成立大会，这是继长宁、徐汇之后全市第三家家政服务行业工会。市总工会巡视员何惠娟，区人大常委会副主任、区总工会主席李松海，区总工会党组书记、副主席李戍渊等出席成立大会。各街镇工会干部和来自全区各家政公司的50余位家政服务员代表参加会议。行业工会由9家独立工会和1500余名会员组成。会上，李戍渊介绍区家政服务行业工会联合会的筹备情况并宣读区总工会关于同意家政行业工会一届一次全委会选举结果的批复。何惠娟、李松海共同为行业工会揭牌。与会领导共同为家政服务员代表赠送会员礼包，发放会员服务卡。会后，进行了家政服务行业礼仪和技术技能专业知识培训。 （陆 蕾）

【江川路街道总工会举办“两非一无”职工入会推进会】 11月17日，江川路街道总工会在上海碧江广场举办主题为“启航新时代、拓展新领域、凝聚新力量的‘两非一无’职工入会推进会”。市总工会巡视员何惠娟，区人大常委会副主任、区总工会主席倪学斌等领导出席活动，并为江川地区首家区域性商圈工会组织——上海碧江广场工会联合会和江川职工服务驿站（碧江广场站）揭牌。推进会现场为广大职工提供职工维权，女职工关爱项目，法律咨询，劳资矛盾调解，职工互助保障，消费者维权、文艺表演等各类服务，吸引众多职工群众踊跃参与。120多名职工现场填写入会申请，缴纳会费，领取会员证成为工会会员。同时，街道总工会还成立“江川卡卡服务联盟”，涵盖餐饮、文化休闲、体育健身等三大类16家服务单位，并联合农商银行提供现场激活服务，进一步拓展上海市工会会员卡的服务项目，持续扩大办卡率和使用率。 （毛胜楠）

【嘉定区物业管理行业工会联合会成立并召开第一次代表大会】 12月28日，嘉定区物业管理行业工会联合会成立并召开第一次代表大会，贾晓霞当选嘉定区物业管理行业工会联合会一届委员会主席。市物业管理行业党建工作指导委员会、市总工会、嘉定区总工会、嘉定区住房保障和房屋管理局等有关方面负责人出席会议。物业管理行业工会联合会成立对于承担物业管理行业工会联合会肩负的社会职责，充分发挥在创新社会治理工作中、提升行业整体素质过程中、充分发挥服务职工和维护职工权益中发挥积极作用。 （黄点点）

【青浦区成立快递（物流）行业工会联合会】 4月20日，青浦区快递（物流）行业工会联合会第一次代表（委员）大会在区会议中心召开。市总工会副主席何惠娟，区委副书记韩顺芳出席大会并讲话。会上，举行了“青浦区快递（物流）行业工会联合会”揭牌和首批“快递员驿站”授牌仪式，并为快递（物流）企业员工代表颁发“工会会员服务卡”。大会选举产生青浦区快递（物流）行业工会联合会第一届委员会主席、副主席、常委，经审委主任、委员，女工委主任、委员。 （朱建强）

【青浦区盈浦街道推进商圈建会工作】 青浦区盈浦街道总工会认真制定和实施推进计划，全力推进吾悦商业广场的建会工作。一是加强交流沟通。街道总工会主席多次主动上门与企业方有关负责人员交流沟通工会联合会的筹建工作，双方在工会的职能、商铺的覆盖、工会属地规范运作等方面基本达成了一致意见。二是做好排摸调研。基层服务站人员分成两个工作小组，在吾悦广场区域内开展地毯式排摸调研，掌握了吾悦商圈各门店的基本情况。三是营造建会氛围。通过网络宣传平台、发放工会告知书、宣传展板等形式，全方位、多角度大力宣传工会服务职工实事项目，积极营造建会的浓厚氛围。四是明确建会要点。明确基层服务站必须下沉到建会

4月20日，青浦区快递（物流）行业工会联合会成立 （孔孝元）

现场,实地帮助指导各商铺职工加入工会;明确以青浦吾悦作为小三级工会主体,组织各商铺加入工会联合会;明确建会各项工作的时间节点。 (朱建强)

【奉贤区总工会推进新型就业群体入会建会】 针对区小微企业多、规模型企业少,职工流动性大等特点,坚持聚焦重点行业和新型经济体组建工会联合会,聚焦"两非"重点人群,最大限度地把职工组织到工会中来。坚持把视野拓展到小微企业较多的电商行业和绿化养护行业,成立工会联合会,首批覆盖企业28家,吸收2189名职工入会。 (钱 洁)

【上海纺织首家园区混合所有制联合工会成立】 按照市总工会关于加强国有企业工会改革,推动地区工会与产业工会合作,建立园区混合所有制联合工会的要求,上海纺织首家时尚园区试点单位"天平街道尚街Lfot园区联合工会"于8月29日成立。联合工会覆盖30家客户,会员1110名。目前,尚街Loft园区工会与天平街道工会进一步探索集约各方资源,为联合工会运作提供服务,推动联合工会建起来、转起来、活起来。 (林裕良)

【浦江国际科技城工会联合会工会联合会成立】 11月10日,上海临港浦江国际科技城工会联合会揭牌仪式在临港浦江园区举行。临港集团党政工负责人及浦江园区已成立工会企业的工会主席、即将成立工会企业的老总和单位代表参加了仪式。会上,工联会筹备工作组组长郜惠青介绍筹备工作情况;王跃主任代表临港产工委宣读《关于同意成立上海临港浦江国际科技城工会联合会的批复》,并与张勇总经理共同为工会联合会揭牌;范黎书记代表园区向工会联合会提出希望和要求。根据安排,筹备工作组将严格遵照《工会法》的规定,召开会员代表大会、开展选举等工作。 (陈 浩)

小三级工会

【概要】 2017年,根据中央、市委群团改革会议精神和市委创新社会治理加强基层建设的要求,结合市总工会《关于规范"小三级"工会建设的意见》和《街镇"小三级"工会经费补助的实施办法(试行)》文件精神,进一步夯实街镇"小三级"工会组织规范化程度,激发基层活力。一是扩大组织覆盖面。共推进实地实体型单位组建工会2553家,吸纳会员18.9万名,其中非公企业占90%以上,累计发放补助资金485.9万元。二是拓展了职工入会渠道。累计发放会员活动经费补助51.6万元,惠及1.03万名企业外入会职工。三是调动非公企业工会主席积极性。在地区考核发放履职津贴的基础上,给予获市级及以上模范职工之家、优秀工会工作者、五一劳动奖状(章)及劳动模范等称号的非公企业工会兼职主席每月给予200元补贴,两年累计给734名工会主席发放补贴85.3万元。四是充实了工会工作力量。对社会化工会工作者给予每人每年3.6万元补贴,累计发放补贴资金2652万元,涉及1275名社会化工会工作者;同时首次将初任培训从原来的1周延长至1个月,着重培养工会工作者规范化、专业化、职业化素养,提供街镇"小三级"工会人才保证。 (赵志灏)

【新世界城综合工会联合会成立】 9月15日,首家以入驻企业职工为"两非一无"对象的工会组织——新世界城综合工会联合会成立。市总工会巡视员何惠娟,黄浦区总工会党组书记、常务副主席阮顺红等出席成立仪式。年初成立仪式上,黄浦区总工会和新世界集团工会领导为首批入会会员分发工会红利,并启动实事项目,首批770余名商场职工加入工会,到年底,90%的连锁店铺、90%以上的职工将纳入工会组织覆盖范围,会员职工依法交纳工会会费,共享工会组织普惠职工的实事项目和各项服务工作。 (陆中斌)

【闵行区颛桥镇探索推进网格化工会建设】 颛桥镇总工会探索开展网格化工会建设。通过前期摸底调查,重点分析颛桥镇实地实体企业情况,筹备建立4个工作网格,每个网格配备一名工会指导员,对网格内的企业加强走访,促进工会组织建设,组织开展各类活动服务职工。同时,会同网格域内的基层工会、基层村居委、社区民警等,与镇社区事务受理服务中心等部门协同联动,依托职工维权律师志愿团的专业优势,发挥网格团队作用,共同维护网格内职工的合法劳动权益,做好日常的劳动法律宣传,发现劳资纠纷隐患第一时间进行调处,维护劳动关系和谐稳定。 (毛胜楠)

【青浦区华新镇推进两新组织工会建设】 华新镇总工会突出建会入会与有效覆盖并重,推进"两新"组织工会建设。一是创新方式方法,狠抓组建工作。探索组织建设新形式,采用独立、入联、联合等多种组织形式,因地

9月15日,新世界城综合工会联合会成立 (陆中斌)

制宜,创新工会组建方法。同时抢占网上工会阵地,依托华新镇总工会公众微信号、申工社APP,开展网上建会入会工作,吸纳企业外职工入会。二是完善规章制度,提升规范化水平。在规模以上企业建立职工代表大会、厂务公开、平等协商等制度,针对中小企业开展民主管理难的问题,在E通世界探索建立区域性职代会。发挥工会组织优势,结合上海市和谐劳动关系企业评定标准,对企业和谐劳动关系做出具体规定,切实维护职工合法权益。三是搭建平台载体,激发组织活力。以"工人先锋号"等创先争优活动为平台,引导职工努力为"两新"组织发展建功立业;以开展各类培训讲座、素质提升活动等为主要载体,培养职工岗位成才;以弘扬工匠精神,培育团队精神,激发职工活力等活动为抓手,引导职工在广泛参与中实现自身进步;以工会普惠活动为主要内容,深化"大服务体系"建设,把党和工会的关爱落到实处,推动"两新"组织工会持续健康发展。 (朱建强)

【青浦区赵巷镇推动商圈联合工会建设】 青浦区赵巷镇总工会在推进奥特莱斯联合工会组织建设和劳动关系体系建设工作中,理思路、摸底子、建台账,扎实稳步推进奥特莱斯联合工会改革试点工作。一是理思路,明确工作方向。镇总工会多次以座谈会、实地走访的形式深入企业,了解奥特莱斯商业概况及工会工作,同时对奥特莱斯联合工会组织建设和组织覆盖进行商讨,提出思路、对策和意见建议。二是摸底子,确定工作重点。将基层服务站社工分成三个工作小组,在奥特莱斯开展为期一个月的摸底调查,做到"三清",即商铺所在区位清、职工人数清、职工入会意愿清。三是建台账,形成职工数据库。基层服务站在调查摸底基础上,将商铺与职工基本信息情况汇总,建立台账档案,为奥特莱斯联合工会组织全覆盖提供好基础资料。 (朱建强)

创新入会方式

【概要】 2017年,上海工会积极发挥职工主体作用,破解企业建会难题,着力创新职工入会方式。一是借助政策红利,推进"两非一无"职工入会。联手财务资产部等职能部室,对区、街镇等工会干部通过座谈会、实地调研等多种形式解读"两非一无"政策。选择黄浦新世界商厦、南桥百联商圈、宝山红星美凯龙家具大卖场、长宁家政等开展"两非一无"职工入会服务工作试点,研究探索入会建会方式、会费收缴使用、经费申请流程、会员服务项目等。制订下发《关于落实"两非一无"政策有关事项的通知》。年内,全市共吸纳"两非一无"会员75132人,下拨配套资金1577.8万元(含市财政配套资金),保障"两非一无"职工入会服务资金,增强"两非一无"职工入会积极性和获得感。二是优化管理流程,做实职工网上入会工作。依托申工社2.0版本上线,完善后台审核功能和数据分析功能,增设职工网上申请入会提醒及信息比对功能。利用后台技术升级,每天形成"申请数、通过数、不通过数、审核中数、已办卡数"5个数据(累计总数)存储,便于各区(产业)局工会及时查看。建立"亮灯"督办机制,启动"亮灯"警示,提高网上入会审核时效性。截至11月底,已有7298名职工申请入会,4733名职工通过审核加入工会。 (赵志灏)

【徐汇区总工会推进重点领域突破建会】 根据市总工会要求,聚焦特殊行业,结合区域实际,在推动相关企业普遍建立工会的基础上,建立区级、街镇层面家政服务行业工会联合会及全市首家区级房产中介行业工会联合会,覆盖企业33家、会员4602人。继续以"小二级"工会组织建设为重点,通过评估检查,评选产生9家区规范园区工会。同时,指导街镇总工会采取切实措施,推动区域内的园区、楼宇、小区以及企业较为集中的行业普遍建立"小二级"工会组织。围绕区委关于加强社工管理的工作精神,督促、指导13个街镇全面建立社工师事务所工会。用好"两非一无"会员经费保障政策,深入开展"两非一无"群体的入会建会、会费收缴、经费申请、会员服务等工作,累计已有350名职工通过网上申请入会,共有181人成功入会。 (徐飒爽)

【杨浦区组建市首家医养照护行业工会联合会】 5月15日,针对特殊行业特殊人群的创新性工会组织——杨浦区医养照护行业工会联合会成立。同日,行业工会联合会第一次代表大会召开,来自一线医养照护职工、医疗养老机构工会干部、区医务工会、区民政局、市区两级医院等50名代表,共同商定致力于改善护工劳动就业环境的"八大叠加职能"等重要事宜。杨浦区医养照护行业工会联合会下设18个分会,分别是5个大学附属医院分会、区医务分会和12个街镇分会。各街镇分会负责推进本区域内民办医疗机构和养老院、敬老院的工会工作。护工所在的企业工会为行业工会联合

5月15日,杨浦区医养照护行业工会联合会成立 (张东寅)

会所属基层工会组织。行业工会联合会的作用主要是对医养照护行业职工实现二次覆盖,在指导企业工会切实履职的同时,重点做好具有行业特点的职工教育、培训、服务和权益维护等方面工作。 (张东寅)

【闵行区总工会创新建会入会模式推动新型就业群体人员入会】 闵行区总工会采取“宣传推动、建会推进、网上推广、服务吸引”的工作方法推动区内八大新型就业群体人员入会。一是推动园区工会、行业工会建设。成立了虹桥商务区第一工会联合会、爱琴海商圈联合工会,在部分街镇成立了物业、餐饮、汽车修理、纺织等行业工会。二是依托职工服务站提供入会等服务。在已建立的26家职工服务站为辖区内职工提供入会办理、心理咨询、法律援助、健康讲座、家庭教育、困难帮扶等多方面服务,部分服务站组织职工开展特色活动,如花艺茶艺培训、观看露天电影、开设寒暑班等。三是以微信公众号为载体,提供工会普惠服务吸引八大群体人员主动入会。区总借助微信公众号平台积极宣传关于小三级工会经费补贴以及“两非一无”会员项目经费补贴的相关政策以及工会会员服务卡的功能,吸引职工主动入会。不定期组织惠及面广的粉丝福利活动,激励职工自发自觉地要求加入工会组织。 (兰 奇)

【闵行区吴泾镇成立纺织行业工会联合会】 7月20日,吴泾镇纺织行业工会联合会于召开第一次代表大会。会上选出了第一届委员会委员,同时通过《吴泾镇纺织行业工会联合会章程》。吴泾镇纺织行业从业人员多、流动快,职工有着相似的合法权益,工会工作有着相似的特点,组建行业工会并通过行业工会开展活动,符合职工就业方式灵活化、企业组织形式多样化的实际,符合工会工作社会化、群众化、职业化和民主化的进程。吴泾镇纺织行业工会成立,对推进全镇纺织行业各工会组织的正常运转,不断提高职工的综合素质,依法维护本行业职工的合法权益,实现区域和谐发展具有重要意义。 (王 凯)

【中国电信上海市工会举行新入职员工入会仪式】 7月28日、8月4日上海公司工会先后举行两批2017年新入职员工集体入会仪式,共计321名新加盟员工实现“入职”即“入会”。公司工会为每一名新员工颁发了“会员证”,让新员工在入职后的第一时间就能感受到工会组织的关怀,引导新员工对公司规范的成长发展平台、完善的福利保障机制、丰富的文化体育活动有更完整的认识,帮助新员工尽快融入企业、树立成长成才的信心和决心。 (殷 莹)

【浦东机场工会联合会首家非公企业工会成立】 12月6日,上海浦东机场非公企业工会联合会成立之后首家新加入的会员单位——世瑞公司工会成立及揭牌仪式在浦东机场T1航站楼举行。集团工会主席张永东、市总工会、浦东新区总工会、股份公司工会、祝桥镇工会、航站区管理部相关领导出席揭牌活动。9月22日,浦东机场非公企业工会成立,在机场集团工会和股份公司工会的指导下,委外单位积极配合,支持建会工作,世瑞公司工会的成立,迈出了组织建设的第一步,有利于凝聚发展更多的非公企业加入工会,提升队伍素质,实现多方共赢。 (郦 敏)

工会社工队伍建设

【概要】 2017年,上海工会持续深入探索工会工作者的职业化、社会化道路,通过孵化培育等举措,已初步建立了一支业务能力强、素质过硬的社会化工会工作者队伍。一是队伍逐步壮大。推动宝山、闵行建立社会化工会工作者队伍。截至年底,全市活跃在街镇“小三级”的工会工作者共有1413人,其中:浦东、杨浦、松江等11个区培育孵化了职工服务类社会组织,虹口区委托其他社会组织管理社工,12个区有社会化工会工作者1079人;长宁、静安、黄浦、普陀等4个区聘用党群工作者(即社区工作者)334人。二是经费加大投入。根据《街镇“小三级”工会经费补助的实施办法(试行)》按照社会化工会工作者每人每年10.8万元的标准,由市总工会、区总工会、区政府分别按每人每年3.6万元进行经费补贴。同时,对在楼宇或园区经济比较发达的地区,党群工作者兼任工会工作的,市总工会按每人每月1000元的标准进行补贴。补贴总计达8000余万元。三是培训深化推进。年内共组织开展4期社会化工会工作者初训班,共224人次参与。首次将社会化工会工作者初任培训从原来的1周延长至1个月。另,各区总工会结合本区实际共开展10期社会化工会工作者轮训班,796人次参加轮训。 (王翀达)

【静安区总工会举办街镇工会工作者培训】 8月1—2日,区总工会举办“2017年静安区工会干部培训班”。区人大常委会副主任、区总工会主席叶坚华,副主席谭振勇出席,全区14个街镇的128名工会党群工作者和工会指导员参加培训。叶坚华为静安置业集团成立区总工会职工疗休养基地揭牌。石门二路街道总工会、天目西路街道总工会和江宁路街道总工会分别就工会组建、职工服务站等现实工作中的焦点和难点作交流发言。分组讨论中大家就组建工作中的经验对策、如何提高非公企业工会活力、劳动竞赛对提升职工素质问题的探讨、当前工会工作中的主要问题与困惑等展开讨论。 (张 欣)

【闵行区总工会引入社会力量夯实基层工会工作基础】 闵行区总工会注册成立上海闵行工汇社工服务中心,建立工会社工队伍,共招录工会社工47人,派驻各街镇和莘庄工业区总工会,承担非公企业工会组建及工会服务工作等主要任务,切实增强基层工作力量。同时,部分街镇总工会与心桥社会工作服务中心等第三方社会组织建立合作联动机制,构建“工会干部+志愿者+社工组织”的工作格局,进一步夯实基层工会的工作基础。 (毛胜楠)

【金山工荟社会工作服务中心召开第一届第三次理事会会议】 5月23日,金山工荟社会工作服务中心在区会议中心召开第一届第三次理事会会议。区总工会副主席、党组常务副书记汪敏良出席会议并讲话,区总工会

5 月 23 日，金山工荟社会工作服务中心召开第一届第三次理事会会议
（雷　霆）

副主席沈美娣主持会议。工荟中心全体理事会、监事会成员及相关工作人员参加会议。根据中共中央办公厅和国务院的《关于改革社会组织管理制度促进社会组织健康有序发展的意见》等相关文件要求，会议调整中心第一届理事和监事，选举产生第一届理事会理事长、副理事长、监事会监事长。会议还表决通过《中心专职工会工作者招聘方案》和《关于发放补助和慰问的暂行规定》等。
（全赞红）

【青浦区总工会召开职业化社会化工会工作者会议】 8 月 18 日，青浦区总工会召开职业化、社会化工会工作者上半年度工作交流会。区总工会副主席倪健出席会议，有关业务部室负责人和全体职业化、社会化工会工作者参加会议。会上，11 名基层服务站的社工代表进行交流发言。区总业务部室负责人结合前期实地调研、走访座谈的情况，对上半年基层服务站建设和社工队伍工作情况进行回顾总结，并提出了下阶段工作要求。倪健对基层服务站建设和职业化社会化工会工作者上半年工作情况给予充分肯定，并要求全体社工加强学习、勤于思考、珍惜机会，在工作上不断增强主动性、能动性和事业心，努力为基层企业、职工群众提供更多专业、快捷、优质、高效的服务。（朱建强）

职工服务站建设

【概要】 2017 年，上海各级工会继续深入贯彻落实市委群团改革精神，在前一年职工服务站建设工作的基础上，各区总工会按照市总要求，遵循科学化布局、个性化设计、专业化服务、社会化运作、规范化管理、差异化发展的原则，结合各自特点在园区、楼宇、社区及重大建设项目等地探索建立了一批职工服务站。截至年底，已建成职工服务站 256 家；服务站工作人员，包括专、兼工作人员职和志愿者，共计 2139 人；全市建站首次投入资金近 9300 万元。一是各区总工会在职工集聚度高、工会覆盖不到的园区、楼宇、社区等地，有针对性地建立职工服务站，填补服务空缺。二是探索创新服务站运行模式，实现科学化规范管理。目前全市已建的职工服务站无论是单建、合建，还是联建，牢牢把握工会服务职工的宗旨以工作覆盖、服务覆盖和活动覆盖来吸引职工、凝聚职工，最大限度的把职工组织到工会中来。三是整合社会各方资源，不断提升服务站的服务能级，在站点内开展公益服务。现全市各区已有 38 个职工服务站被市民政局命名为公益基地，为完善公益服务体系提供了保障。四是拓展站点服务功能，切实解决户外职工实际困难。依托职工服务站挂牌设立“户外职工驿站”。至年底，全市已有 95 家沿街开设，提供饮水供给、避暑取暖、餐食加热等服务，切实为户外工作职工解决实际困难，保障他们身体健康和职业安全。
（王翀达）

【徐汇区总工会加强职工服务站点建设】 在前期已经设立和参与建设的 4 个工作站的基础上，一是制订完善了包括基本职责、服务基层、信息报告、工作例会、财产档案管理等在内的工作站管理制度，为切实发挥好工作站“服务、指导、辐射、协调”的功能提供了必要的制度保障。二是指派一名主任科员专职负责工作站建设，并由部室成员担任滨江建设者之家轮值站长，加大指导、协调力度，推动工作站有效运行。年内，4 个工作站已累计举办各类文体、服务活动 60 余次，惠及职工近万人次；累计接待来访来电咨询共计近千人次。三是积极推动有条件的街镇总工会发挥党建引领作用，整合地区资源，以党群服务站、工会工作站等形式不断扩大工会服务站点数量，目前已有 3 家街镇总工会在园区设立了工作站点。（徐飒爽）

【普陀工会启动“户外职工驿站”】 7 月，针对户外工作职工面临的休息难、饮水难、如厕难等难题，区总工会根据市总工会部署要求，依托街镇、园区沿街的党建服务站、群团服务站、职工服务站以及街镇网格服务站等阵地资源，设立“户外职工驿站”，就近就便为户外职工解决实际困难。位于长寿路街道的第三网格两站一中心综合服务点、慈善超市，以及长征镇新曹杨园区等 3 家“户外职工驿站”率先启用。驿站配置空调、冰箱、微波炉、充电排插、应急药箱、书报架、饮水机（或茶桶）、一次性水杯、桌子和椅子等标准化设施。该驿站面向环卫工人、快递员、送餐员、协管员、出租车司机、物流驾驶员等所有户外职工，及时解决户外职工工作时的饮水供给、避暑取暖、餐食加热、电瓶充电、临время休息等实际需求。（陆　蕾）

【静安区总工会职工服务中心“市北高新园区服务点”揭牌】 11 月 15 日，“服务零距离，援助全方位”——静安区总工会职工服务中心“市北高新园区服务点”揭牌仪式暨工会会员卡区级特约商户授牌仪式在市北高新园区举行。区人大常委会副主任、区总工会主席叶坚华为区总职工服务中心入驻市北高新园区设立的服务点揭牌。市北高新园区服务点将充分发挥区总工会职工服务中心的职能，围绕“六送”服务，即送咨询、送援助、送岗位、送保障、送健康、送文化，将服务送到职工“家门口”，送到职工身边。区总工会还与飞利浦、惠氏、飞牛网、雷允上、景德镇、西区老大房等30家建会企业签约，并举行“工会会员卡区级特约商户”授牌仪式，职工出示工会会员卡可在这些商户的实体店或网店获得更多的优惠。（孙春红）

【全市首家“户外职工驿站”在静安揭牌】 今夏气温连创新高，市总工会将推出93家户外职工驿站。8月11日，位于静安区职工服务中心的全市首家“户外职工驿站”启用，市总工会党组成员、巡视员何惠娟和静安区人大常委会副主任、区总工会主席叶坚华共同揭牌。此次设立开放的“户外职工驿站”，面向环卫工、快递员、送餐员、协管员、出租车司机、物流驾驶员等全体户外职工，重点解决好户外职工工作时的饮水供给、避暑取暖、餐食加热、电瓶充电、手机充电等实际问题。静安区总工会推出5家“户外职工驿站”。每家有3—5平方的场地，市总工会今年一次性拨付每家“驿站”3万元，用于购置驿站所必须具备的标准化配置9件套，即空调、冰箱、微波炉、饮水机（或茶桶）、一次性水杯、充电排插、应急药箱、桌子和椅子。（宋怡文）

【嘉定区三家群团服务站荣获上海市“三最”基层（职工）服务站称号】 4月1日，上海工会基层（职工）服务站建设现场推进会上，嘉定区南翔镇智地群团服务站、徐行镇小庙家园群团服务站和嘉定镇街道疁城新天地群团服务站被授予上海市“最具人气、最有影响力、最让职工满意”的基层（职工）服务站称号，并同时被授予“上海市公益基地”称号。获此殊荣的三家服务站注重贴近职工群众、整合集聚资源、把握需求导向，结合各自服务对象的特点，各有侧重开展工作。智地群团服务站针对园区青年在健身、学习、休闲、交友等方面的需求，设置了智能运动健康馆、休闲书吧水吧、静心室、瑜伽室、视听室以及开展各类活动的公共空间；小庙家园群团服务站建设以组团式群团服务窗口、实时性信息宣传平台、开放式联谊活动平台、引领性公益实践平台、共享化创业孵化平台为切入点，为职工群众提供一站式、菜单式服务。疁城新天地群团服务站创建“1+6”服务模式，即针对商圈特点和需求推出1个“新天地课堂”品牌和文化服务、生活服务、法律服务、心理服务、技能服务、掌上服务6个服务板块。（黄点点）

【松江区总工会推进基层职工服务站建设】 2017年，松江区总工会完成7家单位（车墩、永丰、方松、泗泾、佘山、广富林、九里亭）职工服务站建设。全区每个镇、街道、开发区都已经建立职工服务站。叶榭镇、新浜镇、新桥镇等3家服务站获“三最”职工服务站资助，并获上海市公益基地挂牌。建立6家户外职工驿站，以环卫工、快递员、协管员、送餐员、出租车司机、物流驾驶员等户外职工为主要服务对象，分布在岳阳、泖港、方松、永丰、新浜区域内。户外职工驿站整合各类资源，以“六个一”为标准配置硬件，即放置一套桌椅、一台饮水机（或茶水桶）、一台微波炉、一套冷暖电器、一个应急医药箱、一排充电排插。（朱　慧）

【中远海运港口公司以“海员之家”建设助力海上丝路发展】 中远海运港口有限公司所属厦门远海码头，积极响应国家建设21世纪海上丝绸之路的倡议，3月，在原有“职工之家”基础上拓展设立远海码头“海员之家”。“海员之家”设有影音室、阅览室、便利店、棋牌室、吧台、健身区域及台球、乒乓球、羽毛球、网球、篮球等休憩学习场所，还提供包裹快递、码头场内通勤车接送及叫车服务，结合特殊节假日，开展各项丰富多彩的活动，为各国海员送上问候与关怀。（郭晨蓓）

模范职工之家

【概要】 年内，根据《关于评选表彰上海市模范职工之家、模范职工小家、优秀工会工作者的通知》要求，经各区局（产业）工会择优推荐、市总工会职能部门审核、第三方实地考评、集中评审、社会公示及主席办公会审议等程序，评出上海市模范职工之家297家，上海市模范职工小家297家，上海市优秀工会工作者200名，上海市模范职工之家红旗单位10家，上海市优秀工会工作者标兵10名。符合条件的红旗单位和标兵，同时授予上海市五一劳动奖状（章）。评选过程中，按照10%的比例实地考评了30家模范职工之家候评单位。同时，首次以购买服务的方式，依托第三方机构对30家曾获“上海市模范职工之家”称号的基层工会委员会进行实地回访、复查、验收和评估。制订模范职工之家创建标准，形成调研报告，探索退出机制。（赵志灏）

【市机电工会研讨交流异地企业工会工作】 7月20日，上海市机电工会召开上海电气异地企业工会工作研讨座谈会。市机电工会、地方上级工会、母体企业工会和异地企业工会四方会聚一堂，共同探讨交流新形势下加强异地企业工会工作的思考、做法，并就机电工会即将出台的《关于加强对异地企业工会服务指导的意见》提出意见建议。为适应产业转型发展需要，上海电气集团提出了“两头在沪，中间在外”的“走出去”战略。伴随产业结构调整、产业梯度转移、商业模式创新，上海电气异地企业呈现加速发展的趋势。2013年起，市机电工会根据上海电气集团党委要求，在异地企业工会、母体企业工会和地方上级工会之间架起桥梁，加强了交流互动，建立良好的沟通联系机制。为进一步加强异地企业工会建设，2017年年初机电工会启动异地企业工会服务指导意见的研究课题，以此解决明确领导关系、清晰职责界定、规范管理标准等问题，四方合力，更有效地服务异地企业工会和职工。江西省南昌经济技术开发区工会、安徽省马鞍山含山县总工会、四川省绵阳经济技术开发区总工会、江苏省东台市总工会、黑龙江省北安市总工会、江苏省如皋市石庄镇政府的负责人参加探讨座谈。（彭伟光）

7 月 20 日,市机电工会召开异地企业工会工作交流座谈会 （彭伟光）

【市化学工会坚持职工之家标准,开展会员评家活动】 2017 年是上海市化学工会“先进职工之家”和优秀工会工作者的评选年。为进一步坚持“会员评家”的制度,按照集团工会关于职工之家建设的总体要求,组织开展华谊公司 2016—2017 年度先进职工之家、先进职工之家、先进职工小家、优秀工会工作者、优秀工会积极分子评选考核工作。经过评审,共评选出先进职工之家 22 个,先进职工小家 43 个、优秀工会工作者 22 名、优秀工会积极分子 95 名,并对先进个人和集体进行了表彰。 （张雪莲）

【上海宝冶工会职工小家营造暖心“宝冶·家”】 宝冶两级工会形成合力深入推进“职工小家”创建活动,因地制宜,加强“职工之家”阵地建设,共创建“职工小家”50 多个,使员工业余文化生活得到充实,团队凝聚力得到加强。海外项目“职工小家”建设取得显著成效,使身处海外的员工切身感受到“家”的温馨氛围。公司工会打造区域性、共享性的“职工之家”活动场所,利用原高炉事业部办公区域空置场地,配置体育健身器材等,建立“职工之家”活动室。抓好典型选树,深化创建引领,2017 年荣获上海市“模范职工之家”1 个、“模范职工小家”1 个,公司工会命名表彰先进“职工小家”19 个,优秀“工会工作者”12 名。 （毛一新）

【上海邮政工会开展模范职工之家、优秀工会工作者评选】 根据中国邮政集团工会要求,3 月,上海邮政工会下发《关于开展全国邮政系统模范职工之家、优秀工会工作者投票工作的通知》(以下简称《通知》),在各基层工会申报的基础上,工会按照《通知》要求及相关推荐申报条件,将已获得上海邮政先进“职工之家”、上海市模范职工之家的 5 家单位,及 14 名将已获得上海邮政优秀工会工作者作为候选对象,下发通知组织各二级单位进行无记名投票,工会汇总投票结果提请市分公司党委会议审议,并上报中国邮政集团工会审核。最终宝山区分公司工会、杨浦区分公司工会获得全国邮政系统模范职工之家;上海邮政工会干事陆彬,浦东新区分公司世博支局副支局长、工会主席唐向红获得全国邮政系统优秀工会工作者。 （王 瑛）

【中国移动上海公司工会开展模范职工之家示范基地评选】 根据全国和上海市总工会的评家工作要求,中国移动上海公司工会积极践行新理念,创新设立“模范职工之家”示范基地评选。以 2014—2016 年期间有两年获得“模范职工之家”称号的基层单位工会为评选范围,29 家直属单位(本部)工会在“和工社”平台“职家评比”栏目线上互评、全员投票的方式初选出浦东分公司等 9 家基层单位工会入围擂台赛。经 9 家基层单位工会主席(副主席)现场发布,29 家直属单位(本部)工会主席和副主席在“和工社”平台打分,最终浦东分公司工会、南区分公司工会和北区分公司工会排名前三,荣获公司 2016 年度“模范职工之家”示范基地称号。 （阮敏捷）

【上海海事局“船艇建家”取得成效】 上海海事局下属的福州航标处“海巡 1620”轮充分借鉴吸收建家的成功经验,结合船艇工作特点和地域特色,开展船艇建家工作。一是定方案、定主题、定计划、定活动,全员参与建家活动。二是强思想,提技能,营造学习氛围。船干带头,通过学习党章党规、习近平系列重要讲话,传阅知识刊物,建立微信群交流学习心得等方式,加强思想武装。与福建华洋海事公司合作,邀请专业教师授课,提高船员岗位技能。三是建硬件,配器材,改善环境。开辟了职工阅览室,修缮了船员生活区空调,配置象棋、围棋、跳绳、拉力器等文体用品,改善了船员工作、学习和生活环境。四是工会活动灵活化、丰富化、日常化。针对船员工作时间零散、集中困难的特点,灵活分解工会活动、择时择机进行,使工会活动惠及更多职工。五是畅通民意,建设民主家园。坚持党务、船务公开,开展民主评议,组织座谈交流、谈心谈话,充分征求和收集船员职工意见和建议,持续改进工作方式,建设船员职工共同的家园。11 月,“海巡 1620”轮建家工作,通过了上级工会的考核验收。 （陆智静）

【上海建工集团召开工会系统先进表彰会】 10 月 25 日,上海建工集团 2015—2016 年度工会系统先进表彰会召开,集团党委副书记、工会主席张立新出席大会。集团各级工会以学习宣传贯彻集团“十三五”规划为抓手,以重大工程建设为舞台,以维护为根本和核心,以劳模精神、工匠精神为引领,团结职工、引导职工、服务职工,扎实推进职工之家创建工作。主要体现在“四个坚持”,一是坚持把“建家”工作融入到企业的中心工作中;二是坚持把“建家”工作扎根在职工群众中;三是坚持把“建家”工作体现在促进企业和谐发展中;四是坚持把“建家”工作落实在工会组织自身建设中。大会表彰了 5 个“模范职工之家”、7 个“先进职工之家”、47 个“先进职工小

12月22日，上海电建公司工会召开2017年"最具活力工会工作"成果发布会 （傅　诚）

家"、15个"先进项目职工之家"、181个"先进工会小组"、60名"优秀工会工作者"和303名"优秀工会积极分子"。280名来自集团所属各单位的党委分管领导、工会干部和先进集体、先进个人代表参加了大会。（余轶群）

【中建八局8个集体和个人荣获上海市"模范职工之家、模范职工小家和优秀工会工作者"称号】 五一劳动节前夕，市总工会集中表彰了一批模范职工之家、模范职工小家和优秀工会工作者，中建八局共有8个集体和个人受到表彰。其中，3个公司工会获得"上海市模范职工之家"称号；3个项目部工会获得"上海市模范职工小家"称号；2名个人获得"上海市优秀工会工作者"称号。中建八局工会以"促进企业发展，维护职工权益"为原则，深入开展"学习型、创新型、安全型、效益型、和谐型"职工之家建设，通过开展冬送温暖、夏送清凉，秋送希望、全年送健康等活动，努力把工会建设成深受职工信赖的"职工之家"。 （袁丰宝）

【上海文广集团工会首度开展SMG模范职工之家、模范职工小家、优秀工会工作者评选】 上海广播电视台（上海文化广播影视集团有限公司）工会（简称"SMG工会"）2017年制订两年一次的SMG模范职工之家、模范职工小家、优秀工会工作者、工会积极分子的评选工作计划，对工会组织体系健全、维权机制完善、工会作用发挥明显、自身建设规范的SMG模范职工之家、对有效服务职工、日常工作活跃、重视自身建设的SMG模范职工小家，以及SMG优秀工会工作者和工会积极分子进行表彰。经过申报、评选，最终评出2016—2017年度6个SMG模范职工之家、8个模范职工小家、10名优秀工会工作者、24名工会积极分子。 （秦伊龄）

【上海隧道工程股份有限公司路桥集团打造"心桥家园"建设模范职工小家】 上海隧道工程股份有限公司路桥集团总承包一部工会以打造"心桥家园"的建家理念，探索、实践"心桥爱心广场""心桥建设者之家""心桥人才工作室""心桥志愿者服务队"等"一体四翼"的建家模式。"心桥爱心广场"由"心桥爱心驿站""心桥爱心直通车""心桥爱心基金"组成，提倡职工之间的互助友爱和爱心传递；"心桥建设者之家"为团结、凝聚项目团队，从思想、学习、工作、生活等方面关爱职工、凝聚职工、服务职工；"心桥人才工作室"全力提升员工岗位技能，推动职工素质工程建设；"心桥志愿者服务队"则开通"心桥志愿者服务热线"，及时给遇到困难、难题的员工及家庭予以帮助。通过打造"心桥家园"，建设模范职工小家，团队凝聚力显著增强，员工综合素质明显提高，各项管理工作不断提升，承建的诸多工程获得国家级、市级荣誉。 （杜　炫）

【上海电建公司工会以"最具活力工会"创建活动提升职工之家建设】 公司工会在职工之家创建活动中，以"最具活力工会"成果发布为有效载体，着力推进基层工会特色工作的创建，积极挖掘和创新特色工作，在内容、形式、载体上有新的突破和尝试。通过发布、评审，《以创新工作室为动力　驱动企业核心竞争力》《适应新形势、把握新机遇　探索工会干部队伍建设新模式》和《工惠"微阵地"服务"更贴心"》的基层单位工会成果分别获得2017年上海电建"最具活力工会工作"成果发布前三名。系统所属上海电力安装第二工程公司工会委员会获得市模范职工之家的称号；上海电力安装第一工程公司机具租赁中心分工会获得市模范职工小家的称号。 （傅　诚）

经济建设

综 述

2017年,上海市总工会以提高发展质量和效益为中心,以"践行新理念、建功十三五"为主题,以激发职工创新活力、提高职工技能素质和岗位创新能力为重点,充分发挥上海工人阶级推动企业成长、促进经济发展的主力军作用。一是广泛践行岗位建功。聚焦长江经济带发展和"一带一路"建设等国家重大战略,开展浦东新区"践行国家战略,助力创新创业""崇明世界级生态岛建设""打好河道整治攻坚战,全面提升上海城乡水环境"等全国引领性劳动和技能竞赛。联合市教卫工作党委、市合作交流办、市食安办等委办局开展"第二届上海基础教育青年教师爱岗敬业教学技能竞赛""聚焦精准发力、助推脱贫攻坚"劳动竞赛和"建设市民满意的食品安全城市百日立功竞赛"等市级示范性劳动竞赛。二是深入推动职工创新。联合相关委办局举办上海职工科技节、第29届上海市优秀发明选拔赛等职工创新活动。评审命名第七批50家上海市"劳模创新工作室"和81个上海市技师创新工作室、36个巾帼创新工作室、33个职工创新工作室。同时举办第五期劳模工作室创新研修班。推荐第二批全国示范性劳模和工匠人才创新工作室,本市共有5家创新工作室获得全总命名。三是不断推进技能登高。会同市人社局等开展市级一类、二类职业技能竞赛活动,联合市教委、市卫计委、市水务局、市食药监局等部门开展相关行业职工职业技能竞赛。配合市政府相关部门申办第46届世界技能大赛工作,开展"上海职工岗位练兵技能比武月"活动。扎实开展服务职工实事项目,全年共奖励晋升技师、高级技师职工4085人次,奖励获授权发明专利一线职工1754人次。增设职工晋升高级工、技师、高级技师带教师傅奖励项目并奖励1709人次。四是大力弘扬工匠精神。开展第二届"上海工匠"培养选树活动,来自全市75个区局(产业)工会、11个行业协会,共767名职工参与市总工会层面培养选树活动,最终产生94名2017年"上海工匠"。会同市经信工作党委、市经信委联合开展"2017上海智慧城市建设'智慧工匠'选树和'领军先锋'评选活动",开设工匠论坛,成立上海工匠俱乐部,与开放大学联合举办上海工匠研修班,建立工匠管理资料库等。五是推进团队创先。深入实施团队创先行动。以创建"工人先锋号"活动为载体,推动"学习型、技能型、创新型、管理型、效益型、和谐型"六型班组建设,动员广大职工立足岗位、争创一流。加强班组间交流学习,总结推广班组建设经验;从班组工作实际出发,加强班组文化建设和民主管理,不断提高班组成员思想道德、科学文化和专业技能水平,将"班组长岗位培训"纳入市总统一培训计划,全年共培训一线班组长4304人。 (竺 敏)

岗位建功

【概要】 2017年,市总工会紧紧围绕上海创新驱动发展,经济转型升级和建设"五个中心"的总体要求,着力构建"6+1+X"劳动竞赛新体系,深入组织开展多层面、多形式的劳动和技能竞赛活动。一是不断扩大覆盖面。坚持工会工作社会化发展方向,改变过去劳动竞赛仅在工会系统"内循环"的做法,参赛单位从体制内向体制外拓展,鼓励有条件的社会团体、行业协会组织开展市级专项表彰的劳动竞赛,发挥社团、行业协会优势和作用,推动全市劳动竞赛广泛开展。二是注重竞赛务实性。紧密结合本地区发展重点与产业发展趋势,大力开展具有区域特色、行业特点的劳动竞赛,做到工作推进到哪里,劳动竞赛就开展到哪里,以实际行动助推上海"四个中心"和具有全球影响力的科创中心建设。三是增强竞赛感召力。以市级专项表彰为契机,组织各级工会学习借鉴劳动竞赛典型案例和先进经验,广泛组织开展技能竞赛、技术比武、五小活动、科技创新等群众性劳动竞赛,建立劳动竞赛观察员制度,开展劳动竞赛第三方评估。 (竺 敏)

【实施市级专项表彰深入推进群众性劳动竞赛】 市总工会对群众性劳动竞赛实施市级专项表彰,全市51家区局(产业)工会和行业协会提交竞赛方案,包括各类子项目263个,涵盖了创新型、技能型、增值型、生态型、安全型、优质型等多种类型。过程中首次开放劳动竞赛网上申报信息系统,建立劳动竞赛观察员制度,开展劳动竞赛第三方评估。通过层层选拔、逐级推荐、严格把关,产生72家上海市五一劳动奖状、159名上海市五一劳动奖章、151个上海市工人先锋号。 (竺 敏)

【浦东新区总工会启动全国引领性劳动和技能竞赛】 围绕服务自贸试验区和科技创新中心核心功能区建设两大国家战略和浦东工作大局,积极落实《关于深化全员参与劳动竞赛的实施意见》,启动"践行国家战略,助力创新创业"全国引领性劳动和技能竞赛,举办了第二届"张江杯"职工计算机程序员、动画绘制员大赛,培育形成了"智慧自贸区"职工创新创造创优大赛、"金桥杯"职工职业技能大赛等十大竞赛品牌。 (陈 维)

【杨浦区总工会召开重大工程立功竞赛推进会】 3月6日,杨浦区重大工程立功竞赛推进会在区机关大楼礼堂举行。主题为"创新你我他,建功在杨浦"。由区总工会联合区建设和管理委员会、区重大工程建设指挥部办公室主办。竞赛围绕区域内"路、桥、水、电、隧、轨"等市、区重大市政基础设施建设工程和重点项目,比赛内容包括:比工程进度、赛项目推进力度,比文明施工、赛工程安全质量,比科技含量、赛创新技术应用,比和谐氛围、赛党建联建成效,比办事效率、赛服务水平提升。竞赛期间,区总工会牵头组织开展"送清凉""送健康""送文化"等活动,关心区域内负责市、区重大工程和重点项目推进、安全质量管理和服务保障的一线干部职工,并及时对立功竞赛活动情况进行评估,做好总结评比。 (张东寅)

【杨浦区召开旧改征收立功竞赛推进会】 7月26日在江浦路街道81、83街坊蒋家浜征收基地举行。主题为"旧改破瓶颈,建功在杨浦"。由区总工会联合区房管局、区旧改办及江浦路街道主办。2017年是杨浦全面建设"三区一基地"的重要之年,围绕全年旧改征收5000户的目标任务,比赛内容包括：比服务群众、赛服务措施，比推进进度、赛推进结果，比阳光操作、赛程序规范，比安全稳定、赛矛盾化解，比大局意识、赛工作合力。比赛期间，区总工会适时开展送文化、送清凉、送保障、送健康、送关爱“五送”活动，组织“周周演”等文化活动进旧改征收基地，安排一线职工参加疗休养，关心关爱旧改征收一线职工。（张东寅）

【杨浦区举行惠民实事工程立功竞赛总结大会】 8 月 10 日在沪东工人文化宫举行。主题为“推进卫生新医改，当好健康守门人”。同时举行劳模医疗专项服务签约仪式。区领导麦碧莲、徐建华等出席。会议总结展示第三轮立功竞赛成果，部署第四轮立功竞赛，启动劳模医疗服务工作。会上，授予五角场社区卫生服务中心建新家庭医生团队等 10 个集体第二届“杨浦区十佳家庭医生团队”称号；授予延吉社区卫生服务中心黄晓玮等 10 人第二届“杨浦区十佳家庭医生”称号；授予上海交通大学医学院附属新华医院是俊凤等 3 人“杨浦区双向转诊优秀组织者”称号。此次会议正式启动劳模医疗服务专项计划，全区 244 名劳模与家庭医生签约结对，享受专项医疗服务。（张东寅）

【静安举办 2017 年静安区职工劳动竞赛成果展示活动】 12 月 15 日，由静安区总工会、区精神文明建设委员会办公室、区创建复评第五届全国文明城区窗口服务组主办的“美丽新静安 岗位建新功”2017 年静安区职工劳动竞赛成果展示活动在 800 秀顺利举办。静安区委书记安路生，区委副书记、区长陆晓栋，区委常委、宣传部部长沈大明，区人大常委会副主任、区总工会主席叶坚华等出席，并向荣获 2017 年静安区工人先锋号、劳动竞赛杰出贡献奖、杰出职工奖、优秀组织单位奖等先进集体和先进个人颁奖。叶坚华在讲话中希望广大职工牢固树立岗位责任感和荣誉感，凝心聚力，为建设“国际静安，圆梦福地”做出新的贡献。展示活动中还穿插了以劳动竞赛为主题的情景短剧及茶艺节目。活动现场还为 2017 年荣获上海工匠的 3 位静安职工以及在劳动竞赛中取得成绩优异的单位代表设立了展位。（李少华）

【宝山区总工会推动职工劳动竞赛活动】 从 2016 年 7 月开始，宝山区各级工会在各行各业积极组织职工开展劳动竞赛活动，分总赛区和分赛区，由区总工会负责总赛区相关工作，各直属工会结合本区域、本行业的工作特点，成立相应劳动竞赛分赛区。全区共开展 205 场形式多样的职工劳动竞赛，其中管理类劳动竞赛 29 场，科技类劳动竞赛 176 场。这些劳动竞赛围绕企业、行业和地区发展特点，通过竞赛提升了职工优质服务和科技攻关水平，促进了企业增效、职工增收和经济社会和谐发展，较好地在全区上下营造出了尊重知识、热爱劳动、发明创造的浓厚氛围。（万　晶）

【市机电工会开展职工献计献策活动】 10 月 18 日，市机电工会在上海电气培训基地召开“人人献计策，万众谋发展”主题活动动员大会，部署职工献计献策活动。活动要求职工围绕 4 个方面献计献策：一是围绕集团和企业发展，如何实现创新转型、产业重组、兼并收购，如何实现商业模式、盈利模式的创新。二是围绕企业管理创新，如何实现降本增效、工艺改进、生产流程改进、产业布局和产能梯度转移，合理解决技术、生产、成本和人才激励上的瓶颈。三是围绕企业技术创新，如何实现技术自主研发、推进产学研用合作和引进消化吸收，提升企业核心竞争力。四是围绕文化建设，如何实现制度创新、机制创新，如何加强企业精神文明建设和人才队伍建设，打造优秀企业文化，营造凝聚人心、焕发热情的良好氛围。活动开展时间为 10 月 18 日至 12 月 31 日，分为活动动员、“金点子”征集上报、“金点子”评审 3 个阶段。市机电工会通过深入开展职工献计献策活动，形成长效机制。（彭伟光）

【市机电工会召开年度工会经济技术工作会议】 4 月 13 日，市机电工会召开 2017 年工会经济技术工作会议，部署 2017 年劳动竞赛、技能竞赛、优秀合理化建议征评、职工创新工作室建设等工作，并表彰 2016 年度优秀合理化建议项目。会上，市机电工会主席朱斌与重点用能单位签订了“节能减排、降本增效”达标竞赛责任书，并对开展 2017 年工会经济技术工作提出要求。上海汽轮机厂有限公司、上海电气风电集团有限公司、上海电机厂有限公司、上海锅炉厂有限公司分别作了劳动竞赛经验交流。（彭伟光）

【上海电动工具研究所（集团）有限公司组织职工开展劳动技能大赛】 根据仪电集团工会开展职工“六型”劳动竞赛方案，电动所于 9 月组织开展

10 月 18 日，市机电工会召开职工献计献策主题活动动员大会
（秦晓贞）

职工技术技能大赛，并取得圆满成功。本次大赛的竞赛方式根据实际的生产安排，就地取材，按照电动所质量标准的要求制订评分标准，专业竞赛领导小组对参赛人员进行了公平、公正、合理的监督评审。在技能竞赛的工作中，组织安排了锡焊、点焊等4个岗位工种共64人全部参加了初赛竞赛，岗位和操作员工参赛率达到了百分之一百，实现了大赛“全员参与、提升素质”目标要求。经专业竞赛委员会审查，最终有4名员工取得竞赛优胜。
（毕　昇）

【市纺织工会与奉贤区总工会举办“老土布新穿法”大赛】 9月20日，市纺织工会与奉贤区总工会携手举办“老土布新穿法服装设计、制作、展示劳动竞赛”。赛事由奉贤区纺织行业工会承办，奉贤区8家纺织行业分会协办，长宁区纺织行业工会与纺织集团新联纺公司工会友情助赛。参与竞赛的100多位选手均来自奉贤区8个街道（镇）纺织行业工会的企业职工与民间设计师。整个竞赛策划、发动、设计、制作、展示活动历时8个月。10月21日在奉贤庄行田园之间以精彩的走秀竞赛落幕。（林裕良）

【市医药工会开展同线劳动竞赛答辩会暨总结推进会】 6月13日，上海医药集团工会召开同线劳动竞赛项目答辩会暨劳动竞赛总结推进会，24个项目的负责人参与答辩。经过现场角逐，上海医药集团青岛国风药业股份有限公司《降低多糖铁复合物胶囊生产成本》等3个项目获全剂型同线劳动竞赛一等奖；上海上药杏灵科技药业股份有限公司《提高海可素II得率》等10个项目获全剂型同线劳动竞赛二等奖；上海新亚药业闵行有限公司《盐酸贝那普利片》等16个项目获全剂型同线劳动竞赛三等奖；正大青春宝药业有限公司“周建囡烘箱口挡板开度操作法”等9个操作法获上海医药集团先进操作法；上海和黄药业有限公司“车间搬迁竞赛比武”等2个管理案例获全剂型同线劳动竞赛优秀管理案例奖；上海上药第一生化药业有限公司“二丁酰环磷腺苷钙”等3个项目获学习型雁式团队优秀培育奖。会上同时授予上海信谊药厂有限公司工会等4家企业工会优秀组织奖。
（宋晓波）

【中国宝武开展“团队争先、岗位创优”劳动竞赛】 2017年，集团公司开展以深化改革、安全生产、整合融合、智慧制造、环境经营、扭亏增盈、降本增效等为主要内容的“团队争先、岗位创优”劳动竞赛。“降本增效对标”竞赛以“一切成本皆可降”的理念为指导，聚焦生产经营中的重点和难点。全年，通过劳动竞赛实现降本增效124.01亿元，完成年度目标的136.7%。“整合融合创新”竞赛按照专业化整合、平台化运营的要求，试点先行、双向整合，围绕加快推进钢铁制造单元关键业务整合、推进多元业务专业化整合等方面开展竞赛。钢铁业发展中心、服务业发展中心、产业和金融发展中心、城市新产业发展中心聚焦竞赛主题设置竞赛项目，有计划、有目标、有措施的稳步推进。“劳动效率提升”竞赛以“控制人工投入、提高价值创造”为主题，按照分类推进的工作思路，深入推进劳动效率提升工作。“职工工作环境改善”劳动竞赛以建设花园式工厂、文明整洁现场为目标，坚持“人人动手、从我做起”的竞赛理念，推进职工“三室一堂一所”（休息室、更衣室、浴室、食堂和厕所）环境改善。（徐　卫）

【宝钢股份聚焦生产经营绩效指标的难点重点开展劳动竞赛】 2017年，宝钢股份工会大力开展“三聚焦两促进”劳动竞赛，为生产经营取得优异业绩和各项改革顺利推进凝聚了智慧和力量。同时，开展四大基地炼铁、炼钢、热轧、冷轧“跨基地同工序对标”劳动竞赛，挖掘优秀典型案例，助推经营业绩提升，各工序指标进步率均超过60%以上。此外，根据中国宝武统一部署，开展“整合融合创新”劳动竞赛，宝武整合快赢项目全年累计实现协同效益13.56亿元。（胡建忠）

【宝钢化工广泛开展劳动竞赛取得新成效】 2017年宝钢化工围绕公司“坚守安全环保底线　聚焦改革创新能力　夯实资产运营基础　提升整合协同效率”，追求“稳健经营、创新发展，创建绿色化工企业”的经营方针，开展“深挖潜力、降本增效”“整合融合创新”等8项劳动竞赛，共确定198个劳动竞赛项目。通过方案细化分解、目标量化可考、过程管理推进、激励措施到位，提高了竞赛的管理水平，激发了职工团队争先、岗位创优的主人翁精神和参赛热情。年中召开劳动竞赛总结推进暨先进表彰会，全年公司各项目实现降本增效1.3亿元，完成年度1.08亿元目标的120.4%，完成集团降本增效指标的297.1%。在协同竞赛中，依托炼铁厂资源，宝山共综合利用固废209.45吨，梅山基地与梅钢协同固废综合利用率达到99.56%。宝钢化工连续3年被集团评为“劳动竞赛优胜单位”。
（徐　琳）

【宝钢股份发动员工岗位降本】 2017年，宝钢股份工会发动广大员工积极开展岗位降本活动，从节约“一度电、一升水、一块料”做起，主动思考、寻找现场成本改善点，并通过行为养成、精心操作、杜绝失误等一系列手段，全力从成本中“挤”出效益。共收到26家单位上报的优秀“芝麻奖”案例727项，20家单位上报的优秀“芝麻奖开花”案例167项。经工作小组验证，230个优秀案例“芝麻奖”、10家年度“芝麻开花优胜单位”。
（胡建忠）

【宝钢工程争创“岗位吉尼斯纪录”，激发员工创最佳业绩】 2017年，宝钢工程工会在基层一线启动了“岗位创佳绩”——争创“岗位吉尼斯纪录”竞赛活动。活动的主要做法：一是深入现场走访调研，确定竞赛操作细则。二是开展竞赛培训交流，系统指导基层实施。三是加强竞赛发动推进，引导职工积极参与。四是评价竞赛成效，激发职工争先意识。五是发现宣传最佳实践，发挥示范引领作用。在竞赛活动中，宝钢工程工会通过600人访谈活动、工会干部联系点、工会组织的定期走访等，发现竞赛活动中的最佳实践案例，并在宝钢工程总部大厅进行集中展示，同时编制《打造工匠建设，争创最佳实践——创“岗位吉尼斯纪录”的优秀员工和团队事迹（第一季）》下发到基层班组供学习、借鉴。（范萍萍）

【华宝投资围绕中心工作用劳动竞赛促进经营业务】 2017年，华宝投资工会根据集团公司工会劳动竞赛要求，结合华宝投资实际，广泛调动员工积极性，开展"新规划指引新征程，新成长促进新价值"劳动竞赛和"整合融合创新"劳动竞赛，助推经营管理。在产融结合方面实现多个项目落地，为武钢集团各公司提供专业化的理财服务，提高闲置资金收益率，有效改善资产负债结构，提高存量资产的利用效率。财务公司"新服务和新增长"劳动竞赛聚焦产业链金融服务能力的提升，全年完成降本增效3800万元，完成率超过600%。"奋战百日"劳动竞赛，实现整合效益7000万元。打造"宝财GO"智慧采购平台，核心主业电票签发量同比增长50%以上。

（杨殿君）

3月31日，上海石化工会召开劳动竞赛启动会（石小建）

【上海宝冶全面推进立功竞赛活动】 公司以"五比五赛五提升"为主题，以重点工程为辐射点，全面推进立功竞赛活动蓬勃开展。按照"党政主导、工会组织、部门协同、项目部实施"的立功竞赛工作机制，2017年共开展劳动竞赛35次，记大功46人，记功161人，表彰先进集体47个。通过劳动竞赛的品牌影响力和推动力，为工程项目重要关键节点的顺利完成发挥了积极作用，多个项目荣获了省级、市级"工人先锋号"。工会还不断推进立功竞赛向知识型、智慧型竞赛拓展。举办了第二届"合创杯"技术标简报制作大赛，16家二级公司营销系统技术标制作人员近300人参赛。通过比赛提高了技术标编制水平、排版水平、答辩水平，使2017年的技术标得分比去年平均提高了1分，其中90分以上项目比去年增长了50%。立功竞赛向品牌化、专业化发展，公司申报2017年上海市专项劳动竞赛，获得上海市五一劳动奖状1个、奖章2人、工人先锋号集体1个。市级专项劳动竞赛取得阶段性成果：实施先进操作法49项、技术革新14项、合理化建议119项，申报专利26项，员工职业技能晋升148人。

（毛一新）

【上海石化工会开展"创先争优、建功立业"劳动竞赛活动】 公司工会采用全员劳动竞赛及专项劳动竞赛相结合的模式，共设"1+5"个项目，即1个"增收节支"全员增效项目及5个专项劳动竞赛项目："公司重要装置创先争优专项竞赛""成本核算进班组""火炬气氢气减排""包机制"及"大检修"专项劳动竞赛。其中"增收节支"全员增效竞赛共有107个项目，全年增效4.51亿；42套公司重要装置有24套超2016年排名，进步率57.1%；"包机制"专项劳动竞赛共16个先进装置、22台标杆设备、7个进步装置，竞赛促进了装置现场管理水平的提高；"大检修"专项劳动竞赛助推公司大检修工作圆满完成。

（徐　军）

【上汽集团举行2017年职业技能竞赛】 9月20日，上汽集团微课设计竞赛、工业自动化维护与调整竞赛、车身修复技术竞赛、机器人装调维修竞赛、汽车安全技术竞赛等多个竞赛项目落下帷幕。竞赛由集团人力资源部、工会、宣传部、培训中心、团委等五个部门负责实施和组织，并得到了安监部、乘用车公司等相关业务部门及单位的共同支持和推进。2017年技能竞赛在保持传统优势项目的同时，向"上汽新四化"主题拓展（网联技术、智能制造等）；线上线下互动、沪内外员工广泛参与；部分项目第一次纳入市总工会市级专项劳动竞赛，决赛优胜者有机会获得"上海市五一劳动奖章"。竞赛对成绩优异的团体、个人授予奖项，给予表彰和奖励；对技能竞赛中成绩突出的个人，在必考科目合格的前提下，直接认定为"高级工"技能等级；对获得集团各竞赛前三名的选手，优先推荐参加各类省市、国家荣誉的评选；对竞赛组织中较为出色的单位和个人，分别授予"优秀组织单位"和"优秀组织者"的荣誉称号。

（范　融）

【华东电力工委组织引导职工开展劳动竞赛】 围绕特高压建设以及各单位重点工程、重点工作，组织开展劳动竞赛、专业技术技能比武，动员广大职工立足本职岗位、助推企业发展。举办华东电网交流特高压劳动竞赛，华东境内10座交流特高压变电站全部参赛，全网有1000多位变电运行专业人员参加全员培训和初赛，通过竞赛有效提升了华东特高压电网的运行管理水平，促进专业人员的业务水平提高。

（施炜伟）

【中国远洋海运集团工会开展建功立业劳动竞赛】 集团工会团结带领全系统广大船岸职工，紧紧围绕推进深化改革与发展稳定、经济增长与转型升级、资源整合与业务调整、创新驱动与管理提升等工作，广泛开展劳动竞赛活动。全年全系统共组织开展各类劳动竞赛874次，50505人次参加，收到职工合理化建议4503条，开展各类技术比武573次，共22924人次参加。在第四届全国海员大比武活动中，分别取得了企业组团体冠亚军和院校组团体亚军的好成绩。在有国内外73

支参赛队参加的“金砖国家技能发展与技术创新2017国际焊接大赛”中，获得团体铜奖。（刘建强）

【上港集团工会组织开展集装箱专项立功竞赛】 6月7日，上港集团“奋战双百日，量效双达标”集装箱专项立功竞赛动员大会在洋山港区码头召开。大会号召全港职工发扬吃苦耐劳、团结协作、刚正不阿、勇立潮头的精神，为上海港荣誉而战。约1.4万名职工投入竞赛，有力推动了上港集团实现2017年集装箱吞吐量突破4000万TEU的历史性跨越。

（施文卿）

【上海长航医院工会坚持开展劳动竞赛凝聚人心】 上海长航医院工会围绕中心工作，组织开展“开源节流保增长，夯实基础促发展”劳动竞赛活动，以“比创效、比控本、比技能、比安全、比服务”为内容，紧密结合医疗、护理、安全、质量、服务等工作。在竞赛活动中，注重总结和宣传先进典型和先进事迹，每季度评选10名服务明星，并在宣传栏张贴服务明星的照片与先进事迹简介，营造良好的宣传氛围。工会在竞赛活动中，还开展形势任务教育，要求广大职工增强创效控本意识，通过开展职工劳动竞赛，把各项指标分解落实到各科室各部门，每月公布经济效益指标和成本控制指标执行情况，起到了有效的促进作用。

（章　伟）

【交运集团开展“六比六创”立功竞赛】 2017年，市运输工会围绕“建功十三五、创新当先锋；岗位作贡献、创业谋发展”的主题，大力开展“六比六创”群众性立功竞赛活动，助推企业创新转型发展。集团各基层单位积极响应，围绕企业实际、经济发展目标和职工素质提升开展了一系列竞赛活动。运输物流服务板块重点围绕调整结构促转型、安全有序促和谐、综合物流服务能力提升等工作开展竞赛；汽车零部件制造板块重点围绕技术创新、精益生产、降本增效、持续改进、质量提升、文化建设等工作开展竞赛；汽车后服务、客运旅游服务板块围绕提升产业附加值，探索后服务体验新模式，打造精品化、个性化水上旅游产品等方面开展竞赛；资产管理、公益服务板块重点围绕盘活资产资源、拓展服务领域、优化流程管理、提升现场管控等工作开展竞赛。通过“比业绩，创建一批改革创新工作品牌；比技能，创建一批高技能人才队伍；比安全，创建一批‘安康杯’优胜集体；比成果，创建一批优秀合理化建议项目；比亮点，创建一批具有‘工匠精神’的领军人物；比贡献，创建一批集团级优秀导师”，进一步调动和激发广大职工工作积极性和主动性，为全面推动交运集团“十三五”规划目标的实现和年度经济目标的顺利完成奠定了良好的基础。（袁俊俐）

3月29日，交运集团召开2017年立功竞赛动员大会　（夏文庆）

【中国移动上海公司工会开展“聚份额提升促转型升级”劳动竞赛】 中国移动上海公司工会围绕公司2017年的重点、难点和热点工作，通过召开第四届职代会生产经营委员会会议，全面开展“聚份额提升促转型升级”系列劳动竞赛，并策划召开了公司庆祝五一国际劳动节暨2017年经济创新工作推进大会，在表彰各类劳模先进及在经济创新领域获得荣誉的集体及个人、对4家公司级劳模创新工作室进行授牌的同时，对2017年度系列劳动竞赛进行部署、倡议。竞赛秉承系列劳动竞赛、技能提升项目及申报市总的专项竞赛三方面结合的原则开展，并坚持早启动、早落实、早推进，于4月份全面启动政企、工程等条线的竞赛，上半年申报开展了“聚焦‘双创’助力智慧城市　精耕4G感知领先专项劳动竞赛”，并争取到市级专项表彰五一劳动奖状1个、五一劳动奖章2个、“工人先锋号”2个名额。通过开展形式多样的劳动竞赛和技能提升活动，促进了企业创新转型，全面提升了员工技能素质，为公司“十三五”战略落地筑造基石。（高诗颖）

【中交上航局“三推进三提高”劳动竞赛助推企业转型发展】 2017年，中交上航局工会围绕公司提出“改革创新、转型升级、再次创业”的战略部署，以改革创新为动力、以转型升级为抓手，开展以“三推进三提高”，即“推进改革创新，促进转型升级，提高企业竞争能力；推进精细管理，确保安全生产，提高项目盈利能力；推进素质工程，培育优秀人才，提高员工创新能力”为主要内容的劳动竞赛活动，着力打造“五个”竞赛平台，即科技创新、工程创精、岗位创优、管理创效、文明创佳竞赛平台。各单位有针对性开展竞赛活动，并在竞赛过程中积极探索竞赛的新途径和新方法，取得了显著的成绩。达华测绘有限公司荣获上海市五一劳动奖状；新海豚轮等3个班组荣获上海市工人先锋号；4人荣获上海市五一劳动奖章；航道赛区荣获2017年度上海市重点工程实事立功竞赛活动先进赛区，横沙八期工程项目团队荣获金杯团队，上海交通建设总承包有限公司、中港疏浚有限公司荣获上海市立功竞赛优秀公司；另外，还有5个集体荣获上海市立功竞赛优秀团队、8 人分别荣获市立功竞赛建设功臣、优秀建设者。公司还对在群众性劳动竞赛中涌现出来的 10 个先进集体、10 名“航道功臣”、20 名优秀航道建设者予以表彰奖励。

（于美庆）

【中交三航局有限公司工会召开 2017 年重点工程立功竞赛方案发布会】 3 月 23 日，中交三航局有限公司工会组织召开 2017 年度重点工程立功竞赛方案发布会。公司各单位工会主席及竞赛干部参加了会议，公司党委副书记、工会主席王成出席会议并讲话。会上，对 2016 年度局重点工程立功竞赛“六杯、六赛”及“安康杯”竞赛的优胜单位进行表彰。2016 年，三航局重点工程立功竞赛活动取得丰硕成果：二公司、物资公司、港湾院 3 家单位获优秀公司，二公司不仅保持了“金杯公司”荣誉，实现优秀公司 31 连冠（上海市唯一一家），并荣列全市 3 家“突出贡献金杯公司”之一，另外有一批集体和个人获得表彰。2016 年，全局共有 20 余个项目部作为局重点工程进行立项，发放竞赛专项奖励近 300 万。会上，全局 12 个基层单位用多媒体形式就 2017 年度重点工程方案在会上进行了交流发布，并评选出优秀方案进行表彰奖励。（黄书展）

【上海海事局组织开展多种形式立功竞赛活动】 2017 年，上海海事局围绕海事“十三五”发展目标和海事“革命化、正规化、现代化”建设各项任务，制订并行文下发了《关于开展“建功十三五，争当排头兵”劳动竞赛活动的通知》。在文件指导下，上海海事局国际海事人才能力竞赛、“青春梦想海事未来”青年演说大赛、船舶安全检查比武、危防管理技术比武等各类立功竞赛活动蓬勃展开。分支局也根据各辖区实际，开展多样化的立功竞赛活动，如闵行海事局开展“三赛”浮吊整治劳动竞赛，黄浦海事局开展“三游”船舶安全管理劳动竞赛助力浦江游览升级，金山海事局“海鹰”班组岗位建功，助力杭州湾北岸经济发展等。多种形式的立功竞赛活动，提升了干部职工的履职能力，增强了职业荣誉感。上海海事局荣获了直属海事系统船舶防污染与应急技能竞赛团体一等奖、全国海事系统青年演说大赛第二名等多项荣誉。

（谭　聪）

【市建设交通工会举办第六届“城建杯”行业服务热线职工综合技能比武】 为进一步提高建设交通行业服务热线人员的职业技能和综合素质，挖掘服务热线行业的先进事迹，展示“热线人”的工作风采风貌，推动热线行业服务水平的全面提升，市建设交通工会牵头举办第六届“城建杯”服务热线业务技能竞赛。本次业务技能竞赛分“技能培训”和“技能比武”两大板块。各热线单位先组织初赛，在初赛的基础上选拔组队参加决赛。决赛分“热线有我，青春无悔——服务热线职工风采演讲比赛”和“倾听、归纳能力竞赛——服务热线职业素质综合技能比武”两场。来自城建、燃气、物业、供水、地铁、绿化市容、路政 7 条热线的 40 余名选手参加决赛。

（钱　蓉）

【上海建工集团召开港珠澳大桥澳门口岸旅检大楼工程“三保二创”立功竞赛推进会】 会议于 4 月 25 日举行，集团党委副书记、总裁卞家骏出席会议，强调要积极开展以“保工期、保安全、保质量、创文明工地、创文明营区”为主要内容的立功竞赛活动，努力把港珠澳旅检大楼项目打造成为经得起风雨和历史检验的精品工程。并对下阶段竞赛工作提 3 点要求，集团党委副书记、工会主席张立新主持会议，并要求各参建单位在工作中丰富工作载体，创新工作方法，激发全体建设者的劳动热情。集团副总裁、旅检大楼工程联合党委书记、总指挥蔡国强宣读竞赛获奖名单。集团生产经营部执行总经理宋文俊作旅检大楼实现年底通关目标的竞赛动员。作为组织开展各类竞赛活动、服务职工青年、助推工程建设的重要力量，上海建工港珠澳大桥澳门口岸旅检大楼工程项目联合工会、联合团委也在会上正式宣布成立。（余轶群）

【上海建工集团召开浦东国际机场卫星厅工程立功竞赛推进会暨项目联合工会成立仪式】 在 5 月 25 日举行的推进会上，集团党委副书记、总裁卞家骏对机场卫星厅工程下阶段各项工作提出三点要求：一是统一思想，明确目标，增强使命感和紧迫感；二是细化管理，加强监管，提升管理水平；三是汇聚力量，发挥组织优势，创造立功竞赛新业绩。上海机场建设指挥部党组副书记、机关党委书记徐萍希望项目部发扬好服务广大建设者的精神，开展好各类立功竞赛活动，为争创上海市文明示范工地做出积极贡献。会上，项目联合工会在会上宣布成立，集团党委副书记、工会主席张立新，集团副总裁、浦东机场卫星厅工程联合党委书记、总指挥林锦胜共同为联合工会

市建设交通工会举办第六届“城建杯”行业服务热线职工综合技能比武

（钱　蓉）

海洋石油局举办抛救生圈劳动竞赛 （耿卫军）

揭牌。 （余轶群）

【上海海洋石油局工会深入推进劳动竞赛活动】 上海海洋石油局工会按照年初制订的《工会2017年劳动竞赛工作方案》，开展劳动竞赛制度化、规范化、契约化建设，加强对各单位劳动竞赛方案制订、发布、实施、检查、评估、表彰等各环节的全过程管理。同时，通过荣誉激励的顶层设计，对各单位开展劳动竞赛活动情况进行考核，对在竞赛活动中涌现出的先进单位和个人，分别予以劳动竞赛先进集体、劳动竞赛先进班组、劳动竞赛先进个人、最美铁军工匠等荣誉称号。为营造良好氛围，各单位工会根据局工会要求，通过网站、微信、简报等形式大力宣传劳动竞赛活动中涌现出来的先进典型和竞赛成果，激发广大职工投身竞赛、学赶先进、争创一流的劳动热情。物探公司在各班组、各员工间开展“降本增效、从我做起”竞赛活动，全员参与“比学赶帮超”，把员工的智慧和力量凝聚到“显身手、保安全、增效益”上来。特殊作业公司开展“工作达人”评选活动，围绕“注重质量、提升水平、讲求实效”的主旨，开展岗位练兵和职业技能竞赛。钻井分公司在5条平台之间开展“我为安全作诊断”、平台厂修“零事故”等活动，持续推进“安全生产合理化建议”和“STOP”行为观察卡等活动，树立“平台市场人人有责”的理念。船舶分公司开展五星船舶建设，提高船舶管理水平，职业技能竞赛和技术比武活动在各船舶得到广泛响应，进一步提升了职工职业技能素质。 （耿卫军）

【市绿化市容局工会举办女职工岗位建功先进集体（个人）创建推选擂台赛】 4月25日，市绿化市容局工会举办女职工岗位建功先进集体（个人）创建推选擂台赛。局工会主席肖龙根到会并讲话。此次擂台赛是为推选“上海市巾帼文明岗”“上海市巾帼建功标兵”而设。来自局系统10家局直属单位的8个班组和6位个人参加擂台赛的角逐。这些职业女性用朴实的语言讲述了各自的集体或个人，扎根岗位，为建设美丽上海默默奉献的事迹，展示了女性在事业中特有的坚韧和柔美。擂台赛参赛者来自局系统科研、服务、教学等不同岗位，既是一次展示和宣传的活动，又是相互学习和交流的好机会。肖龙根对擂台赛给予充分肯定，表示将进一步扶持和培育“巾帼岗”和“巾帼标兵”的创建，并通过多载体多渠道的创优争先活动，发挥好典型先进的引领示范作用。 （耿 静）

【中建八局心海广场改造项目举行“铁军杯”劳动竞赛、三号联创誓师大会】 10月19日，中建八局心海广场改造项目隆重举行“铁军杯”劳动竞赛、三号联创誓师大会。山东省委副秘书长李永红，省住建厅党组书记李力，省外办主任、党组书记薛庆国，青岛市委常委、常务副市长王鲁明，市委常委、市总工会主席邓云锋，市政府副秘书长万建忠，市城乡建设委员会主任陈勇，市规划局局长姜德志，青岛旅游集团董事长王红，中建八局总经理校荣春，中建安装董事长田强，中建八局党委副书记、工会主席于金伟，副总经理、华北分局局长卢克强等领导出席誓师大会。会上，心海广场改造项目作了准军事化汇报表演，为“铁军杯”劳动竞赛、准军事化管理项目、重点工程项目、工会联合会揭牌并为项目授旗；项目突击队队长岳松作表态发言；全体突击队员郑重宣誓，必将做到令行禁止、使命必达，坚守心海、决战决胜；会上还为一线工人发放了慰问品并赠送了安全微电影光盘。 （英昌顺）

【中建八局在上海市重点工程实事立

6月8日，中建八局召开2017年立功竞赛暨安康杯竞赛推进大会 （张 薇）

功竞赛中获得多项荣誉】 1月12日,2016年度上海市重点工程实事立功竞赛表彰大会在上海展览中心举行。中建八局共荣获集体奖项11个、个人奖项15个,其获奖数量、质量均创历届最好水平。中建八局总承包公司、东孚公司双双荣获"金杯公司",总承包公司第三经理部荣膺"金杯团队"。2个公司荣膺"优秀公司"奖,6个集体获得"优秀团队"奖,4名个人荣获"建设功臣"称号。 (王广滨)

【中建八局召开2017年立功竞赛暨安康杯竞赛推进大会】 6月8日,中建八局2017年立功竞赛暨安康杯竞赛推进大会在总承包公司小东门项目部举行。市总工会副主席桂晓燕,市建设交通工作党委副书记田赛男,市住建委副主任、重大办常务副主任江小龙,中建八局党委书记、董事长黄克斯,党委副书记、工会主席于金伟以及14个分赛区的领导和竞赛办公室主任,上海地区重点工程的项目经理和书记、小东门项目部全体管理人员及总承包公司和上海公司劳务工人代表等400余人参加推进会。与会领导为中建八局14个分赛区和项目党员先锋号、工人先锋号、青年文明号授旗,为局14个项目工会工作站授牌,为局青年安全示范岗揭牌,并给一线建设者发放了慰问品。 (张 薇)

【市金融工会举行节能减排专项竞赛表彰会暨绿色金融工作培训】 10月12日,市金融工会召开上海金融系统重点用能机构节能减排专项竞赛活动表彰会暨绿色金融工作培训,24家重点用能金融机构参会。市发改委副主任周强、市金融办副主任解冬出席活动。上海农商银行、浦发银行和太保人寿上海分公司分别作为获奖单位和个人代表作交流发言。市统计局、市金融工会相关处室负责人出席活动并为获奖单位和个人颁奖。会上,市发改委、市统计局对各金融机构节能减排工作提出了下一步工作要求,上海财经大学金融学院教授、博士生导师赵晓菊做了绿色金融专题培训。 (丁 宁)

【市税务工会积极开展劳动竞赛】 上海税务各级工会以"践行新理念、建功十三五"为主题,以"大练兵大比武"为契机,与本单位有关部门密切配合,集思广益,开展形式多样的劳动竞赛和岗位练兵活动。竞赛活动突出"立足岗位、全员参与、形式多样、能力导向和结果运用"5个亮点,为提升干部职工的学习能力、职业素养搭建了舞台。市税务工会按照市总工会2017年群众性劳动竞赛市级专项表彰的要求,经过网络申报、现场答辩等环节,成功申请到6个上海市五一劳动奖章和2个上海市五一劳动奖状,用于表彰在"大练兵、大比武"活动中表现优异的集体及个人。 (娄晓辉)

【上海文广集团工会开展安全播出劳动竞赛迎接十九大】 9月15日至10月31日,上海广播电视台(上海文化广播影视集团有限公司)工会(简称"SMG工会")开展2017年度安全播出"双月劳动竞赛",SMG下属14家单位222个班组、2010名播出一线干部员工踊跃报名、积极参赛。9月15日,安全播出"劳动竞赛"正式启动,各播出单位主要领导向高韵斐台长递交《十九大安全责任书》。竞赛活动期间,各参赛单位通过完善制度预案、强化实战演练、加强值班力量、开展特色活动等方式,不断提升广播电视和新媒体安全播出保障能力,圆满完成了国庆以及党的十九大重要保障期安全播出任务,确保了十九大开幕式、记者招待会、闭幕式和常委见面会以及《还看今朝》等重大活动、重要节目转播的万无一失。同时各单位还通过开展对口交流、技能比拼、知识竞赛等特色活动,不断激发做好安全播出工作的积极性。 (秦伊龄)

【市民政局工会深入推进群众性劳动竞赛】 2017年,市民政局工会积极助推民政事业发展,在基层单位深入开展以"当好发展主力军,建功民政'十三五'"为主题的劳动竞赛,有力地调动了广大职工的积极性、主动性和创造性,涌现出一批工作创新、管理创先、服务创优、团队创佳、精神文明创水平的先进集体。局工会在"五一"前夕,表彰了一批在劳动竞赛中取得突出成绩的先进集体,并授予市儿童福利院紫荆园十一组等25个班组(部门)为2017年上海市民政局工人先锋号。 (胡积伟)

【市监狱管理局工会配合主业开展岗位练兵】 为推进现代监狱警务机制建设,市监狱管理局工会配合监狱主业开展各种岗位练兵活动。一是申报2017年全局民警职业技能竞赛方案成功通过市级专项表彰申报答辩会;二是与政治部等联合举办2017年民警职业技能竞赛。竞赛从比赛项目设置、参加人员覆盖面和突出实战效果上都有大幅度提升,其中组织开展了5项单项比武项目和一场干警职业技能竞赛总决赛,被市总工会授予上海市五一劳动奖章1名,上海市五一劳动奖状2个,上海市工人先锋号3个。三是加大支持力度,支持基层单位开展自主岗位练兵活动。各基层工会配合政治部门以分工会为单位开展适合本单位的实战练兵活动,取得显著成效。四是联合局装备处举办"百日安全警务驾驶技能比武"活动,提高驾驶员驾驶技能和应变处突能力。 (江海群)

12月29日,上海文广集团2017年度劳动竞赛总结表彰会举行 (秦伊龄)

百联集团各级工会组织发动职工投入“i百联，人人惠”劳动竞赛活动
（王浩然）

【百联集团工会开展“i百联，人人惠”主题劳动竞赛活动】 2017年“i百联，人人惠”主题劳动竞赛活动调整了竞赛指标体系，增加了全新场景功能。各基层工会通过培训交流、班组竞赛、宣传推广等丰富多彩的方式，组织职工踊跃参与、积极行动，把i百联全方位融入工作和生活，惠及广大职工，促进业务创新，提升销售业绩，取得了多赢的成效。截至2017年底，经过百联职工的共同努力，实现订单51万多笔，完成订单金额8479万元。为了表彰先进，集团工会对照报表数据，评选出2017年“i百联，人人惠”主题劳动竞赛活动的先进集体和个人。其中，24个企业工会被评为“竞赛组织奖”；10名职工被评为竞赛“十佳先进个人”；100名职工被评为竞赛“优秀奖”。（姜　杰）

【城投集团召开“五比五赛”运行竞赛交流推进会　启动百日专项竞赛】 6月22日，城投集团在上海市防汛物资仓库召开2017年“五比五赛”运行竞赛交流推进会暨“保峰度汛战双高”百日专项竞赛启动仪式。集团工会主席徐文、市竞赛办、市总工会机关领导以及集团、各直属单位及核心单位工会主席、基层单位代表60余人参加会议。会前，与会人员现场观摩了排水公司职工防汛强排演练，并参观上海市防汛物资仓库，徐文等领导慰问了部分排水职工。会上水务集团排水公司、供水公司分别就确保夏季防汛排水、高峰供水等方面对竞赛工作进行了交流。集团工会主席徐文对各参赛“保峰度汛战双高”百日专项竞赛单位做动员。（陈　骏）

【城投集团召开巾帼示范岗表彰会】 3月11日，城投集团工会在上海中心大厦金领驿站召开“上海城投集团纪念三八国际妇女节暨2017年上海城投巾帼示范岗表彰会”。会议表彰了获得2015—2016年度市级荣誉的三八集体和个人以及2017年城投巾帼示范岗先进，供水热线、上海中心大厦商务运营公司观光团队等代表进行工作交流。会议号召广大城投女性紧紧围绕城投集团提出的“确保重大工程建设、确保城市安全运营”的中心任务，在实现自我价值的过程中，为城投的改革发展、提高企业核心竞争力、完善企业可持续发展机制做出贡献。会后，城投巾帼先进个人和先进集体代表分享了上海中心的建设运营成果。（朱文慧）

【上海联通隆重召开2016年度先进表彰暨2017年度劳动竞赛启动大会】 3月28日，上海联通隆重召开了2016年度先进表彰暨2017年度劳动竞赛启动大会。大会总结表彰在企业发展中涌现出的作风扎实、业绩突出的先进集体、最佳员工、优秀管理者和优秀员工以及在2016年上海联通劳动竞赛活动中取得突出成绩的优秀集体，同时部署“以匠心引领再铸新辉煌”上海联通2017年劳动竞赛、技能比武系列活动。公司领导班子及130名获奖集体及获奖员工参加大会。“聚焦十三五岗位立新功”上海联通2016年系列劳动竞赛、技能比武活动取得突出效果，共计开展了9项劳动竞赛、1项技能比武，组建了9个基层工会职工创新工作室，共有2620人次参加了全年劳动竞赛活动。由集客部、11个行业销售中心组成的第二工会代表上海联通参加由集团公司和集团工会组织的2016年中国联通行业应用营销技能大赛荣获团体二等奖，取得了集体类竞赛历史性的好成绩，有2家三

城投集团开展“五比五赛”立功竞赛　（虞剑波）

级部门荣获了全国安康杯上海赛区竞赛优秀班组称号。大会对上海联通2016年度21个先进集体、15名年度最佳员工、10名优秀管理者和90名优秀员工以及上海联通2016年度劳动竞赛5个优秀集体进行了颁奖表彰。3名获奖代表在会上分别做了交流发言。（康　迪）

【市农委系统工会围绕主题开展劳动竞赛】 市农委系统工会围绕中心积极鼓励职工岗位建功、岗位成才，推进了两个层面的劳动竞赛。一是申报市级劳动竞赛专项表彰，市动物疫控中心举办的上海市新型职业农民职业技能大赛获2项个人表彰和3项集体表彰。二是鼓励各单位工会根据行业特色和单位特点开展劳动竞赛活动。农机鉴定推广站开展全市农机职业技能竞赛，打造"农机工匠"；实训中心在凯博农庄开展了中式铺台、西式铺床和厨艺大比拼的劳动竞赛；中荷园艺开展草花种植、盆花换盆、装箱、切花包装、客房整理和餐厅摆台、服务等6项比赛；农科院举办食堂职工厨艺竞赛，让职工在食堂吃得安全、放心、舒心、满意；东方城乡报举办采编月度测试，开展了采编业务知识、三农政策、采编技巧等劳动竞赛，提升了新闻业务技能。通过比武活动增强了职工团队协作能力，不仅相互切磋技艺，还为提高服务质量和服务水平提供展示平台。（陈　赛）

职工创新

【概要】 2017年，市总工会认真贯彻中共中央、国务院印发的《新时期产业工人队伍建设改革方案》，深入推进职工技术创新，提升职工岗位创新能力。一是加强创新活动平台建设。举办2017年上海职工科技节、第二十九届上海市优秀发明选拔赛，开展劳模、技师等职工创新工作室创建命名活动和职工合理化建议和先进操作法优秀成果征集、命名活动，积极推荐职工优秀创新项目参展参评；积极推荐职工优秀创新项目参加上海市科技进步奖评选和第二十二届全国发明展览会、第十二届海峡两岸职工创新成果展参展。二是加强园区非公企业职工创新。制订《关于推进工业园区、创业园区、高新技术产业园区非公企业职工创新实施计划》，建立上海园区和非公企业职工创新工作联席会议制度和非公企业职工创新活动直联点，多次召开园区和非公企业职工创新工作现场推进会，举办园区和非公企业职工创新创意成果展。认真贯彻《国务院关于加快构建大众创业万众创新支撑平台的指导意见》精神，积极参与"双创"周活动，开展"创新创业零距离"宣传、论坛和成果展示活动。三是加强科技知识教育和普及。举办专利实务培训班，开展专利实务培训服务活动；采取"菜单式"上门服务的方式，组织市职工科普讲师团成员到企业、街道作报告，普及有关岗位创新、节能减排、职业安全等方面的科技知识；开展第七届李斌技师创客论坛，组织上海工匠在网上与网友互动，交流心得体会，传递工匠精神。（王小龙）

【举办第七届上海职工科技节】 以"岗位建功，创新圆梦"为主题，市总工会联合市科委等7家单位于5月22日—6月2日举办了第七届上海职工科技节。在市级层面召开"2017年上海职工创新大会"，表彰2016年度上海市科技进步奖（工人农民组）获奖项目、2016年度上海市合理化建议和先进操作法优秀成果，命名第六批"上海市劳模创新工作室"，举行2017年"上海工匠"培养选树活动启动仪式和"上海工匠俱乐部"揭牌仪式，交流职工科技创新特色工作经验，部署职工科技创新和技能提升工作；举办"第七届李斌技师创客论坛"，围绕"传承工匠精神，打造匠心文化"主题，邀请部分"上海工匠"网上与网友互动，交流心得、体会，进一步传递工匠精神；举行"上海职工技能实训基地揭牌暨非公企业职工技能培训交流活动"；举行"工业开发园区、创业园区、高新技术产业园区（园区）职工创新创意成果展"启动仪式；举办"职工科普讲师团进企业及职工知识产权培训班"活动；召开"第二十九届上海市优秀发明选拔赛总结表彰会"。各区局（产业）工会、基层单位围绕普及科技知识，提高科学素质，深化创新实践、提高创新能力，提升技能素质，培育创新人才，健全创新机制，优化创新环境，举办丰富多彩的群众性技术创新和技能提升活动，其中仅区局（产业）层面活动就达200余项，共有113万名职工参与，对于进一步营造职工创新氛围、激发职工创新热情、深化创新活动起到重要的推动作用。（王小龙）

【上海工会企业一线职工授权发明专利奖励】 为鼓励本市一线职工广泛开展岗位发明和创新活动，2017年，市总工会启动上海工会企业一线职工授权发明专利奖励计划，制订《关于2017年度上海工会企业一线职工授权发明专利奖励方案有关申报事项的通知》文件，对获得授权发明专利且

5月22日，2017年上海职工科技节开幕式举行（陆智静）

原则上为第一发明人的企业一线职工，由市总工会会同职工所在区局（产业）工会或基层工会进行一次性现金奖励2000元。全年，先后两批共收到14个区、29个局（产业）工会提交的企业一线职工授权发明专利奖励申请2321个。经审核，共有1754个奖励申请符合申报要求，市总工会奖励金额共计1754000元，职工所在的区局（产业）工会或基层工会按照1∶1的比例进行配套奖励。（陈志渊）

【第二十九届优秀发明选拔赛成绩显著】 2017年，市职工技协认真做好第二十九届上海市优秀发明选拔赛的组织发动、宣传工作，共有370余家基层单位的6500多名一线职工报名参赛，参赛项目1463项，其中职务发明856项，非职务发明93项，青少年发明220项、职工创新技术成果294项。按照《上海市优秀发明选拔赛评审办法》，市职工技协组织选拔赛专家评委会分别对参赛项目进行初审（资格审查）、复审（专业评审）和答辩终审，同时开展选拔赛获奖项目网上公示、点赞活动。经评审，共有723个项目获奖，其中优秀发明金奖62项、银奖179项、铜奖254项，职工创新成果金奖29项、银奖48项、铜奖57项、入围奖94项。（谢 磊）

【征集、命名2017年度上海市职工合理化建议和先进操作法优秀成果】 2017年，由市总工会、市科委和市经信委联合组织开展的上海市职工合理化建议和先进操作法优秀成果征集、命名活动，共有88家区局（产业）工会348家基层单位工会申报511项职工"五小"成果。经专家初审和复审等程序，上海三枪（集团）有限公司的《丝柔棉针织内衣研制及先进工艺》等20项合理化建议被命名为2017年度上海市职工合理化建议优秀成果；上海港引航站的《双套泊作业拓展》等20项先进操作法被命名为2017年度上海市职工先进操作法优秀成果；授予上海罗氏制药有限公司的《通过微模型优化冲面设计方法改进希罗达出口片硬度》等220项合理化建议为2017年度上海市职工合理化建议项目创新奖，上海强生集团汽车修理有限公司的《举升机安全操作规程》等122项先进操作法为2017年度上海市职工先进操作法创新奖。（王奇峰）

【本市6个职工创新项目荣获上海市科技进步奖】 2017年，根据市科委"2017年度上海市科学技术奖推荐工作要求"，市职工技协从本市职工优秀发明成果中遴选了16项由一线职工发明创造的发明成果，推荐参加2017年度市科技进步奖"工人农民技术创新组"的项目评审。经市科委有关部门受理推荐、形式审查、公示、专家评审等程序，最终上海隧道工程有限公司张亮发明的"复杂地层敏感环境轨道交通施工关键技术研究与应用"等2个项目获得2017年度上海市科技进步奖二等奖；上海航天设备制造总厂王曙群发明的"航天超细直径小腔检漏管路制造技术及推广应用"等4个项目荣获2017年度上海市科技进步奖三等奖。（潘 雁）

5月31日，李斌技师创客论坛在东方网演播厅举行 （刘峙钒）

【举办"第七届李斌技师创客论坛"】 5月31日，在第七届上海职工科技节举办期间，市总工会、市科委、市人社局、团市委联合举办"第七届李斌技师创客论坛"，邀请李斌、徐小平、胡双钱、胡振球等"上海工匠"代表，围绕"传承工匠精神，打造匠心文化"主题，在网上与网友互动，交流心得、体会，传递工匠精神。此次论坛除在东方网设立主会场之外，还在杨浦、长宁、嘉定、松江以及上海航天设备制造总厂设立5个分会场，共有千余名职工参与互动。（陈志渊）

【上海5家劳模创新工作室被命名为全国示范性劳模创新工作室】 7月底，全总办公厅发出《关于推荐申报全国示范性劳模和工匠人才创新工作室的通知》，进一步深化劳模和工匠人才创新工作室创建工作，不断提高质量、突出实效、发挥作用、扩大影响，加快建设知识型、技能型、创新型劳动者大军，推进新时期产业工人队伍建设改革，培育更多"大国工匠"，中华全国总工会决定命名100个全国示范性劳模和工匠人才创新工作室。经过自下而上推荐、申报、评审并经全总书记处审定，上海市王军创新工作室、姚启明创新工作室、蒋国兴创新工作室、蔡蕴敏创新工作室和李文丽创新工作室等5家劳模创新工作室被命名为全国示范性劳模创新工作室。（许燕军）

【评审命名第七批50家上海市"劳模创新工作室"】 为深化劳模创新工作室创建活动，充分发挥劳动模范在创新驱动、转型发展中的示范引领和骨干带头作用，加快培养高技能专业人才、高素质创新人才，根据《上海市劳模创新工作室管理办法》，市总工会于9月上旬启动第七批"上海市劳模创新工作室"创建命名活动。经基层推荐、现场互评、专家评审并报市总主席办公会议评审，最终命名王雅琴

学科创新工作室、邵景峰汽车设计创新工作室等50家上海市劳模创新工作室。（许燕军）

【劳模创新工作室回头看】 依据《上海市劳模创新工作室管理办法》的相关工作要求，市总工会于10月18日—11月3日对2011—2015年度命名的共计130家上海市劳模创新工作室组织开展首次“回头看”检查工作。此次“回头看”检查以“自下而上、自查互评、有机统一、同步推进”为工作原则，紧紧围绕“五个有”创建标准，通过提交自查报告、现场互访互查、总结评估反馈等手段措施，对已获评命名的工作室进行全覆盖检查。通过“回头看”检查，使市总及各区局（产业）工会对各工作室的创建工作进行了有益的回顾和检验，不仅进一步呵护了劳模创新工作室的响亮品牌，同时对进一步发挥工作室弘扬劳模精神和工匠精神的“新平台”作用、技术创新的“攻关站”作用、技能人才的“练兵场”作用夯实了基础。（许燕军）

【举办劳模创新工作室研修班】 11月29日—12月1日，市总工会举办第五期劳模创新工作室研修班。市总工会党组成员、巡视员何惠娟为参训学员做开班动员，43位来自全市各区、行业和系统的劳模创新工作室领衔人和主要负责人参加研修培训。市总工会联合工会学院，根据参训人员知识结构和培训需求，精心设计课程，采用课堂授课、学习参观和互动交流相结合的方式，聘请知名劳模、市政府参事包起帆，以及来自同济大学、工会学院等专家学者，为学员讲授创新与超越性思维、创新成果管理、职业形象设计与管理等课程，并实地参观学习蒋国兴陶瓷艺术全国示范性劳模创新工作室和上海汽车集团乘用车分公司临港基地冲压模具创新工作室的优秀管理办法与主要科研成果。

（许燕军）

市总工会举办第五期劳模创新工作室研修班（孔孝元）

链接：

第七批“上海市劳模创新工作室”名单（共50家）

区总工会（共15家）：

王雅琴学科创新工作室（浦东新区）
赵祝清电子工程创新工作室（徐汇区）
陈爱华洗染服务技能创新工作室（黄浦区）
朱兰家庭医生团队创新工作室（徐汇区）
陈坚合理用药创新工作室（松江区）
张连东急救医学创新工作室（宝山区）
胡建民创新教育工作室（杨浦区）
梁胜芳花艺创新工作室（静安区）
徐红邮轮服务创新工作室（宝山区）
张敏国际化经营创新工作室（浦东新区）
管仕忠生态农业创新工作室（崇明县）
刘纪周逆变焊机及逆变电源创新工作室（闵行区）
李迥建筑施工创新工作室（长宁区）
赵仁荣劳模创新工作室（金山区）
蒋昭瑜检测技术创新工作室（黄浦区）

产业局工会（共35家）：

邵景峰汽车设计创新工作室（上汽集团）
郭立杰航天先进制造装备与工艺创新工作室（航天局）
周良辅神经外科创新工作室（医务）
金国平电炉连铸创新工作室（宝武集团）
钱忠带电作业创新工作室（电力公司）
何敏娟土木工程科教创新工作室（教育）
谷银远绞吸工艺创新工作室（中交上航局）
张华动车技术创新工作室（铁路）
杨磊锻造技术创新工作室（宝武集团）
杨令炅机场安检创新工作室（上海机场）
冯军生物技术创新工作室（经济和信息化系统）
马雪峰中/高速机装配调试劳模创新工作室（船舶工业）
刘树装卸操作劳模创新工作室（上港集团）
李章林大隧道技术创新工作室（隧道股份）
冯忠耀差别化新材料创新工作室（纺织）
刘国超革新和管理效率创新工作室（经济和信息化系统）
林莉-液货船关键技术创新工作室（城乡建设和交通）
胡水清艾滋病罪犯管理创新工作室（监狱管理）
原金疆燃机装配服务创新工作室（机电）
邱莉娜窗口服务创新工作室（电信集团）
邵志敏乳腺外科创新工作室（医务）
必为建智能港口物流创新工作室（教育）
刘必胜生活固废集运技术创新工作室（上海城投）
周亚康环境监测创新工作室（市级机关）
徐美玲服务创新工作室（人事）

黄松选煤技术创新工作室(大屯能源)
董清建筑工业化创新工作室(上海宝冶)
张德标建筑技术创新工作室(合作交流)
解海霞康复服务工作室(市级机关)
赵才标花卉技术创新工作室(光明食品集团)
周学明网络创新工作室(电信集团)
汤亚杰焊接工艺创新工作室(电力股份)
郭传贤物业管理创新工作室(中建八局)
王永振技术攻关创新工作室(医药)
徐皓然ITS创新工作室(交通委)

【浦东新区总工会大力营造职工创新创业浓厚氛围】 职工科技创新"五项评比"顺利推进,累计收到科创项目申报1453项;建立10家职工科技创新基地;荣获第二十九届上海市优秀发明选拔赛金奖4项、银奖7项;在上海市合理化建议和先进操作法征集命名活动中荣获1个优秀成果奖、5个项目创新奖;一线职工授权发明专利奖励申报共计99项。依托地方教育附加专项资金补贴企业职工职业培训政策,鼓励企业开展岗位培训,提升职工素质。制定地方教育附加专项区统筹资金资助职工创新项目操作办法,依法依规完善落实工作制度。累计完成4653家企业补贴审核,确认核拨1595家企业计2.83亿元。 (陈 维)

【闵行区总工会选送职工发明项目参加首届中国(上海)国际发明创新博览会】 首届中国(上海)国际发明创新博览会于4月20—22日在上海世博展览馆举办。闵行区总工会选送69个职工发明项目参加展览,项目涵盖医疗、制造业、电子电器、生物、新材料等领域,兼具新颖性、创造性和实用性。部分项目通过参展,实现商品化或产业化生产,取得良好的社会效益和经济效益。区总工会坚持每年在职工科技节期间举办职工创新论坛;坚持开展工人发明家、创新英才评选和职工科技创新成果项目评选活动;坚持培育以劳动模范、技师、创新工人为领头人的闵行区劳模(职工)创新工作室,培育和涌现出一大批热心职工科技创新的单位和个人,为实施创新驱动发展战略,加快推动闵行区产业转型升级,打造上海南部科创中心作出新贡献。 (毛胜楠)

【本市"三区"职工创新创意成果展启动仪式在闵行举办】 5月24日启动仪式上,上海紫竹高新技术产业开发区工会向本市"工业开发园区、创业园区、高新技术产业园区"企业发出"勇担创新使命、提高创新能力、突出创新实践、体现创新成效"的倡议。全国劳模上海神舟汽车节能环保股份有限公司胡振球分享了自己岗位成才、创新铸就"工匠梦"的故事。全市百家"三区"工会干部及百名非公企业岗位创新能手代表出席了启动仪式。职工创新创意成果展展示了近两年来,本市各区工会组织"三区"企业和职工开展群众性科技创新活动所取得的成效。闵行区推选69项职工科技创新项目参加展示。 (王 凯)

4月20日,闵行区选送职工发明参加首届中国(上海)国际发明创新博览会 (李乘凤)

【嘉定两家工作室获2016年市"技师创新工作室"称号】 1月12日,2016年上海市"技师创新工作室"命名暨万名班组长岗位创新培训三年计划启动仪式在上海电气李斌技师学院举行,来自嘉定区安亭镇上海科世达-华阳汽车电器有限公司的钱建宏技师创新工作室和来自嘉定区南翔镇上海新时达电气股份有限公司的朱品军技师创新工作室被命名为2016年上海市"技师创新工作室"。截至2017年1月,嘉定区共创建朱品军、钱建宏、陈文忠、唐骅和朱士昇技师创新工作室5家,其中两家上海市技师创新工作室。"技师创新工作室"创建活动极大地推动了广大职工岗位创新、岗位创造、岗位创效、岗位建功。 (黄点点)

【松江区总工会积极搭建职工创新平台】 松江区总工会以引导、培育、参与和激励为手段,着力搭建职工创新平台,努力激发职工创新,提升职工技术技能素质。为切实普及企业科学知识,松江区总工会邀请市科普讲师团成员——全国劳模"抓斗大王"包起帆,为富士康松江科技园区的162名一线职工开展科普讲座。组织参加第二十九届上海市优秀发明大会,13项优秀发明项目和职工创新成果荣获奖项。区中心医院"一种气管切开固定带"项目获职工技术创新成果金奖。上海中联重科机械有限公司"超大型旋挖钻机(ZR420)"、上海昌强工业科技股份有限公司"热膜锻U型分叉管加工工艺"和正泰电器股份有限公司"NG7-12/24系列新一代智能成套开关设备"3个项目获优秀发明金奖;维蒙特工业(中国)有限公司"移动通信都市(基)站(移动通信塔)"等5个项目获优秀发明银奖;本田摩托车研究开发有限公司"能大幅度提高电喷车

燃油管接头拆卸效率的工具”等4个项目获优秀发明铜奖。（孙爱华）

【崇明区总工会举行职工创新成果表彰会暨职工创新创业论坛】 11月1日，由区总工会主办、区职工服务中心承办的2017年崇明区职工创新成果表彰会暨职工创新创业论坛在竖新镇社区文化活动中心举行。表彰会对优秀创新成果进行了表彰，命名管仕忠生态农业劳模创新工作室、黄春清水蟹养殖劳模创新工作室、沈利培社区管理劳模创新工作室、黄忠市容环卫管理劳模创新工作室4家崇明区劳模创新工作室和沈建华技师创新工作室、季飞技师创新工作室、张莉技师创新工作室、吴永平技师创新工作室、吴斌技师创新工作室5家技师创新工作室。在论坛上，崇明仙桥村党支部书记管仕忠以及上海沐雨生态农业有限公司总经理沈竑等嘉宾结合自身实际，与在场职工分享自己在创新创业过程中的经验和体会。（秦春华）

【市仪电工会召开劳模（工匠）创新工作室建设专题座谈会】 11月16日，仪电工会组织召开了劳模（工匠）创新工作室建设专题座谈会。上海仪电劳模（工匠）创新工作室领衔人和所在单位工会主席等相关人员出席会议。会议由仪电工会副主席张波主持，会上，劳模（工匠）创新工作室领衔人分别就工作室现状及下阶段的工作打算作了交流；仪电工会就创建劳模（工匠）创新工作室的基本要求，工作室的工作任务、目标和内容，工作室的管理制度，经费使用以及基层和上级工会可以开展的相关工作等方面作了说明。仪电工会主席顾文作了讲话，要求将创建劳模（工匠）创新工作室作为工会开展职工创新活动工作的重要抓手，为上海仪电建设新时期新型产业工人队伍和智慧城市建设发展作出更大贡献。（邵秀根）

【云赛智联工会召开“双创”星级活动动员大会】 3月6日，云赛智联工会召开“双创”星级活动动员大会，各基层工会主席参加了会议。公司工会副主席倪三花介绍了公司工会2017年度“双创”星级品牌活动的计划，围绕“聚焦主业、探索改革、创新创效、建功立业”主题，通过开展立功竞赛、合理化建议、提升经营效率、节能减排、职工技能升级等有效的活动载体，全面动员职工为加快推进公司创新发展建功立业。公司党委副书记、工会主席、纪委书记林华勇对“双创”星级品牌活动工作进行了动员。（倪三花）

【市纺织工会和集团团委联合开展科技创新和转型献一计活动】 活动得到了集团下属各公司工会、团委的大力支持和积极响应，共征集到612项创新建议。纺织工会和集团团委组织专家评审建议，同时在纺织工会微信公众号上进行网上投票。经评审，上海汽车地毯总厂有限公司龚杜弟“汽车平地毯承载能力测量装置”等10个项目获得“上海纺织职工科技创新和转型献一计”金奖，上海市服装研究所赵胜宁“服装个性化智能定制众创平台客户服务手册”等10个项目获得银奖。（郑鸦峰）

【市纺织工会推动职工创新工作室建设】 7—11月，纺织工会分别在龙头股份三枪集团公司康桥基地和上海星海时尚物业公司举行“李勇针织面料研发技师创新工作室”和“陈兴武维修服务技术创新工作室”揭牌仪式。冯忠耀“差别化新材料”劳模创新工作室和张艳海螺“衬衫设计”技师创新工作室经现场发布、专家评审，被命名为上海市劳模创新工作室和上海市技师创新工作室，通过创建劳模（技师）工作室，进一步激发、调动了职工爱岗敬业，精益求精的创新热情，解决了一批企业中的关键难点问题，帮助企业提升了核心竞争力。（郑鸦峰）

【市医药工会开展全员持续改进提案线上评选活动】 在市医药工会及上药制造运营部和战略运营部共同发起之下，“我的岗位我创新”全员持续改进提案活动得到了上海医药旗下各企业的积极响应。各企业推荐申报的提案共138条，覆盖质量管理、技术创新、流程优化、节能降耗、安全生产等方面，充分展现了上药人的智慧才华、创新意识和对本职岗位的责任感，为集团和企业的发展发挥了积极作用。经过几轮专家评审的评定推送，24个项目入围线上评选活动。（宋晓波）

【上药职工获得多项市级发明创造奖项】 在6月2日举行的2017年上海职工科技节闭幕式上，上海医药集团推荐的8个项目受到表彰，分获市优秀发明选拔赛、职工合理化建议、职工先进操作法等各类奖项。其中，上药第一生化《丹参酮ⅡA磺酸钠注射液工艺质量研究》项目荣获市优秀发明选拔赛金奖，上海市医药工会荣获此次职工科技节的优秀组织奖。（宋晓波）

【国网上海市电力公司职工创新项目获奖】 2017年，市电力公司工会推荐36个职工创新发明项目参加由市

国网上海市电力公司职工创新项目多项获奖（潘锋）

总工会、市知识产权局、团市委、市科协、上海发明协会等单位联合举办的第二十九届上海市优秀发明选拔赛，共有30项获奖，其中1个项目获上海市优秀发明金奖、3个项目获职工技术创新成果金奖，公司连续第三年荣获发明比赛优秀组织奖。自去年9月选拔赛正式启动以来，公司工会共收到各单位报名参赛项目52项，经过专家层层评审，选送了36个项目参加市级比赛。其中，培训中心邵宇鹰发明的“多能源互补微电网系统的关键技术研究与示范应用”获上海市优秀发明金奖；浦东供电公司张华发明的“城市应急供电快速接入装置”、培训中心易华发明的“智能化电缆接头作业现场加热控制器研发”和嘉定公司钱忠发明的“保障高可靠供电的应急电源车配套装置”3个项目分别获职工技术创新成果金奖；另有7个项目获银奖、13个项目获铜奖、6个项目获职工技术创新入围奖。（陈　纯）

【上海电力系统多名职工获科技创新先进受表彰】 在5月22日举办的2017年上海职工科技节开幕式上，国网上海市电力公司收获一批荣誉：检修公司李海荣获2016年度上海市科技进步奖（工人农民组）三等奖；市南供电公司乔亚兴获上海市20项先进操作法优秀成果奖；市北供电公司沈志祺、市南供电公司彭奕获上海市职工合理化建议项目创新奖；浦东供电公司谢邦鹏劳模工作室被命名第六批“上海市劳模创新工作室”称号。（陈　纯）

【国网上海电力公司职工合理化建议活动结硕果】 8月10日，国网公司工会公布了2017年重点宣传推广的11条合理化建议，这是公司职工合理化建议活动取得的又一项新成果。近年来，公司持续开展“我为企业献一策”活动，参与人数达到3000多人次。2017年，各基层单位共收到内容涉及科技创新、电网建设、安全生产、经营管理、企业文化、优质服务、体制机制等多个方面合理化建议千余条，其中获得上海市先进操作法优秀成果奖1项、上海市职工合理化建议项目创新奖2项。公司工会集中征集到近200条经基层单位评选推荐的优秀合理化建议，精选其中一部分汇编成册，供公司各基层单位和相关部门学习借鉴。（俞画屏）

【上海电建公司工会开展第九届职工五小成果征集发布活动】 8月份，公司工会组织职工开展了2017年“智慧能量”职工五小成果发布活动，共征集到职工“五小”成果24项。公司工会举办专题发布会，发布选手通过现场PPT演讲，当场回答专业评委的提问等环节，展示各自的成果。经过评审，《锅炉制粉系统试验取样密封装置》和《视频远程监控技术在热处理施工中应用》成果获一等奖；《MK220FX塔节法兰平面加工工装改进》和《继电保护模块检测试验转接插板》成果获二等奖，另有8项成果获得三等奖。以此项活动为基础，2017年公司2项成果获“上海市职工先进操作法创新奖”；2项成果获“上海市职工合理化建议项目创新奖”；1项成果获“全国能源化学地质系统职工技术创新成果三等奖”。（傅　诚）

上海电建公司工会开展职工五小成果发布评审活动（傅　诚）

【上海电力安装第二工程有限公司为“技师创新工作室”揭牌】 11月，上海电力安装第二工程有限公司工会举行“顾红凯技师创新工作室”的揭牌仪式。“顾红凯技师创新工作室”共有成员20人，属于机施分公司，有专属于他们的工作场地。工会专门购置了工作电脑、视频会议系统、学习培训投影设备、红外线测量工具、万用电表等一些设备和工具，保障“创新工作室”的正常开展。顾红凯工作室积极组织工作室成员开展技术创新成果展、技术攻关讲座、新产品研发交流等活动，引导职工从日常工作中的问题入手，大胆进行改进，使更多的职工在学与思中接触创新、习惯创新、实践创新，为企业发展做出了贡献。（张　钧）

【中国宝武营造“万众创新”氛围】 7月，中国宝武工会、科技创新部、宝武管理学院举办职工岗位创新成果推介与技术咨询启动会，试点推介53个职工岗位创新成果，以加强创新成果推广应用。其中36个创新成果收到来自武钢集团、宝钢股份、八一钢铁、韶关钢铁等单位的90条需求意向，有33项成果、72条需求按科技成果转化的管理办法进行成果移植。9月，集团公司工会、宝武管理学院、企业文化部、团委联合举办主题为“匠心·技能创新·发展”的员工创新活动日，组织岗位创新骨干进行主题交流，开展志愿者结对指导、工作室共建共创、岗位创新成果推广应用签约，为退休创新骨干朱有发颁发“资深荣誉创新志愿者”证书，发挥资深创新志愿者的岗位创新指导作用。2017年，王军创新工作室被中华全国总工会授予“全国示范性劳模和工匠人才创新工作室”称号，在全国工会深化劳模和工匠人才创新工作室创建工作会议上作经验交流；2个创新工作室被命名为省部级劳模创新工作室，3个创新工作室被命名为省部级职工创新工作室。宝钢股份洪华、季益龙，宝钢特钢杨磊获"上海工匠"称号，宝钢工程张永洁获江苏省"制造工匠"称号。完善出台《中国宝武创新工作室规范化建设实施意见》，组建了一支178名创新指导志愿者队伍，与274名徒弟结对。至年底，中国宝武工会拥有自主管理小组7177个，职工经济技术创新小组2312个，有2.27万名职工参与创新小组活动。提出合理化建议15.66万条，实施10.13万条，创经济效益20.86亿元；岗位创新申请专利2446件，其中发明专利1319件；产生技术秘密2024件；命名先进操作法445项。（徐　卫）

【中国宝武组团参加国内外发明展】 4月27日—5月8日，中国宝武组织参加第116届巴黎国际发明展，获2个金奖、5个银奖、3个铜奖，王军被组委会授予巴黎国际发明展最高奖项——列宾发明奖荣誉大奖，成为第二个获此荣誉的中国人。11月23—25日，组织211项职工创新成果参展第二十二届全国发明展览会，获金奖31项、银奖51项、铜奖67项。在第二十九届上海市优秀发明选拔赛上，获38个优秀发明奖项，其中金奖3项、银奖10项、铜奖25项；获职工技术创新奖40项，其中金奖1项、银奖7项、铜奖10项、入围奖22项，成为获奖数最多的企业。中国宝武工会获"2017年上海职工科技节优秀组织者"称号。宝钢股份热轧厂高级技师张仁其、梅钢公司高级技师季益龙的岗位创新成果分获上海市科技进步奖二等奖和三等奖；宝钢股份硅钢部宋俊的创新成果获第十二届"海峡两岸职工技术创新发明展"金奖；宝钢工程高级技师吉志勇的岗位创新成果获中国宝武技术创新重大奖工人奖。（徐　卫）

【宝钢股份深化群众性创新活动】 2017年，宝钢股份工会会同相关部门组织开展职工劳动大赛，共有20419名员工参加10个公司级项目、203个厂部级项目。各级工会鼓励职工岗位创新，使创新项目、成果、人才培养创历史新高。2017年巴黎国际发明展上获得2金2银1铜的历史最好成绩；第二十九届上海市优秀发明选拔赛中获3金6银11铜；第二十二届全国发明展览上推荐参展项目多达149个，其中109个项目获奖。（胡建忠）

【宝钢特钢工会招标揭榜出成果】 宝钢特钢工会持之以恒开展"难题招标揭榜"活动，聚焦公司亟需解决的生产、质量、成本、环保等方面的难题，组织基层职工创新工作指导室、创新工作室、科技创新小组、创新能手勇揭"难题榜"，解决生产现场难题，提高产品质量与成材率、缩短产线维修工时、优化工艺流程，为企业降低成本，稳定产品质量发挥了积极的作用。2016年、2017年共完成"难题揭榜"项目27项。"难题招标揭榜"活动不仅提升了产线持续生产能力和工艺改良升级，同时也不断显现职工创新小组、职工创新工作室（指导室）创新能手的示范与带动作用，促进了职工创新意识和能力的提高。（陈美坤）

【宝钢工程女工委为"巾帼"岗位建功赋能】 宝钢技术现有女职工384人，占公司总人数的11.7%。2017年，宝钢技术女职工委员会带领全体女职工，围绕国家打造创新人才和培育"工匠精神"要求，推动女职工创新工作室建设、营造女职工自主创新氛围、女职工岗位创佳绩——创吉尼斯纪录活动、扩大女职工先进模范引领示范作用等，为公司人才队伍建设做出积极贡献。全年成立2家女职工创新工作室，女职工获得全国发明展银奖1项、铜奖1项，1人获得2017年上海市数控论文一等奖；提出合理化建议117条、实施96条，完成自主管理成果8项，申请专利13项、授权专利4项，申请发明专利10项，授权2项，技术秘密认定18项。（范萍萍）

【上海宝冶工会大力推进"职工创新工作室"建设】 工会积极搭建创新平台，召开年度"职工创新工作室"工作交流推进会，成立了"职工创新工作室"专家顾问团，聘请5位宝冶首席专家和高级专家为创新工作室提供指导服务。2017年，创新工作室完成部级工法6部，技术成果13项，申请专利176项，技术开发21项，职业技能提升258人。同时，通过职工创新工作室选树培育出一批先进典型："上海工匠"1名、上海市劳模创新工作室1个、上海市技师创新工作室3个、上海市巾帼创新工作室1个，荣获上海优秀发明选拔赛金奖2项、银奖3项、铜奖4项，获合理化建议创新奖2项、先进操作法创新奖1项，宝冶荣获上海职工科技节"优秀组织奖"。（毛一新）

【上海海烟物流工会深入开展群众性创新活动】 2017年上海海烟物流工会在公司提出"创新"工作主线的背景下，牵头组织并协调各部门开展群众创新活动。活动整合了"员工合理化建议、班组创新课题攻关、QC、现场改善"四大载体，并建立了完善的流程制度和奖励机制，形成了"分层开展、分类评审、统一展示、组合奖励"的活动模式和"员工主体、工会发动、行政推进"的活动格局。全年，仅合理化建议就征集到了1072条，人均达1.7条。多个QC项目获得了国家局和上烟集团的优秀奖项。同时，有10个优秀创新成果在公司内脱颖而出，挖掘出了一批敢于创新善于创新的优秀员工。同时，还通过"建立公司评定小组、推出创新思维清单、拓宽推优渠道"等多项举措，加强活动的行政推动力、组织引导力和舞台展示力，发挥了员工队伍在参与企业发展建设中的主力军作用。（杨凤娇）

【上海化学工业区职工科技创新活动取得佳绩】 上海化学工业区工会在全区职工中广泛开展职工科技创新成果、先进操作法、合理化建议等活动。寰球公司乙撑胺项目获得第二十九届上海市优秀发明选拔赛优秀发明银奖，先进半导体公司TMBS后道工艺平台搭建项目荣获上海市职工合理化建议项目创新奖，汉高公司901EVA自动灌装线操作改进项目荣获上海市职工先进操作法创新奖。同时，区工会深入开展技术培训、岗位练兵、技能竞赛、师徒帮教等活动，全面提升广大员工的专业技术素质和技术创新能力，为化工区持续创新驱动发展提供后续保障，孚宝公司"孚宝安全创新工作室"被评为上海市职工（技师）创新工作室，先进半导体公司"雏凤工

作室”被评为上海市职工（巾帼）创新工作室。（张 俊）

【上海铁路局深化合理化建议活动】 2017年，上海局工会坚持开展合理化建议和技术改进活动，突出问题和目标导向，紧扣主题抓推进，联合总师室下发《关于开展以“强基达标、提质增效”为主题的合理化建议和技术改进活动的通知》，通过公布99个创新方向和114个难点及改进需求、畅通全年征集渠道、实行季度通报等形式，确保活动有重点、广覆盖、抓落实。年内共征集职工合理化建议和技术改进项目319项，申报路局项目258项，成果162项。经路局合理化建议与技术改进评审委员会评定，“轨道板敞车装载加固方案优化”等100项成果获2017年度合理化建议与技术改进成果奖。（倪定州）

【中远海运重工工会全面开展合理化建议征集活动】 2017年，重工系统全体职工共提出合理化建议583条，企业采纳实施后共创新创效305.1万元。上海川崎“关于钢结构构件成品管理软件系统应用的建议”获得上海市职工技协评选的“上海市职工合理化建议创新奖”。（魏敬民）

【市运输工会开展“为创新工作室献一策”合理化建议活动】 交运集团共有12家劳模、首席员工（技师）工作室。为更好地推进工作室创新工作，市运输工会自5月启动“为创新工作室献一策”合理化建议活动，围绕工作室管理和项目开发等方面，发动交运集团系统各工作室成员广泛建言献策，至7月底，共收到有效合理化建议105条，内容涉及工作室管理、生产现场改进、改造、职务发明、设计、策划和专业培训等方面。整个活动各单位广泛动员，工作室主要负责人带头参与，与项目攻关和深挖潜力紧密结合，查找不足提升现场管理，体现了劳模、首席员工（技师）工作室积极打造“专业、精业、敬业”领军团队的工作特点。市运输工会专门制作信息反馈表，请工作室所在单位相关部门对105条合理化建议按“最佳建议”“可操作建议”“可参考建议”进行分类，并确保“最佳建议”“可操作建议”在实际操作中进一步得到应用和推广。（袁俊俐）

【交运集团成立“轮渡公司劳模/首席员工船舶轮机工作室”】 7月，交运集团在轮渡公司举行“劳模/首席员工船舶轮机工作室”揭牌仪式。揭牌仪式上，交运集团股份公司、运输工会、轮渡公司共向工作室赠送研发资金6万元。“劳模首席员工船舶轮机工作室”成立推动了各方面工作开展，通过这一引领、示范、传承平台，培育了更多严谨细致、责任心强、技艺高超，追求完美、创造极致的优秀员工，同时，通过教绝招、传技能、带高徒，为企业培养和造就了更多首席员工、服务明星、岗位能手和技术带头人。（袁俊俐）

【上海邮政工会创建首批上海邮政劳模（职工）创新工作室】 上海邮政工会发挥劳模先进、技能人才在企业创新、转型发展中的示范引力作用和骨干带头作用，探索和优化劳模（职工）创新工作室创建工作。制订并实施《上海邮政劳模（职工）创新工作室管理办法》，要求工作室创建做到“五个有”，即有领衔人、有团队、有项目、有成果、有经费场所。召开2017年上海邮政劳模（职工）创新工作室创建和申报培训电视电话会议，详细解读《上海邮政劳模（职工）创新工作室管理办法》，就工作室申报具体工作做指导，鼓励各基层单位结合自身工作特性，探索个性化的工作室发展路径。各基层单位根据要求认真开展创建工作，全公司共有28个工作室提出申报。经上海邮政工会联手市分公司双创办共同审核，并通过党委会审议，于12月26日表彰命名了首批上海邮政劳模（职工）创新工作室共19个。（杨 娟）

【中国电信上海公司首家“技术支撑工作室”揭牌】 4月5日，上海公司副总经理马明、总师室主任傅志仁共同为“翁雯倩技术支撑工作室”成立揭牌。总师室“翁雯倩技术支撑工作室”是公司总部第一家以员工名字命名的工作室，主要是在政企差异化、智慧家庭联网、能力开放共享平台试点等方面，发挥总师室技术引领优势，推动跨部门协同、加快技术变现，面向一线经营主体提供综合化的服务指导和技术支撑。（殷 茵）

【中国电信上海市工会在市职工科技节上荣获多项优秀成果】 6月2日，“第二十九届上海市优秀发明选拔赛表彰大会暨2017年上海职工科技节闭幕式”举行，中国电信上海市工会获得“2017年上海职工科技节优秀组织奖”，上海公司企业信息化部代武成的“上海电信能力开放平台开发与应用”获得“优秀发明金奖”，公司总部张坚平的“面向千兆宽带流量经营的城域网新型架构”等2个项目获得“优秀发明银奖”，公司总部张军“基于对称10G-PON单位FTTH千兆宽带技术创新与示范”等3个项目获得“优秀发明铜奖”。信息网络部吴志明的“综合智能信息服务云节点（LSN）”等3个项目获得“职工技术创新银奖”。移动互联网部张儒申的“基于业务模型的室分场景感知优化研究”等5个项目获得“职工技术创新铜奖”。网络运行部姜明的“自然冷源在通信枢纽的节能应用”等2个项目获得“职工技术创新入围奖”。（殷 茵）

【中交上航局工会持续推进劳模创新工作室创建工作】 中交上航局工会持续推进劳模创新工作室创建工作，不断发挥劳模的示范引领作用，提升职工科技创新能力，为企业改革创新、转型升级提供技术保障。2017年，谷银远绞吸工艺创新实验室被正式命名为上海市劳模创新工作室，该工作室设立在上海交建公司新海豚2轮上，以劳模船长谷银远领衔。工作室秉承“优工艺、新工法、创品牌；勤思考、敢啃硬、提素质；善合作、细管理、保安全”的工作理念，随船征战江河湖海，在流动中创新，在创新中提升，被称作流动的劳模创新工作室。同年11月，季岚航道治理创新工作室被正式命名为上海市巾帼创新工作室，该工作室设在中交上航局下属勘察设研公司，由“三八红旗手”季岚领衔，致力于航道治理技术研究。工作室2/3成员拥有研究生学历，是一支高学历团队。经过近几年的发展，中交上航局创新工作室从无到有，由点到面，现已拥有3家上海市“劳模创新工作室”，2家上海市“技师创新工作室”，1家上海市“巾帼创新工作室”，为发挥劳模先进的示范引领作用，推进企业创新发展提供了强力支撑。（于美庆）

9月29日，中交三航局召开第十五届“主人杯”双献成果发布会

（黄书展）

【中交三航局召开“主人杯”双献成果发布会】 9月29日，中交三航局有限公司召开第十五届“主人杯”双献成果发布会，14名来自公司基层一线的员工参与发布交流。经过评定，江苏分公司刘瑞卿的《海上风电大直径单桩翻身钳遛尾技术》获一等奖，新能源公司胡杰的《S-800液压锤挂打桩船导向装置的改进》等5篇论文分获二、三等奖。发布会共收到成果38篇，经评委会初选，有14篇在会上进行发布。公司党委副书记、工会主席傅瑞球在会上对下一阶段的职工创新工作提出要求。成果发布会还评选出了3家优秀组织单位。（黄书展）

【上海机场集团公司召开职工“金点子”评审会】 11月23日，职工献计献策“金点子”活动评审会在集团公司多功能厅举办。2017年，由集团党委主办、集团工会承办、围绕“安全守底线、责任无上限”主题组织开展的职工献计献策“金点子”活动，经过5个多月的征集和申报，通过网上报送、职工代表提案、创新工作室创新项目等渠道，共征集到职工建议200余条，从中产生了候选“金点子”45条。集团工会邀请行业专家作为评委，建议人现场答辩，经过6个小时的答辩和现场打分，使与会者在岗位创新、技术革新、规范标准等方面得到了充分交流和促进，获得了良好的经验分享效果。（吴云舟）

【上海机场首家职工创新工作室联盟成立】 4月12日，经过前期股份公司工会和班组长协会理事会认真筹备，“股份公司职工创新工作室联盟”正式成立。集团工会张永东主席、王晓鹏副主席，股份工会李育红主席，集团和股份工会办领导，股份公司各基层工会主席、股份职工创新工作室负责人、股份公司班组长协会理事会成员等近50人参加成立大会。集团工会张永东主席为联盟揭牌，集团工会王晓鹏副主席、股份工会李育红主席，以及集团工会办郑逸波主任，为联盟第一届管理团队成员授聘书。会上，股份班组长协会徐磊会长介绍“股份职工创新工作室联盟”前期筹备情况。联盟第一届轮值主席宗宵寅介绍了“股份职工创新工作室联盟”工作制度、第一届管理团队名单及2017年工作总体安排。联盟安全组组长杨令灵、服务组组长史志瑛、技术组组长潘硕华，分别介绍了团队成员及各小组今年的工作计划。“杨杨劳模创新工作室”和“艳阳职工创新工作室”代表股份18家创新工作室进行交流发言。集团工会主席张永东希望联盟要成为班组创新、优质示范、人才培育、交流学习的平台。（宗宵寅）

9月14日，市绿化市容行业首个环卫专题的创新工作室联盟成立

（唐鸿仙）

【上海海事局职工创新项目获得多项市级奖项】 5月22日，2016年度上海市职工先进操作法和合理化建议获奖项目揭晓。上海海事局工会申报的“PSC一键选船（一键选取待检查的目标船舶操作法）”（闵行海事局）、“一种改进型航标船灯浮抛设作业辅助设备（过链器）”（宁波航标处）、“修船厂‘五三’防污染监管模式”（崇明海事局）、“航标灯器故障六检法”

(上海航标处)、"打造智慧海事的'中国籍船舶安全监督辅助决策支持系统'"(杨浦海事局)、"'三摸排、两研究'进口灯器故障摸排研究法"(温州航标处)等6个项目荣获"上海市职工先进操作法创新奖"、"关于优化升级长江口深水航道船舶进出港申报流程建议"(吴淞海事局)、"DSC业务实时监控和显示系统"(上海通信中心)等2个项目荣获"上海市职工合理化建议项目创新奖",刷新了上海海事局职工小创造小发明获奖数目的记录。 (谭 聪)

【本市首个环卫专题创新工作室联盟成立】 9月14日,本市绿化市容行业首个环卫专题的创新工作室联盟在沪成立。创新工作室联盟由全国劳模、宝山区东晨环卫公司陈霖劳模创新工作室领衔人陈霖任盟主,下设技术创新组和服务创新组。创新工作室联盟的建立,旨在通过工作室之间的技术合作、技术交流、技术攻关和技术标准、服务规范的制订推广,不断巩固和扩大"1+1群+1群"的劳模技师品牌效应,为提升行业发展水平、实现"国内一流、国际领先"行业发展目标做出贡献。 (唐鸿仙)

【鲁中矿业创新项目亮相职工科技节】 5月22日,在2017年上海职工科技节开幕式上,一批市职工合理化建议和先进操作法优秀成果受到表彰。其中,鲁中矿业申报的莱新铁矿二级套管在探水工程中的应用项目获2016年度上海市职工先进操作法优秀成果奖;鲁中矿业申报的选矿厂优化强磁Ⅱ段选别效果项目获2016年度上海市职工合理化建议项目创新奖。 (李宗峰)

11月15日,上海水务海洋"水生态环境劳模创新工作室联盟"成立 (王佐仕)

【上海水务海洋成立"水生态环境劳模创新工作室联盟"】 11月15日,在市总工会、市建设交通党委和市水务局(市海洋局)党组领导下,以协同创新水生态环境关键技术为目标,流域区域联手、相关单位联合、共同发起组建业务联系密切的"水生态环境劳模创新工作室联盟"。联盟由市水务规划设计研究院徐贵泉水安全技术创新工作室、太湖局梅青引江济太创新工作室、城投水务集团宣建岚污泥干化焚烧创新工作室、闵行区水文站陆佩莉五一巾帼创新工作室和市防汛信息中心陈升防汛信息技术创新工作室共同组成。实行联盟成员单位轮值工作制,重点打造学习交流、科技创新、人才培养3个平台,助推水务海洋科技成果转化应用,助力创造健康优美的水生态环境。根据事业发展需求,进一步吸收相关的创新工作室加入联盟,形成"5+X"的开放式联盟成员结构。 (王佐仕)

4月27日,中建八局举办第五届劳模创新论坛 (王广滨)

【中建八局举办第五届劳模创新论坛】 4月27日,中建八局第五届劳模创新论坛在沪举办。会议采取"现场+视频"方式,隆重表彰了劳动模范集体和个人,交流分享了劳模创新工作室及工作室联盟创建经验。市总工会基层工作部部长丁巍,市建设交通工会主席刘选游,中建八局党委副书记、工会主席于金伟,局副总经理、总经济师徐爱杰等领导到会并讲话。与会领导为局第二批十大创新工作室、第五批局级劳模工作室和第二批劳模工作室联盟授牌,为获得五一劳动奖状(章)、工人先锋号的单位代表和个人颁奖。2017年中建八局共涌现出省部级以上劳模集体和个人30个,其中国家级荣誉11个,建立各级各类劳模工作室130个,建立劳模工作室联盟9个,联盟成员达到67家。

（郝国元）

【中建八局安全管理联盟首次会议暨安全微电影评审会成功召开】 8月8日,中建八局安全管理创新工作室联盟首次会议暨安全微电影评审会在中建大厦召开。局党委副书记、工会主席于金伟,局安全总监、安全生产管理部经理王学士,局工会副主席王为兵,安全管理联盟7个工作室的代表,驻沪二级单位工会主席和安全总监近40余人参加会议。会上,安全管理创新工作室联盟成员共同商讨、完善了联盟章程并审议、签署了联盟协议。展播了20部入围的作品,经过17名专家评委的现场打分,最终评选出了15部优秀安全微电影,并制作《优秀安全微电影合集》。会前,安全管理创新工作室联盟专家成员通过网上评审方式,对全局21个单位上报的34部安全微电影进行初选。（郝国元）

【中建八局再添两个上海市职工创新工作室】 12月11日,市职工技协召开2017上海市职工(技师、巾帼)创新工作室表彰命名大会。中建八局赵鹏飞财务管理创新工作室、装饰公司姜炳清工艺美术大师设计创新工作室获上海市职工创新工作室称号。

（郝国元）

【市经信工作系统工会推进创新工作室建设】 为推动职工创新工作,市经济和信息化工作系统工会积极推进职工创新工作室建设,组织劳模沙龙活动,为劳模交流搭建平台,2017年,中国石油上海销售公司刘国超革新和管理效率创新工作室和中国医药工业研究总院冯军生物技术劳模创新工作室荣获上海市劳模创新工作室称号;中国医药工业研究总院朱雪焱化学制药工艺巾帼创新工作室、电信科学技术第一研究所葛欣竹大数据巾帼创新工作室、华电上海燃机发电技术职工创新工作室、中国人民解放军四七二四工厂邹琦试飞保障技师创新工作室分别荣获上海市职工创新工作室称号。（黄俭 顾捷）

【光明食品集团举办劳模(先进)职工(技师)创新工作室评选活动】 根据2017年市总工会对群众性劳动竞赛市级专项表彰的要求,集团工会在年初确定了以开展劳模(先进)、职工(技师)创新工作室创建为重点的“建功十三五,再造新光明”劳动竞赛活动方案。这是集团工会首次开展集团劳模(先进)、职工(技师)创新工作室的创建工作,各子公司积极响应并广泛开展创建申报工作,共上报36个创新工作室。通过劳动竞赛专题会议,确定创建评选具体要求、常委会集体讨论审核、创新工作室评审答辩会等程序和环节,1家工作室获市级劳模创新工作室,8家工作室获集团级劳模(先进)创新工作室,16家工作室获集团职工(技师)创新工作室。

（朱菊英）

【上飞公司群策群力实现改善提案“保五争万”目标】 自2016年6月群策群力活动开展以来,工会巩固拓展试点经验成果,制订《上飞公司群策群力管理办法》,规范群策群力工作的统筹规划、工作流程、采纳标准、评审标准和激励措施;组建评审专家队伍,提升评审质量,完善群策群力信息化管理平台,实现提案的提交、流转、督办、评估、反馈、存档全流程信息化管理;群策群力从“班组有提案”向“人人有提案”目标迈进,全年征集提案达到1.5万余条。推荐1项获得上海市优秀发明金奖,3项获得优秀发明奖;1个职工团队创新提案荣获上海市职工优秀合理化建议成果奖;12项工人专利已获受理;组织10项上飞公司职工群策群力创新成果参加北京国防邮电产业职工技术创新成果展。大力宣传创新达人、推广优秀提案,开展“双十”优秀提案月度评选活动。拍摄群策群力职工创新宣传片9部,在生产现场设立优秀提案展板,编发群策群力简报43期,营造了较为浓厚的创新氛围。

（邹建军）

【上飞院开展群策群力活动】 2017年,上飞院系统策划、精准施策、开展群策群力活动,注重群策群力与型号任务的深度融合,扎实推进工程研发类业务特点的群策群力工作,将广大科研人员的“金点子”转化成企业创新发展的“金钥匙”。共收到提案2320项,其中改善提案1995项、合理化建议325项;已形成1217项成果,其中一等奖23项、二等奖63项。群策群力活动激发了职工创新活力,展示和彰显了职工创新价值,有效增强企业技术攻关能力,推进型号研制,保障产品质量安全,提高工作效率,降低研制成本。（曾菊敏）

【市农委系统工会积极开展职工创新活动】 2017年,市农委系统工会按照市总工会要求,积极组织职工优秀创新成果参加市优秀发明选拔和优秀创新成果、合理化建议和先进操作法征集和推荐,认真做好一线职工授权发明专利奖励、技师晋级奖励和“高

中国商飞公司群策群力工作推进大会会场（阎超）

技能人才带教师傅奖励”等工作，获得良好成绩。由东海水产研究所和市动物疫控中心选送的项目获“第二十九届上海市优秀发明选拔赛”优秀发明金奖1个、优秀发明银奖2个，优秀发明铜奖1个；开展第二批专利发明奖励申报，有17个项目通过审核，有9人获奖。同时，系统工会制订了《市农委系统关于职工技术创新、合理化建议及新晋升技师等的奖励办法》，配套奖励分获各类奖项的职工，激励更多的职工岗位建功、岗位成才。（陈　赛）

【五冶集团上海有限公司喜获上海建筑施工行业第三届BIM技术应用大赛一等奖】　2017年，五冶集团上海有限公司申报的《厦门国贸金融中心施工总承包全过程BIM管理》在上海建筑施工行业第三届BIM技术应用大赛中获得一等奖，公司首次获此殊荣。另外，公司BIM中心林逸获得BIM技术推广优秀个人奖。本次大赛共收到成果数量90多项，上海市建筑施工行业协会经资料初审、择优入围、现场发布、专家评分等程序，最终公司的参赛作品脱颖而出荣获一等奖。（年晓祎）

【五冶集团上海有限公司专利荣获第十八届中国专利优秀奖】　2017年，第十八届中国专利奖名单中，五冶集团上海有限公司研发的“用于焦炉烘炉温度的自动监测系统”专利技术上榜。“中国专利奖”是我国唯一专门对授予专利权的发明创造给予奖励的政府部门奖，五冶集团上海公司首次荣获该奖项。五冶集团上海有限公司目前已获得专利400余件，还先后获得“上海市专利示范企业”“高新技术企业”“国家知识产权优势企业”等多项荣誉。（李志芬）

技能登高

【概要】　以世界技能大赛和中国技能大赛为引领，广泛开展多层次、多形式的岗位练兵、技术培训与技能竞赛活动，不断完善“培训、练兵、比武、晋级”四位一体的职工职业技能发展机制，为职工技术技能水平提高搭建平台，为职工成长成才开辟快速通道。落实职工技能提升奖励实事项目。广泛实施上海工会职工晋升技师、高级技师奖励，一线职工授权发明专利奖励，职工晋升高级工、技师、高级技师带教师傅奖励等工会服务职工实事项目，扩大职工受益人数，切实激励职工提升技能素质。（竺　敏）

【深入实施上海职工晋升技师、高级技师奖励计划】　为不断激发职工学技术、学技能的热情，市总工会继续实施实施上海职工晋升技师、高级技师奖励计划。市总工会广泛宣传发动，编印发放宣传单，组织召开20余场职工晋升技师高级技师奖励申报培训会，并不断丰富完善网上申报系统功能，新增通用工种在线自动比对功能，提高审核效率。全年，先后两批共收到16个区、78个局（产业）工会提交的职工晋升技师、高级技师奖励申请4546个。经审核，共有4085份申请符合申报要求，其中，技师2556个，高级技师1529个，市总工会奖励金额共计280.7万元，职工所在的区局（产业）工会或基层工会按照1∶1的比例进行配套奖励。（竺　敏）

【徐汇区总工会举办家政、旅游行业技能竞赛】　8月8日，2017年中国技能大赛——徐汇区家政服务行业职工劳动竞赛在斯波特大酒店七楼寰宇厅举行。竞赛由区总工会、区人力资源和社会保障局主办，徐家汇商城（集团）有限公司、徐家汇街道总工会承办，区家政服务行业工会、徐家汇街道家政服务行业工会协办。市总工会巡视员何惠娟为本次大赛致辞。13支家政代表队伍、78名家政工作人员参赛。大赛共分3个项目板块比拼，分别是“婴幼儿沐浴、抚触、换尿布”项目、“熨烫折衣”项目、“插花”项目。经过一个小时比拼，角逐出了团体和专项等各个奖项。9月6日，由区旅游局和区总工会主办、区旅游促进会承办的2017区旅游行业技能大赛（决赛）在上海青松城大酒店隆重举行。本次活动共有来自区旅游住宿业、旅行社、景区等56个单位、210人参加，他们分别在演讲比赛、摄影比赛、旅行社行业知识竞赛、旅游住宿业知识竞赛、住宿业客房铺床比赛和下午茶展示等6大项7小项比赛中展开角逐。（王怡宁）

【普陀举行“桃浦新杨杯”汽车商贸行业技能大比武】　6月20日，普陀区总工会与桃浦镇总工会在新杨工业园区联合举办“弘扬工匠精神，勇攀技术高峰”——2017普陀区“桃浦新杨杯”汽车商贸行业技能比武大赛（复赛和决赛）。区人大常委会副主任、区总工会主席李松海，桃浦镇党委书记吕将，区总工会副主席、纪检组组长王远华，桃浦镇党委副书记、纪委书记罗陛宪等多位领导莅临现场。10余家汽车商贸企业的16名选手入围复赛。经过急速更换轮胎、精准倒车移库、技术排障等项目比拼，3名选手以扎实的理论素养和精湛的维修技术，分别摘得大赛冠亚季军。大赛现场还颁发优秀组织奖、优胜奖和技术支持奖。（陆　蕾）

【普陀举行餐饮行业职工技能比赛】　11月16日，由区总工会主办、长寿路街道总工会承办的“同心共建餐饮家园”2017年普陀区餐饮行业职工技能比赛在红子鸡美食总汇举行。16家知名餐饮企业、52名厨师参加厨艺技能比武，分别展示了30道热菜、12道冷拼、22道点心；14名服务员参加托盘行走技能比武。来自中国烹饪协会、市劳动保障局、曹杨职校、部分酒家的专业人员组成评审委员会，上海红子鸡美食总汇有限公司、华禅实业发展（上海）有限公司（玉兰轩）、上海普陀向阳渔港酒店有限公司、中环国际酒店（上海）有限公司分获花式冷拼、家常热菜、中西点心、托盘行走一等奖。（陆　蕾）

【静安区举行金融行业窗口技能竞赛】　9月26日，由区总工会、区文明办、区商务委、区金融办联合主办的“美在静安，与服务同行”——2017年静安区金融行业窗口劳动竞赛在延安饭店举行。区人大常委会副主任、区总工会主席叶坚华出席活动。区总工会、区文明办、区商务委、区金融办领导参加活动。来自建设银行静安支行、工商银行闸北支行、上海银行静安支行等8支参赛队伍参与比赛。参赛队围绕点钞技能比拼、银行知识问答及以“美在静安，与金融服务同行”为主题的专题演讲等3个项目展开。最终招商银行泰兴路支行“招银进宝队”拔得头筹，以团队总分第一的成绩荣获竞赛一等奖。（李少华）

【闵行区举办“绿叶米技杯”餐饮、会务服务行业技能竞赛】 竞赛分两个阶段在区政府机关食堂举办。4月22日开展烹饪类比赛，5月6日开展会务和餐饮服务类比赛。竞赛分为技能和知识两大类，技能类竞赛共7个项目，包括大锅菜、宴会餐、冷菜、点心、刀工、会务服务、餐饮服务。知识类竞赛主要检验参赛者对《上海市食品安全条例》的掌握程度。中国烹饪大师、中式点心高级技师、国家鉴定考评员、服务高级技师等7位高级职称专家担任评委。全区55个企事业单位的20支队伍约200人参加比赛，参赛人员主要为非公企业职工。（王　凯）

【闵行区举办“广为杯”职工焊接技能比赛】 11月11日，闵行区“广为杯”职工焊接技能比赛在吴泾镇拉开序幕。竞赛由闵行区总工会与区人力资源和社会保障局主办，上海广为焊接设备有限公司承办。比赛分为焊接理论知识和实际操作两个环节，来自全区9个镇、街道、莘庄工业区20支队伍共百余名选手，凭借扎实的理论基础和丰富的实践经验参加了决赛。比赛聘请上海市焊接考评员黄继才等6位专家负责大赛的考评工作。在实际操作环节中，选手需要完成二氧化碳气体保护仰板对接焊和水平固定管对接焊两个项目，评委根据选手的比赛时间、焊缝余高、焊缝宽度、咬边、焊缝外表成形等内容进行评分。最终，陈国伟获得个人组一等奖，上海申菱钢结构有限公司获得团体组一等奖。（王　凯）

【闵行区举办2017年“梅陇杯”物业行业劳动竞赛】 8月27日，闵行区总工会联合区人社局、区房管局共同主办“梅陇杯”物业行业劳动竞赛。竞赛以闵行“创全”工作与“美丽家园”建设为契机，全区14个街镇的18支队伍共144名选手及30个物业小区积极参与，非公企业和职工成为本次竞赛的主力军。比赛分为“技能竞赛”和“物业服务示范小区评选”两个竞赛单元。“技能竞赛”单元由应急抢修和消防技能两个项目组成，其中应急抢修项目包括知识考试和技能考核两个环节。“物业服务示范小区评选”则通过综合管理、秩序维护、绿化养护、保洁服务及公共区域、共用部位设施设备维护等5个方面对参选小区进行综合评价。8位专家裁判对比赛进行现场点评及指导。参加考评工作的专家对于参赛职工表现出的专业水平给予充分肯定。（毛胜楠）

【松江区总工会以各类主题为载体提升职工素质】 一是以投身G60上海松江科创走廊建设岗位建功，围绕“科创、人文、生态”新松江建设技能登高为主题，坚持以企业和职工为主体，立足岗位，自下而上，全面开展职工劳动竞赛活动。共开展劳动竞赛149场次，参与职工9680人。二是着力把意识形态工作与职工文化建设和素质提升有机融合起来，举办以“喜庆十九大，阔步新时代，共筑中国梦，展示劳动美—撸起袖子加油干！”为主题的松江区第四届职工文化艺术节，组织广大职工创作文化艺术作品，共创作文艺作品节目352个，参与职工7890人，来自32家的区直属工会演出了89个文艺节目。与区体育局、团区委共同举办松江区第二届业余足球联赛，来自基层工会的10支队伍参加比赛。三是坚持推进企业文化阵地建设，2017年创建全国职工书屋1家（上海扬盛印务有限公司工会），为大型企业职工书屋配送价值15万元的图书。引导企业推进地方教育附加费的规范运行，会同区人保局、区财政局和区教育局对申报20万以上教育附加费的企业的职工培训情况开展专项检查，共审核企业工会教育附加费329万元，177家企业工会受惠。（孙爱华）

【青浦区举办餐饮行业餐厅服务技能比武】 8月27日，2017中国技能大赛——上海市青浦区“景苑杯”餐饮行业餐厅服务技能比武在朱家角景苑水庄举行。本次技能比武活动由区总工会和区人社局联合主办，区餐饮行业工会联合会协办，来自全区24家餐饮服务企业的120名职工在特色介绍、餐巾折花、中餐宴会摆台和托盘服务4个项目中开展比赛。经过激烈比拼，东方绿舟度假村、中石化上海会议中心、皇家郁金香花园酒店位列团体前三名，仲进进、徐芳、沈昌雨分列个人前三名。（朱建强）

【青浦区举办快递行业技能比武活动】 7月23日，“2017中国技能大赛——青浦区快递行业技能比武活动”举行。市总工会党组成员、巡视员何惠娟，青浦区人大常委会副主任、总工会主席赵宏林等领导出席活动开幕式，并现场观摩比赛。来自全区13家国内知名快递企业的65名职工参

7月23日，青浦区举办快递行业技能比武活动（朱建强）

市纺织工会组队参加全国纺织行业“佰源杯”职业技能竞赛 （郑鹨峰）

加行业知识抢答理论赛和码单扫描、托寄物包装操作赛。上海韵达货运有限公司最终荣获团体金奖，上海优速物流有限公司蒋巧荣获个人一等奖。 （朱建强）

【奉贤区总工会举办第二届“登高杯”职工技能运动会】 8—12月，奉贤区总工会举办第二届“登高杯”职工技能运动会。设置老土布新穿法设计走秀、餐饮技能、商场理货员、物业消防安全、建筑工地砌墙等竞赛项目，共吸引800余职工参加。 （钱 洁）

【李斌技师学院举办长三角技能赛】 7月7—9日，2017年长三角地区“李斌杯”技能竞赛在上海电气李斌技师学院举行，88名来自于宁波工程学院、常熟理工学院、上海电机学院附属临港科技学校和李斌技师学院的学生参加比赛。比赛分为数控车工、数控铣床、钳工、solidwork、NX5个项目。为确保比赛顺利进行，李斌技师学院成立大赛专家组、考务组、会务组、设备组和后勤保障组，认真制订竞赛技术文件，按照时间进程做好参赛报名、赛前技术辅导、场地熟悉、竞赛场次安排、氛围营造和后勤服务等工作，受到市总工会的肯定。 （姚 菁）

【上锅举办首届职工三维设计大赛】 4月14日，上海锅炉厂有限公司举办首届职工PDMS三维设计比赛，以提升设计人员的三维建模水平。本次比赛为小组赛制，参赛人员在接受4天的培训后，运用PDMS软件搭建三维模型，两个月后以PPT形式展示成果。评价标准主要看模型的制作深度、难易程度和是否美观等。 （尉丽雯）

【市化学工会推进职工练兵比武】 根据上海市人民政府《关于加强本市企业技能人才队伍建设的实施意见》和化学工业职业技能鉴定指导中心《关于印发〈化工行业技师、高级技师考评工作程序〉的函》等文件精神，组织2017年“华谊员工技能大赛”活动。共有4000多名职工参加了各企业组织的层层比武选拔，通过集团组织的化工总控工/DCS、化学分析工、优秀班组长内训师演讲比赛、双钱轮胎提质增效系列比武、精化公司配漆配色比赛等5个竞赛项目，共有42名优秀选手获华谊技术能手称号，3名选手晋升高级技师、3名选手晋升技师、4名选手晋升高级工。 （张雪莲）

【市纺织工会组队参加全国纺织行业“佰源杯”纬编工职业技能竞赛】 赛事于11月19—22日在广东省佛山市举行。纺织工会组织三枪集团公司、金山嘉乐公司、嘉麟杰公司的选手组成上海市代表队参加此次决赛并获得良好成绩，5位选手获“纬编工优秀操作能手”称号，2名裁判获“优秀裁判员”称号，上海市纺织工会荣获优秀组织奖。 （郑鹨峰）

【市纺织工会积极落实市总实事项目】 2017年，根据市总工会《上海工会关于实施职工晋升技师、高级技师奖励计划的方案》，纺织集团下属企业共有7名员工获上海工会职工晋升技师、高级技师奖励，其中高级技师4名，技师3名。集团下属企业有9项发明授权获得2017年度上海工会企业一线职工授权发明专利奖励。其中特安纶7项，申达股份1项，时尚地产1项。 （郑鹨峰）

【上海电建公司工会开展职工技术比武活动】 为不断完善培训、练兵、比武、提升“四位一体”的职工技能培养

“华谊员工技能大赛”制漆配色调制比赛现场 （张雪莲）

模式,加快构建适应市场化竞争、国际化发展要求的人才工作机制,9—10月,公司工会开展了2017年职工技术比武活动。比武分核心工种、管理类10个专业,第一次引入了人力资源专业管理和汽机专业技术管理项目,共有174位选手参加。公司工会从3个环节确保了比武的顺利进行。一是合力精心策划。注重完善比武的每一个细节,体现比武的公平、公正和实效;二是广泛宣传发动。以上下联动的方式,多层次开展宣传动员,调动职工参与的积极性;三是拓宽活动载体。通过集中培训、业余自学、互帮互学、实战演练等形式,既普遍提高了职工的技能,又使比武选手的技能水平有了明显提高。职工技能比武激发了职工学技术、练技能的激情,形成了职工岗位练兵、自我成才的良好氛围。通过技能比武,公司选拔3名选手参加市职工焊接技能交流比武活动,获得了个人金奖、铜奖,团体铜奖的成绩。

(傅 诚)

【上海石化实施“职工晋升技师、高级技师奖励”计划】 开展2017年上海石化“职工晋升技师、高级技师奖励”活动,共59名技师、高级技师获得奖励(其中技师32名、高级技师27名),技师奖励1000元/人,高级技师奖励2000元/人,共奖励8.6万元。

(徐 军)

【上海石化实施带教师傅奖励计划】 年内,上海石化工会开展“职工晋升高级工、技师、高级技师带教师傅奖励”活动,共奖励带教师傅40人次,其中徒弟晋升高级工31人,晋升技师5人,晋升高级技师4人;带教出高级工,奖励师傅1000元/人;带教出技师,奖励师傅2000元/人;带教出高级技师,奖励师傅3000元/人,共奖励53000元。 (徐 军)

【中船上海船舶工业有限公司在上海市优秀发明选拔赛上获奖】 在6月2日举行第二十九届上海市优秀发明选拔赛总结表彰会暨2017年上海职工科技活动节闭幕式上,船舶工业公司共荣获金奖项目1项,银奖2项,铜奖7项。上海船舶工会和江南集团工会获得优秀组织奖。上海船舶系统本届参赛单位较以往有了大幅增加,由单一的造船企业扩大到配套企业,从3个基层工会增至10个,船舶系统共申报项目15个。

(刘亦明)

【华东电力工委组织开展交流特高压技术技能竞赛】 11月21日,2017年华东电网交流特高压技术技能竞赛决赛在江苏技培中心举行。中国能源化学地质工会电力工作部部长李晓强,国网公司副总经济师、国网华东分部主任、党委书记李卫东,国网公司工会副主席王海啸及华东分部和五省(市)电力公司工会以及分部相关处室负责人,五省(市)电力公司有关部门负责人现场观摩。本次技术技能竞赛分个人理论知识竞赛、技能操作竞赛、个人现场竞赛和团体现场竞赛四部分。来自华东四省一市10支代表队的30名选手参加比赛。经过个人现场竞赛和团体现场竞赛两轮的角逐较量,江苏省电力有限公司东吴站力拔团体奖头筹,江苏省电力有限公司选手朱晓峰夺得华东电网系统个人第一名,江苏省电力有限公司获优秀组织奖。

(施炜伟)

【中远海运集运组队参加第四届中国海员技能大比武】 6月29日,由交通运输部海事局和中国海员建设工会全国委员会主办的第四届中国海员技能大比武在浙江省舟山市落下帷幕,来自全国16家航运企业、30家航海院校代表队的500余名选手参加比赛,中远海运集运代表队参与了航运企业队全部7个项目的角逐。经过连续5天的激烈比拼,参赛的12名船员团结一心、不畏强手、奋力拼搏、自我超越,取得了驾驶台资源管理、瘫船启动2个项目的第一名,航线设计、撇缆操作两个项目的第二名,以优异成绩获得航运企业队团体总分第二名,彰显了中远海运集运船员队伍良好的精神风貌和优秀的综合素质。其中,卢书亮在撇缆操作中撇出57.97米,创造了该项目开赛以来的最好成绩。

(钱 华)

【中远海运重工工会承办集团第一届“中远海运杯”电工、钳工技能竞赛】 11月1—2日,中远海运集团第一届“中远海运杯”电工、钳工技能竞赛在启东成功举办,比赛由中远海运重工所属启东中远海工承办。中远海运重工参赛选手在比赛中获得良好成绩。在电工项目竞赛中,南通中远川崎卢晓建、南通中远船务宋轶获一等奖,南通中远重工李军等4人获二等奖;在钳工项目竞赛中,南通中远船务宋亮、肖曙东获一等奖,大连中远川崎葛行辉等4人获二等奖,广东重工江志敏等7人获三等奖。 (魏敬民)

【中远海运重工工会在国际焊接大赛上获佳绩】 “金砖国家技能发展与创新大赛”暨IIW · CWS · Arc Cup 2017国际焊接大赛于2017年6月在上海举行。中远海运重工派出5位选手参赛,均获得优异成绩。其中来自中海工业(江苏)有限公司的何敏在手工焊条电弧焊比赛中获得第一名,队友李鹏获得第五名;在成品件焊接的比赛中,谭双林名列第三、赵明正排名第五、马上录排名第六,参赛集体获得团体铜奖。 (魏敬民)

【中国电信上海公司组织开展语音客服技能竞赛】 7月5日,上海公司举行“2017年中国电信上海公司语音客服技能竞赛决赛”,旨在增强员工职业技能,提高服务品质,提升用户满意度。比赛由公司工会、客服质监部、人力资源部以及全国劳模徐倩雯、上海劳模张慧英组成专业评委团队;市职工技协办主任张刚出席并为获奖选手颁奖。来自公司网运部、客服质监部、客服中心、号百分公司、上海NOC、集团NOC、客服中心的20位选手入围决赛。比赛分为必答题、抢答题和自我展示3轮,选手经过激烈PK最终决出名次,来自客服中心的选手刘皖情获得第一名。 (殷 茵)

【中交上航局举办第六届职工技术比武系列活动】 8—11月,中交上航局工会联合人力资源部共同举办公司第六届职工技术比武系列活动,活动分为练兵、选拔和比武3个环节。11月17日,技术比武总竞赛在教育中心隆重举行,通过前期的选拔,来自7家基层公司的共122名选手,参加了船舶水手、船舶机工、船舶电工、船舶厨工、测量工、管线工共六大项目的角逐,经过两天的激烈比拼,共有60名选手分

中交上航局举办第六届职工技术比武活动 （于美庆）

获6个项目的团体及个人前三名。中交上航局有限公司，自2006年开始每两年举办一届职工技术比武活动，通过形式多样的岗位练兵活动，培育了一支高素质、高技能、学习型、创新型的技术工人队伍。 （于美庆）

【虹桥机场公司评选"金牌师徒"】 11月8日，虹桥机场公司举办2017年度公司第五届"优秀班组"暨"师徒结对"交流展示评比活动。公司各单位党委书记、工会主席以及基层结对师徒、一线职工及优秀班组长代表180余人出席观摩。来自虹桥机场公司7家基层单位的18对身怀绝技的名师高徒，通过多媒体现场演讲、结合师徒绝技绝活技能擂台展示等形式，进一步提升了虹桥"名师高徒"的知名度、美誉度和影响力，推动了基层岗位老职工几十年如一日的技术、精神和态度的传承。会上表彰了13对虹桥机场公司"金牌师徒"，其中获奖的13位师傅还被授予虹桥第二届"最美工匠"荣誉称号，获奖师徒所在的13家班组也被授予公司第五届"优秀班组"；同时还表彰了2017年公司第十一届职工技能大赛获奖选手。 （田久强）

【上海机场代表队在中国民航机场安全检查员职业技能竞赛中载誉而归】 11月13—16日，由中国民航工会、中华全国总工会劳动和经济工作部、民航局人文科教司等部门共同举办的2017年中国技能大赛——中国民航机场安全检查员职业技能竞赛决赛在贵阳机场举行。来自全行业43家机场的172名选手参加决赛。股份公司安检护卫保障部代表队、虹桥机场公司安检护卫保障部代表队代表上海机场参加了决赛。经过理论考试和判图识别、人身检查和开箱包检查竞赛项目的激烈角逐，共夺得了个人综合、单项共计19个奖项，浦东机场代表队、虹桥机场代表队分获团体优胜奖第一名、第二名。 （倪斯婷）

【中建八局首届物资采购管理创新大赛成果发布会举行】 11月22日，中建八局首届物资采购管理创新大赛成果发布会圆满结束。为响应国家"大众创新、万众创业"的号召，满足局"低成本竞争、高品质管理"的战略发展需求，聚焦提升采购管理能力，助力工程总承包管理五大能力提升，打造新的核心竞争力，中建八局发起了首届物资采购管理创新大赛。从3月初启动创新大赛以来，先后历经分公司选拔、局各区域选拔、局级选拔等环节，共有来自10个二级单位的18篇成果从224篇参赛作品中脱颖而出，进入最终的成果发布会环节。最终评出金奖1名，银奖2名，铜奖3名，优胜奖12名，优秀组织奖5个。 （徐　笑）

【市医务工会开展第七期职工科技创新"星光计划"优秀项目和个人评选】 为进一步激发医务职工创新活力，推动医务职工科技创新活动的深入开展，市医务工会于8—11月组织开展了第七期医务职工科技创新"星光计划"项目评审。经基层推荐申报、专家评审，上海市肺科医院的"单孔胸腔镜手术器械"等6个项目荣获一等奖，上海市寄生虫病防治研究所的"人体包虫病快速诊断技术研发与应用"等14个项目获二等奖，上海市第一人民医院的"一种锂皂石生物陶瓷的制备方法及其在骨损伤修复中的应用"等20个项目获三等奖，上海市儿童医院的"儿童CTA、CTU一次扫描一站式新技术"等28个项目获入围奖。此外，上海市肺科医院包敏伟等3人获"创新之星"称号，复旦大学附属华山医院花玮等3人获"创新之星"提名称号。 （马艳芳）

【2017年上海市卫生应急技能竞赛成功举行】 9月19日，由市卫生和计划生育委员会、市总工会、团市委主办的上海市卫生应急技能竞赛决赛在闵行区莘庄镇文化活动中心举行。国家卫生计生委应急办主任许树强、市总工会巡视员何惠娟、市卫生计生委党委副书记、市医务工会主席郑锦等相关领导应邀出席。根据国家卫生计生委、中华全国总工会《关于开展全国卫生应急技能竞赛活动的通知》要求，5—7月上旬，全市16个区、市疾控中心、市东方医院、市肺科医院、市公卫临床中心和31个相关医疗机构代表队开展初赛选拔，8月17—20日，通过区级竞赛选拔出的近200名优秀选手参加市级竞赛复赛。复赛分为突发急性传染病防控、突发中毒事件处置和突发事件紧急医学救援等3个竞赛项目。3个项目均采用闭卷笔试、技能操作、桌面推演的考试形式对选手进行全方位考核。最终根据团队成绩，各项目排名前8位的队伍进入决赛。决赛采用知识竞答的形式，分为必答题、抢答题和风险题。经过三轮角逐，结合复赛成绩，最终突发事件紧急医学救援项目、突发急性传染病项目、突发事件中毒处置项目获得前三名。 （池朝霞）

【上海队荣获全国卫生应急技能竞赛二等奖】 在11月16日举行的全国

卫生应急技能竞赛决赛中，上海参赛队获“团体二等奖”。此项赛事由国家卫生计生委、中华全国总工会主办，中国疾病预防控制中心、中国人口宣传教育中心、国家医学考试中心承办，旨在以赛促学、以赛促练，提升广大卫生应急工作者业务能力和专业水平。全国共有32支参赛队参加决赛。上海参赛队队员分别来自市疾控中心、华山医院、东方医院、肺科医院、松江区疾控中心和徐汇区、普陀区疾控中心等单位。经过必答题、抢答题、风险题等多轮角逐之后，上海队荣获团体二等奖。上海还获得“优秀组织奖”。松江区疾病预防控制中心孔德川、吴毅凌分获“突发急性传染病防控”“突发急性传染病防控”竞赛个人项目二等奖以及“技术标兵”称号；上海市疾病预防控制中心李传奇、冷雪飞、庄源荣分获“突发中毒事件处置”“突发中毒事件处置”“突发急性传染病防控”竞赛个人项目三等奖；东方医院季晟超荣获“突发事件紧急医学救援”竞赛个人项目三等奖。（劳　成）

11月16日，在全国卫生应急技能竞赛中，上海参赛队荣获二等奖（池朝霞）

【上海市院前急救系统第八届技能竞赛落幕】 6月25日，由市卫生和计划生育委员会、市医务工会主办，市院前急救质量控制中心、上海市医疗急救中心承办的“上海市院前急救系统第八届急救技能竞赛”在天佑医院落幕。经过角逐，上海市医疗急救中心、浦东新区医疗急救中心和松江区医疗急救中心分获团体前三名。本次技能大赛注重理论与实战相结合，重点突出实际运用与团队协作能力的考核，来自全市各急救中心、相关企业医疗急救部门以及对口合作的外省市急救中心共16支代表队的250余名选手报名参加了包括车辆驾驶技能、医疗急救技能、防护服穿脱洗消、突发事件指挥协调与信息收集报送等四个项目的比赛。（池朝霞）

【光明食品集团举办“滨江杯”接待服务技能竞赛】 10月18日，由光明食品集团工会主办，上海西郊国际农产品交易有限公司和上海蔬菜（集团）有限公司工会承办的“2017年光明食品集团‘滨江杯’接待服务技能竞赛”在上海滨江欣景大酒店举行，来自集团所属10家单位的43名选手报名参赛。本次竞赛以“比技艺展风采，强素质树形象，为打造实力光明做贡献”为主题，分为客房铺床、夜床创意设计比赛和中式宴会铺台、倒酒比赛两项，裁判组由国家级市级酒店星评员、江苏饭店和锦江饭店高级管理人员、国家级餐厅服务考评员等专业评委组成。（朱菊英）

光明集团工会举行农机技能比武（朱菊英）

【光明集团工会举行农机技能比武】 9月13—14日，由光明食品集团工会主办、上海农场承办的农机技能比武活动在上海农场举办。集团党委委员、工会主席潘建军，副主席姜伟出席活动，来自良友集团、长江总公司以及上海农场的共20名农机能手参加此次活动。本次活动以“比技术当能手，强素质树工匠，助推殷实农场建设”为主题，分为农机修理工理论知识竞赛和农机操作技能比武两部分，裁判委员会由南京农业大学和江苏省农机化服务站组成，邀请江苏省农机化服务站、农机职业技能鉴定总站的专家。按照农机技能高级工的考试级别，考试合格获得高级工职业技能等级，获得技能比武前六名的高级工选手获得技师晋升资格，第一次实现了技能比武与晋升技师等级相结合的竞赛目的。（朱菊英）

【百联集团工会举办职业技能大赛】 9月22日，百联集团工会在教培中心举办了“2017年百联集团职业技能大赛”。本次技能大赛由集团工会主办。市职业技能鉴定中心、市就业促进中心、市技师协会、杨浦区人社局及单位等有关领导出席并观摩比赛。在可容纳250人的报告厅内，以主席台延伸搭建的10米T台为中心，分成时装表演、商品陈列和礼品包装擂台3个竞技区域。由百联股份推选，经过初赛角逐胜出的13支竞赛队，围绕“商场总台服务”和“百货商场商品陈列”两大竞赛项目，展开精彩激烈的技能比武。通过现场操作展示、设计理念陈述等环节比拼，最终分别决出了两大竞赛项目的一二三等奖。（姜　杰）

【城投集团工会等联合主办船舶驾驶员、船舶轮机员职工技能比武赛】 10月31日，由城投集团工会联合市技协、市市容环卫行业协会主办，上海环境实业有限公司承办的2017年上海市船舶驾驶员、船舶轮机员（环卫）职工技能比武决赛在上海生活固废集装转运徐浦基地举行。本次技能比武设船舶驾驶、船舶轮机2个项目。参赛选手全部来自上海市市容环境卫生水上管理处、上海环境物流有限公司、上海水域环境发展有限公司等10个环卫水上作业单位的一线职工。经过前期一个多月的预赛选拔工作，67名选手从参加初赛的500多人中脱颖而出，角逐冠亚季军。（朱文慧）

【沙家浜大酒店工会组织开展“岗位练兵、技术比武”的活动】 10月至11月初，沙家浜大酒店工会组织开展了“岗位练兵、技术比武”的活动。各部门经理、主管、领班等业务骨干向员工宣讲操作流程和服务标准，利用工作间隙组织培训工作，全员参与，旨在提升酒店员工的整体工作技能。重点项目为客房的中式铺床、餐饮部的中餐摆台、工程部的消防演练、厨房的厨艺培训。11月初，酒店组织职工技能大赛，为期3天，包括中式铺床、中式摆台、消防演练、厨艺比赛、趣味托盘等。通过比赛，进一步提升了大酒店员工的整体素质，促进了良好的职业道德和职业技能的形成。（刘思家）

【市总工会黄山休养院开展第二届岗位技能大练兵】 11月14日，为检验各岗位技能水平与实际操作能力，激励员工努力提升自己的专业技能，形成“比、学、赶、帮、超”的良好气氛，黄山休养院举办第二届“岗位练兵技术比武”大赛。通过有条不紊的前期训练和比赛，使同事之间工作经验得到充分交流，增强了团队凝聚力和向心力。（胡　巧）

工匠精神

【概要】 市总工会开展第二届“上海工匠”培养选树活动，来自全市75个区局（产业）工会、11个行业协会，共767名职工参与到市总工会层面培养选树活动中，最终产生94位2017年“上海工匠”。通过开设工匠论坛，成立上海工匠俱乐部，与开放大学联合举办上海工匠研修班，建立工匠管理资料库等，做好工匠选树后的进一步培养宣传工作。指导30多个区局（产业）工会和行业协会选树各自区域行业工匠，会同市经信工作党委和市经信委联合开展“2017上海智慧城市建设‘智慧工匠’选树和‘领军先锋’评选活动”，夯实“上海工匠”选树工作基础。（竺　敏）

11月14日，市总工会黄山休养院举办第二届“岗位练兵技术比武”大赛
（贝　卓）

【2017年“上海工匠”选树命名活动】 2017年“上海工匠”选树活动坚持向社会开放，向基层、一线倾斜，面向全市各行各业在职职工，聚焦先进制造业、现代服务业和战略性新兴产业，关注基层、一线、操作岗位职工群体，不受年龄、性别、学历、职级、职称、技能等级、工作年限、荣誉基础等条件限制。通过单位推荐、社团推荐、个人自荐等途径，全市共有767名职工参与到市总工会层面培养选树活动中，同比去年增长32%。其中75个区局（产业）工会和11个行业协会共推荐587人，申工社APP网上自荐的职工有180人。2017年“上海工匠”选树活动成立“选树活动评审委员会”，聘请中科院院士、高校专家教授、知名劳模代表、相关委办局领导和行业专家、市总工会评选表彰监督协调小组成员、相关媒体代表等担任评委会成员，进行总体指导、统筹协调、审核把关。经过资格审核、专家初审、集中复审、评审发布、社会公示等环节，最后产生了94名2017年“上海工匠”。（竺　敏）

【市总工会、上海开放大学全面合作签约】 7月2日，市总工会、上海开放大学全面合作签约暨首期上海工匠研修班开班仪式在上海开放大学举行。签约仪式上，双方签署了《全面合作框架协议书》，将在学历教育、非学历培训、社区教育、在线资源、师资队伍、学分银行等方面展开合作。作为合作内容之一，上海开放大学工匠进修学院同时成立，“首期工匠研修班”同时开班。市教卫工作党委书记虞丽娟、市总工会党组副书记、副主席姜海涛为工匠进修学院揭牌。（王奇峰）

【举办2017年“上海工匠”命名仪式】 9月19日，由市总工会主办，市职工技术协会、杨浦区总工会承办的

"上海工匠"命名仪式在长阳创谷举办。同时举行"创新创业零距离"工匠论坛。市总工会党组书记、主席莫负春,市总工会党组副书记、副主席姜海涛,市科协党组成员、副主席李虹鸣,市总工会党组成员、市纪委驻市总工会机关纪检组组长高黎萍,市发展改革委总经济师秦丽萍,杨浦区领导李跃旗、麦碧莲出席。活动邀请2016"上海工匠"称号获得者代表徐小平、张翼飞、俞建民、王曙群、蒋国兴、施泽淞等,与2017"上海工匠"获得者一起围绕"传承工匠精神,打造匠心文化"主题,同场内场外职工互动,迸发思想火花,传递工匠精神。 (张东寅)

【举办"2016上海工匠、黄浦工匠风采展"】 5月18日,由黄浦区总工会主办、黄浦区工人文化宫和黄浦区摄影协会承办的《创造·传承·匠心》——"2016上海工匠、黄浦工匠风采展"在黄浦区工人文化宫展厅拉开帷幕。此次工匠风采展是由黄浦区摄影协会的摄影师们奔赴11名工匠们的工作场所,用光与影的艺术,把他们专注工作、悉心授徒的场面通过镜头一一记录下来。每一幅摄影作品,都传递着工匠们对事业的热爱,对创造和传承的执着。本次展出于5月18—24日在黄浦区工人文化宫内公开展出,之后还陆续在各街道、区管企业内巡回展出,让各级职工领略黄浦工匠的风采,学习黄浦工匠的精神。 (陆中斌)

【上锅演讲者讲述身边的工匠故事】 5月17日,上海锅炉厂有限公司工会举办"讲述身边故事,争当锅炉工匠"企业文化故事演讲会,来自各部门、条线的10名演讲者为大家展示了身边榜样的真实故事。自去年以来,上锅先后编辑出版《企业文化手册》和《企业文化故事》,初步完成企业文化"自上而下"的梳理、设计和固化。此次企业文化故事演讲会是推动企业文化建设的第一步。通过宣讲故事的形式,将文化理念渗透到每个职工的心中,让更多职工理解、认同和践行企业文化,用企业文化这一无形力量推动企业的有形发展。 (王成韵)

【上海汽轮机厂工会举行首席技师讲质量故事报告会】 9月26日,上海汽轮机厂工会在厂职工文化中心举行首席技师讲质量故事报告会。本次活动通过5位首席技师分享质量故事,让现场观众感受到了原金疆的"一次把工作做好"、张涛的"只有一丝不苟地做人,才能精益求精地工作"、颜少华的"工作中要不断思考"、高芸的"重视细节"、庄秋峰的"要做一个较真的工人"的工匠品格。报告会上,市机电工会主席朱斌为第二届"上海工匠"获得者原金疆颁发了荣誉奖牌。 (王 勇)

【"普陀工匠"选树活动】 根据《关于在本市开展"上海工匠"培养选树千人计划的实施意见》要求,区总工会于2017年继续开展"普陀工匠"选树命名活动。6月启动以来,经单位推荐、个人自荐等渠道,通过资格认定、专家审核、事迹发布、社会公示等环节,于12月15日决定命名表彰颜桂明、杨飞飞等12人为"2017年普陀工匠"。 (陆 蕾)

【崇明区总工会评选表彰"崇明工匠"】 为大力弘扬工匠精神,4月25日,崇明区总工会举办"匠心·生态梦"崇明区庆祝五一国际劳动节暨"崇明工匠"表彰会,命名表彰10名"崇明工匠",生动诠释了坚守、执着、创新、传承的"崇明工匠"精神。通过选树表彰"崇明工匠",为高技能、高素质劳动者搭建了展示自己的平台,营造了在全社会尊重劳动、热爱劳动的氛围。崇明"水仙大王"施克松评选为2017年上海工匠。 (秦春华)

【上海轻工工会组织评选"上海轻工工匠"】 上海轻工业工会联合会组织2017年度"上海轻工工匠"评选活动。经各行业协会、单位推荐,专家组综合评审、公示等程序,授予上海造币有限公司钱币设计师朱熙华等13人"上海轻工工匠"称号。 (徐俊彦)

【纺织集团2017年度摘得两名"上海工匠"桂冠】 历经5个多月的层层选拔、评审把关,"上海工匠"2017年选树活动结束,在94名上海工匠中,集团旗下上海德福伦化纤有限公司冯忠耀、上海瑛利服饰有限公司雍飞榜上有名。冯忠耀与雍飞都是纺织集团内响当当的技术牛人,一位是从事差别化功能性纤维产品创新,一位是从事成衣版型设计。 (郑鹨峰)

【市纺织工会启动"上海时尚工匠"选树培育实施计划】 纺织工会于6月启动《"上海时尚工匠"选树培育实施计划》,共有2个区的行业协会,12家集团所属企业申报推荐83位"上海时尚工匠"候选人。经市纺织工会资格审核及业内专家评审、网上公示,决定授予付昌飞等50名职工"上海时尚工匠"称号,王小平等33名职工获"上海时尚工匠"入围奖。 (郑鹨峰)

【上药一线员工毕琳丽入选第二批"上海工匠"】 9月19日,在市总工会召开的2017年"上海工匠"命名暨"创新创业零距离"工匠论坛上,来自上药药材的毕琳丽成为第二批94名"上海工匠"之一。在2016年出炉的88位首批"上海工匠"中,上海医药的一线员工代表张雄毅入围,毕琳丽此番再度入选,又一次体现了上药人的专业能力和精神追求。 (宋晓波)

【王和杰谢邦鹏苏伟获评第二批"上海工匠"】 9月19日,市总工会召开2017年"上海工匠"命名暨"创新创业零距离"工匠论坛,表彰第二批94名"上海工匠"。上海电力公司职工王和杰、谢邦鹏、苏伟获此殊荣。自5月第二批"上海工匠"选树命名活动正式启动以来,公司工会根据选树要求推荐了王和杰、谢邦鹏、苏伟这3名长期扎根一线,在平凡的岗位上做出了不平凡业绩的优秀职工。通过资格认定、专场面试、专家审核、评审发布、社会公示等环节,最终3人悉数获奖。至此,两年内公司共有6人获评"上海工匠",成为全市获奖人数最多的企业之一。 (陈 纯)

【上海宝冶工会积极培育工匠人才】 宝冶开展"比赛、选拔、集训、参赛"一体化的技能竞赛活动,激发员工提升技能的热情,展现宝冶员工的时代风采,在上海市各类技能比赛中站稳第一梯队,荣获上海市焊工比赛团体银奖,上海市安装协会"奇士杯"职工操作技能比武竞赛管道工一等奖、电

上海电力公司3名员工获评第二批“上海工匠” （潘　锋）

工二等奖，上海市第二届职工数字化设计大赛银奖1项、优秀奖1项，上海市焊工论文比赛一等奖。宝冶百强班组“数字钢构”班组长获得了参加国资委组织的赴德国学习班组智能制造标准化学习培训的机会。

（毛一新）

【上海石化开展“匠心”讲坛活动】 上海石化“匠心”讲坛活动于4月27日启动，在分公司、二级单位两个层面共开展“匠心”讲坛47场次，有1800多名职工参加，在公司范围内营造了“学习先进、尊重先进、崇尚先进、争当先进”的良好氛围。（徐　军）

【中船上海船舶工业有限公司工会实施“船舶工匠”培养选树计划】 按照《关于开展2017年上海船舶系统“船舶工匠”选树推荐工作的实施方案》要求，上海船舶工会、上海公司人力资源部和团委共同开展2017年“船舶工匠”选树推荐工作。选树工作于6月份启动，经单位推荐、专家推荐、个人自荐等三种申报渠道，通过资格认定、专家评审、社会公示等环节，经上海公司党委会审议，最终命名朱建华等16名职工为2017年“船舶工匠”。

（贾　晶）

【中国移动上海公司工会助力上海智慧城市发展】 作为2017年上海智慧城市建设“领军先锋”评选的承办单位，中国移动上海公司工会认真做好活动的策划筹备、组织协调及有序落实等各项工作。公司工会通过每周召开推进工作例会，制订工作时间表、分工表，组建各工作保障团队等举措确保此项活动的有序开展，整个承办工作前后历时3个月。此次上海智慧城市建设“领导先锋”评选共有119名职工报名，经专家组审核，推选出40名复试选手，再经网络投票和专家复审，评选出20位候选人入围决赛。最终经过决赛现场专家评委和大众评审的打分，20位选手中有10位获得“领军先锋”提名，10位获得“领军先锋”荣誉称号。来自政企客户部王光华获得“领军先锋”综合评分第一名。活动采用咪咕直播，观看人次达到10.7万人次，《劳动报》等多家媒体进行报道。活动充分展现公司形象和转型发展的成果、员工的才华和智慧，以及上海公司这些年来智慧城市建设中所作出的贡献。（高诗颖）

【中国电信上海市工会荣获“工匠精神员工智造”经典案例奖】 1月6日，由劳动报社主办、上海外服（集团）有限公司协办的“第六届世界五百强企业劳动论坛”隆重举行。此次论坛以“工匠精神·员工智造”为主题，作为本届论坛的一项重要内容，劳动报社在去年11月份启动了“世界500强企业匠心文化建设案例”的征集活动。在为期近2个月的案例征集期间，收到了包括在沪世界500强企业、著名外资企业、大型国有企业以及知名民企等在内的百余份案例。经过评审组专业、严格的评选，中国电信上海市工会荣获“工匠精神员工智造”经典案例奖。（殷　茵）

【中建八局应邀在世界500强企业劳动论坛中作主旨演讲】 1月6日，在由劳动报社主办的第六届世界五百强企业劳动论坛上，中建八局党委副书记、工会主席于金伟应邀在论坛中进行主旨演讲。于金伟从传承铁军文化，培育工匠精神；推进科技创新，践行工匠精神；发挥劳模示范引领，弘扬工匠精神三方面阐述了八局传承鲁班精神、铸造精品工程的做法和体会，得到与会人员的高度评价。本次论坛

上海国际机场股份有限公司工会开展浦东机场首届工匠评选（顾诗侃）

中，局工会《发挥劳模示范引领作用，培育工匠精神》、总承包公司《匠心筑就“天工”梦》，西北公司《创新建造模式 弘扬工匠精神 铸造建筑奇迹》三个案例分别获得了“工匠精神·员工智造”经典案例奖。 （郝国元）

【市医务工会开展“工匠精神”大讨论】 2017年，市医务工会以“弘扬工匠精神·推动创新发展”为主题，在全系统职工中组织开展了“工匠精神”大讨论活动。本次活动以“什么是工匠精神”“践行工匠精神与培育社会主义核心价值观，与增强行业、区域核心竞争力，与建设上海科创中心”等内容为核心，在系统内广泛征集征文，历时一个月，共收到征文87篇。经评选，儿科医院尧丽萍《生命绽放的炫美》、浦东新区医务工会陈慧平《平凡工作岗位上勿失“工匠精神”》和大场医院张劼的《业精于勤，行成于思》等3篇征文获得一等奖；一妇婴袁崇莱的《天使的羽毛》等5篇征文和曙光医院江云的《承生命之重，铸医者仁心》等9篇征文分获二、三等奖。 （池朝霞）

【新闻出版工会开展“上海工匠”培育选树活动】 新闻出版工会在系统中积极开展“上海工匠”培育选树活动。2016年，系统4家单位6名技术能手参与“上海工匠”评选，其中3名职工获提名奖。2107年，经推荐、专家组评审等相关程序，印刷集团职工李嵩获2017年“上海工匠”荣誉称号。 （方伟国）

【开展2017“SMG工匠”评选活动】 2017年，上海广播电视台（上海文化广播影视集团有限公司）工会（简称“SMG工会”）继续深化《劳动光荣、创造伟大》的主题活动，开展以“安全播出、节能降耗、提高效率、岗位练兵、技能革新、节目开发，金点子创意、高师带徒”等为主要内容的劳动竞赛，开展2017“SMG工匠”评选活动。5月，SMG工会启动2017年度劳动竞赛暨“SMG工匠”评选活动，在去年首届“SMG工匠”评选基础上，继续坚持突出一线、压缩数量、优中选优、群众公认的原则，评选命名在台、集团具有技艺专长、掌握高超技能、体现领军作用、做出突出贡献的“SMG工匠”。各直属工会主动结合本单位实际，在各级党政领导下，开展推荐评选、宣传引导。最终评选出59位2017年“SMG工匠”、24个“SMG劳动竞赛先进集体”、13个安全播出“双月劳动竞赛先进集体”。集团所属的幻维数码高级特效师赵迪文还被市总工会命名为2017年“上海工匠”，成为SMG首位获评“上海工匠”的职工。 （秦伊龄）

中建八局党委副书记、工会主席在第六届世界500强企业劳动论坛上作主题演讲 （郝国元）

【市经信工作系统工会举办第二届上海“智慧工匠”评选活动】 12月5日，由市经济和信息化工作系统工会举办的2017年“智慧工匠”选树、“领军先锋”评选活动在上海国际会议中心落下帷幕。20名申城智慧城市建设的“能工巧匠”和领军人物，经过激烈的初赛、复赛和决赛脱颖而出，荣获2017年度智慧城市建设“智慧工匠”和“领军先锋”称号。作为上海智慧城市建设中知识型、技能型、创新型劳动者和引领者的代表，他（她）们中符合条件者将获得上海市五一劳动奖章。此次评选活动从8月下旬启动到12月5日结束，历时3个半月，这也是继2016年之后的第二届上海“智慧工匠”选树和“领军先锋”评选活动。活动得到了社会各界特别是信息化领域各界人士的高度关注，共有近700位选手报名参赛。 （黄俭 顾捷）

链接

2017年上海智慧城市建设“智慧工匠”选树、“领军先锋”评选活动获奖名单：

智慧工匠名单：

邓 尉 上海广矩自动化设备有限公司 工程主管

江文华 上海悦亿网络信息技术有限公司 产品总监

朱 敏 上海亿通国际股份有限公司 技术主管

张 涛 上海市信息安全测评认证中心 检查工程师

吴 岷 上海依图网络科技有限公司 业务技术副总裁

陈国润 上海理想信息产业（集团）有限公司 主任工程师

宋国徽 上海豌豆信息技术有限公司 总经理

徐 珏 华鑫置业（集团）有限公司 副总经理

董汇丰 英华达（上海）科技有限公司 机构工程师

熊光辉 龙孚信息技术（上海）有限公司 董事长

领军先锋名单：

于 兵 上海延华智能科技（集团）股份有限公司 董事、总裁

王光华 中国移动通信集团上海有限公司 政企客户部总经理

王 翌 上海流利说信息技术有限公司 首席执行官

刘　玺　中铁上海设计院集团有限公司　通信所副所长
邱祥平　电信科学技术第一研究所副所长
陆晋军　上海理想信息产业(集团)有限公司　总经理、党委副书记
张铁军　上海航天能源股份有限公司　总裁、党委副书记
曹文龙　上海上实龙创智慧能源科技股份有限公司　董事长、总经理
曹光宇　环球车享汽车租赁有限公司　总经理
魏峥颖　上海华力微电子有限公司　副厂长

【市民政局工会大力弘扬工匠精神】 2017年,市民政局工会根据局党组的要求,制定下发了《上海市民政局关于开展向首届"上海工匠"王刚同志学习活动的决定》,并组成"上海工匠"王刚事迹宣讲团,在市民政局庆"五一"先进表彰大会上,举行首届上海工匠王刚事迹专场报告会。随后,在局各系统先后举办18场演讲会,共有3200多职工直接聆听了王刚同志的先进事迹。为引导广大职工深化对"工匠精神"的理解,推动工匠精神的践行,助推上海民政事业创新发展,市民政局工会还组织开展了"弘扬工匠精神,岗位再建新功"主题征文活动,各基层单位和广大职工积极响应、踊跃参与,共收到32家单位职工撰写的征文154篇。王刚事迹的宣讲和征文活动的开展,对推动工匠精神在局系统的弘扬、传播和践行,激发广大职工学习工匠、崇尚工匠、争当工匠,为新时代民政事业发展起到了积极作用。 (胡积伟)

【申通地铁集团启动"地铁工匠"和"地铁职工创新工作室"培养选树活动】 为深入贯彻落实市总工会等单位联系发布的《关于推动一线职工岗位创新,促进"大众创业、万众创新"的若干意见》等文件精神,加快打造一支与上海轨道交通超大规模网络发展相适应的高技能职工人才队伍,集团制订并实施《关于开展"地铁工匠""地铁职工创新工作室"选树评比工作的实施意见》,计划到2020年,每年培养选树5名"地铁工匠"、5个"地铁职工创新工作室"。2017年集团启动首届上海"地铁工匠""地铁职工创新工作室"评选,并在集团召开的"迎五一"地铁工匠表彰暨卓越班组建设展示会上,对首届"地铁工匠""地铁职工创新工作室"进行表彰,同时启动上海地铁"匠心"沙龙活动,拓宽一线技术骨干的视野,为技能和创新人才搭建了展示和交流平台。 (李雯琪)

【市社会系统工会大力培育和弘扬劳模工匠精神】 市社会系统工会通过形式多样的宣传教育活动,激励广大职工共筑"中国梦"、同创"劳动美",弘扬新时代的劳模精神和工匠精神。三毛(集团)公司工会开展"安全保驾,管理示范,效益领先"为主题劳动竞赛。三盛宏业集团工会评选"月度之星"活动、树立"莲花奖"等典型和模范,激发职工群众岗位建功意识,推动企业持续健康快速发展。永达(集团)公司工会与集团售后管理中心联合开展"永达工匠"评选活动,共评选出14名"永达工匠"、27名"永达储备工匠";开展职工技术创新工作室创建,开设了宝诚浦东店技术总监何宇峰创新工作室,以围绕汽车电控电动机故障排除、变速箱故障、整车电路、疑难故障维修为创新主题,进一步提升汽车售后技能。上勘院工会发挥先进典型作用,运用技师、劳模工作室,注重科研与工程的紧密结合,努力将大师劳模工作室作为人才培养的摇篮,通过技师带教、技师课堂、员工技能比武等切实提升职工的操作技能和工作水平。 (丁宗勇)

上飞公司首届"上飞工匠"合影 (徐炳南)

【隧道股份上海市政养护管理有限公司工会创建先进工作室】 隧道股份上海市政养护管理有限公司工会以"提升技艺水平、关注质量提高"为宗旨,把创建先进工作室与企业创新发展相结合,发挥养护、运营岗位中先进模范带头作用,建立符合企业实际发展的先进工作室,构建加快培养专心、专注、专业的岗位能手的平台。为确保先进工作室技艺传授有成效,技术攻关有成果,工会制订《先进工作室管理办法》,提供必要的经费支持,建立考核机制,确保工作室创建落地见效。2017年经公司工会审核,明确市劳动模范、五一劳动奖章、市建设功臣等荣誉获得者,可作为工作室领头人,并成立了以五一劳动奖章获得者邹梅名字命名的"窗口示范服务带教工作室"及"技术协作型"等4个先进工作室。先进工作室注重课题研发和技能提升传帮带,成为培养公司各岗位高技能人才的"练兵场"。 (林　晨)

【上海联通评选出2017年度十佳匠人】 作为上海联通工会2017年"五心工程"中"匠心工程"的一项创新工作,"我本匠人"——上海联通2017年度十佳匠人评选活动旨在重点关注、寻找、挖掘基层各条线平凡岗位上的一线员工,宣传他们"不忘初心、爱岗敬业、精益求精、全力以赴"的匠人精神,打造上海联通匠人形象。根据

《"我本匠人"——上海联通十大匠人评选活动》等文件要求和评审规则，各基层工会共选送"十佳匠人"候选人46名，经过7个月的风采展示，最终产生了上海联通2017年度"十佳匠人"，分别来自销售一线、网络保障、产品管理、渠道支撑、数据管理支撑、系统优化等岗位。 （康 迪）

【首届"上飞工匠"评选表彰】 2017年，上飞公司开展"匠心传承，筑梦蓝天"——首届"上飞工匠"评选表彰活动，制订《上飞工匠评选表彰管理办法》，举行评审会，评选出首届10位"上飞工匠"和5位"上飞工匠"提名。5月份，举行首届"十大工匠"表彰暨"工匠讲坛"主题活动，会上首届上飞"十大工匠"与徒弟进行匠心传承师徒结对。在"工匠讲坛"主题活动环节，中国航天科技集团首都航天机械公司"大国工匠"、全国劳动模范、中国高技能人才楷模、航天特级技师高凤林，全国劳动模范、宝武集团宝钢股份技能专家王军，上飞公司胡双钱、王伟、孟见新、陈夏萍讲述了自己的经历和故事。上飞公司各部门党政领导、分工会主席、团支部书记和班组长代表参加活动。 （沈 祎）

团队创先

【概要】 市总工会深入实施团队创先行动，以创建"工人先锋号"活动为载体，以提高班组成员整体素质为重点，进一步推动"学习型、技能型、创新型、管理型、效益型、和谐型"六型班组建设，动员广大职工立足岗位、争创一流。一是加强班组间交流学习，指导各区局（产业）工会开展班组论坛、班组长沙龙等丰富多彩的班组建设交流活动，总结推广班组建设经验，增强班组工作活力，引导职工立足岗位、创先争优。二是加强职业能力培训，提高班组成员素质。从班组工作实际出发，加强班组文化建设和民主管理，不断提高班组成员思想道德、科学文化和专业技能水平；积极引导班组成员学习新知识、钻研新技术，不断提高学习能力、实践能力和创新能力；努力为班组成员成长成才创造条件，将"班组长岗位培训"纳入市总统一培训计划，对参加"班组长岗位培训"并取得合格证书的班组长，按照55元/人给予补贴，全年共培训一线班组长4304人。

【上海发电机厂制造部建设班组"舒心小家"】 5月，上海发电机厂制造部5个班组的"舒心小家"率先建成，为其他二十几个班组的升级改造提供了"样板"。此次"舒心小家"的打造，上发制造部将原来班组学习园地文化看板与班组管理看板合二为一，新的班组看板主要包含班组运营管理、党员亮身份、荣誉栏、员工风采和留言信息等板块。而对于班组运营管理的内容，在目视化和显性化上做了进一步优化，分为班组主要人员介绍、班组目标责任书、班组月度绩效考核结果、班组安全危险源、班组安全日运行、班组质量警示、班组质量日运行和班组生产周计划信息等八大模块。这些模块信息由班组进行及时更新和维护。其中班组安全日运行和班组质量日运行由班长每天根据实际运行状态在看板上对上一天的结果用不同颜色进行标记，起到适时管理和警示的效果。 （刘海顺）

【宝钢股份工会现场环境改善两头抓，带动促进基础管理和员工行为养成】 2017年，宝钢股份工会加大员工工作生活区域改善力度和覆盖面，开展现场环境改善"最满意"和"零差评"活动。环境改善工作小组对24家单位上报的600多个"最满意"项目以及"零差评"区域进行了30余次飞检，评选出137个"最满意"项目、100个现场环境改善"最佳践行者"；征集了35件现场环境改善优秀书画摄影作品，发掘和推广典型案例，充分肯定员工在现场环境改善所付出的努力和创造的价值，推动基础管理全面提升，深受一线职工的欢迎。 （胡建忠）

【宝钢发展工会加强"五有"班组建设】 2017年，宝钢发展工会开展以"精彩班组、活力员工"为主题的班组建设系列活动。组织各基层班组学习"工匠精神"，引导广大职工爱岗敬业，积极践行"工匠精神"，参与活动班组411个，参与职工2495名，共征集一句话表述的"工匠精神"325条，提炼出10条职工心目中所理解的"工匠精神"；通过降本增效"掘金行动"，以班组为单位，主动挖掘管理层面、各项业务流程层面、现场作业层面的"出血点"，共申报各类项目117项，总结了一批降本增效优秀案例；通过以班组为单位开展"我的安全我管理，我的生命我珍惜"为主题的全员岗位安全风险描述活动，提升职工自主安全管理意识，评选出10个优秀案例、30个优秀班组及30名优秀安康代表；通过开展"发展杯"班组趣味活力赛，进一步增进各班组职工间的协同、合作意识，提升团队凝聚力。结合宝钢发展业务调整，对基层单位班组建设及班组长研修会活动情况进行梳理，调整了宝钢发展班组长研修会组织机构，组织40余名班组长代表举办以"精彩班组、活力员工"为主题的班组论坛，对全年班组建设工作进行回顾总结，对班组建设优秀案例进行分享交流。 （朱 宏）

【宝钢金属工会深入推进阿米巴模式】 2017年，宝钢金属工会以"全员参与、透明经营、培育人才"为目标，有效落实全面推进经营阿米巴，深入挖掘最佳实践，在总结班组阿米巴基础上，提升班组阿米巴成长模型，发挥板块协同效应，落实"五有"班组建设。同时继续做好"花样员工"评选，发现、培育、推广自主型员工的最佳实践，使员工能够更加主动，弘扬工匠精神。南京宝日钢丝高岩被聘为五段位阿米巴长。总部通过比阿米巴人天、赛阿米巴协同奉献，推进职能阿米巴，提升职能工作的价值，同时阿米巴人天制与重点工作推进相结合，通过阿米巴人天制进行绩效考核，并优化内部岗位资源配置等。 （颜敏红）

【上海高桥石化公司多项举措提升班组创建质量】 上海高桥石油化工公司工会结合石化企业生产特点，通过加强管理、完善制度，致力于推进班组建设的规范化和标准化，不断提升班组"三基"工作水平。一是制订工作要点，部署全年公司班组建设工作的计划要求、创建目标、具体措施等。二是完善考核细则。围绕建设"内部管理标准化、作业环境标准化、岗位操作标准化"班组目标，制订完善评比考核细则，使"三标"竞赛要求、检查方

5月20日，上海高桥石化公司召开明星班组长表彰会　　（陈鸣启）

法、考核依据更加具体可操作。班组创建方向、竞赛奖惩更加明确合理。三是加强过程管理，推行“一季一重点”的管理模式。通过月岗检、专项检查、即时抽查、班组验收等形式，把“三标”班组各项要求落到实处。公司班组建设办公室组织相关职能处室人员利用节假日和夜间时间段组织对113个申报班组的专项检查验收，并将检查情况在公司行政例会上进行讲评通报。同时，逐个与相关基层单位沟通，提出整改措施和要求。四是注重能力提升。工会会同人力资源处、培训中心联合举办4期、每期3天、以“转观念、勇担当、创效益”为主题的班组长培训班，来自基层各单位的218名班组长参加培训，期间还组织开展班组“三标”竞赛成果发布暨班组长论坛活动，取得预期效果。

（吴　斌）

【上海卷烟厂工会以“品质文化”为引领深化品质班组建设】 上海卷烟厂工会结合班组长培育实际，牵头形成了“1+3”工厂品质班组建设总体方案。“1”即2017—2019年品质班组建设三年行动计划。明确以操作类班组全面覆盖为基础、逐步向全体班组延伸的品质班组建设试点范围和培育班组长基础管理能力、创新管理能力、文化能力的目标，以及对通过新型台账、班组争优、岗位争先三项载体，探索“多能工”施行等方面建设的举措。“3”即《品质班组台账》《班组争优方案》和《岗位争先方案》3个具体载体。其中《品质班组台账》立足于一名班组长从事班组管理的实际和目标出发，聚焦操作型班组的KPI指标，涵盖安全管理、现场改善、文化建设进班组具体内容，期望发挥一本台账作为班组管理的看板，初步实现“数据驱动、问题导向”的PDCA问题解决方法在班组的落地，切实提升班组管理水平、凸显经济指标可控的先进作用。经过一年的创建和年度评审，最终15个优秀班组分别被授予工厂2017年度“金、银、铜牌”班组荣誉称号，17个班组被授予厂2017年度“优胜班组”荣誉称号。在此基础上，厂工会择优推荐10个班组成为集团公司2017年度“工人先锋号”班组，15个班组成为集团公司2017年度“50强”班组暨厂级先进集体。

（李梦莎）

【中远海运集运工会组织开展“比技能、亮智慧，助力集运扭亏增盈”主题活动】 2017年，为进一步凝聚起广大职工创业创效创新、比学赶帮超的正能量，集运工会在全系统组织开展了“比技能、亮智慧，助力集运扭亏增盈”主题活动，活动主要包括开展各类劳动竞赛和征集职工合理化建议两大块。各基层工会纷纷以本单位“扭亏增盈”为中心工作，开展各类主题活动九大口岸的专项营销竞赛、全球信息的“金手指”业务知识技能大赛、计算机中心的需求开发技术大比武、洋浦冷藏的修箱验箱技能比武、上远公司的船员技能大赛、泛亚公司的微创新活动等，都与本单位的中心工作、热点工作、亮点工作紧密结合，比赛特色鲜明、可操作性强，凸显了工会组织的平台搭建作用。作为展示才智的大众舞台，主题活动共收到二级工会择优上报的合理化建议117条，内容涵盖经营模式的创新、管理效率的提高、服务细节的改善、工作流程的优化、技术质量的提升等方面。在年终举行的成果展示大赛上，17家直属单位的工会主席带着他们的17位同事闪亮登场，通过现场PK的方式亮出了劳动竞赛的实际成果、众志成城的“精气

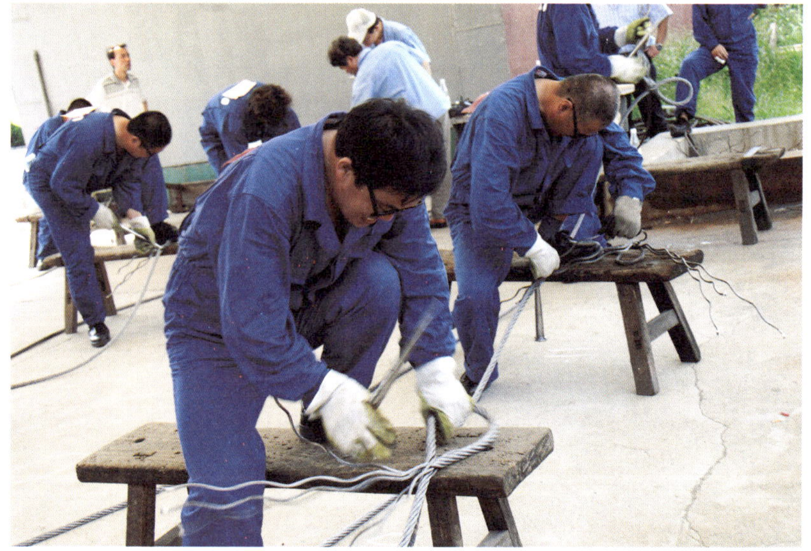

中远海运集运工会开展“比技能、亮智慧，助力集运扭亏增盈”主题活动

（钱　华）

神”以及一线员工的智慧、价值和贡献。（钱　华）

【中远海运重工工会推进班组建设】 在集团工会的支持下，中远海运重工工会派员赴德国参加中央企业优秀班组长班组化建设学习培训。学习回来后，12 月 5—8 日中远海运重工工会在大连、南通、上海、舟山四地分别组织召开班组建设经验交流会，把班组化建设的好经验、好做法在中远海运重工全系统进行分享和交流。大连中远海运川崎、南通中远海运川崎、上海中远海运重工、舟山中远海运重工分别承办了所在地区的交流分享会，重工全系统所属各单位班组长、项目负责人、分承包方人员以及班组化建设推进相关人员近 350 人参加会议。（魏敬民）

【交运集团启动首届导师带徒工作】 2017 年初，交运集团公司正式启动“弘扬工匠精神，成就精彩人生”首届导师带徒工作。交运集团领导向首批 15 名导师颁发了聘书，并通过播放专题宣传片，展示了导师的风采。导师与徒弟签订《导师带徒协议书》，从 1 月 1 日起，以年度为周期全面开展带教工作。交运集团还对带教工作加强跟踪管理和考核评估，并对带教成果明显、业绩突出的优秀导师给予表彰奖励。启动仪式上，市总工会副主席何惠娟希望交运集团导师带徒工作能在实践中创造更多的经验，在全市可复制可推广。（袁俊俐）

【市运输工会举办“科普讲师团进班组”专题培训班】 3 月，市运输工会举办 2017 年“科普讲师团进班组”专题培训班，交运集团系统各单位基层班组长代表、劳模先进代表、基层工会干部等 100 余人参加了培训。市劳模、市电力公司浦东供电公司保护自动化一组组长、高级工程师谢邦鹏作了《我为何选择在生产一线当工人》专题辅导报告。专题培训班结束后，市运输工会通过集团局域网、微信群、公众号等多种途径，积极宣传推介谢邦鹏工作理念和职业精神，动员和倡导广大班组长争创“五个一流”优秀班组团队，为推进集团改革创新和转型发展作出积极贡献。（袁俊俐）

中国移动上海公司工会举办“爱岗敬业 自律守则”员工职业道德教育班组论坛主题活动（阮铭捷）

【中国移动上海公司工会丰富班组建设内涵提升员工获得感】 中国移动上海公司工会不断丰富班组建设内涵，着重加强班组党建工作，在“星级班组”评估标准中新增党建指标及职业道德指标，进一步发挥党员在班组中的先锋模范作用。持续深化“班组论坛”在班组建设中的引领作用，将班组论坛主题与公司年度重点工作相结合，开展了“班组安全你我他，共创幸福和安康”安全知识竞赛总决赛、“爱岗敬业、自律守则”员工职业道德教育班组论坛主题活动、“悦读雅言、书香互联”全员读书班组论坛主题活动和合规护航班组论坛主题活动，4 期班组论坛有 29 家直属单位共计 800 余名员工参与。通过生动的活动形式，为主体工作发挥推波助澜的作用。结合市总工会优秀班组长能力提升培训，组织 80 名班组长参加公司优秀班组长培训班并获上海市班组长岗位资格培训合格证书，从六型班组长岗位能力、沟通能力、职业道德教育、安全教育等方面强化了班组“领头羊”综合能力的培育。（高诗颖）

【上海机场集团班组建设彰显成效】 在民航局举办的第二届全国民航示范班组和全国民航最具影响力班组的评选中，虹桥机场公司安检护卫保障部旅检一科三分队“安捷组”荣获“全国民航最具影响力班组”称号，股份公司安检护卫保障部旅检一科二分队蓝天下的卫士班组、地服公司值机寰宇班组、货运站安全保卫西区安全值班室班组和贵宾公司 21 米层贵宾室班组 4 个班组荣获“全国民航示范班组”称号。（顾　胤）

【市监狱管理局工会加强劳模和高技能人才工作室建设】 2017 年，市监狱管理局工会组织上海市新收犯监狱艾滋病专管监区的“胡水清工作室”参加市劳模创新工作室创建命名工作，成功入围市劳模创新工作室；参加市职工技术协会开展的“技师创新工作室”创建命名工作，宝山监狱“新翼个别化矫治工作室”获得市“技师创新工作室”称号。同时做好劳模先进走访慰问和疗休养工作，为监狱局全体劳模订阅劳模杂志。（江海群）

【百联集团多个项目获合理化建议和先进操作法创新奖】 6 月 9 日，在上海职工科技节上，百联集团 4 个职工创新项目分获“上海市职工合理化建议和先进操作法创新奖”，其中，联华股份公司传统企业互联网转型探索项目、全渠道公司百联到家项目荣获“上海市职工合理化建议项目创新奖”，百联又一城购物中心 5S 全程服务法项目、百联沪东汽车公司快速保养创新模式服务项目荣获“上海市职工先进操作法创新奖”。（姜　杰）

**【隧道股份地下设计总院加强班组品

市监狱管理局工会加强劳模创新工作室建设 （左海龙）

牌建设，服务企业创新发展】 2017年，隧道股份地下设计总院工会将班组建设和企业品牌建设相融合，通过开展创建“工人先锋号”活动，引导和激励职工不断提高业务素质，服务企业转型发展，打造了一支以新兴业务为特色“工人先锋号”品牌。地下设计总院工信院致力于工程建设与运维管理信息化技术创新融合，在公路隧道、轨道交通、地下工程、房建工程、桥梁工程等业务领域，坚持创新驱动，是一支“以技术创新为引领的智慧城市践行者”之队。在城市基础设施领域，研究开发了基于三维GIS的基础数据平台、城市基础设施建设管理平台、城市交通基础设施运管平台等一系列产品10余项；在轨道交通领域，首创了国内轨道交通行业整条地铁全线车站采用BIM总体咨询的管理方式开展BIM协同设计的先河，开创轨道交通BIM总体咨询的新业态模式；市政工程领域，首次在市政领域采用“业主主导、各方参与、专业咨询”BIM应用模式，为市政工程建设提供了可复制、可推广的示范。2017年，工信院团队承担信息化重点科研项目10余项，其中省部级以上重点科研项目4项，申请相关专利9项，登记软件著作权7件，取得了丰硕的创新成果。

（赵晓霞）

【市总工会洞庭西山休养院组建职工志愿服务队】 洞庭西山休养院职工志愿服务队在工程项目技术攻坚、重要团队接待服务和企业文化塑造等方面发挥“一人多岗”的作用。其中，前台、客房、餐厅和办公室的志愿者根据休养院整体工作需要，分别充实到兼职导游和领队队伍中，为休养职工外出参观提供服务便利。9月19—21日，全院80多名党员领导干部、普通职工对1000多米的木栈道进行油漆粉刷，直接节约外聘养护费用5万多元。同时，实施扶贫帮困、“爱心一日捐”、无偿献血和赴金庭镇敬老院开展为老服务等活动，取得了良好的社会效应。 （夏鹤麟）

职工技协

【概要】 2017年，市职工技协根据市总工会总体部署和要求，深入职能转型，凸显主业主责，着力做好有关职工技术创新、技能提升和技术协作的服务工作：承办2017年上海职工科技节，举办第二十九届上海市优秀发明选拔赛，开展职工创新工作室创建命名、职工合理化建议和先进操作法优秀成果征集、命名活动，积极推荐职工优秀创新项目参展参评；制订《关于推进工业园区、创业园区、高新技术产业园区非公企业职工创新实施计划》，召开园区和非公企业职工创新工作现场推进会，举办非公企业职工创新创意成果展，建立非公企业职工创新活动直联点；举办技师技能专题辅导讲座，建立上海职工焊接、数控和设计制造技能实训基地，举办市职工焊接技能比武、市职工焊接和数控技术论文征集以及数字化设计成果展示等活动，开展非公企业职工焊接技能培训和送教二维工程图识图到企业。同时认真做好对云南、西藏日喀则等对口协作地区的经济技术协作；召开市职工技协第七次会员代表大会暨七届一次理事会，选举产生新一届市职工技协领导机构，新建技协金融理财专业委员会，推动职工技协组织健康发展。 （王小龙）

【31项职工创新成果获得全国发明展奖项】 11月23—25日，第二十二届全国发明展览会在广东（潭州）国际会展中心举办，市职工技协共推荐35个非公企业优秀发明成果参展。经过展会评委专家的评审，31个参展项目获奖，其中伟创力（上海）金属件有限公司“钣金件加工制造技术提升及其应用”等9个项目获得金奖；上海昌强电站配件有限公司“热模锻U型分叉管加工工艺”等8个项目获得银奖；上海海能信息科技有限公司“变压器负荷智能管理系统”等14个项目获得铜奖，上海市职工技术协会获得本届发明展优秀展团奖。 （潘　雁）

【上海参加海峡两岸职工创新成果展成绩斐然】 由中华全国总工会主办、福建省总工会承办的第十二届“海峡两岸职工创新成果展”于6月18—21日在福州海峡国际会展中心举行。本次展览以弘扬劳模精神、工匠精神和创新精神为宗旨，以专业化、品牌化为目标，设“五小”创新、劳模创新、职工创新和台湾职工发明4个展区。由市职工技协推荐参展的上海航天设备制造总厂王曙群等完成的“航天超细直径小腔检漏管路制造技术及推广应用”、上海船厂船舶有限公司张洪春所设计的“浮态中船舶的测量技术”、中国宝武集团宝钢股份硅钢部宋俊等人所研发的“从轧钢‘三废’中提取高端磁性材料的技术”等3项一线职工创新成果，均获得本次展览金奖。 （潘　雁）

【参与全国“双创”周活动】 市总工会、市职工技协认真贯彻《国务院关于加快构建大众创业万众创新支撑平台的指导意见》精神，在国家发改委和中国科协、上海市政府主办的2017年全国大众创业万众创新活动周上海主会场期间，以创新成就梦想、劳动创造幸福为主题，开展了3项主体活动：一是“创新创业零距离”宣传，通过张贴海报、易拉宝、播放视频、放置展品展具等形式，在全市行政机关、企事业单位、社区主要街道宣传“双创周”相关内容，宣传群众性科技创新成果和先进人物事迹，营造双创气氛。二是举办“创新创业零距离”工匠创客论坛。邀请徐小平等6位“上海工匠”交流立足岗位创新体会，开展新老工匠、家属亲人之间互动对话，激发职工岗位创新热情。三是举办“工业开发园区、创业园区、高新技术产业园区职工创新创意成果网上展”，展出了来自本市107个园区的800多项创新创意成果，营造非公企业职工创新氛围，提高非公企业职工创新活动的社会影响力。（王小龙）

【举办上海“三区”非公企业职工科技创新成果展】 4月22日，首届中国国际发明创新博览会在上海世博展览馆举办。为宣传本市工业、创业、科技园区职工科技创新成果和创新典型，推进园区职工创新发明交流，加快发明成果的应用和转化，市职工技协在首届创新博览会上单独设置展区，举办了“上海‘三区’（工业、创业、科技）非公企业职工科技创新成果展”，来自本市70多个园区的110多项非公企业职工创新成果参展。经展会评委评审，36个非公企业职工创新成果获奖，其中14个项目获得本届博览会金奖、12个项目获银奖、10个项目获铜奖，上海市职工技协荣获本届博览会优秀组织奖。（潘　雁）

【举办“创业园区、工业开发区、高新技术产业园区”职工创新工作推进会】 4月26日，市职工技协在上海市委党校召开“三区”（工业开发园区、创业园区、高新技术产业园区）非公企业职工岗位创新工作推进会。会议印发《关于推进三区等非公企业职工岗位创新工作实施计划》，推介职工岗位创新15个项目，闵行紫竹高新技术产业开发区、松江经济技术开发区、崇明工业区、金山枫泾工业园区、上海普天信息产业园区等5家园区工会交流了园区非公企业职工科技创新工作经验，市总工会副主席何惠娟到会并讲话。（王奇峰）

【2017年度上海市技师创新工作室创建命名活动】 2017年，市职工技协组织开展上海市职工（技师、巾帼）创新工作室创建命名活动，全市共有77家区局（产业）工会下属225家基层单位推荐申报上海市职工（技师、巾帼）创新工作室277个，其中79家非公企业申报，占申报单位数的30%以上。经专家评审、公示与实地走访，命名了150个2017年度上海市职工（技师、巾帼）技师创新工作室，其中技师创新工作室81个，职工创新工作室33个，巾帼创新工作室36个。市总工会对每个命名的工作室给予1万元的资助资金，并原则上要求区局（产业）或基层工会给予1∶1的配套资助。（王奇峰）

【举行首届“享理财·防风险”金融服务大赛暨“优秀金融理财师”评选活动】 7月18日，市职工技术协会会同上海金融业联合会、上海金融理财师协会、上海东方网股份有限公司开展首届“享理财·防风险”金融服务大赛暨“优秀金融理财师”评选活动，活动历时9个月，历经报名、初赛、复赛、半决赛、决赛五个阶段，参与人数达1600余人。经过激烈角逐，国泰君安证券股份有限公司王鑫等2人、民生银行上海分行韩倩倩等3人、上海农商银行陆顺洁等6人分别获得个人金、银、铜奖，建设银行浦东分行“财富梦想号”团队等5家单位获得优秀团队奖，同时对个人前10名和团体前5名的选手分别颁发“优秀金融理财师”和“优秀金融理财团队”称号。根据有关规定，对王鑫和建设银行浦东分行“财富梦想号”团队同时授予“上海市五一劳动奖章”和“上海市工人先锋号”称号。（陆卫超）

【举办上海市职工数控、焊接技术论文征集活动】 7—11月，经过全市各级工会组织发动，共收到来自机电、宝武、上海宝冶、宝冶建设、航天、船舶、电力建设等18个系统的优秀论文177篇，其中数控技术论文100篇，焊接技术论文77篇。经过专业评审小组的初评、复评、终评，最终评选出数控技术优秀论文一等奖5篇、二等奖10篇、三等奖15篇；焊接技术优秀论文一等奖5篇、二等奖10篇、三等奖15篇。12月11日，市职工技协召开表彰会，对获奖的数控、焊接技术论文颁发了荣誉证书和奖金。（陆卫超）

【举行上海市职工焊接技能交流比武活动】 3月份，市职工技协在全市范围内启动2017年上海市职工焊接技能比武交流活动。经各区局（产业）工会层层选拔、择优推荐，来自13个区局（产业）的46名职工（其中非公企业人数为14人，占参赛总人数的30.4%）进入到了焊接技能交流比武决赛。经过激烈角逐，中冶宝钢技术服务有限公司、中船上海船舶工业有限公司、上海宝冶集团有限公司分获团体金、银、铜奖，上海电力建设有限责任公司、上海电气（集团）总公司、上海建工集团股份有限公司获团体优胜奖；上海电力建设有限责任公司蔡基伟和中冶宝钢技术服务有限公司周秀峰获个人金奖，上海宝冶集团有限公司田猛等5人获个人银奖，宝山区中国二十冶集团有限公司机械设备安装工程分公司郭云涛等8人获个人铜奖，青浦区上海佩纳沙士吉打机械有限公司王磊等4人获个人优秀参与奖。（陆卫超）

【举办上海职工数字化设计成果展示活动】 3—9月，市职工技协设计制造专业委员会在全市范围内开展2017年上海职工数字化设计成果展示活动，来自16个区局（产业）工会下属的46个单位推荐了49个项目参赛，参赛总人数达236名，其中非公企业职工95人，占参赛总人数的40%。经过激烈角逐，上海汽轮机厂等2家单位、隧道机械制造分公司等5家单位、上海电气电站环保工程公司等10家单位的项目分别获得金、银、铜奖，宝冶集团等14家单位的项目获得优秀项目奖。（陆卫超）

【开展二维工程图识图技能培训送教下企业活动】 6月8日—9月7日，市职工技协设计制造专业委员会根据企业的实际需求，先后为航天设备制造总厂、上海汽轮机厂、上海大众汽车、中国烟草机械、中国商飞等5家企业开展职工二维工程图识图培训工作，为5家企业的239名来自机械加工、零件测绘、产品装配、设备维修、划线放样、产品检验等一线技术工人实施具有工种特性的识图培训。同时下发培训的课件，受到企业和职工的欢迎。（陆卫超）

【举办市职工二维工程图识图技能竞赛活动】 9月25日，由市总工会和市科技协会指导、市职工技协主办、市工程图学学会承办的“2017年上海市职工二维工程图识图技能竞赛”活动拉开帷幕。来自23个区局和产业（集团）工会下属的51个团队参加培训和竞赛。经激烈角逐，最终，有60名职工分获个人一、二、三等奖，隧道机械制造分公司等单位分获团体一、二、三等奖。（陆卫超）

【举办2017年上海市船舶驾驶员、船舶轮机员（环卫）职工技能比武】 10月31日，由市职工技协、市市容行业协会、上海城投集团有限公司工会主办，上海环境实业有限公司承办的2017年上海市船舶驾驶员、船舶轮机员（环卫）职工技能比武决赛在上海生活固废集装转运徐浦基地隆重举行，来自市市容环境卫生水上管理处、上海环境物流有限公司、上海水域环境发展有限公司、上海净达环境卫生发展有限公司、上海净贤市政工程有限公司等10个环卫水上作业单位的67名选手进入到决赛。经过激烈角逐，吴绍德、顾诚、吴其成分别荣获船舶驾驶个人金、银、铜奖，环境物流公司、市水管处、净达环境净浩分公司分别荣获船舶驾驶团体一、二、三名；陶俊杰、徐敏、王春帆分别荣获船舶轮机驾驶个人金、银、铜奖，环境物流公司、水域环境公司、市水管处分别荣获船舶轮机团体一、二、三名。（陆卫超）

【举办上海职工技能实训基地揭牌仪式】 2017年，市职工技协为推进职工知识更新和技能提升，加快培养一支数量充足、结构合理、技能素质较高的高技能人才队伍，利用社会资源，分别在江南造船集团职业技术学校、上海电气李斌技师学院、上海航天局技能实训中心建立了上海职工焊接、数控和设计制造3个技能实训基地，帮助广大技术工人增强对新知识、新技术、新工艺、新设备的学习能力和适应能力。5月27日，市职工技协在江南造船厂举行上海市职工技能实训基地揭牌仪式。市总工会副主席姜海涛为3个实训基地揭牌。（陆卫超）

【市职工技协金融理财专业委员会成立揭牌】 11月21日，由上海金融理财师协会牵头，联合上海市银行、证券、保险、基金、期货等5家同业公会参与组建，同时吸收建设银行、中国银行、民生银行、农商银行等9家单位，联合成立上海市职工技术协会金融理财专业委员会。市总工会副主席李斌和上海金融理财师协会会长周杰共同为上海市职工技术协会金融理财专业委员会成立揭牌。专业委员会集聚一批金融理财行业的资深人士，加强对金融理财服务的指导，提高理财师队伍的技能素质和理财服务水平，为金融理财业职工搭建学习、交流、展示的平台。（陆卫超）

5月27日，上海市职工技能培训实训基地揭牌暨职工焊接技能培训开班（刘峙钒）

【举办专利实务培训服务活动】 2017年，市职工技协注重发挥“上海职工知识产权服务工作站”作用，举办6期专利实务培训班，开展包括高新企业申报实务、专利知识普及、专利申请实务、专利权行使和保护等在内的专题培训，帮助基层专业人员等增强知识产权意识，提高企业专利创造、保护及管理水平。职工参训人数达900多人。（朱晓鸿）

【上海职工科普讲师团进企业作报告】 2017年，市职工技协采取“菜单式”上门服务方式，组织市职工科普讲师团成员到企业、街道作报告14多场，普及有关岗位创新、节能减排、职业安全等方面的科技知识，推进职工提高岗位创新能力，提升职工科学素质，受听职工8000多人，其中非公和混合经济性质企业的活动专场9次，受益职工5000人左右。（朱晓鸿）

【《上海工匠大讲堂》上线】 为进一步加强“互联网+”工会建设，市职工技协、劳动报联合打造《上海工匠大讲堂》系列课件，建立职工网上学校及工匠交流云端基地。12月17日，课件正式上线，公众可登陆上海职工科技创新网、劳动报官网、东方网观看。《上海工匠大讲堂》第一季邀请全国劳模、上海电气液压气动有限公司总工艺师李斌、85后农民发明家胡振球、“太空之吻”缔造者王曙群、知识产权专家洪涌清等12位上海工匠及科普讲师团成员作为讲课嘉宾，向公众展示不同行业领域领军人物的个人成长经历，以及他们对创新精神、工匠精神的心得、感悟。该系列片每集20分钟。（陈志渊）

【上海职工优秀创新成果交流转化平

台上线】 12月11日,上海职工优秀创新成果交流、转化平台正式上线。该平台以企业和职工需求为向导,以信息化手段为支撑的跨行业、跨领域的技术交流、服务、推介、转化为主。按照创新成果内容分为9大类,涵盖了上海一线职工荣获的国家和市级科技进步奖、一线职工授权发明专利、优秀发明选拔赛获奖项目、职工(技师、巾帼)创新工作室、职工合理化建议和先进操作法优秀成果、数控和焊接论文、园区职工创新创意成果、职工技术创新资助项目、发明创新成果展参展项目等。上线项目总计近1万项。

(陈志渊)

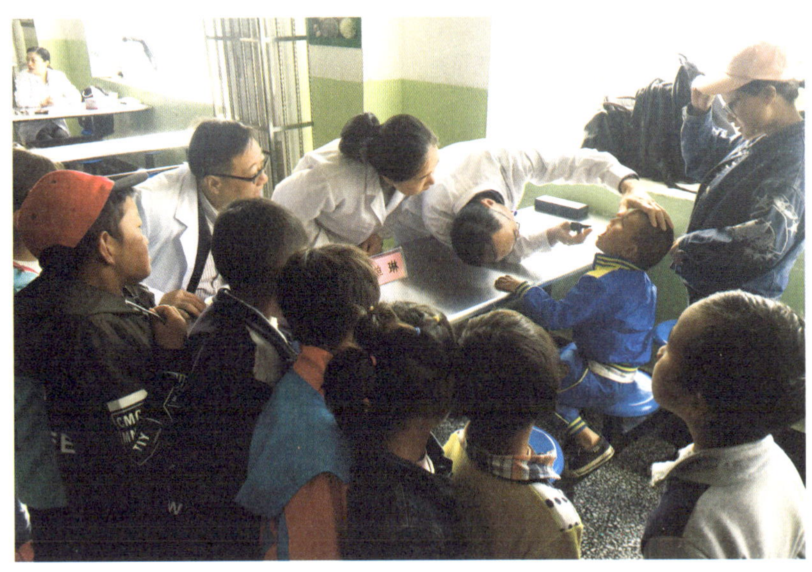

8月31日—9月5日,上海工会技协医疗小分队赴西藏日喀则开展医疗技术帮扶 (陆卫超)

【上海技协医疗小分队赴滇开展技术帮扶活动】 7月23—28日,来自上海市一、市二、华山、瑞金、仁济、同济等医院的上海劳模专家医疗小分队一行20余人,在市总工会巡视员何惠娟率领下,赴云南昆明、瑞丽、德宏、勐腊等地区开展医疗技术帮扶活动,共开展6场涉及眼科、呼吸内科、儿内科、泌尿科、皮肤科、消化科、风湿免疫科等12个学科的医疗技术交流、临床诊疗技术指导及义诊、巡诊活动,义诊病人1500余人;还举办2场职工健康教育专题讲座,听课人数500余人。

(陆卫超)

【沪滇开展职工(劳模、技师)创新工作室结对活动】 3月16—21日和7月23—28日,市职工技协两次组织技术小分队到云南德宏、勐腊等地开展工作交流、技术培训、技术推广等经济技术协作活动。期间,组织上海职工(劳模、技师)创新工作室代表与云南创新工作室开展结对交流培训,促成了上海航天设备制造厂金红新上海市技能大师工作室与云南玉溪水松纸厂方建明技师工作站、沪东中华造船有限公司俞洪昌上海市技师创新工作室与昆船电子设备有限公司技新职工技师工作站、上海的金德华技能大师工作室与云南、岑根生劳模创新工作室与云南的签约结对,为联动两地技师创新工作室、传授先进技术和经验、推动两地职工技师创新工作室劳模创新工作室创新成果共享,建立两地技术交流培训合作联盟、带动两地专业技术人员共同进步打下坚实的基础。

(陆卫超)

10月11日,上海市职工技术协会召开第七次会员代表大会暨七届一次理事会 (刘峙钒)

【上海医疗小分队赴西藏日喀则开展医疗技术帮扶活动】 8月31日—9月5日,由市职工技协和市医务工会组织的医疗小分队一行10人赴西藏日喀则开展医疗技术帮扶活动。来自上海瑞金、新华、儿科、华山、华东、妇产科、五官科等三甲医院的劳模专家组成的医疗小分队,开展了心内科、儿科、泌尿外科、五官科、乳腺科、呼吸内科等6个学科的医疗技术交流、临床诊疗指导及义诊巡诊活动,义诊病人400余人,受到了日喀则市委市政府、工会、医院及当地老百姓的好评。

(陆卫超)

【在沪举办云南劳模创新工作室和电子商务应用培训班】 9月21—29日,市职工技协与云南省职工技协联合在上海电气李斌学院举办云南省劳模创新工作室电子商务应用培训班,来自云南昆明、临沧、曲靖、保山、楚雄、红河、丽江、迪庆等地的36名高技能人才参加。培训班着重培训创新知识和节能减排、质量管理等方面知识,并学习上海劳模创新工作室建设和职工技术创新活动经验以及互联网+和创新能力电子商务平台应用。

（朱晓鸿）

【举办云南省勐腊县农牧技术骨干培训班】 9月17—29日，市职工技协实施市总工会对口帮扶计划，在上海交通大学农业与生物学院举办云南省勐腊县农牧技术骨干培训班，来自云南省勐腊县的44名农牧业技术人员参加培训。培训班安排了生态农业、循环农业、设施农业、动物医学以及"互联网+"时代现代农业、农产品品牌运作、农村电商等讲座，由上海交通大学著名教授和国内外专家学者为学员授课。课程设置丰富充实，旨在进一步更新观念，开阔视野，促进沪滇两地农牧技术交流，助力勐腊县农牧技术发展。

（朱晓鸿）

【市职工技协召开第七次会员代表大会暨七届一次理事会】 10月11日，市职工技术协会第七次会员代表大会暨七届一次理事会在建工大厦报告厅召开。市总工会党组书记、主席莫负春到会并讲话。会议审议通过市职工技术协会第六届委员会工作报告、财务工作报告和市职工技术协会章程（修正案），选举产生市职工技术协会第七届理事会理事、监事和会长、副会长、秘书长。会议按照中央群团改革工作和加强产业工人队伍建设的要求，理清了新时期职工技协的转型发展思路，明确了工作任务。技协理事、部分基层技协代表和工会干部共250人参加会议。

（陆卫超）

劳模先进

宣传先进

【概要】 2017年,上海工会不断加大劳模年度人物、五一劳动奖章(状)及上海工匠宣传力度,通过劳模年度人物选树、五一特别节目、制作第三季《上海工匠》纪录片、推出“倾听时代之声”专题广播节目、出版《闪光的群体》系列图书、出版《上海工匠》大型画册、举办“劳模精神、劳动精神、工匠精神——劳模文化育人工作推进暨学术研讨会”、深化劳模精神(工匠精神)进校园活动等形式,广泛运用主流媒体及新兴媒体,宣传各行各业的劳模先进人物,在全社会弘扬劳模精神、工匠精神。 (师荣欣)

【弘扬劳模精神、宣传先进典型】 制作拍摄《上海工匠》第二季电视宣传片,并制作光盘3000份。选择具有代表性、感召力和影响力的部分全国劳模,拍摄上海劳模风采电视宣传片,完成李斌、胡振球等12位上海工匠大型纪录片的拍摄工作。配合工匠的宣传,首次制作《上海工匠》图册3000份;完成2016年度劳模年度人物选树工作。并以劳模年度人物为主题,举办“中国梦·劳动美”上海市庆祝“五一”国际劳动节特别节目,组织劳模现场观摩;开展“劳模风采五一巡展进地铁”活动。邀获市科技进步奖一线职工和劳模年度人物作为宣传对象,制作宣传海报,在人民广场、徐家汇等地铁换乘通道内的玻璃灯箱广告中进行展示,人民广场、徐家汇、新天地、科技馆站厅LED屏播放年度人物VCR,扩大劳模精神的影响力和号召力;丰富申工社APP内容,制作12个劳模课堂小课件;策划劳模口述历史活动,与广播电台99.0合作推出10位知名劳模访谈节目,充分利用多媒体手段宣传先进典型。 (师荣欣)

【虹口区总工会编辑劳模风采录】 10月12日,虹口区总工会在区职工文艺汇演上举行《筑梦虹口——劳模风采录(1954—2017)》图册的首发仪式,市总工会主席莫负春、巡视员何惠娟、虹口区委书记吴信宝、区长赵永峰、区政协主席石宝珍在首发仪式上为劳模代表授书。为编辑制作图册,各级工会干部走访慰问全区282名劳模,上门走访拍摄,收集劳模先进事迹、图片和劳模寄语。《筑梦虹口——劳模风采录(1954—2017)》以图文并茂的形式,汇编虹口各条战线在1954—2017年间涌现出的295位模范典型事迹,展现他们积极进取、爱岗敬业、乐于奉献、建功立业的精神风貌,同时进一步营造学习劳模、关心劳模、尊重劳模、宣传劳模的良好氛围。 (徐 洁)

【杨浦区庆祝五一国际劳动节暨五一劳动奖颁奖大会】 4月25日在沪东工人文化宫举行。主题为“创新路上的劳动者”。杨浦区领导谢坚钢、魏伟明、郎荀、徐彬、麦碧莲、徐建华出席。大会向辛勤工作在全区各条战线上的职工群众致以问候,并向获评“全国五一劳动奖章”的飞扬天使青少年公益服务中心主任马俊婷,获评“上海市五一劳动奖章”的杨浦区委信访办公室主任周志明等11人、获评“上海市五一劳动奖状”的杨浦区投资服务发展中心等4个集体、获评“全国工人先锋号”的上海延泽社会工作发展中心项目部等9个集体颁奖。现场还为区劳模先进创新工作室、技师创新工作室授牌。获2017年全国和上海市“五一劳动奖”“工人先锋号”的个人和集体代表,区机关各委、办、局、街道(镇)、群众团体及单位党组织主要领导,各行业、街道(镇)、直属工会、部分企事业单位的工会主席、工会干部,历届劳模先进代表、劳模先进创新工作室、技师创新工作室代表、职工代表近1000人参加大会。 (张东寅)

4月25日,杨浦区庆祝五一国际劳动节暨五一劳动奖颁奖大会举行
(张东寅)

【黄浦区总工会举办党的十九大精神劳模宣讲报告会】 12月20日,黄浦区总工会在新世界会议中心举办首场党的十九大精神劳模宣讲报告会。党的十九大代表、全国劳模、上海浦东海事局危管防污处处长陈维为区内近200名工会干部、劳模,宣讲党的十九大精神,交流她参加十九大的心得体会。后续黄浦区总工会还将组织若干场十九大精神劳模宣讲报告会,向广大工会干部、基层职工传达党的十九大精神。 (陆中斌)

【上海市劳模协会静安区分会成立】 4月11日,静安区总工会召开“上海市劳模协会静安区分会成立大会”。与会领导和全区各大口的47名劳模代表欢聚一堂。会上,做了《静安区劳模工作报告》,表决产生上海市劳模协会静安区分会会长、副会长、秘书长。并举行“静安区劳模志愿团揭牌仪式”。这也是全市首家“劳模志愿团”,志愿团的27名成员均是来自静安各条战线的劳模先进。 (刘培晋)

【静安区总工会举办五一国际劳动节

庆祝活动】 4月27日，静安区总工会在美琪大戏院举办五一国际劳动节庆祝活动，区四套班子及市、区总工会领导出席活动，并向荣获全国五一劳动奖章1人，上海市五一劳动奖状7家，上海市五一劳动奖章18人，上海市工人先锋号8个，上海工匠3名，静安工匠10名等先进集体和先进个人颁奖。市、区领导和与会的1200余人观看了文艺演出。

（姚　磬　李少华）

4月28日，宝山区举行庆祝五一国际劳动节表彰大会　（胡立伟）

【宝山区总工会举行庆祝五一国际劳动节表彰大会】 4月28日，宝山区“咱们工人有力量!”——庆祝五一国际劳动节表彰大会在区广播电视台演播厅举行。区委书记汪泓出席大会并讲话。大会为先进单位和先进个人颁奖，市总工会副主席何惠娟到会致辞。

（万　晶）

【吴振祥劳模带教工作坊揭牌】 2月13日，宝山区总工会在顾村镇举行吴振祥劳模带教工作坊揭牌仪式。仪式上，市人大常委会副主任、市总工会主席洪浩和宝山区委书记汪泓为工作坊揭牌，市总工会党组书记莫负春为吴振祥劳模颁发聘书。吴振祥劳模带教工作坊是宝山区全面推广非公企业工会改革工作的一个重要载体，通过吴振祥劳模创新工作室与部分街镇园区总工会和基层工会结对、吴振祥与相应单位工会干部进行带教活动，将他在探索非公企业工会改革工作中的一些好的做法与经验进行分享，同时帮助各街镇园区一起探讨研究如何结合工作实际来创新推进非公企业工会改革工作，从而推动全区非公企业工会的改革创新。

（万　晶）

【闵行区总工会举办庆祝五一国际劳动节活动】 4月27日，闵行区总工会举办“劳动铸就精彩人生”2017年闵行区庆祝五一国际劳动节主题活动，全区各条战线的历届全国、上海市劳动模范和先进工作者代表，2017年上海市五一劳动奖、工人先锋号的先进集体和个人，职工代表共聚一堂庆祝五一国际劳动节。闵行区委常委、副区长曹扶生，市总工会秘书长宋钟蓓，闵行区人大常委会副主任、区总工会主席倪学斌等领导出席活动。主题活动通过“匠心·传承”“敬业·先锋”“创新·典范”三段多媒体情景剧的创新形式，对6位来自闵行不同行业具有代表性的先进典型的感人事迹进行再现，号召全区职工同心协力、锐意进取，为打造上海南部科创中心、建设生态宜居的现代化主城区做出新的贡献。会上为获得2017年全国五一劳动奖章、工人先锋号，以及2017年上海市五一奖状（章）、工人先锋号的代表颁奖。

（王　凯）

4月27日，闵行区举办庆祝五一国际劳动节活动　（李乘风）

【嘉定区举行五一国际劳动节庆祝大会】 4月27日，由嘉定区委、区人民政府主办，区总工会承办的“匠心传承·建功嘉定”——嘉定区庆祝五一国际劳动节大会在区工人文化宫隆重举行。区委副书记周金林出席大会并讲话，要求大力弘扬劳模精神、劳动精神和工匠精神，用劳模、先进的实例与优秀品质引领职工，形成学习劳模、崇尚劳模、争当先进、赶超先进的时代新风，更好服务嘉定发展。区劳动关系和谐企业创建活动领导小组成员，各镇、街道、嘉定工业区、菊园新区，有关委、局、公司党政主要领导、分管领导，各人民团体代表、劳动模范代表，区劳动关系和谐企业代表、工会干部和职工代表共260余人参加大会。

（黄点点）

【金山区庆祝五一国际劳动节暨先进

4月28日，松江区举行庆祝五一国际劳动节暨先进表彰大会

（平浩杰）

表彰大会】 4月27日，金山区庆祝五一国际劳动节暨先进表彰大会在区会议中心举行，区四套班子主要领导、区总工会主席出席会议。先进集体和个人代表，各镇、街道、金山工业区、区各部委办局、人民团体主要负责人、全区工会干部500余人参加会议。全国五一劳动奖章、上海市五一劳动奖章、上海市五一劳动奖状、上海市工人先锋号等获得者受到表彰。（钱海东）

【松江区举行庆祝五一国际劳动节暨先进表彰大会】 松江区举行庆祝五一国际劳动节暨先进表彰大会。大会表彰一批全国五一劳动奖章、全国工人先锋号、上海市五一劳动奖状、上海工人先锋号、上海市五一劳动奖章、松江区五一劳动奖章、工人先锋号和先进职工之家，区四套班子领导为获奖代表颁奖。（倪晓玲）

【青浦区总工会召开庆五一劳模代表座谈会】 4月26日，青浦区庆“五一”劳模代表座谈会暨劳模创新工作室授牌仪式在区会议中心召开。区委副书记韩顺芳出席座谈会，为2016年度青浦“劳模创新工作室”授牌并讲话。区人大常委会副主任、总工会党组书记、主席赵宏林主持会议。朱国权、杨伟英、简广风、孙刚、龚祖斌等5位全国、市级劳动模范、先进工作者代表在座谈会上进行交流发言。区总工会领导班子全体成员，各镇、街道总工会主席、副主席，委局、区级公司工会主席（主任）以及劳模、先进集体和个人代表参加座谈会。（朱建强）

【奉贤区总工会召开庆祝五一国际劳动节暨表彰大会】 4月25日，奉贤区总工会在会议中心召开了2017年奉贤区庆祝五一国际劳动节暨表彰大会。区委书记庄木弟、市总工会副巡视员吴萌等领导，工会界别政协委员、历届劳模和各项荣誉获得者参加大会。会上，为全国工人先锋号、上海市五一劳动奖状（章）、上海市工人先锋号、上海市模范职工之家、上海市优秀工会工作者等颁奖。（祝笑成）

【市机电工会承办工匠劳模风采展示活动】 4月20日，由中国机械冶金建材工会和全总宣传部主办、上海市机电工会承办的“讲工匠故事，展劳模风采”展示交流活动，在上海电气李斌技师学院举行。全国机械冶金建材工会系统6位“大国工匠”——一汽李凯军、大冶有色宋幸福、宝武钢铁王军、哈电裴永斌、首钢刘宏、北京龙顺成家具刘更生，以视频和互动交流的形式，讲述自己的故事，上海电气、中信重工两家企业交流了高技能人才培养的经验做法。（彭伟光）

【上海仪电表彰一批劳模先进】 为弘扬劳模精神、劳动精神，铸造工匠精神，大力推进上海仪电智慧城市人才队伍建设，挖掘选树上海仪电在“7+1+2”智慧城市建设领域中的先进典型，经各单位民主推荐，仪电集团党委审核同意，授予上海寨嘉电子科技有限公司机场行业项目组等10个班组（项目组）为2017年度“上海仪电工人先锋号”；授予上海南洋万邦软件技术有限公司周广朋等10人为年度“上海仪电工匠”；命名“魏乐樵实验室仪器开发”和“沈兵华鑫智慧园区设计研发”为“上海仪电劳模创新工作室”；命名“王蕾计量校准测试”为“上海仪电工匠创新工作室”。（邵秀根）

4月26日，青浦区庆“五一”劳模代表座谈会暨劳模创新工作室授牌仪式召开

（朱建强）

【国网上海电力公司召开庆“五一”劳模座谈会】 5月3日，公司召开庆“五一”劳模座谈会，表彰劳模先进。公司总经理李桂生、党委书记张俊利和副总经理、工会主席黄良宝出席会议。会议宣读《关于对荣获2017年全国和上海市五一劳动奖状(章)、工人先锋号给予表彰的通报》，对获奖集体和个人进行颁奖，并举行《匠心筑梦匠薪传承》报告文学作品首发式。公司系统在职全国劳模、央企劳模、上海市劳模、国网公司劳模及荣获2017年全国和上海市五一劳动奖状(章)、工人先锋号的代表和个人40余人参加座谈会。（潘　锋）

【中国宝武召开劳模先进交流会】 4月28日，中国宝武工会组织召开“传承、弘扬、融合、创新”为主题的迎五一劳模先进交流会，会上表彰了新一届五一劳动奖状、奖章、工人先锋号获得者。新一届上海市五一劳动奖章获得者代表梅钢公司的邹世文发表感言。老一辈及中青代先进代表孔利明、朱有发、杜斌、龚九宏、宋俊的对话交流，多维度展现劳模精神、劳动精神、创新精神，诠释“勤于工、匠于心、品于行”的工匠精神。（徐　卫）

【中船上海船舶工业有限公司召开庆祝“五一”先进表彰会】 5月19日，中船上海船舶工业有限公司召开庆“五一”先进表彰及职工文艺演出，表彰中船集团在上海地区成员单位内新获全国和上海市五一劳动奖状(章)以及上海市工会先锋号等。市总工会巡视员杜仁伟，市经济和信息化工作委员会系统工会委员会主任陆琪，中船上海船舶工业有限公司、上海船舶系统各企事业单位党政工团领导及上海船舶系统在职全国与上海市劳模等近700人出席表彰大会。（刘亦明）

【上海卷烟厂工会以劳模创新工作室为平台为企业提供人才保障】 2017年，卷烟厂“王伟勇技师创新工作室”经市总工会授牌命名为上海市“技师创新工作室”，从而工厂形成了三大劳模创新工作室“齐头并进”，两大技师创新工作室“保驾护航”，七支劳模创新团队“协同作战”的良好格局。厂工会始终贯彻局工会的工作要求，落实“劳模是培育出来的”理念，倡导“劳动光荣、创造伟大、知识崇高、人才宝贵”时代新风，树立先进引领，以劳模(技师)创新工作室为培育平台，在推进劳模先进典型选树、劳模带教作用发挥、劳模技能扩散辐射作用发挥及先进培育机制溢出效应发挥等方面取得显著成效。（丁佳杰）

【国药控股工会开展弘扬新时代劳模精神宣传月活动】 国药控股工会首次开展“光荣五月匠心文化”宣传月活动。活动贯彻群团改革精神，以传承“匠心精神”，学习劳模精神为引领，营造崇尚劳动、团结和谐、聚力发展的氛围，激发广大职工学习“匠心精神”意愿，争做“匠心精神”传人。国控沈阳工会女工委主任王晓楠荣获“沈阳市先进女职工工作者”，公司党委书记、总经理孙晓丹荣获“2017年辽宁省劳动模范”，国控沈阳荣获“2017年沈阳五一劳动奖状”，物流中心副经理杨竣博荣获“沈阳五一劳动奖章”。国控宿州荣获“宿州市先进集体”。国控海南采购二部经理林芳云荣获“2016年度海南省劳模”，国控海南授予“全国五一劳动奖状”荣誉称号。国控总部刘静云荣获“上海市五一劳动奖章”，上海国大希望路店荣获“上海市工人先锋号”。（尤　倩）

【交运集团开展“劳模谈安全”系列讲座活动】 2017年，市运输工会会同交运集团安保部联手开展“劳模谈安全”系列讲座，先后邀请全国劳模刘智辉、上海市劳模顾生旗、省部级劳模张继军，围绕《安全工作的生命全在于落实》等主题，着重从管理岗位、客车驾驶员、基层班组长等角度，交流如何开展安全工作等亲身经历和体会，在集团系统进一步倡导“平凡岗位、智慧工作、安全第一”的工作理念。交运集团“劳模谈安全”系列活动有效助推了企业安全管理，体现了劳模先进的示范引领作用和职业担当。（袁俊俐）

【虹桥安检“吴娜通道”开通】 4月6日，以全国劳模吴娜命名的虹桥安检“吴娜通道”在虹桥机场2号航站楼安检区9号旅检通道揭牌启用。集团公司党委书记张学兵、工会主席张永东共同为“吴娜通道”揭牌。各位嘉宾作为首批旅客体验了“吴娜通道”的安检服务流程。“吴娜通道”是吴娜及其劳模创新工作室现场工作成果的展示平台，通过贯彻“岗位标准化”，落实“吴娜工作法”，试行和推广安检各项创新举措，有效提升现场安全检查质量及服务品质，展示虹桥安检良好形象。（田久强）

【“绿色智慧交通劳模创新工作室联盟”成立】 由市城市建设设计研究总院刘伟杰道路与交通工程创新工作

5月19日，中船上海船舶工业有限公司召开庆祝“五一”先进表彰大会
（刘奕明）

室、市交通委员会王维风道路规划设计创新工作室、市城乡建设和交通发展研究院朱洪交通政策研究劳模创新工作室、上海地铁第一运营有限公司熊熊3D服务创新工作室4家工作室共同组建“绿色智慧交通劳模创新工作室联盟”，专注城市交通管理的技术提升与自主创新。劳模工作室联盟整合上海市交通规划、咨询、设计、运营、管理、评估等产业链的创新资源，充分发挥劳模的创新激情和“1+1群”的集聚辐射效应，将革新思维应用于信息互联、技术研发、系统集成、平台构建、方案制定、实施与监管的各个环节，为交通建设行业大数据集成应用先行先试，让交通引领城市发展，为城市有序运作贡献力量。（钱　蓉）

【上海建工集团召开庆“五一”劳模先进座谈会暨五一劳动奖表彰会】 4月28日，集团召开庆五一劳模先进座谈会暨2017年全国和上海市五一劳动奖表彰会。集团党委书记、董事长徐征，党委副书记、总裁卞家骏，党委副书记、工会主席张立新等领导出席会议。会上宣读了集团劳模创新工作室的命名决定和表彰名单。集团相关部门负责人，各单位主要领导、工会主席和劳动模范，全国和上海市五一劳动奖获得者代表120余人参加会议。（余轶群）

【鲁中矿业召开庆“五一”劳模座谈会暨技术创新工作室授牌仪式】 4月26日，鲁中矿业在公司会议中心召开庆“五一”劳模座谈会暨技术创新工作室授牌仪式。公司党政工主要领导、2016年度劳动模范、2017年公司创新工作室牵头人等劳模代表、各单位工会主席参加会议。会上，劳模和创新工作室牵头人畅谈体会，对岗位创新、促进企业转型发展提出意见建议，上海市“技师创新工作室”牵头人马振胜向所有员工发出“勇于创新，建功立业”倡议。（李宗峰）

【市金融工会召开五一劳动奖状(章)、工人先锋号表彰会暨金融职工立功竞赛活动总结交流会】 5月25日，上海金融系统召开五一劳动奖状(章)、工人先锋号表彰会暨金融职工立功竞赛活动总结交流会。市金融党委副书记、市金融工会主任姚嘉勇，市总工会副主席李友钟，人民银行上海总部、上海银监局、上海证监局、上海保监局等相关领导出席会议。各金融同业公会领导、金融机构分管领导、工会负责人和受表彰的先进集体和个人代表共计220余人参加会议。会议表彰2017年获得全国、上海市五一劳动奖项的先进集体和个人，为荣获2016年度上海金融职工立功竞赛建功奖、技能奖和优秀组织奖以及上海市金融职工合理化建议奖、先进工作法优秀成果奖的单位和个人颁发奖牌、奖状。郑露露等4位获奖代表进行大会交流，与大家分享他们立足岗位、勇创佳绩的经验体会。（丁　宁）

【市教育系统举行劳模和优秀教师座谈会暨先进表彰会】 5月3日，由市教卫工作党委和市教委主办、市教育工会和市劳模协会承办的以“立德树人薪火相传”为主题的教育系统劳模和优秀教师座谈会暨先进表彰会在上海交通大学医学院懿德楼举行。教育系统的劳模和优秀教师代表、先进集体和个人代表及部分工会干部80余人参加会议。10家全国和上海市五一劳动奖状的单位、27名全国和上海市五一劳动奖章的个人、7个全国和上海市工人先锋号称号的班组在会场领奖。7位劳模和优秀教师及先进集体代表围绕“立德树人薪火相传”——进一步增强劳模和优秀教师育人工作的针对性和有效性作重点发言。市总工会巡视员杜仁伟、市教卫工作党委副书记、市教育工会主席成旦红讲话，号召全体劳模带领广大教职工以辛勤劳动、诚实劳动、创造性劳动托起中国梦；爱岗敬业、勤奋工作、攻坚克难，为上海当好全国改革开放排头兵、创新发展先行者贡献智慧和力量，以实际行动迎接党的十九大胜利召开。（张　芳）

【市教育系统隆重举行纪念“三八”先进表彰大会】 3月6日，市教育系统纪念三八国际劳动妇女节107周年暨先进表彰大会在上海音乐学院贺绿汀音乐厅隆重举行，本次大会以“教苑巾帼展风华”为主题，教育系统获得2015—2016年度三八红旗手、红旗集体等先进的女教师代表，市教卫党委、市教委领导以及高校、区教育系统的党委、工会、妇委会负责人共300多人出席会议。市教卫工作党委书记虞丽娟在会上致辞，市教卫工作党委副书记成旦红宣读《关于表彰上海市教育系统三八红旗手、三八红旗集体的决定》。上海音乐学院教授俞丽拿代表三八红旗手标兵、同济大学外国语学院德语教研室代表三八红旗集体、上海交大医学院副教授刘畅代表三八红旗手在会上做交流发言。（朱小娟）

【SMG工会弘扬工匠精神，宣传先进

4月26日，鲁中矿业举办庆“五一”劳模座谈会暨创新工作室授牌仪式
（李宗峰）

典型】 在5月的劳动竞赛启动仪式上，上海广播电视台（上海文化广播影视集团有限公司）工会（简称“SMG工会”）组织荣获2017年全国五一劳动奖章的赵蕾等先进个人和集体代表，与现场职工分享他们各自的工作经历和从业体会。SMG工会还通过官方微信“SMG职工之家”宣传优秀事迹，扩大先进典型在职工中的影响力，年内，共宣传了数十位一线职工追求卓越“匠人”精神的具体事例。年底，还举行“SMG工匠”的年度表彰，SMG首位“上海工匠”、幻维数码高级特效师赵迪文，现场分享了他对“工匠精神”的理解和诠释。（秦伊龄）

4月28日，“美丽上海追梦人”上海市重大先进典型专题发布（第一季）揭晓 （黄 俭）

【市经信系统召开纪念三八国际劳动妇女节107周年巾帼表彰会】 3月14日，市经济和信息化工作系统工会女职工委员会、市经济和信息化妇女工作委员会召开纪念三八国际劳动妇女节107周年巾帼表彰会，表彰系统获得全国三八红旗手、上海市三八红旗手标兵、上海市三八红旗手（集体）的集体和个人。市经济和信息化工作党委书记陆晓春、市妇联副主席黄绮出席会议并讲话，市经济和信息化工作党委副巡视员、市经信系统工会主任陆琪主持会议。会上，启动了“扬帆新征程，巾帼建新功”主题活动，全国三八红旗手陶国全、上海市三八红旗手标兵常娟、上海市三八红旗集体中国电信上海分公司销售及渠道拓展部全渠道业务处理中心营业处理室班组分别作了交流发言。系统归口中央在沪单位、直属单位妇女工作分管领导和女工干部，2015—2016年以及历年系统全国、上海市三八红旗手，三八红旗集体代表等150余人参加会议。（黄 俭 顾 捷）

【“美丽上海追梦人”上海市重大先进典型专题发布揭晓】 五一前夕，由市委宣传部、市经信工作党委、市总工会共同主办的“美丽上海追梦人”上海市重大先进典型专题发布（第一季）揭晓。本次主题是“劳模新模样·匠人匠心”，市经信系统国网上海浦东供电公司运维检修部副主任谢邦鹏、上海船厂船舶有限公司主管建造师陶国全、中国电信上海西区电信局营维渠道运营中心高级技师徐珺、中国核工业第五建设有限公司首席技能专家罗开峰、中国航天科技集团上海航天技术研究院对接机构总装组组长王曙群等5位劳模工匠，成为“美丽上海追梦人”首季发布的先进典型。市委常委、宣传部部长董云虎在专题发布前会见了劳模工匠。（黄 俭 顾 捷）

4月27日，市民政局工会召开庆“五一”先进表彰大会 （阚文伟）

【市民政局选树表彰先进典型】 4月27日，市民政局召开“扬工匠精神，建岗位新功”——庆五一先进表彰大会暨首届“上海工匠”王刚事迹报告会。大会表彰年内荣获上海市五一劳动奖状、上海市劳动奖章、上海市工人先锋号、上海市用户满意服务明星班组和上海市用户满意服务明星等荣誉的85个先进单位（集体）和74名先进个人。王刚和他的同事、徒弟、家人从不同角度，用生动的事例，讲述王刚20多年来扎根殡葬遗体整容岗位，刻苦钻研遗体拼接、重塑、修复、再造等技术，不断攻克特殊遗体整容瓶颈难题，成为殡葬遗体整容行业领军人物的成长故事。（胡积伟）

【市监狱管理局工会宣传弘扬新时期红烛精神】 市监狱局工会积极配合局党委开展“讲述前辈故事、传承红烛精神”专题教育活动，组织开展以

"我身边的红烛"为主题的"知心杯"征文活动,通过活动为2018年宣传"红烛精神"30周年预热打基础;《劳动报》5月18日整版对获得上海市五一劳动奖状的监狱总医院,上海市五一劳动奖章获得者青浦监狱民警张志华、司法警官学校职工施文化以及上海市工人先锋号获得者周浦监狱五监区等先进集体和个人进行深度报道,以《逐梦扬帆,内涵式发展谱新篇》为题宣传先进个人和集体,弘扬新时代红烛精神,展示监狱人民警察的风采。

(江海群)

【市级机关召开庆祝五一国际劳动节暨表彰先进大会】 4月27日,市级机关工作党委召开庆祝五一国际劳动节暨表彰先进大会。市级机关工作党委常务副书记应雪云出席并讲话,市级机关工作党委副书记杨莉宣读表彰名单,市总工会副主席桂晓燕出席会议并和工委领导共同启动"建功十三五"劳动竞赛启动杆,会上,表彰荣获2017年市五一劳动奖章的先进个人和市五一劳动奖状的先进单位和市工人先锋号的先进集体,表彰2016年市级机关"建功十三五"劳动竞赛获奖单位和个人。播放了《上海市级机关劳模工作室纪实》录像片。市消费者权益保护委员会、上海图书馆、上海出入境检验检疫局等3家单位做了交流发言。市级机关系统劳模工作室代表、先进工作者、工会主席、女工主任、公务员代表、企事业单位职工代表460余人参加会议。

(王 颖)

【城投集团开展"五一"先进表彰暨群众性科技创新活动巡礼】 4月27日,城投集团开展"五一"先进表彰暨群众性科技创新活动巡礼。市总工会副主席李斌、集团党委书记、董事长蒋曙杰、副总裁陆建成、纪委书记周浩、工会主席徐文参加会议。会议对即将被授予2017年全国五一劳动奖章、工人先锋号、上海市五一劳动奖状、奖章、上海市工人先锋号的代表,和2017年城投集团第二届城投工匠、劳模创新工作室优秀成果、十佳金点子的先进个人和集体代表予以表彰。会议围绕五一先进、城投工匠、劳模创新工作室优秀成果、十佳金点子等方面进行展示。全国五一劳动奖章获得者、城投控股置地集团胡剑虹等进行了交流。李斌希望进一步宣传好城投劳模先进成长奉献的故事,激励职工为建设宜居上海多做贡献。

(陈 骏)

【世纪出版集团工会召开劳模先进代表座谈会】 4月27日,世纪出版集团工会召开迎五一劳模先进代表座谈会,集团领导与集团各级劳模及先进职工代表欢聚一堂进行座谈。全国劳模姚宏翔,上海市劳模高克勤,上海市三八红旗手张佩芳、楼岚岚等分别就如何在新形势下做好自己的本职工作畅谈体会。

(江 文)

4月27日,世纪出版集团工会召开迎"五一"劳模先进代表座谈会

(王云斌)

【世纪出版集团举行纪念"三八"先进表彰大会】 3月7日,世纪出版集团纪念三八国际妇女节107周年先进表彰大会暨"国风国韵"庆祝演出在朵云轩艺术中心举行。大会宣读《关于表彰2015—2016年度上海市、上海世纪出版(集团)有限公司三八红旗集体、三八红旗手的决定》,集团领导为上海市及集团三八红旗集体代表、三八红旗手颁奖。会后举行了以"国风国韵"为主题的庆祝演出和电影招待会,世纪出版集团所属15家单位和集团总部职工表演旗袍秀、汉服展示、古诗词吟诵、琵琶、古筝、女声小组唱、音乐短剧等精彩纷呈的节目。

(江 文)

评选先进

【概要】 2017年,市总工会大力弘扬劳模精神、劳动精神、工匠精神,扎实做好劳模先进评选。一是根据全总相关文件精神,做好全国五一劳动奖和全国工人先锋号评选工作,共推荐评选3家全国五一劳动奖状、30名全国五一劳动奖章和31个全国工人先锋号;二是按照评选先进向基层一线倾斜的要求,采取集中、专项和即时等三类形式开展上海市五一劳动奖和上海市工人先锋号评选表彰。 (许燕军)

【全国五一劳动奖和全国工人先锋号集中评选表彰】 根据全总下发《中华全国总工会办公厅关于推荐评选全国五一劳动奖的通知》(总工办发〔2017〕7号)精神,印发《上海市总工会关于推荐评选2017年上海市全国五一劳动奖和全国工人先锋号的通知》。经自下而上、逐级推荐、严格把关,产生3家全国五一劳动奖状,非公企业100%;30名全国五一劳动奖章,其中一线工人、技术工人和专业技术人员17人,占56.7%;农民工4名,占13.3%;科教人员7名,占23.3%;企业负责人1名;无处级党政领导干部;女性7人,占23.33%;非公企业职工11人,占36.67%;全国工人先锋号29个,其中企业班组(科室)22个,占75%;非公企业班组10个,占35%。结构比例均符合全总规定。(张夏美)

【上海市五一劳动奖和工人先锋号集中评选表彰】 印发《上海市总工会关于推荐评选2017年上海市五一劳动奖的通知》,集中表彰上海市五一劳动奖状200家,上海市五一劳动奖章600名,上海市工人先锋号300个。经各区局(产业)工会按照评选要求自下而上逐级民主推荐,并履行相关评选程序,最终产生176家上海市五一劳动奖状、596名上海市五一劳动奖章、300家上海工人先锋号。在获奖的集体和个人中,非公有制集体和职工比例为35.9%;在获奖的个人中,一线工人、技术工人和专业技术人员为73.9%,农民工为13.5%,女性职工为27%,企业负责人、处级干部为6.9%,各项比例均优于评选要求。（许燕军）

【上海市五一劳动奖和工人先锋号专项评选表彰】 配套市级示范性劳动竞赛以及食品安全城市建设、卫生应急技能竞赛、河道整治、扶贫攻坚等劳动竞赛开展专项表彰,向符合条件的“上海工匠”、安康杯优胜单位和个人、“双十佳”个人、上海科技进步奖(工人农民组)获奖个人、配套授予市五一劳动奖状104个,上海市五一劳动奖章287个,上海市工人先锋号182个。（许燕军）

【上海市五一劳动奖和工人先锋号即时评选表彰】 聚焦重大、突发事件,向在全运会取得优异成绩的上海籍运动员和运动队、在第44届世界技能大赛取得优异成绩的上海选手和指导团队、执行“世越号”打捞任务等工作中作出巨大贡献的先进集体和个人,即时授予上海市五一劳动奖状9个,上海市五一劳动奖章60个,上海市工人先锋号18个。（许燕军）

【浦东新区总工会充分发挥先进典型的示范引领作用】 开展上海工匠和浦东工匠的培育选树,重点关注一线和普通职工,挖掘浦东开发开放的实干者,四新领域的先行者,行业世界先进水平的领军者。2017年内成功推荐1家全国五一劳动奖状、1名全国五一劳动奖章;18家上海市五一劳动奖状、54名上海市五一劳动奖章、22个上海市工人先锋号。成功打造了1家全国示范性劳模工匠人才创新工作室,2家上海市劳模创新工作室。截至年底,累计选树“上海工匠”10名、“浦东工匠”60名,命名60家区级劳模创新工作室、10家区级工匠创新工作室。（陈　维）

【徐汇区总工会召开“五一”表彰大会】 4月27日,2017年徐汇区五一表彰大会暨职工文艺汇演在南洋模范中学大礼堂召开。区领导鲍炳章、方世忠、郭芳、朱伟红、晏波等出席会议,荣获2017年全国和上海五一劳动奖状(章)、工人先锋号的集体和个人以及他们所在单位代表,各街道(镇)党政领导,部分工会干部和职工代表共400多人参加大会。大会由区人大常委会副主任、区总工会主席朱伟红主持。会上,区委书记鲍炳章代表区四套班子向全区广大职工和劳动群众致以节日的问候;向受到表彰的集体和个人表示热烈的祝贺,并希望全区广大干部群众要认清时代赋予的重任,以劳模先进为榜样,立足本职、扎实工作,努力为徐汇建设发展再立新功。（徐艳杰）

【长宁区举行2017年庆祝五一国际劳动节大会】 4月26日,“崇尚劳动创造,迈向美好未来”长宁区庆祝五一国际劳动节大会在区工人文化宫影剧院举行。市总工会副主席桂晓燕,区委副书记韩志强,区委常委、宣传部长夏煜静,区人大常委会副主任、总工会主席刘英,副区长李荣华,区政协副主席余小雄等出席会议。区总工会党组书记、副主席邱刚宣读表彰决定。长宁区历届劳模代表,区工人先锋号班组代表和职工代表,各系统(集团、公司)、街道(镇、园区)、直属单位主要领导,工会主席、副主席和工会工作者近300人参加会议。（杨柳青）

【奉贤区总工会组织开展创优评先】 创评全国、市、区五一劳动奖状、五一劳动奖章、工人先锋号等荣誉317个,创评2家市级“技师创新工作室”;16名职工荣获“带教师傅”称号,42名职工晋升技能等级,5位一线职工获得授权发明专利;获评中国(上海)国际发明创新展览会金奖1枚、银奖1枚、铜奖2枚,市职工合理化建议创新奖、先进操作法创新奖4个,第二十九届上海市优秀发明选拔赛金奖1枚、银奖9枚、铜奖3枚,区总工会被评为“上海市职工科技节优秀组织奖”;会同区科协、区知识产权局开展2015—2016年度奉贤区十佳合理化建议、奉贤区十佳职工创新示范基地的评选。（钱　洁）

【上海轻工业工会联合会评选上海轻工行业先进职工之家、先进职工小家、优秀工会工作者】 为加强基层工会组织建设,增强基层工会活力,推进轻工行业“建家”工作。上海轻工业工

上海轻工业工会评选行业先进职工之家、先进职工小家、优秀工会工作者（徐俊彦）

会联合会评选并授予上海造币有限公司工会委员会等29家单位“2017年度上海轻工行业先进职工之家”称号;授予上海印钞有限公司物资供应部分工会等18个集体“2017年度上海轻工行业先进职工小家”称号;授予陈国玲等38人“2017年度上海轻工行业优秀工会工作者”称号。 (徐俊彦)

【中国宝武推选首届“最美宝武人”】 2017年,中国宝武工会组织开展推选首届“最美宝武人”主题活动,反映中国宝武成立一年以来整合融合的成效和中国宝武员工奋发向上的精神面貌。此次活动充分发挥网络宣传渠道的作用,通过工会组织推荐与员工直接网上自荐或推荐他人两个通道,寻找出员工身边的“最美宝武人”。活动经发动和推荐、初选初评与公示、网络投票和综合评审4个阶段,从职业道德“最美宝武人”候选人340人、社会道德“最美宝武人”候选人64人中推选出职业道德“最美宝武人”30人、社会道德“最美宝武人”20人,两类提名奖50人。 (陆 庆)

【上海石化工会做好劳模先进评选工作】 2017年,做好各类先进的选树、培育和评选工作。炼油部盛健安、芳烃部王余东、公用事业部富小青、计划部杨忠伟获评上海市五一劳动奖章,芳烃部1号芳烃联合装置、化工部乙二醇联合装置甲班、热电部电控联合装置、精细化工部异戊烯车间获评上海市工人先锋号。 (徐 军)

【中远海运重工工会认真开展选树先进评优推优工作】 以劳模精神为引领,以钻石团队为榜样,中远海运重工工会积极培育选树先进典型。上海川崎生产部小料班组荣获上海市“工人先锋号”;上海船务巾帼设计师团队荣获全国巾帼文明建功岗、上海市巾帼创新工作室;“航修一号”班组被集团推荐参加全国安康杯优胜班组评选。南京国际智能制造项目组申报南京市职工创新工作室;在全系统开展评选,表彰中远海运重工2016年度三八红旗手、三八红旗集体。 (魏敬民)

【市交通委工会评选弘扬交通劳模先进】 成立上海公交行业首个劳模(技师)创新工作室联盟,充分发挥劳模、技师领军人物的创新激情和“1+1群”的放大效应,年内完成纯电动公交车节能驾驶操作规范;组织交通行业50位一线劳模代表迎新春电影招待会;分二批组织交通行业45名劳模先进代表赴全总厦门疗休养基地开展休养活动,在交通行业营造“尊重劳模、崇尚先进”的良好氛围。完成2017年度工会条线各类先进的推荐申报工作,执法总队荣获上海市五一劳动奖状荣誉称号,海博馆开放管理部荣获上海市工人先锋号荣誉称号;完成海博馆市劳模项天平品牌设计创新工作室的创建工作;执法总队全国劳模徐皓然ITS创新工作室成功申报市级劳模创新工作室。 (薛兆锋)

9月7日,第二届上海基础教育青年教师爱岗敬业教学技能竞赛总结大会举行 (朱小娟)

【上海市税务工会在上海市五一劳动奖状(章)、工人先锋号等先进评选中喜获佳绩】 在2017年市总工会五一先进集体和个人评选中,由市税务工会推选的虹口区税务局荣获“上海市五一劳动奖状”,市税务七分局王英荣获“上海市五一劳动奖章”。浦东新区税务局十一所、虹口区税务局货劳科荣获“上海市工人先锋号”。静安区税务局五所、虹口区税务局一所荣获“上海市三八红旗集体”,松江新区税务局章艳枝荣获“上海市三八红旗手”。 (娄晓辉)

【第二届上海基础教育青年教师爱岗敬业教学技能竞赛总结大会举行】 9月7日,市总工会、市教卫工作党委和市教委在上海师范大学举行“青春在讲台——第二届上海基础教育青年教师爱岗敬业教学技能竞赛总结大会”,市总工会主席莫负春、巡视员何惠娟,市教委主任苏明、市教卫工作党委副书记成旦红等领导出席大会,莫负春、苏明讲话。本届竞赛参赛选手、各区教育局负责人和青年教师代表300余人参加会议。6月10日—11日,第二届上海基础教育青年教师爱岗敬业教学技能竞赛总决赛在上海师大举行。167名选手先后参加了“教学设计”“课堂教学”和包括“三笔”书法、信息应用技术能力、试题评析等三项内容的“专业技能”竞赛。经过角逐,6名青年教师分别获得各学科组别的特等奖。25名获竞赛特等奖、一等奖的青年教师获得“上海市教学能手”称号,6名特等奖青年教师还荣获“上海市五一劳动奖章”。4个单位和12个集体被授予“上海市五一劳动奖状”和“上海市工人先锋号”荣誉称号。上海选送的3位教师在第一届全国中小学青年教师教学竞赛决赛中分获高中、小学、初中组的一、二、三等奖。 (朱小娟)

【SMG大力举贤推优、争创各级荣誉】 经上海广播电视台(上海文化广播影视集团有限公司)工会(简称“SMG 工会”)推荐、报选、参评,SMG 各级先进荣誉硕果累累:赵蕾荣获2017 年全国五一劳动奖章;上海五岸传播有限公司荣获 2017 年上海市五一劳动奖状;严敏、周晓方、柳遐 3 人荣获 2017 年上海市五一劳动奖章;融媒体中心《人间世》项目组获评 2017 年上海市工人先锋号。幻维数码高级特效师赵迪文成功当选 2017 年“上海工匠”。东方明珠新媒体工会、上海歌舞团工会荣获 2015—2016 年度“上海市模范职工之家”称号;技术运营中心工会、版权资产中心工会荣获 2015—2016 年度“上海市模范职工小家”称号;马喆荣获 2015—2016 年度“上海市优秀工会工作者”。

(秦伊龄)

【百联集团开展 2015—2017 年度先进评选表彰活动】 12 月 7 日,百联集团开展“2015—2017 年度百联集团先进集体、优秀员工、勇于创新奖、管理增效奖、文化引领奖先进评选表彰活动”,并由集团工会组织实施。经评审,集团系统共有 26 个集体、40 名个人脱颖而出。其中,浙江联华公司、第一八佰伴、青浦奥特莱斯营运部等企业和班组,东方商厦(旗舰店)“翡”咖啡、全渠道云店、百联买手店等项目组,还有李嘉岳、黄杨、叶菁等优秀个人,成为集团广大职工学习的好榜样。

(姜　杰)

【上海地铁年度风采人物颁奖典礼举行】 1 月 24 日,上海地铁年度风采人物揭晓,申通地铁集团领导班子成员、集团老领导,集团各部门、项目公司、各直属单位的领导、劳模先进、职工代表、退休职工代表,风采人物候选人、集团优秀员工代表以及轨交总队的职工代表参加活动。上海地铁年度风采人物评选,经人选预报、专家评审、群众投票 3 个环节,自下而上产生。运营一公司设施部严如珏、12 号线电客司机刘源等 10 位个人和集体获评风采人物,市公安局城市轨道和公交总队“四乱”整治行动队、市人民对外友好协会欧美处被授予风采人物特别奖,另有 2 人获风采人物提名奖。

(姜　雪)

1 月 24 日,上海地铁年度风采人物颁奖典礼举行　(忻耀进)

服务先进

【概要】 2017 年,继续做好劳模“三金”发放工作及劳模信息管理系统维护工作;办好双月劳模杂志;开展劳模年度人物推荐选树工作;继续做好在沪全国劳模的体检工作,组织开展各类劳模疗休养活动。(师荣欣)

【长宁区总工会开展关爱劳模大型义诊活动】 7 月 11 日,长宁区总工会劳模志愿者服务队联合光华中西医结合医院志愿者在长宁区工人文化宫开展“喜迎十九大召开关爱长宁劳模”大型义诊活动。光华医院院长肖涟波为参加本次活动的老劳模及社区老人进行关节养生讲座并示范关节养生操,同时进行中医保健技术、辨别中医优质饮片、骨密度测试等互动体验。活动中光华医院关节内科、颈肩腰腿痛科、痛风病科等十大科室主任医师与大家开展面对面医疗咨询,讲解养生、保健等各类医学知识。(李悦琳)

【普陀工会组织关爱劳模健康体检】 5 月以来,普陀区总工会分批组织全区 360 位劳模进行一年一度的健康体检。5 月 17 日,根据市总工会统一安排,组织全区 33 名全国劳模前往上海市工人疗养院进行健康体检。6 月 16 日,市级劳模集中体检(街镇专场)在普陀区中心医院举行,100 多位劳模进行健康体检。9 月 11 日,组织 50 名劳模参加市级劳模体检(国资专场)。

(陆　蕾)

【虹口区劳模协会换届】 12 月 26 日,虹口区劳动模范协会第三次会员代表大会在区工人文体活动中心二楼小剧场召开。参加会议的劳模 81 名,大会听取和审议《虹口区劳动模范协会第二届理事会工作报告(草案)》《虹口区劳动模范协会第二届理事会财务收支审计情况报告(草案)》和《虹口区劳动模范协会章程修改说明(草案)》,选举产生虹口区劳动模范协会第三届理事会、第一届监事会。大会选举袁立为虹口区劳动模范协会第三届理事会会长,王炜等 6 人为副会长,赵文霞等 14 人为理事,陈寅等 3 人为第一届监事会监事长、监事,高晓红为秘书长,朱巧娣专职副秘书长。

(徐　洁)

【闵行区成立劳动模范协会】 11 月 21 日,闵行区劳动模范协会成立大会暨第一次会员代表大会在区政府会议中心召开。区委副书记于勇,区人大常委会副主任、区总工会主席倪学斌等领导及各行各业各条战线的劳模先进代表出席会议。会议选举产生区劳动模范协会第一届理事会理事。全国劳动模范、上海九星控股(集团)有限公司董事长吴恩福当选第一届区劳动模范协会会长。闵行区劳模协会的成立是新形势下团结动员广大劳模更好地发挥骨干带头作用的重要途径,劳

1月16日，松江区总工会举行2017年劳模迎春团拜会暨第五批“劳模创新创作室”授牌仪式 （夏耘耘）

模协会将着力弘扬劳模精神、劳动精神，切实加强劳模服务，积极推进全区劳模服务管理的动态化、规范化。

（王 凯）

【嘉定区劳动模范协会召开第五届会员代表大选举产生新一届领导班子】 12月26日，嘉定区劳动模范协会召开第五届会员代表大会。嘉定区委副书记周金林，区人大常委会副主任、区总工会主席王建新出席会议并讲话。周金林充分肯定了劳模协会的工作并对加强和改进劳模协会的工作提出要求。会议表决通过《区劳动模范协会第四届理事会工作报告》《区劳动模范协会章程》《区劳动模范协会第四届理事会财务收支报告》，选举产生了区劳动模范协会第五届理事会理事、监事。 （黄点点）

【松江区总工会进一步做好为退休劳模配送家政服务工作】 12月26日，松江区总工会启动2017—2018批次为部分劳模配送家政服务工作。在启动仪式上，区总工会与松江区家政协会签订一年合作协议，由区总工会出资购买家政服务，为77名退休劳模配送家政服务。这一批次的服务对象标准为本人有家政服务需求、年龄在80周岁以上的退休劳模和60周岁以上的病困劳模。 （杨 韵）

【松江区总工会举行2017年劳模迎春团拜会暨第五批松江区“劳模创新工作室”授牌仪式】 1月16日，区总工会举行2016年松江区劳动模范迎春团拜会暨第五批松江区“劳模创新工作室”授牌仪式。区委副书记刘其龙为赵国岐气囊组装增效劳模创新工作室授牌，区政协副主席刘健为市级、区级劳模创新工作室颁发工作资金。九亭镇党委书记胡柳强、劳模创新工作室代表丁姝炜、赵国岐作交流发言。

（张谢琰）

【青浦区总工会组织劳模先进体验轨交17号线】 12月21日，青浦区总工会组织劳模先进代表50余人参观试乘轨道交通17号线。此次试乘由青浦新城站出发，一路向东至诸光路站参观后折返。整个参观试乘过程中，大家被各站点的布局、配套设施和设计感强烈的青浦元素所吸引，纷纷拿起相机、手机记录下青浦大发展大转型大建设的喜人成果，表示要在各自的岗位继续发挥示范引领作用，为实现青浦全面跨越式发展和新青浦、新生活奋斗目标贡献力量。

（朱建强）

【奉贤区总工会开展退休劳模重阳节活动】 10月25日，“重阳敬劳模 最美夕阳红”——奉贤区退休劳模重阳节活动在东方美谷企业集团报告厅举行。来自全区的退休劳模出席活动并观看了大型滑稽剧《骗你没商量》，精彩的节目让老劳模们沉浸在欢乐的氛围中，度过了一个温馨的重阳节。

（陆晓岚）

【奉贤区总工会召开劳动模范协会三届六次理事（扩大）会议】 5月19日，奉贤区总工会在光明村A3经济园区召开奉贤区劳动模范协会三届六次理事（扩大）会议，区劳模理事会理事、各劳模协会分会（管理小组）负责人50余名参加。区人大常委会副主任、区总工会主席、区劳模协会名誉理事长陆建国等领导出席会议。会上授予劳模沈强上海市“劳模创新工作室”荣誉、授予劳模王益权区公益体育创新工作室荣誉。会上进行老青劳

10月25日，奉贤区总工会开展退休劳模重阳节活动 （陆晓岚）

模结对共建活动签约仪式。

（胡　嘉）

【**奉贤区总工会开展劳模体检**】 3月24日，为更好地关心劳模的身体健康，区总工会组织来自各行各业、不同时期的130余名劳模到上海力泉体检中心进行了血压、心电图、血脂，B超等健康体检。（胡　嘉）

【**中国远洋海运集团工会认真开展2017年劳模疗休养活动**】 5月份，集团工会分两批组织全系统省部级以上近200名劳模及家属，赴山东青岛开展了劳模疗休养活动。活动以"文化+健康+感动+惊喜"为主题，注重活动内容，做好贴心服务，让劳模度过了有意义的疗休养之旅。劳模们表示将以更加饱满的工作热情和高昂的精神状态投入工作中，充分发挥好劳动模范的示范带头作用，为集团提质增效和深化改革作出新的更大的贡献。

（刘建强）

【**沪上名中医为劳模开展义诊**】 7月1日，国医大师朱南孙、刘嘉湘，全国名中医严世芸、蔡淦，与上海市名中医代表等20名专家为本市各行各业的近200名劳动模范进行义诊。本次活动由市总工会、市卫生和计划生育委员会、市中医药发展办公室、市医务工会联合举办。义诊活动涵盖中医内科、外科、妇科、骨伤、针灸等科目。市总工会主席莫负春、市总工会巡视员杜仁伟、市卫生和计划生育委员会党委书记黄红等来到义诊现场并看望慰问专家和劳模。（池朝霞）

5月27日，守护生命——上海市卫生计生系统劳模专家大型义诊举行

（池朝霞）

【**守护生命——上海市卫生计生系统劳模专家大型义诊举行**】 5月27日，守护生命——上海市卫生计生系统劳模专家大型义诊在奉贤体育中心举行。据统计，受惠的市民群众达到3000多名。本次共有88名位专家参加义诊，其中42位为卫生计生系统劳模，涉及内科、外科、口腔科、眼科、皮肤科、妇产科、肿瘤科、中医科、全科等30多个科别。本次义诊由奉贤区卫生计生委、奉贤区医务工会承办。

（池朝霞）

【**沪上百位高级女医师为百姓义诊**】 3月11日，2017年度"海上女医师，倾情为市民"第七届百名高级女医师大型义诊活动在市工人文化宫举行。来自市女医师协会的百名高级女医师累计为千余民众提供了义诊咨询。参加义诊的专家均来自本市各个三级甲等医院副高职称以上的高级女医师。此次义诊涵盖内科、外科、中医科、儿科、妇产科、皮肤科、口腔科、五官科、心理科、老年科、肿瘤科等。除此之外，还增加了中医对肿瘤防治、心理科、老年科和营养科等往年没有的专科。（朱　清）

世纪出版集团工会组织年度先进职工赴黄山疗休养　（王云斌）

【**锦江国际集团工会全力做好劳模工作**】 集团各级工会组织认真做好劳模管理和服务工作，为他们办实事、解难事，营造更好的工作和生活环境。集团各级党政工组织将关心劳模工作常态化，安排人员走访慰问劳模，掌握劳模生活、身体和工作情况，帮助部分劳模解决实际困难，为全体劳模"三金"发放做到"全覆盖、不遗漏、无差错"。年内开展劳模（技师）创新工作室检查、自查工作，各劳模创新工作室认真仔细对照"五个有"标准，不断完善工作室的创建工作，通过检查不断提高工作室的创新能力，使劳模（技师）创新工作室真正成为引领锦江国际创新工作的平台。（张祥伟）

【**市级机关举办劳模培训班**】 7月4—6日，以"荣誉与责任"为主题的2017年市级机关劳模培训班在市委党校举行。市级机关工作党委常务副书记应雪云出席结业式并讲话。来自市级机关系统的劳动模范、先进工作者、三八红旗手、部分工会主席等近50人参加培训学习。培训班设置了十八届六中全会精神解读、"深入推

进供给侧改革，加快上海经济转型升级”、上海科创中心建设等课程，邀请有关领导和教授作了精心讲授和辅导。组织创新创业新生态现场教学，参观了零号湾全球创新创业集聚区及内部孵化企业。 （王 颖）

【百联集团工会召开“百联集团劳模先进座谈会”】 4月28日，百联集团工会在总部会议室举行“庆祝五一国际劳动节——百联集团劳模先进座谈会”，集团党委书记、董事长叶永明出席会议并作重要讲话。会上，集团工会宣读了《致百联劳模先进的慰问信》，转达了集团党委、工会向劳模先进、全体职工的节日问候。与会劳模先进紧紧围绕企业实际畅所欲言，对集团的创新转型工作提出了意见和建议，座谈交流互动气氛热烈。

（姜 杰）

【世纪出版集团工会组织年度先进职工疗休养】 为进一步激励先进，加强企业文化建设，增强职工的凝聚力和向心力，根据市总工会有关规定和集团相关管理办法，9—10月，集团工会组织250名先进职工赴市总工会黄山、西山休养院疗休养活动。活动不仅使先进职工开阔了眼界、丰富了阅历、增进了友谊，大家也放松了心情、缓解了压力，深切感受到企业对职工的关心、关爱，受到鼓舞和激发，增强职工的荣誉感和归属感。 （江 文）

2018

上海工会年鉴

劳动关系

综　述

2017年,上海各级工会全面落实中央、市委有关群团改革工作会议精神,聚焦工会主业主责,创新机制、整合资源,融入中心、服务职工,构建和谐劳动关系工作取得积极成效。一是着力构筑"四方合作"预防化解劳动关系矛盾工作格局。市总工会与市高级人民法院、市人社局和市司法局联合下发《关于共同加强本市劳动关系矛盾预防化解工作的意见》。同时,市总工会还分别与市一中院、市二中院和市人社局调解仲裁处、劳动保障监察管理处、市劳动保障监察总队就建立劳动争议案件调解机制、加强劳动争议纠纷预防化解、工会定向劳动法律监督与劳动保障监察衔接联动以及劳动争议调解仲裁工作领域等加强合作,形成4个深度合作会商纪要。二是深入推进非公企业协调劳动关系体系建设。在非公企业工会改革"顾村经验"基础上,选择宝山区顾村镇和杨浦区长白街道作为试点,从制度建设、机制完善入手,制订非公企业工会深化改革工作方案,通过分级定职、分类定标,推动"小三级"工会在协调劳动关系体系中切实发挥作用,已经形成包括非公企业和区域性、行业性集体协商与职工代表大会制度实施办法、街镇工会劳动法律监督和多元预防化解劳动关系矛盾工作实施办法以及街道办事处(镇政府)与工会联席会议制度实施办法等5个工会协调劳动关系工作的制度性样板,目前已培训部署其他地区工会全面启动实施改革方案。三是有效开展群体性劳资纠纷预防化解工作。市、区、系统产业两级工会加强对具有本市有改革调整任务企业的排摸,各级工会联合相关部门通过"会研、会商、会审"制度,培训、指导、督促改革调整企业履行民主程序,及时公开改革调整方案,依法依规、妥善处置职工切身利益事项和劳动关系重大问题。与此同时,市总工会制订了《上海市总工会关于开展工会定向劳动法律监督的实施办法》《上海工会归集和管理失信信息办法(试行)》《上海工会劳动法律监督办案补贴办法(试行)》,进一步对发生群体性劳资纠纷、职工法律援助个案中严重侵犯职工权益以及未开展工会组建、职代会和集体协商建制等工会"三项基础工作"的企业开展工会定向劳动法律监督予以规范,明确监督职责、内容、程序,有效提升工会劳动法律监督运行质量和水平。此外,劳动关系工作部还会同市劳动保障监察总队开展劳动法律监督联合检查;组织开展2016—2017年度上海市优秀农民工、上海市农民工先进个人评选活动;联合市教育工会共同启动上海市"尊法守法,携手筑梦"服务农民工法治宣传行动,并在三八国际劳动妇女节和国家宪法宣传日期间举办法治宣传咨询活动。　　（周永宝）

普法宣传

【概要】 2017年,按照全总和市法宣办的七五普法规划的决策部署,在工会系统深入开展法治宣传教育工作,一是突出重点、精心组织开展"尊法守法·携手筑梦"农民工法治宣传行动。二是围绕节点、广泛开展维护职工权益主题宣传活动,发动各级工会三八节女职工维权月、上海市第29届宪法宣传周法治宣传咨询检查活动。三是针对难点、开设调处劳动关系专题培训。包括"企业改革改制劳动关系问题处理及民主程序的履行"专题培训、基层工会的法律援助维权人员、劳动争议调解员、公职律师、兼职仲裁员业务培训。四是创新亮点、线上线下同步推进法宣效应。网上推介工会维权主业主责功能,打造"我要维权"申工社案例分析栏目;制作新媒体法宣短片,宣传工会法律援助典型案例;组织开展线上线下法律知识竞赛。　　（蒋慧勤）

【市总工会精心组织开展农民工法治宣传行动】 市总工会、市教育工会联合开展了2017年上海市"尊法守法·携手筑梦"服务农民工法治宣传行动。一是成立活动领导小组,制定实施方案,就该活动的整体安排、指导、协调和经费保障进行细化规划。二是组建宣传队伍、举办启动仪式。按照"工会干部+高校师生"组成42支法治宣传队,由市教育工会牵头,选定上海复旦大学等9所高校,127名法学专业师生,由市总牵头对接区、产业局33名工会干部。三是送法上门、遍及各行。三个月内,志愿服务队深入农民工集中的区、街镇(园区)、企业车间、建筑工地、村委会以及职工法律援助中心、社区群团服务站、农民工夜校等实地为农民工宣传道德规范、讲解法律政策。截至12月底,33个区、产业局工会共开展125场法治讲座、咨询,共有11000余名农民工参与和受益。　　（蒋慧勤）

【开展三八女职工维权宣传和行动】 3月8日,市总工会联合黄浦区总工会在复兴公园共同开展以"增强法制观念　维护女工权益"为主题的2017年三八国际劳动妇女节法制宣传咨询活动。特邀请上海市总工会女律师志愿团的专家律师、上海市一中院法官、上海市公安局、黄浦区人社局、瑞金医院卢湾分院、蔡同德有限公司专家等现场接受市民群众的法律法规咨询、解答。组办方在现场发放《上海女职工假期与待遇示意图》《女职工劳动保护特别规定》《上海市集体合同条例》等宣传册,通过易拉宝宣传涉及女职工权益保护的相关法律法规,组织路人即兴有奖回答有关女职工劳动保护特别规定等法律知识。3月6—12日,联合市人力资源和社会保障局、市妇联在本市联合开展维护女职工劳动权益的专项检查活动,市、区检查组主要对企业中有关女职工权益保护、专项集体合同签订、工时制度、社保缴纳、产假期间待遇支付等执行情况进行认真检查,积极宣传相关法律法规。共抽查用人单位1365户,共涉及职工92706人,其中女职工49644人。期间,各区"上海工会女职工维权专家门诊"开展女职工维权服务周活动,集中受理女职工维权咨询和投诉,推动全社会形成尊重女性价值、维护女职工权益的良好环境。一周中,共有81位专家参与服务,共接待咨询439起,代书24份,受理调解、法律援助172起。　　（蒋慧勤）

【举行"12.4国家宪法日暨上海宪法宣传周"主题活动】 12月4日,市总工会与静安区法制宣传教育联席会议成员单位,在闸北公园地书苑广场,联合举办"维护宪法权威，提高法治素养，共创美好生活"上海市第29届宪法宣传周主场活动。活动现场以易拉宝、展板等形式开展《上海市职工代表大会条例》《上海市集体合同条例》《劳动合同法》等法律法规的宣传，并发放法律法规宣传册2000余份。现场邀请市第二中级人民法院、市检察院二分院、静安区司法局法律援助中心、华东政法大学等多个部门专家，对市民工作生活中遇到的法律相关问题给予答疑解惑，受到市民群众的欢迎。12月5日，组织全市区局产业工会干部、劳动关系指导员200余人开展《中华人民共和国民法总则》法制讲座，邀请华东政法学院教授韩强主讲。

（蒋慧勤）

长宁区总工会开展服务农民工法治宣传活动　（印敏峰）

【徐汇区总工会开展劳动法专题培训讲座】 2017年徐汇区总工会共举办劳动法专题培训讲座12场，参加人员主要包括：徐汇区企事业单位工会干部、企业人事管理人员、行政管理人员等。全年共有500多家企事业单位参加培训，参加人数达700多人次。

（夏梦婷）

【长宁区总工会开展非公企业普法宣传服务活动】 11月2日，长宁区总工会在临空园区建滔广场开展非公企业普法宣传服务活动，现场进行工会法律维权咨询、会员法律援助服务、职工互助保障咨询、工会会员服务卡办理等咨询服务和微信工会法律知识互动问答，吸引了近千名白领职工踊跃参加。

（印敏峰）

【长宁区总工会开展服务农民工法治宣传活动】 12月，长宁区总工会联合华东师范大学工会，由华师大法学院志愿者服务队在长宁区工人文化宫和舜元建筑工地分别举办两场"尊法守法·携手筑梦"服务农民工法治宣传活动，长宁区总工会副主席孙志文出席，250余名家政行业及建筑行业农民工参加活动。同时，区总工会向现场的农民工发放《新市民百问百答》等法治宣传资料。

（印敏峰）

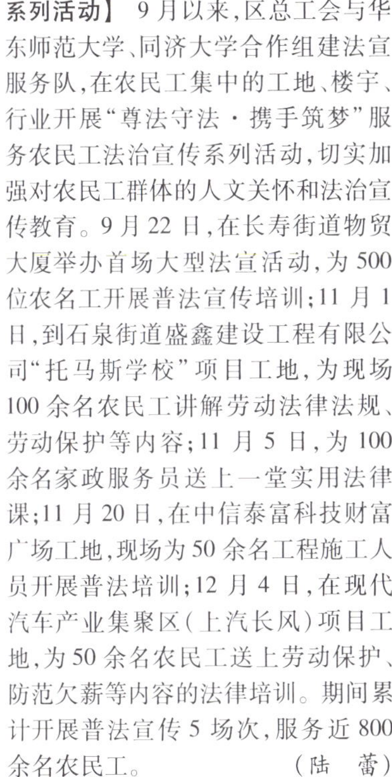

【普陀区总工会开展农民工法治宣传系列活动】 9月以来，区总工会与华东师范大学、同济大学合作组建法宣服务队，在农民工集中的工地、楼宇、行业开展"尊法守法·携手筑梦"服务农民工法治宣传系列活动，切实加强对农民工群体的人文关怀和法治宣传教育。9月22日，在长寿街道物贸大厦举办首场大型法宣活动，为500位农名工开展普法宣传培训；11月1日，到石泉街道盛鑫建设工程有限公司"托马斯学校"项目工地，为现场100余名农民工讲解劳动法律法规、劳动保护等内容；11月5日，为100余名家政服务员送上一堂实用法律课；11月20日，在中信泰富科技财富广场工地，现场为50余名工程施工人员开展普法培训；12月4日，在现代汽车产业集聚区（上汽长风）项目工地，为50余名农民工送上劳动保护、防范欠薪等内容的法律培训。期间累计开展普法宣传5场次，服务近800余名农民工。

（陆　蕾）

普陀区开展农民工法治宣传系列活动　（许王丽）

【黄浦区总工会举办"尊法守法·携手筑梦"服务农民工法治宣传活动】 10月18日，由黄浦区总工会、华东政法大学主办，黄浦区建设和管理委员会工会、黄浦区建筑工程项目工会联合会协办的"尊法守法、携手筑梦"服务农民工法治宣传行动活动在龙元建设股份有限公司举行。活动现场，来自华东政法大学法治宣传队的博士讲师、硕士生们为75名前来听课的农民工送上法制宣传资料，并为农民工

8月21日，闵行区举办2017年职工劳动法律知识竞赛　　（李乘风）

兄弟讲解了劳动合同签订、履行等法律法规及政策，劳动者权利保护和救济程序，法律维权方法和途径，引导农民工对法律的信任，自觉依法理性表达利益诉求。（陆中斌）

【黄浦区总工会开展宪法宣传周系列活动】 12月，上海市第29届宪法宣传周期间，黄浦区总工会开展了系列活动。活动包括法治宣传进园区，邀请区总工会职工法律援助律师志愿者和街道总工会签约律师坐堂，为百余名前来咨询的企业和职工进行劳动法律法规政策、女职工权益维护、安全生产和劳动保护、工会会员服务卡等内容的答疑服务；展示职工法律援助成果，将区总工会职工法律援助的途径、方式以及成果展出在区总宣传画廊上，并在职工法律援助中心设立法治宣传板，让广大职工了解相关法律法规，学会合法、合理的维权；组织300余名职工观摩法制电影等一系列活动。（陆中斌）

【静安区总工会开展春运法治宣传咨询服务】 2月13日，静安区总工会联手区司法局、区法宣办、区人社局等部门在铁路上海站南广场世博钟楼处共同开展"传播法治文化弘扬法治精神服务和谐春运"2017年春运法治宣传咨询服务活动，现场除了为来往群众提供社会保障、城市建设、安全生产、妇女儿童权益等政策咨询之外，还进行了与民生、安全有关的法律法规政策宣传。区总工会就体制外入会、工会会员服务卡和农民工在企业享有的权利义务等农民工关心的问题做了宣传解答。（严　琪）

【静安区总工会举行2017年国家宪法日宣传活动】 12月4日，以"维护宪法权威提高法治素养共创美好生活"为主题的2017年国家宪法日宣传活动举行，活动由静安区总工会、区司法局、共和新路街道党工委、办事处承办，活动现场发放法律法规宣传册2000余份，并开展包括《上海市职工代表大会条例》《上海市集体合同条例》《劳动合同法》等在内的法律法规政策宣传，专家针对性地答疑解惑，受到市民群众的欢迎。（严　琪）

【闵行区总工会举办职工劳动法律知识竞赛】 区总工会联合区司法局、区人保局、区文明办、区人民法院共同举办"知法于心·守法于行·共创全国文明城区"闵行区2017年职工劳动法律知识竞赛活动。竞赛面向全区非公企业和广大职工，5月开赛，线上线下同步推进，内容涵盖《劳动法》《劳动合同法》《工会法》《上海市职工代表大会条例》《上海市集体合同条例》等涉及劳动者权益的法律法规以及创建全国文明城区的重要内容。（李萱葳）

【松江区总工会组织开展服务农民工法治宣传活动】 松江区总工会于10—11月陆续开展8场"尊法守法·携手筑梦"服务农民工法治宣传活动，由华东政法大学和上海政法学院的教授为松江地区8家农民工较为集中的企业近400人次就劳动合同、工伤风险、社会保险等农民工较为关心的问题进行培训和解读。（丁　璇）

【青浦区总工会开展服务农民工法治宣传活动】 10月，青浦区总工会、上海政法学院法治宣讲团联合赴企业开展"尊法守法·携手筑梦"法治宣传活动。累计开展宣传活动5场，1000多名农民工参与活动；分别赴沪工焊接、科泰电源、日比野压铸和浔兴拉链等农民工相对集中的企业，开展劳动保障、工伤法律法规等知识讲座；结合"同一片蓝天"活动，宣讲队伍赴企业，为农民工开展上门咨询活动，发放宣传资料，普及法律知识。（朱建强）

市机电工会组织法律志愿者为农民工提供法律咨询服务　　（沈剑宏）

【奉贤区总工会举办服务农民工公益法律服务行动】 2月2日,区总工会、区司法局、区律工委联合举办"尊法守法·携手筑梦"服务农民工公益法律服务行动启动仪式,三方联合组建了10支志愿者服务分队,每个分队由3名律师和1名工会干部组成,志愿者们深入农民工集中的镇、街道、社区、工业园区及建设工地、厂区,在春节前后拖欠工资等侵害农民工权益问题突出的时段,重点开展法律咨询、劳动争议案件调解、代书、代理等公益法律服务,同时开辟了农民工维权法律援助绿色通道,向农民工维权重点领域延伸法律援助服务触角。活动共开展法律服务40场次,接待农名工6762人次,提供法律政策咨询3350余次,发放宣传品2500多份。

(顾振华)

【市机电工会为农民工送法律】 11月10日,由市机电工会主办的"尊法守法·携手筑梦"农民工法制宣传服务月活动在上海电气党校拉开序幕。上海电气所属30多家近250名农民工报名参加。为了开展好这次活动,市机电工会组建了由上海电气法宣团队、华东理工大学等成员组成的志愿者服务团队,集中在11月份分三期对农民工进行法制宣讲、问卷答题和法律咨询。

(沈剑宏)

【上海仪电举办宪法宣传周法治定向赛】 12月7日,上海仪电以"弘扬宪法精神建设法治仪电"为主题,在上海仪电智慧园区内举办宪法宣传周法治定向赛。本次定向赛共有5支队伍参与角逐。此次活动是上海市第29届宪法宣传周中的重要活动之一,形式新颖,寓教于乐,很有意义。近年来,上海仪电的普法工作立意高、形式多、参与面广,取得良好的成效。今后,上海仪电将继续充分利用"互联网+"、大数据、云计算等先进技术,丰富普法形式,加大普法力度,继续鼓励更多的年轻人参加法宣活动。

(周黎俊)

【中交上航局工会联合复旦大学开展服务农民工法治宣传活动】 中交上海航道局有限公司工会携手复旦大学于10—12月联合开展三场"尊法守法·携手筑梦"农民工法治宣传活动,共计160余人参加活动。活动围绕法律基本常识、劳动合同和工伤保险、国家对劳务派遣员工的关爱政策以及工会组织的作用等主题,分别到横沙八期项目部、公司第六届技术比武集训现场以及在长江口施工的"港浚6号"轮开展宣讲。

(金 晶)

中交上航局工会联合复旦大学开展服务农民工法治宣传活动(金 晶)

【上海植物园开展职工普法培训】 10月19日,上海植物园工会开展"尊法守法·携手筑梦"一线环卫职工普法教育专场培训,下属基层公司近100名园林一线职工聆听了法律知识讲座。复旦大学法学院副教授孙晓屏为园林一线职工讲授内容题为《公民个人权利与常见法律问题》的知识。

(唐鸿仙)

集体协商

【概要】 2017年是本市推进落实深化集体协商工作五年规划的关键之年。市总工会结合《上海工会2014—2018年实施集体协商提质增效工作规划》相关要求,以提升集体协商质量和集体合同实效为首要目标,进一步夯实集体协商工作基础,充分发挥集体协商在促进劳动关系和谐稳定方面的积极作用。一是继续巩固集体协商建制率。2017年上海市总工会继续按照集体协商建制率90/80为目标,即具备集体协商条件的企业集体协商建制覆盖率动态达到90%以上,工资集体协商建制覆盖率动态达到80%以上。同时,将集体协商建制率作为今年本市工会改革督查重点内容之一。二是积极推动完成本市环卫、绿化、河道、管道四大养护行业集体协商工作。市总工会积极推动相关政府职能部门、行业协会和行业工会就职工岗位津贴、技能等级津贴、健康体检等职工普遍关心的问题开展集体协商,并达成广泛共识。三是编印了《行业工资集体协商指导文本》。针对本市部分行业外来务工人员集中,劳动关系不稳定等问题,市总工会编印并下发了本市《行业工资集体协商指导文本》手册。其中,涵盖了物业、纺织、餐饮、广告、制造加工等行业,以此指导各区、街镇总工会行业集体协商工作,明确协商重点,规范协商程序。四是探索发布行业工资水平和指导线。结合今年非公企业工会协调劳动关系改革试点工作,选取杨浦区长白新村街道和宝山区顾村镇,进一步深化非公企业工会改革,深化集体协商、民主管理、法律援助、法律监督"四位一体"协调劳动关系体系建设。探索在行业集体协商基础上,发布本行业各类主体工种平均工资水平和各类企业平均工资水平,并形成行业主体工种工资水平指导线和不同类型企业工资水平指导线。同时,适时发布所属企业履行工资专项集体合同的实际工资水平,以提升行业集体协商的质量和实效。五是针对问题,开展专题调查研究。为进一步了解掌握《上海市集体合同条例(修正案)》的贯彻落实情况,以及梳理在执行中存在的问题,市总工会联合市律师协会共同开展《上海市集体合同条例(修正案)》贯彻落实情况的专题调研,邀请企业经营管理人员、一线职工代表、社会律师和各级工会干部开展座谈调研,针对《条例(修正案)》在贯彻执行中存在的瓶颈障碍问题进行深入研究,以寻求有效破解办法。（金邓凯）

【全总集体协商督查组赴沪调研督查】 6月12日,由中国国防邮电工会副主席黄敬平带队的全总第五督查调研组赴沪,就本市贯彻落实《全总深化集体协商工作规划(2014—2018)》情况开展调研督查。市总工会副巡视员吴萌就本市深化集体协商工作五年规划具体情况做了专题汇报。调研督查组先后赴静安区、奉贤区,上海仪电和上海电信等企业进行了调研,并现场召开职工座谈会了解听取情况。督查调研组高度肯定2014年至今上海工会在深化集体协商工作中取得的成绩,同时希望上海工会继续为全国集体协商工作提供更多宝贵经验。（金邓凯）

【虹口区建立区四方合作工作委员会】 12月底,区总工会牵头,在区劳动关系三方委员会的基础上,建立区四方合作工作委员会。进一步加强与区法院、区人社局、区司法局的沟通协调,建立"四方合作"工作框架,推动各方就劳动关系矛盾信息排摸与预警预防、企业内部自主调处与和谐创建、劳动争议多元化解与联动调处、法律援助对接与应援尽援、群体性劳动关系矛盾调处与应急联动、劳动关系矛盾后续跟踪与督促整改等六方面建立相应的合作工作机制。通过固化定期工作例会制度、重大事项会商制度,强化群体性劳资纠纷应急处置联动机制,加强联合督查检查力度,不断完善区多元化解劳动关系矛盾机制建设。（徐　洁）

【全总赴静安调研集体协商工作】 6月13日,中华全国总工会成立工作组,对静安区集体协商提质增效工作开展调研督查。督查组走访了第九城市计算机技术咨询(上海)有限公司、上海浦敏科技发展有限公司等三家非公企业,在企业内召开企业负责人、工会干部座谈会,听取工作汇报,同时随机抽取职工开展职工座谈和问卷调查。全总督查组对静安区推动集体协商建制的工作给予高度评价。（严　琪）

【全总赴奉贤调研督查集体协商工作】 6月14日,中华全国总工会督查组一行来奉开展深化集体协商工作落实情况调研督查。督察组一行分别来到庄行镇的莹特菲勒化妆品(上海)有限公司和南桥镇的上海德惠特种风机有限公司参观交流。督查组对奉贤集体协商工作表示充分肯定。（顾振华）

6月12日,全总督查组赴沪调研督查本市深化集体协商落实情况
（金邓凯）

【中国宝武开展集体合同专项调研】 2017年,中国宝武工会对上海及南京地区的200家各级公司集体合同文本进行专项调研。调研内容涵盖集体合同建制情况、适用范围、集体合同类型、内容、周期、签订及生效程序等6个方面,对于调研中发现的问题,与相关单位进行了沟通反馈,并对今后进一步加强集体协商和集体合同工作提出意见和建议。（李士伟）

【中国宝武开展总部集体合同协商工作】 2月15日,中国宝武总部召开2017年度集体协商会,职工方代表与公司方代表围绕总部2017年度集体合同的具体条款,平等沟通,共同协商。中国宝武总经理、党委副书记陈德荣与工会主席傅连春分别代表公司方、职工方出席会议。双方各有6名代表参加会议。（李士伟）

【中铁上海局集团公司召开第一次平等协商会议】 12月25日,集团公司召开第一次平等协商会议。会议听取2017年集团公司实事项目完成情况、2018年实事项目建议方案报告及集团公司集体合同工资专项协议的有关说明。集团公司法人代表、党委书记、董事长侯文玉与职工首席代表、集团公司工会主席孙曙光签订《中国铁路上海局集团有限公司集体合同工资专项协议》。侯文玉主持会议并提出要求,集团公司总经理应慧刚参加会议并讲话。集团公司副总经理李迎九、总会计师陆火强,工会副主席邹开伟、包晓朵及有关部门负责人和职工代表参加会议。（陈国华）

【中国移动上海公司签订新一期集体合同】 中国移动上海公司工会召开公司第四届职工代表大会第三次会议。会上上海公司党委书记、总经理陈力作为行政方首席代表,公司副总经理、工会主席梁志强作为工会方首席代表,签订了公司《第六期集体合同》和《第五期女职工权益保护专项集体合同》,还借助"和工社"微信公众号等"互联网+"工会的创新形式,

中国移动上海公司行政、工会首席代表签订新一期集体合同
（郜晓赟）

向全体员工公布，扩大了新一期两个集体合同知晓程度。同时，开展年中集体合同履行评估及议题征询相关工作，公司《第六期集体合同》履行总体满意度93.34%；公司《第五期女职工权益保护专项集体合同》履行总体满意度97.48%，有效维护了员工劳动保护等多方面的权益。（高诗颖）

【全总集体协商调研督查组莅临中国电信上海公司检查指导工作】 6月15日，中华全国总工会集体协商工作调研督查组一行来到上海公司检查指导。就深化集体协商工作听取上海公司工会汇报。上海公司副总经理、工会主席常朝晖，工会副主席金小铭和参与公司集体协商工作的部分工会方代表、二级单位工会主席代表等参加会议。检查过程中，还随机抽取10名公司一线员工召开了座谈会。
（殷　茵）

【市绿化养护行业召开第二次工资集体协商会议】 5月26日，在市绿化市容管理局的见证下，市绿化市容行业工会与市园林绿化行业协会代表就2017年调整本市绿化养护行业最低工资标准、规范工资结构、落实职工互助保障、建立健全企业工会组织等相关事项进行集体协商，形成基本共识，签订《2018年上海市绿化养护行业工资集体协商协议书》。（鲍　斌）

【市环卫行业召开第七次工资集体协商会议】 5月27日，在市绿化市容管理局的见证下，市绿化市容行业工会与市市容环境卫生行业协会代表2017年完善职工工资正常增长机制、调整环卫行业最低工资标准、提高早晚班津贴标准、调整外来务工人员公积金缴交标准、建立环卫一线职工低温津贴等相关事项进行了集体协商，并达成了共识，签订了《2017年上海市环卫行业工资集体协商协议书》。
（鲍　斌）

【本市开展河道养护行业和排水管道行业一线职工集体协商】 9月29—30日，市河道养护行业工会联合会和市水利工程协会、市排水管道养护行业工会联合会与市排水行业协会分别就2017年河道养护行业和排水管道养护行业一线职工的工资、福利保障措施等相关事项进行集体协商，对设立本市河道养护行业最低工资标准、岗位津贴制度、技能等级制度等达成共识，并在市水务局的见证下签订集体协议书。市人社局计划财务处，市总工会劳动关系部、基层工作部，市水务局工会，市水利管理处负责人以及协商代表参加会议，市水务局党组成员、副局长王华杰出席会议并讲话。
（王佐仕）

【SMG下属五岸传播率先启动集体合同签订工作】 上海广播电视台（上海文化广播影视集团有限公司）工会（简称“SMG工会”）指导下属五岸传播率先启动集体合同制度试点工作。4月，围绕合同中如何体现企业文化特色、贴近职工日常工作实际的“个性化”福利权益等条款内容，五岸传播公司方与工会方代表进行了三次协商会、集中听取了6次意见与建议、先后对《集体合同》做了4次修改。12月8日，五岸传播召开职工大会，经职工投票表决，通过并签署了公司与工会协商制订的《集体合同》。该《集体合同》的亮点在于如劳动报酬与分配制度的细化、保险与福利的扩充、休息与休假的增加等，都对员工福利做“加法”、日常权益

市绿化养护行业召开第二次工资集体协商会议　（鲍　斌）

SMG下属五岸传播职工大会通过并签署《集体合同》 （秦伊龄）

获"确权"。 （秦伊龄）

【号百公司召开2017年度平等协商会议】 4月19日，号百公司工会与行政召开平等协商会议，就2017年公司《集体合同》修订与实施事宜进行共同协商。会上双方就2017年《集体合同》中增加或调整的部分进行充分的协商，对《集体合同》中涉及的员工福利待遇、职业发展等热点问题进行集中讨论。 （沈 匀）

调解争议

【概要】 2017年，市总工会全年对140起群体性劳资纠纷予以履职通报。发生群体性劳资纠纷的主要特征包括：一是企业因关停并转迁引起的纠纷数量跃居首位；二是低端生产服务企业违法违规现象严重；三是劳务派遣、业务外包同工不同酬现象值得关注；四是新业态企业用工争议逐步上升。2017年，本市各地区、系统产业工会积极履职，一是强化责任意识，全面参与群体性劳资纠纷的化解调处。在已经结案的140起案件中，各级工会参与调处化解的案件有124起，调解成功率达88.6%。二是强化预警功能，切实发挥分类指导作用。全市各级工会上报各类群体性劳资纠纷预警67起，其中56起予以化解；市、区、系统产业两级工会加强对具有本市有改革调整任务企业进行排摸，联合相关部门通过"会研、会商、会审"制度，培训、指导、督促改革调整企业履行民主程序，及时公开改革调整方案，依法依规、妥善处置职工切身利益事项和劳动关系重大问题。三是强化法律援助，有效履行应援尽援职责。市区两级工会为群体性劳资纠纷中的1788名职工提供代理仲裁诉讼服务、10278名职工提供协商调解服务、241名职工提供代写法律文书服务，有序引导职工通过法律途径解决争议。四是强化定向监督，努力夯实工会基础工作。年内共对81起已结案的群体性劳资纠纷、50起严重侵犯职工合法权益案件及2起工会"三项基础工作"存在问题的企业开展定向监督，有效督促用人单位整改问题，化解劳资纠纷，推动工会"三项基础工作"。 （蒋慧勤）

【上海工会加大排摸预防力度，努力化解本市劳动关系矛盾】 一是针对重点企业，依法依规指导实施改革调整任务。2017年，本市各级工会排摸8864家有改革调整任务的企业，涉及职工17.6万余人。其中，近6000家企业因政府地块改造、拆违需要关停并转迁。为此，市总工会先后培训，指导企业经营管理者、人力资源和工会干部在重大改革调整中，履行民主程序，规范处置劳动关系矛盾。同时，推动各地区、系统产业工会建立了企业重大改革调整的"会商"制度，帮助企业掌握政策，完善方案。二是针对问题企业，指导实施预警干预。对由于拖欠职工工资、经济性裁员、企业关停并转迁、申请集体劳动争议等8种可能引发群体性劳动关系纠纷的企业，在及时排摸、派员提前介入基础上，通过网络全程跟踪，实时监控。青浦、松江、闵行等10个地区工会先后对129家可能诱发群体性劳资纠纷企业实施了预警干预，通过指导企业及时公开职工关注的热点敏感问题并开展集体协商，有序化解了影响劳动关系稳定的苗头性、倾向性问题，涉及职工16690余人。 （蒋慧勤）

【市总工会全力构建"四方合作"机制】 2017年，上海市总工会与市人力资源和社会保障局、市高院、市司法局就共同推进本市劳动关系矛盾预防化解工作、维护职工权益、确保本市劳动关系和谐与社会大局稳定等方面达成共识，共同下发《关于共同加强本市劳动关系矛盾预防化解工作的意见》，并与市司法局就双方共同推进职工法律援助、劳动纠纷调解工作、强化群体性劳资纠纷联动化解机制、推荐优秀律师团队参与工会维权、开展专业普法宣传等十个方面加强深度合作签署了合作纪要。下半年，与市人社局调解仲裁处、市一中院、市二中院分别签订合作协议，就进一步细化双方在劳动争议调处、工会法律人才培育等方面合作分工形成细则，为指导、帮助下级单位更好实现工作联动铺平道路。 （秦利佳）

【徐汇区总工会深化"四方联动"机制】 区总工会落实市总工会、人社局、法院、司法"四方联动"机制会议精神，在与区人社局、法院、司法局已经形成的联动工作机制的基础上，继续深化合作和交流。进一步加强与区法院诉调对接中心的沟通力度，派驻专职社工及劳动关系指导员参与法院委托调解和援助的劳动争议案件。区职工法律援助中心、各援助工作站、各街镇工会调解组织与区劳动监察、劳动仲裁、劳动协管等部门紧密协作，形成群体性劳资争议调处合力。 （赵甜燕）

【静安区总工会、区人社局联合召开街道（镇）劳动人事争议调解工作推进会】 5月11日，区总工会、区人社局召开静安区街道（镇）劳动人事争议调解工作推进会。区人社局副局长徐礼根、区总工会经审主任张伟出席。会上，区仲裁员调解庭负责人通报各街道镇建立调解中心运作进展情况，详细解释调解工作年度考核评估标准，并部署下阶段调解工作重点推进目标。共和新路街道、彭浦镇重点介绍了劳动争议调解组织建立及工作经验。会上还为获得市“2016 年度街镇基层调解组织劳动人事争议优秀调解员”的人员颁发证书。（严　琪）

【静安区建立四部门合作联动机制共同化解劳动争议纠纷】 8 月 23 日，静安区劳动争议纠纷处理联席会议制度签署暨静安法院 2016 年劳动争议审判白皮书发布仪式在区法院举行，联席会议由区法院、区司法局、区人社局和区总工会等四部门组成，共同签署劳动争议纠纷处理联席会议文件。会议明确，联席会议的主要职责一是建立工作信息交流、互通机制。二是建立诉调对接工作机制。强化四方联动、司法确认工作。三是建立业务研讨制度。法院、人保局要积极探索劳动争议诉讼程序和仲裁程序的有效衔接，统一劳动争议纠纷的处理尺度和裁判标准。（严　琪）

【嘉定区加强“四方协作”推进劳动关系矛盾预防化解工作】 8 月 16 日，嘉定区总工会、区法院、区人社局、区司法局四家单位共同召开加强本区劳动关系矛盾预防化解工作会议。区总工会分别与区法院、区人社局、区司法局签署合作纪要，并为区总工会职工法律援助中心街镇分中心、区总工会职工法律援助工作站、区总工会职工法律援助接待窗口揭牌。（黄点点）

【金山区召开加强劳动关系矛盾预防化解工作会议】 11 月 30 日，金山区总工会、区人民法院、区人力资源社会保障局、区司法局 4 家单位共同召开加强本区劳动关系矛盾预防化解工作会议。区总工会与区人民法院、区人力资源社会保障局、区司法局联合下发《关于共同加强金山区劳动关系矛盾预防化解工作的实施意见》，并分别与 3 家单位签署合作纪要。吕巷镇总工会、金山工业区社区事务受理服务中心作了交流发言。区总工会、区人民法院、区人社局、区司法局相关部门负责人，区各街镇（工业区）总工会主席、社会事务受理服务中心主任，区专业人民调解中心调解员代表等 40 余人参加会议。（沈勇军）

11 月 30 日，金山区召开共同加强劳动关系预防化解工作会议（沈勇军）

【上海铁路局举行劳动争议调解及工会法律监督培训班】 10 月 17—19 日，路局劳动争议调解及工会法律监督培训班在杭州举行。培训班分别邀请相关方面的专家就法律、工伤、队伍建设和劳动争议处理、心理调适沟通为培训班学员授课。来自全局各单位 97 名劳动争议调解员、工会劳动法律监督员参加培训，取得了良好的效果。（陈国华）

【市监狱管理局工会健全完善两级预测、预警、预报机制】 根据《上海市监狱管理局工会预警报告制度》，基层工会每月向局工会上报预警报告，及时反映单位基本情况、重要情况，反映群众关心的热点和工作中遇到的难点问题，局工会坚持每月收集信息认真摘编，把带有共性的、倾向性的信息汇编成《热点反映》上报局党委。全年《热点反映》共上报 12 期，反映对有关民警、职工对工资调整、公休补贴、全面禁烟工作、绩效考核、新警务通发放等政策的反映，局领导多次专门批示，对产生的问题及时予以解决。（江海群）

法律监督

【概要】 上海各级工会加大工会劳动法律监督工作力度，建立健全工会劳动法律监督组织网络，全市各个区、产业（局）、集团公司、街道乡镇、联合工会及基层工会共建立工会劳动法律监督组织 10000 个，拥有工会劳动法律监督员 17503 人。在深入调研本市工会劳动法律监督实施情况的基础上，结合《上海市工会劳动法律监督暂行办法》，市总工会制订下发《上海市总工会关于开展工会定向劳动法律监督的实施办法》《上海工会归集和管理失信信息办法（试行）》《上海工会劳动法律监督办案补贴办法（试行）》。新制订的文件规定将发生群体性劳资纠纷、职工法律援助个案中严重侵犯职工权益以及未建立工会“三项基础工作”的企业开展工会定向劳动法律监督，同时规范了监督的职责、内容、程序，以全面提升本市工会劳动法律监督工作运行质量和水平，履行好工会维护职工权益的主责主业。全年共对 81 起群体性劳资纠纷、50 起严重侵犯职工合法权益案件及 2 起工会“三项基础工作”存在问题的企业开展监督，有效督促用人单位整改问题、化解劳资纠纷，推动建立工会组织、职代会和集体协商等源头维权机制，为本市构建和谐劳动关系作出积极贡献。此外，全年按照工作计划，市总工会还联合市劳动监察等

相关职能部门共同开展了农民工工资支付情况专项检查、女职工劳动权益专项联合检查、年中工资支付情况集中监督检查。（庄若冰）

【虹口区加强农民工用工规范联合督查力度】 6—7月，虹口区总工会和区人社局对虹口1300余家建筑企业、加工企业、住宿餐饮企业的农民工用工规范情况进行检查，涉及农民工17000余人，对其中30家存在违法行为的企业做出责令整改和行政处理，补发361名农民工工资共计369万余元。（徐　洁）

法律援助

【概要】 市总工会按照党中央和市委关于构建和谐劳动关系总体要求和党的群团改革总体要求，切实发挥工会法律援助、法律监督、集体协商、民主管理“四位一体”维权体系作用，突出工会维护主责主业；加大横向沟通合作，与市人力资源和社会保障局、市高院、市司法局就各方共同推进本市劳动关系矛盾预防化解工作、维护职工权益、确保本市劳动关系和谐与社会大局稳定等方面下发《关于共同加强本市劳动关系矛盾预防化解工作的意见》，构筑四方合作，参与协调劳动关系矛盾，维护职工合法权益的工作格局；积极推动全市各街镇工会法律援助站点与司法、综治、社区服务中心等有效整合和运作，依托现有的职工服务站点积极开展职工法律援助服务，有效推进基层工会法律援助站点阵地覆盖，截至年底，全市共建立实体化运作职工法律援助站点307个；联合市司法局、市律师协会共同推荐陆敬波、温成静、郑琪等3名律师参加全国维护职工权益优秀律师评选，充分发挥工会媒体对候选工会维权律师的先进事迹和优秀维权案例进行广泛宣传，帮助工会维权律师陆敬波成功当选；积极组织开展工会公职律师、劳动争议调解员、劳动法律监督员、劳动关系协调员等各类业务培训，提升基层工会干部法律专业能力。组织全市各级工会签约的社会律师开展《工会法》、集体协商、职代会民主管理等工会劳动法律法规专场培训，指导督促工会维权律师开展法律服务时代表工会站位职工，认真履职。全年累计培训各级工会法律人才300余人、社会专业律师150余人次；结合七五普法规划要求，选择各级工会法律援助典型案例，委托劳动报社《以案说法》栏目予以拍摄，并与电视台“法治天地”频道、工人日报、申工社、手机APP等各种传统和新兴媒体力量有效整合，大力宣传工会法律援助工作成效，有效提升工会法律援助工作的社会知晓度，其中《谁动了我的生育津贴》案例原型获选了全国第二届“依法维护妇女儿童权益十大案例”。全市各级工会法律援助中心积极履行职责，扎实开展法律援助维权服务工作。全年共接待职工来信来访40105人次，提供代写法律文书745件，参与协商调解23349件，代理仲裁、诉讼5324件。（秦利佳）

4月7日，普陀区为各街镇职工法律援助站授牌（许王丽）

【全市各级职工法律援助中心积极维护职工群众的合法权益】 2017年，全市各级工会通过上海工会法律援助服务平台为职工提供代写法律文书、协商调解、仲裁诉讼代理等法律援助服务29418起，与去年相比同比上升122%。其中，提供代写法律文书745起；参与协商、调解法律援助案件23349起，结案22979起，调解成功21226起，调解失败1753起，调解成功率达92%；代理仲裁诉讼服务5324起，结案4770起。其中，在仲裁庭主持下调解结案的1765起，职工自愿撤诉330起，仲裁裁决胜诉案件1655起，部分胜诉案件705起，败诉及其他处理结果案件315起，调撤案件和胜诉案件占全部已结案件的78.6%。青浦、松江、徐汇等区总工会站稳职工立场，积极开展维权服务，参与了明信时装有限公司恶意欠薪案、军纯工贸有限公司解除劳动合同纠纷案、和黄白猫有限公司搬迁裁员案等一批涉及职工多、社会影响大的群体性案件代理，得到了职工的肯定。（秦利佳）

【陆敬波律师当选全国维护职工权益杰出律师】 12月，第七届“全国维护职工权益杰出律师”表彰大会在北京召开，上海的工会维权律师陆敬波荣获这一称号。陆敬波是上海市总工会法律顾问团成员，长期从事劳动法律法规理论研究和实务操作，曾被钱伯斯等国际权威律师评级机构评为“年度中国劳动法领域杰出个人律师”。表彰大会上，上海市总工会号召参会的工会维权律师向陆敬波律师学习，切实维护好职工合法权益。（秦利佳）

【普陀工会召开职工法律援助站点推进会】 4月7日，普陀工会召开职工法律援助站点推进会，重点部署推进普陀工会“1+1+10+X”职工法律援助工作体系建设（即：朱雪芹职工法援工作室+区职工法律援助服务中心+10个街镇职工法律援助站+园区、楼宇职工法律援助站点），全面升级工会法律援助服务。全国人大代表、全国劳模、市总工会兼职副主席朱雪芹，市总工会劳动关系部部长周永宝，区总工会党组书记、副主席李戌渊以及各街镇、园区工会、各法援站点负责人、企业工会代表等参加会议。（陆　蕾）

【普陀区委领导调研朱雪芹工作室】 4月21日，普陀区委副书记孙萍一行前往工作室看望全国劳模、市总工会兼职副主席朱雪芹，并就工作室运作情况开展调研。区人大常委会副主任、区总工会主席李松海，区总工会党组书记、副主席李戌渊参加调研。孙萍充分肯定工作室职工法律援助工作取得的成效，希望工作室继续站在职工立场做好维权服务，让职工在劳动争议案件调处中更加感受到公平正义；帮助职工稳定情绪，理清合法合理诉求，倡导企业和职工互相尊重，引导职工通过法律渠道解决问题，当好劳动关系的稳压器；加强品牌建设，继续做强工作团队，引入更多专家行家，完善智库制度，给工作室运作提供强有力的支撑。（陆　蕾）

【黄浦区总工会做强"一体二翼"职工法律援助"零门槛"服务】 黄浦区总工会加强工会与法院、人社、司法沟通联系，建立"四方合作"机制，召开区推进劳动人事争议先行调解工作会议，建立"一体两翼"职工法律援助机构，即一个中心、两个窗口，10个街道分中心，14个基层群团服务站，点面结合，率先在全市构建"两级平台三级服务四级网络"的工会职工法律援助服务全覆盖体系。夯实街道职工法律援助"零门槛"服务实体运作，加强职工法律援助"零门槛"规范化建设，指导街道总工会开展劳动争议先行调解、应援尽援提供法律援助服务等方法，做强职工法律援助服务"零门槛"。（陆中斌）

【闵行区总工会构建"四方联动"维权格局，凝聚援助工作合力】 闵行区总工会与区人社局、区司法局、区人民法院建立四方工作例会制度，共同制订《关于进一步加强闵行工会法律援助工作的实施意见》《闵行区关于共同加强本区劳动关系矛盾预防化解工作的意见》《闵行区关于加强劳动争议联合调解工作的实施方案》等文件，区层面统一法律援助案件补贴标准，建立3个区级法律援助对接中心和23个职工法律援助工作站；拓宽法律援助、法律监督、集体协商和民主管理"四位一体"维权体系，做实法律咨询、代写法律文书、调解劳资纠纷、代理仲裁诉讼工会劳动争议法律援助"四门服务"，夯实劳动争议纠纷调处区、镇（街道）、村（居）、企业"四级网络"；强化职工维权事前防控、源头参与，事中调处、多元化解，事后监督、后续跟进，形成职工维权"一站式""枢纽型"援助服务体系。年内法律援助案件共6845件，同比上升16.20%，涉及职工8157人，为职工挽回经济损失约为2.3亿元。其中协商调解2465件，同比上升213.61%；代写法律文书226件；法律咨询3989件；代理仲裁诉讼165件。（杨晓凌）

12月8日，松江区总工会举行聘请专项法律顾问签约仪式　（孙　媛）

【松江区总工会举行聘请专项法律顾问签约仪式】 12月8日，松江区总工会举行聘请专项法律顾问签约仪式。区总工会与上海蓝白律师事务所、上海市诚至信律师事务所、上海市志致远律师事务所、上海保诚律师事务所4家律所进行签约。4家律所将为松江工会的法律援助工作提供更为专业、精准的法律服务和指导，助力松江工会维权工作得到全面拓展。（丁　璇）

【松江区总工会在区法院设立工会法律援助接待窗口】 7月中旬，松江区总工会在区法院诉调服务中心设立工会法律援助接待窗口，接受劳动者或企业的法律咨询，并为经济困难的劳动者提供法律援助。工会法律援助接待窗口每周二、周四两天安排律师值班，在咨询中发现确有职工合法权益受到侵害情况又无相关维权举措的，窗口值班律师会引导职工到松江区总工会职工法律援助中心进行劳动争议调解，调解不成的按照两个"应援尽援"提供律师代理仲裁或诉讼。（张谢瑛）

和谐劳动关系

【概要】 2017年上海市总工会以市协调劳动关系三方机制为重要平台，以贯彻中共中央、国务院《关于构建和谐劳动关系的意见》和市委、市政府实施意见为主线，站稳职工立场，维护职工权益，着力凸显工会在协调劳动关系中的代表、维护职能，积极推动本市劳动关系的和谐、稳定。一是在2016年总结评估和谐劳动关系创建活动试点工作的基础上，进一步完善创建标准，健全指标体系，规范评价程序，改进评审方式的基础上，在全市范围内深入实施推进新一轮和谐劳动关系创建活动方案，不断扩大创建活动的覆盖面和影响力。经最终评审，全年共有2828家企业获得"上海市和谐劳动关系达标企业"称号。二是进一步发挥三方合作参与处置劳动关系矛盾发现和处置机制作用，尤其注重从劳动关系建立、运行、监督、调处的全过程参与。年初，市总工会对全市年内可能涉及重大改革调整的企业进行全面排摸，对该类企业进行高度关注，结合“四位一体”工会协调劳动关系体系建设，加大指导力度，确保该类企业的重大调整平稳、有序推进。

（金邓凯）

【召开推进本市和谐劳动关系创建活动工作会议】 3月28日，市协调劳动关系三方共同组织召开深入推进本市和谐劳动关系创建活动工作会议，市人社局、市总工会、市工商联和市企联相关领导出席会议。会上，市总工会党组副书记、副主席姜海涛做重要讲话。他强调，各级工会必须要加强对创建工作的领导和指导。一是要统筹协调，加大创建推进力度；二是要因企制宜，提升创建分类指导；三是要创新发展，强化创建宣传引导。

（金邓凯）

【市总工会举办劳动关系工作指导员专题培训班】 12月5日，市总工会举办2017年工会劳动关系工作指导员专题培训，特别邀请华东政法大学国际金融法律学院院长韩强教授解读最新出台的《民法总则》。全市200余名劳动关系工作指导员参加培训。

（金邓凯）

【长宁区总工会四方联动创立职工维权新途径】 9月19日，长宁区总工会联合长宁区人民法院在新华街道司法所共同召开关于推进和谐劳动关系建设工作会议暨“长宁法院劳动争议巡回审判点”揭牌仪式，会上，长宁区总工会与区人民法院签订《关于推进和谐劳动关系建设的合作纪要》，形成劳动关系矛盾联动调处常态化工作格局。同时，在新华街道司法所设立的长宁法院劳动争议巡回审判点，也标志着长宁区四方联动机制向基层延伸得到有效落实。（印敏峰）

【长宁区总工会联合区人社局共同召开推进和谐劳动关系建设工作会议】 10月19日，长宁区总工会、区人社局在上海虹桥临空经济园区共同召开推进和谐劳动关系建设工作会议，会上举行了第二场推进和谐劳动关系建设工作会议暨长宁区临空园区劳动纠纷预防调解工作室成立揭牌仪式。长宁区总工会与区人社局签订了《关于推进和谐劳动关系建设的合作纪要》，组建长宁区第一批11名工会劳动关系信息员队伍。该工作室的成立是继区总工会与区法院共同在基层街镇成立“巡回法庭”后的又一项重要工作举措，也使长宁区各级工会参与各方劳动纠纷调解工作得到进一步推进。（印敏峰）

9月19日，长宁区总工会联合区法院召开推进和谐劳动关系建设工作会议

（印敏峰）

【静安区开展和谐劳动关系创建活动】 为贯彻落实《关于深入开展本市和谐劳动关系创建活动的意见》文件要求，经区协调劳动关系三方会议研究，于6月份起在全区企业和园区中深入开展和谐劳动关系创建活动。通过企业申报、第三方测评、区三方评审、社会公示等程序，并报市劳动关系三方审核，共评选产生了224家“上海市和谐劳动关系达标企业”。

（严　琪）

【闵行工会深化厂务公开民主管理】 闵行区总工会坚持以职代会为基本形式的厂务公开民主管理制度建设，全面巩固深化基层企事业单位民主建设的制度化、规范化。一是全面贯彻实施《条例》，提升企事业单位职代会建制率。制订《2017年闵行区创建劳动关系和谐企业（厂务公开）工作要点》，明确职代会建制的目标任务。截至年底，全区企事业单位建立独立职工（代表）大会制度2359个，建立区域性、行业性职工大会制度256个，覆盖企业数7643家。职代会建制率占已建工会企事业单位的86%。二是加强宣传教育培训，强化职代会规范化建设。2017年，各镇、街道和莘庄工业区共举办各类宣传培训活动37场，涉及企业387家，参与培训2462人次。选树11个单位进行职代会建设典型培育，以点带面，全面提升职代会建设水平。三是聚焦和谐劳动关系，有效推进非公有制企业民主管理。闵行区坚持实行企业劳动关系重大调整方案提交区镇两级劳动关系联席会议三方进行指导的做法，积极督促企业重大决策履行相应的民主程序，指导企业通过职代会、集体协商制度，推动和谐劳动关系建设。

（李萱葳）

【上港集团工会组织开展“职工看海港”活动】 2017年，上港集团工会组织开展为期三个月的以“和谐上港、共担共享”为主题的集团职工看海港活动。此次活动共有14批共计400余名职工代表及家属分别参观了集团的洋山深水港区、绿华山减载基地、宝山上海长滩、浦东上港足球训练基地、国航中心游艇港池及北外滩滨江邮轮体验中心、全洲超市和“尚九·一滴水”酒店。（袁旭芳）

2018 上海工會年鉴

民主管理

综　述

2017年，上海工会民主管理工作，围绕推进上海民主政治建设，积极源头参与立法，彰显国企工会改革的示范性和引领性，着力深化集体协商和民主管理，取得积极成效。一是全力推动《职代会条例》修法工作。市总工会协同市人大积极推动《上海市职工代表大会条例》修订，广泛征求各方对《条例》修改工作的意见和建议，并于11月23日由市人大常委审议通过。本次《条例》修改，进一步明确政府及相关部门在推进职代会制度中的主体责任；打破所有制界限，规范非公企业在重大改革调整中的民主程序，弥补法律制度空白；强化区域性行业性职代会制度推进主体职责；明确人社局与工会联合监督检查，并对工会运用"两书"和信用信息平台推动企业职代会建制等进行了法律制度的设置，为进一步推进基层民主建设提供有力的制度保障。二是积极推进国有企业工会改革。市总工会联合市委组织部、市委宣传部、市国资委党委、市经济信息化工作党委、市建设交通工作党委共同制订《关于加强和改进本市国有企业工会工作的指导意见》，明确国企工会改革的总体要求、基本原则和主要内容，并形成《关于实施〈关于加强和改进本市国有企业工会工作的指导意见〉的通知》，指导推进各区局（产业）工会针对本地区、本系统国有企业工会组织建设和运行机制中存在的主要问题，确定改革试点单位并制定改革总体计划，全面推进国企工会改革工作。全面推动企业把工会组织、各项民主管理和协调劳动关系制度、关心关爱职工、保障职工经济民主权利等内容纳入企业章程、进入企业管理体系、融入企业经营管理流程，建立以服务职工为导向的运行机制，充分发挥国企工会在全市工会中的基础性、示范性作用。三是大力推进集体协商和民主管理工作。市总工会积极推动相关政府职能部门、行业协会和行业工会就河道养护行业和排水养护行业职工岗位津贴、技能等级津贴、健康体检等职工普遍关心的问题开展集体协商，指导两个《行业一线职工工资福利待遇工作指导意见》的有效实施。同时，针对外来务工人员集中的物业、纺织、餐饮、广告、制造加工等行业特点，编印《行业工资集体协商指导文本》，指导各区、街镇工会行业集体协商工作，明确协商重点，规范协商程序，有效维护外来务工群体的合法劳动权益。市总工会联合市委组织部、市委宣传部、市国资委党委、市经济信息化工作党委、市建设交通工作党委、社会工作党委共同制定《关于进一步深化本市厂务公开民主管理加强和谐劳动关系建设的实施意见》，围绕今后三年本市深化厂务公开民主管理加强和谐劳动关系体系建设这条主线，从加强职代会民主管理、社会治理和法人治理结构、保障职工权益和维护社会稳定、加强组织领导等方面进行全面部署和工作推进。

（周永宝）

职代会

【概要】 2017年，全市各级工会督促企事业单位依法推进职代会制度建设，并取得了积极成效。一是在上海大力推进产业结构调整的背景下，职代会建制数保持相对稳定。据上海工会年报统计，截至9月底，全市建立职代会（含职工大会）制度的单位总数为167793个，其中建立职代会制度单位数为117949个，建立职工大会制度数为49844个。在建立职代会制度的单位中，其中国有、集体及其控股的企事业单位职代会建制10501家，非公企业职代会独立建制30852家，已建区域性、行业性职代会6627家，覆盖非公企业129236家。二是修法工作顺利完成。市总工会与市人大内司委、市人大常委会法工委积极沟通，年内开展了各项修法工作，通过成立立法调研组，开展各个专题立法座谈会，听取各方对《上海市职工代表大会条例修正案（草案）》的意见，经过反复修改和审议，最终获得表决通过。之后，全市各级工会通过各种形式积极宣传法规修改的重点内容，许多基层单位还开展专题培训讲座，让基层工会干部与职工代表熟知法规的有关新要求。三是重点工作推进有突破。市总工会将职代会制度纳入"四位一体"的劳动关系协调体系建设内容加以部署，全市各级工会一方面在推动国有企事业单位职代会制度全面建制的基础上，着力抓好改革调整中规范履行职代会民主程序；另一方面重点指导基层非公企业按照要素管理、阶段推进的原则，稳步推进职代会建制和规范运作，逐步提高非公企业职代会的运行质量。

（王珍宝）

【全力推动《职代会条例》修法工作】 2017年，《上海市职工代表大会条例》列入市人大常委会正式立法项目。市总工会积极配合市人大内司委、市人大常委会法工委共同推进法规的修订工作，先后组织召开相关党政职能部门、非公企业、国有企事业单位、乡镇街道、劳动法专家、律师等18场专题座谈会，听取各方对《上海市职工代表大会条例》修改工作的意见和建议。并组织观摩杨浦区长白新村街道区域性职代会和徐汇区天平街道餐饮行业职代会。同时，多次召开专题研讨会，围绕拟修改的重点条款，与有关部门和专家反复沟通、充分讨论，对《上海市职工代表大会条例修正案（草案）》进行反复论证修改。6月22日，市人大常委会对该法规进行了一审；9月27日，进行了二审。11月23日，上海市第十四届人民代表大会常务委员会第四十一次会议通过了《上海市职工代表大会条例修正案》，自2018年1月1日起施行。法规新增和修改的条文共13条（其中新增3条、修改10条），条文数量从48条增至51条。修正案的突破点主要是：进一步明确政府及相关部门在推进职代会制度中的主体责任；打破所有制界限，规范非公企业在重大改革调整中的民主程序，弥补法律制度空白；强化区域性行业性职代会制度推进主体职责；明确人社部门与工会联合监督检查，并对工会运用"两书"和信用信息平台推动企业职代会建制等进行法律制度的设置，为进一步推进基层民主建设提供有力的制度保障。

（王珍宝）

【徐汇区天平街道召开餐饮行业第三届第四次职代会】 5月3日，徐汇区召开了天平街道餐饮行业第三届第四次职代会，区总工会通过行业性职代会现场示范观摩会形式，推进非公企业职代会制度化规范化建设，推动区域性、行业性职代会制度的广泛建立。市人大、市总工会、市人社局、徐汇区委、区人大、区政府、区总工会、全区各街镇工会主席等相关领导列席观摩。会上以无记名投票表决方式通过了《天平街道餐饮行业2017年度工资专项集体合同（草案）》《天平街道餐饮行业职代会实施办法（修正案草案）》《天平街道餐饮行业集体协商制度（草案）》《天平街道餐饮行业劳动争议调解委员会工作制度（草案）》《天平街道餐饮行业创建和谐劳动关系公约》《天平街道餐饮行业劳动竞赛方案（草案）》。市人大常委会副主任薛潮与市总工会党组书记、主席莫负春认为天平街道行业职代会给全市区域性行业性职代会起到一种示范作用。

（桂勇亮）

5月3日，徐汇区天平街道召开餐饮行业第三届第四次职代会（徐艳杰）

【市区域性职代会现场观摩会在杨浦召开】 4月24日在长白社区文化活动中心召开。现场举行长白新村街道上缆军工路区域性一届一次职代会。市人大常委会委员、内司委副主任委员徐季平，市总工会副巡视员吴萌，杨浦区领导麦碧莲出席。职代会报告长白新村街道上缆军工路区域劳动关系状况和集体协商民主管理情况，审议通过《区域集体合同》《工资专项集体合同》《女职工专项集体合同》3个草案文件。市人大、市总工会劳动关系部、区总工会及长白新村街道党工委、办事处领导10余人，上缆军工路区域性职代会的58名职工代表参加会议。会后来自市人大、市总工会及各区工会与会人员就职代会制度的规范建设和有效运行展开讨论，提出建议。

（张东寅）

【闵行区探索建立学校内部沟通协商机制】 2017年上半年，闵行区教育工会就学校沟通协商情况开展课题研究。目前在闵行教育系统，除教代会外各个学校建立了一些有效的沟通协商方法，区教育工会在党委支持下，制定建立学校沟通协商机制指导意见，使学校的沟通协商更有利于学校发展。10月26日，区教育工会组织部分人员在田园高级中学就《关于进一步推进学校沟通协商机制的指导意见》（以下简称意见）的修订稿听取意见。区教育系统部分中小幼校长、书记和工会主席参加研讨，并就《意见》的出台形成共识。沟通协商机制的建立对学校民主管理，加强学校干群间的联系有着重要的作用。（王　凯）

【金山区总工会召开2016年度"十佳优秀职代会提案"现场评审会】 6月30日，2016年度金山区"十佳优秀职代会提案"现场评审会在区政府会议中心召开。评审会上，入围提案人通过现场PPT演示，介绍了提案设想、实施过程和所获成效。提案内容涉及安全生产、职工帮扶、校园教育、节能降耗、农产品商业化、单位信息系统建设等多方面内容。评审采取专家评审打分，大众网络微信投票的方式综合评分，现场宣读了2016年度"十佳优秀职代会提案"名单。据统计，本次"十佳优秀职代会提案（十佳金点子）"评选活动，各直属工会共推荐上报职代会提案、金点子116条，经复选阶段各直属工会投票、专家组初审，最终20件职代会提案、20条金点子入围。在网络人气投票阶段，投票页面阅读总量达31790次，共有14217名职工网友参与投票。全区各直属工会分管副主席、基层企业工会干部、入围职代会提案人等70余人参加评审会。

（沈勇军）

【上海电气（集团）总公司二届二次职代会召开】 2月15日，上海电气（集团）总公司二届二次职代会在上海电气培训基地召开。集团行政领导向大会作行政工作报告，大会表决通过并签订了《上海电气（集团）总公司2017年工资专项集体合同》；表决通过《上海电气（集团）总公司职工奖惩管理办法（2017）》；选举李斌为上海电气（集团）总公司职工监事、朱茜为上海电气集团股份有限公司职工监事。会议还民主评议了集团领导干部和集团职工董事、职工监事。（彭伟光）

【上海仪电召开一届三次职工代表大会】 上海仪电（集团）有限公司一届三次职代会于5月25日在华鑫慧享中心召开。仪电系统137名职工代表出席会议。会议听取《经营工作情况报告》《职工代表2017年巡视检查工作报告》《职工代表2017年提案工作报告》，审议通过《关于开展职工代表民主评议工作的指导意见（试行）》和《上海仪电（集团）有限公司一届三次职工代表大会决议》。会上，职工代表向全体员工发出《关于围绕"补短板、破瓶颈、强基固本促发展"运营效率提升活动，深入开展职工"六型"劳动竞赛的倡议书》，得到积极响应。

（邵秀根）

【中国宝武召开2017年职代会】 1月18日，中国宝武召开2017年职代会，听取并审议中国宝武总经理陈德荣所作的工作报告，听取并审议《2016年安全生产管理情况及2017年工作计划报告》《2016年能源环保工作情况及2017年工作计划报告》《2016年企业年金运作和管理情况报告》，书面审议《2016年职工教育经费使用情况及2017年培训计划报告》《2016年职工需求与关注点信息管理情况报告》《2016年厂务公开民主管理工作综合报告》。会议审议通过《集团公司2017年职代会决议》。（李士伟）

【中国宝武工会指导基层规范履行治僵脱困及压减工作中民主程序】 2017年，中国宝武工会深入推进治僵脱困及压减工作，参与治僵脱困及压减工作方案制订，定期参加集团公司治压工作例会，编制《关于在治僵脱困和压减工作中履行职工民主程序的提示》，指导基层工会助推改革改制，促进和谐稳定。各单位工会在改革过程中，密切联系职工，及时分析职工思想动态，教育引导职工理解改革；关注困难职工、重点人群、特殊群体，做好人文关怀、心理疏导，促进了治僵脱困、压减法人户数、公司制改制等重大改革事项平稳有序推进。（李士伟）

【中国宝武组织开展领导人员民主评议】 2月，中国宝武工会组织开展2016年度领导人员民主评议工作，对125名直管领导人员和43名总部重点管理岗位人员进行民主评议，2212名职工代表在网上进行民主评议。民主评议专题报告经集团公司领导审批后，分别反馈各二级单位工会；各单位根据规定，将民主评议结果总体情况向本单位职代会报告。相较前两年度，集团公司直管领导人员2016年度称职度和能力素质的民主评议情况都有较明显的上升，尤其是转型发展、改革力度较大的单位相对上升幅度明显。（李士伟）

【宝钢股份充分发挥员工代表作用，规范有序参与民主管理】 2017年，宝钢股份工会以职工代表大会为平台，组织职工代表认真审议职代会各项议案，广泛收集职工群众意见建议，使职工民主管理得到有效落实。对宝钢股份出台的涉及员工切身利益的政策，做到必须履行民主程序；完成并签订《2017—2018年集体合同》，组织职工代表加强安全保障方面的巡察，充分发挥员工代表的监督作用。

（胡建忠）

【宝钢股份快速收集合理表达员工诉求】 2017年，宝钢股份工会围绕中国宝武整合融合及宝钢股份“深九条”等改革举措，注重了解员工思想动态。全年收集各类思想动态600多条，并将具有共性、倾向性和员工普遍关心的问题及时上报宝钢股份党委和中国宝武工会，依法理性表达员工诉求。8088热线共接听电话98人次，内容包括停车证办理、IC卡遗失补办、公积金提取等问题，都在第一时间给予协调解决，受到员工的好评。

（胡建忠）

【宝钢不锈认真落实职代会职权，发挥工会民主管理、民主监督作用】 2017年，宝钢不锈工会制订并下发《工会劳动安全保护民主管理和民主监督推进计划》，加强职代会综合民主管理委员会建设，通过组织开展“三看一听”活动，即看班组员工岗位安全风险描述写的怎么样？看各级工会劳动保护工作做得怎么样？看现场管理立行立改效果怎么样？听员工对活动的意见和建议？充分发挥工会民主管理、民主监督作用。公司工会领导、职代会代表到现场随机抽查班组成员岗位风险描述“手写稿”和班组学习台账，进行现场检查；对班组防暑降温设备、“爱心”健康保健箱药品、劳动保护实事项目推进等情况进行督察，确保劳动保护工作到位；对现场操作室、休息室环境、设备整改情况进行督察，促进整改落实到位。同时，及时了解员工需求，推进职工实事工程。全年，各级工会劳动保护三级网络检查共83次，发现安全隐患279条、环境改善120条、劳防用品98条，职业危害13条、安全管理等216条，并及时予以整改落实。公司完成职工实事工程24项，其中，公司级项目7个、二级单位项目17个。（潘　彦）

【上海石化召开公司七届一次职代会】 2月8—9日，公司召开七届一次职代会，272名职工代表参加。会议听取并审议《公司行政工作报告》；表决通过《公司2017—2020年集体合同》《公司2017—2020年女职工权益保护专项集体合同》《公司2017—2020年职业病防治专项集体合同》；书面审议职代会工作报告以及《公司2013—2016年集体合同2016年履行情况报告》《公司2016年福利费使用情况和2017年预算初步安排的报告》《公司六届四次职代会巡视评估情况报告》《公司2016年职工教育经费使用情况报告》《公司2017年职工培训计划编制报告》《公司2016年业务招待费使用情况报告》《公司2016年职工帮扶互助基金使用情况报告》和《公司六届四次职代会提案审理情况报告》；听取公司党政领导班子成员述职、述学、述廉报告，民主评议公司领导班子和公司领导；表彰公司优秀职工代表、优秀巡视评估员、职代会先进专门委员会、最佳提案、提案落实工

2月8—9日，上海石化召开公司七届一次职工代表大会　（石小建）

作先进部门。 （袁 玮）

【中国远洋海运集团召开一届一次职工代表大会】 1月中远海运集团召开第一届一次职工代表大会，职工代表233人参加会议。大会分别听取行政工作报告、党组工作报告和工会工作报告，大会对集团董事会职工董事、监事会兼职监事的选举结果进行确认，并审议通过集团职代会实施细则。开展职工代表提案征集，广泛听取职工代表对企业改革发展的意见建议，共收到代表提案38件，分送12个职能部门进行承办，将处理意见及时反馈给职工代表，由职工代表对提案承办处理情况进行评议，保障了职工的民主权利。 （刘建强）

【中远海运船员公司工会在船员管理体制改革中认真履行好民主程序】 船员体制改革是中远海运集团深化改革中涉及面最广、涉及人数最多的一项改革，涉及集团7家二级单位及12家船员管理机构，直接关系到近5万名船岸员工的整合与安置。11月3日，船员管理体制改革实施启动会召开后，12家船员管理分支机构均依法依规召开了职工代表大会，认真履行民主程序，审议通过了《中远海运集团船员管理体制改革方案》，使得中远海运集团船员管理体制改革顺利推进。12月26日，中远海运船员管理有限公司正式挂牌成立。

（潘艳萍）

【上海建工集团开展2015—2016年度职代会质量评估检查】 9—10月，上海建工集团组成职代会质量评估检查调研组，对12家子集团职代会质量评估工作进行检查调研，集中听取了另外8家单位关于职代会质量评估工作的汇报。同时，对职代会、民主评议、民管小组活动记录、提案处理等台帐资料进行检查，还先后召开12场职工代表座谈会并开展职代会质量评估代表测评。从检查调研和民主测评结果来看，集团各单位厂务公开民主管理和职代会质量评估工作总体运行情况良好。职代会职权落实、制度运作、决议执行以及闭会期间开展厂务公开民主管理符合规范；集体合同、工资专项集体合同、女职工专项集体合同签订，以及开展集体协商等实现"全覆盖"；在突出三级民主管理、坚持基层民主政治建设，围绕"三全"战略、完善和创新厂务公开民主管理机制和制度，始终坚持以维护为根本和核心、解决职工关注的民生问题等方面作出积极探索和实践，取得了务实成效。

（余轶群）

【SMG工会督促指导所属基层工会开好职代会】 上海广播电视台（上海文化广播影视集团有限公司）工会（简称"SMG工会"）督促和指导所属基层工会开展职代会工作。5月，东方明珠新媒体召开第一届职工代表大会第一次会议，会上听取并审议通过股份公司工作报告、企业文化建设三年规划、薪酬管理制度等5个重要文件。8月，融媒体中心召开第一届职代会一次会议，大会听取并审议通过融媒体中心工作报告、表决通过融媒体中心《职代会暂行条例》《工会帮扶资金使用条例》和《上海广播电视台融媒体中心员工手册》。10月，东方有线召开二届五次职代会，会议审议通过了《年度工资专项集体合同》《2018年职工疗休养工作方案》《职工送温暖基金管理办法（修订案）》等。职代会的建设，提升了企业民主管理的水平。 （秦伊龄）

【光明食品集团工会与安委办联合开展专项巡视活动】 根据光明食品集团工会《关于广泛深入开展光明食品集团企事业单位"安康杯"竞赛活动的通知》和安委办开展安全月活动的要求，集团工会与安委办联合开展重点企业安全生产、劳动保护、职业病防范、防汛防台集中巡视活动。职代会闭会期间，集团工会与安委办将从7月13日开始将分期分片开展职工代表巡视活动。为做好此次专项巡视工作，集团工会和安委办成立专项巡视工作小组，并按照3个片区确定重点巡视单位，并提出整改意见和建议。

（朱菊英）

【百联集团召开二届七次职工代表大会】 3月31日，百联集团二届七次职工代表大会在百联大厦召开。集团党委书记、董事长、总裁叶永明作《关于百联集团2016年经济工作总结及2017年经济工作要点》的报告，财务总监吕勇作《关于百联集团2016年度业务活动费使用情况和"六金"缴纳情况》的报告。会议审议通过《百联集团员工手册总则（草案）》《百联集团有限公司二届七次职工代表大会决议》，签署2017年度业绩责任书和信访、综治、安全责任书。集团党政领导班子成员，集团各部室负责人，各公司、中心党政主要负责人及全体职工代表出席。集团党委副书记王志刚主持会议。 （姜 杰）

【上飞公司开展职工代表巡视活动】 8月24—25日，上飞公司结合市总"安康杯"竞赛活动和上飞公司"双体

光明食品集团工会与安委办开展职工代表巡视活动 （朱菊英）

3月15日，上海国盛(集团)有限公司召开二届三次职代会 （颜 妍）

系"建设的相关内容，组织工会委员会委员，工会民主管理委员会委员，工会劳动保护、争议调解委员会委员，部分职工（会员）代表，分工会主席代表及相关职能部门业务负责人等40余人分别在大场和浦东两地开展职工代表巡视活动。听取浦东基地废料回收站建设及使用情况，两地班车和食堂运营管理情况，近期安全生产工作以及两地防台防汛情况等汇报。会后，职工代表先后巡视检查了大场设施部锅炉房、物流中心化学品仓库、热表车间喷漆厂房和211食堂；浦东复材中心、临时废品回收站、设施部锅炉房、B10食堂，并进行满意度测评，对浦东基地临时废品回收站提出巡视建议，需加紧建设和改善，尽早解决浦东基地危废品的中转和处理。 （俞一婴）

【上海国盛(集团)有限公司召开二届三次职工代表大会暨2017年度工会会员代表大会】 上海国盛(集团)有限公司二届三次职工代表大会暨2017年度工会会员代表大会于3月15日召开。正式代表、列席代表共120人出席会议。大会听取审议了集团党委委员、副总裁姜鸣所做的《国盛集团2017年经营工作报告》，集团工会主席沈松龄所做的《国盛集团工会2016年度工作报告及2017年度工作打算》《上海国盛(集团)有限公司执行2017年"劳动光荣、休养快乐"上海工会职工疗休养行动的实施方案》，集团工会经审会主任颜妍所做的《国盛集团工会2016年度经审工作报告》，审议通过《上海国盛(集团)有限公司职工代表大会工作规范修正案（草案）》，表决通过《上海国盛(集团)有限公司集体合同(草案)》和《上海国盛(集团)有限公司女职工权益保护专项集体合同(草案)》，对2016年度集团工会工作和工会主席履职情况进行民主评议，大会圆满完成各项议程。 （颜 妍）

【世纪出版集团召开第二次工会会员代表大会暨二届一次职工代表大会】 9月27日，集团第二次工会会员代表大会暨二届一次职工代表大会在朵云轩艺术中心召开。大会通报了世纪出版集团第二次工会会员代表大会暨二届一次职工代表大会筹备工作情况和集团工会第二届委员会、经费审查委员会委员候选人产生和构成情况报告，听取了《集团工会第一届经费审查委员会2016年度工作报告》，表决通过《上海世纪出版(集团)有限公司第二次工会会员代表大会选举办法》(草案)《集团第二次工会会员代表大会总监票人、监票人名单》(草案)和《集团工会第二届委员会委员候选人名单》(草案)，投票选举集团工会第二届委员会、经费审查委员会委员。 （江 文）

【沙家浜大酒店组织召开第四届职工代表大会暨工会换届选举会议】 7月31日酒店组织召开工会换届选举会议。工会换届选举工作小组组长姜钟向全体职工代表汇报本次换届选举工作情况，拟选定吴云凯、柏素红、吉利平、刘思家为工会委员候选人。由选举工作小组副组长曹宏亮宣读《上次工会组织批复》《工会改选选举办法》及候选人简历。邱紫娟代表上一届工会委员会向大会做工作总结。与会人员对候选人进行无记名投票选举。通过民主选举，吴云凯、柏素红、刘思家3人当选为新一届工会委员。 （刘思家）

9月27日，世纪出版集团召开第二次工会会员代表大会暨二届一次职工代表大会 （王云斌）

厂务公开

【概要】 2017年,市厂务公开民主管理工作在市委和全国厂务公开协调小组的领导下,认真学习贯彻党的十九大精神,不断巩固、深化和发展厂务公开民主管理工作,为推动上海全面深化改革、促进劳动关系稳定和谐发挥积极作用。截至年底,全市国有、集体及其控股的企事业单位实行厂务公开制度的10375家;非公有制企业实行厂务公开29840家。各地区、系统和基层企事业单位积极推进厂务公开制度与深化企事业单位改革等中心工作有机融合,在新形势下不断探索厂务公开民主管理工作的价值内涵,为确保本市劳动关系和谐稳定,经济平稳健康发展作出积极的贡献。

(庄若冰)

9月20日,上海市厂务公开工作领导小组(扩大)会议召开 (吴良荣)

【本市召开厂务公开工作领导小组(扩大)会议】 9月20日,2017年上海市厂务公开工作领导小组(扩大)会议在海鸥饭店召开。市委副书记、市厂务公开工作领导小组组长尹弘出席会议并讲话,副市长、市厂务公开工作领导小组副组长彭沉雷出席会议并宣读表彰决定。会议表彰2015—2016年度上海市推动厂务公开民主管理工作先进单位、十佳厂务公开民主管理工作先进单位、厂务公开民主管理工作先进单位。市总工会党组书记、主席、市厂务公开工作领导小组副组长莫负春主持会议。会议下发《关于进一步深化本市厂务公开民主管理加强和谐劳动关系建设的实施意见》《上海市总工会关于开展工会定向劳动法律监督的实施办法》《上海工会归集和管理失信信息办法(试行)》等3个文件。 (庄若冰)

【开展全国厂务公开民主管理工作先进单位评选活动】 根据全国厂务公开工作协调小组办公室下发的《关于评选表彰全国厂务公开民主管理工作先进单位的通知》(国厂开组办发[2017]2号)要求及名额分配,上海推荐产生全国推动厂务公开民主管理工作先进候选单位4家,全国厂务公开民主管理先进候选单位14家,并在历次表彰的全国厂务公开民主管理先进单位中推荐产生全国厂务公开民主管理示范候选单位3家。 (庄若冰)

上海仪电职工代表开展巡视检查 (毕 昇)

【普陀区召开厂务公开工作领导小组(扩大)会议】 10月10日,2017年普陀区厂务公开工作领导小组(扩大)会议召开,传达落实全国总工会、上海市厂务公开工作相关会议精神,部署推进下阶段厂务公开民主管理工作。会议表彰获得"2015—2016年度上海市推动厂务公开民主管理工作先进单位"称号的桃浦镇,以及获得"上海市厂务公开民主管理工作先进单位"称号的上海宏泉集团有限公司、上海康利石材有限公司。桃浦镇党委、国资委工会、宏泉集团、康利石材等4家单位作了交流发言。区厂务公开工作领导小组成员,相关系统及各街道、镇,长风生态商务区及各园区、村公司等单位党组织分管领导、工会负责人、专职副主席及区协调劳动关系三方和区司法局、区法院等"四方合作"机制相关负责人,国资系统集团公司和部分企业代表参加会议。

(陆 蕾)

【上海仪电职工代表开展巡视检查】 为加快上海仪电成为智慧城市整体解决方案提供商和运营商,上海仪电职代会厂务公开民主管理委员会组织部分职工代表开展巡视检查工作,巡视检查共分四个小组,分别对8个重点子公司或所属企业在2016年度上海仪电“补短板、破瓶颈，强基固本促发展”提升运行效率活动中的工作开展总体情况、取得的成效、存在的问题、2017年该工作的设想和推进落实措施，以及2016年企业党政其它重点工作的完成情况等方面进行巡查。参加巡视的职工代表充分肯定了各单位的工作成效，并对下阶段的工作开展提出了意见或建议。（邵秀根）

【国网上海电力公司获“上海市推动厂务公开民主管理先进单位”称号】 上海市厂务公开工作领导小组（扩大）会议9月20日召开，国网上海市电力公司荣获“2015—2016年度上海市推动厂务公开民主管理先进单位”称号。从2013年起，公司已连续四年获得这一称号。上海久隆电力（集团）有限公司同时获得“2015—2016年度上海市厂务公开民主管理先进单位”称号。（俞画屏）

【上海电建公司工会推进厂务公开民主管理工作】 2017年上海电建公司从5个方面进一步深入推进厂务公开民主管理工作。一是继续完善职代会三级平台，为不同层面的职工提供表达利益诉求的渠道；二是落实长效管理，增进厂务公开民主管理工作实效；三是关注热点问题，构建职工利益保障机制；四是不断深化职代会干部民主评议工作。（傅 诚）

【上海电力建筑工程有限公司组织职工代表开展专项巡查】 6月，公司工会职工代表对年初公司召开的职代会决议的执行情况，深入各个基层分公司、加工厂、施工项目开展为期一个月的职工代表巡视活动。本次职工代表巡视活动，共开出整改意见26条，限时督促整改。充分发挥公司职工代表参与民主管理和民主监督作用。（杜英宏）

【中国宝武加强厂务公开民主管理】 8月15日，中国宝武召开2017年厂务公开专题报告会，报告中国宝武“新一轮战略规划”“经营绩效”“党风廉政建设”“领导人员履职待遇、业务支出”“安全生产”和“节能环保”等情况。工会就集团公司2017年职代会期间代表们对总经理工作报告等所提意见、建议的落实情况作了反馈。各级职代会代表143人参加，较以往增加近2倍；代表们建言献策，提出各类意见、建议52条，并进行了满意度测评。（李士伟）

【中国宝武开展首次“职工代表看宝武”活动】 11月13日，中国宝武以“智慧制造看行动，环境改善看成效”为主题，开展首次“职工代表看宝武”活动。来自中国宝武下属各子公司的150余名员工代表参与。集团公司工会向员工代表报告经营发展和厂务公开民主管理有关情况。员工代表听取有关介绍后，分三路赴宝钢股份、宝钢化工、宝钢特钢、宝钢发展、宝钢工程、宝武环科等单位进行现场检查，对各单位职工工作环境改善情况作书面评价，并交换意见和建议。（李士伟）

【上汽荣获“2015—2016年度上海市厂务公开民主管理工作十佳单位”及“上海市五一劳动奖状”】 9月20日，市厂务公开领导小组（扩大）会议召开。上汽乘用分公司获“2015—2016年度上海市厂务公开民主管理工作十佳单位”，同时荣获“上海市五一劳动奖状”；大众动力总成、检测中心分别获得“2015—2016年度上海市厂务公开民主管理工作先进单位”。（范 融）

【中远海运集运工会从源头维护职工的知情权、参与权、表达权、监督权】 中远海运集运组织召开一届一次职工代表大会，听取并审议《总经理工作报告》，审议通过公司《集体合同》《爱心基金会章程》《职工代表大会工作实施细则》以及须经职代会决定的其他有关事项，对公司领导班子和班子成员进行民主测评，征集处理职代会提案30份，提案答复率为100%，满意率为76%。在职代会闭会期间先后召开两次职代会联席会，履行推荐陶卫东为公司职工董事的民主程序，表决通过《中远海运集装箱运输有限公司员工违纪处理办法（试行）》；为修订《员工考核管理办法》《员工休假管理办法》建言献策，从源头上维护职工权益。（钱 华）

【上海港国际客运中心开发有限公司工会“o2o”模式让民主管理面对面】 上海港国际客运中心开发有限公司工会积极运用传统手段（线下）和新媒体手段（线上）相融合的方式推进厂务公开民主管理工作。开启“互联网+”公开模式，及时将企业发生的大事、要事向职工进行传递。同时，职工也可以将他们的所思所想及意见建议及时传递给公司。坚持一年两次全员厂情发布会，由公司领导零距离向全体职工宣讲集团和公司面临的形势和任务，描绘发展蓝图，当场解答职工关心的热点问题。在3个不同区域设立了群众联系箱，每星期由专人开启，收集职工的意见和建议，对收集到的意见和建议给予反馈。开展经常性职工大调研。公司荣获2015—2016年度上海市厂务公开民主管理先进单位。（楼 凯）

【上海长航医院工会抓好食堂伙食民主管理工作】 上海长航医院工会抓好医院食堂民主管理工作，并建立了一套较为可行的运行、监督、整改、保障机制。经由医院工会牵头成立“医院职工食堂伙食民主管理小组”，其主要工作职责：一是按照国家《食品卫生法》和《医院职工食堂管理办法》等规定要求，主动参与食堂管理，积极开展工作。二是主动听取职工对伙食管理的意见建议，研究提出改进意见建议，并积极督促整改落实。三是加强食堂伙食费的民主监督，医院职能部门定期向小组通报职工伙食费使用情况，做到公开、透明。管理小组每季度召开一次民主管理小组工作会议，每月组织一次食堂内部检查，深入职工，征求和听取职工对改进医院职工伙食供应的意见和建议，及时向膳食科进行反馈，促进食堂不断提高伙食质量。（章 伟）

【中国邮政上海市分公司荣获上海市推动厂务公开民主管理工作先进单位】 9月20日，市总工会召开2017年上海市厂务公开领导小组（扩大）会议，表彰厂务公民主管理工作先进单位。中国邮政集团公司上海市分公司荣获2015—2016年度上海市推动厂务公开民主管理工作先进单位，中国邮政集团公司上海市邮区中心局、中国邮政集团公司上海市奉贤区分公司荣获 2015—2016 年度上海市厂务公开民主管理工作先进单位。9 月 29 日，全国总工会召开全国厂务公开民主管理工作经验暨先进单位表彰电视电话会议，中国邮政集团公司上海市奉贤区分公司又荣获全国厂务公开民主管理先进单位称号。（杨 娟）

【中国移动上海公司工会深化企务公开工作】 2017 年，中国移动上海公司工会从多方面持续深化“企务公开”相关工作。完成以职代会为基本形式的公开，有效履行职代会的审议，建议、表决等相关职权，建立企业与员工有效的沟通渠道。同时，完成了公司 OA 网上公开。按照公司企务公开实施办法和企务公开实施一览表的要求，年初收集公司相关部室提供的 2017 年度 9 项企务网上公开的内容，经公司相关审核程序后，在公司 OA 网上企务公开栏目内实施公开。（阮铭捷）

【上海建工集团厂务公开工作受全国及市级表彰】 在 9 月 20 日召开的 2017 年上海市厂务公开工作领导小组（扩大）会议上，上海建工集团被授予 2015—2016 年度上海市十佳厂务公开民主管理工作先进单位荣誉称号，同时荣获“上海市五一劳动奖状”。在 9 月 29 日召开的全国厂务公开民主管理经验交流暨先进单位电视电话会议上，上海建工集团又被授予“全国厂务公开民主管理示范单位”（余轶群）

【中建八局首次荣获全国厂务公开民主管理先进单位称号】 9 月 29 日，全国厂务公开民主管理工作经验交流暨先进单位表彰电视电话会议召开，会上总结交流了民主管理工作的经验做法，表彰了先进单位，全国总工会党组书记、副主席、书记处第一书记、全国厂务公开协调小组组长李玉赋作重要讲话。中建八局被授予“全国厂务公开民主管理工作先进单位”荣誉称号，这是八局首次荣获该项殊荣，也是继前不久荣获“上海市十佳厂务公开民主管理工作先进单位”后，获得的又一项国家级荣誉。（郝国元）

上海建工集团等单位在上海市厂务公开工作领导小组（扩大）会议上受到表彰（缪云明）

【本市医务系统多家医院获院务公开荣誉】 9 月 29 日，全国厂务公开民主管理工作经验交流暨先进单位电视电话会议召开。作为 4 家交流发言单位之一，市肺科医院代表上海在大会上做《创新民主管理制度 推动医院和谐发展》的交流发言。市肺科医院荣获“全国厂务公开民主管理示范单位”；松江区方塔中医医院“全国厂务公开民主管理工作先进单位”。9 月 20 日，2017 年上海市厂务公开工作领导小组（扩大）会议召开。会上，上海医务系统 8 家单位获表彰，分别是，市卫生和计划生育委员会被评为“上海市推动厂务公开民主管理工作先进单位”；复旦大学附属中山医院被评为“上海市十佳厂务公开民主管理工作先进单位”；同济医院、同仁医院、第一人民医院分院、静安区中心医院、第五人民医院、松江区方塔中医医院 5 家单位被评为“上海市厂务公开民主管理工作先进单位”。（马艳芳）

【市社会系统工会开展民主管理专题培训】 市社会系统工会举办归口单位工会干部专题培训班，围绕“积极推进民主管理，构建和谐劳动关系”、“维护职工合法权益，积极参加各类保障机制”“规范财务制度、严肃财务纪律”等专题，邀请市总工会部门领导、系统工会财务专职人员进行政策和实务的辅导。通过培训班，提高归口单位工会负责人和专业干部的业务水平。（丁宗勇）

职工董监事

【概要】 2017 年，市总工会联合有关方面积极推进职工董事监事制度建设。一是主动与市国资委相关部门沟通协调，积极推动《上海市国有控股公司章程指引》的修订工作，把包括职工董事监事制度在内的协调劳动关系制度纳入公司章程指引的明确要求。二是积极推进职工董事监事制度建设。市总工会借助国企工会改革的有利时机，把完善公司法人治理结构作为重点工作要求，并加强对基层企业的指导督促，扎实推进职工董事监事制度建设，推动电气集团、久事公司等单位依法配备并选举职工董事监事。据上海工会年报统计，至 9 月底，已建工会的公司制企业建立董事会的有 4316 家，共有职工董事 1524 人，其中工会主席或副主席进入董事会 859 人；已建监事会的有 3174 家，共有职工监事 1479 人，其中工会主席或副主席进入监事会 663 人。三是举办职工董事监事培训班。市总工会于 8 月 30 日—9 月 1 日在上海工会管理职业学院举办了一期为期 3 天的职工董事监事培训班，来自本市企事业单位和部分区县局（产业）工会的 80 多名职工董事、职工监事和工会干部参加培训。（王珍宝）

【中国宝武选举职工董事、职工监事】 2月28日，中国宝武召开集团公司职代会联席会议，选举傅连春为中国宝武职工董事，选举路巧玲、何柏林为中国宝武职工监事。12月25日，中国宝武召开集团公司职代会联席会议，增选沈雁为中国宝武职工监事。年内，中国宝武及各子公司均规范设立职工董事或职工监事，履职情况均按规定向本单位职代会报告，接受民主监督。 （李士伟）

上海市人民政府
关于调整本市城镇职工社会保险缴费比例的通知

沪府〔2017〕48号

各区人民政府，市政府各委、办、局：

为进一步减轻企业负担，增强企业活力，促进本市实体经济平稳发展，根据《人力资源社会保障部财政部关于阶段性降低失业保险费率有关问题的通知》（人社部发〔2017〕14号），经研究，市政府决定，在确保参保人员社会保险待遇水平、社保基金正常运行的前提下，调整本市城镇职工社会保险缴费比例。现将有关事项通知如下：

一、从2017年1月1日起，本市职工基本医疗保险缴费比例，由原来的12%调整为11.5%。其中，单位缴纳基本医疗保险费的比例由原来的8%调整为7.5%，单位缴纳地方附加医疗保险费的比例及个人缴费比例不作调整。

由失业保险基金支付的失业人员领取失业保险金期间参加本市职工基本医疗保险的缴费比例，由原来的12%调整为11.5%。

本市灵活就业人员缴纳基本医疗保险费的比例参照执行。

二、从2017年1月1日至2018年4月30日期间，本市失业保险缴费比例，由原来的1.5%阶段性调整为1%。其中，单位缴费比例由原来的1%调整为0.5%，个人缴费比例不作调整。

三、本市对符合条件的企业、组织及个人的社会保险补贴，自发文之日起按照调整后的缴费比例计算发放，此前已经按照原缴费比例计算发放的社会保险补贴不再清算。

上海市人民政府
2017年4月28日

经济权益

综　述

2017年，上海工会围绕维护职工劳动经济权益的主业主责，创新推进工会服务职工的工作体系建设，提升服务职工的能力和水平和职工群众的获得感、满足感。一是源头参与，推进制度建设。持续开展职工收入分配调查研究，先后形成《本市企业工资增长指导线对职工影响专项调查》《关于调整2017年本市最低工资标准的建议》等分析报告，参与开展本市最低工资调整机制评估，指导养护行业建立行业最低工资制度；落实工伤保险政策，推动建筑业工伤保险扩面工作；参与修改《企业年金办法》《深化医药卫生体制改革工作要点》《"健康上海2030"规划纲要》《关于本市加强安全生产监管执法的实施意见》《"十三五"上海市职业病防治规划》等多项涉及社会保障政策的制订和标准调整；联合开展住房公积金执法检查，扩大住房公积金制度覆盖面；推动提高本市支援外地建设退休（职）定居人员帮困补助的标准，推动完善市民社区医疗帮困制度。二是服务职工，完善机制建设。夯实完善实事项目的统筹化机制，上海工会服务职工实事项目征集遴选和评估机制不断优化，推动建立市区两级实事项目机制；拓展工会会员服务卡覆盖使用率，重点调整和完善工会会员服务卡运作机制，提高办卡效率；推进上海工会职工疗休养行动、健康体检行动、会员个人休养度假补贴等涉及职工健康休息休假权的实事项目；创新发展帮扶援助的品牌化机制，积极开展元旦春节送温暖活动、农民工关爱行动、金秋助学和阳光就业行动；夯实就业服务和技能培训；协调优化上海工会对口援助的项目化机制，稳步推进《2016—2018年上海工会对口援助项目计划表》，规范化运作对口援助方案，并建立援外干部关心关爱长效机制。三是安全生产，注重理念建设。推进《上海工会劳动保护三年行动计划（2015年—2017年）》；推进"安康杯"竞赛活动；推动本市企事业单位"放心职工食堂"建设工作。开展高温慰问等多项送清凉专题活动及高温期间事故隐患和职业危害排查，确保一线职工特别是高温作业岗位职工的身体健康。

（陈美琴）

实事项目

【概要】 上海工会服务职工实事项目以"职工所需"为重点，"普遍受惠"为基础，"工会所能"为切入点，"立足长远"为目标，"互联网+"为导向，推出和实施一批服务职工实事项目，不断创新为职工群众办实事、办好事的新载体和新方法，有针对性地解决职工最关心、最直接、最现实的问题，并逐步形成了实事项目征集遴选、过程管控、效果评估的工作机制。2017年初，市总工会在广泛听取职工的意见和建议的基础上，通过开展线上线下的征集活动，形成了维权服务、技能晋升、文体服务、健康服务、生活服务、帮扶救助6大类12个服务职工实事项目。年终委托第三方评估公司开展"总体+12个分项目"的评估工作。

（蔡　瑾）

【工会会员服务卡实施情况】 年内共办理工会会员服务卡53.72万张，覆盖115家区局（产业）工会；累计办卡358.47万张。2017年度有效工会会员服务卡300.19万张。工会会员专享基本保障，A类投保170.7926万人；B类129.4001万人。各级基层工会补贴专享基本保障经费3625.3381万元；市总补贴专享基本保障经费达2953.1766万元。截至年底，2016年度会员专享基本保障重病给付5565人，意外给付87人，疾病身故给付457人，总计给付6109人次，给付金额8996万元；2017年度重病给付726人，意外给付10人，疾病身故给付180人，总计给付916人次，给付金额1355万元。工会会员服务卡工会服务设施10家，涉及文化娱乐、技能培训、健康休闲等服务内容。市级团购优惠商户40家。（汪佳侃）

【开展"卡卡学院丝路之旅"工会会员嘉年华活动】 11月4日，市总工会举办"卡卡学院丝路之旅"工会会员嘉年华活动。本次嘉年华活动在上海公益新天地举行，参与人次超过3000人。在互动游戏、任务闯关等每一个环节设置上，精心融入丝绸之路的元素和"上海工会会员卡"的相关背景知识，寓教于乐，并首次设置"公益乐学"茶艺、插花、动态沙画、剪纸、魔术、家庭急救技能等6门精选课程，会员现场报名，循环开课。职工在游戏和课程中更多地了解了工会会员服务卡的便利服务。（汪佳侃）

【召开会员服务卡会员专享基本保障资金管理委员会第四次全体会议】 4月13日，上海工会会员专享基本保障资金管理委员会第四次全体会议召开，市总工会副主席桂晓燕出席并主持会议。会议听取2015年度上海工会会员专享基本保障实施情况和资金决算情况；审议通过《2015年度上海

11月4日，工会会员服务嘉年华活动启动　　（汪佳侃）

工会会员专享基本保障资金审计报告》《上海工会会员专享基本保障条款》《上海工会会员专享基本保障资金管理办法(暂行)》和《上海工会会员专享基本保障资金返还和追加的实施办法》的修订说明。桂晓燕肯定会员专享基本保障三年来对职工的惠及,并希望市总及各区局(产业)工会形成合力,把好事做好,进一步优化专享基本保障的办理和申请给付的流程,方便基层工会干部,让职工更有获得感。 (汪佳侃)

【开展职工疗休养行动】 2017年,市总工会继续在全市范围开展上海工会职工疗休养行动,在实施优惠价格的基础上,市总工会给予1/3的补贴。在优化沙家浜和西山、黄山原疗休养计划的基础上各增加一项疗休养计划;取消参加人数较少的沙家浜—西山疗休养E计划和杭州疗休养计划,新增庐山疗休养计划,疗休养计划从原来的11个计划增加到12个。全年共有来自82家区局(产业)工会的72266名职工参加疗休养行动,补贴资金共计3017.6281万元,较上年增长约4%。在市总工会疗休养补贴的基础上,黄浦、松江、闵行、青浦、长宁、医药等区局(产业)工会另行对参加疗休养计划的职工进行补贴。同时,为进一步推动职工带薪年休假制度落实,市总权益保障部开展会员个人疗养度假补贴项目,持有效工会会员服务卡的会员赴沙家浜、西山疗养院休养,可获得1/3房费补贴。年内,共有1315名会员享受会员个人休养度假补贴,补贴总计27.557万元,同比分别增长42%和55%。 (余嘉毅)

【开展职工健康体检行动】 2017年,市总工会继续在全市范围内实施上海工会职工健康体检行动,对全市已建立工会组织的企业一线职工赴上海市工人疗养院体检,实施1/2—1/3补贴。根据近年来本市健康危害因素、疾病发展趋势和职工需求,调整增加肝功能、癌胚抗原、肾功能、血脂检查项目,新增流动体检L6计划;取消非公企业参加较少的华疗H体检计划,体检计划总量保持12个不变。年内,共有来自31家区局(产业)工会的38792名职工参加职工健康体检行动,同比增长18.4%,同时,在市总工会体检补贴基础上,黄浦、长宁、松江、金山、虹口等区局(产业)工会再给予基层单位一定比例或定额的补贴。开展"上海工会困难企业女职工免费'两病'筛查项目",共有4052名女职工参加了"两病"筛查,补贴金额81.04万元。 (余嘉毅)

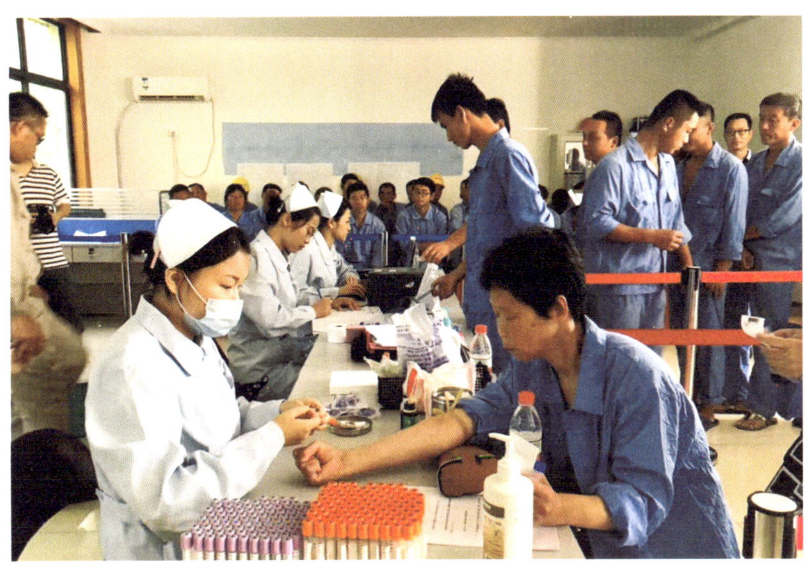

流动体检车现场为农民工体检 (余嘉毅)

【开展大病职工慰问行动】 年内,聚焦患大病职工,凸显特惠,市总工会首次建立大病职工慰问行动实事项目,取得预期的效果。为患大病会员提供多重保障,慰问大病职工2400人,市总补贴资金240万元。 (李丽逸)

【上海工会服务职工实事项目评估工作取得实效】 第四季度,市总工会委托第三方评估公司组成工会服务职工实事项目实效调研组,通过调查问卷、座谈交流等方式对2017年度上海工会12个实事项目实施情况进行评估。本次实事项目评价结果主要从项目确立、项目投入、项目运行、项目结果、项目效应等5大维度展开:一是整合工会自身优势及政府和社会各方资源,包括"人、财、物、场地"等资源,引导各级工会在市总实事项目基础上叠加服务项目,使广大职工得到更多实惠;二是满足广大职工多元化需求。推出6大类9个实事项目,涵盖职工权益维护、技能提升、健康服务、帮扶救助、文体服务等6个方面;三是较好地凸显工会社会形象和影响力。根据分析报告统计,12个实事项目总体评价达到优秀水平。 (蔡 瑾)

【上海工会服务职工实事项目实施情况】 为有效评估2017年上海工会服务职工实事项目的总体成效,市总工会委托第三方调查评估公司对2017年工会实事项目整体的实施情况、12个实事项目分别落实开展的情况、受益企业(单位)职工和各级工会的参与、评价和需求等方面的内容进行成效评估。经统计分析,12项实事项目在立项设计、项目宣传推广、项目实施情况等三个环节均达到了优良水平。在对各子项实事项目分析中,总结出企事业单位职工需求度最高的三个项目分别为:职工法律维权、工会服务卡、公益乐学服务项目。在服务产生的成效方面,企事业单位职工及工会工作人员都给予较高评价,显示出上海工会实事项目在惠及职工、帮助职工解决问题上取得实效。 (蔡 瑾)

【开展2018年服务职工实事项目征集工作】 9月初,上海工会启动2018年度服务职工实事项目征集工作,2018年上海工会服务职工实事项目的确立继续坚持"惠及职工、当年见效、可评估"的工作原则,通过征集和评估相结合的方式开展立项工作。围绕"职工所需"、"普遍受惠"、"立足长远"、"互联网+"为内容,市总工会在广泛听取基层工会及职工意见和建议的基础上,通过线上线下征集,确立

2018 年上海工会服务职工实事项目共9项，涵盖维权服务、技能提升、文体服务、健康服务、生活服务、帮扶救助等6个大类。即：职工"应援尽援"维权服务项目、技能人才职业发展助推项目、一线职工岗位创新激励项目、"劳动光荣 休养快乐"行动项目、职工健康体检项目、"卡卡"服务会员行动、女职工幸福关爱行动项目、大病职工慰问行动项目、公益乐学职工文体服务项目。（蔡 瑾）

【市总工会召开服务职工实事项目机制建设推进会】 12月14日，市总工会召开服务职工实事项目机制建设推进大会，会上公布了9项2018年服务职工的实事项目，涵盖维权服务、技能提升、文体服务、健康服务、生活服务、帮扶救助等6大类9项实事项目。2018年实事项目服务整合2017年上海工会服务职工实事项目的服务内容，通过项目合并、内容充实等方式，优化形成4个新项目。在服务流程上，2018年实事项目将依托工会网上工作平台、申工社APP，使职工申办参与的流程更为便捷，同时，实事项目的服务对象也将更广泛，进一步向园区、楼宇、建筑工地及非公中小企业辐射，受益覆盖面更大。（蔡 瑾）

【徐汇区开展工会会员卡宣传推广服务】 徐汇区职工援助服务中心以"工会未建，服务先行"为原则，采取线上线下相融合的方式服务职工会员。一、"线下配送"：开展"午间一小时"徐汇工会服务活动，根据职工实际需求，将工会会员服务卡宣传推广、职工互助保障咨询、心理咨询及门诊预约、法律咨询等项目送进园区，服务广大职工。全年共开展"午间一小时"活动23场，惠及8500余职工，促成8家企业工会、联合工会集体办卡1322张；职工个人入会22人，办卡20张；现场开卡激活321张；2家园区联合工会建会，1家企业成立工会筹备组。二、"线上抢购"：开展"卡卡有惊喜，工会送福利"活动，服务全区工会会员卡持卡职工，同时吸引未办卡的职工主动办卡，更好地推动非公企业建立工会及会员卡办理。全年共举办线上抢购活动3场，惠及职工420人次。（聂 磊）

【徐汇区总工会设立爱心加油站与户外职工驿站】 为环卫工人办实事、解难事、做好事，年内新增爱心加油站73家，截至目前，全区已建立的环卫职工爱心加油站达178家。联合区域党建促进会、区委宣传部、区社会工作党委、区市容与绿化管理局，于1月20日在上海京剧院举办"让爱温暖TA——第三批环卫职工爱心加油站授牌仪式"，区红十字会为73家爱心加油站配备爱心小药箱。将2家条件较为成熟的爱心加油站升级为户外职工驿站，服务区域内所有户外作业的职工，如快递员、出租车司机、送餐员等。（宋抒音）

5月26日，长宁区总工会成立"公益乐学"长宁教学点暨长宁工会快乐课堂（王亚文）

【徐汇区总工会创建职工心理援助品牌建设】 区职工援助服务中心积极开展各类心理援助服务活动，新增服务凸显心理工作的效能。全年举办各种团体活动122次，门诊接待183人次，个案接待45人次，合计服务职工2335人次。创新推广医务人员互助式小组心理辅导新模式。截至目前，共开设心理咨询工作室13家，由专业心理咨询师开展门诊、热线、网络咨询及个案辅导，开展职工心理调查以及团体辅导。着力推动"幸福从心开始"职工心理服务品牌建设，由专业的心理服务机构承接职工心理援助计划项目。开展各种主题活动，为教育、医务、楼宇、环卫等系统职工开展青年交友联谊会、职工关爱沙龙、亲子沙龙等活动。（宋抒音）

【长宁区总工会成立"公益乐学"长宁教学点】 5月26日，"公益乐学"长宁教学点——长宁工会快乐课堂在长宁区工人文化宫举行揭牌仪式。区总工会坚持职工文化"工会主导、企业主体、职工主角"的工作理念，通过与市"治未病"发展研究中心、长宁文化艺术中心、长宁沪剧团等多家知名单位签约合作，为职工文体服务提供优质资源。同时，灵活利用午休一小时或下班一小时的"碎片时间"，采取现场授课和送教上门两种形式，使各街镇、楼宇和园区的职工能就近就便享受优质、多样的公益性职工文体产品和服务，逐步打通"文化惠民"最后一公里。（王亚文）

【普陀工会开展服务大篷车活动】 6月9日和9月13日，普陀区职工援助服务中心先后在长征镇天地软件园和桃浦镇李子园大厦开展2场"上海工会服务大篷车进园区、进楼宇、进企业"活动，为职工提供会员服务卡、职工入会、法律咨询、职业指导、心理关爱、健康咨询、工会卡团购优惠商户产品体验、职工福利午餐等服务，惠及职工900余人次。（陆 蕾）

【虹口区为工会持卡会员提供专享保障】 9月30日，虹口区总工会出台

《工会会员服务卡专享保障经费列入财政预算的报告》。会员专享保障从2018年起列入财政预算，A类计划补贴12元，B类计划补贴20元。9月25日，方案通过区委书记专题会审议通过，按照2017年办卡情况计算，区财政承担费用约85万元；考虑到每年持卡会员的增加，预计2018年所需费用约90—100万元。同时，从2018年起将工会会员卡专享保障列入政府实事项目，使各基层工会节省大量原用于会员服务卡补贴的资金，并加大投入到其他工会工作项目中。

（徐　洁）

【“公益乐学”虹口分校成立】 9月18日，虹口区工人文体活动中心“公益乐学”分校首堂课开班。区工人文体活动中心先后和虹口区图书馆、上海城市管乐团、上海青年室内乐团、魔力口琴音乐组合、虹工皇冠口琴乐团、上海万合品欢文化有限公司、上海体育经纪专业委员会等签订“公益乐学”及区职工文体团队建设项目战略合作协议。3月份后，文体中心探索和开发现场版（扎染班、书法班、国画班、纸藤花制作班、国学班、女性健康知识讲座）、企业版（手机摄影班、女职工美妆课）等教学模式。虹房集团手机摄影班作为首场“公益乐学”企业版课程，在虹房集团职工中大受欢迎。（徐　洁）

【杨浦区总工会举行工会会员服务卡首发五周年纪念活动】 6月28日在杨浦区总工会职工服务中心广场举行。主题为“不忘初心，精准服务职工”。由杨浦区总工会联合上海市总工会职工援助服务中心主办。同时举办职工服务日主题活动。活动现场，开通杨浦工会职工服务中心微信公众号，向在全市率先成立的杨浦区医养照护行业工会全体护工赠送互助保障10万元，向心理咨询团队9名心理专家颁发聘书，聘请工会干部劳模和律师劳模为区职工服务中心顾问。5年来，杨浦区总工会为职工实名制注册的上海工会会员服务卡不断增加，2017年已达到15万余张，每张卡都有一份保障。（张东寅）

【静安区总工会举办工会会员卡工作培训】 3月24日，区总工会在胶州路300号会场举办2017年工会会员卡实务操作培训。会上，介绍了工会会员服务卡的五大功能和工会会员专享的基本保障，讲解会员卡新办和注册的操作流程。年内，静安区共办理和注册工会会员服务卡13万余张，“办理工会会员服务卡”这项实事纳入年度区政府年度十件实事。

（夏晨荷）

【闵行区开展线上“疗休养”活动征集】 4—7月，闵行区总工会每月通过“闵行工会”微信公众号向非公企业推出“您休养，我买单”疗休养征集活动，各非公企业踊跃报名。区总工会综合企业工会工作、劳动关系和谐创建以及工会会员服务卡办理等情况综合考量，经层层审核确定疗休养参加的企业和职工名单。4期活动共安排34家非公企业的188名先进一线职工参加免费疗休养，疗休养地点涉及西山、沙家浜和黄山线路。

（卫佳雯）

【闵行区推进工会会员服务卡工作】 通过线上线下多种形式的宣传，截至年底，闵行区总工会共计办理工会会员服务卡13.5万张，涉及单位1363家。同时，区总工会整合区内优质资源，签约38家商户成为区工会会员服务卡特约商户，并于11月8日和12月8日举办两场以“悦动闵行、乐享工‘惠’”为主题的工会会员服务卡专题活动。持有工会会员服务卡的会员能现场享受多种优惠福利，直观地体验工会会员服务卡的好处和功能，大大提高工会会员服务卡的知晓度与认知度。（卫佳雯）

【金山区总工会举办520大型交友活动】 5月20日，由区总工会、上海化学工业区工会、上海石化股份有限公司工会主办，区工人文化宫（区职工服务中心）承办的“缘定鑫工”520大型交友活动，在山阳田园举行，区总工会主席、党组书记朱喜林、上海股份有限公司工会副主席李晓霞等出席。此次活动通过“鑫工号”微信公众号线上征集和线下基层工会报名同时进行，参加本次活动的200多名单身男女职工来自金山区各行各业，确保了活动的广覆盖性及人员信息的真实有效性，为满足职工需求搭建交友平台。

（陈　文）

【公益乐学金山教学点启动】 7月27日，公益乐学金山教学点在金山区工人文化宫启动。启动仪式上，市工人文化宫主任侯伟康，区总工会党组常务副书记、副主席汪敏良共同点亮公益乐学铭牌，宣布公益乐学金山教学点正式启动。2017年，金山区总工会整合工会和社区学校资源，建立37家基层职工文化活动基地。

（陈　文）

【松江区总工会持续推进妈咪小屋实事项目】 年内，松江区总工会为全区31家新建小屋提供建屋资金补贴463000元，其中标准配置16家，升级配置15家。完成39家已建妈咪小屋运转评估，资金补贴78000元。组织小屋参加市总星级评定和“爱心妈咪小屋”建设运行情况调研，加强规范化管理。全区已申报获得三星级10家、四星级5家、五星级6家。三新学校工会主席荣获2016年度上海工会“爱心公益使者”。不断推进妈咪小屋功能升级，已有4家市职工亲子工作室创建点获市总工会挂牌，分别是鹰峰电子工会、富士康（国基电子）工会、东明商业广场联合工会、上海庆益鞋业有限公司工会。（朱　慧）

【奉贤区总工会开展“2017年奉贤区工会服务大集市”主题活动】 10月29日，奉贤区总工会在文化广场开展“服务一线职工、普惠工会会员——2017年奉贤区工会服务大集市”主题活动。市总工会副主席桂晓燕致辞，围绕“始终把服务最基层的职工群众作为工作重中之重”，坚持“以机制创新推动服务创新”，提出“围绕大局、聚焦需求、提高能力来服务广大职工”，切实帮助职工群众解决实际问题。区人大常委会副主任、区总工会主席陆建国宣布主题活动正式开市。活动提供健康咨询、心理咨询、法律咨询、政策法规等现场咨询。（周　婕）

【奉贤区总工会大力推进服务职工实事项目】 唱响工会服务“四季歌”，开展“春送岗位、夏送清凉、秋送助学、冬送温暖”系列关爱帮扶活动。高温慰问共投入资金 80 余万元,慰问职工 10.5 万余名;“金秋助学”活动中投入 40 余万元助学金,帮助困难职工子女 300 余名;“三八”节慰问困难女职工 125 人,为 250 位外来女职工免费提供两病筛查。发放 9370 张工会会员卡覆盖 863 家基层工会组织,区域合作商户达到 35 家。建成 36 个群团(职工)服务站,3 家服务站被市总工会命名为“三最”职工服务站,并挂牌成为“上海市公益基地”。新建 8 家户外职工“爱心接力站”,26 个“爱心妈咪小屋”,4 家“职工亲子工作室”。 (钱 洁)

【奉贤区总工会召开职工亲子工作室现场推进会】 8 月 11 日,奉贤区总工会在上海田强环保科技股份有限公司召开职工亲子工作室现场推进会。区总工会党组书记、常务副主席张辉凤出席并作讲话,区总工会副主席樊国红主持会议。各镇、街道、社区、开发区工会主席,各职工亲子工作室负责人参加会议并交流发言。会上,各参会人员观摩了田强亲子工作室的国画课,区总领导对两家开设暑托班的亲子工作室赠送书籍和益智玩具,为参加暑托班的孩子们每人赠送一份精美的画具和玩具。 (钱 洁)

【崇明区总工会扩大服务群体范围做好保障工作】 2017 年,崇明进城务工人员服务站联合崇明交警大队在市区开展崇明“的哥”流动审证服务,共为 9800 人提供服务。群团综合服务站长兴点在每月第一周周六,通过户外摆摊设点的便民服务形式,为长兴职工群众和外来务工人员提供便捷服务。做好劳模服务管理工作,组织全区劳模体检、外出疗休养,落实劳模“三金”发放、生日慰问、高龄劳模走访慰问等服务工作,提升劳模管理和服务水平。关心关爱退休职工,联合北门居委、湄洲居委开展社区为老服务,为 1600 多名退休职工送清凉。做好职工互助保障,首次将原镇保退休人员纳入受保对象,全年共有 12.4 万人投保,参保 2544 万元;给付 1.6 万人次 1879 万元。 (秦春华)

【崇明区总工会启动“公益乐学”培训】 崇明区总工会积极推行“公益乐学”职工实事项目,确定“1+4+X”办学布点格局,即先在区职工服务中心、庙镇、堡镇、向化镇、长兴群团综合服务站开设办学点,再逐步在全区推开。年内,共有超过 2000 人次的职工享受到瑜伽、美妆、爵士舞、民族舞、乒乓、茶艺等文化培训服务。(秦春华)

【中国宝武解决员工“三最”问题】 2017 年,集团公司工会把“一线职工工作环境改造”列为年度员工“三最(最关心、最直接、最现实)”重点项目,日常注重“三室一堂一所”场所的自主维护和检查评比,促进职工工作区域环境的整体提升。年内,各单位工会共立项并完成“三最”实事项目 1720 个,其中“三室一堂一所”改善改造共 1267 个,包括:休息室 562 个、浴室 126 个、更衣室 191 个、食堂 44 个、厕所 344 个。 (陆 庆)

【宝钢股份聚焦员工“三最”问题,有针对性地推进实事工程】 2017 年,宝钢股份工会深入现场调研,收集协调一批现场职工“三最”问题,按照“必需、可行、合理、经济”的原则,制订了实事工程年度计划,按轻重缓急、分层分类推进,全年共确立实事工程项目 315 个,其中宝钢股份级项目 106 个,已全部 100% 完成。(胡建忠)

【宝钢发展切实做好员工服务工作】 2017 年,宝钢发展工会进一步完善职工思想动态反馈体系和职工诉求管理机制,设立了“主席信箱”,利用微信订阅号、电子邮箱、电话和“心晴工作室”等途径,进一步了解职工、联系职工、服务职工。通过上述渠道共征集各类职工诉求 155 条,对于职工关心的生活后勤和环境改善,职业发展和薪酬福利等诉求,及时反映到相关部门协调处理,向职工做好解释和答复工作,并每季度形成《职工诉求情况报告》报公司领导。同时,积极推动各单位重点落实一线职工“三室一所”的环境改善实事项目,其中,一线职工工作区域内休息室改造 30 个,更衣室改善 6 个,浴室改善 2 个,厕所改善 4 个,全年 100% 顺利完成;同时不断完善作业区休息点空调、冰箱和微波炉的配备,确保职工休息室达到全覆盖。 (朱 宏)

【上海高桥石化公司工会“走基层访万家”活动取得实效】 2017 年是公司开展“走基层、访万家”活动的收官之年,为确保实现“用一至两年时间,‘走基层’要覆盖所有基层班组,‘访万家’要力争覆盖所有职工”的工作目标,公司工会结合今年工作,通过明确目标、落实要求、指标到人,确保走访活动落实到位,取得实效。截至年底,公司各级工会共走访职工 4785 户,走访基层班组 369 个,确保两个“全覆盖”目标的顺利实现;征集职工意见建议 988 条,落实解决或答复 847 条。 (吴 斌)

【上汽工会推出出行神器——“88 共享出行”APP】 上汽工会为员工搭建的通勤出行服务平台——“88 共享出行 APP”2017 年下半年上线。为方便员工下载使用,上汽工会通用通过微信、电视、宣传栏、现场摆摊等方式宣传 88APP,还推出“88 共享套餐”等系列活动,指导安装和宣传推广。 (范 融)

【国药控股公司工会推进实事项目为职工服务】 国控工会根据市总工会工作要求,在上海地区实行“实事项目”,项目紧紧围绕服务职工工作体系建设,推进落实书香国控、技师风采、双节困难帮扶、缘来是你、电话诉亲情、工会会员卡专享保障、孕妈咪礼包、疗休养专项补贴等 8 个有人气、接地气的实事,扎扎实实地为职工群众做好事、办实事、解难事,竭诚为职工群众服务。 (尤 倩)

【上港集团工会持续打造“放心食堂”】 上港集团工会连续多年将职工就餐作为“一号课题”,形成了“码头食堂管理新体系”:一是硬件配置到位。明确规定一线职工在码头现场就餐必须在室内,就餐点须具备照明、空调、微波炉、洗手设施、热水供应等条件,配备保温送餐车。二是管理标准到位。集团工会制订并下发《上港集团关于进一步加强和改进职工食堂管理的若干意见(试行)》,明确“五定一勤”要求,即:定采购品牌、定供应渠道、定配餐结构、定材料成本、定管理责任、勤评议监督。三是监督检查到位。从2017年起，每年在集团职代会上下发“一号课题”专刊，宣传食堂管理新风貌，并进一步明确“三严禁”“九必须”的管理要求。由集团成立督查小组，每季度开展食堂管理督查工作和职工满意度测评工作，并将督查情况在集团相关会议上通报。同时，一批深受职工欢迎的食堂特色服务品牌逐渐形成，职工对持续推进的“一号课题”交口称赞。（袁旭芳）

【中国移动上海公司工会提升上海工会会员服务卡能级】 中国移动上海公司工会根据市总工会实事项目工作要求，积极做好工会会员服务卡的办理和激活工作。共为在册员工5702名办理工会会员服务卡注册工作，将工会会员专享基本保障从往年的A套提升为B套，将四类重大疾病保障1万元，升级至十二类重大疾病保障2万元，保险金额和保险范围大幅增加，并考虑到上海公司工会办公地点较分散的情况，委托农商银行上门为基层会员办理开卡激活业务，为广大会员带来更多的关爱和便利，有效提升工会服务会员的能级。（周玲根）

【上海海洋石油局工会建立“走基层、访万家”长效机制】 为扎实推动走访活动实现新突破、取得新进展，2017年上海海洋石油局工会制订了十三五期间深入持续开展走访活动的长效机制。局、基层各单位工会做到“走基层”要覆盖所有基层班组，“访万家”要覆盖所有职工家庭。各级工会干部每月要参加一次职工、班组访谈，每年要开展一次基层班组摸底，在此基础上，制订计划，有步骤、分批次开展走访。陆地班组原则上实地走访，海上班组则可结合行政安全检查、慰问等实施走访，或通过召开座谈会、个别谈心、问卷调查、专题调研、电话视频、微信等形式开展走访，并做好档案台账做到一组一档。通过走访调研、收集梳理、落实整改及反馈回访等活动方式，推动解决员工最关心最直接最现实的利益问题，最困难最忧虑的实际问题。（耿卫军）

【市房地产经济行业举行关爱环卫工人“爱心接力站”现场推进会】 1月12日，一场由市绿化市容行业工会、市房地产经纪行业协会发起的，涵盖链家、我爱我家、太平洋、中原地产、信义、菁英等6家房地产中介企业正式加入关爱环卫工人“爱心接力站”行列的活动在房地大厦拉开了帷幕。这也意味着这6家房地产中介企业在全市的1512家符合建立“爱心接力站”标准的门店将正式打开大门，欢迎环卫工人在工作间隙进去歇歇脚、喝杯水。无论是续水还是热饭，有条件的门店都将热情地为环卫工人提供服务，让他们在这个寒冷的冬日里多一处温暖的“歇脚点”。（耿　静）

【市绿化市容局机关挂牌关爱环卫工人“爱心接力站”】 8月21日，上海市绿化和市容管理局机关大楼正式挂牌成为沪上关爱环卫工人“爱心接力站”中的一员。挂牌后，市绿化市容局机关大楼第一时间迎来了首批前来歇脚的环卫职工。市绿化市容局党组书记、局长陆月星不仅亲自为机关大楼揭牌，还亲切地慰问了这些来自静安城发集团作业一公司的一线环卫工人。局机关大楼也始终为一线环卫职工敞开，欢迎大家在工作间隙进来休息一下，喝口水，上个厕所，热热饭菜。（耿　静）

【市绿化市容行业文化建设成果展示暨关爱环卫工人专项行动颁奖典礼举行】 10月26日，2017年度上海市绿化市容行业文化建设成果展示暨关爱环卫工人专项行动颁奖典礼在杨浦大剧院举行。来自本市绿化市容行业的劳模先进、一线职工代表七百余人参加了活动，中国农林水利气象工会原主席盛明富、中国海员建设工会副主席曹宏伟、市总工会巡视员何惠娟、市文明办副主任宋慧、市建设交通工作党委副书记田赛男等领导分别为十佳城市美容师、十佳爱心接力站等获奖代表颁奖，市绿化市容局党组书记、局长陆月星到会并致辞。活动现场授予彭景国等10人为2017年度“十佳城市美容师”的荣誉称号；授予上海农商银行陆家嘴支行等10家“爱心接力站”门店为2017年度关爱环卫工人、共建洁净家园“十佳爱心接力站”；共评出百联集团联华超市股份有限公司等10家单位申报的关爱环卫工人、共建洁净家园案例为2017年度“十佳社会共建案例”。（耿　静）

【市医务工会举行青年职工交友活动】 由市总工会主办、中智上海经济合作公司工会联合会、市医务工会、上海航天局工会承办的“预备，爱———新时代，新活力，青年交友活动”于12月24日在西岸游族体育中心隆重举行。市总工会巡视员何惠娟，市卫生和计划生育委员会党委副书记、市医务工会主席郑锦等领导出席活动，并为青年们送上祝福。共有800余名单身男女青年参加了此次青年交友活动，其中的130余名医务青

10月26日，市绿化市容行业文化建设成果展示暨关爱环卫工人专项行动颁奖典礼举行（耿　静）

年来自本市20家医疗机构。

（徐　园）

【SMG试点开办"职工亲子工作室"，解职工带娃难】 上海广播电视台（上海文化广播影视集团有限公司）工会（简称"SMG工会"）下属台总部工会、东方卫视工会2017年开展职工亲子工作室试点，分别开设了接纳职工孩子的暑托班。暑托班严格按照《上海"职工亲子工作室"设置及管理办法》规定，设7月、8月共两期暑托班，招收台总部工会职工6至12周岁（小学一年级至五年级）子女。师资方面，聘请了市总工会推荐的有资质的社会培训机构——"上海新东方教育集团"的老师，教授英语音标、美术手工、绘本拓展、智力桌游等课程。在工会号召下，总部有50位职工志愿者积极参与职工亲子工作室的服务工作。

（秦伊龄）

【市经信工作系统工会举办大型交友活动】 10月28—29日，由市经济和信息化工作系统工会女职工委员会主办，市妇女儿童服务指导中心（巾帼园）和市巾帼婚姻介绍所承办的"缘起经信，爱在金秋"大型交友活动在崇明前卫生态村举行。来自系统25个单位的近200名男女嘉宾参加了此次的交友活动，男女比例为1∶1。有12对男女嘉宾牵手成功。

（黄　俭　顾　捷）

【光明食品集团"安吉海博山庄"职工疗休养基地揭牌】 2017年海博投资所属"安吉海博山庄"成为光明食品集团工会指定职工疗休养基地，光明食品集团工会和海博投资领导共同为职工疗休养基地揭牌。15名荣获全国、上海市"五一劳动奖章"、"上海市工人先锋号"的集团先进代表首批入住基地。安吉海博山庄是海博投资下属的一家具有浓郁文化韵味的旅游度假酒店。

（朱菊英）

【光明食品集团长江职工疗休养基地揭牌】 2017年光明食品集团职工疗休养基地揭牌仪式在长江总公司举行。中国农林水利气象工会副主席原成刚，光明食品集团和长江总公司领导共同为职工疗休养基地揭牌。在长江成立职工疗休养基地，一方面有助于集团职工更加真切地感受股实农场，增强对集团战略的认同感；另一方面，也将使股实农场的建设成果惠及更广大的企业职工，真正实现共享发展。

（朱菊英）

【市民政局工会扎实做好工会实事项目】 年内，市民政局工会推进6项实事项目。一是实施会员普惠服务，出资15多万元为全局3753名办理工会会员服务卡的职工购买了B类医疗保障计划。全年有8名大病职工每人得到20000元的大病补助。二是落实职工晋升技师等配套奖励，对5名符合条件的职工晋升技师和高级技师给予了1∶1的配套奖励。三是资助职工书屋建设，对评估达到"5个有"建设标准的，给予一定的建设经费资助。四是推进"爱心妈咪小屋"建设，又有2家创建成功，得到市总工会"妈咪小屋"助推计划补贴1万元。五是继续做好职工住院、退休职工住院、女职工特种重病等保障工作。六是开展高温送清凉活动，夏季，各级工会广泛开展高温慰问活动，提升职工群众的获得感。

（胡积伟）

6月3日，市级机关举办"快乐成长、放飞梦想"庆祝六一国际儿童节亲子活动

（王　颖）

【市级机关举办庆祝六一国际儿童节亲子活动】 6月3日，市总工会、市级机关工会举办的"快乐成长、放飞梦想"——市级机关庆"六一"主题亲子活动在上海立秀宝儿童社会体验英语小镇举行。市总工会副主席何惠娟出席活动并为市级机关系统4家"职工亲子工作室"授牌，市级机关纪工委书记任勤相出席活动并致词。目前，市级机关系统已有4家单位成立"职工亲子工作室"，分别是：上海出入境检验检疫局、上海市质量技术监督局、上海市高级人民法院、上海市第一中级人民法院。其中，上海出入境检验检疫局作为上海市首批12家"职工亲子工作室"的代表，现场介绍工作室的创建过程，还邀请职工家庭代表分享在亲子工作室的成长和收获。此次活动，市级机关系统100余家单位，近400个家庭参与。

（王　颖）

【上海地铁第二运营有限公司举办首届家庭日活动】 10月29日，上海地铁第二运营有限公司举办第一届家庭日活动。活动面向公司全体员工，在活动前期，公司通过微信、海报等形式进行征集报名，收到103组员工家庭的报名，共计230余人参加活动。为确保活动顺利开展，公司领导班子成员、机关部门负责人、管理部负责人及团干部等40余人作为普通的工作人员，参与活动的提前勘探、活动策划、后勤保障、现场协调等方面的工作，还在活动现场与员工家庭零距离沟通，并提供优质的服务。

（夏俊杰）

【城投工会举行实事项目班组示范点签约仪式】 6月22日，城投集团工会举行了服务职工实事项目班组示范点签约仪式。集团工会主席徐文以及集团、各直属单位及核心单位工会主席、基层单位班组长代表，共计60余人参加。签约前，城投工会发布2017年服务职工实事项目。推出"城投工会2017年'劳动光荣，服务职工'10+X实事计划"，2017年，城投工会在服务职工实事项目中新增班组示范点项目，经过基层工会申报、直属工会推荐、城投工会审核，最终产生16个城投班组示范点。仪式上，城投集团工会、直属单位工会、核心企业工会进行了班组示范点三级签约。（汪燕菲）

【城投"公益乐学"项目多措并举】 2017年城投集团工会依托市总工会平台，联合市工人文化宫，继续深入开展"公益乐学"服务职工实事项目。8月29日，在下属资产集团举行市总工会"公益乐学"城投教学点揭牌仪式。为了更好惠及职工，城投集团"公益乐学"项目有机纳入城投当年职工艺术节作品创作的前期辅导，在2016年引入瑜伽、太极课程的基础上，2017年又新增引入手机摄影课、沙瓶画、陶艺等定制课程，其中派送手机摄影课近30堂，参与课程总计近1200人次。在教学点揭牌仪式上，同时邀请职工及其子女开展上海城投2017年金秋助学活动，为81名困难职工子女送上助学金，13名职工获得育苗奖，共计16.9万元。（朱文慧　汪燕菲）

【红星美凯龙集团工会推出公租房惠民政策】 2003年开始，红星美凯龙集团工会依托市政府公共租赁住房惠民政策，紧贴职工住房需求，促进优惠政策落地，破解住房难题，缓解职工住房压力。其做法：一是安排专人负责公租房申请工作，打造"互联网家"，畅通网上申请渠道构建线上受理、线下办理的服务体系。二是拓宽服务广度深度。依托家政服务中心，合理利用公司资源。提供班车接送、水电维修、管道疏通，帮助办理居住证、子女入托入学等；成立公租房红星职工业委会，定期开展公租房联谊活动、家庭团建活动。三是形成房源统一管理系统，服务规范化、制度化。对职工在住房人员、缴费、小区和谐关系等方面，进行监督，遇到问题，及时干预处理，维护住房秩序。职工离职后，工会与职工、经住中心合理交接，确保房源合规合法，顺利延续使用。（胡云江）

【上飞公司工会关心职工群众生产生活，服务职工多样需求】 公司工会实施职工十项实事项目，组织"劳动光荣快乐充电"工匠疗休养、做好职工住房需求和职工幼托需求情况摸底工作等专项服务。开展"大飞机爱心日"职工一日捐活动，共募集善款68.49余万元。健全服务保障举措，做好大病帮困、意外帮困和助学帮困，全年39名大病职工受到大飞机爱心基金帮扶34.96万元，129人受到上飞公司第六期医疗互助基金和帮困互助基金帮扶31.71万元。落实会员慰问关怀机制，持续做好元旦、端午、中秋国庆、三八妇女节、六一儿童节等节日慰问；组织驻外场慰问、型号会战现场慰问和劳模、困难职工慰问，关爱职工28600余人次，累计关爱金额549.79万元。全年发放职工慰问品11000余份，累计近160万元；发放职工生日蛋糕券4000余份，累计近82万元；发放"六一"职工子女慰问品近1800份，共计13万余元；为公司全体会员升级购买专享基本保障；700人次参加职工疗休养和有毒有害工种职工疗休养活动。协调上海浦东图书馆在上飞公司图书馆设立延伸服务点，设置图书专架，为职工提供更多、更便捷的图书资源。开展退休职工参观浦东基地观摩大飞机活动；连续7年为退休职工办理"上海市退休职工住院补充医疗互助保障"参保续保手续；春节、劳动节、国庆节期间为近3600名退休职工发放慰问金；开展冬"送温暖"、夏"送清凉"慰问活动，慰问1562人次。（邹建军）

【中国商飞公司工会坚持需求导向，推进实事工程】 实施职工最关心、最紧迫的"五项实事"项目（职工住房保障、职工入园入托、职工疗休养、职工身心健康保障、职工带薪年休假），推动解决职工子女入园等具体困难，为30名职工子女插班生办理入院手续。组织首飞会战一线职工疗休养，邀请医学专家走进公司，举办健康讲座与义诊，积极参加上海市职工保障互助会综合互助保障计划，为职工购买互助保险。职工带薪年休假方面，协调行政加快落实休假计划制度。抓帮扶惠民生。以"关爱不遗漏、帮扶全覆盖"为目标，着力精准帮扶。健全困难职工档案，完善慰问机制，深入开展退休劳模先进、困难职工、单亲家庭走访慰问和定向帮扶工作。管好用好大飞机爱心基金，继续办好"爱心日"一日捐活动。9923名职工参加"爱心日"活动，共收到捐款174万余元，帮扶35人次。各级工会组织注重拓展困难职工帮扶领域，在做好传统帮扶工作的基础上，探索开展人文关怀、心理服务、教育支持等个性化、差异化服务。（阎　超）

【市总工会"公益乐学"国盛集团教学

8月2日，市总工会"公益乐学"国盛集团教学点举行挂牌仪式（万　兵）

点举行挂牌仪式】 8月2日，市总工会“公益乐学”国盛集团教学点挂牌仪式在集团本部举行，仪式由集团工会主席沈松龄主持，集团党委副书记、纪委书记黄跃民和市工人文化宫主任侯伟康共同为“公益乐学”国盛集团教学点揭牌。国盛集团工会按照市总工会拨付资金额1∶1配比教学资金，构成国盛“公益乐学”资金，资助并指导各直属工会挂牌成立分教学点。各分教学点面向集团全体职工开放，鼓励资源共享。使职工就近就便，享受优质、多样的公益性职工文体产品和服务。（万 兵）

【市区携手举办心理减压体验日活动】 11月3—4日，徐汇区职工援助服务中心在上海市总工会职工援助服务中心心理减压室举办徐汇区职工心理减压体验日专场活动。此次开展徐汇区职工心理减压体验日专场活动，是市与区工会援助中心携手合作关爱职工的全新尝试。（王成华）

【12351热线开通24小时全天候服务】 全年共有124950人拨打12351职工服务热线，其中人工接听电话92581人次，来电接听量分别比去年同期增加13.1%和22.4%。一是通过12351职工服务网发布各类服务信息396条。二是向市总“申工社APP”平台提供信息93次。三是及时准确解答回复工会多媒体平台（包括服务网、“申工社”微信、APP）职工各类咨询求助问题3636人次。7月底“申工社APP”改版升级后，在留言板块上职工留言数呈现较大幅度增加，留言数达1994条，都得到及时地回复和解答，无一再次重复留言。四是12351职工服务网“维权知识库”内容得到进一步调整和充实，除调整部分条目外新增内容333条，目前知识库条目达到2200余条。五是12351职工服务网站阅读浏览量达到777596人次，比去年同期翻了一番。六是在微信上开设“12351维权小讲堂”。微信上线6个多月共推文38篇，其中“12351维权小讲堂”文章20期。与此同时12351工会热线与12345市民热线“联网连线”的对接机制在去年的基础上更加顺畅。1—12月份接听“三方通话”转接电话474个，处理派发工单1611件，做到件件落实处置。从市民热线反馈中显示，按时办结率、1个工作日先行联系率、回访来电人解决率均达标。全年已经处理交办类事件48起，其中涉及的群体性事件都得到较为妥善或实质性解决。接受心理咨询服务电话263人次；每周设立的现场咨询服务188次，共接待咨询求助者132人次；还利用转制企业招聘会和工会会员卡大篷车活动设摊服务9次；组织基层巡讲76场，举办《员工心理管理执行师》培训班2期，培训基层工会干部140人；开展6场“心理体验日”活动，107人接受全套体验课程。（陈伯良）

【2017关爱环卫工人寒冬温暖行动在全市启动】 12月22日，由解放日报·上观新闻发起，上海市绿化市容行业工会、全家Family Mart共同举办的2017寒冬温暖行动在全市启动。本市53000名一线环卫工人收到全家便利店为他们提供的价值50万元的爱心早餐。从该月开始的“温暖行动”旨在倡导爱心关怀，让环卫工人过一个温暖的冬天，上海1100多家全家Family Mart便利店，加入到了关爱环卫工人“爱心接力站”的行列，24小时不间断为环卫工人提供热水、休息和饭菜加热服务。至此，全市关爱环卫工人“爱心接力站”已增至5700多家。（耿 静）

【洞庭西山休养院探索网络营销新模式】 为进一步探索网络营销新模式，充分依托苏州海鸥湖心岛度假村（市总工会洞庭西山休养院）官方微信公共服务平台，在元旦、春节、十一、中秋等节假日和部分西山特产上市采摘季节，大力推广市总工会会员卡个人休养度假房价补贴政策（即推出携程价4—8折和折后市总工会补贴房价1/3的专享优惠计划），在此基础上推出享受门票、娱乐、餐饮等“折上折”优惠，进一步惠及会员职工。定期推送游览胜景、水产瓜果、人文古迹等方面的休养旅游服务咨询；着重在西山花果、太湖水上游下功夫、做文章，春节期间，推出新春祈福之旅活动，营业额同比增长10%；定期推出“卡卡”自驾专享计划，通过赠送门票、住宿让利等方式，吸引市场客源。截至12月底，微信平台拥有粉丝数量已达6000多人，且日均“吸粉”量近100人。（夏鹤麟）

收入分配

【概要】 2017年在宏观经济下行背景下，上海工会从源头参与入手，围绕保障低收入职工收入有较快增长开展工作。主要内容：一是在市劳动关系三方协商机制平台上，对2018年最低工资标准调整幅度提出合理建议。二是研究新经济形势下如何完善企业工资指导线制度。三是指导本市部分公共养护行业建立行业最低工资制度。四是依托“上海工会职工收入分配状况调查网”开展有关职工收入分配状况基础研究。（胡 敏）

【参与最低工资标准调整三方协商】 在听取基层工会和职工对2018年最低工资标准调整幅度的意见和建议的基础上，根据对相关数据的分析研究，市总工会在市劳动关系三方协商最低工资标准调整方案时，就最低工资标准调整幅度提出了工会的建议和主张。根据三方协商结果，报经市政府批准，从4月1日起，上海最低工资标准调整为每月2300元，绝对额增加110元，增长5%。（胡 敏）

【开展企业工资指导线专题研究】 为了改善营商环境，2017年本市发布最低工资标准时未同时发布企业工资指导线，市总工会不断接到基层工会为工资集体协商来电，询问企业工资指导线之事。为此，市总权益保障部开展有关企业工资指导线的专题研究。梳理企业工资指导线制度产生的时代背景、目的、制订原则，以及适用范围的变化等，结合2016年市总工会《工资增长指导线评估研究》中的一组数据，说明企业工资指导线在统筹兼顾促进企业发展与维护职工权益，全面落实和谐劳动关系建设方面的作用及存在的问题，探索新经济形势下如何完善企业工资指导线制度，在政府相关部门的研讨会上，提出工会对制定发布企业工资指导线的建议。（胡 敏）

【开展职工收入分配状况监测】 依

托“上海工会职工收入分配状况调查网”，开展有关职工收入分配状况基础研究。通过一年两次对本市50个区局(产业)工会所属513家用人单位的生产经营状况、用工人数变化、职工收入增长、职工参保和福利等情况开展调查，研究用人单位生产经营状况对职工就业岗位稳定、收入增长等方面的影响，为工会参与最低工资等民生政策标准调整和收入分配制度改革服务。（胡　敏）

【指导部分公共养护行业建立行业最低工资制度】 为贯彻落实《关于深化养护行业市场化改革提高一线职工工资水平的意见》(沪府办〔2016〕26号)精神，市总工会会同市绿化环卫行业工会，总结环卫行业建立行业最低工资制度对职工收入增长和福利待遇提高，特别是对一线职工收入增长与福利改善所起的作用。借鉴环卫行业经验，2017年市总工会指导本市绿化养护、河道养护、管道养护行业开展行业工资集体协商，并分别建立本行业最低工资制度和最低工资标准。（胡　敏）

就业援助

【概要】 2017年，上海工会贯彻落实全总关于职工就业援助的部署和要求，夯实和完善常态化工会就业服务工作机制。进一步完善“天天网上招聘、月月小型招聘、四季主题招聘”工作机制，开展工会就业援助月等活动，依托各区总工会职工援助服务信息化平台，为职工及职工子女提供常态化就业援助服务。协助政府职能部门联合开展“春风行动”“民营企业招聘周”等活动。同时，优化上海工会困难职工家庭大学生社会实践工作，进一步完善管理模式。（余嘉毅）

【2017年“春风行动”】 为更好地服务节后来沪人员就业需求，2—3月，市总工会会同市人力资源社会保障局、市妇联联合举办以“搭建供需平台，促进转移就业”为主题的2017年“春风行动”，集中为来沪务工人员提供就业服务。活动期间，各级工会主办或协办专场招聘会100余场，提供免费就业服务3.96万人，成功介绍1.29万余名农村劳动者就业，组织8100余名农村劳动者参加职业技能培训。2月12日，嘉定区“春风行动”暨百家企业招聘洽谈会率先举行，京东商城等109余家知名企业面向来沪人员推出近5000个招聘岗位。招聘会对全区1500多家使用来沪人员40人以上的规模性企业全面进行用工排摸，从前来报名参加招聘会的200多家企业中精选出信誉佳、待遇好的109家重点企业参加本次招聘会。据统计，招聘会吸引30000多名求职者应聘，5000多人与企业在现场达成初步聘用意向。招聘技术类人员的岗位超50%，薪资普遍超过5000元，尤其是铣床、车床、电焊、钳工等机械加工类人员。（余嘉毅）

【工会就业援助月活动】 2月8—10日，市总工会积极参加“全国工会就业创业援助月”活动，组织制造业、零售业、家政服务业等行业的13家单位用工单位到广西南宁市和柳州市开展招聘，共提供岗位500余个，达成140人就业意向，并分别与广西30余所高校和培训学校达成合作意向。就业援助月活动期间，市总工会积极开展各类就业援助服务活动，有效满足来沪务工人员的就业需求，缓解企业用工荒问题。全市各级工会共组织专场招聘会100余场，其中宝山、徐汇、长宁等区开展了千人以上的大型招聘会，静安、杨浦等区建立每周召开小型招聘会的机制，共提供免费就业服务6.6万人，其中职业技能培训1.5万人，职业介绍2.7万人次，创业扶持1300余人。（余嘉毅）

【民营企业招聘周活动】 4月下旬，市人力资源和社会保障局、市教育委员会、市总工会、市工商业联合会在全市组织开展“2017年上海民营企业招聘周”活动，整个招聘周期间，全市各区同步开展民营企业招聘会共计33场，约970家用人单位参会，提供招聘岗位1万余个。作为主会场，上海市民营企业招聘周暨闵行区(九星)专场活动在七宝镇市民文化广场拉开帷幕。活动针对就业重点帮扶对象推出“五个千人”服务计划，即千名应届高校毕业生、千名产能结构调整后失业人员、千名离土农民、千名被征地人员、千名启航青年。同时，活动现场还发起青年(大学生)职业训练营学员招募令。（余嘉毅）

【四季职场招聘会】 2017年，市总工会进一步落实“天天网上职场，月月小型职介专场，每季主题招聘活动”的目标任务，市总工会就业服务网(www.sh12351job.org)依托“网上职场”平台，同步开展网上就业服务，为求职者提供岗位信息匹配。全年共接待就业服务8005人次，推荐面试3322人次，成功录用2191人次，召开招聘会77场，参会单位2316家，提供岗位39290个，意向录用7455人次。（余嘉毅）

【上海工会择业洽谈会助力困难职工子女走入职场】 11月29日，由市总工会主办，市总工会职工援助服务中心、市金融发展服务中心、上海市学生事务中心、上海市工人文化宫共同承办的“2017上海工会‘我的青春我做主’大学生择业洽谈会”举办。同期还为全市困难职工子女中的应届大学生组织就业指导培训讲座及公益性综合类专场招聘洽谈会，市总工会副主席桂晓燕出席。大学生择业洽谈会上，除有上海市金融发展服务中心招募的20家优质金融行业企业外，还有涉及新闻传媒、现代制造业、物流货代、零售贸易、金融投资、服务业、房产建筑、电子商务、IT/通信、教育培训等10个行业，共200家企业登场，提供就业岗位3000余个。共吸引沪上近60所高校的2000余名毕业生前来应聘，通过岗位咨询，累计投递简历3082份，现场达成录用意向1188人。（施杨欢）

【上海工会“大学生社会实践基地”】 2017年市总工会在开展“金秋助学”活动和“困难职工家庭高校毕业生阳光就业行动”的基础上，市总工会进一步完善大学生社会实践工作并依托“上海市总工会就业服务网”，加强对社会实践的管理，16个区、11个局(产业)工会所属困难职工家庭大专院校学生可根据自己所学专业、职业规划、居住地等情况，在涉及机械制造、商业地产、管理咨询、建筑工程等10多个行业领域114个“实践基地”

400余个实践岗位中，通过区局（产业）工会调配、实践基地录用等实现人岗匹配。各实践基地单位高度重视困难职工家庭大学生社会实践工作，指定技师、工程师结对带教，从工作、学习、生活上实现困难职工家庭子女全面帮扶。在社会实践期间，市总工会为实习学生提供每人每月500元的补贴（含意外伤残互助保障计划参保费用），部分实践基地及所属的区县局（产业）工会也提供一定的补贴，学生每月最高能获得3000元的补贴。除此之外，各实践基地还严格遵循按劳分配原则，实行同工同酬，工厂正式合同工拥有的高温津贴、饮料费、工作午餐、车贴、防暑降温用品，甚至考评优秀奖励等各种福利待遇，受助实践大学生同等享受。全年共有192人次大学生参加工会大学生社会实践，补贴总计达9.6万元。（余嘉毅）

【技能培训促就业行动】 2017年，上海工会贯彻落实全总有关技能培训促就业的有关通知，切实以下岗失业人员、农民工和困难职工家庭高校毕业生等就业困难群体为重点对象，开展“技能培训促就业行动”。各级工会共筹集就业培训资金237万元，实施就业技能培训8.4万人（其中，获得人保部门颁发职业技能证书的有2.5万人），提供免费就业服务11万人，共帮助近6400余人实现就业。（余嘉毅）

3月16日，杨浦区总工会举办就业援助月大型招聘活动（刘海华）

【普陀工会举办春风行动招聘会】 3月3日，普陀区总工会与区人社局联合开展“乐业上海”——2017年“春风行动”招聘会。16家区内知名企业参与招聘，涵盖商贸零售、文化创意、现代金融等行业，提供招聘岗位246个。活动当天，参与求职近200人，其中初步达成意向62人。（陆蕾）

【杨浦区总工会举行就业援助月大型招聘活动】 3月16日在杨浦滨江渔人码头举办。由区总工会联合平凉路街道党工委、办事处主办。主题为“助力‘三区一基地’，铺就创新创业路”。同时举行渔人码头专场招聘会。区人大常委会副主任、总工会主席麦碧莲出席。招聘会提供20余个工种、1800余个就业岗位，共吸引逾1500余人次前来求职问询，帮助560名求职者实现就业，取得良好效果。此外，现场还提供就业创业政策、技能培训、互助保障、工会会员服务卡业务办理及使用等咨询服务和医疗健康咨询、免费测量血糖血压等便民服务。（张东寅）

【宝山区总工会举办春季大型招聘会】 3月11日，由宝山区总工会主办，市总工会职工援助服务中心协办，宝山区职工援助服务中心承办的“百企千岗进社区，真情援助你我他”——2017年宝山工会春季大型招聘会在宝山区体育中心篮球馆举行。市总工会副主席姜海涛，区人大常委会副主任、区总工会党组书记、主席王丽燕等领导到场指导。招聘会上共有226家用人单位向求职者提供5000余个工作岗位，岗位涵盖管理类、技术类、普工类等，涉及操作工、行政、财务管理和销售等各个层次和领域，吸引大学毕业生、外来务工和再就业等不同人群5400余人次前来应聘。据统计，共有2545人与用人单位达成初步求职意向，企业意向录用787人。（万晶）

【闵行区工会“职通车”解决职工实际困难】 7月，位于闵行区颛桥镇颛兴路188号的上海伊思娜有限公司因历

3月19日，奉贤区总工会举办2017年“春风送岗位”公益招聘会（薛思涵）

年各项成本上升，订单减少，经股东会决议决定关闭，涉及职工288名。接到劳资矛盾隐患预警后，闵行区总工会先后多次来到企业了解相关情况，同时，区总工会会同区劳动监察、区企业联合会共同开展企业劳动关系重大调整"三方会审"会议，为保证职工合法权益献计献策，协助企业平稳度过难关。安置方案宣布一周后，工会"职通车"项目到企业里举办洽谈会，共组织43家单位的专场招聘会，带来与职工匹配的1031个工作岗位，集中解决了职工再就业问题。（刘 健）

【奉贤区总工会举行2017年"春风送岗位"招聘会】 3月19日，由奉贤区总工会和奉贤区残疾人联合会主办、上海创凡人才服务有限公司承办的2017年奉贤区总工会"春风送岗位"公益招聘会在奉贤区文化广场举行。招聘会以"心系职工情，联手助就业"为主题，以"来沪就业农民工、困难职工家庭子女、残疾登记失业人员"为重点就业帮扶对象，精心组织本区150余家企业参会，为求职者推出3000余个就业岗位，800余名求职者当场签订就业意向。（薛思涵）

困难帮扶

【概要】 2017年，为全面贯彻中央坚决打赢扶贫脱贫攻坚战和全总关于做好困难职工解困脱困帮扶工作的精神，通过精准施策，重点围绕生活保障、子女就学就业、医疗救助等方面，提供工会组织力所能及的帮助，建立健全工会帮扶工作的常态化、长效化机制。一是健全完善困难职工动态化管理机制，进一步落实推进市总工会《关于进一步加强困难职工解困脱困帮扶工作的实施意见》，明确精准建档帮扶的新要求，把重点放在政府救助暂时覆盖不到，或者已经覆盖但需要进一步救助的困难职工群体。本市各级工会牢牢把握"先建档、后帮扶、实名制"的原则，依托工会帮扶工作管理系统，全面开展困难职工状况调查排摸，做到一户一档案。二是创新发展帮扶援助的品牌化机制，充分发挥工会拾遗补缺的作用，在扎实做好日常帮扶工作的基础上，深入开展元旦春节送温暖活动、金秋助学和阳光就业行动，加大关心关爱力度，2017年新增大病职工慰问行动，以实事项目为依托，拓展内容，提高保障待遇，为患大病会员建立多重保障，建立健全工会帮扶工作的常态化、长效化机制。（李丽逸）

【上海工会深入开展元旦春节送温暖活动】 2017年元旦春节期间，通过开展形式多样的走访慰问、帮困救助、会员服务日等活动，不断健全完善以"心系职工情，温暖进万家"为主题的送温暖工作的长效机制。一是多渠道筹措资金，广泛开展走访慰问。"两节"期间，各级工会共筹措送温暖资金1.97亿元，慰问困难职工家庭近8万户。市总工会继续开展集中走访慰问活动，市总主席室分11路深入到40多个区局（产业）系统集中开展走访慰问活动。二是重点关心工会帮困对象。本市各级工会从助困、助医、助学等三方面切入，深入开展困难职工的生活帮扶工作，共计投入帮扶资金6883.22万元，帮扶困难劳模、困难职工（含农民工）6.8万人。三是重点关爱农民工群体。继续深入开展"电话诉亲情、温暖进万家"农民工通讯费补贴、"平安返沪"农民工火车票补贴和农民工健康医疗补贴等三大关爱行动，投入补贴资金300万元，惠及农民工30000人次。四是精心组织普惠服务活动。举办"上海工会会员嘉年华暨2017元旦春节送温暖活动"，通过爱心募捐、爱心义卖等形式拓展帮扶资金募集渠道，引导会员和社会商户为困难职工群体献爱心，并在活动现场为部分困难职工赠送生日蛋糕等一系列丰富多彩的活动，创新了帮扶和服务的形式，嘉年华当天惠及会员2708人次，进一步扩大工会的影响力，营造全社会共同关注关爱困难职工的良好氛围。（李丽逸）

【全国总工会慰问团来沪开展送温暖活动】 1月19—20日，全国总工会副主席、人力资源社会保障部副部长邱小平率领全总慰问团一行来到上海，在市总工会副主席姜海涛陪同下走家串户，向上海职工送来全国总工会的关怀和温暖。19日下午，慰问团赶往全国劳模、大国工匠、上海飞机制造有限公司数控车间钳工组组长胡双钱的家中慰问。随后，又赶到家住杨浦区的困难职工蒯淑兰的家中。蒯淑兰是杨浦区创安安全管理服务中心的一名交通协管工，2015年被查出患有癌症。邱小平表示："遇到特别困难的职工，我们要联合多部门一起帮扶，靠大家的力量，帮助他们渡难关。"20日一早，慰问团一行又来到中建八局上海公司耀华路项目部，听取项目部关于农民工工资支付情况的专题汇报，并向坚持在一线工作的农民工兄弟们送上慰问金及慰问礼包。（李丽逸）

【市总工会领导集中走访慰问困难劳模、困难职工和困难企业】 2017年春节前夕，市总工会继续开展困难企业、困难职工、困难劳模的走访慰问活动，分11路深入到40多个区局（产业）系统集中开展走访慰问活动，实地了解困难职工、劳模的生活情况和困难企业的实际需求，将工会的关心关爱传递给每一位困难职工和劳模。1月5日，市人大常委会副主任、市总工会主席洪浩亲赴杨浦和华东医院慰问和看望医药系统困难职工家庭和全国劳模马桂宁。1月23日、24日，市总工会党组书记莫负春先后看望老劳模吴佩芳、杨怀远、包起帆，走访困难职工许学根。（李丽逸）

【深入开展农民工系列关爱行动】 春节前后，市总工会深入聚焦农民工帮扶，切实将农民工群体纳入工会帮扶和服务序列。市总工会联合劳动监察进行农民工工资支付情况专项检查，在针对农民工欠薪问题检查的同时，大力推进相关企业组建工会、建立集体协商和职代会制度，从源头上维护农民工的合法权益。继续深入开展农民工通讯费补贴、农民工火车票补贴和农民工健康医疗费补贴等三大关爱行动，投入补贴资金300.45万元，惠及农民工25850人次。1月25日，市总工会党组书记莫负春前往虹桥机场急救消防保障部，慰问留沪农民工。各级工会结合自身实际，开展形式丰富的农民工关爱行动，为农民工会员送上新春祝福，进一步增强农民工会员对工会组织的归属感。（李丽逸）

【深入开展“金秋助学”和“阳光就业”活动】 上海工会贯彻落实全国总工会《关于开展2017年困难职工家庭高校毕业生阳光就业行动和金秋助学活动的通知》的要求，市总工会组织动员本市各级工会开展2017年上海工会金秋助学活动和阳光就业行动，本市各级工会共筹集发放助学资金2534.5万元，帮扶10592名困难职工子女和农民工子女，切实缓解困难职工家庭子女的升学压力和就业困难。其中，针对困难职工子女上学，市总工会继续开展定向助学项目，发放帮扶资金198.13万元，帮扶1052名经各级工会帮扶后仍然困难的职工家庭子女；针对困难职工家庭高校毕业生，市总工会开展“上海工会大学生社会实践”活动，安排困难职工家庭大专院校学生在暑假期间参加社会实践192人次，发放实践补贴9.6万元。除了提供资金补助外，各级工会利用暑假开展结对补习、社会参观、“心愿认领”等符合学生特点、深受学生喜爱的主题活动，进一步提升帮扶工作效果。各级工会还充分发挥工会组织优势，主动吸纳本地区、本系统的大中型企业、社会组织等，共同参与到阳光就业和金秋助学活动中来，逐步建立行之有效的社会化助学运作模式，将工会助学助业工作常做常新。

（李丽逸）

【支援外地建设退休（职）回沪定居人员帮困补助】 年底，支援外地建设退休（职）回沪定居人员帮困补助总人数达到41.66万人，全年共发放帮困补助13.2亿元。2017年由市财政列支，市总工会核拨给各区总工会一次性特困补助163万余元，对4600余名生活特别困难的支援外地建设退休（职）回沪定居人员发放一次性特困补助。

（余嘉毅）

【浦东新区总工会加大困难职工帮扶关爱力度】 全区各级工会累计帮扶困难职工8.4万人次，筹措帮扶资金3289.73万元。高温期间开展送清凉专项慰问活动2187次，慰问职工34.4万人次，发放和赠送防暑降温费用2477.4万元。依托职工幸福安康基金，年内共募集善款312.05万元，帮助困难职工9174人次。职工互助保障受理职工投保70.11万人次，理赔15.25万人次，理赔金额1.63亿元。做实做强关爱帮扶品牌项目，依托第三届职工“微心愿”活动，结合年度重大节日累计慰问帮扶困难职工3000人次，涉及帮困金150万元。

（陈 维）

【徐汇区开展新春慰问困难职工活动】 春节前夕，市总工会、区四套班子领导分别走访慰问区内老劳模、困难职工，向他们送上节日问候和新春祝福。市总工会党组书记莫负春、市总工会秘书长宋钟蓓一行先后走访看望了全国劳模吴佩芳、上海汇丰医药药材有限责任公司困难职工许学根，亲切询问他们身体情况和生活情况。区委书记鲍炳章、区长方世忠，区人大常委会主任王醇晨，以及陈高宏、韦源、李关德、朱伟红、袁建村等区领导先后走访慰问区部分上海市劳模、困难职工。

（余艳萍）

【普陀工会开展送温暖活动】 普陀各级工会在元旦春节期间开展以“心系职工情，温暖进万家”为主题的帮困送温暖活动。为困难职工发放“三定”（定人、定时、定额）帮困金、助学金、一次性生活补助；关心关爱农民工，向农民工发放通讯费补贴和医疗补贴。广泛开展走访慰问活动，走访慰问知名劳模、生活困难劳模以及困难职工家庭，送上新春慰问礼包。据统计，各级工会共发放各类款物271.39万元，慰问困难职工3376人，其中慰问劳模575人次、慰问农民工600余人。

（陆 蕾）

【杨浦区第十三期特困家庭优秀子女免费升学辅导班】 2月24日在沪东工人文化宫开班。授课团队以区教育工会全国劳模为骨干，由11位区内名师组成。采取学生自主申报、区教育工会审核、区总工会提供场地集中授课的模式进行，本期共招收学生146名。学生自2月下旬起，每周末两天免费接受语、数、外等学科辅导，为期2个月。杨浦工会“劳模讲师团”至今已连续13年为特困家庭的优秀子女开展免费升学辅导，将优质教育资源送到困难家庭的学生身边，累计受惠学生已达2850余人次。

（张东寅）

【黄浦区总工会举行金秋助学活动】 8月24日，黄浦区总工会和黄浦区机关工会联合会在大光明电影院联合举行“爱心·圆梦”——2017年黄浦区工会金秋助学活动。今年助学活动的主要内容有：一是向困难职工家庭学生发放助学金，各级工会共帮扶301名困难职工家庭学生，总金额74.625万元，区总工会直接帮扶57名困难职工家庭学生，帮扶金额99500元；二是赠送学习用品，区总工会拨专款购买书包赠送受助学生；三是组织受助学生观看电影，接受爱国主义教育；四是暑假期间为困难职工家庭的大学生提供社会实践岗位，从源头上缓解职工困难。

（陆中斌）

【静安区总工会召开“金秋助学”推进会】 8月28日，区总工会召开2017年静安工会“金秋助学”推进会暨理事会第十一次会议。会上向优秀受助学生代表颁发“2017年静安工会助（奖）学金”。据统计，2017学年区总工会计划助（奖）学253人，发放助（奖）学金61.9万余元。“金秋助学”理事会成立10年来，理事单位已发展到34家，其中非公企业18家，世界500强企业4家。静安工会金秋助学活动已成为“温暖人心、体现爱心、鼓舞民心”的品牌活动。

（夏晨荷）

【闵行区总工会实施职工帮扶】 闵行区总工会实行困难职工档案动态管理，进一步实现精准帮扶，促进帮扶工作常态化、机制化。2017年，通过深入基层、深入企业、深入职工家庭，认真排摸本地区困难职工，全年帮扶困难职工4878名，共计发放帮扶资金205.44万元，其中困难职工2658人、困难农民工2181人、困难职工子女39人。

（卫佳雯）

【金山区总工会建立困难职工就业基地】 4月19日，首批金山工会困难职工就业基地授牌暨签约仪式在上海金山机动车驾驶员培训有限公司举行。区总工会党组书记、主席朱喜林，向金山工会困难职工就业基地授牌并讲话。首批12个困难职工就业基地，为困难职工提供60多个就业岗位。年内争取打造36家困难职工就业基地。企业在考虑发展的同时，要充分考虑基地建设的公益性，尽可能提供适合困难职工就业的工作岗位，为就业的困难职工提供必需的工作条件，创造良好的工作环境。各街镇（工业区）、国资委工会主席、副主席和困难职工就业基地企业负责人和工会主席参加本次活动。（沈勇军）

【松江区总工会开展职工一日捐活动】 1月3日，松江区总工会联合区机关党工委、市慈善基金会松江区分会，举行以“帮助他人　阳光自己”为主题的“2017年‘蓝天下的至爱’松江区机关党员、干部、职工慈善一日捐”活动。在区行政一中心主会场，区机关1774名党员、干部、职工共得捐款27.38万元。同时，各街镇、开发区总工会，大口委局及部分国有、非公企业工会也设立分会场，同步开展“职工一日捐”活动。除主会场之外，全区共有467家单位组织“职工一日捐”活动，捐款总人数4.3万人，捐款总金额202.56万元。（周迎晨）

【青浦区香花桥街道开展职工援助服务日活动】 1月14日，青浦区香花桥街道总工会联合街道各部门在职工家园开展“2017年春节送温暖援助服务日”活动，为职工家园300多名职工“送法律、送健康、送文化、送温暖”。活动中，街道党工委、区总工会领导查看职工宿舍，仔细询问职工的工作生活、身体健康、劳动安全等情况，并送上慰问品。街道总工会现场为职工提供劳动法律咨询服务，并送上春联、书和杂志等文化用品；街道社保中心、卫生院、妇联、团委等各部门也为职工提供居住证、社会保障、就业培训、健康知识等内容丰富的咨询服务，并为职工送上新年礼包。（朱建强）

【奉贤区总工会开展职工帮扶工作】 建立困难职工信息档案数据库，加大困难劳模、单亲家庭子女等特殊群体的定向帮扶，发放市劳模特困帮扶金、低收入补助金、全国劳模“三金”共计200余万元。市职保会参保108824人次，投保金额24136808元，给付10667人次，给付金额13730249.72元，区职工救急济难互助会入会146252人，给付1492人次，给付金额1906400元。（钱　洁）

4月19日，金山工会困难职工就业基地成立　（沈勇军）

【奉贤区总工会慰问困难职工】 为积极参与区委“东方美谷风雨彩虹”圆梦行动，区总工会将2016年度自付医疗费用超过5万元的重大病职工确定为重点帮扶对象，提出“困难职工救济急难梦”这一集体梦想，涉及的困难职工达到77名。梦想一经发出，上海东奉电力工程（集团）有限公司积极认领，及时捐助爱心款项27.7万元。6月28日—7月6日，区总工会领导带队分组上门慰问其中4位患有重大疾病的职工。（薛思涵）

【市机电工会举行“一日捐”活动】 2月7日，市机电工会在上海电气集团股份有限公司报告厅举行“一日捐”仪式，40家企业代表共捐款近600万元。尽管2016年多家企业转制后划出上海电气，但捐款总额基本与上年持平。元旦、春节期间，市机电工会以及各基层工会共慰问帮困对象11111人，金额457.46万元。帮困对象主要为生活困难员工和大病重病员工，分别为10231人和444人。（彭伟光）

【市化学工会关爱职工送温暖】 为了更好地开展职工互助互济，市化学工会积极做好对困难职工的帮困送温暖工作。首先，完善集团的救急济难基金会章程，对基金会使用的范围、内容和标准作了修改，更符合目前的帮困要求。同时，积极做好帮困送温暖工作，在2017年元旦春节前夕，集团领导走访慰问25名困难职工和党员，慰问22名老干部和老劳模，还委托二级单位领导走访慰问79名困难职工。全年，基金会对覆盖所属企业职工进行定向帮困、医疗帮困、助学帮困、重病帮困以及临时帮困，共帮扶1015人次，金额达到131万元。另外，对集团下属的6家子公司的18家市外企业下拨帮困款50万元。（陈晓英）

【市纺织工会关爱困难职工家庭，开展金秋助学活动】 秋季开学前夕，纺织工会在集团会议中心举行“心系职工情，共圆金秋梦”——2107年上海市纺织工会关爱职工子女暨金秋助学活动，来自集团旗下龙头股份、时尚物业、纺研院、纺织原料、时尚教育、德福伦、申安等7家单位的先进职工子女、驻外职工子女及受助职工子女和各级工会干部们约60余人齐聚一堂；纺织工会特邀4位今年考入同济大学、上海对外经贸大学、上海师范大学、杨思中学（区重点高中）的困难职工子女进行交流发言。并为今年参加中（高）考，考入市（区）重点高中和本科院校的学生颁发“助学成才”奖学金。（陆　益）

【市纺织工会深化帮困救助工作，解决职工实际困难】 经统计，纺织集团所属的57家企业向纺织职工救急救难基金捐款167.57万元。全年慰问困难企业及“爱心驿站”共15家，慰问金额达40万元。元旦、春节期间送温暖活动慰问救助812人，慰问补助金额81.32万元。五一期间帮困送温暖活动,帮困总人数222人,慰问补助金额18.27万元。秋季助学活动,支持和帮助120户困难家庭子女读书,慰问补助金额28.75万元。国庆节期间,帮困总人数170人,慰问补助金额22.98万元。职工首次患重大疾病医疗救助人数达28人,发放救助金额14万元。全年帮困总额达205.32万,帮困总人数共1352人。(陆 益)

【中国宝武精准帮困送温暖】 2017年,中国宝武工会修订《关于进一步完善帮困送温暖长效机制的若干意见》,调整定向救助标准和大病救助范围和标准。并对新发现的困难员工及时登记建档,实行困难员工信息动态化管理。组织开展以"心系职工情,温暖进万家"为主题的帮困送温暖活动,慰问员工59415人。全年开展帮困慰问76134人次,发放慰问金额5635.92万元;组织2017年金秋助学活动,发放助学款144.75万元,资助困难员工子女693人。集团公司工会春节前夕深入基层走访慰问39名困难员工、退休员工和老劳模,对协同支撑团队人员、安全督导组驻外人员,援藏、援青、援滇干部及云南扶贫挂职干部、驻村第一书记进行节日慰问。

(陆 庆)

【宝钢股份构建覆盖广泛快捷有效的员工服务体系】 宝钢股份工会贯彻落实上级工会关于对建档立卡困难职工实施精准帮扶的工作要求,修订完善帮困送温暖工作制度、帮困基金和一日捐使用管理办法。各级工会进一步加大对重病和建档立卡困难职工的帮困慰问力度,加强对困难职工的关心关怀。年内累计帮困20877人次,帮困金额1860.97万元。此外,进一步明确退休职工"四个一"的工作内容和办理流程,适度提高退休职工慰问标准、会同相关部门研究新一轮员工健康关爱计划方案,充分体现公司对员工的关爱。(胡建忠)

【上海石化工会做好领导干部与困难职工结对帮困工作】 2017年元旦、春节、中秋、国庆期间,上海石化公司开展领导干部对口联系困难职工工作,各级领导干部与困难职工结对168对。重大节日期间,公司和各级党政领导共1121人(次)走访慰问困难职工1580人(次)和各类劳模先进131人。(潘萍萍)

【上汽集团工会拓展"助梦计划"帮扶范围】 按照《上汽集团先锋号帮扶中心实施意见》规定,上汽集团工会继续开展2017年困难职工子女"助梦计划",共发放助学金170余万元。此次工会助学帮扶范围覆盖从托儿所到研究生所有阶段的学费资助,相较2016年增加助学子女36人,增加助学金额10万余元。(范 融)

【中国远洋海运集团工会认真做好扶贫帮困工作】 中远海运集团在精准帮扶上下功夫、切实解决困难职工实际问题,2017年共帮扶困难职工15188人次,发放帮困金1754万元。为500多名困难职工申请到上级工会帮困补助,让困难职工优先享受到惠民助民政策。上海船研所、中远海运资产每年开展"一日捐"活动充实公司帮困基金;中远海运控股、中远海运能源、中远海运港口等成立帮困基金、救急解困基金会,建立帮扶制度,规范基金运行,做到分类帮扶、因人施助,确保困难职工群众有真切的获得感。

(刘建强)

【市运输工会"金秋助学"突出精准化特点】 8月10日,运输工会2017年"金秋助学"专题活动在上海世博会博物馆举行,集团系统近30名助学对象代表、学生家长代表、基层工会保障干部参加活动。2017年市运输工会结合实际,"金秋助学"突出"三个精准化"。一是困难信息精准化。健全困难职工家庭生活状况、子女就学等基础信息资料,做到一户一档,实现困难类型清、帮扶措施清、慰问给付清。二是动态管理精准化。建立纵向到底的信息动态管理机制,做到助学信息及时更新、助学状态动态跟踪、困难变化动态反映。三是帮扶措施精准化。坚持落实"定人、定时、定额",通过定向助学、结对助学、叠加助学等形式,积极推进资金帮扶、精神帮扶、文化帮扶等多措并举深化助学活动。

(夏文庆)

【上海邮政工会开展困难职工帮扶工作】 元旦、春节期间,上海邮政工会组织各基层工会开展"双节送温暖"和"爱心一日捐"活动,组织各级工会对1010名先进劳模、困难员工进行慰问,发放慰问金198万元。"五一"、"十一"期间,对98名困难员工进行补助,发放帮困金12.6万元;"六一"期间,组织部分困难员工携子女参加中国航海博物馆亲子一日游活动;开展"金秋助学"活动,向20名困难员工发放助学金7.75万元。(陶 晔)

【上海邮政工会持续做好互助保障工作】 继续开展员工重病和住院医疗互助保障会工作,2017年上海邮政员工重病医疗互助保障会入会人数20997人,上海邮政员工住院医疗互助保障会入会人数18963人。年内,重病医疗互助会为81名员工支付保障金103.5万元,住院医疗互助保障会为807人次支付保障金185.14万元。同时,上海邮政工会为全体会员投保上海工会会员专享基本保障(A类),全年共为36名参保会员申请到36万保障金和2.4万元慰问金,减轻员工的就医负担。(陶 晔)

【中铁上海工程局集团启动"困难职工精准帮扶"】 3月20日,中铁上海工程局集团公司困难职工精准帮扶启动仪式在安徽芜湖举行,市建设交通工会主任刘选游出席启动仪式。为全面贯彻落实国家关于精准扶贫的部署要求,集团公司成立精准帮扶工作小组,出台《中铁上海工程局集团有限公司困难职工精准帮扶实施办法(试行)》。秉承"先审核、再建档、后帮扶、实名制"的原则,严格把好群众申请、入户调查、民主评议、公示监督、确认审核等关口,精准识别真正贫困人员。本年度集团公司共有58名困难职工通过审核,成为精准帮扶的对象。

(钱 蓉)

【市绿化市容局工会系统开展"爱心一日捐"活动】 1月5日,市绿化和市容管理局工会发动各基层工会,积极组织广大工会会员开展了以"人人奉献爱心,共创美好生活"为主题的2017年度"爱心一日捐"活动。局党政领导、机关处室负责人和基层单位党政领导、广大会员踊跃参与，自愿捐出一天工资收入，截至1月11日，共有24个基层单位的1534名干部和职工参与了此次活动，共捐款173624元。所有捐款全部留在本级工会，用于建立和充实本单位工会的各类帮困基金，对困难职工开展生活帮困、医疗帮困、助学帮困等工作，并做到专款专用、汇总登记、公开公示、接受监督。1月11日，局工会就各单位工会的爱心一日捐情况在局网站和行业工会网站上进行公示。（耿 静）

【市绿化市容局工会组织职工参加“爱心公益·冬衣募集”活动】 6月，公益组织慈济上海联络处募集冬衣，送往四川甘孜藏区，那里一年四季寒冷，夏季晚上气温也仅摄氏2—3度。得知消息，市绿化市容局工会随即组织职工开展“爱心公益·冬衣募集”活动，获得局系统职工积极响应，共有15个家工会，近百名职工参与爱心公益活动。截至6月12日共募集衣物20大箱，约200余件，其中包括毛毯、羽绒服、大衣、棉衣裤、毛衣裤、单衣裤等，局工会对本次捐赠衣物进行分类、整理、打包后，以最快的速度送往公益募集点，通过爱心的传递，把温暖送到四川贫困地区人们的手中。（耿 静）

【市科技工会困难帮扶惠及职工】 通过“夏送清凉”“冬送温暖”，给基层单位职工送去关爱；通过住院、重大疾病帮困等工作为困难职工送去暖意；组织艺术走进职工等活动，为职工送去实惠。市科技工会全年累计完成21919名职工办理工会会员卡，专项保障费用支付438180元；职工技师、高级技师晋升奖励29人40000元；师徒带教1人，奖励3000元；职工创新工作室1个，奖励20000元；一线职工211项授权发明专利，奖励422000元；合理化建议和先进操作法创新奖2人，奖励1500元；对80名困难职工住院、特种重病补助410300元；系统内新建成3家妈咪小屋，发放市总工会工作费用15000元。（顾 铭）

【市卫生计生系统开展“送温暖”活动】 春节前夕，市卫生计生委党委书记黄红，市卫生计生委主任邬惊雷，市卫生计生委党委副书记、市医务工会主席郑锦等领导，走访慰问32名全国劳模、对口支援医务职工及家属、身患重病的困难职工以及退休职工等，向他们致以节日的问候，并且递上了慰问金。据统计，今年春节送温暖覆盖各类困难职工、劳模、退休困难职工以及援外人员约636人次，发放慰问金共约67.75万元。其中，大病帮困职工50人计11.6万元，劳模234人计27.1万元，退休困难职工178人计11.75万元、援外人员174人计17.9万元。同时，为了切实维护春节期间广大一线医务工作人员身体健康，确保他们平安度过春节，市医务工会对36家直属基层单位的一线医务职工共发放慰问金48.8万元。本市卫生计生系统各基层工会也积极行动，扎实推进本单位的帮困送温暖工作和一线医务职工慰问工作。（童秀妹）

3月20日，中铁上海工程局集团启动困难职工精准帮扶工作（钱 蓉）

【SMG多类保障做好困难帮扶工作】 上海广播电视台（上海文化广播影视集团有限公司）工会（简称“SMG工会”）为困难职工提供工会会员卡保障计划、爱心“一日捐”、冬送温暖、夏送清凉等多个帮扶项目。年内共为近17000人完成工会会员续卡注册，其中新办服务卡1812人。2017年，SMG共有37人次因患特种重病、意外身故等，申请并给付“工会会员服务卡”保障金72万元。为1108名职工续办市总工会职工保障互助会综合B类、D类保障计划；为1136名职工办理“特种重病保障”。全年，SMG工会为身患特种重病和患病住院治疗的127人次，其中，特种重病10人次，综合医疗117人次。根据《上海广播电视台（上海文化广播影视集团有限公司）工会帮扶资金使用条例》，2017年，因患特种重病、意外身故，SMG工会为13人次申请并给付“工会帮扶金”。“一日捐”活动共收到31家单位（部门）职工捐献的808370元爱心款，注入广播电视台以及集团的帮困互助金。全年为92位有困难的员工送去慰问补贴；为37人次办理了台、集团帮困互助金。元旦春节期间，SMG工会积极开展送温暖活动，共为生患重病和经济困难家庭的353名职工送上慰问金。（秦伊龄）

【市民政局工会开展帮困送温暖活动】 元旦、春节期间，市民政局工会部署基层工会开展元旦春节期间的帮扶送温暖工作，同时从市总工会和社会组织筹措到近120万元帮困资金，用于局系统各类困难职工的帮扶救助，重点对局市属困难福利企业320多名下岗职工实施帮扶救助工作。各基层工会在元旦春节期间广泛开展“爱心一日捐”和走访慰问职工活动，合计捐款30多万元，合计走访慰问1160名职工，发放慰问金80多万元。截至11月份，全局共实施生活困难帮扶职工570多名，为广大职工送上各级党政和工会组织的关怀和温暖。（胡积伟）

【市监狱管理局工会以依法维权为己任服务民警职工】 积极做好“冬送

市监狱管理局工会开展干警体质测评和健康科普 （柴军民）

温暖、夏送清凉、秋送助学、病送关爱”工作，配合局党委兵分多路在元旦、春节期间对全局困难干警职工进行走访慰问，并对劳模先进和离退休老干部进行了春节家访，总计慰问金达30余万元；高温季节认真做好防暑降温工作，局领导分赴各基层单位，慰问奋战在高温一线的干警、职工和驻监武警官兵，并向他们送上防暑降温用品和慰问金，共计71.8万元；秋季开学前夕，对200名家庭困难群众的子女进行帮困助学，金额21.16万元。做好职工保障互助工作，共为全局在职和离退休人员39470人次进行续保，共有17636人次获医疗救助金460万元。完成全部20家基层单位7600余名会员的电子会员卡年度注册工作，局工会和基层工会分13批组织局先进代表、特殊岗位干警职工650余人参加市总工会短期休整活动；对取得国家相关职业资格证书的会员给予奖励，2017年申报技师等级奖励6人，技师等级以下奖励137人，共计奖励金额7.45万元。 （江海群）

【中国商飞公司工会帮扶慰问常态化】 建立职工关爱工程常态机制，节假日、高温天气慰问职工5556人次，慰问经费183万元，元旦春节帮扶慰问13名困难职工，为5名职工申请大飞机帮扶慰问金、3名职工申请大病职工会员服务卡专享补贴。组织15名先进职工代表参加中国商飞公司工会举办的疗休养活动。819名职工参加大飞机爱心一日捐活动，共捐款15.52万元。 （王俊玺）

【号百公司开展“捐一日工资、献一份爱心”活动】 1月5日，公司在13楼多功能厅举行“捐一日工资、献一份爱心”捐款仪式。公司党委书记、总经理王玮及公司管理人员、各部门（基层）工会干部代表近30人参加，2017年献爱心“一日捐”活动通知下达后各部门（基层）工会积极响应，广大员工（含外包员工20人）踊跃参与，共收到捐款金额达36317.27元，捐款人数达到397人，员工参与率达99%，人均捐款金额达91.48元。公司工会把捐款资金全部解入公司专设帮困基金，用于公司困难员工元旦春节及日常的帮扶慰问。 （沈 匀）

【五冶集团上海有限公司开展帮困助学送温暖活动】 9月开学季，五冶集团上海有限公司工会及时安排组织各分工会排摸为筹措新学期学费而犯愁的困难职工家庭，对公司29户特困家庭子女进行助学帮困，部分二级公司通过困难补助形式对特困家庭进行助学帮困。自2011年起已持续7年坚持开展帮困助学送温暖活动，累计帮困助学230户特困家庭。 （王 娟）

【市工人文化宫举办“五一”书画义卖活动】 5月1日，由上海市工人文化宫主办、东方书画院承办的“五一”书画义卖活动在市宫三楼举行，此项义卖活动是市宫公益性文化品牌项目，至今已坚持21年。上海东方书画院院长、原市总工会副主席吴申耀义以“不忘初心”作题为此次义卖活动开笔。此次义卖活动共卖出32副书画作品，共筹得善款26400元，悉数用于资助本市贫困职工家庭。 （王家辉）

【市工人文化宫年内举行两场义诊活动】 3月11日，由市工人文化宫、市女医师协会、上海卫生和计划生育委员会妇女委员会及市医务工会女职工委员会等单位联合举办的“海上女医师，倾情为市民”第六届百名高级女医师大型义诊活动在市宫三楼展厅举行。本次义诊活动吸引逾3000位市

7月1日，上海市名中医义诊活动在市工人文化宫举行 （金 喆）

民接受医疗保健咨询服务。7月1日,由市总工会、市卫生和计划生育委员会、市中医药发展办公室、市医务工会联合举办的“贯彻实施中医药法　促进健康上海建设　中医药健康你我他——2017年上海市名中医义诊活动”在市宫三楼展厅举行。（王家辉）

【洞庭西山休养院开展“帮困助学,爱心捐款”活动】 5月30日,西山休养院党支部开展“帮困助学,爱心捐款”活动,全院党员干部、职工积极响应、踊跃捐款,为金庭镇的3户结对帮扶困难家庭募集善款7000余元,全部善款用于慰问该3户家庭购置学习用品和生活用品。（夏鹤麟）

权益保障

【概要】 2017年,紧紧围绕维护职工劳动经济权益的主页主责,以制度保障为主线,加强调查研究,深化源头参与。一是就群团改革新形势下如何有效维护好广大职工的劳动经济权益开展调查研究,先后形成《本市企业工资增长指导线对职工影响的调研》《本市职工劳动经济权益实现状况的调研》等报告。二是积极参与本市社会民生保障政策的调整,就相关待遇标准反映职工意见和建议,表达工会立场和主张。参与职工医保个人账户历年结余资金购买商业保险政策的改革,参与修改《企业年金办法》《深化医药卫生体制改革工作要点》等多项涉及社会保障政策的制订和标准调整,从源头上保障职工劳动经济权益。三是落实工伤保险政策,推动建筑业工伤保险扩面工作,有力保障建筑业职工工伤保险权益;发动基层单位参与人社部和全总组织的全国工伤保险优秀影视作品展播和投票活动。四是推动本市住房保障体系健全,参与修改《上海市住房公积金缴存管理办法》《上海市住房公积金提取管理办法》《上海市住房公积金个人住房贷款管理办法》等文件和政策,并联合市公积金管理中心开展本年度住房公积金缴交执法检查,督促企业为职工按时足额缴交住房公积金。五是推动提高本市支援外地建设退休(职)定居人员帮困补助的标准,进一步推动完善市民社区医疗帮困制度。（余嘉毅）

【上海工会权益保障工作会议召开】 3月30日,上海工会权益保障工作会议召开,全面部署重点工作任务,100多家区局(产业)工会200余人参加了会议,市总工会副主席桂晓燕出席会议并讲话。会上,浦东新区、金山区、宝武、绿化市容、城投等5家工会分别立足工会会员服务卡工作、职工劳动安全保护工作、供给侧改革下的职工劳动经济权益保障、行业工会工资增长机制完善和实事项目机制建设等5方面作了发言。桂晓燕针对当前权益保障工作面临着新形势和新挑战提出意见,要求各级工会组织增强责任意识,聚焦主业主责,对接职工需求强化协作融合,重点做强源头参与工作、做优工会实事项目、做实劳动保护机制、精帮困救助举措。会后,各区局(产业)工会权益保障干部参加了本年度上海工会会员服务卡工作培训。（殷崇莉）

【参与单位住房公积金缴存情况执法检查】 2017年是市住房公积金管理委员会、市总工会、市住建委、市住房公积金中心联合开展住房公积金缴存情况执法检查的第五年,检查活动自4月份启动以来,共对10.8万家单位发出执法检查通知,要求被检查单位及时自查、自纠,并在此基础上再开展执法抽查。检查对象为本市符合《住房公积金管理条例》规定应当缴存住房公积金的机关、企业、事业单位、民办非企业单位和社会团体。重点检查以下三类对象:(一)尚未设立住房公积金单位账户的单位;(二)已设立住房公积金单位账户,但未为所有职工办理住房公积金个人账户设立手续的单位;(三)已设立住房公积金单位账户,但未为职工正常、及时、足额缴存住房公积金的单位。通过对以上三类对象有针对性地进行电话催缴、执法约谈、上门检查等方式,督促这些单位进行整改,依法依规缴交住房公积金,不断扩大住房公积金制度覆盖面。2017年,通过执法检查实现增加开户单位约1.5万家,增加缴存职工约13.07万人。（殷崇莉）

【开展本市职工参与享受五险一金情况的调研】 为充分了解本市职工参与享受五险一金的情况,分析政策制定和实施中存在的问题,提出相应的意见和建议,2017年市总工会从职工权益保障的角度出发,重点调研职工参保及待遇落实方面的现状与问题。调研发现,本市五险一金体系总体趋势较好,政策日趋完善、覆盖范围不断扩大、待遇水平逐年上升、费率逐步下调、转移接续稳步推进、基金收支平稳运行。但还存在少缴漏缴行为、司法终极救济的缺失、制度缺陷导致转移衔接困难、待遇还无法完全满足职工需求、住房公积金强制性不足、住房公积金作用难以发挥等问题。在调研基础上,市总工会提出进一步加大五险一金执法力度、完善五险一金维权体系、加强社保转移接续制度顶层设计、完善社会保险待遇调整机制、扩大住房公积金的强制征缴范围、提高住房公积金效能等政策建议。（余嘉毅）

【市总工会积极参与工伤保险工作】 为贯彻落实人力资源社会保障部、住房城乡建设部、安全监管总局、全国总工会关于切实维护建筑施工企业从业人员工伤保险权益和《关于进一步做好本市建筑业工伤保险工作若干意见的通知》的要求,市总工会积极推动建筑业工商保险扩面工作,要求本市建筑施工企业及其从业人员均应参加工伤保险,对不能按用人单位参保、建筑项目使用的建筑施工企业从业人员特别是农民工,按建设项目参加本市工伤保险。至年底,共覆盖本市7160个工地。同时,配合市人社局发动基层单位,参与人社部和全总组织的全国工伤保险优秀影视作品展播和投票活动,本市共有约6000人次参与投票。（余嘉毅）

【开展《关于本市职工互助保障计划和专属商业保险的对比分析》调研】 1月起,本市实施医保新政策,参保职工可自愿使用医保卡个人账户的历年结余资金购买商业医疗保险专属产品,对职工基本医保进行有益补充。同时也对工会的职工互助保障计划带来竞争和冲击。为进一步改进和完善职工互助保障工作,市总工会开展《关于本市职工互助保障计划和专属商业保险的对比分析》调研,对这一政策的内容与互助保障计划进行比较分析。调研从运营主体、产品种类、参保续保门槛、参保方式、出资方式、参保费用、保障范围和待遇、给付方式等方面进行比较。调研发现，职工互助保障计划在“低水平广覆盖”等方面有优势，而专属商业保险在参保给付便利程度和待遇水平上有值得借鉴之处。在调研基础上，市总工会提出加强互助保障宣传、拓展重点群体覆盖面、完善互助保障政策等政策建议，提升职工互助保障计划的保障力度和服务水平。（余嘉毅）

【青浦区重固镇打造工会服务新常态】 青浦区重固镇总工会突出维权型、服务型、创新型工会建设，全力打造工会“五个一工程”工作品牌。一是设立一条职工维权热线电话，为有法律诉求和劳动争议的职工提供方便；二是搭建一个劳动关系指导工作载体，通过与镇社区事务中心联动维权机制的预测、预报、预控功能，防止和减少群体性纠纷或恶性事件的发生；三是开辟一个法律援助窗口，服务内容包括法律咨询、受理和初审劳动者申请工会法律援助服务，对于符合条件的，即收集资料并转送区总工会审批进行法律援助；四是设立一个职工服务信息指南，方便职工群众办事；五是建设一个公益乐学培训阵地，开展免费的普及型文化艺术培训，让更多职工群众享受改革成果。

（朱建强）

【市仪电工会开展职工保障工作实务培训】 4月25日，市仪电工会召开职工保障工作专题培训会议，对工会会员卡和职工互助保障工作实务操作进行培训，仪电系统55个基层工会80余人参加培训。通过培训，基层工会保障条线工作人员了解工会会员服务卡使用功能、运行和调整情况，以及各类职工互助保障计划的异同，并就办理工会会员服务卡的登记注册，职工互助保障计划的参保续保，给付申请的具体流程等实务操作进行规范化学习。（周黎俊）

【市纺织工会延伸工会服务触角，关爱驻外职工工作】 春节前夕，市纺织工会召开“2017年纺织集团驻外员工及家属代表新春茶话会”，来自集团旗下申达、龙头、原料、华申、上实、星海、时尚、裕丰等8家企业的13名驻外员工代表和10名驻外员工家属参加活动。纺织工会今年继续为申达股份、龙头股份、时尚物业、时尚地产、时尚发展、上实、原料、华申、裕丰等12家单位，共计149名驻外员工购买保险，其中驻国内的员工122名，驻国外的员工27名，为驻外员工增加一份保障系数，纺织工会要求各级工会组织开展“驻外员工一对一联络机制”，切实为他们排忧解难，不断加强对集团驻外人员的关爱服务。（陆　益）

【上海石化工会切实推进职工保障互助工作】 2017年，上海石化公司深入实施送温暖工作，进一步发挥公司帮扶基金普惠作用。全年帮困补助3276人次，金额共计591.99万元。开展“一日捐”活动，10403人参加捐款，捐款金额98.94万元；38479人次参加上海市职工保障互助会的各种保障计划，2282人次获得理赔金350.64万元。推进工会会员服务卡工作，完成13703名会员工会会员服务卡的新办和集中注册工作，62人获工会会员服务卡会员专项保障理赔金66万元。关注职工热点问题，认真接待处理职工来访、来信、来电，积极反映职工群众愿望要求，促进企业劳动关系和谐发展。（潘萍萍）

【上海海烟物流工会满足员工关爱体系建设新常态需求】 上海海烟物流工会遵循“开展全方位关爱、满足多元化需求、实现各群体收益”的原则，不断推进员工关爱体系的建设。开展“节日慰问、生日慰问、职工互助保障”等惠及广大群体；开展丰富有趣的“女职工活动、亲子活动、传统活动”等关爱小众群体；开展“助学帮困、心理辅助、法律援助”等帮助特殊群体。尤其是在节日慰问品的发放上，尝试配送到家、电话提货等多种方式，为员工解决携带不便的实际烦恼。坚持开展员工文体活动，例如元宵猜灯谜、趣味运动会、棋牌大赛、游泳大赛、球类大赛等等。（杨凤娇）

【上海中远海运工会举办“七个一”安全管理主题活动】 4—12月期间，上海中远海运工会结合企业中心工作，组织开展“七个一”安全管理主题活动，围绕“弘扬安全文化　促进企业发展”主题，突出“以人为本、安全生产”理念，活动内容包括“书香海运”读书活动、安全生产知识竞赛、安全巡视活动、技术比武活动、合理化建议活动、“安全场景随手拍”手机摄影比赛、安全管理主题活动图片展。全年举行技术比武、技能培训16场，参赛职工达558人次；收到合理化建议67条；组织开展12次各类读书活动，投稿征文84篇；征集摄影图片211幅；11月起，在9家基层工会开展“七个一”安全管理主题活动图片展巡展活动，通过“七个一”安全管理主题活动成果展板展示，推动企业安全文化建设，有效维护职工安全健康合法权益，

4月25日，市仪电工会开展职工保障工作实务培训　（周黎俊）

全面营造安全生产的良好氛围。 （陆莹莹）

【中远海运集运工会打造“工会就在你身边”的工作品牌】 针对“点多线长面广流动分散”的特点，集运工会整合系统资源，利用有限的工会经费更好地为职工做好事、办实事。一是建立对基层工会的经费补助制度和加大对一线网点、船舶慰问力度的制度，并将公司领导下基层调研与慰问相结合。年内共向基层工会回拨经费310.4万元，走访慰问52个一线网点、14艘船舶、5家基层单位和14个重点工程项目组，发放慰问金48.05万元。二是借助“医疗互助会”“爱心基金”“工会会员服务卡”这三个载体，协调各方力量，全面覆盖集运系统因病致困、因重大灾害致困的每一名职工，切实做到“职工有困难、工会在身边”。三是持续推进“船员之家”建设，协助上远公司对内加强与口岸网点的同创共建，对外加大与港航边检的警企合作。 （钱 华）

【市运输工会推进工会会员服务卡工作】 市运输工会把推进办理工会会员服务卡工作，作为提升服务会员职工能力水平，惠及会员职工实事工程，截至5月，共为交运集团系统9500余名工会会员办理了服务卡。为有效提高持卡会员职工开卡率，市运输工会还积极与农商银行静安支行联系协调，到各基层单位上门集中开通服务卡，将工会会员服务卡打造成让职工随携、随用、随享的“关爱卡”和“连心卡”。 （夏文庆）

【中国移动上海公司工会建设“暖心工程”受好评】 中国移动上海公司工会以员工对美好生活新需求为出发点，开展2017年度职工小家建设“暖心工程”。切实改善员工的工作生活环境，持续推进小休息室、小活动室、小书屋等建设，为基层单位带去了健身器材、空气净化器、净水设备等。年内“小家”覆盖177个建设点，较2016年增加155个建设点，惠及7000多名会员，经测评满意度达到99.4%。中国移动上海公司工会“暖心工程”也得到了上级工会的好评。 （万晓红）

【上飞院单身公寓职工活动中心的建设与启用】 为积极贯彻落实中国商飞公司党委“1311”关爱职工综合举措，上飞院工会重点实施“职工关爱工程十大实事”，其中单身公寓职工活动中心文体活动场所建设建成启用。该中心设施齐全，有羽毛球馆、瑜伽舞蹈房、健身房、乒乓球室、桌球室等，为丰富广大职工的业余文化生活提供更多选择创造条件。为用好、管理职工文化场所，该院工会牵头招募15名员工志愿者，负责场地设施检查、维护，提出建设性的意见等，充分发挥了员工文体设施的自我、自主管理，以保障职工体育健身活动能长期有效地开展。该院工会注重职工科学健身，广泛开展全员性、群众性的“四季锻炼、强身益智”系列文体活动，做到天天有锻炼、周周有活动、月月有比赛，最大限度地发挥了文体设施的作用和功能，强化职工健身强体的意识。 （吉 如）

【上飞院工会系列化多举措守护职工健康】 为守护职工身心健康，上飞院工会以系列化实施专业服务，提高身心健康知识在职工群众中的知晓率和使用率，营造和谐健康的工作氛围。一是开展“心连心”谈心机制试点，在4个部门试点开展“心连心”谈心机制，采取不同形式，由部门党政负责人、分工会主席、班组长，与部门职工开展面对面的谈心谈话，逐步探索形成可推广性的谈心机制。二是举办“暖心团辅”互动讲座，针对部门心理关爱需求，以互动、高效为出发点，突出实用和可操作，或是通过投射类心理解读工具，或是聚焦某点心理应用知识点，由专业机构培训师进行心理知识共享和运用，帮助员工舒缓压力、增强心理素质。并面向中层干部、班组长、型号IPT团队负责人开展“管理心理学”知识培训，辅助管理人员掌握心理状态识别、心理咨询方法等应用性心理学方法。三是开通“一对一”心理咨询预约热线，开通职工个体咨询预约通道，提供心理专家咨询，由职工自行预约，在充分保障隐私的指定场所开展面对面沟通交流。四是开展身心健康管理活动，针对职工日常保健、疾病预防和问诊理疗等多样化需求，组织开展医学专家现场诊断、专题讲座、保健体验、健康产品推介等活动，提升职工自我健康管理意识。全年开展10余次身心关爱系列活动。 （施 思）

【市职保中心转变工作方式，高效便捷服务工会会员】 2017年，市职保中心配合市总工会对工会会员服务卡的推进部署，积极做好“会员专享基本保障”的网上受理参保工作，除工会会员服务卡年度注册后的集中参保，还落实专人在线处理各区局（产业）工会随时提交的参保申请，确保在3个工作日内完成参保审核，实现“会员专享基本保障”在线办理、随时受理、准时起效。 （顾艳斐）

市运输工会积极推进工会会员服务卡开卡工作 （夏文庆）

【市职保会推出互助保障新计划】 根据市总工会对加强网约工、护理工、快递及家政服务人员等新型就业群体研究的指示精神,市职保中心、市职保会深入调研新型就业群体的分布状况、发病规律等,9月在杨浦区率先推出"医养照护行业工会会员保障计划",为护工人员提供一份专项综合医疗保障计划,包括特种重病保障及意外伤害保障,约2100名医疗护工参保,覆盖杨浦区在册的医养照护人员。(顾艳斐)

【市职保会延长社区互助保障业务受理时间】 7月18日起,市职保会将社区业务受理时间从16:30延长至17:00,与社区事务受理中心接待时间全面同步,落实专人小组,轮流调整下班时间等候数据同步,进行数据处理与统计,保证数据准确无误后,再将数据传输到代发银行,力争退休人员能在第一时间拿到互助保障金。(顾艳斐)

【市职保会调整"退休住院保障计划",扩大互助保障受益面】 4月起,随着本市小城镇社会保险对象转入职工基本医疗保险,以往因医疗待遇不同而被拒之门外的职工也被首次纳入互助保障参保范围。为确保50.19万小城镇退休人员能在6月前往社区参加"退休住院保障计划",市职保会积极与市人保局沟通,获得这类人员的社保信息,召开各区运营员会议专题部署工作,运用新媒体手段加强宣传。6月退休职工社区参保达87.27万人,创历年新高。为鼓励原小城镇社会保险退休人员参保,将这些人员的社区参保时间延长至2018年5月31日,在此期间,原镇保人员中的社区参保对象均可前去参保,不实行差别缴费,起保日期为当月2日。(顾艳斐)

【市职保会扩大代扣款银行范围,方便退休职工】 2017年,市职保会进一步在强化公益性、服务性职能上下功夫,在上海银行、工商银行、邮政储蓄银行、农业银行、中国银行、农商银行、建设银行、民生银行和光大银行进行代扣款缴费的基础上,年内新增兴业银行、中信银行和交通银行,使代扣款缴费的银行增加至12家。(顾艳斐)

【市职保会面向全市举办互助保障年度培训】 为进一步方便社区开展互助保障工作,市职保会3月21—29日先后举办6场互助保障业务培训,按就近参加培训的原则分片组织,覆盖全市16个区服务处、220个街镇服务点,约250名区服务处和街镇工作人员参加培训。会议重点对2017年社区事务受理系统和辅助系统操作界面进行菜单式讲解,并通过模拟系统页面环境对服务点提出的问题进行现场解答。同时,围绕社区给付和参保工作要求做了详细说明。(顾艳斐)

【3家外省市工会赴市职保中心、市职保会参观调研】 2017年,3家外省市工会先后赴市职保中心、市职保会参观调研,对互助保障工作予以高度评价。4月7日,深圳市总工会生活保障和女职工部部长邓洁、深圳市职保会理事长张媛一行8人赴市职保中心、市职保会参观考察。4月13日,甘肃省总工会法律保障部部长张继林、庆阳市总工会常务副主席豆亚平一行6人赴市职保中心。5月16日,合肥市总工会副主席梁晨光一行3人赴市职保中心、市职保会调研。(顾艳斐)

劳动保护

【概要】 2017年,市总工会认真贯彻落实国家和本市关于安全生产的各项决策部署,积极适应新时代对安全生产工作提出的新要求,大力弘扬生命至上、安全第一的思想,以预防生产安全事故和控制职业病危害为重点,通过参与政策制订、开展"安康杯"竞赛、参与生产安全事故调查处理和加强劳动保护监督检查等活动,着力维护职工群众的安全健康合法权益,推动企业安全生产和工会劳动保护工作创新发展,发挥职工群众安全生产主力军作用,完善企业全员安全生产责任制,推进企业安全文化建设,提升企业安全生产水平。(郇明亮)

【积极深化推进"安康杯"竞赛活动】 2017年,按照全国总工会、国家安全生产监督管理总局要求,市总工会和市安全监管局继续在全市范围内组织开展"安康杯"竞赛活动。竞赛过程中,本市各级工会不断扩大"安康杯"竞赛的参赛范围,在本市重点行业、重点领域、重点单位、重点人群中做到全覆盖;各参赛单位围绕"安全培训提素质,班组管理强基础"竞赛主题,贯彻落实《中共中央国务院关于推进安全生产领域改革发展的意见》,坚持稳中求进、进中提质,标本兼治、综合施策,以预防生产安全事故和控制职业病危害为切入点,广泛组织开展群众性安全生产活动,提高了广大职工群众安全健康意识和技能素质,促进了企业安全文化建设,推动了企业安全管理水平的提高。据统计:全市共有8845家单位参加市一级竞赛、职工参赛人数超过272.5万名。经推荐评审,中国铁路上海局集团有限公司等17家单位荣获2016—2017年度全国安康杯竞赛"优胜单位",同时有上海老港废弃物处置有限公司等68家单位继续保持全国"安康杯"竞赛"优胜单位"荣誉;浦东新区东海标准件有限公司综合班组等25个班组荣获2016—2017年度全国"安康杯"竞赛"优胜班组";市"安康杯"竞赛领导小组等5家单位荣获2016—2017年度全国"安康杯"竞赛"组织工作优秀单位";市总工会挂职干部高大兴等5人荣获2016—2017年度全国"安康杯"竞赛"先进个人";上海电力安装第一工程公司荣获2016—2017年度全国"安康杯"竞赛"示范企业";上海老港废弃物处置有限公司总经理崔广明被评为2016—2017年度全国"安康杯"竞赛"安康企业家"。市总工会、市安全生产监督管理局授予上海浦发综合养护(集团)有限公司等178家单位为"2016—2017年度全国'安康杯'竞赛(上海赛区)优胜单位"称号;授予上海之合玻璃钢有限公司行政部等107个班组为"2016—2017年度全国'安康杯'竞赛(上海赛区)优秀班组"称号;授予上海浦东发展(集团)有限公司等18家单位为"2016—2017年度全国'安康杯'竞赛(上海赛区)优秀组织单位"称号;授予菲尼萨光电通讯(上海)有限公司胡波等58人为"2016—2017年度全国'安康杯'竞赛(上海赛区)

先进个人”称号。（邬明亮）

【市总工会即时授予在“安康杯”竞赛中成绩突出的优胜单位和个人为“上海市五一劳动奖状（奖章）”】 2017年，本市各级工会牢固树立安全生产“红线”意识，坚持“底线”思维和安全发展理念，认真履行劳动保护维权职能，全面开展“安康杯”竞赛活动。为更好地弘扬先进精神，进一步深化“安康杯”竞赛工作、提升“安康杯”竞赛品牌、扩大“安康杯”竞赛社会影响力，市总工会决定：对在全国“安康杯”竞赛活动中做出突出贡献的、获得全国“安康杯”竞赛优胜单位五连冠（含）以上的上海中石化工物流股份有限公司、上海桥升商贸置业有限公司和国网上海市电力公司市南供电公司等3家单位授予“上海市五一劳动奖状”；对在全国“安康杯”竞赛中表现突出的上海申新电气有限公司工会主席王国强和上海恰尔斯电力（集团）有限公司副总工程师刘庆朝等2人授予“上海市五一劳动奖章”。（邬明亮）

【市总工会开展“安康杯”竞赛典型案例评选】 2017年市“安康杯”竞赛办公室在全市组织开展了“安康杯”竞赛典型案例评选活动，要求各参赛单位在认真总结近年来“安康杯”竞赛工作的基础上，认真挖掘、提炼和总结一些效果显著、易于推广的先进经验和典型案例，进一步推动本市“安康杯”竞赛工作的持续发展。通过征集和选拔，推荐上报160余个案例，经筛选评审及现场专家统一评审，宝武集团宝钢股份梅钢炼钢厂的《小手势解决大问题》案例荣获特等奖，中国建筑第八工程局有限公司总承包公司《施工现场“可视化”安全管理》等2个案例荣获一等奖，中铁十五局集团第二工程有限公司《保安康集笑脸赢红包》等3个案例荣获二等奖，中国石化上海石油化工股份有限公司塑料部《HSSE督察保安康 隐患排查显成效》等6个荣获三等奖，上海云洲商厦有限公司《微型消防站企业守护神》等45个案例荣获优胜奖。（邬明亮）

【市总工会开展高温慰问工作】 7—9月，上海工会部署落实夏季劳动保护和防暑降温工作，发挥好工会组织“娘家人”作用，共拨出高温慰问专项经费120余万元，购置防暑降温用品，针对夏季劳动保护工作特点，开展“五个一”活动，即：一次主题宣传教育培训工作，一次安全隐患大排查工作，一次应急预案演练或急救技能提升工作，一次职工职业健康体检工作，一次高温慰问送清凉工作，把防暑降温工作与推进非公企业工会工作相结合，与创建“放心职工食堂”工作相结合，与服务职工工作相结合。市总工会领导分10路对本市建筑、环卫等户外作业场所，电力、船舶、石化等高温岗位，非公企业、医养照护、快递物流等群团改革重点对象进行高温慰问，确保一线职工特别是高温作业岗位职工的身体健康。组织职工开展高温期间事故隐患和职业危害排查，本市各级工会组织开展安全隐患检查23140次，查实问题15926个，督促整改15563个，涉及职工377608人次，其中涉及女职工115311人次、农民工161818人次。（蔡 瑾）

【2017年度本市生产安全（工矿商贸）事故情况】 本市地域内企业发生生产安全（工矿商贸）事故181起，同比下降10.84%；死亡192人，同比下降12.33%。其中，发生特种设备死亡事故16起、死亡16人。发生3起较大事故，未发生重大及以上事故。具体情况为：按经济类型分析，私营企业发生死亡事故153起，上升2.00%，占事故总起数的84.53%，仍高发、多发；国有企业发生死亡事故7起，下降41.67%；外商投资企业发生死亡事故4起，下降66.67%；外省市在沪企业发生死亡事故17起，下降34.62%。按规模分析，小型企业事故发生死亡事故147起、上升2.80%，中型企业发生死亡事故29起，下降24.14%；大型企业事故发生死亡事故5起，下降78.26%。按事故类型分析，机械伤害、其他爆炸以及坍塌事故大幅上升。发生机械伤害死亡事故22起，其他爆炸死亡事故5起，坍塌死亡事故10起，分别上升83.33%、150.00%和42.86%。车辆伤害、中毒和窒息、物体打击以及触电死亡事故明显下降。发生车辆伤害事故6起、中毒和窒息死亡事故4起，物体打击死亡事故22起，触电死亡事故22起、分别下降53.85%、42.86%、38.89%、26.67%。按死亡人员地域分析，外来务工人员死亡人数有所下降，但占总死亡人数比有所上升。外来务工人员死亡167人，下降10.22%，占死亡总人数的86.98%，较上年上升2.05个百分点。（汪佳侃）

【开展工会劳动保护干部业务知识培训】 按照市总工会关于《上海工会劳动保护三年行动计划（2015—2017）》（沪工总办〔2015〕120号）要求，提高本市企事业工会劳动保护干部理论水平和业务能力，2017年继续对规模以上（是指职工人数超过100人的单位）企事业单位的工会主席和劳动保护干部举办劳动保护业务知识专项培训。培训工作坚持做到“四个统一”，即统一培训大纲，统一培训教材，统一师资认可，统一考试颁证。市总工会出资提供教材和证书，并根据需要提供送教上门，计划通过三年时间，基本做到全覆盖，进一步发挥工会组织在服务于生产安全和城市运行安全过程中的积极作用。年内本市共举办51期工会劳动保护业务知识培训班，有40个区局（产业）工会组织4078名工会干部参加培训，3984名工会干部经考试成绩合格，取得市总工会发放的《上海市工会劳动保护干部业务知识培训合格证》，这将作为本市今后工会劳动保护干部上岗依据。（邬明亮）

【开展新《职业病防治法》暨职业安全卫生防护“工具包”项目培训】 4月25日，市总工会权益保障部举办新《职业病防治法》暨职业安全卫生防护“工具包”项目培训，邀请劳动卫生方面专家解读新《职业病防治法》及“工具包”项目，来自全市各区、产业局从事劳动保护工会干部140余人参加培训，对经过培训符合任职条件的56名工会干部任命为工会劳动保护监督检查员，有效完善工会劳动保护工作运作，保障职工人身安全。（蔡 瑾）

【上海工会“放心职工食堂”建设工作】 2017年，为贯彻落实《上海市食品安全条例》和《上海市建设市民满意的食品安全城市行动方案》，市总工会和市食药监局联合，以就餐人数500人以上的企事业单位食堂为重点，建设一批有示范、引领、带动作用的"放心职工食堂"，并提出各区实现30%的500人以上的企事业单位职工食堂申报"放心职工食堂"的目标任务。建设"放心职工食堂"工作一经启动就得到各区总、产业局工会、区市场监管局的大力支持与配合，市总工会联合市食药监局开展联合创建、联合检查、联合评审、联合监督，积极推动有条件的中小非公企业和工业园区、产业园区、商务楼宇等参与建设"放心职工食堂"，积极开展食品安全知识进机关、进企事业单位活动，引导职工安全饮食、健康饮食、科学饮食。截至10月，全市710家(占88.4%)大型职工食堂通过网络及书面等渠道公开承诺按标准申报建设"放心职工食堂"，其中571家单位通过初评，成为首批"放心职工食堂"，较好地完成了500人以上企事业单位30%申报建设的目标任务。 (蔡 瑾)

【长宁区总工会开展劳动保护业务培训】 4月6日，长宁区总工会开展劳动保护干部业务培训，各系统(集团、公司)、街道(镇、园区)、直属单位、基层企事业单位工会专职副主席、工会干部、工会劳动保护干部及"安康杯"参赛企业相关人员共164人参加培训。通过3天集中培训，将工会劳动保护概论、劳动保护法律法规、工会劳动保护三年行动计划、班组安全建设、职业安全卫生防护"工具包"、"安康杯"竞赛等专业知识进行深入解析。目前，长宁区已基本实现劳动保护培训全覆盖，工会劳动保护干部已基本实现持证上岗。 (印敏峰)

【普陀工会劳动保护干部培训班】 4月12—14日，由普陀区总工会和区国资委工会主办、西部集团工会承办的"普陀工会国资委系统劳动保护干部业务知识培训班"在西部大厦举行，来自国资委系统企业单位的80余名工会主席和劳动保护干部参训。培训班由上海工会管理职业学院的专家教授辅导授课，实行统一管理，统一考核。课程内容包括劳动保护法律法规、工会劳动保护概论、班组安全建设、"安康杯"竞赛、职业安全卫生防护"工具包"、生产安全事故报告和处置，以及相关行业安全管理专业等知识；对通过专业知识考试的学员颁发《上海市工会劳动保护干部业务知识培训合格证》。 (陆 蕾)

【普陀区召开"放心职工食堂"建设推进会】 6月22日，区总工会与区市场监督管理局联合召开2017年普陀区"放心职工食堂"建设推进会暨《上海市食品安全条例》培训，全区各系统、街镇、行业工会负责人及全区170余家企事业单位职工食堂负责人参加会议。会议部署普陀区2017年"放心职工食堂"建设工作，对"放心职工食堂"建设标准逐条进行解读。所有与会企事业单位现场做出食品安全的庄重承诺。 (陆 蕾)

6月26日，静安区总工会举行企业职工安全生产实景模拟演练比赛 (袁梅芳)

【静安区总工会举行企业职工安全生产实景模拟演练比赛】 6月26日，静安区总工会举行"珍惜生命，重视安全——2017年静安区企业职工安全生产实景模拟演练比赛"。比赛共设生化危机、迷雾逃生、器械使用接力赛、标识也疯狂、安全知识精英赛5个项目，分别从安全生产基础知识、安全生产的标识、安全防护器材使用、自救和互救等方面进行考察。 (沈诗贤)

【静安区总工会深入一线为职工送清凉】 高温季节来临，为切实保障全区广大职工的夏季劳动安全与健康，静安区总工会下发《关于认真做好2017年夏季劳动保护和防暑降温工作的通知》，要求各级工会组织要高度重视夏季劳动保护和防暑降温工作。并结合"安康杯"竞赛和"放心职工食堂建设"创建活动，广泛组织职工立足岗位查隐患，对排查出来的隐患和问题，进行分类研究，采取有效措施防范事故发生。区总工会制订细致的高温慰问方案。一是由区人大常委会副主任、区总工会主席叶坚华及主席室领导带队，分6路走访近30家基层单位，深入慰问奋战在高温作业中的一线职工；二是在突出慰问职工数量多、覆盖面广、工作措施到位等特点以外，结合区委、区府重点工作及实际情况，对公安交警、重点工程工地、双创人员、拆违(美丽家园)、环卫清扫工人、医务职工、窗口单位人员、维稳单位人员等群体进行重点慰问。 (沈诗贤)

【静安区总工会举办劳动保护培训班】 10月10日、17日、24日，静安区总工会于举办为期3天的工会劳动保护业务知识培训，全区140多名工会干部参加培训。上海工会管理职业学院送教上门，来自全市安全生产领域6名学识富足、经验丰富的专家学者在3天的培训中，分别从劳动保护法律法规、上海工会劳动保护三年行动计划、工会劳动保护概论、“安康杯”竞赛、班组安全建设和职业安全健康、生产安全事故报告和处置等为学员授课。培训课结束后还组织学员进行统一考试，成绩合格者，将由市总工会发放《上海市工会劳动保护干部业务知识培训合格证》。（丁臣亮）

【闵行区开展夏季高温慰问工作】2017年，闵行区总工会深入基层、深入一线，对奋战在高温作业、高温场地、高温岗位的职工进行高温慰问，慰问高温作业职工5854人，发放高温慰问品5854件，重点慰问环卫工人、高温车间和室外作业工人，总计投入高温慰问专项资金73万元，覆盖高温作业职工11964人。同时，区总工会还充分利用工会的宣传教育阵地和载体，加大对夏季劳动保护和职工防暑降温工作的宣传力度，普及防暑降温小常识，切实保障广大职工的生命安全和身体健康。（卫佳雯）

【闵行区推进职业安全卫生防护“工具包”项目】8月9日，闵行区总工会召开职业安全卫生防护“工具包”项目工作会议，邀请项目专家组对试点单位之一的加冷松芝进行现场勘查。“工具包”项目专家组现场就部分问题进行点评和指导，提出改进建议和措施。2017年，全区共有12家企业自主申报“工具包”项目，通过专家的专业指导，改善企业作业环境和优化工作流程。年底，区总工会结合试点企业的具体改进情况，向7家企业发放10.4万元的职业安全卫生防护“工具包”项目补贴，推动全区中小企业加强劳动保护工作，维护职工劳动健康权益。（卫佳雯）

【金山区推广应用职工安全卫生防护】7月25日，金山区推广应用职工安全卫生防护“工具包”联席会议暨“工具包”专项培训在区会议中心召开，对今年推进应用“工具包”项目工作作了部署并邀请劳动保护专家作培训。各推广应用“工具包”项目的街镇（工业区）、企业行政、企业工会等有关劳动保护负责人共30人参加会议及培训。（沈勇军）

【松江区总工会开展职业安全卫生防护“工具包”工作】松江区总工会从7月起陆续在全区26家存在职业危害的中小型企业中开展推广应用职业安全卫生防护“工具包”工作。通过现场检查、企业总结、专家反馈等形式对26家开展“工具包”企业进行考核，并下拨专项经费用于开展“工具包”的企业实施“工具包”项目购买职工劳动保护设施和用品的相关费用。（张谢瑛）

【松江区总工会召开劳动保护工作推进会】6月12日，松江区区总工会召开劳动保护工作推进会。会议邀请松江区安全生产专家组成员蒋元强作《推广“工具包”理念，助力企业转型发展落实“工具包”方法，保护职工健康安全》的培训，上海申新电气有限公司工会和永大电梯设备（中国）有限公司）分别就“安康杯”竞赛活动和“工具包”项目进行经验交流。（张谢瑛）

【青浦区总工会领导慰问高温一线职工】7月下旬，区总工会领导班子分四组赴11家基层企业慰问奋战在高温一线的5000余名职工，全面启动2017年送清凉系列活动。慰问中重点了解各单位贯彻落实区总工会《关于做好2017夏季劳动保护和防暑降温工作的通知》情况，指导督促企业工会与行政方切实开展好《通知》要求的“五个一”活动，确保企业生产、职工生活安全有序。同时，各镇、街道，有关委、局区级公司工会也相继开展各种形式的高温慰问活动。（朱建强）

【市化学工会围绕“安康杯”竞赛，推进劳动保护工作】上海市化学工会积极开展“安康杯”竞赛，2017年“安康杯”竞赛参赛单位达48家，参赛员工12000名，达到了二级单位和三级生产型企业的全覆盖。同时，会同集团安环部、人力资源部，结合集团技能大赛，筹划“班组长安全管理技能讲师”演讲比赛，通过竞赛，使他们成会讲、会写、会做、会指挥的班组长，并通过他们对同类班组进行隐患识别、措施防范、执行落实、案例教育的培训工作；编印《班组安全工作案例集》，发挥班组长在安全生产上的带头、示范和表率作用。（张雪莲）

【上海电建公司举办工会劳动保护监督员培训班】为加强劳动保护监督检查员队伍规范化建设，提升工会劳动保护监督员整体水平。6月26日，上海电建工会劳动保护监督员培训在公司培训中心举办。各基层单位共56名一线劳动保护员接受专题培训。公司安保部专家解读在建项目存在的各类安全隐患和事故风险，介绍公司目前所面临的安全形势和任务；通过各种案例分析各类安全事故的原因和预防方法。公司工会劳动保护专家介绍了工会劳动保护监督检查员基本职责、工作内容和方法，并组织学员进行了劳动保护业务知识考试，对合格的学员颁发上海电建《劳动保护业务培训合格证》。（傅　诚）

【上海电力机械有限公司工会以“安康杯”竞赛活动“十大举措”推动全员安全责任落实】2017年公司积极开展“安康杯”竞赛活动，强化各级安全教育和培训，加大安全设施投入，工会协助行政开展安全隐患治理活动。一是实施专项研究，分解落实责任，做好安全生产与职业卫生管理工作的检查和考核。二是安全教育计划具体实施情况良好，同时强化职工、分包队伍的三级教育，全年来共进行安全教育85人次，确保企业安全管理处于受控状态。三是企业各级安全卫生规章制度健全，执行受控，同时加大对违规违章的处罚力度。四是安全生产责任制明确，机构、网络健全，过程控制积极。五是严格执行国家法律及上级有关政策，严格抓好劳动场所的卫生标准，积极做好人员的高温高空体检工作。六是职能部门和工会经常组织对现场进行检查，且整改封闭及时。七是在夏季来临前，做好项目和生产一线的防暑降温工作检查；做好对职工的施工环境和身体健康的关心，防暑降温和集体合同履行情况良好。八是安全措施计划落实和职工劳防用品使用总体情况较好，满足现场安全需要。九是各类安全装置齐全有效，设备完好率100%；消防设备与器材齐全，由专人负责，维护、保养良好，组织多次专项检查，确保各类装置、设备器材在正常使用。十是加强安措费用投入，努力提高和改善职工作业和现场生活条件，使企业安全管理、安全设施等各项劳动保护工作都能达到竞赛目标中提出的各项要求，使现场作业和职工健康环境条件不断改善。 （范 静）

【中国宝武开展安全班组建设】 6月26—27日，集团公司工会与安全生产监督部、团委联合举办安全“1000”班组研修，来自基层的班组长、员工安全健康代表、安全员、工会干部、“青年安全监督岗”代表等200余人通过安全实务培训。6月安全生产月期间，集团公司工会、安全生产监督部选送一线班组优秀安全典型案例参加上海市“安康杯”竞赛典型案例发布，梅钢公司炼钢厂实践案例获总分第一名，并获案例发布特等奖。11月，集团公司工会与安全生产监督部组织优秀班组参加国家安全管理标准化示范班组创建活动，12个优秀班组获评“全国安全管理标准化示范班组创建活动示范班组”，12名优秀班组长获“全国安全管理标准化示范班组创建活动优秀班组长”等荣誉称号，中国宝武被中国安全生产协会授予“安全管理标准化示范班组创建活动优秀组织单位”称号。 （徐 卫）

【中国宝武开展岗位安全风险描述】 4月，中国宝武工会在武钢集团召开员工安全自主管理活动现场会，学习和分享武钢集团开展员工安全自主管理活动的实践经验，倡导“我的安全我管理，我的生命我珍惜”的安全文化。各级工会推进“我的安全我管理、我的生命我珍惜”为主题的岗位安全风险描述自主管理活动，提升广大员工学规程、用规程意识和技能，初步实现从“要我安全”向“我要安全”“我会安全”的根本转变。集团公司有11.69万名员工参与岗位安全风险描述活动，共查找风险689286条，其中涉及到“需完善规章制度或操作规程”的风险51674条，涉及到“需要对设备设施进行整改”的风险69862条。至12月底，除16660条风险由于尚不具备条件实施整改外，其余已全部得到有效落实。 （徐 卫）

【中国宝武开展劳动安全保护监督】 11月15—17日，中国宝武工会举办为期3天的工会干部劳动保护工作培训班，邀请上海工会管理职业学院对67名工会劳动保护干部进行系统培训，并经考试合格后取得工会劳动保护监督检查员证书。高温期间，各级工会开展劳动保护监督检查1942次，组织职工代表安全巡查2736次，查出问题3758个，全部得到及时整改。全年各级工会开展劳动安全保护监督检查30778次，提出整改建议88217条，及时处理率97.2%；班组员工安全健康代表培训率98.1%、履职率99.2%，提出劳动安全保护信息数127991条，及时处理率94.7%。 （徐 卫）

【宝钢股份加强员工作业劳动保护，切实维护保障员工工作安全的首要权益】 2017年，宝钢股份工会根据公司安全管理工作要求，围绕安全“1000”班组创建、员工安全代表履职能力提升和劳动保护三级监督网络作用发挥等3个方面开展工作。各级工会积极发挥员工安康代表作用，查找各类安全隐患61910条，人均8.4条，整改率达到97.4%，共征集隐患排查案例103个，评选优秀案例25个。 （胡建忠）

【宝钢不锈合力推进员工安全自主管理活动】 根据集团公司工会要求，宝钢不锈制订并下发了《关于开展“不忘安全初心”员工安全自主管理活动的通知》，并形成“以岗位风险描述促员工安全自主管理”的工作思路，进一步激发企业安全管理要素的内在动力，营造安全工作“全员参与”“全员管理”和“全员负责”的浓厚氛围。具体做法：一是领导示范，快速落实。公司成立领导小组和工作小组，通过党委书记例会、党群工作例会、工会主席例会等形式部署推进相关工作。二是体系推进，不留死角。公司工会协同党委宣传部在活动的策划和宣传发动上相互配合，确保活动的参与率100%；协同安全保卫部发挥专业保障指导支撑作用，重点推进24项专业培训项目，开展安全实务培训，共196人参加；协同制造管理部积极配合各部门开展自主管理成果发布，成立和实施67个班组自主管理课题；协同人力资源部，举办2017年职工技能比赛，不断提升员工岗位安全操作技能和风险防范能力。三是全员参与，自主自发。全年，有1069人进行了岗位安全风险描述，共查找风险17611条，其中提出的涉及到需完善规章制度或操作规程的风险40条、涉及到需对设备、设施进行整改的风险68条，已全部整改。 （潘 彦）

【宝钢发展加强工会劳动安全保护工作】 2107年，宝钢发展工会开展“我的安全我管理，我的生命我珍惜”全员岗位安全风险描述活动，通过“一人一表”“梳理入库”，自下而上组织发动一线职工查找岗位安全风险，进一步深化安全“1000”班组建设。以班组为单位开展现场危险源分级梳理及辨识工作，共辨识出安全风险5189项。开展劳动保护督查行动，组织职代会民主管理委员会、职工代表、职能部门联合对基层单位巡视检查，基层各级工会同期开展劳动保护巡视151次，高温慰问6735人次。开展接害岗位员工脱岗疗休养活动，组织28名Ⅱ、Ⅲ级接害岗位员工赴浙江安吉进行为期4天的疗休养活动。 （朱 宏）

【上海石化工会开展“安康杯”竞赛活动】 2017年，有15家基层单位参加全国和上海市“安康杯”竞赛优胜单位创建工作。塑料部“安康活动融中心，HSSE督查显成效”竞赛案例获上海市“安康杯”竞赛典型案例三等奖，腈纶部“班组安全的制度化和标准化管理”竞赛案例获优胜奖。推荐塑料部参加2016—2017年度全国“安康杯”竞赛优胜单位评审，腈纶部金阳装置乙班参加2016—2017年度全国“安康杯”竞赛（上海赛区）优秀班组评审。 （徐 军）

【上海中远海运工会开展2017年“安康杯”竞赛活动】 2017年上海中远海运工会继续开展以保障安全生产和职工生命健康为主题的“安康杯”竞赛活动，38个班组446名职工参与竞赛，参与安全演练等556人次，进一步提高职工应对各种突发事件的应急能力、预控能力和处置能力。6月联合安管部举办上海中远海运2017年度“安康杯”安全知识竞赛，来自所属各单位的6个代表队进行安全知识大比拼。9月组织参加安康杯组委会举办的“查隐患·防事故”群众性安全生产活动,69名员工参与“看图识隐患”平台答题,并征集到“隐患随手拍”图片84张。竞赛活动增强了职工安全生产意识和防范能力,为上海中远海运安全生产的持续稳定,起到保驾护航的作用。（陆莹莹）

【中国远洋海运集团工会认真开展“安康杯”竞赛活动】 2017年,集团有39家单位报名参加全国“安康杯”竞赛,中远海运集运“中远海法”轮、中远海运能源“华川”轮获全国级“安康杯”竞赛优胜单位称号;有5个集体和2名个人获得赛区优胜单位、优秀班组和先进个人。集团工会采取课堂教学和现场教学相结合的方式,在南通中远川崎举办有85人参加的工会劳动保护干部业务培训班。认真做好夏季劳动保护和防暑降温工作,全集团共组织专项检查540余次;走访慰问940余家企业和工地;慰问职工近8.5万人次,发放防暑降温费用1351万元;开展事故隐患和职业危害排查1600余次,查实问题2700余个,督促整改2500余项。集团各级工会把加强职工劳动保护和促进企业安全生产有机结合起来,维护了企业发展稳定。（刘建强）

【中远海运集运工会开展安全监督检查活动】 以“三合一”的方式将夏季劳动保护安全检查、食堂食品安全检查和高温慰问有机结合,以安全隐患排查、应急预案演练、急救技能培训、职业健康体检、高温慰问送清凉“五个一”活动为抓手,深入网点、码头、船舶、车间、仓库、食堂等一线进行专项检查和慰问,确保高温季节一线员工安全和健康度夏。组织8家陆地基层单位和10艘船舶参加2017年“安康杯”劳动竞赛,推荐供应公司、“中远意大利”参加上海市“安康杯”竞赛优胜单位、班组评选申报,不断提高管理者安全生产意识和管理水平,提高职工安全生产知识和自我防护能力。高温期间,共组织开展事故隐患和职业危害排查226次;组织职工代表进行专项防暑降温检查113次,检查职工食堂4家;督促发放高温津贴616万元;开展送清凉专项慰问活动335次,慰问职工29040人次,其中农民工555人次,发放和赠送防暑降温费用151万元。（钱　华）

【长江轮船多举措开展“安康杯”竞赛活动】 长江轮船工会在组织职工开展“安康杯”竞赛活动中抓好8项工作,确保企业安全生产的良好局面。一是开展《全国职工公共安全卫生应急避险知识》答题活动。公司工会在“安全生产月”中,组织基层单位200名班组长参加答题卡活动。二是开展公司安全签名活动。三是加大安全宣传力度营造氛围。公司通过网站、画报、标语等各种宣传方式,使安全法规、安全理念、安全精神在员工中真正入脑入心、落实到位。四是组织一堂安全教育课。公司组织召开“安全生产培训暨研讨会”,公司总经理亲自上课,落实安全生产主体责任。五是组织开展拉网式安全生产大检查活动。全面检查各级领导、管理人员、操作人员对拉网式安全生产大检查工作的落实和执行情况。六是组织开展应急演练活动。七是加大安全隐患排查治理力度。严格按照责任、措施、资金、时限、预案的“五落实”要求,落实和治理整改存在的安全隐患和问题。八是公司工会下发高温慰问品,做好职工劳动保护工作。工会干部到船厂和船舶慰问一线职工,为职工送“清凉”。（章　伟）

【上海长江汽车服务有限公司工会“安康杯”竞赛创新形式重实效】 上海长江汽车服务有限公司工会坚持开展“安康杯”竞赛中的一些好的形式和做法。一是职工安全警句上墙。悬挂安全生产横幅、张贴安全宣传画,向广大职工征集到安全警句168条,从中挑选出20条安全警句,制作成安全警示牌,张贴在车间的醒目之处。二是与职工家属进行互动。公司工会开展以“情系安全送祝福”为主题的职工与家属互动活动,向广大职工家属征集“妻儿”安全寄语,共征集到“妻儿”安全寄语82条。三是举办“回头看”漫画展。公司发动职工写一个以“你亲历或亲闻的事故苗子或案例”为题的小故事,选取其中12个典型案例,制作成漫画,举办为期一个月的事故案例漫画展,分别在公司下属的厂站展出。四是增强职工代表安全巡视力度。公司组织职工代表参加安全巡视,同时吸收各个厂站的兼职安全员、设备员一起参与互查,对各厂站进行安全巡视,有效地促进了基层的现场安全管理工作。（章　伟）

【长江轮船组织职工代表开展安全巡查活动】 长江轮船公司工会按照“安全生产月”活动的总体部署,组织公司职工代表到吴淞船厂进行安全巡查活动。巡查组成员来到车间、船坞和码头勘察现场,了解安全防汛措施的落实情况。之后,来到危险品重地乙炔间、液氧间和易燃品存贮间,查看

长江轮船工会开展“安全生产月”签名活动（章　伟）

岗位职责和台账记录，对专职人员进行安全提问。公司工会还和公司安监部联合组织公司职工代表对公司游船进行了安全巡查。针对船舶安全的重要部位如：包房、厨房、安全通道等场所的安全消防灭火器材置和使用有效期进行查看，对用电、用气状况进行重点检查。 （章 伟）

【中国电信上海公司工会开展防暑降温工作】 7月起，上海公司工会为做好夏季劳动保护和防暑降温工作提出三方面要求：一是统一思想、强化责任，进一步认识做好夏季劳动保护和防暑降温工作的重要性。二是积极作为、关爱员工，进一步提升开展夏季劳动保护和防暑降温工作的行动力。各级工会和领导干部开展高温慰问送清凉工作，结合“安全生产月”“安康杯”竞赛，落实好“隐患随手拍”活动，发现隐患及早整改、消除；同时利用各种宣传教育阵地和载体，营造安全生产良好氛围。三是突出重点、尽心履职，进一步凸显夏季劳动保护和防暑降温工作的针对性。各级工会聚焦重点区域、重点项目、重点员工群体，做好高温作业、露天作业、高空作业等人员的倾斜，关注消暑饮食和休息场所，关心督促好外包人员防暑降温措施和经费的落实。 （殷 茵）

【上海建工集团组织职工代表巡视防暑降温和劳动保护工作】 6月19日、20日，集团党委副书记、工会主席张立新率职工代表对二建集团复旦大学江湾新校区项目、集团第6代AM-LOED显示项目等多个重大工程开展为期两天的巡视检查。通过听取项目部汇报、现场巡视、随机访谈等方式，重点巡视检查防暑降温、劳动保护、职工宿舍和食堂食品安全卫生工作落实情况。巡视中强调，一要严格管理、落实制度，做好夏季防暑降温和劳动保护各项工作，保障广大职工的安全与健康。二要关心慰问一线职工，合理安排高温作业，健全职工健康工作，进一步提高食堂膳食质量，不断提高职工的满意度。三要采取多形式的宣传教育培训活动，增强职工安全意识，杜绝违章作业，进一步发挥好群防群治作用。 （余轶群）

【市绿化市容行业工会关爱职工送清凉】 2017年盛夏高温期间，绿化市容行业工会协调市领导、市总工会领导、局党政工领导深入到班组、工地、船队、码头、作业场所，兵分9路慰问高温期间坚持岗位的1000余名行业一线职工，并赠送了防暑降温慰问品。同时，行业各单位开展2693次送清凉专项慰问活动，慰问企业和工地386家（个），慰问职工145307人次，其中女职工54859人次，农民工89703人次，发放和赠送各类防暑降温慰问品累计1390.3万元。组织发动行业职工开展事故隐患和职业危害排查549次，查实问题161个，督促整改161个，涉及职工6075人。行业各单位工会还借助微博、微信等新媒体渠道，及网站、讲座、展览、培训等传统方式，多渠道、多手段、多层次地加强对职工劳动保护和防暑降温宣传教育，共组织行业职工开展防暑降温劳动保护培训39525人次。 （耿 静）

市科技系统召开“安康杯”竞赛活动推进会 （薛志明）

【鲁中矿业有限公司深化班组建设，夯实安全管理基础】 鲁中矿业工会以班组建设为抓手，不断提高管理水平。一是举办班组长学习培训班。鲁中矿业工会先后举办6期班组长培训班，共对303名班组长进行脱产轮训。二是注重抓好班组建设工作。2017年，公司工会提出“五星六型”班组创建思路，分别召开工会主席、车间（区、队）、班组长3个层面的座谈会，征询对“五星六型”班组创建工作的意见建议，起草了实施办法，为启动“五星六型”班组建设做好准备。三是扎实开展“安康杯”（三化）竞赛。按照活动要求，抓好班组日常安全管理，进一步提高职工的安全技能。成立群监会，全年组织4次检查，查出隐患74个，督促各单位进行整改。开展安全短信征集活动，征集安全短信1244条。组织开展高温慰问，公司领导分别到生产一线，为在高温环境下工作的职工送去清凉。 （李宗峰）

【市科技系统召开“安康杯”竞赛活动推进会】 市科技党委召开2017年市科技系统开展“安康杯”竞赛活动推进会暨系统2016年度竞赛活动总结表彰会。系统80多家单位近130位行政部门负责人和工会负责人参加会议。会上下发关于开展2017年度“安康杯”竞赛活动的通知，明确系统2017年“安康杯”竞赛工作目标。总结2016年度工作并宣读表彰决定，系统“安康杯”竞赛优胜单位代表、优秀组织单位代表、优秀班组代表、先进个人代表先后上台领奖，先进集体及个人代表做了交流发言。 （顾 铭）

【光明食品集团工会开展“隐患大家找，现场随手拍”合理化建议评选活动】 7—9月，根据光明食品集团工会《关于广泛深入开展光明食品集团企事业单位“安康杯”竞赛活动的通知》的要求，集团工会开展“隐患大家找、现场随手拍”职工合理化建议活动，活动通过子公司推荐，专家初审，会员网上投票的方式评选，取得良好效果，上海农工商旺都物业管理有限公司施雨平等3项合理化建议获得一等奖，收到职工合理化建议244项。（朱菊英）

【市民政局工会深入开展“安康杯”竞赛活动】 2017年，市民政局工会按照市总工会和市安监局的统一部署，组织25家基层单位，270个班组，3620多名职工，参加本市“安康杯”竞赛活动，充分发挥工会组织在推进安全生产和维护职工健康权的助推作用。各基层工会在竞赛中，广泛开展“十个一”等活动，形成“人人学安全、处处讲安全、层层抓安全”的良好局面。积极创建安全生产1000班组，努力做到安全第一、违章为零、隐患为零、事故为零，夯实安全工作的基础，不断提高安全生产和劳动保护工作实效，为全局安全工作形势的稳定发挥积极作用。上海市龙华烈士陵园荣获2017年上海市“安康杯”竞赛优胜单位，上海三智汽配实业有限公司线束三车间班组、上海市儿童福利院后勤办公室荣获2017年上海市“安康杯”竞赛优胜班组，上海市辰昕礼仪用品服务中心蒋为挺荣获2017年上海市“安康杯”竞赛先进个人。（胡积伟）

【锦江国际集团深入开展安全生产工作】 锦江国际集团工会同行政一起，贯彻落实集团安全生产“七个到位”工作，使劳动保护工作“进企业、到岗位、在身边”，做到关口前移、重心下移。各级工会与行政部门联合开展以“教育培训强基础，隐患排查保安康”为主题的竞赛活动，做到点面结合，上下结合。工会劳动保护监督检查工作，开展安全生产、防暑降温专项检查265次，查实问题146个，督促整改146个；在高温期间组织职工代表进行专项防暑降温检查156次；有42家单位向职工代表大会作专题报告；有66家单位听取审议高温季节防暑降温工作和劳动保护措施；有17家单位建立职工代表对劳动安全卫生的提案和督查制度；有23家建立安全生产和劳动保护监督检查举报制度。同时，对检查中发现的事故隐患和职业危害因素，采取切实有效的措施加以整改，防止各类生产安全事故的发生。（张祥伟）

【市级机关工作党委领导慰问一线劳模和干部职工】 7月下旬至8月上旬，市级机关工作党委常务副书记应雪云等领导，分别深入市质监局、市司法局、市工商局、市食药监局、市机管局、市妇联、市残联、上海海关、上海出入境检疫检验局、国家物资储备局上海办事处、市气象局等单位服务窗口、口岸查验、检验站（室）、露天施工现场等，慰问坚守在高温一线的劳模、干部职工，为他们送上清凉解暑用品，向他们战高温、斗酷暑的精神表示敬意。在高温期间，市级机关工作党委领导和市级机关工会干部共走访慰问市级机关系统的一线服务窗口、露天作业单位19家、33个工作点，慰问干部职工3000余名、劳模20名。（王　颖）

【百联集团工会举办劳动保护业务知识培训班】 11月14—16日，百联集团工会举办为期3天的劳动保护业务知识培训班，来自二级公司、中心的30名工会干部参加培训。培训内容为劳动保护法律法规、上海工会劳动保护三年行动计划、工会劳动保护概论、“安康杯”竞赛、班组安全建设和职业安全健康、生产安全事故报告和处置、相关行业安全管理专业知识等，进一步提高集团系统基层工会干部的劳动保护理论水平和业务能力，切实履行工会依法维护广大职工安全健康权益的重要职责。（姜　杰）

【申通地铁集团工会高温慰问工作落实到一线】 为推进“美丽地铁，我爱我家”职工生活环境创优活动，增强职工凝聚力，2017年集团公司高温慰问活动扩大受益面，把专项资金用到实处，积极改善一线职工生活设施条件，慰问对象的设定重点为各运营单位的高架站点、户外工作区域或生活设施配置条件相对薄弱区域的职工，各项目公司在建施工工地的职工。为改善职工工作环境，添置空调、电扇、电冰箱、微波炉等设施设备，共计添置设备99239.11元。针对施工工地现场露天施工操作，购买近10万元防暑降温劳防用品用于高温慰问。（徐志华）

【申通地铁集团工会开展安全生产管理建议征集活动】 7—12月间，申通地铁集团工会围绕“寻找身边风险源，我为安全献一计”主题，在一线班组、职工中征集安全生产、管理建议。征集活动在线上、线下同时进行，职工登录“申通地铁之家”APP，点击“合理化建议”，可参与“寻找身边风险源，我为安全献一计”专题讨论；也可以随时向所属工会递交在安全生产、安全管理中的新点子、新想法。在各单位工会的组织动员下，共1515个班组、21938名职工参与讨论。12月下旬，申通地铁集团“寻找身边风险源，我为安全献一计”2017年优秀安全生产管理建议获奖名单揭晓。“关于加装检修平台对射安全防护装置的建议”等26条建议获一、二、三等奖。（姜　雪）

【临港产工委送安全咨询服务入企业】 8月16日，临港产工委在产业区内开展“安康杯”安全大检查活动。工会一改之前行政检查的思路，创新性地采用购买安全咨询服务送入企业的方式，让企业由被动检查，变为主动申请。此次邀请的检查组3位安全专家全部来自专业公司，第一批检查的企业是园区4家非公企业——斯贝克玛、栋巡时、晋飞碳纤维、天汉环境公司。检查组深入生产车间，详细了解安全生产情况和职工保障措施，全面听取安全工作相关汇报，还为每家企业出具一份详细的第三方安全检查专项报告，帮助企业更好地完善安全生产体系。（闫昊鹏）

【市农委系统工会认真做好劳动保护工作】 市农委系统工会认真做好夏季高温慰问和送清凉工作。委领导带队慰问奋战在艰苦高温作业岗位的一线职工，要求在高温期间一定要做好职工防暑降温和食品安全工作，保证职工的身心健康。高温期间，有25个单位配合党政有效开展了夏季劳动保护和防暑降温工作，共组织职工开展事故隐患和职业危害排查57次，组织职工代表进行专项防暑降温检查25次，各级工会开展送清凉专项慰问活动80次，涉及职工2602人次，发放和赠送防暑降温费48.76万元，有2家单位还建立职工代表对劳动安全卫生

绿地集团工会开展夏日送清凉活动 （王洋洋）

的提案和督查制度和安全生产和劳动保护监督检查举报制度。 （陈 赛）

【世纪出版集团领导高温走访慰问生产一线和窗口单位员工】 7月中旬申城持续高温，世纪出版集团领导和集团总部相关职能部门负责人，分别前往集团所属上海中华印刷（集团）有限公司、上海新华印刷有限公司、上海市印刷四厂、商务印书馆上海印刷股份有限公司等单位，以及七宝世纪出版园施工、监理单位和世纪出版大厦物业，向生产一线和窗口单位的1800余名职工表示慰问并送上防暑降温用品。同时要求各单位、各部门要认真按照《关于做好高温期间安全生产和防暑降温工作的通知》的有关部署，切实关心好广大干部职工的身心健康，全面落实好防暑降温措施，进一步做好安全生产各项工作。年内，集团工会向21家基层单位工会组织、3900余名在职职工发放高温清凉慰问品共计405937.5元，费用从“工会经费”款中支出。 （江 文）

【市职保会开展社区高温慰问】 8月7日，市总工会副主席桂晓燕带队赴普陀区宜川路街道服务点及长宁区新泾镇服务点慰问社区工作人员。8月8—10日，市职保会管委会主任顾学庆、党总支书记桂云林等全体班子成员先后来到杨浦区总工会服务处、徐汇区枫林街道服务点、松江区佘山镇服务点及金山区工业区服务点，向奋战在职工互助保障第一线的工作人员送上清凉用品。慰问过程中，市职保会领导班子询问了今年社区参保、直接给付等工作的开展情况，并现场为互助保障工作人员详细解释相关政策口径。 （顾艳斐）

对口援助

【概要】 2017年，上海工会按照《2015—2018年上海工会对口援疆（援藏）工作规划》和《2017—2019年上海-遵义工会对口交流合作框架协议》，围绕社会稳定和长治久安的总目标，坚持发挥工会优势，推动经济社会发展，促进民族团结的基本思路，坚持从实际出发，以“产业发展、人才培养、民生保障、文化建设”为重点，推动受援五地工会在促进本地区繁荣发展和谐稳定的进程中更好地发挥工会组织的重要作用。市总工会积极与喀什、日喀则、果洛、迪庆、遵义五地受援方工会协调沟通，按照“中央要求、属地需求、上海所能”原则，分别制定了《2017年上海工会对口援助工作方案》及《2017年上海工会对口援助项目计划表》，积极统筹安排预算资金，并按时间节点规范资金拨付，有序推进项目落实。全年援助五地工会项目31个，援助资金1071.2万元。（汪佳侃）

【上海工会扎实推进对口援助地区工会干部的培训】 上海工会依托上海工会管理职业学院，与受援地工会合作举办干部培训班，扎实提高受援地工会组织干部工作水平，年内为果洛、迪庆、遵义三地举办3期15天的工会干部培训班，培训班紧密结合中央群团改革的要求，安排既有工会理论又有实践内容知识课程，总计培训工会干部110名；建立受援地工会干部来沪培训机制和送教培训制度，2017年选派5名上海工会优秀教师赴遵义举办工会干部培训班，培训当地各级工会干部89人。 （汪佳侃）

【上海工会开展对口援助地区的帮扶工作】 2017年，上海工会根据中央坚决打赢扶贫脱贫攻坚战和全总关于做好困难职工解困脱困帮扶工作要求，进一步明确以困难职工、困难劳模、困难工会干部等为重点人群，将援助资金向困难帮扶项目倾斜，扩大受惠面，提高保障能力，帮助解决受援地区职工群众急难愁忧问题。一是开展“元旦春节送温暖”“大病救助”“女职工关爱行动”等项目，对喀什、日喀则、果洛、遵义共计3009名当地的困难劳模、困难职工、困难工会干部、单亲困难女职工及患大病职工给予一次性帮扶；二是开展“金秋助学”项目，对喀什、日喀则、果洛、遵义900名当地困难职工子女给予一次性帮扶；三是依托上海工人休养院所的资源，组织迪庆、遵义90名劳动模范和一线职工来沪休养、体检。四是援建当地关心一线职工的设施，在果洛援建4个环卫工人爱心驿站。 （汪佳侃）

【上海工会支持对口援助地区职工文化建设】 上海工会结合受援地工会工作需要，积极做好对口援助地区的职工文化建设，进一步丰富当地职工群众的业余文化生活，促进民族团结与社会稳定。一是落实职工书屋建设项目。在喀什、果洛和迪庆资助和指导“职工书屋”示范点11个，完成喀什地区8个学校职工活动室建设，发挥好工会宣传文化阵地作用，丰富当地职工精神文化生活。二是继续推进落实新疆巴楚县、莎车县、泽普县、叶城县总工会按计划完成相关工人文化宫建设项目。三是援建职工服务中心，完成日喀则拉孜县、萨迦县职工活动中心、果洛职工服务中心、迪庆职工活动中心相关设施设备配置和维修改造项目，增强工会服务职工工作能力。

（汪佳侃）

【上海工会加强援外干部的关心关爱工作】 2017年，上海市总工会进一步加强和完善对上海援外干部关心关爱机制的基础上。一是今年市总领导赴西藏地区交流考察时，对132名上海援藏干部开展关心慰问；二是在年初援外干部统一回沪休假期间，安排140名援外干部及家属赴沙家浜、西山进行为期3天的疗休养；三是支持援助地区工会活动经费17.7万元，丰富援外干部工会活动。此外，今年市总与东方航空、市合作交流办签订了三年期协议，在原来每年出资50万为援疆干部家属提供一张往返探亲机票的基础上，增加为每年出资120万元，为354名市委组织部派出的援外干部家属提供一张往返探亲机票。让上海援外干部进一步感受到组织的关爱。 （汪佳侃）

【上海工会赴西藏日喀则开展对口援助工作】 为进一步落实对口援藏工作，深化和加强沪藏两地工会对口援助工作的交流和合作，8月31日—9月5日，由市总工会党组副书记、副主席姜海涛率队，市总工会副主席、经审会主任桂晓燕等一行8人，前往西藏自治区日喀则进行对口援藏对接工作。上海市总工会按照"中央要求，属地所需，上海所能"的原则，紧紧围绕社会稳定和长治久安的总目标，坚持从实际出发，以"产业发展，人才培养，民生保障，文化建设"为重点，积极筹措资金，确定工作项目。两年多来，已完成19个援藏项目，投入援藏资金近600万元。在藏期间，上海工会代表团分别与西藏自治区总工会和日喀则市总工会进行座谈交流，同时，考察日喀则市总工会职工服务中心项目、萨迦县帮扶中心和江孜县职工活动帮扶中心的设备配置项目等。了解西藏自治区尤其是日喀则市经济社会发展以及工会工作开展情况，并就下一步对口援藏合作项目达成进一步共识。姜海涛一行还前往上海援藏干部联络组、日喀则市萨迦县、江孜县、上海市人民政府驻西藏办事处等地，看望慰问上海援藏干部。 （汪佳侃）

【虹口区落实工会对口援助云南文山洲工作项目】 7月13日，区总工会接待云南文山洲总工会代表团，与云南文山州总工会签订协作协议。根据东西部扶贫协作座谈会精神和两地政府有关协议精神，加强两地相关部门联系，虹口区总工会与文山州总工会按照重点对口帮扶协作关系结对，在对口帮扶、交流调研、劳模工作、技能培训等方面展开合作。在此之前，区总工会援助建设的文山洲西畴县莲花塘乡界牌小学项目已实施多年，6月23日还就小学操场的改建项目与西畴县进行新一轮签约，在接下来的两年中，继续加大对学校建设项目的投入力度。 （徐　洁）

【虹口区总工会与大庆市总工会建立友好工会关系】 7月13日，为加强两地工会的交流合作，本着"增进友谊、加强交流、共同发展"的原则，区总工会代表团与黑龙江省大庆市总工会签署了友好合作协议，缔结为友好合作单位。双方建立定期交流互访制度、劳模学习交流制度等，在开展劳动竞赛活动及工会就业等方面对口合作，加强工会干部培训、锻炼，依托各自资源优势，积极搭建平台，实现互利双赢，更好地提升工会工作能力，为广大职工群众服务。 （徐　洁）

【金山区工会代表团赴普洱对接两地工会援助项目】 为贯彻落实"金山区与普洱市宁洱县、墨江县、镇沅县、景东县的东西部扶贫协作座谈会"精神，8月2—8日，金山区委副书记程鹏、区人大常委会副主任、区总工会主席朱喜林率部分街镇、委局党委副书记、工会主席等组成的考察团一行15人，来到云南省普洱市进行学习考察，深入研讨并签定了三项援助项目。考察团一行首先与普洱市总工会进行座谈，普洱市委副书记陆平、市人大常委会副主任、市总工会主席李盛富等出席。会上，两地工会坚持精准扶贫、精准脱贫的基本方略，签定《那柯里"鑫港湾"工会服务中心援助项目协议书》，推动建设具有职工服务中心、法律援助中心、文化活动中心的"三中心"功能的宁洱县同心镇建立那柯里"鑫港湾"；签订《农民工转移就业援助项目协议书》，金山区总工会组织爱心企业为普洱市每年提供100个以上的农民工转移就业岗位；签订《工会干部业务培训援助项目协议书》，金山区总工会分两年四期培训普洱市工会干部200名。三份协议的签订代表了两地工会结对帮扶工作进一步深化，进入实质性项目帮扶阶段。随后考察团一行先后到与金山区结对的宁洱县、墨江县、镇沅县、景东县进行实地考察，通过座谈、走访等形式深入了解4个县的实际情况，为下一步在区市两地工会结对框架下，细化援助项目，开展街镇（委局）与县工会结对打下基础。 （钱海东）

【奉贤工会组织人员赴贵州务川扶贫帮困】 5月8—11日，奉贤区工会代表团一行赴贵州省务川自治县，按照奉务对口帮扶合作框架协议，召开本

5月8—11日，奉贤区总工会组织人员赴贵州务川扶贫帮困 （尹　奕）

年度上半年联席会议，加强两地工会组织交流。同时，与上海援黔干部务川联络组和务川县总工会对接相关帮扶项目。生物科技园区总工会认领了新阳村项目，捐资30万，并为其提供技术指导、技能培训，实现"造血式"扶贫。海湾旅游区总工会、区教育工会、航星机械（集团）有限公司工会、上海格林纺织有限公司工会共出资20万元，为城关中学提供"项目化"助学。 （尹 奕）

【奉贤区总工会、务川自治县总工会开展联组学习】 12月3—10日，贵州省遵义市务川自治县工会干部上海研修班在奉举行。期间，奉贤区总工会、务川自治县总工会开展联合举办《党的十九大精神深度解读》联组学习，结合新时期如何做好基层工会工作开展分组讨论，并参观中共一大会址和陈云故居，进一步提升全体干部的政治意识和党性修养。同时，组织参观了上海之鱼、东方美谷展示厅、如新企业，感受现代化东方美谷的美好前景。奉贤区人大常委副主任、总工会主席陆建国，区总工会党组书记、副主席张辉凤，党组副书记、副主席吴永强，副主席樊国红，务川自治县总工会党组书记、副主席冉再光出席。 （褚春兰）

【中国宝武工会积极开展社会扶贫工作】 2017年，中国宝武共拨付定点扶贫对口的宁洱县、江城县、镇沅县、广南县、上林县、罗田县6个县定点扶贫资金1480万元，实施定点扶贫项目29个，其中产业开发项目12个、整村推进项目9个、教育培训项目7个，其他项目1项。集团公司工会援助西藏仲巴县工会30万元，用于民生、基础设施、培训类项目，安排仲巴县总工会干部来沪进行工会干部业务培训；武钢集团工会援助八宿县40万元，用于开展职工技能培训、帮扶救助、工会工作交流。 （陆 庆）

【上港集团工会开展"8.15"爱心基金会成立二十周年系列活动】 8月15日，是上港集团文化品牌——"8.15"爱心基金会成立20周年的日子，上港集团工会成功举办系列活动。召开成立二十周年大会，开展第21次爱心捐款活动，捐款总额创历史新高，组织"爱就一起走"滴水湖20公里徒步活动，活动形式多样受到职工纷纷点赞。20年来，"8.15"爱心基金会累计收到职工捐款6409.85万元，全港累计628780人次参加捐款。与此同时，20年来，帮困机制不断健全，逐步形成部门、公司、集团全覆盖的三级帮困体系；帮困制度不断完善，使帮困目标更加精准到位，扶贫力度大幅提高。"8.15"爱心基金会累计使用帮扶资金5006.9万元，对困难职工及其家庭提供帮扶累计65219人次。累计资助贵州两所希望小学362.2万元。学校校园旧貌换了新颜，学校设施设备不断添置更新，孩子们每天吃上了"营养午餐"。"8.15"兑现了上港集团"发展自身、回报社会"的庄严承诺，充满了上海港全体职工对人性的尊重、对善良的坚持和对美好的追求。 （袁旭芳）

【上飞公司认真做好精准扶贫工作】 2017年公司工会在公司党政的总体部署下，认真落实国务院扶贫办、国资委、民政部关于定向帮扶工作的各项规定，做好扶贫工作。一是派驻干部。做好对宁夏西吉县的定点帮扶。二是合作扶贫。推动所属各单位、慈善基金会、金融单位联动，带动打好精准扶贫"攻坚战"，改善当地医疗条件、提高教育水平，搭建定点扶贫地区农特产品外销渠道。各单位结合实际开展形式多样的扶贫项目，上飞院组织大飞机设计师赴宁夏西吉县，给1500名师生上课。上飞公司党委与西坪村党支部进行对口帮扶，为西坪村购置价值13多万元的党建办公设施，为西坪小学的孩子们提供价值2万元的学生校服。三是教育扶贫。投入29.95万元，举办"走进大上海·走进大飞机——2017宁夏西吉县优秀中小学生夏令营"。投入25万元，与宁夏西吉县政府、善小公益基金会共同举办的首期宁夏西吉乡村教师特训营。四是产业扶贫。捐赠147万元助力宁夏西吉县西坪村整村推进，捐赠30万元支持集体经济发展。参加央企助力富民兴藏活动。 （阎 超）

【工会学院承办贵州省遵义市工会干部培训班】 按照《2017年上海工会对口援助工作方案》精神，6月13—26日，上海工会管理职业学院承办了贵州省遵义市工会干部培训班，来自遵义市的50名工会干部参加了为期14天的培训学习。学院根据前期的培训需求调研，结合遵义市工会干部的特点，精心设计了培训方案。此次培训理论教学、实务操作和经验分享结合，既有课堂讲授，又有小组交流和现场教学，内容丰富、形式多样，有效地提升了培训效果，受到学员的广泛好评。 （钟文娜）

【工会学院承办青海果洛州工会干部培训班】 9月14—28日，上海工会管理职业学院承办了果洛州工会干部培训班。举办此次培训班是贯彻落实对口援青工作精神以及《2017年上海工会对口援助工作方案》的要求，也是全国总工会交给上海工会的光荣任务。培训班通过创新的培训方式和前沿的业务内容探讨了工会工作的方法与思路，并前往长白新村街道总工会、长宁区工人文化宫等沪上具有品牌特色的工会阵地进行现场教学，取得良好的培训效果。 （钟文娜）

【工会学院承办云南迪庆州工会干部培训班】 10月17—31日，上海工会管理职业学院承办了为期两周的云南迪庆州工会干部培训班。培训期间正值党的十九大召开之际，学院组织全体学员观看了中国共产党第十九次全国代表大会开幕式，积极学习十九大报告，分享心得体会。本次培训通过创新的培训方式和讲授前沿的业务内容，探讨了工会工作的方法与思路，并前往中共一大会址、中国劳动组合书记部及黄浦区工人体育馆进行了现场教学。 （钟文娜）

女职工权益

【概要】 2017年，各级工会女职工组织以党的十八届五中、六中全会精神和党的十九大精神为指导，认真学习贯彻习近平总书记系列重要讲话精神，紧紧围绕党和工会工作大局，以"一切为了女职工的幸福"为宗旨，在加强女职工先进思想引领，拓展女职工实事服务项目、切实维护女职工合法权益、深入推进建功立业、提升素质、权益保障、幸福关爱、组织建设“五大行动”等方面取得一定的成效。一是团结动员全市女职工坚定不移听党话跟党走，通过风采展示，汇聚正能量，引导广大女职工坚定理想信念，坚信党的领导。二是深入开展提素建功活动，搭建女职工创新创造成长成才舞台。三是加大立法参与和执法监督力度，强化普法宣传和法律援助服务，依法维护女职工合法权益。四是拓展幸福关爱系列项目，扎实推进爱心妈咪小屋和职工亲子工作室建设，深入细致关爱特殊女职工群体。五是推动工会女职工工作改革向街镇基层工会延伸，强化工会女职工组织自身建设和队伍管理，不断增强女职工组织的凝聚力。（许燕军）

3 月 3 日，静安区总工会举行纪念三八国际劳动妇女节 107 周年活动（裘梅芳）

【静安区总工会举行纪念三八国际劳动妇女节 107 周年活动】 3 月 3 日，静安区总工会举行纪念三八国际劳动妇女节 107 周年暨“女职工幸福一小时”主题系列活动。区政协主席陈永弟，市总工会副主席、女职工委员会主任何惠娟，区人大常委会副主任、区总工会主席叶坚华等出席。陈永弟就“如何提升工作领导力，如何做好群众工作”为题，为广大工会干部、女职工干部上了精彩一课。会议表彰了荣获“全国五一巾帼标兵岗”称号的上海雷允上药业西区有限公司雷允上药城分公司第二班组以及欧莱雅等 17 家星级爱心妈咪小屋。下午的体验活动由“追求魅力的声音”“互动体验音乐会”“珠宝鉴赏”“美妆达人”“艺术插花”“芳疗护肤 DIY”“烘焙手艺”“厨房轻食”8 个体验项目组成。与会者还参观了大宁德必易园职工服务站，为新建成的园区爱心妈咪小屋揭牌。（沈诗贤）

【长宁区总工会积极推进企业“职工亲子工作室”建设】 7 月 10 日，联合利华亲子乐园开园仪式暨职工亲子工作室揭牌仪式举行。长宁区总工会鼓励、支持、指导本区企事业单位开办职工亲子工作室。作为全市首批开办的新长宁慧生活、区教育局会计结算中心等单位的职工亲子工作室先行先试，已正常运营。（王亚文）

【嘉定区开展女职工专项权益保护联合执法检查】 3 月 17 日，嘉定区总工会、区人社局、区妇联、区妇保院组成联合检查小组，对徐行镇的 2 家外资企业进行抽查，涉及女职工近 500 人。本次抽查采取座谈会、问卷调查、劳动检查、企业介绍、妇保讲座、《反家暴有奖知识问答》等结合的形式，重点查处用人单位是否违反妇保法和女职工保护等法律法规，内容涉及合同签订情况、女职工四期保护情况、女职工超时超强度劳动情况、妇科普查情况、社保和综合保险缴纳情况、雇佣童工情况等。抽查发现用人单位能够认真遵守《劳动法》《劳动合同法》《妇保法》等法律法规；单位工会组织维护女职工合法权益的意识明显增强。抽查也反映出企业还存在支付员工工资低于上海市最低工资标准；未按照国家规定的年休假及女职工婚产假及时调整、更新企业规章制度等现象。（黄点点）

【市机电工会召开纪念“三八”暨表彰大会】 3 月 3 日，市机电工会在徐汇区美罗城影院召开“纪念三八国际劳动妇女节 107 周年暨先进表彰大会”。一批先进集体和个人受到表彰。上海电气（集团）总公司党委副书记李健劲、市机电工会主席朱斌出席。2017 年，市机电工会系统各级女职工委员会和广大女员工紧紧围绕集团中心工作，以推进集团和企业转型发展为目标，大力弘扬劳模精神、劳动精神、工匠精神，践行发展新理念，立足岗位，埋头苦干，团结奋斗，攻坚克难，为促进和提升集团质量效益发挥了独特作用，展现了女职工自立自强的巾帼风范，涌现出一大批先进集体和优秀个人。会议以 PPT 形式，分别展示了获评“全国巾帼建功标兵”和“上海市三八红旗手”的先进事迹和风采。（彭伟光）

【市仪电工会女职工委员会召开女职工权益保护工作专题会议】 3 月 8 日，市仪电工会女职工委员会在松下半导体有限公司召开女职工权益保护工作专题会议。仪电工会副主席生青宣读了关于仪电工会女职工委员会人员调整的通知，松下半导体公司和自仪院工会介绍妈咪小屋创建及女职工工作经验，与会人员参观了松下半导体公司“妈咪小屋”。仪电工会副主席、女职工委员会副主任陶丽娟传达市总工会女职工委员会六届五次全委（扩大）会议精神，与会委员交流了女职工权益保护和女职工在集团新一轮战略中发挥积极作用的各自做法，仪电工会主席、女职工委员会主任顾文报告了仪电女职工队伍状况，希望女工委员们因企制宜地关注并做好新形势下女性职业发展和权益保障等工作，引导女职工在仪电转型发展中发扬巾帼不让须眉精神，为仪电发展发挥女职工应有作用和聪明才智。（周黎俊）

3月10日，市化学工会召开纪念三八国际劳动妇女节107周年表彰大会 （张雪莲）

【市化学工会重视半边天作用，落实关爱女工工作】 3月10日，市化学工会召开纪念三八国际劳动妇女节107周年表彰大会，表彰荣获2015—2016年度上海市和华谊集团“三八红旗手”和“三八红旗集体”的先进个人及集体。集团党委副书记、工会主席黄岱列，集团副总裁、人力资源部总经理、组织部长顾春林，集团工会副主席、女职委主任李爱敏出席会议。集团工会副主席汪耀华主持表彰大会。集团下属工会女职委主任、女职工干部，集团在职女劳模、女先进、女干部代表受邀出席会议。集团领导为各项先进个人和集体代表进行了颁奖。部分先进代表进行了交流发言。李爱敏代表集团工会女职委汇报了2016年集团女职工工作情况。 （陈晓英）

【市纺织工会树立先进典型，展示女性时尚风采】 3月9日，市纺织工会在市妇联巾帼园召开上海纺织三八国际劳动妇女节107周年纪念大会，纺织工会主席吴光玉出席并讲话，会议隆重表彰上海市和纺织系统三八红旗集体、上海市三八红旗手；开展《女性干部的修炼》精彩讲座及巾帼园“精彩一天”等服务体验项目，通过表彰宣传优秀女性典型，引领广大女职工弘扬纺织女性时代精神和社会主义核心价值观。集团旗下各投资企业、直属单位的工会女干部、女先进代表、“四女”联谊会会员代表、本届市、纺织三八红旗手等70余人参加活动。 （陆 益）

【市纺织工会提升职工幸福指数，深入落实暖心工程】 为了给纺织集团备孕期、怀孕期和哺乳期的女职工提供一个私密、干净、舒适、安全的休息场所，2017年上半年又有3家爱心妈咪小屋分别完成4星级和3星级申报工作，1家小屋正在积极创建中。5月29日，纺织工会首家职工亲子工作室成立，并于7月15日试运营。纺织工会考虑到在“二孩”生育新政大背景下，为了缓解年轻职工带娃压力，在进行大量排摸的基础上，选推纺织博物馆率先成立亲子工作室，用于单位职工的寒暑假托育服务，全额免费。纺织工会还将继续推进“爱心妈咪小屋”和“职工亲子工作室”的建设工作，进一步提高在业内的覆盖率，不断探索和拓展服务项目和功能，争取树立1-2个社会化服务的典型。 （陆 益）

【上海电建公司工会女工委开展“转型发展巾帼添彩”主题活动】 电建公司女工委带领女职工积极参与公司工会“新思维心服务”主题活动，引导女职工在公司转型发展、深化改革的进程中，不畏艰难、勇于开拓、无私奉献，建功立业。一是开展女职工建功立业活动，以上海电建职工技能系列竞赛、“五小成果”等活动为契机，引导女职工积极参与，尽展自己的才智，与企业共谋发展大计，为企业的发展做出自己的贡献。二是开展先进女职工的评选活动，表彰一批公司女职工先进，以先进人物的敬业、勤奋、奉献、创新精神，影响和带动女职工形成学先进、赶先进的良好氛围。三是开展“放下行囊 与心交流——冥想与健康”活动，庆祝三八国际妇女节。四是在公司各级工会强化、创新自身建设机制的同时，开展女职工委员会的换届筹备工作，加强工会女职工组织的建设。五是以公司签订集体合同为契机，修订完善并签订女职工专项集体合同，从源头上保证了女职工的合法权益和特殊利益。 （章美芳）

【宝钢发展持续推进女职工“丝带关爱行动”】 宝钢发展工会组织参加集团公司2015—2016年度“玫瑰绽放”擂台赛，1人被评为中国宝武“金玫瑰”奖章，5人被评为“玫瑰”奖章，2个集体被评为“玫瑰”奖状。组织开展2015—2016年度宝钢发展“女职工最佳实践者（集体）”评选活动，评选表彰“女职工最佳实践者”30人、“女职工最佳实践集体”9个。开展纪念三八国际妇女节活动，召开宝钢发展女职工工作研讨会，以“体验智慧制造，激发创新思维”为主题，组织女工干部和女职工先进代表40余人赴上汽通用汽车公司参观学习。举办“女职工综合素质提升系列—书法艺术欣赏”专题讲座，进一步提高女职工书法艺术的欣赏水平，更好地塑造自信、优雅的职业女性形象。 （朱 宏）

【上海石化工会参加女职工周末学校活动】 公司职工周末学校举办瑜伽班4期，450人次女职工参加；举办“一个好女人，幸福三代人”“加强自身修养，建设美好家园”等巾帼讲堂4期，近280名女职工参加；举办“爱在五月，烘焙幸福”母亲节烘焙活动，30名选手参加了比赛；二级单位职工周末学校举办心肺复苏急救操作、剪纸、健身舞等培训班42个，1672人次职工参加；举办各类讲座10场，共有252人次职工参加。 （潘萍萍）

【上汽各级工会多形式为女职工送关爱】 “三八”节前后，上汽各级工会举办丰富的文化活动。上汽大众召开三八妇女节专场恳谈会,女员工代表们在会上围绕企业发展、个人成长和员工关爱等提出了30余条建议,同时组织插花艺术、趣味运动会、茶道、瑜伽、美容养生等精彩活动,让大家收获了不少惊喜和祝福。泛亚汽车技术中心开展先进表彰会,并邀请化妆达人为大家现场指导美妆技巧,让女同胞们更好地展现个人魅力。另外,还组织健康养生讲座,演讲比赛等,提供分享交流的平台。活塞公司组织"上汽三八红旗手""KSSP巾帼先锋号"等女同胞参加"女神变厨神"活动,邀请大厨教授西班牙海鲜饭、黄金椰香芝士蛋糕和那不勒斯魔鬼披萨的制作方法;上柴公司召开先进表彰会暨2017年度"女职工周末学校"第一课,从妆容、服饰、举手投足、待人接物等阐述女性职业礼仪修养的要素,让学员受益匪浅。 (范　融)

【上海铁路局工作召开女职工工作年度会议暨女职工干部培训班】 11月7—9日,2017年全局女职工工作会议暨女职工干部培训班在苏州举行,并对全局首批27个"女职工爱心屋"进行授牌。路局工会副主席、女职工委员会主任包晓朵参加会议,对全局女职工工作取得的成绩给予充分肯定,分析了当前女职工队伍现状和女职工工作面临的形势任务、存在的问题,并对下一步工作和女职工干部能力素质提高提出了要求;培训班邀请上海市总工会、苏州大学、路局党校等专家教授,围绕女工权益保护、工会互联网运用、工会干部情商与心理调适等对全局女职工干部进行培训,并专门邀请党的十九大代表、杭州客运段列车长陈美芳交流参加党的十九大的感受、体会和认识。上海客运段、上海机务段、南京站、阜阳北站4家单位分别交流了本单位女职工工作的经验做法。全局110多个单位的女职工干部参加会议和培训。 (陈国华)

【中国移动上海公司工会拓展女工工作三大品牌内涵】 中国移动上海公司女职工占比52%,公司工会围绕提升"职场丽人""生活强人"和"爱心超人"三大品牌开展女工工作,并通过自主设计三大品牌人物形象,增强品牌的识别度。在"职场丽人"方面,举办纪念三八国际劳动妇女节107周年系列活动;在"生活强人"方面,在各级工会组织丰富的DIY及亲子园地等深受女工喜爱的活动,活动覆盖率达100%;在"爱心超人"方面,公司爱心妈咪小屋全覆盖办公物理点,年内新增五星级小屋3个,四五星级小屋达16个,为职场背奶一族解决后顾之忧提供更好软硬件条件。 (张晨洁)

【上海建工集团召开纪念三八国际劳动妇女节暨三八表彰会】 3月9日,上海建工纪念三八国际劳动妇女节暨三八表彰会举行。集团党委副书记、总裁卞家骏,集团党委副书记、工会主席张立新等领导出席大会,并为荣获上海市三八红旗集体、上海市三八红旗手,以及集团三八红旗集体、三八红旗手代表颁奖。卞家骏向获得各类荣誉称号的女职工表示热烈祝贺,向为集团发展和上海城市建设做出积极贡献的女职工表示衷心感谢和崇高敬意。他希望各级女职工委员会要为实现集团发展目标继续发挥积极作用,作出新的成绩,广大女职工不断提升综合素质,做知性修身的践行者,各级党政工领导能够更加主动关心、更加有力地支持女职工组织开展工作。张立新希望各级女职工组织和广大女工工作者紧紧围绕集团"十三五"规划和"三全战略"主线,发挥个人特长和女性优势,在重大工程建设、"全国化"战略实施、维护和谐稳定、弘扬企业文化、促进转型发展等方面作出新的更大贡献,演绎好上海建工职业女性的精彩故事。 (余轶群)

【中建八局工会女工委召开四届五次全委(扩大)会暨巾帼建功先进表彰会】 3月27日,局工会女工委四届五次全委(扩大)会暨巾帼建功先进表彰会在中建大厦召开。会议通报了女职工特殊疾病互助保险金使用情况,审议并通过增替补局工会四届女职工委员会委员的决议,表彰上海市、市建交系统三八红旗手(集体)、中国建筑巾帼奖、中建八局巾帼文明岗、巾帼建功标兵及书香三八优秀征文,展播"书香三八"优秀作品,进行"身边榜样、成长故事"先进典型分享,并举行"中建八局女子朗读社"成立仪式,与会领导为"女子朗读社"授牌并赠书,局工会女工委员发出"做智慧女性　建书香家庭"的倡议。中建总公司工会副主席、女工委主任王萍、女工委副主任廖东红、局工会副主席王为兵出席会议并讲话,局属各单位工会女工委主任、局工会女工委委员、先进代表50人参加会议。 (陈　湘)

【市税务工会积极推进爱心妈咪小屋建设】 为推动"全面二孩"政策落地实施,更好地维护女职工合法权益和特殊利益,市税务工会继续会同市总工会通过补贴建屋资金的方式在系统内推动建立爱心妈咪小屋,截至年底,市税务系统共有爱心妈咪小屋24家,五星级爱心妈咪小屋10家。 (娄晓辉)

【2017上海女教师创新讲坛在复旦大学举行】 3月28日,市教育系统妇工委、女工委和女教授联谊会、优秀青年女教师联谊会在复旦大学光华楼举行"杏坛巾帼风华——2017上海女教授创新讲坛",市妇联副主席翁文磊、复旦大学党委副书记袁正宏,市教育工会常务副主席、教育系统妇工委主任王向群和150多名优秀女教师代表参加讲坛。复旦大学党委副书记袁正宏首先代表东道主致欢迎辞。3位资深女教授作主题演讲,市教育工会常务副主席、教育系统妇工委主任王向群,上海市妇联副主席翁文磊总结讲话。 (彭超波)

【市卫生计生系统召开纪念三八国际劳动妇女节107周年大会】 3月9日,"天使礼赞"上海市卫生计生系统纪念三八国际劳动妇女节107周年暨表彰大会在第十医院报告厅举行。市卫生计生委党委书记、妇委会主任黄红讲话。市卫生计生党委副书记、市医务工会主席郑锦宣读了2015—2016年度全国三八红旗集体、全国五一巾帼标兵岗、上海市三八红旗集体和红旗手名单。各基层单位的党政领导、妇委会主任、专职妇女干部、获奖代表及一线妇女代表近300人参加会议。会上,举行了由市卫生计生委妇委会、市医务工会女职工委员会编辑发行的《天使礼赞》画册的授书仪式。 (童秀妹)

3月6日，市民政局工会举行庆祝三八国际劳动妇女节活动 （阚文伟）

【SMG工会关爱女职工身心健康发展】 3月6日，上海广播电台（上海文化广播影视集团有限公司）工会（简称"SMG工会"）女工委举办"SMG因你而美丽"2017庆祝三八妇女先进表彰会，表彰2016年SMG获得上海市级以上女性先进奖项的个人、集体；六一期间，由女工委、番茄网共同举办的"SMG亲子乐读季评选"活动一共吸引了60多组职工家庭参与，节目在网上传阅、分享。11月11日，女工委与团委携手举办青年交友活动，台、集团各单位和团委兄弟联及各相关共建单位的100位单身男女青年职工，共赴东方绿舟参加户外踏青交友活动。为贯彻落实"全面二孩"政策，切实维护女职工合法权益和特殊需求，为"三期"女职工提供切实帮助，女工委继续实施"爱心妈咪小屋"助推计划。目前，SMG共在7个楼宇设立爱心妈咪小屋（哺乳室），每年服务约75位"三期"女职工。 （秦伊龄）

【市经信系统第一家"职工亲子工作室"揭牌】 7月10日，市经信系统工会第一家"职工亲子工作室"在中航商用航空发动机有限责任公司举行了揭牌仪式，市经信工作党委副巡视员、系统工会主任陆琪；市总工会基层工作部部长丁巍；闵行区人大副主任、总工会主席倪学斌为"职工亲子工作室"揭牌。揭牌仪式由公司副总经理曾海军主持，公司董事长、党委书记张玉金出席仪式并致辞。 （黄俭 顾捷）

【市民政局工会庆祝三八国际劳动妇女节】 3月6日，市民政局工会举行"扬工匠精神，展巾帼风采"—市民政局举行纪念三八国际劳动妇女节107周年暨三八红旗手（集体）表彰大会。会上，表彰获得2017年度上海市三八红旗手和获得局三八红旗手和三八红旗集体，获奖代表在会上交流了工作体会，市民政第一精神卫生中心和市宝兴殡仪馆的职工在会上表演了文艺节目。 （胡积伟）

【市监狱管理局工会围绕四个方面加强女工工作】 主要抓好4个方面的工作：一是维护妇女特殊权益，寻求工作新亮点。对77名困难女职工进行定向、助学和节日帮困；积极开展妇科体检工作，"女职工团体特种保障计划"参保率达100%。二是加强自身建设，展现工作新面貌。定期召开工会女职工委员会会议，及时制订工作计划部署相关工作；参加市总组织的女工干部培训班；配合部分基层工会做好女工组织的调整工作。三是融入工会改革，女工工作争取新发展。积极传达学习群团改革实施方案，融入市总工会女工部工作的转型，对各基层工会女职工工作创新考核方式方法，积极鼓励基层女工委主动作为。四是发挥女工半边天作用，力求女工活动新突破。三八节期间开展"巾帼建功展风采"主题系列活动，通过先进表彰、事迹宣讲、新老传承面对面、培训和文艺演出等环节，表彰优秀女性，弘扬事业价值，展示巾帼风采；利用上级工会资源，组织开展女性公益讲座、女性健康体检、亲子活动、插花花艺比赛、拼布缝纫创意大赛等活动，丰富女性会员生活，展示美丽的警花风采。 （江海群）

【城投集团开展"城投巾帼建功展风采"纪念三八节系列活动】 为充分激发城投女职工岗位建功的积极性和创造性，城投集团工会指导各直属工会开展了系列三八妇女节纪念活动和实事项目。一是推进"爱心妈咪小屋"实事工程，要求各直属工会针对"全面二孩"政策，结合本单位女职工婚孕育状况，因地制宜建设小屋。上

城投集团工会开展纪念"三八节"活动 （黄伟国）

海中心大厦公司工会于3月7日联合浦东新区工会举行了“上海中心爱心妈咪小屋”的揭幕和对外开放启动仪式。二是联合市总工会“公益乐学”平台,组织部分女工干部以教学体验的方式参与公益乐学茶艺教学活动,帮助基层工会拓展服务职工活动的社会化公共资源。三是通过“城城帮你忙”微信平台推出“城投巾帼达人”寻人启事,以互动展示的方式有效引导女职工提升自我修养,受到女职工的热情参与。“三八节”期间,各级工会不断优化女职工学习内容和活动形式,开展座谈会、女性健康讲座、读书活动、DIY手工花艺、点心制作培训等丰富多彩的活动。（朱文慧）

【市社会系统工会加强妇女组织建设,促进女职工全面发展】 一是加强妇女组织自身建设,不断增强服务女职工的力量。系统工会增设工会女职工委员会,加强女职工工作力量。要求基层工会对照中华全国总工会颁发的《工会女职工委员会工作条例》开展工作。在基层工会换届时,确保有女职工委员或建立女职工委员会。二是以党的十九大为契机,团结动员女职工积极投身新时代中国特色社会主义建设,组织社会系统女职工委员、市妇女代表学习十九大报告中有关工会和妇女儿童和群团工作的重要论述;引导女职工结合女性特点和自身特长自觉参与各类岗位建功、基层治理、服务社会等活动,涌现出诸多先进集体(个人),评选出8个上海市巾帼文明岗,5名上海市巾帼建功标兵,3名社会系统巾帼建功标兵;引导归口单位充分发挥先进的引领、示范作用,多次组织开展各种结对交流、互帮互学活动,以点带面,共同提高。三是了解女职工需求,保护其合法权益。开展调研,帮助并协调困难企业女职工参加市总工会的困难企业女职工免费“两病”筛查,协调归口单位根据自身情况及需求创建妈咪小屋,有3家妈咪小屋通过验收;关爱单亲妈妈和失去双亲的单身青年,向他们赠送市总工会提供的安徒生音乐童话剧演出票;推荐7名女性经营者参加市委组织部组织的疗休养;各基层工会开展女职工劳动权益落实情况自查。（杜建秀）

【隧道股份城建投资工会关爱女职工从点滴做起】 隧道股份城建投资工会始终坚持把维护女职工的切身利益和关爱女职工作为重要内容,公司工会在做好签订女职工特殊利益专项集体合同,组织好女职工两次妇科和乳腺病普查的基础上,整合社会资源,开展帮助和引导女职工适应经济社会的发展的一系列工作。维护好“妈咪爱心小屋”,让女职工在“四期”都受到应有的保护并享受相应的待遇;为女职工购买特种疾病保险,1名女职工因患重大疾病获得保障金。城建投资工会还开办了瑜伽、健身训练班,邀请专业教练进行授课。10月,公司邀请上海交通大学医学院附属瑞金医院妇产科主治医师举办“女性常见病疾病预防解读”专题讲座,给广大女职工提供更为贴心的呵护,彰显公司“以人为本、关爱员工”的理念,促进了公司的和谐发展。（汪珺）

【上飞公司纪念三八国际劳动妇女节系列活动】 3月公司工会启动纪念三八国际劳动妇女节系列活动。召开表彰会暨启动第五届“书香三八”读书活动,授予8个班组(科室)2016年度三八红旗集体称号,24名女职工2016年度三八红旗手称号;启动上飞公司第五届“书香三八”读书活动,组织开展女职工“送知识、送书籍”书香读书活动,现场配送优秀书籍;围绕女性心理健康、家庭关系处理、家庭教育等问题开展“多姿多彩、魅力自信”女职工培训专题讲座;开展“温情迎三八热闹包饺子”厨艺比赛活动;组织女干部走进“妇女与发展”系列培训讲座课堂,提升女职工综合素养;实施“健康、生活、职场、维权”关爱活动,为有需求的劳务派遣工、离岗中心困难女职工、有毒有害岗位女职工以及困难职工直系女家属进行“两病”筛查体检;购买女职工特种医疗保险,开展健康科普知识讲座,维护女职工的健康权益;新建爱心妈咪小屋4家,机关联合妈咪小屋获“2017年上海市五星级妈咪小屋”荣誉。（沈祎）

【中国商飞上海航空工业(集团)有限公司工会开展三八妇女节系列主题活动】 举办“劳动美”“健康美”“书香美”“运动美”“生活美”“三八”妇女节系列活动,有书籍分享活动,有打造女神风采的化妆分享活动,有瘦身减肥的健步走活动,还有培养文艺气质的观话剧活动等等,树立上航公司女性正确的人生观、价值观和积极向上的生活态度,营造欢乐、祥和、奋进的节日气氛,展现上航公司女职工之巾帼风采。（朱莎）

【市农委系统工会开展多项活动丰富女职工生活】 市农委系统工会积极开展各项活动,丰富女职工生活,提高女职工素质,维护和保障女职工权益。一是结合庆祝三八国际劳动妇女节为契机,开展系列活动,举办以“爱的旋律”为主题的音乐、诗歌赏析会;组织女职工公益讲座;组织部分单位女工干部参加下属农广校、东海所、实训中

上飞公司举办纪念三八国际劳动妇女节系列活动（常育彰）

心、农科院、渔机所等单位在“三八节”期间组织的丰富多彩的纪念活动。二是关心女职工的健康。组织系统女职工开展女性乳腺专科体检，做到早发现、早治疗。开展“爱心妈咪小屋”评级推进活动。（陈 赛）

【五冶集团上海有限公司工会组织开展三八国际妇女节庆祝活动】 3月8日公司工会开展塑造职业女性完美形象讲座——服装搭配与优雅礼仪专题讲座，从女士专业着装、优雅女性形象细节、如何找到适合自己的服饰色彩、女性优雅仪态、职业女性沟通技巧等方面为大家讲解怎样拥有充实美好的内心，同时拥有充满魅力的外在形象来自各二级公司女职工代表120余人参加。3月7日，交通市政公司工会举办“健康家庭烘焙·女王节快乐”，姐妹们交流分享烹调技艺，品尝自己动手烹调的食品。3月8日，华东分公司开展“乐享陶艺做品质女神展巾帼风采”的三八节主题活动，女职工们各显神通创造了不同的陶艺作品，充分享受美妙的制作过程。建筑分公司、三分公司、机电分公司、钢结构分公司、检修分公司、宝钢工程分公司、国际分公司、华北分公司、上海有限公司机关等工会均对女职工进行了节日慰问。（王 娟）

【世纪出版集团各直属单位工会开展丰富活动庆“三八”】 教育出版社组织近80位女职工，参观广富林遗址公园以及上海月湖雕塑公园，感受自然与人文、古典与现代的完美融合。书画出版社全体女职工参观学习上海雅昌艺术印刷有限公司，增进了书画社与印刷企业间的了解和交流。其他出版社女职工也通过不同活动，丰富女职工节日生活，心情放松，加深友谊，体验节日的愉悦。（江 文）

【洞庭西山休养院开展女职工及困难职工春节家访谈心活动】 春节期间，市总工会洞庭西山休养院党支部全面启动春节家访谈心慰问工作，对全院部分女职工及困难职工进行家访慰问并送上慰问品，慰问人次共计30余人，把组织的温暖关怀和新春佳节的美好祝福送到职工群众和家人的身边。本次家访谈心活动由领导班子成员、工会主席和办公室负责人共同参与。（夏鹤麟）

农民工权益

【概要】 根据2017年上海工会统计，本市职工人数798万，其中农民工310万人；工会会员767万，其中农民工会员297万人，农民工已经成为本市产业工人中的重要力量。2017年市总工会农民工领导小组办公室相关职能部门在5个方面积极推进农民工服务工作。一是积极促进农民工入会。以街镇“小三级”工会建设为抓手，着力做实农民工入会工作。落实街镇“小三级”工会经费补助实施办法，保障有钱办事。积极探索农民工入会方式，保障有渠道入会。聚焦物流快递员、家政服务员、护工护理员、商场信息员、房产中介员、网约送餐员、货运驾驶员等流动、分散、灵活就业群体，探索创新新型就业职工群体的入会方式、建会模式。以职工服务站为载体，着力增强服务农民工在内职工的水平。二是积极促进农民工就业培训和各项保障服务。积极促进农民工就业援助和培训服务。如组织制造业、零售业、家政服务业等行业的13家单位用工单位到广西南宁市和柳州市开展招聘；依法完善农民工享有社会保障机制。将本市农民工完全纳入城镇职工社会保险体系，积极推动建筑业工伤保险扩面工作，将外省市农业户口职工纳入生育保险覆盖范围；大力推进服务职工（农民工）实事项目。以工会会员服务卡为载体，打通服务农民工最后一公里。以职工体检休养行动为抓手，关心关爱农民工群体。首次建立困难企业女职工免费两病筛查实事项目等。三是积极构建农民工法律维权框架体系。加强法律援助和源头参与，切实保障农民工劳动经济权益。明确农民工为法律援助重点对象之一，在市职工援助服务中心内开设了“朱雪芹劳动争议调解工作室”，全市实体化运作职工法律援助站点290余个，力争实现农民工法定权益“应援尽援”；开展四方合作预防化解群体性劳资纠纷，为农民工讨薪等群体性劳动争议开辟“绿色通道”，按照“快立”“快审”“快结”“快执”的原则，及时维护农民工经济权益；参与农民工工资支付专项检查，切实保障农民工工资报酬权益。四是推进落实农民工帮扶的精准化。关注困难农民工群体的生活需求。2017年上海工会元旦春节送温暖期间，市总工会党组书记、主席莫负春前往虹桥机场急救消防保障部，慰问留沪农民工。各级工会慰问困难农民工9486户，共向困难农民工发放帮扶资金3034.64万元；持续开展农民工专项关爱行动。农民工关爱行动发放补贴超过300万元，帮扶农民工2.6万多人次。五是积极开展农民工宣传教育活动。组织发动农民工参与各类文体活动以培养选树农民工先进典型为重点，引领广大农民工提升素质。（杨 驹）

【培养选树农民工先进典型】 2017年，市总工会农民工领导小组办公室在农民工人数较多、入会率较高、农民工各项维权及保障服务较好的地区系统推荐确定了奉贤、建工、船舶等3位优秀农民工，浦东、闵行、青浦、松江、中建八局、合作交流、汽车、锦江集团、久事工会等9位农民工先进个人。由于本次评选活动全部在基层劳动岗位工作的农民工中产生，并要求优先推荐劳动模范、五一劳动奖章获得者、国家及本市技能竞赛获得者，所以评选出来的优秀农民工和农民工先进个人素质普遍较高，在广大农民工群体中产生了良好的示范效应。（杨 驹）

【普陀区总工会举办关爱环卫工人主题活动】 1月18日，区总工会联合区国资委工会、沪西工人文化宫、区城投公司工会，在陈扣娣班组劳模创新工作室举办“带副春联回家乡 红红火火过大年”普陀工会关爱环卫工人主题活动。出席活动的领导向环卫工人送上新年大礼包并致以新春祝福。劳模书法家陈小康及职工书法爱好者现场创作春联，赠送给环卫工人。沪西工人文化馆的职工志愿文艺团队和普环公司职工文艺爱好者带来文艺演出。志愿者们现场为环卫工人提供口腔检查、常规医疗保健、理发等便民服务项目。（陆 蕾）

【静安区总工会开展“把祝福带回家”活动】 元旦春节期间，静安区总工会开展“把祝福带回家”系列活动。

活动采取线上线下结合的方式,涵盖书春联、赠福字、秀合影等丰富内容。1月13日,静安区总工会在上海火车站开展"赠福"活动,为当日乘火车返乡的外来建设者、工会会员送上新春祝福。市总工会巡视员杜仁伟,静安区人大常委会副主任、区总工会主席叶坚华等出席。在首批返乡的静安工会会员踏上列车前,领导为他们赠送了静安工会特制的"福"字和春联,并送上300元返乡车费补贴。随后叶坚华慰问了上海铁路局一线职工,并送上慰问金3万元。（陈迪嘉）

【中铁上海工程局市政公司推进农民工宿舍标准化建设】 中铁上海工程局市政公司全力推进农民工宿舍标准化建设。宿舍管理过程中坚持做到三个"严"。在建点阶段严格制度建设,为项目量身打造《民工宿舍管理办法》《生活区卫生管理制度》等一套制度体系,做好顶层设计;在日常生活中严格管理,成立宿舍管理小组,进行定期巡查,做到卫生和隐患排查不留死角、不留盲区,确保宿舍管理井然有序;在宿舍设施使用上严格要求。加大宣传力度,让入住人员规范使用并保护宿舍配套设施,确保公物完好。宿舍管理目标坚持做到三个"实"。建设要实,为宿舍统一配备床、鞋柜、窗帘等相关配套设施;宿舍全部采用36v安全电压,并配备充电箱,在确保安全的同时提高生活质量;评比要实,积极推进宿舍对标评比工作,严格按照评比规则无记名评分,并公示征求农民工意见,最终确定优秀宿舍后发放流动红旗和物质奖励;标准要实,项目部要从"环境、床铺、衣柜、总体清洁度"4个要素推进标准化宿舍建设,全体农民工要按照标准整理、维护宿舍,创造良好的生活环境。（钱　蓉）

【上海建工集团工会推进重大工程建设者健康保障行动】 2017年,集团工会联合建工医院为崇明体训中心、上海音乐学院歌剧院、轨交18号线等20个项目的2600余名建设者送上巡回健康咨询、医疗问诊服务。服务内容主要有:量血压、测血糖、血常规检测、移动B超、健康咨询、现场急救辅导等。1月16日,市总工会副主席何惠娟和集团党委副书记、工会主席张立新共同出席了在建工医院举办的服务协议签字仪式。（余轶群）

【人社部、住建部及全总联合督查组到中建八局督查慰问】 1月20日,由人社保、住建部和全总组成的联合督查组,在人社部劳动监察局局长王程率领下,莅临中建八局上海公司耀华路项目督查农民工工资支付工作,并亲切慰问项目一线员工。王程对中建八局实施"实名制管理、站家式服务、人性化关怀"的创新模式给予充分肯定。近年来,中建八局推行施工分包与劳务用工规范化管理,目前已在全部在建项目推行了劳务实名制管理,从劳务用工、人员培训、工资发放等方面强化了措施,保障了劳动者权益。（伍安龙）

【市新闻出版工会组织优秀农民工代表参与书展活动】 8月19日,在2017上海书展期间,新闻出版工会组织在青浦工作的3家外资企业、40多名优秀农民工代表和他们的孩子到书展现场参与各项活动。大家穿梭书展各个展台,倾听专家学者讲座,排队等待作者签名,体验书香墨海中读书的氛围和快乐。（方伟国）

【久事集团工会关心关爱农民工和劳务工】 久事集团工会重点开展对劳务工和农民工的关心工作,关注劳务工、农民工入会工作,深入研究相关专项补助政策,将工会经费向系统内农民工、劳务工集中的单位倾斜,共下拨60万元经费,专项用于开展农民工体检、培训等工作,使他们切实感受到工会的关怀。开展"尊法守法,携手筑梦"农民工法治宣传行动。先后举办5场,共组织250名农民工参加了活动,就农民工关心的劳动就业、子女就学等相关政策进行解读。提前为2018年春节期间,坚守在工作岗位上的527名农民工发放5.27万元的通讯费补贴。（陈　珺）

退休职工权益

【概要】 上海市退休职工服务中心主动适应社会发展新形势和退管工作新要求,努力提升管理能力和服务水平,扎实推进为老服务工作持续健康发展。一是为退休职工办实事办好事。通过普惠与特惠相结合,有107.8万人次的退休职工在两送活动中受益,慰问金额达4.84亿元;指导协调各级退管组织积极开展社区为老服务活动和尊老社会一条龙服务工作,全年为老服务达25.2万人次,制作发放14万张高龄老人优待证,为千名特困老人送去免费健康体检。二是搭建文化、体育、娱乐等活动平台,开展扑克牌比赛、健身舞蹈(广场舞)展演等形式的活动,丰富退休职工的精神文化生活。以专题讲座、业务培训、学习研讨等形式,指导各级退管组织做好基础管理服务工作,并积极开展退管工作理论研究活动。四是协助政府做好退休人员社会化管理试点工作,为市政府推进企业退休人员社会化管理工作提供具有参考价值的意见和建议。（黎　颖）

【组织开展全市退休职工的两送慰问工作】 市退管办组织全市退管系统的各级退管组织对退休职工实施"冬送温暖夏送清凉"系列帮困关爱工作。通过认真排摸和精准定位,对长期生活困难、患大病的退休职工、退管干部、为老服务志愿者等进行慰问,切实做到对困难退休职工全关爱、全覆盖。通过普惠与特惠相结合,及时把组织的温暖送到退休职工的心坎上。全年"两送"活动受益人数达到107.8万人次,慰问金额4.84亿元。（黎　颖）

【开展退休职工免费体检活动】 市退管办以"关爱老人送健康,携手共建银发乐"为主题,于4月26日至5月18日在上海康汇医疗体检中心为966名困难、独居、为老服务优秀志愿者提供免费体检。此项活动已是连续第六年开展,每年都有千名左右的困难退休职工受益,得到了各级退管组织和退休职工的肯定与好评,为弘扬中华民族尊老敬老的传统美德起到积极作用。（黎　颖）

【坚持做好尊老社会一条龙服务工作】 市退管办坚持做好尊老社会一条龙服务工作,凭借多年来良好的工作基础,目前共发展50家单位加盟尊老窗口单位,为老年人提供各种免费、优惠、优先的为老服务项目。同时，还制作发放14万张高龄老人优待证，较往年有了大幅提高。让全市更多的退休职工在当年享受到就近、就地、便利、优惠、贴心的服务。（黎　颖）

【组织举办第三十个敬老日大型为老服务活动】 10月28日重阳节当天，市退管办会同市老龄办、市老龄事业发展中心等单位在复兴公园举办以"关爱老年人、欢庆十九大"为主题的"老年节"大型为老服务活动。此次活动邀请到60余名全市各领域专家提供现场专业咨询，另有百余名为老服务志愿者也为老人们提供一系列便民服务，活动现场还为老人们精心准备一场文艺演出，让老人们度过了一个温馨快乐的节日。当日，全市各项活动服务总人次超过1.4万余人。（黎　颖）

【举办九九重阳歌会比赛】 "九九关爱·重阳歌会"是上海重阳节老年文化的公益品牌项目，始终致力于倡导"老有所为，老有所乐"的健康生活理念和文化生活方式。2017年，此项活动以"爱国、爱家、爱和平"为主题，自6月份启动以来，共有92支歌队约1万人报名参赛。初赛不同于以往，通过网络平台进行作品上报和海选，淡化比赛概念，进一步扩大歌会的参与面，让更多的中老年人可以亲近合唱艺术，充分展现沪上各层面的老年合唱风貌。经专家团队的集中评审，从中选出若干支优胜队伍进入总决赛。（黎　颖）

【举办退休职工健身舞蹈展演活动】 市退管办会同上海市老年基金会、上海市体育发展基金会、上海市行业老年教育指导中心共同举办"健舞年华"——2017年上海市退休职工健身舞蹈展演活动。本次展演共有20个区局（集团公司）退管会选送38支优秀团队约700人报名参赛。此项活动既满足了退休职工多元的精神文化需求，也充分展示了上海退休职工的精神风貌。（黎　颖）

【举办退休职工第十一届"清凉杯"扑克牌比赛】 本届活动共有来自56家区局（集团公司）退管会，共172支队伍，约600名运动员报名参赛。该活动的举办，让退休人员在牌类比赛这一传统娱乐项目中增进交流、有益身心，为有效推动老年人体育活动的开展，丰富退休人员的精神文化生活起到积极作用。（黎　颖）

【组织开展退管工作理论研究活动】 市退管办积极发挥上海市退休职工管理研究会的作用，根据各级领导关于加强老龄工作的重要指示、上海市老龄事业发展"十三五规划"实施目标和工作要求，以及企业退休人员社会化管理试点工作开展的现状，研究会拟定了与退休人员紧密相关的12个议题，组织开展退管工作的理论研究活动，在全市退管系统中广泛征稿，收到来自36个区局（集团公司）退管会的论文和调研报告共计302篇，为历年来参与范围最广、参加单位最多的一次。经专家评审，最终选出80篇获奖论文并编印《优秀论文选集》。（黎　颖）

【组织开展申城老人浦江游活动】 年内，市退管办继续联合市老龄办、市老年基金会开展以"畅游浦江新风貌，再续百年世博情"为主题的一日游活动，共组织40家区局集团（公司）退管会的1000名老人分五批参观世博会博物馆和看百年外滩新面貌的活动，让退休职工亲身感受到上海城市的快速发展。（黎　颖）

【组织退管工作者和志愿者参加疗休养活动】 在市总工会的关心支持下，为进一步做好关心各级退管组织的退管工作者和为老服务志愿者的工作，市退管办继续为一线退管干部和为老志愿者提供疗休养服务，以激励他们在新形势下更好地做好退休人员的管理服务和为老服务工作。全年共组织来自于60家区局（集团公司）、近200家基层单位的500多名退管工作者和为老服务志愿者，分6批赴西山、沙家浜、黄山和扬州参加疗休养活动。（黎　颖）

【奉贤区总工会开展为老服务志愿者活动】 3月23日，奉贤区总工会在文化广场举行开展大型"为老服务志愿者"活动。本次活动有老年人健康、护理咨询，理发，电器修理，雨伞修补等服务，并开展为老年人心理慰藉，根据老年人的特殊情况如财产、婚姻等问题开展法律咨询等11项服务。据统计，本次活动共接待216人次。（陈凌云）

【上海铁路局全面做好退管工作】 2017年，上海铁路局退管工作认真贯彻"六个老有"方针，努力为广大退休职工做好事、办实事，确保社会和铁路的稳定和发展。认真做好全局退休职工祝寿活动，各级退管办按照不同的年龄层次进行祝寿活动，据统计，全局各级退管办共为2955名退休职工祝寿，提供祝寿活动经费39万元。坚持

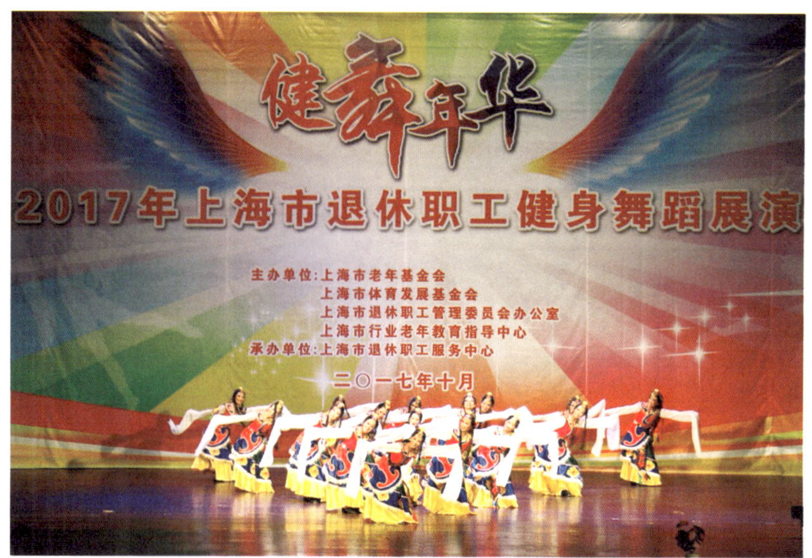

市退管办举办上海市退休职工健身舞蹈展演活动（龚柏夷）

开展为退休职工"夏送清凉、冬送温暖"活动,各地区、各单位积极落实并做好慰问工作,年内送清凉人数达85011人次,金额达598万元;送温暖人数达84760人次,金额达2586万元。积极开展并组织好重阳"敬老节"活动,组织各种文体活动。重阳"老人节"期间共组织各类活动385次,参加活动人数达23260人次。做好全局"三不让"大病延伸救助工作,全年共为187名退休职工送上补助金,金额为561000元。配合有关部门认真处理来信来访,共处理来信来访33起,并及时予以答复。 (黄汉欣)

【上海港复兴船务有限公司工会温馨"6+2"关心临近退休职工】 从2011年至今,上海港复兴船务有限公司工会每季度开展"和谐你我他,温馨'6+2'——工会关爱当季即将退休职工系列活动"。每季度第三个月的20日(逢休息日延后一天)开展活动。具体内容包括:制作一份纪念照,发放一份《关爱指南》,办理一份住院保险、召开一次座谈会,举办一次欢送会,赠送一份纪念品。复兴船务公司"和谐你我他,温馨'6+2'——工会关爱当季退休职工系列活动"已被上港集团采纳,作为集团服务职工实事项目在集团内部推广。 (姬 钰)

【交运集团承办"2017年申城老人浦江游"专项活动】 由市老年基金会主办,交运集团股份公司、浦江游览公司承办、世博展览馆协办的2017年"畅游浦江新风貌、再续百年世博情"——申城老人浦江游专项活动于8月启动,整个活动为期两个多月,共接待全市老人5000余人次。作为2017年申城老人浦江游专项活动的承办单位,交运集团公司、运输工会、浦江游览公司的服务赢得主办方和广大退休老人的好评,进一步提升"上海交运"和"浦江游览"的品牌知名度,展现企业良好的公众形象。 (杨伟民)

【市监狱管理局工会做好退管会工作,关爱老人身心健康】 局工会积极为退休老人办实事,开展"两送"工作,对社区和企业生活困难的退休职工进行慰问,慰问款近30万元。专门对农场两个敬老院50余名老人和基层退管会工作人员进行慰问;全年对平反纠错提前退休人员400多人进行生活困难补助近86万元;组织40名困难退休职工到上海康汇医疗体检中心进行免费体检;组织退管干部和退休职工参加市退休职工第十一届"清凉杯"扑克牌比赛,选派未管所"银发"舞蹈队代表局参加上海市退休职工健身舞蹈展演,取得良好成绩;组织参加2017申城老人浦江游等活动等活动丰富退休人员生活。 (江海群)

【洞庭西山休养院开展"九九重阳节,浓浓敬老情"活动】 10月28日重阳节,西山休养院党支部组织开展"九九重阳节,浓浓敬老情"活动,赴金庭镇敬老院、吴中区爱心老年公寓看望慰问全体老人,并向老人们致以最真挚的节日问候。活动现场,院长沈建良将爱心捐款送至定点帮扶的14户五保户老人手上,20多位党员、入党积极分子和普通职工亲手制作重阳糕点、菠萝咕噜肉等,为入住敬老院的老人们递上一份心意。 (夏鹤麟)

上海市职保会各区服务处(点)一览表

序号	单位	电话(办公)	地址
1	浦东新区总工会服务处	38475088-805、806	樱花路429号
2	浦兴社区工会服务点	38420335-210	凌河路69号
3	金杨社区工会服务点	50370500-191	银山路330号
4	洋泾社区工会服务点	38992119	巨野路219号1号楼
5	潍坊社区工会服务点	51029075-8015	潍坊路131弄1号
6	塘桥社区工会服务点	58737200	峨山路488号
7	南码头社区工会服务点	50905272	南码头路400号
8	上钢社区工会服务点	20224821	昌里路335号
9	周家渡社区工会服务点	50788875	南码头路1136弄35号乙
10	东明社区工会服务点	50842255	上南路4206弄1号
11	陆家嘴社区工会服务点	68767121-2033	栖霞路120号206
12	沪东社区工会服务点	58505256	兰城路247号
13	花木社区工会服务点	50452710-8135	梅花路289号
14	川沙镇工会服务点	68397955-8106	妙境路1336号一楼

续 表

序号	单位	电话(办公)	地址
15	高桥镇工会服务点	50586511	张杨北路5168号
16	北蔡镇工会服务点	68926111-1009	沪南路1105号
17	三林镇工会服务点	58415367	长清路2188号
18	张江镇工会服务点	58956721	张江江东路1458号7号窗口
19	曹路镇工会服务点	50683818	龚丰路85号
20	唐镇镇工会服务点	58965096-773	唐镇唐兴路495号116室
21	合庆镇工会服务点	58976868	合庆镇东川公路7777号
22	金桥镇工会服务点	58545450	佳林路585号1号楼401室
23	高东镇工会服务点	58482837	光明路433号
24	高行镇工会服务点	68975572	新行路340号
25	惠南镇工会服务点	68090376	人民西路555号
26	周浦镇工会服务点	20922217	祝家港路190号
27	宣桥镇工会服务点	58186410	南六公路500号
28	康桥镇工会服务点	20913221	沪南公路2538号
29	航头镇工会服务点	58229649-8118	航头路1538号
30	新场镇工会服务点	58171717-8152	新奉公路331号
31	祝桥镇工会服务点	58108833-6208/6217	南祝公路5058号
32	老港镇工会服务点	58053082	建中路556号
33	大团镇工会服务点	68082756	永春东路10号4号楼
34	万祥镇工会服务点	58041107	万和路188号
35	书院镇工会服务点	58190037	新卫路8号
36	泥城镇工会服务点	58072950	泥城镇鸿音路3152号
37	南汇新城镇工会服务点	68283330	环湖西三路869号大厅
38	徐汇区总工会服务处	54205129、54182060	桂林路46号底楼大厅
39	湖南路街道工会服务点	64330573	淮海中路1788号
40	天平街道工会服务点	54658110	衡山路17弄1号
41	斜土街道工会服务点	64045999	茶陵路38号
42	田林街道工会服务点	64839361	宜山路655弄3号
43	康健街道工会服务点	54210576-8029	浦北路268号
44	凌云街道工会服务点	64552736-8018	老沪闵路1039弄48号
45	长桥街道工会服务点	64771771-1122	罗秀路616号
46	龙华街道工会服务点	54121093	天钥桥南路399号
47	华泾街道工会服务点	54821212-1240	华泾路505号
48	徐家汇街道工会服务点	64417384	斜土路2431号

续 表

序号	单位	电话(办公)	地址
49	枫林街道工会服务点	33638109	小木桥路680号
50	虹梅街道工会服务点	34207920	虹梅路2017号
51	漕河泾街道工会服务点	34140991	冠生园路211号
52	长宁区总工会服务处	62106198	愚园路1250号2楼
53	天山街道工会服务点	62598183	天山二村64号乙
54	北新泾街道工会服务点	62389379	新泾一村144号1楼
55	华阳街道工会服务点	32201205	长宁路476弄76号104
56	新华路街道工会服务点	62944625	法华镇路521号3楼
57	江苏街道工会服务点	62256600-126	江苏路563弄8号
58	周家桥街道工会服务点	52061155-128	长宁路1488弄6号2楼
59	仙霞街道工会服务点	62959244	虹古路206号
60	虹桥街道工会服务点	22850754	中山西路1030弄51号
61	程家桥街道工会服务点	22300113	虹桥路2282号
62	新泾镇工会服务点	62386651	泉口路66号
63	普陀区总工会服务处	32250855	兰溪路182号安居兰亭10楼
64	曹杨新村街道工会服务点	62544510	枫桥路8号
65	甘泉新村街道工会服务点	66251663	宜君路9号
66	长寿街道工会服务点	62277887-1151	胶州路1095号
67	真如镇工会服务点	52858674	兰溪路1018号
68	长风街道工会服务点	62430029	中山北路3500号
69	宜川新村街道工会服务点	66610109	华阴路218号三楼
70	石泉新村街道工会服务点	60837527	宁强路25号
71	桃浦镇工会服务点	66267866	武威路789号315
72	长征镇工会服务点	62063773	清峪路127号(社保中心二楼)
73	万里街道服务点	51987655	真金路459号
74	静安区总工会服务处	62672387	昌平路888号
75	彭浦新村街道工会服务点	56477367	安泽路78号
76	大宁街道工会服务点	56033336	彭江路188号
77	宝山街道工会服务点	56301203-8025	宝昌路519号
78	芷江西街道工会服务点	66583382-109	芷江西路151号
79	彭浦镇工会服务点	66313084-809	灵石路725号
80	临汾街道工会服务点	36601651	临汾路335号
81	共和新街道工会服务点	56332621	平型关路487号
82	北站街道工会服务点	63173396	南星路40号

续 表

序号	单位	电话(办公)	地址
83	天目西街道工会服务点	66283561－7222	沪太路150号
84	南京西路街道工会服务点	62897058	延安中路955弄67号
85	江宁路街道工会服务点	52527445	常德路818号
86	石门二路街道工会服务点	62563321	武定路139号
87	静安寺街道工会服务点	54035567	常熟路115号
88	曹家渡街道工会服务点	62112892－805	万航渡路676弄46号
89	虹口区总工会服务处	25658877　25658857	飞虹路380号103室
90	凉城街道工会服务点	65287439	凉城路465弄41号甲
91	曲阳街道工会服务点	35391723	伊敏河路88号
92	欧阳街道工会服务点	65754922	曲阳路483弄1号
93	四川北路街道工会服务点	56662498	新广路296号
94	嘉兴街道工会服务点	65794535	三河路388号
95	广中街道工会服务点	51812224	水电路120号
96	提兰桥街道工会服务点	65851980	新建路195号
97	江湾镇工会服务点	65812083	奎照路280号
98	杨浦区总工会服务处	65846612	靖宇东路118号
99	四平地区工会服务点	65139206	鞍山路158号
100	江浦地区工会服务点	65853519	许昌路1150号
101	长白地区工会服务点	55832029	延吉东路107号
102	延吉地区工会服务点	65341133－147	延吉中路77号
103	定海地区工会服务点	65670011－2050	长阳路3066号
104	平凉地区工会服务点	65850951－8083	吉林路18号
105	五角场地区工会服务点	65481769	政通路100弄11号
106	控江地区工会服务点	55803685	黄兴路572号
107	大桥地区工会服务点	65191987	平凉路1730号
108	殷行地区工会服务点	65881593	国和路1049号
109	五角场镇工会服务点	65582183	国和路425号
110	新江湾城地区工会服务点	55252939	政立路501号
111	黄浦区总工会服务处	53832096	重庆南路229弄5号
112	豫园街道工会服务点	63365917	河南南路288号
113	南东街道工会服务点	63271866－5522	江阴路101号
114	小东门街道工会服务点	63325622	白渡路252号
115	老西门街道工会服务点	63696363－1210、63769098	大吉路71号
116	外滩街道工会服务点	63295081	河南中路568号

续 表

序号	单位	电话(办公)	地址
117	半淞园路街道工会服务点	63120055-1097	西藏南路1360号
118	五里桥街道工会服务点	53023712	瞿溪路768号
119	淮海街道工会服务点	53831172	马当路349号
120	瑞金二路街道工会服务点	53061199-8084	皋兰路6号地下一层
121	打浦街道工会服务点	63041102-8116、63033254	南塘浜路103号
122	宝山区总工会服务处	36071834	吴淞口路519号
123	张庙街道工会服务点	56766139	泗塘二村108号
124	吴淞镇街道工会服务点	56572073	淞清路151号
125	大场镇工会服务点	61671008	沪太路2518号
126	月浦镇工会服务点	36303757	德都路111号
127	淞南镇工会服务点	66186370	长江南路583号
128	庙行镇街道工会服务点	56476890	长江西路2700号
129	友谊街道工会服务点	56122053	永清路899号
130	顾村镇工会服务点	56042969	电台南路7号
131	罗店镇工会服务点	66860113	祁北东路209号
132	杨行镇工会服务点	36020265	松兰路826号
133	高境镇工会服务点	66793005	河曲路108号
134	罗泾镇工会服务点	56873627	陈行街125号
135	闵行区总工会服务处	33885232	莘东路505号
136	江川路社区工会服务点	64632352	鹤庆路398号
137	浦锦街道工会服务点	34790305	浦瑞路326号
138	梅陇镇工会服务点	54289346	莘朱路1925号
139	华漕镇工会服务点	62214122	平乐路25号
140	古美街道工会服务点	54163600-623	古龙路1139号
141	七宝镇工会服务点	64611008	沪松公路577号
142	吴泾镇工会服务点	64520590	宝秀路555号
143	虹桥镇街道工会服务点	64658822-2108	合川路2885号
144	新虹街道工会服务点	52962110	申滨路777号
145	莘庄街道工会服务点	34709930	莘西南路158号
146	颛桥镇工会服务点	51987090-1015	联农路297号
147	马桥镇工会服务点	64090718	马桥西街21号
148	浦江镇工会服务点		江航南路950号
149	莘庄工业区工会服务点	34909876-1108	春光路710号
150	嘉定区总工会服务处	69067255	洪德路995号

续 表

序号	单位	电话(办公)	地址
151	嘉定镇街道社区工会服务点	59928107-8003	塔城路360弄8号
152	新城路街道社区工会服务点	59993005	新城路155号
153	真新街道社区工会服务点	59197619	清峪路985号
154	菊园新区社区工会服务点	69016002	平城路811号
155	安亭镇社区工会服务点	69578873	民丰路988号
156	南翔镇社区工会服务点	69126004	古猗园路358号
157	江桥镇社区工会服务点	69570790	华江路129弄
158	嘉定工业区工会服务点	69960031	永盛路2703号
159	徐行镇社区工会服务点	69970238	新建一路1568号
160	外冈镇社区工会服务点	39107432	祁昌路27号
161	华亭镇社区工会服务点	59975360	高石路1433号
162	马陆镇社区工会服务点	39153262	沪宜公路2228号
163	奉贤区总工会服务处	37185525	南桥镇南桥路188号8楼
164	奉城镇工会服务点	57520547-862	奉城镇兰博路2009号
165	西渡街道工会服务点	67157875	西渡街道西闸公路1272号
166	南桥镇工会服务点	67196048-8007	南桥镇环城西路477号
167	海湾镇工会服务点	57505089-806	海湾镇海农公路1478号
168	四团镇工会服务点	57534388-803	四团镇天鹏街54弄32号
169	青村镇工会服务点	57565387-801 57565387-818	青村镇南奉公路2955号
170	柘林镇工会服务点	57446187-809	柘林镇钦林北路56号
171	金汇镇工会服务点	57486215	金汇镇金碧路2028号
172	庄行镇工会服务点	57466997-807	庄行镇新苑路2号
173	金海社区工会服务点	67103903	金海社区嘉园路258号
174	海湾旅游区工会服务点	57120047-602	海湾旅游区新海街18号
175	奉浦街道工会服务点	67109660	奉浦国顺路553号
176	松江区总工会服务处	57819333	乐都西路867号2号楼
177	岳阳街道工会服务点	57820693	人民北路73弄1号
178	永丰街道工会服务点	67814945	仓华路623号
179	中山街道工会服务点	67748167	茸梅路139号1楼大厅
180	方松街道工会服务点	37021537	文涵路733号
181	广富林街道工会服务点	37655613	人民北路3456号1号楼
182	九里亭街道工会服务点	67890270	九里亭街道涞坊路617号4楼
183	泗泾镇工会服务点	57611712	泗泾镇文化路298号
184	洞泾镇工会服务点	67670253	洞泾镇同乐南路4号

续表

序号	单位	电话(办公)	地址
185	佘山镇工会服务点	57659437	佘山镇佘新路358号
186	石湖荡镇工会服务点	57759038	石湖荡镇学府路160号
187	泖港镇工会服务点	57860567	泖港镇中南路35号
188	叶榭镇工会服务点	67800093	叶榭镇强恕大道138号
189	新浜镇工会服务点	57891915	新浜镇新绿街398号
190	车墩镇工会服务点	57604759	车墩镇影视路28弄1号楼101大厅
191	新桥镇工会服务点	57642762	新桥镇新站路460号
192	九亭镇工会服务点	57632481	九亭镇九新公路219号
193	小昆山镇工会服务点	57761030	小昆山镇文翔路6000号
194	金山区总工会服务处	57951843	杭州湾大道601号
195	枫泾镇工会服务点	57355422	枫泾镇枫杰路51号
196	朱泾镇工会服务点	57319559	朱泾镇人民路360号
197	亭林镇工会服务点	57235352	亭林镇亭升路550弄33号
198	漕泾镇工会服务点	67252955	漕泾镇中一西路601号
199	山阳镇工会服务点	57245712	山阳镇亭卫公路1500号
200	金山卫镇工会服务点	57263691	金山卫镇古城路319号
201	张堰镇工会服务点	57213394	张堰镇东贤路951号
202	廊下镇工会服务点	57395078	廊下阵景乐路228号
203	吕巷镇工会服务点	57371365	吕巷镇溪南路58号
204	石化街道工会服务点	57935013	卫零路485号
205	金山工业区工会服务点	57270173	恒顺路280弄15号
206	青浦区总工会服务处	59732688	车站路35号
207	徐泾镇社区工会服务点	59760342	明珠路800号
208	朱家角镇社区工会服务点	59247703	沙家埭路18号
209	赵巷镇社区工会服务点	59751231-609	镇中路580号
210	华新镇社区工会服务点	59797741	华强街585号
211	重固镇社区工会服务点	59786333	赵重公路3025号
212	白鹤镇社区工会服务点	59212666	建屯路130号
213	练塘镇社区工会服务点	59255965	章练塘路900号
214	金泽镇社区工会服务点	59261029	金中路19号
215	香花桥街道社区工会服务点	59221919	香大路1001号
216	夏阳街道社区工会服务点	59731779	城中南路58号
217	盈浦街道社区工会服务点	69223601	胜利路119号
218	崇明区总工会服务处	69693900	翠竹路1501号

续 表

序号	单位	电话(办公)	地址
219	新村乡社区工会服务点	59650862	新村乡星村公路21707号
220	绿华镇社区工会服务点	59351071	绿华镇嘉华路8号
221	三星镇社区工会服务点	59601619	三星镇宏海公路4291号
222	庙镇社区工会服务点	59363291	庙镇合作公路70号
223	港西镇社区工会服务点	59670688	港西镇三双公路1573号
224	城桥镇社区工会服务点	69617365	城桥镇寒山寺路164号
225	建设镇社区工会服务点	59333533	建设镇建星路108号
226	新河镇社区工会服务点	59688727	新河镇新申路801号
227	竖新镇社区工会服务点	59495846	竖新镇前竖公路3150号
228	堡镇社区工会服务点	59410413	堡镇化工路17号
229	港沿镇社区工会服务点	59462567	港沿镇港沿公路1198-1号临
230	向化镇社区工会服务点	59443733	向化镇向华大街149号
231	中兴镇社区工会服务点	69445578	中兴镇广福路37号
232	陈家镇社区工会服务点	59403262	陈家镇北陈公路1454号
233	长兴镇社区工会服务点	66859818	长兴镇海舸路509号
234	横沙乡社区工会服务点	56897067	横沙乡新环路57号
235	东平镇社区工会服务点	59666777-8127	东平镇北沿公路1647弄783号
236	新海镇社区工会服务点	59655101	新海镇海展路80号

宣传教育

综　述

2017年，上海工会以迎接、学习、宣传、贯彻党的十九大为中心，根据群团改革要求，坚持“体面劳动、舒心工作、全面发展”为宗旨，以改革创新精神，不断开创工会宣教工作新局面。一是围绕党的十九大，加强职工思想引领。广泛开展迎接党的十九大胜利召开“中国梦·劳动美”主题教育，职工趣味运动会、职工摄影展、职工微电影节、上海职工书画展等系列活动，启动《不忘初心、继续前进——迎接建党100周年革命圣地系列展》，形成线上线下互动，为党的十九大胜利召开营造良好的思想舆论环境。开展党的十九大学习宣传贯彻活动。通过组建十九大精神劳模宣讲团、举办报告会等多种形式宣传党的十九大精神。大力弘扬劳模精神、工匠精神。通过劳模年度人物选树、五一特别节目、制作第三季《上海工匠》纪录片、推出“倾听、时代之声”专题广播节目、出版《闪光的群体》系列图书、深化劳模精神（工匠精神）进校园活动等形式，在全社会弘扬劳模精神、工匠精神。二是围绕职工素质工程，推进百万在岗职工学力提升行动计划。与开大在成立上海开大“工匠进修学院”，合力推进“上海百万在岗人员学力提升行动计划”，建立师资队伍共建机制等五个方面进行全面合作。三是围绕职工精神文化权益，加强职工文体工作。会同市文广局通过建立工作协调机制、共建共享文化资源、加强人才队伍建设、打造职工文化品牌等方面合作，推动职工文化繁荣发展。推进文化宫公益回归。积极推动各区政府明确工人文化宫公益一类事业单位性质，争取财政保障。搭建职工文体活动展示平台。举办“我要上五一晚会”职工文艺节目征集与汇演活动。“工人、工厂、工运”采风和寻访活动影响力不断扩大，第四届中国摄影展在在中华艺术宫顺利开展，杨浦、黄浦、徐汇环滨江文化寻访顺利推进；举办职工羽毛球、乒乓球联赛、足球大联盟赛等项目的四季大联赛活动，近20万名职工参与其中。四是推进网上工会建设。开发建设“申工社APP”2.0版本，实现资讯功能、服务功能、参与功能、表达功能，不断增加职工的体验感和获得感。（宋　昶）

主题教育

【概要】 上海工会学习宣传贯彻落实党的十九大精神，广泛开展迎接党的十九大胜利召开“中国梦、劳动美”主题教育，发挥市总工会自有宣传平台和区局工会各类工会媒体宣传阵地作用，宣传展示党的十八大以来党和国家事业发展的生动实践、辉煌成就、宝贵经验，唱响主旋律、弘扬正能量。在党的十九大胜利召开后，通过组建十九大精神劳模宣讲团，通过报告会、辅导讲座、班组学习等各形式，组织开展宣传、学习、讨论活动，深入宣传党的十九大精神，促进十九大精神进企业、进班组、进职工头脑，进一步把全市职工的智慧和力量凝聚到十九大确定的奋斗目标上来。加大劳模年度人物、五一劳动奖章（状）及上海工匠宣传力度，广泛运用主流媒体及新兴媒体，宣传各行各业的劳模先进人物，在全社会弘扬劳模精神、工匠精神。（陈　洁）

9月29日，长宁区总工会举办“寻找长宁最美职工”朗读者大赛（杨柳青）

【上海工会开展党的十九大精神劳模宣讲工作】 为进一步推动本市各级工会学习宣传贯彻落实党的十九大精神，根据中央、市委的统一部署和要求，市总工会成立由党的十九大上海基层劳模代表印海蓉、江伟、许宁、谷好好、吴娜、杨荣、张彦、邱莉娜、陈维、吴敏霞、李斌、周欣、郑琦、祝玉婷、徐爱蓉、徐敏、梁慧丽组成的党的十九大精神上海劳模代表宣讲团。宣讲团成员围绕主题、突出重点、联系实际，宣讲党的十九大提出的重要思想、重要观点、重大论断、重大举措，同时结合自己的亲身经历、切身感受，针对职工群众关心的热点难点，为各级工会面向职工群众开展党的十九大精神宣传工作提供服务，迅速在全市工会系统和广大职工中掀起了学习宣传贯彻党的十九大精神的热潮。首次采用线上线下相结合的方式，在申工社APP上开通预约专栏，反响热烈，深受基层好评；各区局（产业）工会结合各自实际，预约选择宣讲团讲师开展宣讲，确保党的十九大精神深入基层、深入职工。据统计，全市各级工会共开展各类报告会、座谈会、研讨会等党的十九大精神劳模宣讲活动逾300场，覆盖近7万人次。（陈　洁）

【市总工会等联合主办迎接建党100周年革命圣地系列展”启动仪式】 6月19日，由市委组织部、市总工会、市委党史研究室主办，市党建服务中心、市工人文化宫承办，中共一大会址纪念馆、井冈山革命博物馆、遵义会议纪念馆、延安革命纪念馆、西柏坡纪念馆协办的“不忘初心、继续前进——迎接建党100周年革命圣地系列展”启动仪式在中共一大会址纪念馆隆重举行。市总工会党组书记、主席莫负春出席仪式。2017 年起,市工人文化宫将连续五年依次举办"上海、井冈山、遵义、延安、西柏坡革命圣地系列主题展"。（王家辉）

【长宁区总工会举办寻找长宁最美职工朗读者大赛】 9 月 29 日,由长宁区总工会主办的"喜庆十九大赞颂劳动美共筑中国梦"寻找长宁最美职工朗读者大赛决赛在区工人文化宫举行。与会领导为长宁区职工朗读者沙龙揭牌。区总工会、区机关党工委、团区委等部门领导以及各级工会干部、职工代表 300 余人观看决赛。本次大赛自 8 月启动以来,全区各级工会组织高度重视,在职工中进行广泛宣传和组织动员,50 余个团体、220 余名基层一线职工踊跃报名参赛。（王亚文）

【普陀区总工会举办工运文化定向寻访活动】 4 月 26 日,由普陀区总工会主办,长寿路街道总工会和文明办承办的"中国梦劳动美同心携手庆五一"2017 年"普工英"职工文体艺术节开幕式暨普陀工运文化定向寻访活动在长寿公园举行,来自 30 支队伍的 300 余名职工参加,活动上成立以五届全国劳模徐虎为团长的"普陀劳模创城巡访团",区委常委、组织部部长周艳为"普陀劳模创城巡访团"授旗。全国人大代表、全国劳模、上海市总工会兼职副主席、普陀劳模创城巡访团副团长朱雪芹作创城倡议。寻访活动上,参赛职工通过抽签确定 3 条线路,前往顾正红纪念馆、上海纺织博物馆、宜昌路救火会大楼旧址、中华 1912 中华印刷厂老厂房等 7 个历史文化建筑点完成寻访任务。本次活动作为沪上首个以工运文化为主题的定向寻访活动,也正式拉开 2017 年"普工英"职工文体艺术节的序幕。（陆蕾）

【虹口区总工会开展职工文化寻访主题活动】 4 月 27 日,为大力弘扬劳模精神、工运文化,虹口区总工会在"四大"纪念馆组织开展"工人工厂工运——虹口工会纪念'五一'国际劳动节暨职工城市文化寻访活动",区各基层工会 10 支职工代表队约 100 人参加活动。职工代表们在四大纪念馆参观上海市第三次工人武装起义展览,接着步行至 1933 老场坊探寻工业发展遗迹。通过活动的开展,发挥劳模"领跑"作用,引导广大职工走进工运历史,立足岗位、扎实工作,为虹口"实施高标准管理、实现高水平发展,打造高品质生活"而努力奋斗。（徐洁）

【杨浦区总工会举办学习贯彻党的十九大精神专题辅导报告】 12 月 6 日在沪东工人文化宫举办。邀请市委党的十九大精神宣讲团成员,市党建研究会常务副会长、研究员、市委组织部原副部长冯小敏主讲。辅导报告从党的十九大的主题和主要成果、习近平新时代中国特色社会主义思想、过去五年的历史性成就和历史性变革、中国特色社会主义进入新时代、我国社会主要矛盾的变化、两个一百年奋斗目标的战略部署、我国经济社会发展重大战略部署、坚定不移推进全面从严治党等 8 个方面,深入浅出地宣讲了党的十九大精神。对进一步学深、悟透十九大报告具有很强的指导作用。区总工会党组中心组成员,各行业、街镇、直属工会主席(主任)、副主席、女工委主任,劳模先进、工会志愿者代表,区总工会机关干部,全体职业化工会工作者,部分基层企事业单位工会主席等共 150 余人参加本次大讲堂。（张东寅）

【《静安职工之歌》主题歌词征集活动圆满落幕】 4 月 12 日,由静安区总工会主办,区工人文化宫承办的《静安职工之歌》主题歌词征集评审会在张园举行。3 月初,《静安职工之歌》主题歌词征集活动一经推出,受到来自全国各地包括来自湖南、江苏、江西等地音乐爱好者的关注,投稿踊跃。投稿作品主题鲜明,昂扬向上,共整理稿件 30 余件,评选出获奖作品 14 个,展示了静安职工文化建设的丰硕成果。（陈迪嘉）

【"中国梦、劳动美"上海职工书画展举行】 10 月 18 日,市总工会、宝山区总工会、市工人文化宫、市职工文体协会、宝山区文广局共同举办的"中国梦、劳动美"上海职工书画展在宝山区文化馆举行。300 余名上海职工书画爱好者参加书画展。开幕式上,市总工会副主席李友钟,宝山区总工会党组书记、主席王丽燕等领导共同启动书画展。（万晶）

【宝山区举办"深入学习宣传贯彻党的十九大精神"工会系列宣讲首场报告会】 11 月 18 日,党的十九大代表、宝山区委书记汪泓来到区委党校大礼堂,为全区各级工会干部、劳模、非公企业职工代表作《不忘初心　牢记使命——深入学习贯彻党的十九大精神》专题报告会。区总工会制订了《学习宣传党的十九大精神工作方

11 月 18 日,宝山区召开"深入学习宣传贯彻党的十九大精神"工会系列宣讲首场报告会（郭皓城）

案》，提出了"五个一"系列活动：一系列"永远跟党走"十九大精神学习活动、一系列"共筑中国梦"职业道德建设活动、一系列"走在新征程"新媒体宣传活动、一系列"工人有力量"职工文化展示活动、一系列"当好娘家人"职工服务活动。（万　晶）

【国药控股工会学习贯彻党的十九大精神，发挥思想引领作用】 国药控股工会将学习宣传贯彻党的十九大精神作为首要政治任务，邀请十九大党代表、劳模宣讲团成员、上海广播电视台新闻综合频道首席新闻主持人印海蓉，十九大宣讲团成员、中国浦东干部学院首任常务副校长奚洁人为公司全体职工作学习十九大精神专题报告，让广大群众职工的思想统一到党的十九大精神上来，把力量凝聚到党的十九大确定的各项任务上来。国药控股党委将十九大报告内容制作成了图文并茂的《一图看懂十九大报告》《数读十九大报告》，报告下发至各子公司，通过公司大楼视频、微信群、公众号等各种途径供广大职工学习，真正做到深刻领会、层层传达、全面覆盖。（尤　倩）

【中国电信上海市工会组织学习党的十九大报告精神辅导报告会】 12月19日，上海公司工会组织开展学习习近平总书记在中国共产党第十九次全国代表大会上的报告精神辅导报告会，公司劳模代表、各单位工会干部、营业员代表100余名员工现场聆听报告。工会特别邀请了市劳模宣讲团成员、党的十八大、十九大代表，市劳动模范、全国五一劳动奖章获得者国网上海市电力公司青浦供电公司营销部副主任徐爱蓉作题为"新时代不忘初心，新思想牢记使命"辅导报告。报告会后，工会又组织12名劳模，举行以"学十九大，发扬劳模精神，积极践行岗位创新"为主题的一线劳模座谈会。一线劳模代表围绕立足本职岗位、提高技能、以劳模工作室为抓手努力推进岗位创新等方面展开讨论。（殷　茵）

【上海海事局工会开展"水上安全知识进校园"专题活动】 2017年，上海海事局在总结四年"水上安全知识进校园"专题活动经验的基础上，创新思路，拓展活动方式。上海海事局工会牵头成立海事青年志愿者师资队伍，与黄浦区第一中心小学结对子，试点开设"晴彩课堂"，通过集中备课等方式，提高教学水平；各分支局根据辖区实际，开展五校同步进校园、进暑托班、进社区、进渔村等多种形式"水上安全知识进校园"活动，共计20余次；海巡01轮利用船艇特色，开展公众开放日活动等，将水上安全教育和技能培养从书本走向实践、从课堂走向社会，推动活动走进家庭、辐射社区、带动社会，受到了社会的一致好评。（谭　聪）

12月19日，中国电信上海市工会组织十九大精神辅导报告会（殷　茵）

【市建设交通行业工会举行"家文化"展示】 3月2日，市建设交通行业工会举行"家文化"展示暨纪念三八国际妇女节107周年大会，全面展示行业"家文化"建设成果。会上，表彰了全国、上海市和建设交通系统三八红旗手和三八红旗集体等女先进代表，进行了"家文化"微电影大赛的展映与颁奖活动。形式多样的"家文化"建设，取得可喜成绩，具体表现在：深入推进厂务公开民主管理工作，尊重和维护广大职工群众的知情权、参与权、监督权，建设"阳光之家"；落实安全生产责任制，开展综合治理，落实各项安全措施，维护单位和社会的和谐，建设"平安之家"；开设工地大学、职工书屋，开展各项读书、培训和技能比武活动，建设"文化之家"；设立"职工之家""工友村""爱心接力站"，开展"冬送温暖夏送清凉"，以及帮困助学、走访慰问困难家庭等等，建设"温暖之家"；推进企事业发展，不断改善、提高职工的收入和工作、生活条件，建设"幸福之家"等。"家文化"建设系列活动，实现了单位发展与员工个人发展的和谐统一。（钱　蓉）

【上海建工集团工会举办"建工故事"系列活动】 9月12日，"建工故事"系列活动暨微演讲大赛举行决赛，经过激烈角逐，五建集团《438个弹孔击不碎的品质追求》摘得微演讲大赛桂冠。五建集团、安装集团和园林集团获优秀组织奖。期间，与会人员还观摩了微电影大赛获奖作品。3月份以来，各级工团组织坚持以集团60多年的发展历程为主线，围绕"血脉基因""筑梦浦江""志在四方""改革创新""三全战略"等篇章，深入挖掘、认真提炼，共征集建工故事266篇，并以这些建工故事为蓝本，创作出"微演讲"作品44项、"微电影"作品21部、"微感言"作品153条，有力提升了广大职工对企业的认同感、归属感和自豪感。（余轶群）

【市交通委工会编撰公交行业首部纪实性报告文学】 为配合上海争创国家公交都市的重大部署以及本市公交行业创建市文明行业的总体目标，深入推进"绿色公交""智慧公交""人文

9月12日，上海建工集团举办“建工故事”系列活动表彰会暨微演讲大赛决赛 （缪云明）

公交”建设。借助市作家协会“上海现实题材创作交通行业基地”的平台，编撰本市公交行业首部纪实性报告文学《车轮上的印迹》。全书分领军人物、最美线路、社会责任、公交世家、创新工作和企业文化等16个版块34篇文章约18万字，由22位作家、10位媒体记者参与创作，现由上海世纪出版股份有限公司学林出版社编印，年底前举行首发。 （薛兆锋）

【市绿化市容行业工会举办学习贯彻十九大精神专题讲座】 10月25日，市绿化市容行业工会举办“学习贯彻党的十九大精神，做好新时代下的工会工作”专题讲座，由原中国农林水利气象工会主席盛明富结合学习党的十九大报告，对“新时代、新矛盾、新使命、新思想、新征程”等关键词作了精彩解读和深度阐述。各级工会要深入学习贯彻落实党的十九大精神，以习近平新时代中国特色社会主义思想为指引，切实担负起引导职工群众听党话、跟党走的政治责任。

（唐鸿仙）

【中建八局工会开展学习党的十九大精神交流活动】 12月1日，中建八局农民工典型代表黄德彪学习十九大精神交流活动在上海公司举行。作为农民工服务创新工作室的领头人，首届上海工匠、上海市五一劳动奖章获得者、中建八局上海公司项目农民工黄德彪结合自身体会，就报告中提出的“新时代产业工人”与现场工友分享了自己的感想。活动还向农民工代表赠送了《党的十九大报告》学习材料。 （赵生智）

【市税务工会组织“看改革发展，寻初心足迹”红色主题定向寻访活动】 9月，市税务工会与市税务局机关党委、团委联合组织“看改革发展，寻初心足迹”红色主题定向寻访活动，直属分局和事业单位10支队伍近百人实地走访体现上海科创中心、金融中心、贸易中心、航运中心的地标建筑和上海城市规划展示馆、税务12366上海中心，亲身感受上海城市的沧桑巨变，以及税务事业飞速发展、助力上海日新月异的生动实践。 （娄晓辉）

【市科技系统工会召开职工群英会】 10月13日，市科技系统召开“喜迎十九大建功十三五”职工群英会，以文艺演出的形式迎接十九大召开。群英会在上海科技馆演出的《元素说》中拉开帷幕，通过形体与光电声响结合，阐述了元素起源、特点、用途等，巧妙构思，精致画面，令观众陶醉。由中国科学院上海应用物理研究所、上海科技春天合唱团、中国科学院上海光学精密机械研究所联合献演的伴舞大合唱《共筑中国梦》，气势磅礴、场面壮观，将整场活动推向高潮。

（冯　莺）

【市监狱管理局警官合唱团成为文化建设对外交流的窗口】 市监狱管理局工会做好监狱局警官合唱团的集训、排练、演出和管理。采取定期和不定期结合、工作时间和业余时间结合、合唱练习和乐理培训结合的集训方式，保证每两周训练1次，提高演唱质量。作为监狱局文化建设对外交流和展示的窗口，警官合唱团多次受邀参加各类大型比赛和活动汇演，充分展现了监狱局文化建设的成果和监狱人民警察的精神风采。2017年，局警官合唱团受邀参加了由市委统战部举办的《歌声飘过30年——上海中青年知识分子联谊会成立三十周年史诗音乐

10月13日，市科技系统职工群英会召开 （薛志明）

会》、上海市第六届“平安英雄”颁奖晚会、局“十大红烛团队”颁奖演出，均受到广泛好评，充分展现了我局文化建设的成果和监狱人民警察的精神风采。 （江海群）

【锦江国际集团工会开展“中国梦·劳动美”的主题教育活动】 为增强工会组织的活力和吸引力，集团工会举办了《喜迎十九大、共筑锦江梦》——“锦江杯”职工书画摄影作品大赛。大赛收到书法作品80幅、绘画作品50幅、摄影作品75幅。作品内容反映集团在做强、做优、做精“锦江”民族品牌走向世界的新气象、新面貌、新纪实。职工书画摄影作品大赛，激发了职工文化艺术的创作活力和工作热情，挖掘了一批书法、绘画、摄影爱好者，为集团开展企业文化建设提供才艺人才的储备。获奖优秀作品在联谊大厦、虹桥郁锦香、锦江都城、锦江汽车等单位进行了巡展。 （张祥伟）

【百联集团工会举办百联职工学习党的十九大精神报告会】 12月1日，百联集团工会假座集团会议室联合举办了“新时代、新使命、新思想、新征程——百联职工学习党的十九大精神报告会”，集团、各公司、中心工会干部、劳模先进、职工代表等150多人参会。参会人员听取党的十九大代表、全国劳动模范许宁作的专题报告后，感到宣讲内容深入浅出、真实生动，特别是对许宁先后两次面对转岗转型所表现出的党员品格和劳模精神印象深刻，表示回到企业和班组后，一定要带头做好宣传员、践行者。 （姜 杰）

【百联集团工会举行“百联文化我来讲”劳模先进专场演讲比赛】 9月6日，百联集团工会在百联世博源购物中心举办“百联文化我来讲”劳模先进专场演讲比赛。作为企业文化建设年的一项重点内容，本次活动从劳模先进的视角来解读企业文化，用劳模先进自己的故事来传播企业文化，生动地诠释了“让消费者更喜爱我们”的百联愿景。10位劳模先进和先进集体的代表逐一登台演讲。全国劳模陶依嘉讲述了自己不间断地坚守420个月在南京路上为民服务的故事，党的十九大代表的全国劳模许宁讲述了自己学习钻研岗位技能的心得体会。劳模先进们用鲜活的事例、真实的情感，声情并茂地讲述了饱含百联文化元素的感人故事，再现了百联职工弘扬劳模精神、工匠精神的意识和行动。本次演讲赛邀请了著名社会学家顾骏、节目主持人郭亮为参赛选手进行即兴点评，活动吸引了许多路过的消费者驻足观看。 （姜 杰）

【申通地铁集团工会举办“镜头里的城轨”主题摄影大赛】 首届中国城市轨道交通文化博览会中一个重要的活动板块——“镜头里的城轨”主题摄影大赛上海赛区的比赛在各方的努力及各单位精心安排下圆满收官。12月8日0时至24时，申通地铁集团职工共拍摄了2704张实时作品，反映着上海地铁人的岗位风采和上海地铁带给这座城市的温度。12月22日，大赛终评《携手保运营》等15幅作品分获竞赛一、二、三等奖。 （王超杰）

锦江国际集团工会举办职工书画摄影作品大赛 （张祥伟）

【上飞公司工会开展喜迎十九大系列活动】 9月14日，开展“文化凝聚英才 艺术绚丽人生”上飞公司文艺协会展示交流活动，特聘上海市音乐家协会和上海相声大会专家为声乐协会和曲艺协会的艺术指导。上飞公司器乐、曲艺、舞蹈、声乐等协会献上交流演出，向党的十九大献礼。10月12日，举行“忠诚献给党 蓝天铸辉煌”上飞公司职工欢歌喜迎十九大文艺汇演，活动以大合唱为主，穿插舞蹈、朗诵、戏曲、小组唱等多种艺术形式。10月16日，组织书画协会25幅作品参加中国商飞公司“喜迎十九大，共圆中国梦”职工专题书画展，讴歌大飞机事业奋进历程。10月28日，组织朗诵爱好者参加浦东新区第二届“悦·读达人”——“大飞机杯”中华传统文化大赛。 （刘维历）

职业道德建设

【概要】 2017年，市总工会持续深化职工职业道德建设，推动上海市职工职业道德建设工作，以推荐第十五届全国职工职业道德建设标兵单位及个人、全国第六届道德模范评选活动为契机，在基层一线广泛开展职业道德、社会公德宣传教育。在广大职工中不断加强职业道德和价值取向宣传教育，引导职工践行职业道德规范，推动社会主义核心价值观落细、落小、落实，大力弘扬劳模精神、工匠精神，进一步提高广大职工职业道德素养，把上海建设成为卓越全球城市和社会主义现代化国际大都市不断作出新贡献。 （陈 洁）

【长宁区总工会举办职工“道德讲堂”活动】 5月12日，长宁区总工会在区图书馆举办长宁职工“道德讲堂”活动，各系统（集团、公司）、街道（镇、园区）、直属单位工会干部以及职工代表200余人参加活动。本次“道德讲堂”通过诵读经典、分享历程、学习先进的活动模式，向听众们展现新时期劳模们锐意进取、追求卓越的时代精神。获得上海市劳动模范荣誉称号的仙逸居民区党总支书记杨家生，通过一个个真实事例与职工们分享自己在一线居民区工作的心路历程，折射出当代职工爱岗敬业、艰苦奋斗、勇于创新、甘于奉献的职业精神。由杨家生总结提炼的“三心、四会”工作法引起活动现场职工们的强烈共鸣。 （王亚文）

【市绿化市容行业工会开展垃圾分类科普教育】 7月4日，由市绿化市容行业工会牵头，联建单位金桥市政公司党员代表、金桥城管署党员代表和“垃圾分类结对小区”朱家门街道的居民代表等共50余人，一起参加了“跟着垃圾去旅行”科普一日游活动。第一站在上海市环境学校观看了3D环幕影院播放的全球化垃圾问题，了解海洋与水污染问题和许多环保小知识。在上海老港废弃物处置有限公司大家观看了垃圾从产生到如何被处置过程的宣传影片后，又在工作人员的带领下依次参观了老港再生能源利用中心和垃圾填埋场。通过科普参观活动，联建单位和结对小区的居民都表示很有收获，对垃圾分类也有了更进一步的认识与了解。表示要在今后的生活中会更加注意不要随意浪费，同时做好垃圾分类，为城市的可持续发展做出自己的努力。 （耿　静）

【上海教师影视配音大赛在华东师范大学举行】 12月22日，2017年上海教师影视配音大赛决赛在华东师范大学中山北路校区逸夫楼报告厅举行。此次配音大赛以“展风采、铸师魂”为主题，由市教育工会主办，上海教师诵读协会、华东师范大学工会承办，华东师范大学传播学院协办，47支来自高校、区县和直属单位的代表队参赛。 （沈　瑶）

【“中国好医生、中国好护士”现场交流活动在沪举行】 6月26日，由中央文明办、国家卫生计生委联合主办的全国道德模范与身边好人（中国好医生、中国好护士）现场交流活动，在徐汇区举行。本次活动分为大医精诚、仁心仁术、天使关爱、大爱无疆、家国情怀等5个篇章，通过事迹短片、文艺节目和现场访谈、网上交流等方式，介绍了40余位卫生计生系统先进典型的感人事迹，展现了广大医护工作者践行敬佑生命、救死扶伤、甘于奉献、大爱无疆的职业精神。“医学大家”吴孟超，“抗癌院长”徐克成，“B超神探”贾立群，上海家庭医生朱兰、严正，上海爱心护士蔡蕴敏，公益医生姚玉峰、刘海鹰，以及中国疾控中心援非抗击埃博拉团队、上海东方医院国际救援队、协和医院组团式援藏援疆团队的代表，在活动现场与观众和网友进行深入交流，讲述自己工作生活的感受。主办单位还依托中国文明网平台，启动“我推荐我评议身边好人”之“中国好医生、中国好护士”网上推荐评议活动。 （池朝霞）

【上飞公司举办年度感动人物颁奖暨职工文艺演出活动】 1月22日，活动在浦东新区祝桥镇文化中心举行。上飞公司年度感动人物颁奖以“老骥伏枥讲奉献”“年轻有为看未来”“中流砥柱有担当”讲述上飞公司老中青三代人为大飞机事业奉献拼搏的精神；文艺演出以原创为主，有小品、歌舞、朗诵、魔术、快板、大合唱等，展现上飞文化的力量。各部门党政干部、分工会主席、班组长、职工及家属代表约800人观摩演出。 （沈　祎）

学习培训

【概要】 2017年，上海工会进一步深化职工素质工程建设，深入推进《上海职工素质工程建设五年规划》，把深化职工素质工程作为实施百万在岗人员学力提升行动计划的重要推手和保障。根据《上海职工素质工程建设五年规划》（2016—2020年）提出的“六项目标任务”和“八项工作载体”，将在岗职工能力的提升分解为思想道德素质、科学文化素质、技术技能素质、创新创业素质、民主法治素质、社会文明素质等6大板块，以培育和践行社会主义核心价值观为主线，以“体面劳动、舒心工作、全面发展”为目标，以增强职工职业精神、职业能力、职业素养为重点，运用“互联网+”思维和工作方式，通过公益乐学培训项目、EBA培训、职工教育示范点和职工书屋示范点建设，通过加大宣传力度、深入项目对接、完善工作机制，加快培养与上海建设科创中心要求相适应的知识型、技术型、创新型的高素质劳动者队伍。 （陈　洁）

【静工学堂2017年成果展开幕】 12月6日，由静安区总工会主办、区工人文化宫承办的“不忘初心·公益惠民”——静安区总工会庆祝十九大艺术作品展暨静工学堂2017年成果展开幕式在区工人文化宫举行。区工人

1月22日，上飞公司举办年度感动人物颁奖暨职工迎新文艺汇演

（严天宇）

文化宫汇报了静工学堂项目开展情况。区机关党工委，石门二路街道所辖爱思卡达商贸（上海）有限公司等交流发言。“静工学堂”项目自2017年推出以来，得到全区各级工会的广泛支持和广大职工的积极参与。开设的中心课堂、定制课堂、流动课堂、剧场课堂和共享课堂共累积培训职工12000余人次，受到约课单位高度评价。展览共分书法、国画、硬笔书法和摄影4个区域，共展出90余件来自静工学堂师生代表的作品。（江屹巍）

【闵行区启动“工地微课堂”项目】 闵行区建筑行业工会联合会成立以来，致力于摸索工会组织新机制的运作方式，注重有针对性地研究具有建筑行业特点的焦点问题，依法维护具有行业职工特殊性的合法权益，提高职工综合素质。今年，为改善现场工人培训仍较为薄弱的状况，区建筑行业工会和区建管委工会筹划开展“工地微课堂”项目，组织建管委内职工、邀请行业内专家、律师等专业人员，走进工地，贴近工人，利用碎片时间，举办业务培训，进行政策宣传，为产业工人整体素质的提升做一些辅助工作。7月20日，首期“工地微课堂”在浦江基地六期A块、B块经济适用房项目工地启动，工作人员利用工人午餐时间，在工地食堂进行高温防暑和安全防护宣传。给工人适时的提供安全防范知识、维权知识。现场还通过展板、海报等形式宣传相关安全知识、维权须知、加入工会等内容，得到在场工人的积极反馈。（王　凯）

【奉贤区总工会开展“十万在岗人员学力提升行动”】 按照上海职工素质工程建设五年规划目标，在本区实施“十万在岗人员学力提升行动”，组建一支由24位教师组成的讲师团，开展“百堂讲座进企业”，送课进企业270场次，惠及职工1万余人次。强化对职工以职业道德为重点的“四德”教育，推动职工职业精神、职业能力、职业素养的提升。4月20日，奉贤区职工教育工作推进会暨“十万在岗人员学力提升行动”启动仪式在古华中学召开。来自街镇、社区、开发区、委局院、职工学校、企业的200多人参加会议。会上举行了《夯实企业转型升级的基石——奉贤中小企业职工教育的实践探索》首发仪式。区教育局、区人保局人力资源开发与就业培训科、青村镇党成校、双木散热器公司分别就职工教育进行经验交流发言。（薛思涵）

【崇明区总工会“蓝领学校”成立】 1月5日，崇明区总工会蓝领学校成立暨首期培训开班式在崇明区职工服务中心举行。市总工会副主席何惠娟为蓝领学校揭牌。蓝领学校作为全市首家工会组织创办的专业化学校，将为崇明岛内外企业一线职工和失业再就业的适龄崇明籍人员提供紧跟时代的多元化特色课程。蓝领学校的成立，是崇明区总工会群团改革工作中，针对职工学习进行的一次创新职工服务的新举措。（秦春华）

1月5日，崇明区总工会蓝领学校成立（秦春华）

【市化学工会拓展工会干部视野，组织开展多样培训】 为提升基层工会干部的任职能力，拓展工会干部的视野，增强工会委员理论水平和综合素养，进一步激发基层工会组织活力，市化学工会于9月份组织开展了2017年度各级工会主席、委员培训班，共有90名基层工会干部参加了此次培训班，从《劳动争议的敏感点》《新时期突发社会群体性事件防范与处置》等多方面加强和提高工会干部实务能力和理论水平。（张雪莲）

【市医药工会开展第二届班组长培训】 8月6—11日，市医药工会举办“引领一线、迈向卓越”——第二届卓越班组长培训。上海医药集团旗下16家工业制造企业的49名一线班组长参加。在为期一周的封闭培训中，通过集团核心价值观、演讲技巧、现场问题分析与解决以及高绩效思维模式等课程，拓展了班组长的理论知识和现场管理技巧，提升了班组长的能力。（宋晓波）

【华东电力工委举办优秀班组长培训班】 7月31日、8月21日，华东电力工委举办两期华东电网系统优秀班组长培训班，来自华东四省一市电力公司、华东分部机关等单位近100名优秀班组长参加培训。培训班采取专题讲座、经验交流、参观学习多种形式，围绕班组长角色定位、价值观念、能力素质、地位作用等方面精心设计了授课内容。首次聘请国网领军人才进行讲课，普及特高压、全球互联电网知识，拓宽基层员工的知识面。（施炜伟）

【上海国际机场股份公司举行成人大专班毕业典礼】 7月13日，上海工会管理职业学院、上海国际机场股份有限公司工会联合举办的2015级安全技术管理专业成人大专班毕业典礼在股份公司多功能厅举行。集团工会主席张永东、工会管理职业学院党委书记王厚富、股份公司党委书记胡稚鸿以及成人大专班全体毕业生共50余人出席了毕业典礼。典礼上，8名优秀毕业生得到表彰，双方领导共同为32名毕业生颁发了毕业证书。本届安全技术管理专业成人大专班是机场与工会学院合作办学的第二届大专班，于2015年3月正式开班，由工会学院运用送教上门的方式，向32名浦东机场的本地和山东劳务派遣员工授课。除了学习国家统一内容外，其余课程均结合机场运行安全等岗位特点精心定制，学制2年半。学员们通过自身努力，克服工作和生活上的各种困难，全部成绩合格，顺利毕业，取得了国家教育部统一颁发的成人高等教育大专毕业证书。部分优秀学员今后还将继续学习深造，为上海机场的改革发展进一步贡献自己的力量。（郦　敏）

10月14日，五冶集团上海有限公司工会举办高级商务礼仪培训活动
（孙　亮）

【市绿化市容行业工会开展职工摄影知识系列培训讲座】 6月30日，由市绿化市容行业工会、市绿化和市容管理信息中心联合举办的市绿化市容行业职工摄影知识系列培训讲座之二——《瞬间的背后》开讲。举办绿化市容行业职工摄影知识系列培训讲座，是贯彻局党组和市总工会对局工会、行业工会宣传工作的具体要求，围绕"绿色、整洁、有序、宜居"愿景，瞄准"国内领先，国际一流"的行业发展目标，扎实推进生态环境和市容环境建设发展，提升绿化市容行业广大摄影爱好者摄影作品质量的需要。（唐鸿仙）

【新闻出版工会举办《图形图像处理》职业技能培训班】 为加快培育出版行业创业设计等专业技能人才，9月7日，由新闻出版工会与印刷行业协会联合举办《图形图像处理》职业技能培训班开班。本次培训主要内容为"使用数码相机拍摄数码图像、使用扫描仪采集数码图像"等5个方面的应用制作。来自上海各出版社、印刷企业、发行单位的83名职工参加培训。经理论知识和操作技能考核，74人获得由国家人力资源社会保障部职业技能鉴定中心颁发的合格证书。（方伟国）

【百联集团教培中心被命名为"全国职工教育培训示范点"】 12月18日，经百联集团工会推荐、市总工会评审，集团教培中心被全国总工会命名为"全国职工教育培训示范点"，上海市共有6家单位被命名。根据《全国职工素质建设工程五年规划》的具体安排，全国总工会要选树一批在帮助职工提升素质方面取得实绩的教育培训示范点。集团教培中心历经材料准备、现场考察、实务操作等环节，展现了完善的培训设施、优秀的教师团队、系统的开发能力，尤其是面向一线职工开设的《商品销售》《商品质量监控》《总台服务》《超市生鲜存放》等培训课程，覆盖了集团各公司及下属企业，体现了百联重视职工素质教育，为企业培养知识型、技能型、创新型人才的战略举措。（姜　杰）

【社会系统各工会因地制宜创出教育培训特色】 市社会系统工会配合党委积极做好党的十九大精神的宣讲活动，推动党的十九大精神进两新、进楼宇、进园区。建桥集团工会大力弘扬劳模精神，引领职工践行社会主义核心价值观，为企业发展建立新功。集团工会牵头在全公司广泛开展各种培训活动，如英语口语、PPT制作、摄影技巧、急救培训、礼仪指导等。广大员工本着"干什么、学什么、缺什么、补什么"的原则，坚持自学与培训相结合，业余学习与集中学习相结合，专业知识学习与科学文化知识学习相结合，理论学习与实际操作相结合。根据岗位当前需要和发展趋势，针对不同层次和专业特点及发展要求，制定员工培训计划，在全公司兴起了一个学技术、学业务、学科学的热潮。（丁宗勇）

【五冶集团上海有限公司工会举办"高级商务礼仪培训"活动】 10月14日，五冶集团上海有限公司工会举办"高级商务礼仪培训"活动。两级机关办公室、市场营销部、党群工作部、人力资源部、综合事务部等相关部门负责人及相关管理人员近110人参加了此次培训活动。本次培训，特邀高级国际指导讲师、上海交通大学客座教授周燕萍老师亲临现场授课。培训内容涵盖礼仪基本理论、形象礼仪、行为礼仪、商务接待礼仪及会务礼仪等几个方面。周老师通过言辞幽默的讲解，并配合情景演示就商务形象塑造、商务接待礼仪、商务交往礼仪、商务沟通礼仪等方面进行了重点培训、指导。通过开展此次商务礼仪培训活动，使参培人员进一步提高了商务礼仪意识，规范了商务礼仪行为，从而为进一步提升企业整体形象、提高服务水平奠定了基础。（孙　亮）

【沙家浜大酒店工会组织员工消防训练】 12月15日，为了提高职工的消防安全意识及突发事件应急处理能力，工会联合办公室组织全体职工开展消防培训。了解酒店报警系统组成及其工作原理，讲解逃生线路和逃生的注意事项；组织职工进行实地疏散逃生演练，现场示范如何使用消防卷盘等消防器材。通过培训，使职工提升了发现火灾隐患以及处理火灾事故的能力，营造了安全生产人人有责、安

全生产从我做起的良好工作氛围。（刘思家）

【洞庭西山休养院组织开展应急预案演练】 1月24日，为切实做好一线职工的疗休养接待服务工作，面对大客流情况下一些突发事件的及时有效处置，西山休养院工会组织开展安全疏散、消防灭火演习和医疗急救知识培训。邀请度假区消防大队的官兵专程来到现场，详细给全院职工进行消防知识的宣传和学习，介绍防火逃生技能，模拟火灾现场的紧急疏散，并开展消防技能比赛，亲身操作灭火器材。邀请西山地区人民医院急救专家详细讲解日常医疗急救知识，并在现场模拟了几种常见的医疗急救场景。通过现场操作，初步掌握了医疗救护的基本常识和动作要领，以及发生火灾后自救、逃生和急救技巧。（夏鹤麟）

【黄山休养院开展消防灭火演练】 9月14日，为切实做好基层疗休养接待工作，黄山休养院结合岗位练兵技术比武活动，组织全体员工认真学习酒店消防安全知识，并观看消防安全宣传片，通过一些真实的失火事例提醒大家提高安全防范意识；对灭火器使用进行了实际操作演练。（胡　巧）

读书活动

【概要】 4月20日—12月27日，"悦读修身，书香上海"为主题的第十九届上海读书节在沪举办。读书节上，开展"我的生活有书相伴"读书小故事大赛；上海职工城市定向文化寻访系列活动"党史知识""文明礼仪""交通法规""网络安全"和"红色之旅""百年老店""阅读滨江"知识问答；展示上海职工网上"阅读+"活动；"我爱读书·我爱生活"2017年上海书展暨"书香中国"上海周相关活动，对全市群众性读书活动起到"引领风尚、教育人民、服务社会、推动发展"的作用。（陈　鸿）

【召开2017年市振兴中华读书指导委员会主任会议】 4月12日，市振兴中华读书指导委员会假座上海开放大学召开2017年上海市振兴中华读书指导委员会主任会议，经会议讨论，一致通过上海市振兴中华读书指导委员会副主任调整名单、第十九届上海读书节主题、开幕式方案及读书节项目。市振兴中华读书指导委员会办公室下发《关于申报第十九届上海读书节示范项目的通知》，向市振兴中华读书指导委员会副主任成员单位、各区、局（产业）工会、各区文明办、各区图书馆及相关职工书屋广泛征集第十九届上海读书节示范项目，截至3月底，申请读书项目的单位超过百家。（陈　鸿）

【第十九届上海读书节开幕】 4月20日，主题为"悦读修身·书香上海"的第十九届上海读书节在上海开放大学启动，市委副书记尹弘出席开幕式并讲话。开幕式上，运用多媒体方式展示上海职工网上"阅读+"活动、2017年上海"市民修身"生活读本推荐书目等，市民修身行动在线学习平台同时启动上线。"喜迎十九大、再创新辉煌"市民知识竞赛、中华经典诗文诵读等123项活动被列入本届读书节示范项目。（陈　鸿　王家辉）

【举行第十九届上海读书节"我的生活有书相伴"读书小故事大赛】 8—10月，市振兴中华读书指导委员会、市总工会、市精神文明建设委员会办公室、上海图书馆等多家单位联合主办第十九届上海读书节"我的生活有书相伴"读书小故事大赛。活动旨在将阅读与分享结合，通过选手声情并茂地讲述，展现生活与读书的密切联系，进一步提升广大职工人文素养。历时两个多月，近百支队伍经初选、复赛和总决赛后，15支来自基层一线的参赛队获奖。（陈　鸿）

【"悦读修身，书香上海"第十九届上海读书节落幕】 12月27日，主题为"悦读修身·书香上海"的第十九届上海读书节闭幕式在上海建管大楼报告厅举行。"我的生活有书相伴"读书小故事大赛获奖者、职工书屋代表现场分享读书心得和职工读书活动开展情况。通过前期深入调研、实地观摩，评选2017年度上海市职工书屋先进单位和2017年上海读书活动优秀示范项目共30家。（陈　鸿）

【静安区"最美职工朗读者大赛"复赛落幕】 由静安区总工会主办、区工人文化宫承办的"喜迎十九大赞颂劳动美共筑中国梦"——最美职工朗读者大赛（静安赛区）复赛分别于9月20—21日在静安区工人文化宫举行。来自静安各行各业的60组参赛选手参赛。最终，静安赛区组委会根据综合评定后选送3位个人选手和2支团体队伍参加由静安、浦东、长宁、黄浦四区联办的最美职工朗读者大赛的终极对决暨展演活动。（陆　乐）

9月26日，闵行区举办"那些年感动我们的书和诗"红色经典朗读大赛（李乘凤）

【开展"中国梦·劳动美·幸福颂"2017年闵行职工演讲、读书活动】

6—9月，闵行区总工会开展“平凡里的光辉——工匠精神在我身边”微演讲稿征集及第二届“那些年感动过我们的书和诗”红色经典微朗读大赛等演讲读书活动，通过线上职工参与投票和线下专家评审，微演讲稿征集活动评出一等奖1名，二等奖3名，三等奖6名；红色经典微朗读大赛产生16名选手进入决赛，进行现场朗读展示并决出一至三等奖。（俞龙祥）

【市纺织工会职工书屋被命名为全国职工书屋示范点】 9月，由纺织工会主席黄勤、副主席郭愚率队，赴集团旗下11家单位的15个职工书屋创建点开展检查验收工作，采用“阵地必验、职工反馈、交叉互访、共同促进”的工作方法，对各单位职工书屋创建点开展检查验收，其中的14家职工书屋将首批命名挂牌为“Shangtex职工书屋”。10月11—13日，全国工会职工书屋创新发展论坛在安徽马鞍山举行，市纺织工会职工书屋的创建工作成果进行了小组交流，“Shangtex职工书屋”命名授牌为全国职工书屋示范点。（张智伟）

【市仪电工会组织职工开展读书活动】 2017年，市仪电工会通过“仪电·慧幸福”APP组织职工开展读书活动。各重点子公司和直属单位工会在“仪电·慧幸福”APP“慧悦读”栏目中选取《平易近人：习近平的语言力量》《时间管理：如何充分利用你的24小时》《毅力：如何培养自律的习惯》等书籍，组织基层企业职工进行阅读，撰写读后感。各单位共推荐65篇读后感参与仪电工会组织的优秀读后感评选，经评选，16名基层职工撰写的读后感获得2017上海仪电职工读书活动优胜奖。（邵秀根）

【国网上海电力公司职工书屋获评“国家电网公司职工书屋示范点”称号】 按照《国家电网公司工会“十三五”职工书屋建设实施方案》要求，国网公司工会组织开展了“国家电网公司职工书屋示范点”评选工作。公司工会积极组织参与示范点的申报评选。经过评审，浦东公司、培训中心、闸北电厂三个职工书屋被评为“国家电网公司职工书屋示范点”称号。获评书屋设施完善、管理规范、成效明显，在满足职工精神文化需求、促进职工队伍素质提升等方面发挥了重要作用。（王曙华）

【中国铁路工会上海局女职工读书活动成绩优异】 根据《中华全国铁路总工会女职工委员会关于第三届书香铁路女职工读书活动评选结果的通报》，第三届书香铁路女职工读书活动于12月落幕。全路有28万多名女职工参加，上海局工会选送的8篇优秀文章在上报的2万余件作品中脱颖而出。其中合肥机务段潘莉红《写给赵哥的一封信》荣获家书征文一等奖、东华地铁公司陆伟勤《读书境界与家风传承》荣获读书征文二等奖。（赵雅静）

【中海党校工会推进学习型组织建设形成特色】 中海党校工会，以培养知识型员工为目标，充分发挥党校自身培训平台作用，通过培训学习、读书活动等形式推进学习型组织建设，取得良好工作成效。一是学习培训提升能力，认真开展员工培训和岗位练兵，组织员工公文比赛、在线培训班、员工网络知识竞赛等，有效搭建职工学习互动平台，提高全体员工的专业能力和综合素养。二是党性教育增强修养，坚持组织职工上讲台、讲党课，认真开展多种形式的党员日活动。坚持每年开展党建课题研究，开展研讨交流，积极参与集团党建思想政治工作论文研究并获奖。三是读书活动激荡活力，坚持举行员工读书会活动，读书活动贯穿全年，每季度确定一个主题，内容形式多样化。针对不同主题采取领读分享、专题讲解、小组研讨、问答交流等。（李瑶）

【上海长江实业总公司工会创建职工读书良好氛围】 上海长江实业总公司工会在创建学习型组织过程中，力求倡导一种持续学习、全员学习的良好氛围，创建职工读书之家，增强广大员工自我学习意识。一是改变了“要我学”变为“我要学”。把竞争机制融入到创建学习型组织的全过程，提高对学习型组织与自我提高的积极性。二是开发“智力资本”，通过开展岗位培训练兵、实务技能操作提高，使大多数员工树立了“学习就是效益”的观念，向“一专多能”的方向发展，成为精通本职工作的“行家里手”。三是提升思想境界，改变工作观念，变被动性为创造性，积极营造学习型班组的氛围。（章伟）

【上海邮政工会组织职工参加读书小故事比赛】 上海邮政工会组织职工参加上海市振兴中华读书办组织举办的“我的生活　有书相伴”读书小故事比赛。在市分公司范围内组织读书活动和读书小故事初赛，推选实业公司的《我的“考古”小故事》、客服中心的《我们一起成长——亲子阅读有感》、邮区中心局的《书香伴我人生行》3个小故事参加全市比赛。经过10月11日、12日复赛与17日决赛，实业公司的《我的“考古”小故事》从72组选手中脱颖而出，获得读书小故事比赛二等奖，同时，上海邮政工会获优秀组织奖。（王瑛）

【中交上航局举办“品读经典、共享书香”名家名篇朗诵比赛】 中交上航局公司工会、团委于11月28日举行第六届“我阅读、我快乐、我成长”航道职工读书活动“品读经典共享书香”名家名篇朗诵比赛，共有约120人参加。整场比赛共分三大篇章即不忘初心、砥砺奋进篇；灯塔指引、破浪前行篇以及百年上航、卓越领航篇。除了引经据典外还大胆创新，对经典进行了改编，并加以情景剧、击鼓、吹笛、舞旗等形式，编排富有新意，表达情感真挚，有很强的艺术性和感染力。（金晶）

【中铁上海工程局集团公司开办“掌上书屋”】 4月19日，中铁上海工程局集团公司“万名职工读万卷书”——“书香中铁上海”职工掌上电子书屋启动仪式在上海工会管理职业学院举行。市总工会副主席桂晓燕、市建设交通工委主任刘选游应邀出席启动仪式并为掌上书屋揭牌。各子分公司工会主席、基层项目专（兼）职工会干部共计60余人参加仪式。“书香中铁上海”掌上电子书屋现有各类版权电子书10万册、听书资源3万册，每年保持30%的新书更新。集团公司工会将指定专人管理，建立读书卡

中交上航局举办"品读经典、共享书香"名家名篇朗诵比赛 （金 晶）

台账，收集职工对电子书屋的建议、意见，并适时在微信平台上开展"好书我来推"接力赛、读书心得征文比赛，营造全民读书氛围。 （钱 蓉）

【海洋石油工会读书活动展新貌】 在4月20日举行的第十九届上海读书节开序幕式上，海洋石油工会推出的"传承品读文化、共建书香海洋"读书活动被授予本次读书节示范项目。海洋石油工会的读书活动已连续开展4年，2017年以"传承品读文化、共建书香海洋"为主题，下发书籍、交流读书心得及宣传报道等活动，通过读书爱书，滋养企业文化内涵，提升职工人文品质，在当前石油行业的低迷期，用阅读的力量砥砺石油人奋勇前行。

（耿卫军）

【上海辰山植物园被命名为2017年全国工会职工书屋示范点】 按照《中华全国总工会办公厅关于开展2017年全国工会职工书屋建设工作的通知》（厅字〔2017〕7号）要求，经局各直属单位评选、推荐、申报，并经全国工会职工书屋建设领导小组办公室审核，上海辰山植物园被命名为2017年新建全国工会职工书屋示范点。

（唐鸿仙）

【市税务工会开展读书心得及读书示范项目评选活动】 为在全市税务系统内深化创建学习型组织，普及终身学习理念，引导干部职工自主学习、持续学习，市税务工会于三季度在系统内开展"振兴中华读书活动"之"好读书、读好书"读书心得及读书示范项目征集评选活动，共征集到读书示范项目35个、读书心得240余篇。最终评选十大读书示范项目，27篇获奖读书心得以及6个最佳人气奖。通过读书心得评选，分享读书感悟，以学修身，提高了广大干部职工的科学文化素养；通过评选推广"十大读书示范项目"，凝聚阅读力量，为学习型团队建设助力。 （娄晓辉）

【市新闻出版工会开展读书寄语征文活动】 在2017年"世界读书日"到来之际，为在系统中营造"多读书、读好书、善读书"的浓郁学习氛围，市新闻出版工会通过"工会是一家"微信群，及时发布"我最难忘的一本书"寄语征文相关信息，动员广大职工踊跃参与。本次活动，共收到近100篇寄语征文。对优秀寄语征文，工会予以奖励。 （方伟国）

【打造"书香SMG"品牌 提升职工素质和岗位技能】 上海广播电视台（上海文化广播影视集团有限公司）工会（简称"SMG工会"）自2015年举办"书香SMG"活动以来，每年的9—11月，SMG均会掀起一股职工读书活动的热潮。在2017"书香SMG"活动中，经14家大口工会的积极申报，共评选出10个"SMG优秀读书项目"和48名"SMG闻香识书人"。为响应第十九届上海读书节的号召，SMG工会积极组织参与市级读书活动，选报的融媒体中心《侧耳》、第一财经《陆家嘴读书会》、东方明珠新媒体《"企业阅读"活动》获评第十九届上海读书节基层优秀项目，推选东方卫视贝倩妮参与上海读书节"我的生活有书相伴"读书小故事大赛，以总决赛最高分的成绩荣获一等奖。 （秦伊龄）

【市经信工作系统工会举办"国学智慧与人生修养"专题报告会】 5月16日，市经信系统工会和研咨会举办了《国学智慧与人生修养》报告会，邀请上海卫星工程研究所党委书记、研究员曹继玉主讲"国学智慧与人生修养"。他从"文化篇"开讲，依次"信仰篇、道德篇、齐家篇、人格篇、自律篇、学习篇"至"实践篇"结束，用8个篇章全面介绍了中国文化的发展脉络。让与会人员在短时间内了解几千年发展而来的中华民族文化的精髓，并对中国共产党的宗旨与中国文化的关系，社会主义核心价值观与中国文化的关系加深认识。来自系统归口和所属各单位工会领导、工会干部90多人参加了报告会。 （黄 俭 顾 捷）

【市监狱管理局工会开展读书活动，提升文化氛围】 一是打造好持续了24年的监狱局《知心》刊物品牌，举行《知心》座谈会，邀请《知心》投稿爱好者畅谈写作心得，提出意见建议，并对《知心》刊物进行微改版。局申报的"讲述前辈故事·传承红烛精神"——"知心杯"读书征文活动被评为第十九届上海读书节示范引领项目。二是组织基层单位参加第十九届上海读书节"我的生活，有书相伴"读书小故事大赛，上报5家单位进入复赛，2家单位晋级决赛，最终获得团体三等奖。三是积极参加2017上海书展暨"书香中国"上海周活动，组织1000名会员群众参观书展，各基层单位还自购参观门票，扩大参观覆盖面，使大家近距离感受书香氛围，爱上读书。 （江海群）

【隧道股份市政集团开展微朗读活动】 隧道股份市政集团属一线施工企业，工程分散全国，点多面广集中度较低。如何引导职工读书是工会一直探索的课题。市政集团工会借鉴央视“朗读者”栏目，通过不拘形式、人员、地点，随时随地活动的“微朗读”激发职工的读书热情。还将工会“微朗读”活动延伸到职工文艺创作，将阅读中的所思所想，记录整理出来。年内市政集团工会先后在上海、湖南、江西、四川等省市重大工程现场举办“微朗读”40余期，580多人次参与。该活动得到“中工网”等媒体的关注和报道，并获2017年度上海基层十大创新案例提名奖、第二十届上海市读书新锐阅读项目。（孙　群）

【地产集团举行读书活动启动仪式】 3月6日，“魅力地产、悦读人生”——地产读书活动启动仪式暨三八国际劳动妇女节107周年纪念活动在地产大厦举行。集团党群部、工会负责人，成员企业分管领导、工会主席、党群部负责人、女工委主任等出席活动。会议表彰2016年度地产“书香三八”读书活动获奖者，通报了“魅力地产、悦读人生”——地产读书活动方案，并邀请沪上知名作家马尚龙围绕海派文化、城市精神做《大上海“大”在哪里》的文化讲座。（王卫卫　张晓娟）

3月6日，地产集团举行读书活动启动仪式暨三八国际劳动妇女节纪念活动（张晓娟）

【上航公司工会举办“先锋朗读者”活动】 为深入贯彻党的十九大精神，发挥工会的教育职能，中国商飞上海航空工业公司工会联合党群工作部、团委举办了“先锋朗读者”比赛。比赛以“感恩党，爱祖国，创先锋”为主题，引导职工深入学习贯彻党的十九大精神，鼓励职工发现身边的先进典型和感人事迹。活动推出后引起强烈反响，各党支部、分工会踊跃报名，创作、改编了大量作品。共有17组参赛选手通过多种艺术形式，回顾党的光荣历史，展现爱国主义情怀，诠释大飞机精神，展示党的十九大精神学习成果。（孙中元）

【2017年世纪出版集团职工子女征文结集出版】 书名为《您陪我长大 我陪您到老——和爸爸妈妈说说心里话》征文集，由集团工会编辑、少年儿童出版社出版，集团党委副书记兼工会主席何向莲作序。书中共收录集团17家直属单位职工子女征文67篇，小朋友们用纯净的文字、真挚的情感，对爸爸妈妈诉说着心里话，字里行间充满着浓浓亲情与爱意，留下小朋友们一段难忘的成长记忆。2017年集团职工子女征文结集出版，促进了企业文化与职工家庭文化交融，增强了企业向心力。（江　文）

职工文体

【概要】 为满足广大职工日益增长的精神文化需求，市总工会会同市文广局、市体育局通过建立工作协调机制、共建共享文体资源、加强人才队伍建设、打造职工文体品牌、推进重点人群服务、推进重大职工文化设施建设等方面合作，共同打造资源共享、优势互补、联动发展、职工受益的工作格局。通过网络化、社会化、项目化运作方式，搭建各类职工群众性体育竞技平台，开展丰富多彩、健康向上的职工文体活动，举办中国梦劳动美微电影节、“工人、工厂、工运”采风寻访活动、职工羽毛球等四季大联赛活动。（宋　昶）

【举办第三届上海职工网络文化艺术节】 第三届上海职工网络文化艺术节5—12月举办。艺术节共设摄影、书法绘画、微电影三个文化项目，共收到摄影作品3000余幅，微电影作品近300部，书画作品近300部。艺术节还运用社会化报名方式，吸引非公企业职工、白领群体、青年职工参加，社会效应不断拓展。通过线上线下互动，集作品征集、文化培训、展示展示于一体，积极推进职工文化建设，鼓励创作优秀职工文化作品，进一步提升广大职工思想道德素质和科学文化素质。（宋　昶）

【市总工会等召开会议，加强上海职工文化建设】 为了认真贯彻落实《公共文化服务保障法》，让全市职工共享社会公共文化服务，市文广局、市总工会于12月1日召开“加强职工文化建设，加快构建现代公共文化服务体系工作推进会”，签署备忘录，联合下发文件，进一步发挥工会组织在上海公共文化建设中的重要作用，工会与文广系统在工作协调机制的建立、文化资源的共建共享、人才队伍的培训培养、职工文化品牌的打造、重大职工文化设施的推进、重点人群服务力度的加大6个方面开展合作，不断完善公共文化服务体系，实施文化惠民工程，推进政府的公共文化资源广泛惠及工会职工，同时也让工会的文化资源为广大市民提供更多更好的文化享受和体验，构建资源共享、优势互补、联动发展、职工受益的本市公共文化新格局，为上海率先建成现代公共文化服务体系提色增辉。（宋　昶）

【举办“中国梦·劳动美——我要上五一晚会”上海职工文艺汇演】 “我

要上五一晚会”职工文艺节目2月13日启动征集，全市各区局（产业）工会积极择优推荐上报职工文艺节目210个，3月，在上海邮电俱乐部举行上海职工文艺汇演，一批贴近职工生活的作品、一群富有文艺才华的121个节目历经声乐、合唱、器乐、舞蹈、创意融合、曲艺、戏剧小品七大专场，最终斩获金、银、铜奖。这些节目围绕庆祝五一国际劳动节，迎接党的十九大召开，宣传和弘扬各行业劳模、先进和工匠精神及事迹编排；展现各行业在上海乃至国家建设和发展中取得的辉煌业绩和成就；展示了上海职工文艺创作和职工丰富的文化生活成果。“我要上五一晚会”是市总工会近年来最全面、最生动，规模最大的一次职工文艺汇演。而由五一晚会导演组及专业领域艺术家组成的评委会将在评出金、银、铜奖的基础上，评出“我要上五一晚会”星光奖，在上海市五一特别节目中闪亮登场。

（宋 昶）

9月30日，“喜迎党的十九大”上海职工城市定向文化寻访“工业寻根”主题活动在杨浦启动 （张东寅）

【举办上海市庆祝五一国际劳动节特别节目】 4月28日，2017年上海市庆祝五一国际劳动节特别节目在上海东视演播厅举行。本台节目即以“不忘初心”“海派匠心”“万众一心”为三大篇章，展示劳模先进与上海工匠的风采，展示上海普通劳动者的精神，讲述他们的不变“初心”，充分展示十八大以来的5年，上海工人阶级在党的领导下，在建设社会主义国际大都市和“四个中心”进程中所发挥的重要作用和取得的丰硕成果，展现全市工人阶级与各行各业劳动者的精神风采，满怀信心地喜迎党的十九大。

（宋 昶）

【举办上海职工城市定向文化寻访“工业寻根”主题活动】 在喜迎国庆68周年和党的十九大召开之际，由市总工会、市体育局主办，杨浦区总工会承办的“喜迎党的十九大”上海职工城市定向文化寻访“工业寻根”主题活动在杨浦滨江东方渔人码头启动。来自全市各区、产业（局）300名职工代表参加活动。本次活动突出“工人、工厂、工运、工匠”元素，组织职工群众对2017年全国大众创业万众创新活动周主会场长阳创谷（原中国纺织机械厂）、上海国际时尚中心（原上海第十七棉纺织总厂）、杨浦滨江综合开发规划馆（原大纯纱厂，上海第九棉纺织厂）、中国烟草博物馆、上海自来水科技馆等进行定向寻访。职工们通过“线下寻访工业遗存，线上了解工运知识”相结合的方式，进一步了解红色工人运动的光荣历史，感受百年工业与城市转型的完美结合。探索职工文化活动长效机制，尝试在工业寻访点设置微信二维码，为职工在参观寻访中了解历史、参与趣味答题提供保障。同时，杨浦区总工会会同相关部门积极挖掘区域内资源，确定杨树浦发电厂、上海煤气公司杨树浦工厂、上海机器造纸局旧址、杨树浦纱厂大班住宅、永安栈房等16个网上寻访点，职工不仅可以线下寻访，还可以足不出户，网上学习、答题。

（余洪海 张东寅）

12月28日，上海市班组（团队）文化网络大奖赛落幕 （马日盛）

【上海市班组（团队）文化网络大赛落幕】 12月28日，以职工为对象、以网络为竞技场的2017年上海市班组（团队）文化网络大奖赛落下帷幕。这场职工文化嘉年华由市总工会、市文明办、市经信委、市体育局等单位主办，因其独有的“工会主导、班组主体、职工主角、网络主场”特点，引导广大职工贯彻落实“创新、协调、绿色、开放、共享”发展理念，共吸引17273个班组（团队）报名，共计80366名职工参与。本次大奖赛以“中国梦·劳动美”为主题，结合时代特征、上海特色、工会特点，通过“红色寻访”“绿色出行”两项赛事及“欢乐植树”游戏，丰富职工精神文化生活，又在推进“互联网+”职工文化建设，推动节能环保、缓解城市交通、加强职工互助互济等方面起到积极作用。本次大奖赛以班组（团队）为参赛主体，突破了以往的办赛模式，面向各机关、企业、事业单位、社会组织在职职工及自由职业者，为广大职工“体面劳动、舒心工作、全面发展”提供了新路径。（李　伟）

10月12日，虹口区总工会举办职工文艺展演　（徐　洁）

【举办第三届“临港集团杯”上海职工羽毛球俱乐部等级联赛】 2017年第三届“临港集团杯”上海职工羽毛球俱乐部等级联赛按照职工体育工作年初规划，在职工文化体育协会羽毛球专业委员会精心组织下，举行5期裁判员培训、32场技战术的培训。比赛从4月起，组织近200场的初赛，近6300人次参赛。10月起举办200场青年职工联谊赛，并组织4场公益性专场培训，参与人次达到6000人次。通过发挥工会组织优势，走社会化办赛模式，“临港集团杯”职工羽毛球联赛已成为上海市品牌赛事，深受广大爱好者的喜爱。（余洪海）

【虹口区总工会举办职工文艺汇演】 10月12日，以“不忘初心、砥砺前行”为主题的虹口职工文艺汇演在区工人文体活动中心影剧场隆重举行。市总工会领导、虹口区四套班子领导出席活动，劳模代表、各街道总工会、行业、直属工会干部及职工群众代表700多嘉宾应邀观摩演出。汇演中的节目均由全区各级工会选送、经海选后汇总编排而成，节目的编排和串联充分融入了虹口精神和工会元素。（徐　洁）

【杨浦区总工会举办红色诗歌分享会】 10月16日，由区总工会主办、沪东工人文化宫承办的主题为“喜迎十九大，细节中国梦”红色诗歌分享会举办。职工代表60余人参加。本次活动通过朗诵分享著名红色诗人、作家桂兴华创作的红色诗歌，为区内职工群众创造“接地气”的文化艺术氛围。活动举办前1个月，沪东工人文化宫通过微信公众号征集的方式，在职工中征招诗歌朗诵表演的志愿者，反响热烈，从计划招录的的5—6个名额扩大到13个。（张东寅）

7月29日，上海市举办第三十六届庆“八一”军民长跑　（陆中斌）

【上海市举办第36届庆“八一”军民长跑】 7月29日，上海市第36届庆“八一”军民长跑暨浦江两岸迎“八一”军民接力长跑活动，在黄浦滨江体育园鸣枪开跑。本次活动路线选择在南浦大桥至卢浦大桥之间新贯通的黄浦滨江健身跑道进行，共吸引了来自16个区县和机关企事业单位的125支长跑队伍、计2500余人参加，其中人民子弟兵500余人。活动以“军民滨江健康行，携手共建促文明”为主题，结合滨江贯通，启动上海浦江两岸迎“八一”军民接力长跑活动，旨在营造军民团结、共建共享的良好氛围，助推上海文明城区建设，迎接党的十九大胜利召开。沿途还有相关街道组织的文体团队，围绕主题活动进行全民健身展演，在弘扬“军爱民，民拥军”优良传统的同时，吸引更多体育爱好者加入军民长跑的行列之中。市总工会党组书记、主席莫负春为长跑活动鸣枪发令，上海警备区副司令员王治平少将，市政府副秘书长宋依佳，市民政局局长、市

双拥办主任朱勤皓，市体育局局长黄永平，黄浦区委副书记、区长杲云参加活动。（陆中斌）

【静安区总工会举办慰问一线职工文艺演出】 9月1日，2017年静安区总工会慰问一线职工文艺演出在艺海剧院举行，本次慰问演出是静安区总工会连续第6年举办，上海淮剧团为传承经典、致敬经典，为静安职工送上了一台精彩的淮剧曲目《女审》。演出邀请著名淮剧前辈大师顾少春老师出席。来自全区各街镇园区、系统集团的职工，静安淮剧促进中心、申通地铁公司、社区居民代表900余人观看文艺演出。（姚 磬）

【静安区职工收藏文化迎春展开幕】 2月24日，"集收藏精粹 展职工风采——静安职工收藏文化迎春展"开幕。区各大口工会的职工收藏爱好者近200人参加活动。经过线上线下的收藏作品征集和专家评审，共征集评选入围展品千余件。展出藏品门类众多，形式多样。展览从2月24日至3月5日，吸引了广大收藏爱好者前往参观。（陈迪嘉）

【静安区举行第九套广播操比赛】 11月16日，2017年静安区第一届运动会闭幕式暨第九套广播体操比赛在静安区工人体育场举行。活动由区总工会、区体育局和区机关党工委共同组织。全区70支代表队、1500多名运动员齐聚赛场参赛。静安区委书记安路生，区委副书记、区长陆晓栋为比赛致辞，宣布运动会闭幕，年初区总工会在全区开展了第九套广播操的动员部署。赛前，组织专门教练为各参赛代表队配送广播体操教学178次，辅导干部职工开展广播体操锻炼。本次广播操比赛既是对全区广播操培训活动的一次检验，也是全区职工精神风貌的全面展示。（姚 迪）

【举办"幸福宝山路，文明修身行"主题健康走活动表彰会】 11月18日，"幸福宝山路，文明修身行"主题健康走活动表彰会在罗泾镇举行，市总工会、区四套班子领导、区相关部门领导以及基层职工群众代表、获奖代表300余人参加活动。为引导职工群众养成低碳文明出行的理念，鼓励职工群众参加健身活动，同时宣传宝山人文历史、发展亮点、未来规划，区总工会与区文明办、区方志办、区发改委、区旅游局、区体育局等区域单位精诚合作，联合开展"幸福宝山路，文明修身行"主题健康走活动，将运动健身、知识答题、团队拓展、履行社会责任等结合起来，引导职工群众了解宝山、关心宝山、建设宝山。据统计，共有1500多家单位、9000多个团队、11万多人次参与比赛，形成了爱运动、爱生活、爱宝山的良好氛围。爱心捐步是健步走活动中设置爱心捐步环节，爱心企业家认领竞赛者步数，并捐出同等数量的善款，用于支持工会帮扶工作。在第三期活动中，有12200人捐出了步数，33家爱心企业认领捐步，捐出善款近200万元，将用于"宝公惠爱心超市"工建服务党建社建项目。（万 晶）

【闵行区总工会开展"中国梦、劳动美、幸福颂"职工书画摄影大赛】 "五一"前夕，闵行区总工会开展"中国梦、劳动美、幸福颂"职工书画摄影大赛征集及展示活动，共收到各行各业职工投稿的参赛作品963幅，其中，摄影类作品701幅，书画类作品262幅，获奖及入围的职工书画摄影作品通过"闵行工会"微信以及闵行群艺馆展厅进行线上线下的同步展示和展出，用艺术的语言展示闵行职工特别是广大一线职工"撸起袖子加油干""以劳动托起中国梦"的决心和信心。（俞龙祥）

【闵行千余名职工参加广播操、拔河比赛】 6月10日，为纪念毛泽东为中华全国体育总会成立题词："发展体育运动，增强人民体质"65周年，在闵行体育馆举行"中国梦·劳动美·幸福颂"——2017闵行区职工运动会开幕式暨"吴泾杯"职工拔河比赛、职工广播操比赛，来自区教育工会、区医务工会的职工为职工运动会开幕式带来健美操和百人韵律操的表演，上海太阳机械有限公司的职工代表职工提出倡议，全场参加广播操比赛的团队进行广播操展示。44个团队参加广播操比赛，18个团队参加拔河比赛。活动当天，"闵行工会"微信公众号在现场设点，进行有奖推广活动。（俞龙祥）

【嘉定区总工会全年举办多场"文化进企"文艺演出活动】 12月1日，嘉定区总工会2017年度最后一场"文化进企"文艺演出活动在嘉定区真新街道3131电子商务创新园圆满结束，借此2017年度"文化进企"文艺演出活动告一段落。2017年，"文化进企"文艺演出活动共举办13场，服务地点涵盖了企业、工地、群团服务站、创业园区、居民社区等，受惠职工近10000人次，受到了单位、职工群众的广泛好评。（黄点点）

【金山区第十二届职工读书节暨第三届职工文化艺术节闭幕】 11月22日下午，"中国梦·金山情·劳动美"金山区第十二届职工读书节暨第三届职工文化艺术节闭幕式在花开海上生态园举行。市总工会副主席李友钟，金山区人大常委会副主任、区总工会主席朱喜林，中国石化上海石油化工股份有限公司党委副书记、工会主席马延辉等领导出席闭幕式，普洱市工会干部代表，各直属工会主席、副主席、工会干部，职工代表等300余人参加此次活动。活动共分为双节项目展示及文艺演出两部分。颁奖仪式上，与会领导为"金山区第十二届职工读书节暨第三届职工文化艺术节优秀组织奖"、"金山区第十二届职工读书节暨第三届职工文化艺术节优秀项目奖"颁奖。闭幕式上，启动了公益乐学上海石化股份有限公司教学点、上海化学工业区教学点和云南省普洱市远程教学点，由金山区总工会负责师资配送及线上课程的配送，为广大职工提供丰富的文体服务。本届职工读书节和文化艺术节开幕以来，总计开展70个丰富多彩的活动项目，涵盖鑫工印象馆、鑫工竞技场、鑫工悦读会、鑫工大课堂及鑫工荟萃苑5大板块，营造了全民修身的良好氛围。（陈 文）

【松江区总工会举办第四届职工文化艺术节暨第六届职工文艺创作作品汇演】 11月25日，由区总工会主办的以"喜庆十九大，阔步新时代，共筑中国梦，展示劳动美——撸起袖子加油干"为主题的松江区第四届职工文化艺术节暨第六届职工文艺创作作品汇演,在小昆山镇社区文化活动中心拉开帷幕。本次汇演共有来自32个街镇、开发区,委局及直属公司工会89个节目参加汇演,基层工会主席及参赛职工近800人参加汇演。在为期二天的歌咏类、小戏小品曲艺类、舞蹈类和朗诵类四个专场的汇演中,一批优秀的职工文艺创作作品脱颖而出,区城管执法局工会选送的大合唱《撸起袖子加油干》、新桥镇总工会选送的小戏《送夜宵》、华侨城工会选送的舞蹈《撸起袖子加油干》、区卫计委工会选送的朗诵《亲爱的天使》和《党歌颂扬,医心向党》等作品得到评委和在场人员的一致肯定,取得良好的成绩。(孙爱华)

1月6日,"带副春联回家乡"上海工会文化惠民系列活动青浦站启动仪式举行 (朱建强)

【松江区总工会开展带副春联回家乡专场活动】 1月17日,区总工会在永丰街道南站开展松江区工会系统2017年文化惠民系列活动——带副春联回家乡区总专场活动。活动邀请7位著名书法家为150位外来务工建设者代表现场书写赠送近350份春联和福字,表达对外来务工建设者的关爱、祝福。各镇、街道、开发区总工会副主席观摩本场活动。2017年文化惠民系列活动共有"带副春联回家乡"区总专场、街镇分场、向各基层单位赠春联、为企业职工送春联等5个子项目。在春节前夕,全区各镇、街道和开发区总工会,将集中开展为职工、农民工送春联活动18场次,预计发放春联近万幅。(张谢琰)

【举办"带副春联回家乡"上海工会2017年文化惠民系列活动】 1月6日,"带副春联回家乡"上海工会文化惠民系列活动——青浦站启动仪式在青浦工业园区会展厅举行。市总工会巡视员杜仁伟出席活动并讲话。青浦区人大常委会副主任、总工会主席张小弟为活动致辞。活动现场,市总、区总领导为农民工代表赠送春联,来自东方书画院的书画家为400余名企业职工现场书写赠送春联,并开展"春红胜火"上海职工猜灯谜系列活动。(朱建强)

【青浦区总工会举办青浦职工健身大会】 4月22日,2017年青浦职工健身大会区在Max体育公园举行。全区共有40支队伍,近1300名职工参加拔河、长绳、旱龙舟、绳毽接力、球类接力、定点投篮6个项目的比赛,新大洲本田摩托有限公司、上海福思特流体机械有限公司、金博(上海)建工集团有限公司分别获得各个项目一等奖。(朱建强)

【奉贤区总工会开展"2017职工文化大篷车进企业"活动】 10月22日,"建功劳动美、共筑中国梦"——"2017职工文化大篷车"进企业活动启动仪式在上海水星家用纺织品股份有限公司举行,来自基层工会的职工文化团队展现了各自的才艺。区人大常委会副主任、总工会主席陆建国出席活动并致辞。该活动共在南桥镇、奉城镇、四团镇、青村镇、金汇镇、庄行镇、柘林镇和工业综合开发区的大型企业巡演8场,共计4000余名职工观看。(陆晓岚)

11月3日,"共筑仪电梦"上海仪电文化体育节闭幕 (鲁守华)

【2017年上海仪电文化体育节闭幕】 11月3日,2017年上海仪电文化体育节闭幕式在仪电华鑫智慧园区举行。上海仪电党政领导班子成员、本部中层干部,各重点子公司党政工团领导,2017"上海仪电工人先锋号""上海仪电工匠""上海仪电劳模(工匠)创新工作室"获得者,文化体育节

市医药工会举办“上药最动听”员工歌手大赛 （王贤征）

各竞赛项目优胜者代表，部分基层企业职工代表，以及各单位参加文艺汇演演职人员共500余人参加闭幕式。闭幕式上举行了2017年上海仪电文化体育节各竞赛项目优胜者颁奖仪式，以及为获表彰的先进集体代表和个人颁奖、授牌。在文艺汇演中，来自各基层企业和集团本部的员工献演了鼓乐、歌唱、舞蹈、小品等节目。 （邵秀根）

【市化学工会开展职工健身运动会，丰富业余文化生活】 5月13日，市化学工会在上海东方体育中心训练馆组织举办2017年职工健身运动会。来自下属20家二级企业的1308名运动员参加了开幕式广播操会操比赛和踢毽子、飞镖、自行车慢骑等项目男女组别的13项竞技比赛。6月17日，在上海高点保龄球馆组织举办保龄球比赛，有600名职工报名参赛。7月29日，在红顶度假村组织举办垂钓比赛，集团基层近百名钓鱼爱好者参加比赛。10月14日，在东方体育中心游泳馆戏水乐园举办职工扑克牌(80分)比赛，有576名职工报名参赛。（张雪莲）

【市纺织工会举办书画协会主题创作笔会】 12月18日，市纺织工会在纺织博物馆举办纺织书画协会主题创作笔会。11位蜚声上海书画界的书画家齐聚一堂，从职工新近原创的近300首主题诗词作品中，撷取出16首优秀代表作品为蓝本当场挥毫泼墨而就。现场还创作了《从石库门到天安门》和《万紫千红总是春》2幅国画作品，表达了广大职工不忘初心、再谱时代新篇章的心声。 （张智伟）

【上海纺织职工摄影作品入选尚坤塬·中国时尚20年摄影大展】 10月28日由中国纺织工业联合会、中国摄影家协会、中国国际时装周组委会等单位主办的尚坤塬·中国时尚20年摄影大展、梅赛德斯——奔驰中国国际时装周开幕酒会，在北京751D′park同期举行。本次盛会现场，主办单位特意在醒目的位置上陈列了上海纺织职工参展作品，共布展15人24幅。 （张智伟）

【市医药工会举办“上药最动听”员工歌手大赛】 为进一步挖掘、培养和储备集团内具有艺术特长的员工，增进集团的企业文化建设与发展，市医药工会举办了“上药最动听”员工歌手比赛。来自集团下属几十家企业260余名选手积极响应，通过历时20多天的线上线下初赛及70多位选手的现场复赛，最终决出18位选手晋级最后的决赛。11月18日，举行决赛并决出一、二、三等奖。 （陈玮雯）

【中国宝武工会举办职工文化艺术节】 2017年，中国宝武工会举办以“交流、融合、发展”为主题的职工艺术节、青年文化节、老年人艺术节。本届职工文体艺术节发挥各文体协会的作用，设立15个文化项目，其中声乐、配音等10个项目，设置上海、武汉、新疆、韶关、湛江、梅山6个分会场，均开通网上参与的通道，直接参与本届艺术节的职工和退休职工82300多人次，实现增进交流、促进融合、推动发展的目标。 （陈佩红）

【华宝投资工会搭建文体协会平台凝集员工】 华宝投资工会通过协会活动加强员工沟通、促进团队和谐。企业共有文体协会40余家，定期活动，积极为员工服务，其中华宝亲子俱乐部、华宝信托烘焙俱乐部均在历年的集团文体协会评选中获得十佳文体协会的荣誉。2017年华宝投资工会发

11月1日，中国宝武首届职工艺术节、青年文化节、老年人艺术节闭幕 （宋 漪）

挥亲子俱乐部作用，举办首届亲子运动会共有60余组家庭、200多人参加。该项目被中国宝武集团工会评为2016—2017年度“玫瑰绽放最佳实践”。（杨殿君）

【宝钢股份推进宝体运营管理变革，强化体育场馆专业化能力】 为提高场馆利用率，盘活宝钢体育中心（以下简称宝体）资源，减少公司投入，更好地为员工提供专业化的服务。2017年，宝钢股份工会学习借鉴社会场馆专业化管理经验，结合宝体自身特点，组建了推进工作小组，对宝体运营管理和模式实施变革。通过引进专业管理团队，满足员工活动的基础上，对社会开放部分场馆，引入全国女篮联赛等活动赛事。通过降低消耗，提高资源利用率途径，达到全年减少公司投入100万元的预期目标，实现经营管理与基础物业管理相分离等3个方面变革。（胡建忠）

【“宝冶好声音”成功举办】 2017年宝冶隆重推出《宝冶好声音》栏目，围绕“多彩宝冶”主旋律，历时16期，涵盖歌唱、朗诵、乐器演奏，展示了员工的文艺才华，为广大员工带来了视听盛宴。年末，《宝冶好声音》进行了年度盛典网络投票评选活动，点击6969次，气氛热烈，最终评选出5名最佳人气奖和5名最佳演艺奖。（张　冉）

【上海石化公司工会举办第七届职工运动会】 9—11月，公司举行第七届职工运动会，共举办包括乒乓球、羽毛球、钓鱼、红五星、消防综合操、职工体质测试、自行车骑行、趣味体育等在内的8个大项的比赛，共有1500余名职工参加，进一步提倡和推广了“快乐工作、健康生活”的理念。（石小建）

【上海船舶工会举办第四届“远望杯”羽毛球比赛】 7月15日，由中船上海船舶工业有限公司工会主办、市羽毛球协会承办的第四届“远望杯”羽毛球比赛在卢湾体育馆举行。本届羽毛球赛围绕“船舶梦、健身美、以球会友、展我风采”的主题展开。来自上海地区各基层工会及708所和苏皖地区工会的19支队伍约230人参加比赛。最终沪东中华造船（集团）有限公司获得冠军，中船澄西船舶修造有限公司获得亚军，海军4806工厂与中国船舶工业集团公司七〇八研究所并列季军。（刘亦明）

中船上海船舶工业有限公司工会举办高温慰问船舶职工专场文艺演出
（刘奕明）

【上海船舶工会举办高温慰问专场文艺演出】 中船上海船舶工业有限公司工会高度重视职工文化建设，通过开展贴近群众、丰富多样的职工文化活动，激发广大职工的活力和创造力。年内，对造船企业重点开展了6场文艺慰问演出，利用职工喜闻乐见的文艺形式，弘扬社会主义核心价值观和正能量，唱响“劳动光荣、工人伟大”主旋律，惠及职工9000余人，起到良好的效果。（刘亦明）

【市烟草工会举行职工主题文体活动】 市烟草工会举行“爱我中华”职工主题活动之“中华梦上烟情劳动美”五月综艺歌会，来自集团各工商单位的800多名职工参与歌会。综艺歌会涵括大合唱、歌舞秀、音乐舞台剧等。2017年，上海烟草职工文体活动围绕“爱劳动、爱健康、爱生活”主题，集团季度特色活动与基层单位系列活动互为补充，竞技项目职工喜闻乐见，组织形式灵活多样创新有型，起到了促进职工身心健康、展示风采的作用。（王蓓蕾）

【“延锋杯”上海市职工五人制足球锦标赛开幕】 10月29日，由市总工会、市体育局、上汽集团工会及延锋汽车饰件系统有限公司共同主办的2017年上海城市业余联赛暨第二十二届“延锋杯”上海市职工五人制足球锦标赛开幕式在奉贤区奉翔体育基地举行。全市的129支队伍共1935名队员参赛。为让更多群众参与到全民体育、全民健身中来，今年“延锋杯”开幕式举办地首次选址奉贤。开幕式还邀请参赛运动员的家属共同参与亲子足球嘉年华，延伸“延锋杯”辐射范围，让更多职工球员享受足球运动的乐趣。（范　融）

【上汽集团工会承办2017年上海市班组（团队）文化网络大奖赛】 9—12月，上汽集团工会承办“中国梦·劳动美”“上汽车享杯”2017年上海市班组（团队）文化网络大奖赛。大赛覆盖全市512家企业，总参赛队伍达14694支，总参与人数达82752人。其中，上汽企业有近50家，总参赛队伍达3160支，总参与人数达16483人，并取得不俗成绩。经过竞赛，在综合百强班组中，占34支，绿色出行百强班组中，占50支，红色寻访百强班组中，占4支，百强个人中绿色出行项目，占29人，欢乐植树项目，占40人。其中，作为为大赛助力的88共享出行平台，在大赛期间共有1640支参赛队伍使用88共享出行平台，累计拼车78955次，所有队员共享出行总里程累计超过150万公里，减少碳排放284980公斤，等效植树768棵。（范　融）

【上海铁路局工会举办职工健步走网络竞赛活动】 5月6日，举办全局健步走活动启动仪式，徐州、合肥、南京、杭州等地区同时启动。活动首次将手机APP等新媒体应用于职工健身领域，设计了上海局虚拟行走地图、铁路简介和风土人情、排行榜、知识问答、积分兑奖等功能。有166个单位和3020个车间、班组，以及4万多名职工参加活动，有6558人走遍了虚拟的上海局2700多公里路程。路局命名表彰了1000名“健步达人”，50家单位优秀组织奖。（马 骊）

上海铁路局集团公司工会代表队获全路女职工广场舞通讯赛一等奖及最佳组织奖 （白 杰）

【上海铁路局集团公司工会代表队在全国铁路女职工广场舞通讯赛中荣获佳绩】 为贯彻全国卫生与健康大会精神，落实铁路总公司健康行动计划，营造全路女职工健康阳光充满活力的良好氛围，总公司女职工委员会在全路组织开展“健康铁路，舞动幸福”女职工广场舞通讯赛，比赛分为团体规定曲目和团体串烧（自选）曲目两个项目。集团公司工会从基层单位中选拔出20名选手组成代表队参赛，最终在全路参赛的23个代表队中脱颖而出。上海局集团公司工会代表队荣获全路女职工广场舞通讯赛一等奖，并荣获最佳组织奖。（陈国华）

【上海铁路局工会体育设施建设持续加强】 坚持以职工为中心，以满足职工文体需求为目标，逐年增长健身设施投入资金，努力打造覆盖全局、布局合理、功能完善的体育活动阵地。2017年路局文化线先后投入2500多万元资金，高铁综合维修工区和有条件的站段、车间全部建成塑胶球场，实现互联网、有线电视的接入。为沿线站区配置健身路径和器材657套，篮球架、乒乓球桌等相关设施453件，铺设塑胶篮球场、羽毛球、乒乓球场地166块并配套建成围网和灯光。各基层单位努力挖潜，自筹资金打造建设职工活动场地。全局有条件的单位都建有各类体育场所、室外活动场地，覆盖全局的地区、站段、站区三级体育活动阵地初步形成，基本满足职工从事体育锻炼的需求。（马 骊）

上海邮政工会举办第八届员工运动会 （陆 彬）

【中国远洋海运集团工会开展职工文化汇演活动】 11月8日，中国远洋海运集团工会在上海举办“新时代新征程——中远海运集团庆祝党的十九大职工文艺汇演”，作品以贯彻落实党的十九大精神为主线，以歌、舞、小品、武术等多种形式，宣传集团新变化，讴歌集团新发展，从全系统报送的38个节目中，选出18个节目，共268名职工演员参加，大力宣传集团成立以来改革发展取得的斐然成绩。（刘建强）

【上海长江汽车服务公司工会开展文体活动惠及全员】 上海长江汽车服务有限公司在开展职工文体活动中，首先坚持工会工作必需照顾受惠面广的要求，做到兼顾3个方面的实际情况。一是兼顾点多面广人员分散，不宜集中的实际情况，开展时间统一、但人员不集中的活动。二是兼顾受教育程度不一，学历文化水平差异大的实际情况，开展适合不同文化程度的员工需求不一的活动。三是兼顾不同年龄的人体能条件不同的实际情况，开展动静相宜地活动。吸引更多的职工对工会组织活动的关注度，尽最大可能地把更多的职工参加工会活动。四是在开展职工文体活动中，工会做到依据生产季节、气温条件合理安排。（章 伟）

【上海邮政工会举办第八届员工运动会】 4—10月，市分公司举办以“全民强身健体共建和谐邮政”为主题的第八届员工运动会。本届运动会设定向越野、自行车、羽毛球、乒乓球、游泳、健身操舞、欢乐三打一、电子竞技等8大类29项活动比赛。共有32家单位的2000余名员工参赛。与此同时,为体现体育运动的群众性、普遍性及娱乐性,引导邮政员工参加到健身活动中去,增设了在“邮工社”企业微信号上开通线上抢报名环节,开设自行车20公里骑游、羽毛球、乒乓球、游泳体验活动项目,让更多员工体验和享受运动带来的快乐和健康。（王 瑛）

【中国移动上海公司工会深耕“幸福1+1”活动提升员工获得感】 为进一步深化关爱员工,提升员工身心健康,中国移动上海公司持续开展“幸福1+1”活动,引导员工开展“1”项体育运动,培养“1”项兴趣爱好。在基层和文体分会层面,划拨“幸福1+1”活动经费至基层工会用于组织相关文体活动。充分发挥班组活力开展基层工会活动,并指导公司文体分会正常有序的推进日常活动及训练,策划开展丰富多样的社团活动,合理合规地使用活动经费,丰富员工的文化生活。在上海公司工会层面,不断提升“季季有比赛”活动品牌的影响力,以班组为着力点,通过层层选拔,开展员工喜闻乐见的健步走、羽毛球、欢乐三打一和网球比赛,丰富员工的业余生活,提升员工身心健康。（高诗颖）

【中国电信上海公司“第五届员工文化艺术节”开幕】 5月20日,上海公司“第五届员工文化艺术节”开幕式暨“第十一届全员读书日”在邮电俱乐部影剧场举行。市总工会巡视员杜仁伟、市经济和信息化工作系统工会委员会主任陆琪、公司党委书记、总经理马益民启动“第五届员工文化艺术节”开幕;公司副总经理、工会主席常朝晖为开幕式致辞。今年的全员读书日,工会组织开展了“荐好书、赏美文——我最喜欢的好书推荐”活动,经过汇总,最终20本精选好书书单在开幕式采用视频形式现场发布;上海公司6位劳模先进通过经典诵读形式也推荐了他们心目中的好书。第五届员工文化艺术节以“活力之韵”为主题,从5月持续到11月,安排了“风采展示”“才艺比拼”“艺术赏学”三大系列20项内容。（殷 茵）

【中交上航局工会举行第三届职工乒乓球团体赛】 12月13—16日,中交上航局工会在居家桥职工活动中心举行中交上海航道局有限公司第三届职工乒乓球团体赛,来自公司在沪10家基层单位的运动员、裁判员近百余人参赛。比赛利用工作日下班后业余时间进行小组赛,利用周末时间进行复赛,做到“工作、娱乐”两不误。这次乒乓球团体赛是中交上航局工会举办的一次大型群众性文体活动。（于美庆）

【上海机场集团工会举行职工健身节】 5月13日,由集团工会主办,虹桥公司工会、虹桥安检工会承办的上海机场职工篮球联赛在职工篮球馆开幕。集团工会主席张永东致辞并宣布健身节开幕。各参赛单位的党委、工会领导及运动员100多人出席开幕仪式。职工健身节由篮球、羽毛球、乒乓球、网球等球类赛事和棋牌、数读、电竞等智力运动组成,有4000余名职工参赛,是年度职工业余文化的一次盛会。（吴云舟）

【全国民航上海片区健步走暨学习十九大报告知识问答活动举办】 为推动群众性体育活动和健身运动的开展,引导广大民航职工树立健康生活的理念,11月9日,“安康民航情·多彩蓝天梦”上海片区健步走暨学习十九大报告知识问答活动在东方绿舟举行。此次活动系全国民航职工文化体育节系列活动之一,200名来自民航系统上海片区17家单位的职工参加了比赛。本次活动由民航华东地区管理局工会主办,上海机场(集团)有限公司工会承办。（倪斯婷）

【市建设交通行业举行庆祝“五一”暨“美丽中国、风采建交”文艺汇演】 4月26日,上海市建设交通行业庆祝“五一”国际劳动节暨“美丽中国·风采建交”文艺汇演在上海群众艺术馆星舞台举行。市总工会副主席桂晓燕、市妇联副主席黎荣、团市委副书记丁波、市建设交通工作党委巡视员朱铁民等领导出席活动。朱铁民致辞,全场人员向来自建设交通行业的20多名劳模代表、上海工匠代表致敬,来自建设交通行业的700余名干部职工观看演出。文艺汇演以“美丽中国·风采建交”为主题,尽情地展现了全市建设交通行业广大劳动者开拓创新、勇于奉献的豪情壮志和精神风貌。本次文艺汇演自1月发起节目征集,市建设交通行业60多家单位积极响应和踊跃参加,先后收到原创节目70多个。经活动组委会审核选拔、专业老师的精心指导和创作者、表演者的共同努力,最终21个优秀节目脱颖而出,登上舞台。参加文艺汇演的演职人员近400人。（钱 蓉）

4月26日,市建设交通行业举行庆祝五一国际劳动节暨“美丽中国·风采建交”文艺汇演（钱 蓉）

4月22日，鲁中矿业工会举办第二十八届"浦江水岸杯"春季长跑比赛（李宗峰）

【上海建工集团工会举行送文化到工地暨"公益乐学"项目启动仪式】 集团党委副书记、工会主席张立新，浦东新区祝桥镇党委书记、人大主席王超等领导出席活动，共同为上海建工集团"公益乐学"项目启幕。来自各基层单位的80多名职工分别带来方言说唱《城市建设排头兵》、戏曲联唱《工地是我家》《十八相送》等精彩节目。集团各单位工会主席、浦东新区祝桥镇有关部门领导以及500余名建设者代表共同出席活动。演出结束后，在工地现场放映了露天电影。（余轶群）

【市绿化市容行业举办职工乒乓球大赛】 12月1日，由市绿化市容行业工会主办、市林业总站工会承办的2017"绿容杯"上海市绿化市容行业职工乒乓球大赛，在静安区体育中心拉开帷幕。来自全市绿化市容行业的24个职工代表队和近100名乒乓选手参加比赛。本次比赛分男子、女子单打及男女混合双打等三个项目。（唐鸿仙）

【市野生动植物保护管理站《野趣上海》微电影获评委特别奖】 12月29日，市野保站代表在上海影视乐园上海大戏院参加"最美劳动者"首届上海职工微电影节颁奖典礼，向所有在场观众展示影片中记录的上海生态美。《野趣上海》片长8分钟，以上海是否有野趣、哪里有野趣、保护野趣为轴线，通过鸟类飞行的视觉镜头，带领公众在自然生境下亲身寻访上海野趣，介绍了在上海繁华都市中的各种本土野生动植物，充分展现上海独特和丰富的自然生态资源，以及自然与人类相互依存的生态关系。该影片经市绿化市容局工会审核推荐，报市总工会评审通过，荣获"评委会特别奖"的殊荣。（唐鸿仙）

【鲁中矿业职工文化生活丰富多彩】 2017年，鲁中矿业工会积极发挥组织优势，着重丰富职工文化生活，提高职工队伍整体素质。相继举办乒乓球、羽毛球、五一拔河、女子排球等9个门类17项体育比赛。举办庆"三八"联欢晚会，来自各岗位的500余名女职工代表欢聚一堂，庆祝节日。举办"浦江水岸杯"第二十八届春季长跑比赛，600余名运动员参加比赛，参赛人数创公司运动项目纪录。举办第三十四届"工行杯"职工男子篮球比赛，8支代表队参加了14场比赛，职工家属近6000人次观看比赛。举办职工业余合唱团成立6周年庆祝晚会，组织象棋比赛，组织书画摄影爱好者参加第三届上海市职工网络文化艺术节，28幅作品在艺术节中展出。（李宗峰）

【中建八局工会获本市首届职工微电影节三项大奖】 12月29日，"最美劳动者"首届上海职工微电影节颁奖典礼在上海影视乐园举行。经现场揭晓，中建八局一举摘得三项大奖，局工会荣获"优秀组织奖"，广西公司拍摄的纪录片《铁军三项》荣获"铜奖"和"最佳摄影奖"。"最美劳动者"微电影大赛启动以来，局工会广泛发动，基层单位积极参与，共选送30部反映八局安全生产、家文化建设及一线职工风采的微电影作品。（陈 湘）

【中建八局作品摘得第二届"铁军杯"上海职工摄影大赛一等奖】 11月14日，由劳动报、上海建设交通工会与中建八局工会联合主办的第二届"铁军杯"上海职工摄影大赛召开决赛评审会。来自上海摄影家协会的专家对大赛初选的100幅摄影作品进行三轮评审，最终评出了一、二、三等奖6幅作品和10幅优秀作品，中建八局海外事业部应悦敏的《一带一路兄弟情》获得大赛一等奖。（郝国元）

【市金融系统组队参加全国金融系统第三届职工运动会】 3—9月，上海

11月，市税务工会组织"中国梦·税务情"职工文艺汇演（娄晓辉）

金融代表队参加"2017 年全国金融系统第三届职工运动会",经过选拔赛、预赛,上海金融代表队在决赛中参加了足球、篮球、田径、游泳、网球 5 个大项,共获得 5 个冠军、3 个亚军、1 个季军、2 个第四名、1 个第六名、6 个第七名的好成绩,荣获省级工会团体总分第二名的优异成绩。 （李 伟）

【市税务工会组织"中国梦·税务情"职工文艺汇演】 市税务工会于 11 月组织"中国梦·税务情"职工文艺汇演,抒发税务干部听党话、跟党走的情怀。汇演形式新颖多样、内容丰富多彩,切实把干部职工的思想和行动统一到十九大精神上来,把智慧和力量凝聚到税收发展改革上来,积聚了向上进取的正能量。市税务局局长马正文、党组书记龚祖英及其他市局领导,各分局、各处室、各直属事业单位负责人等 200 余人出席,全系统通过视频转播观看了整场汇演。 （娄晓辉）

【市税务工会组织参加上海市"中国梦·劳动美——我要上五一晚会"】 4 月,在上海市"中国梦·劳动美——我要上五一晚会"活动中,由市税务工会选送的金山税务小品《梦里寻"根"》获戏剧语言类金奖,系统合唱团《最美的画》获合唱类银奖和星光奖,浦东税务小品《家风家训话传承》获戏剧语言类铜奖。同时,系统合唱团参与了上海市"五一"特别节目的现场演出和录制活动。 （娄晓辉）

4 月 22 日,上海教师"三字一画"大赛在上海第二工业大学开赛
（沈 瑶）

【上海教师"三字一画"大赛开赛】 4 月 22 日,市教育工会在上海第二工业大学举办 2017 年上海教师书法·板书·钢笔字·中国画大赛。本次大赛来自市教育系统 39 所高校、14 个区县、32 个中职校共计 563 位教师,分别参加书法、板书、钢笔字、中国画 4 个比赛项目中年组和青年组的比赛。比赛的书写内容由统一命题和自行创作两部分组成。评委们根据书写的艺术性、时代性、创新性,评选出一至三等奖以及优胜奖共 241 名选手,并当场颁奖。 （沈 瑶）

【教育系统妇工委、女工委举办上海女教师综艺展演活动】 为纪念建党 96 周年,市教育系统妇女工作委员会、市教育工会女教职工委员会以"党的光辉照我心"为主题,举办了上海女教师综艺展演活动。本次展演共有 54 个单位(32 所高校、16 个区、6 个直属单位)参加。6 月 22 日展演活动在杨浦区少年宫梦想剧场集训,500 多名女教师通过声乐、器乐、朗诵和舞蹈等形式,表达和展示了上海教苑巾帼心向党、教书育人展风采的精神风貌和综艺才华。 （朱小娟）

【市第八届教工运动会在上海交大开幕】 5 月 13 日,市第八届教工运动会开幕式在上海交大霍英东体育中心举行。全国教科文卫体工会主席王科,市总工会党组书记、主席莫负春,运动会组委会名誉主任、市教卫工作党委书记虞丽娟,市体育局副局长孙为民等领导及承办单位、协办单位代表,各高校、区教育局及直属单位近 90 支代表团团长、运动员、裁判员、志愿者出席开幕式。本次运动会共设 13 个比赛项目,有近万名(人次)教职工参加运动会项目。 （吴 波）

5 月 14 日,市卫生计生系统第十一届职工运动会开幕 （池朝霞）

【市卫生计生系统第十一届职工运动会闭幕】 11 月 5 日,市卫生计生系统第十一届职工运动会闭幕式暨健康跑活动在上海申迪生态园举行。自 5 月 14 日起为期半年的运动会共举行广播操、棋牌、田径、球类、水上、趣味

市新闻出版工会举办"庆祝十九大召开"小合唱大赛 （丁桂芝）

和真人CS在内的7个大类、13个大项、26个小项的赛事。除了现场的赛事以外，运动会还融入了"互联网+比赛"的独特创意，首次推出了在自媒体移动平台上进行的"线上健康跑"活动。从7月1日—9月30日，73家单位4146名医务职工报名参与线上健康跑，累计产生跑量40余万公里，累计跑步时间362万分钟。运动会期间，参与各项体育活动的单位467个，吸引全市卫生计生系统46900名职工。市总工会主席莫负春、市卫生计生委主任邬惊雷出席闭幕式并为获奖单位颁奖。来自各区卫生计生委、市级医疗卫生计生单位、企业职工医院近70家单位的党政工领导和医务职工1000余人参加闭幕式。（池朝霞）

【市卫生计生系统2017年新年音乐会落幕】 1月23日，《生命礼赞》市卫生计生系统2017新年音乐会在中山医院福庆厅隆重举行。来自本市卫生计生系统的劳模先进代表、一线职工代表和各级领导等应邀出席，聆听了由上海市医务职工管乐团、上海市医务职工民乐队和上海城市交响乐团、上海城市青少年交响乐团、江阴兴澄特钢管乐团联袂演奏的《新春乐》等经典曲目。（池朝霞 许雯俊）

【市新闻出版工会举办上海出版界小合唱大赛】 10月11日，通过在初赛中递交演唱视频，经专家组评审，上海出版界有8支参赛队、近80名职工进入小合唱决赛。职工们以优美的歌声热情歌颂党、歌颂祖国、热烈庆祝党的十九大的胜利召开。合唱大赛组委会为每支进入决赛的参赛队拍摄制作3至5分钟微视频，在"上海市新闻出版工会网""工会是一家""女编辑协会驿站"等网络媒体上展示并投票，推送期间微信视频点击量达到34万多次。（方伟国）

【市新闻出版工会开展"书香好味道——青年女编辑厨艺大比拼"活动】 7月3日，由市新闻出版工会主办、上海印刷行业协会承办的厨艺大比拼活动拉开帷幕。在为期2个多月的比拼活动中，参赛选手通过作品提交遴选、现场比拼和微视频展示投票评选等，16名进入决赛的青年女编辑分获各类奖项，展现了上海出版界青年女编辑热爱生活的精神风貌。（方伟国）

【"SMG全运会"五大体育赛事助职工强健体魄】 上海广播电视台（上海文化广播影视集团有限公司）工会（简称"SMG工会"）将"SMG全运会"的比赛项目贯穿全年，项目丰富多彩，让更多有着不同兴趣爱好的职工参与其中。5月职工乒乓球个人赛，160余名运动员参加5个组别的比赛。6月与团委联合举办的SMG第五届足球联赛，共有22支球队400多名职工运动员。8月，"弈棋耍大牌"上海三打一比赛，共吸引60多名职工参赛。10月，工会承担赛事人数最多、参与面最广的项目——拔河比赛。11月，本年度的最后一个赛事——职工羽毛球团体赛开赛，11支队伍130余名职工参与团体角逐。（秦伊龄）

【"光明猪倌"微电影荣获上海市首届职工微电影节金奖】 12月29日，市总工会首届职工微电影大赛颁奖典礼上，"光明猪倌"微电影获得金奖。此部微电影反映了光明食品集团江苏梅林畜牧有限公司海北畜牧场里一对从事养猪事业的小夫妻的故事，他们在平凡的岗位上，有着不平凡的梦想。"劳模郁非"在全市480多部参赛作品脱颖而出，获得优秀作品奖。（朱菊英）

3月9日，市体育局工会举办"多肉盆栽创意DIY"文化活动，丰富职工文化生活 （张 亮）

【光明食品集团公司工会举办“唱响新时代，共筑光明梦”职工文艺汇演】 12月27日，光明食品集团在上海国际舞蹈中心举办“唱响新时代，共筑光明梦”为主题的职工文艺汇演。集团党政班子成员，监事会主席、专职监事，各子公司主要负责人，集团老干部代表等观看了演出。集团总部、集团老干部合唱团及18个子公司的400余名职工参加表演。开场舞《新时代进行曲》的激昂演绎徐徐拉开了本场演出的序幕。《光明故事扬帆启航》《实力光明展翅飞翔》《光明力量筑梦中华》共3个篇章18个节目，通过丰富的表演形式、生动的表现手法为现场观众呈上了一场视听盛宴。整台演出在《光明力量不忘初心》的大合唱中落下帷幕，彰显了集团“爱与尊重”的光明文化和“员工第一”的价值理念。 （朱菊英）

【市民政局工会举办职工乒乓球邀请赛】 5月19日，市民政局工会举办局系统2017年“飞思杯”职工乒乓球邀请赛。来自局机关、基层单位和退休干部组成的16支代表队，计120余名运动员参加比赛。比赛设团体赛，分循环和淘汰赛。通过比赛，丰富职工的精神文化生活，推动了基层群众性体育活动深入开展，激发了职工群众的工作热情。 （胡积伟）

【市民政局工会举行喜迎“十九大”职工歌会】 10月12日，市民政局工会隆重举行市民政局“喜迎十九大、颂歌献给党”职工歌咏大会。市总工会副主席李友钟、团市委副书记丁波及市级机关团工委等领导观看演出。歌咏大会在热情奔放的《梦想花开》舞蹈中拉开序幕，来自局机关和基层单位的15支代表队，先后为与会观众演唱了《在灿烂阳光下》《江山》《天路》等15首歌颂党、歌颂祖国、歌颂人民的经典歌曲。 （胡积伟）

【市监狱管理局工会开展群众喜闻乐见的文体活动】 局工会立足基层，开展富有特色、群众喜闻乐见的文体活动，出台《上海市监狱管理局工会关于开展各类活动的实施办法》，进一步规范和优化了各类活动的开展。分别举办监狱局“蓝盾杯”足球、篮球、羽毛球、游泳等比赛和上海职工城市定向文化寻访活动，组队参加市级羽毛球邀请赛。举办监狱局“我是歌王”歌唱大赛，组织民警参加市总工会“我要上五一”文艺汇演节目评比，两个节目分别获得银奖和铜奖。系列文体活动的开展，丰富了会员生活，加强了各单位之间的交流，有力促进了警营文化建设。 （江海群）

【市级机关工会举行“欢庆党的十九大”健康走活动】 10日22日，由市级机关工作党委主办，市体育局、市机管局、浦东新区区级机关党工委等单位承办的“欢庆党的十九大”市级机关干部职工健康走活动在黄浦江畔世博庆典广场鸣枪开走。活动吸引了市级机关系统67家单位的3000余名干部职工参与。此次以“欢庆党的十九大”为主题的干部职工健康走活动，从世博庆典广场出发，经世博公园、后滩公园折返，全程约5公里。 （王　颖）

【市级机关第六届智力运动会举行】 11月25—26日，由市级机关工会主办，市委党校第五分校工会、市机管局工会承办的“上海市市级机关第六届智力运动会”在市委党校五分校举行。市级机关纪工委书记任勤相、市委党校第五分校上海市经济管理干部学院校院长樊鹏出席开幕式。作为市级机关工会年度品牌活动之一，本届智力运动会共设中国象棋、围棋、“大怪路子”等5个项目。来自市级机关系统的40家单位、近400名选手参赛。 （王　颖）

【市级机关第四届羽毛球比赛成功举行】 9月16日，由市级机关工会主办，市工商局工会、市羽毛球协会承办的上海市市级机关第四届羽毛球比赛在源深体育中心举行。本次比赛吸引了来自市级机关系统的35家单位42支代表队，共计420名运动员参赛。市级机关纪工委书记任勤相出席开幕式并宣布比赛开幕。闭幕式上，宣布了本届羽毛球比赛项目的获奖单位名单，对市高院、市保安公司等8家获奖集体进行了颁奖。 （王　颖）

【百联职工乒乓球队在“商业工会杯”乒乓球友谊赛中勇夺冠军】 8月19日，市商业行业工会联合会在黄浦区工人体院馆举行了2017年“商业工会杯”乒乓球友谊赛，百联职工乒乓球队奋勇拼搏，勇夺团体比赛第一名，女子单打第一名，男子单打第三名。集团工会按照商业行业工会的具体要求，在二级公司、基层企业的支持下，从联华股份、百联股份、物贸股份工会遴选了7名参赛选手，依托集团职工乒乓球协会开展备战训练。队员们全部利用业余时间，冒着高温酷暑集训，最终取得优秀赛绩。 （姜　杰）

【百联职工在上海商业行业职工摄影大赛中获得好成绩】 12月12日，在

8月19日，百联集团获“商业工会杯”乒乓球比赛冠军 （吴志明）

上海申通地铁集团有限公司举办第五届职工运动会（忻耀进）

市商业行业工会联合会举办的“弘扬工匠精神，争当岗位能手”上海商业行业职工摄影大赛中，百联职工获得好成绩。大赛的主题是反映上海商业职工的创新成果和精神面貌，拍摄的对象是活跃在商业一线的劳动模范、服务品牌、服务标兵、技术能手、优秀职工。集团工会在二级公司工会的支持下，依托集团职工摄影协会，精心组织，广泛发动，共收到职工拍摄的730幅作品。经专家评审、大众评议，25名职工分获一、二、三等奖，24名职工获得优胜奖，部分作品还被收入了大赛照片集册，进一步宣传了百联品牌，传播了百联文化。（姜 杰）

【久事集团工会举办第一届职工艺术节】 5—10月，久事集团工会举办上海久事第一届职工艺术节。期间，先后开展了“好人好景大家拍”“好书好画大家绘”“好诗好词大家颂”“好歌好曲大家唱”“好舞好操大家秀”等5个项目，千余幅各类作品、近万名职工参与其中。艺术节融思想性、艺术性和群众性于一体，反映了久事集团成立30年来，各条战线劳动者的多彩生活、精神风貌，营造出“情贵于久，功成于事”的良好氛围，展示了企业文化建设的丰硕成果。本届艺术节共评选出54名获奖选手。（陈 珺）

【上海地铁举办第四届职工才艺专项赛“欢乐地铁人”比赛】 11月23日，上海地铁第四届职工才艺专项赛“欢乐地铁人”比赛在梅陇基地举办。本次比赛由申通地铁集团工会主办、团委协办，特别邀请了艺术家、国家一级演员梁波罗以及上海戏剧学院上戏剧院艺术总监薛伟君担任评委。比赛节目各具特色，最终，运一公司十号线管理部职工自编自导自演的小品《多职能队伍的故事》摘得桂冠。比赛自8月启动，以安全生产、优质服务、班组建设、标准化工作、创奖工作等内容为重点，反映地铁职工的工作、学习、生活故事，展现“敬业、奉献、求实、创新”的企业精神。（姜 雪 毛 磊）

【上海申通地铁集团有限公司举办第五届职工运动会】 9月27日，上海申通地铁集团有限公司第五届职工运动会在蒲汇塘职工活动中心圆满落幕。集团党委书记、董事长俞光耀，党委副书记、总裁顾伟华等领导出席。本届职工运动会在6月至9月间展开，完成竞赛、全民健身两大类22个项目的比赛，共产生139块个人、团体项目奖牌。集团各单位、项目公司、机关本部及市轨交总队近6000人次参与。（姜 雪 王超杰）

【城投集团第六届职工艺术节微摄影作品展出】 12月8日，作为城投集团第六届职工艺术节“三微”（微摄影、微小说、微朗诵）项目之一的“可爱的城投人”微摄影作品展览，在上海中心B2艺术长廊隆重开幕。本次微摄影赛以“城投人我来拍”的形式，共计征集到847幅投稿作品，展出作品达152幅，分劳模工匠风采、相机类、手机类、无人机类以及城投摄影家5个专题，其中89幅为经专家评审和“城城帮你忙”微信平台投票甄选出的获奖作品。本次城投职工摄影征集活动，充分演绎和诠释了“可爱的城投人”积极投身城市重大工程建设和城市运营保障这个主题。（朱文慧）

【市社会系统各工会开展多种形式职工文体活动】 在国庆节前夕，市社会系统工会组织开展庆祝国庆、迎接党的十九大精神的系统职工文艺汇演

市社会系统工会举办庆祝国庆、迎接党的十九大胜利召开文艺汇演（丁宗勇）

等活动。会展行业协会工会以文化为纽带,开展知识竞赛,组织赴辰山植物园摄影等活动。支持会员单位工会开展"秀一秀"展览设计作品竞赛、"赛一赛"乒乓球与拔河比赛和"乐一乐"卡拉 OK 等活动,丰富职工业余文化生活。三毛(集团)公司党委联合工会举办"迎接十九大"第三届三毛好声音歌唱比赛。中房置业公司工会重视女职工的服务保障工作,举办"艺术插花学习""颈椎病防治讲座"等系列主题活动。 (丁宗勇)

上海联通倾心打造"匠心之歌"助力企业文化建设 (康 迪)

【上海联通倾心打造"匠心之歌"助力企业文化建设】 为落实集团公司加强企业文化建设,动员凝聚广大员工,上海联通综合部和工会联合"阿拉联通人创新工作室"倾心打造"五心工程"原创主题曲"匠心之歌"——《致·匠心》,并在"阿拉联通人"微信公众号正式首发。《致·匠心》是上海联通第一首由员工原创的展现员工风采、弘扬企业文化、彰显联通力量的宣传曲,歌曲由综合部、工会负责制作,利用自媒体资源在新媒体阵线进行前期广泛预热传播。3 月 30 日,上海联通 2017 年五心工程主题曲《致·匠心》好声音选拔赛活动在长宁办公区举行,来自综合部、市场部、集团客户事业部等 10 余名选手参加选拔和录制。 (康 迪)

【地产集团举办 2017"活力地产·快意奔跑"活动】 2017 地产集团"活力地产快意奔跑"活动暨艺术健身活动启动仪式于 5 月 7 日在前滩休闲公园举行,集团董事长、党委书记冯经明宣布艺术健身活动启动。本次奔跑活动设置 5 公里、10 公里两个组别,集团系统员工 400 余人参加。根据集团企业文化建设三年行动计划,自 2017 至 2019 年,集团企业文化建设将分"宣贯年""融合年""深化年"3 个阶段,以"项目化"的形式,陆续有序组织开展"集团企业文化宣贯""集团视觉识别系统""集团企业文化活动载体""系统母子文化融合""企业内控制度完善""集团流程管控建设""集团品牌体系建设""集团企业文化经典和创新案例""集团企业文化展示馆建设""集团企业文化的总结评估"等十大项目。 (王卫卫 张晓娟)

11 月 18 日,上海地产集团举办"新地产、新征程、新梦想"文艺汇演 (张晓娟)

【地产集团职工健身中心建成启用】 9 月 28 日,集团职工健身中心启动仪式举行。集团总裁朱嘉骏、监事会主席孙荣乾、纪委书记何刚强以及市乒乓球协会陈一平和上海乒羽中心主任、上海体育职业学院副院长王励勤出席启动仪式。本次市乒乓球协会组织本届全运冠军上海乒乓男队走进企业,为职工传授乒乓技能,世界冠军王励勤亲自上阵,与职工开展乒乓互动交流,分享体育健身带来的健康和快乐。职工健身中心于 10 月启用,每天早中晚 3 个时段开放并开设系列健身课程,向成员企业招募体育志愿者,有序引导员工开展健身运动。 (王卫卫 张晓娟)

【上海地产集团文艺汇演精彩呈现】 为庆祝党的十九大胜利召开和地产集团成立 15 周年,11 月 18 日,以"新地产新征程新梦想"为主题的 2017 年上海地产集团文艺汇演在上海音乐厅开幕。本次汇演共有 18 家企业,近 300 名演职人员参与其中,呈献 16 个精彩节目。集团党委书记、董事长冯经明致辞。集团党政领导班子成员、退休领导干部,成员企业代表近千人观摩了演出。 (王卫卫 张晓娟)

【中国商飞公司工会以思想引领为宗旨,加强职工文化建设】 一是开展"喜迎十九大""C919 大型客机成功首飞"等主题开展系列文化活动。举

4月28日，临港产业区工会举办“健康临港人”主题系列活动开幕式暨龙舟赛 （赵晓峰）

办“喜迎十九大，共圆中国梦”职工专题书画展，组织职工创作一批反映主旋律和正能量的优秀书画作品，进行集中展示、巡回展览。二是与中国邮政集团公司共同举办《C919大型客机首飞》纪念邮资明信片首发式，与上海造币有限公司合作，设计制作C919首飞纪念大铜章、贡献奖章。与中国印钞造币总公司联合开发“C919大型客机首飞钞版纪念券”。三是为C919成功首飞创作新歌《梦想召唤》。邀请上海市文联、世博地区管委会在公司举办庆祝C919成功首飞慰问演出。四是举办中国祝桥第三届“大飞机杯”国际龙舟大赛、第四届职工运动会，为型号攻坚鼓舞士气，为职工精神文化生活提供内容，扩大工会组织影响力和凝聚力。 （阎　超）

【临港产业区工会举办“健康临港人”活力秀暨园区健康跑】 11月10日，由临港集团主办、临港产工委和临港浦江公司承办的2017“健康临港人”活力秀暨园区健康跑在临港浦江园区举行，主题系列活动持续8个月，共开展21个精品活动，覆盖临港各园区100多家企业1000多万名职工。其中，漕河泾总公司、临港浦江公司、工开发公司、临港管理学院、临港奉贤公司、临港浦东公司、临港产城公司、康南平台公司、港口公司在活动中表现突出，荣获优秀组织奖。 （闫昊鹏）

【临港集团员工大会暨艺术节闭幕式收官】 1月10日，临港集团系统1000多名干部员工齐聚上海东方艺术中心，举行“风起科创潮涌临港”2016年临港集团员工大会暨艺术节闭幕式。期间，播放临港集团2016年工作回顾片《风起科创潮涌临港》，表彰“降本增效共助科创”劳动竞赛6个先进单位和3名先进个人，2016年临港产业区文化艺术节8家优秀组织奖单位以及35名临港集团优秀员工。这场完全由集团系统职工自编、自导、自演的汇演根据临港集团的发展历程，分为“开基·创业、扩展·跨越、梦想·启航”3个篇章。 （陈　浩）

【号百信息公司工会举行第九届“全员健身日”活动】 8月18日，号百信息公司第九届“全员健身日”活动在中国电信学院文体活动中心乒羽馆举行。本届健身日主题为“健身365，为生存发展做贡献、为尊严荣誉立新功”，各代表队本着友谊第一、比赛第二的精神，在激烈对抗中充分展示出了号百人团结协作、创新实干的精神风貌。健身日共设瑜伽兴趣小组风采展示和入场式、摸石过河、大暴走、滚滚向前等4个竞赛项目。 （沈　匀）

【上实集团工会举办第八届职工运动会】 10月14日，快乐、健康、活力——“FUN战”2017年上实集团第八届职工运动会在崇明东滩举行。市总工会党组书记、主席莫负春，团市委书记王宇，市国资委党委副书记肖文高等领导出席活动，来自集团各级企业近2000名员工参加运动会。本届运动会共设有广播操、团体操、乒乓球、羽毛球、8公里健康走、8公里自行车骑行、定向越野、定向篮球投篮、趣味运动等项目。 （王玉君）

【市农委系统工会举行音乐诗歌赏析会】 3月17日，市农委系统工会和女工委举行“爱的旋律”音乐、诗歌赏析会，在本市“三农”工作中表现优异受表彰的女劳模、女先进工作者，与部分市农委系统的工会女干部和女工代表参加。会上有体现上海“三农”杰出职业女性先进事迹的朗诵，有市农

8月18日，号百信息公司工会开展第九届“全员健身日”活动（权　丽）

科院的海派旗袍秀以及欧洲古典音乐演奏等。（陈宗健）

【五冶集团上海公司工会举办第二届城市定向挑战赛】 5月14日，五冶集团上海有限公司工会举办第二届“展现五冶新风采，凝聚发展正能量”城市定向挑战赛。来自11家分公司及1家外邀单位的12支队伍，共计60余人参加比赛。大赛共设五个站点，分别为公司本部、宝山滨江公园、炮台湾湿地森林公园、宝乐汇商场、半岛1919创意园区，以完成特定任务，用时最少者获胜。本次定向赛活动，在展现五冶人风采的同时，也为公司发展凝聚正能量。（苏凤仪）

10月14日，上实集团工会举办第八届职工运动会（王玉君）

【市工人文化宫开展“带副春联回家乡”系列活动】 1月6日，市工人文化宫“带副春联回家乡”系列活动首站迎来开门红。随后，“带副春联回家乡”系列活动分别于1月9日和15日相继落地闵行区吴泾镇森马集团和宝山区体育馆，为即将踏上返乡之旅的外省市工作人员送上新春祝福。送春联活动累计全市参加人数达38万。市总定制版送出春联5万，书法家手写春联1万多副，网上送春联2800多副。（王家辉）

【公益乐学与第二批战略合作伙伴单位签约】 3月31日，公益乐学第二批战略合作伙伴单位签约暨教学点集中授牌仪式在市工人文化宫举行。市工人文化宫与上海歌剧院、上海歌舞团有限公司、上海戏剧学院、市宣传系统人才交流中心、市群众艺术馆、市乒乓球羽毛球运动中心签署战略合作伙伴单位协议。公益乐学全年共建设27家教学点，各教学点服务职工8.6万人次。全年共进行公益乐学现场版教学537场，成功预约1.2万人次，共进行公益乐学企业版教学288场，服务1万人次。（王家辉）

【市工人文化宫举行“南东·音乐·家”社区音乐系列演出】 由市工人文化宫和南东街道党工委联合主办的“南东·音乐·家”社区公共音乐在人民大厦、格致中学、仙乐斯广场、永新广场等办公楼宇、校园、社区等举行8场专场演出。通过在社区文化场所、商务楼宇、学校等进行艺术表演，为市民搭建更多艺术平台。（王家辉）

7月6日，市工人文化宫茉莉花艺术团赴横沙慰问演出（任　磊）

【市工人文化宫开展第五届“上海邮乐园”】 10月20日，由市职工文体协会、市工人文化宫、上海集邮协会主办，市文化体育协会集邮专业委员会、黄浦区工人文化宫承办，以“喜庆十九大方寸展辉煌”为主题的“中国梦劳动美集邮乐”第五届上海邮乐园（第九届上海职工班组一框邮展）在黄浦区工人文化宫开幕。本届邮乐园展出由40多个基层职工邮协选送的150部一框邮集，主题鲜明，题材丰富，集中反映了党的光辉历程，反映了人民军队在党领导下的发展历史。邮乐园期间，全市各区（局）职工邮协也举办了一系列丰富多彩的分会场活动，如中国海员集邮协会等举办的“2017年丁酉年生肖一框邮集全国邀请展”，上海化工邮协举办的《化工邮苑》创办30周年纪念座谈会，以及虹口、交运职工邮协，上海华夏集邮研究会等邮票研讨、邮票展览和邮品交流等活动。（王家辉）

【茉莉花艺术团举办多场大型慰问演出和公益音乐会】 2017年，市工人文化宫茉莉花艺术团先后赴中交上海航道局、长兴岛造船基地、松江富士康、徐汇滨江、嘉定徐行镇、长阳创谷

12月1日，市工人文化宫茉莉花江南丝竹社亮相“2017海内外江南丝竹邀请赛”展演活动 （吴 坚）

园区等企业、园区、工地现场举办10场“茉莉飘香·情系职工”大型慰问演出；组织策划浦东机场天天演“爱乐空间”专场音乐会、“爱乐空间”茉莉花合唱团专场迎新春音乐会、“经典畅想漫游世界”市宫茉莉花弦乐团首场专场演出等12场公益音乐会，惠及职工2万多人次。 （王家辉）

【市工人文化宫开展“传统文化直通车”系列活动】 11月30日，由上海市职工文体协会、市工人文化宫主办，以产业工人、非公企业职工和新兴就业群体为主要服务对象，旨在弘扬中国优秀传统文化的“传统文化直通车”系列活动在莘庄工业区举办首场专场活动。12月26日，上海工会文化惠民系列活动——“传统文化直通车”第二站，在徐汇滨江建设者之家举行。 （王家辉）

【市工人文化宫全年举办12场大型公益展览】 2017年，市工人文化宫共举办12场大型公益展览，如“品味上海舌尖上的滋味”中华老字号文化微巡展、“反殖民与台湾光复”日据时期台湾历史图文特展、南京等六城市总工会和市文化宫联合举办的职工书画上海站巡展、工匠宣传系列活动之《百姓工匠图片展》、“抗日烽火中的劳工领袖——朱学范文物文献展”、“喜迎十九大，寻梦画影中”上海电信员工优秀摄影书画作品展、“不忘初心、牢记使命”《习近平用典》书法作品展等。公益展览共接待观众约6万人次。 （王家辉）

【市工人文化宫茉莉花江南丝竹社亮相“2017海内外江南丝竹邀请赛”展演活动】 12月1—2日，市工人文化宫茉莉花江南丝竹社赴南京参加“2017海内外江南丝竹邀请赛”，团队依靠演奏的《关山月》《行街》和《欢乐歌》等曲目，获得非职业组银奖。 （王家辉）

【洞庭西山休养院举办第六届职工运动会】 1月24日，为丰富职工的文化生活，培养团队意识和增强集体荣誉感，西山休养院工会组织举办以“挥动激情，展现自我”为主题的第六届职工运动会，来自各个部门的80多名职工参加比赛。运动会共设拔河比赛、乒乓球、定向投球和踢毽子等多个项目。 （夏鹤麟）

【黄山休养院举办第一届职工文体运动会】 8月25日，为了丰富职工生活，增强全民健身意识，黄山休养院举办第一届职工文体运动会，共设五公里环路跑、羽毛球、乒乓球和掼蛋等4个比赛项目。全体职工利用业余时间，积极备战参赛项目，体现出了昂扬向上的精神风貌。 （胡 巧）

自身建设

综　述

2017年，市总组织部以“促三转”为工作目标，着力深化干部管理体制改革，严格落实各项制度，强化干部教育培训工作，规范直管事业单位干部人事工作，为推动上海工会改革提供组织保障。一是抓好机关系统干部队伍建设。开展直管单位干部队伍调研；深化“2+1”干部使用机制，加强对挂职干部管理，做好遴选相关工作，规范志愿者招募程序；加强工作考核，进一步明晰机关职能部室和直管单位的职责分工，对市总机关部室和各直管单位的工作职能进行联动梳理、调整。二是严格落实各项制度。制订《2017年市总工会党组中心组学习计划》，组织中心组成员参观、学习和专题研讨。做好处级干部年度个人有关事项报告、社团兼职审批备案以及因私出国（境）证照管理等工作。健全完善干部协管工作规范和相关流程，指导完成区局（产业）工会换届改选、届中调整等事项。三是做好新一届工会界别市政协委员提名推荐工作。严格把好候选人的政治关、素质关、结构关。进一步优化委员结构，增强产业工人、劳动关系领域专家等代表，为提高界别履职能力奠定了基础。四是提升教育培训工作实效。制订下发《2017年上海市总工会干部教育培训计划》和《上海市总工会机关工作人员领取讲课费管理办法（试行）》；组织开展新任区局（产业）工会领导班子成员专题培训班、上海工会贯彻落实十九大精神专题研讨班；根据对口援助工作要求，协调落实贵州遵义、青海果洛、云南迪庆等地工会干部培训班。五是规范直管单位干部人事工作。指导市工人文化宫、市总工会职工援助服务中心、市职工保障互助中心、市退休职工服务中心等4家单位开展事业单位工作人员公开招聘工作。完成事业单位岗位管理备案平台建设，建立直管事业单位工作人员岗位聘用情况数据库。做好工会系统证明材料和证明事项清理规范、机关事业单位工作人员带薪年休假落实情况检查、机关事业单位机构编制问题核查等工作。组织直管单位人事干部开展干部人事档案管理专项培训，提高人事干部专业能力。六是认真做好老干部工作。落实好老干部各项政策，完善老干部通报工作制度、座谈会制度，组织开展适合其身心特点的活动。（庄　勤）

组织体制

【概要】 认真履行干部协管职责，坚持工会干部配备的要求和标准，完善工作规范和流程。2017年共指导完成18家区局（产业）工会换届改选、64家区局（产业）工会届中调整的干部协管工作，共调整工会领导班子成员219名人次。完成世纪出版、化工研究院、中福会、锦江航运、水产等5家局（产业）工会组织隶属关系调整工作。（王继平）

【浦东新区总工会召开第四次代表大会】 6月16日召开，全市各区总工会代表，浦东新区各委办局、街镇、开发区、人民团体代表和来自新区各级工会的代表近600人参加会议。其中，来自基层一线的工会代表占本次工代会代表总数的84.25%。大会选举产生浦东新区总工会第四届委员会和经费审查委员会。在浦东新区总工会四届一次全会、四届一次经审会上选举产生新一届区总工会主席、副主席、常委和经审委主任，周奇当选浦东新区总工会主席。（陈　维）

【中国（上海）自由贸易试验区保税区总工会成立】 1月16日，中国（上海）自由贸易试验区保税区总工会成立。自贸试验区保税区工会体制由工会工作委员会向区域总工会转变，是推进在一级完整地方行政体制下加快政府职能转变的重要举措，自贸区保税片区通过总工会理顺了开发区总工会的组织架构，即作为一级地方工会，进一步增加了党政支持和保障力度，形成党群联动、同步运行的良好态势。同时，工会通过整合开发区工会组织资源，探索机制体制创新转型，制定职责清单，发挥党和企业、群众的桥梁纽带关系，加快推进机构职能、管理模式、工作方式方法转型，全面推进区域内组织建设、维权帮扶、职工素质工程等工作，成为全国、全市、全区工会改革的“试验点”。（陈　维）

【长宁区总工会召开第六次代表大会】 6月21日，长宁区工会第六次代表大会在区政府机关大厦举行。市总工会党组书记、主席莫负春，区委书记王为人，区委副书记、区长顾洪辉，区政协主席温新华，市总工会秘书长宋钟蓓等到会祝贺。各兄弟区工会领导、区总工会老领导、区相关部门党政领导、区工会第六次代表大会的正式代表、列席代表人约300人出席大会。大会审议通过《深化改革创新聚焦主责主业，团结动员广大职工为建设长宁国际精品城区而奋斗》的工作报告，审议通过长宁区总工会第五届委员会财务工作报告、经费审查工作报告，选举产生长宁区总工会第六届委员会和经费审查委员会。（杨柳青）

【普陀区总工会召开第六次代表大会】 5月24日，普陀区工会第六次代表大会在普陀区图书馆召开。市总工会党组书记、主席莫负春，区委书记曹立强，区委副书记、区长周敏浩，区人大常委会主任罗勇伟，区政协主席钱城乡，市总工会秘书长宋钟蓓等出席开幕大会。300多名工会会员代表、列席代表，各兄弟区总工会领导，区总工会老领导，区各委办局、街镇领导和部分基层工会干部也应邀出席大会。会议全面回顾区第五次工代会以来开展的工作和取得的成绩，明确今后五年的奋斗目标、指导思想和工作任务，选举产生新一届“两委”委员及新一届区总工会领导班子。（陆　蕾）

【虹口区召开五届九次、十一次全委（扩大）会议】 3月1日，虹口区总工会召开五届九次全委（扩大）会议。区委副书记洪流出席并讲话。大会审议通过替补、增补的区总工会第五届委员会委员。区总工会第五届委员会委员、经审会委员及基层工会主席约70人参加会议。会议表彰2016年工会工作先进单位，审议工作报告，总结2016年虹口工会工作，部署2017年重点项目。9月27日，区总工会在南湖职校召开五届十一次全委（扩大）会议，区人大副主任、总工会主席胡军出席会议。区总工会党组书记袁忠民作工作报告，总结1—8月的工作，部署年底前的重点工作。胡军对下阶段

重点工作提出要求。区总工会第五届委员会委员、经审会委员及基层工会主席约70人参加会议。 (徐 洁)

3月25日,杨浦区工会第六次代表大会召开 (张东寅)

【杨浦区工会第六次代表大会召开】 3月25日在沪东工人文化宫召开。市总工会党组书记、主席莫负春,市总工会秘书长宋钟蓓,杨浦区领导李跃旗、魏伟明、邰荀、徐彬、程绣明、黄红、麦碧莲、徐建华出席开幕式。麦碧莲代表区总工会第五届委员会作工作报告,总结区总工会第五届委员会过去五年的工作,明确今后工作任务。区总工会副主席陈梗宝主持开幕式。共青团杨浦区委书记乔兴刚代表区各人民团体致贺词。区工会第六次代表大会代表、列席代表,各区总工会领导,区总工会老领导,区域内部分高校、市属企业工会主席,区各委办局、街镇领导和部分基层工会干部近500人出席开幕式。会议选举产生区总工会第六届委员会常委、主席、副主席和区总工会第六届经费审查委员会主任、副主任。麦碧莲当选新一届区总工会主席。 (张东寅)

【宝山区总工会召开第七次代表大会】 9月26日,宝山区工会第七次代表大会在区委党校开幕。市总工会党组书记、主席莫负春,市总工会秘书长宋钟蓓,宝山区领导李萍、丁大恒、周志军、袁罡、王丽燕、张晓静等到会祝贺。兄弟区总工会领导,区总工会直属工会所在单位党委领导,区总工会历届老领导,区群团组织单位领导和在宝山区的部市属企业工会领导代表应邀出席大会。全区300多名代表参加大会。王丽燕代表宝山区总工会第六届委员会作题为《以深化改革为引领,以服务职工为根本,在"两区一体化升级版"现代化滨江新城区建设中彰显工人阶级主力军作用》的工作报告。选举王丽燕为宝山区总工会第七届委员会主席,李中政、戴建美、赖拥军、沈晓东、万慧云为副主席。 (万 晶)

9月26日,宝山区工会第七次代表大会召开 (万 晶)

【闵行区总工会召开第六次代表大会】 11月28日,闵行区工会第六次代表大会第一次全体会议在区委党校报告厅举行。287名正式代表出席大会。闵行区委书记朱芝松,市总工会党组副书记、副主席姜海涛,闵行区委副书记、区长倪耀明,区人大常委会主任庞峻,区政协主席祝学军,区委副书记于勇,区人大常委会副主任、总工会主席倪学斌等出席大会开幕式。大会审议并通过倪学斌代表闵行区总工会第五届委员会所作的工作报告,审议通过财务工作报告、经费审查工作报告和女职工委员会工作报告。大会选举产生区总工会第六届委员会委员41名,经费审查委员会委员7名和女职工委员会委员11名。倪学斌当选为区总工会第六届委员会主席,许向东、于璐、李伟(挂职)、胡振球(兼职)、谷文平(兼职)当选为副主席。袁飞当选为区总工会第六届经费审查委员会主任,于璐当选为区总工会第六届女职工委员会主任。 (王 凯)

【闵行区职工服务中心正式运行】 5月27日,闵行区职工服务中心(下简称"中心")迁入位于莘东路505号11楼,正式对外运行。中心设综合管理科、保障服务科、法律援助科、文体指导科、技能创新科等5个部门,对外设立法律咨询援助工作室、法律调解工作室、心理咨询援助工作室和职工互助保障4个服务窗口,全面承接区总机关各部室服务职工的具体事务和日常活动,实现集维权、帮扶、服务于一体的功能设置,为全区基层工会和广大职工提供全方位、多层次、精准化的服务。全年帮扶困难职工4878人次，累计金额204.92万元；办理在职(退休)职工参保40.92万人次，累计理赔5.99万人次。组织65家企业参加上海工会职工健康体检，涉及职工8326人；工会疗休养299批，涉及职工13684人。推荐12家"工具包"项目试点企业，组织开展"安康杯"竞赛。新办工会会员服务卡41797张。推进"爱心妈咪小屋""职工亲子工作室"的建设，3家企事业单位成为闵行首批试点开展的"亲子工作室"。

(马传军)

【嘉定区总工会召开第六次代表大会】 6月22日，嘉定区召开嘉定区工会第六次代表大会。市总工会党组书记、主席莫负春，嘉定区委书记马春雷，区委副书记、区长章曦，区人大常委会主任许谋赛，区政协主席刘海涛，市总工会秘书长宋钟蓓等出席大会。区有关部、委、办、局、街镇、区属企业的分管领导，区各群众团体负责人，各兄弟区总工会领导以及劳动模范和先进工作者代表，区总工会第五届"两委"委员和在沪历任区(县)总工会领导出席大会。陆晞代表嘉定区总工会第五届委员会向大会作报告。区总工会第五届委员会财务工作报告和区总工会第五届经费审查委员会工作报告以书面形式提交代表审议。大会选举产生第六届委员会和经费审查委员会。随后召开第六届委员会第一次全体会议选举产生了第六届委员会常务委员会和主席、副主席，王建新当选第六届委员会主席。

(黄点点)

【金山区职工服务中心举行揭牌仪式】 3月17日，金山区职工服务中心揭牌仪式在区工人文化宫举行，市总工会副主席何惠娟，区委副书记程鹏，区人大常委会党组副书记、副主任、区总工会主席朱喜林，市总工会各部室领导、团区委、区妇联有关领导及区总工会领导班子、职工代表、志愿者等共200多人参加揭牌仪式。区职工服务中心设有3个咨询室，6个接待窗口，9大类服务项目，包括政策咨询、困难帮扶、互动保障等。

(陈 文)

【奉贤区总工会召开第四次代表大会】 7月25日，奉贤区工会第四次代表大会在会议中心召开。会议审议区总工会第三届委员会工作报告、财务工作报告、经费审查委员会工作报告，选举产生第四届工会委员会和经费审查委员会。市总工会党组书记、主席莫负春，区委书记庄木弟，区人大常委会主任袁晓林，区政协主席陈勇章，区委副书记王霄汉，市总工会党组成员、秘书长宋钟蓓等出席大会。经选举，陆建国当选区总工会主席，张辉凤、吴永强、樊国红、王宇升、顾帅当选副主席，吴永强当选经费审查委员会主任，张辉凤当选女职工委员会主任。

(薛思涵)

7月25日，奉贤区工会第四次代表大会召开 (薛思涵)

【崇明区总工会召开第一次代表大会】 3月28—29日，崇明区工会第一次代表大会在崇明新城会议中心报告厅开幕。全区各行各业的221名代表参加会议。开幕式上，区委书记马乐声和市总工会党组书记、主席莫负春分别代表区委、区人大、区政府、区政协和市总工会向大会表示祝贺，区人大常委会副主任、区总工会主席张建英作工作报告。会议审议崇明县总工会第十二届委员会工作报告、财务工作报告和经费审查委员会工作报告。选举产生区总工会第一届委员会和区总工会第一届经费审查委员会，表决通过《崇明区工会第一次代表大会决议》。经过选举，张建英当选为区总工会第一届委员会主席，秦文新、王可杰、陆杰、施烨、沈斌当选为区总工会第一届委员会副主席。王可杰当选为区总工会第一届经费审查委员会主任。

(秦春华)

【上海电气自动化集团工会成立】 9月26日，上海电气自动化集团工会召开第一次会员代表大会，选举产生集团工会第一届工会委员会主席、委员、经审委员会委员。成立上海电气自动化集团，旨在快速提升上海电气自动化产业业务能力，改善上海电气的"机强电弱"的局面，助力上海电气总体战略实现，使自动化集团成为国内领先的自动化设备及解决方案的供应商，发展为上海电气核心业务板块之一。

(彭伟光)

【市纺织工会召开第十次代表大会】 4月25日，上海市纺织工会第十次代表大会在集团会议中心召开。会议回顾总结纺织工会九届委员会的工作、提出今后五年纺织工会工作的任务。会议选举产生上海市纺织工会第十届委员会常务委员会和经费审查委员会，黄勤当选工会主席，邵玉虎、吉伟忠、郭愚当选副主席，邵玉虎当选经审主任。市总工会党组书记、主席莫负春，中国财贸轻纺烟草工会副主席杨冬旭，上海纺织(集团)有限公司党委书记、董事长童继生出席会议并讲话。

(林裕良)

【国网上海电力工会召开九届十七次全委会】 7月19日，公司召开工会九届十七次全委会。公司董事长、党委书记李桂生出席会议并讲话，公司领导黄良宝、娄为出席会议。会议按照《中国工会章程》的有关规定，调整并增补公司工会第九届委员会委员，并选举公司工会主席。娄为全票当选公司工会主席。（潘　锋）

【上海铁路局工会召开第一次代表大会】 2017年，在铁路局公司制改革中，原中国铁路工会上海铁路局委员会更名为“中国铁路工会中国铁路上海局集团有限公司委员会”，11月28日，中国铁路上海局集团有限公司工会召开第一届委员会第一次全体会议和第一届经费审查委员会第一次全体会议，选举产生集团公司工会第一届委员会主席孙曙光、副主席邹开伟和包晓朵，补充选举工会委员会委员、常委，选举产生工会经审委主任、副主任。指导所属单位工会组织换届改选工作，全年共指导镇江站等27家基层工会顺利完成换届选举。（周业瑛）

【中远海运重工工会召开第一次会员代表大会】 2月15日，中远海运重工工会召开第一次会员代表大会，中远海运集团工会主席张善民、中远海运重工党委书记李懿文出席会议并讲话。会议选举产生中远海运重工工会第一届委员会委员、经费审查委员会委员和女职工委员会委员。公司26家直属单位的69名代表参加会议。中远海运重工工会成立后，梳理了工会组织建设和工会主席产生的规范化流程，监督和指导下属企业工会做好工会的组建、换届选举和工会主席的补选工作，确保过程及结果的合法、合规，并及时做好重工工会委员、常委、经审委员的调整。（魏敬民）

【市信息化行业工会召开全委会选举产生新一届领导班子】 3月17日，市信息化行业工会联合会召开第二届委员会第一次全体会议，总结第一届委员会各项工作，部署第二届委员会各项任务，选举产生新一届主席、副主席。经选举，陆琪任市信息化行业工会联合会第二届委员会主席，郑文才、马爱娟、王勇、戴志伟、陆森同志任副主席。市总工会副主席何惠娟、市经济和信息化工作党委副书记马列坚出席会议并讲话。联合会第二届委员会全体委员参加会议，部分信息化行业非公企业负责人列席会议。（黄　俭　顾　捷）

【光明食品集团工会召开第二次会员代表大会】 12月15日，集团总部召开第二次会员代表大会。会议听取并审议总部工会第一届委员会工作报告，选举产生第二届工会委员。在集团总部工会二届一次全委会上，产生第二届委员班子，同时选举产生第二届经审委员会、女工委员会。集团总部党委领导希望新一届总部工会解放思想、实事求是，坚持“员工第一”的理念，在新形势下探索总部工会工作的新途径、新方法，以新班子、新作为开创总部工会工作的新局面。（朱菊英）

【梅林股份工会第三次代表大会召开】 10月31日，上海梅林正广和股份有限公司工会召开第三次会员代表大会。大会审议并通过第二届工会工作报告，选举产生梅林股份第三届工会委员会、经费审查委员会。来自总部各部室、基层各子公司会员正式代表及列席代表180余人参加会议。光明食品集团党委委员、工会主席潘建军出席会议并作讲话。梅林股份党委书记、董事长夏旭升代表党委向新当选的工会委员表示祝贺，并希望新当选的工会班子要继续带领职工发挥主人翁作用，增强服务意识，抓好工会自身建设、职工队伍建设、企业文化建设，提高组织引领服务凝聚职工的能力。（朱菊英）

【市社会系统工会围绕党建抓工建，抓好工会的组织建设】 年内，根据市社会工作党委归口单位党建隶属调整的要求，系统工会配合业务部门做好工会关系接转工作。由于归口单位企业资产变化，指导均瑶（集团）有限公司工会接收爱建股份有限公司工会。指导市税务师行业党委推进成立行业工会；抓好归口单位工会的换届和班子人员调整。归口单位三毛企业（集团）工会召开第二次代表大会暨换届改选大会；建桥（集团）工会第三次代表大会暨换届改选大会；中房置业工会召开第三次代表大会暨换届改选大会；华东电器公司工会选举产生新一届工会委员会；均瑶（集团）工会所属新建华瑞银行、总部联合工会；注册会计师、资产评估行业联合工会委员会增补副主席及女工委员；调查和统计归口单位工会组织现状。了解归口单位工会机构人员、换届改选时间、注册会员人数、工会财务报表情况，收缴会费、经费情况，是否按时召开“两会”等情况，摸清家底，重新编制上海市社会系统工会人员通讯录。（丁宗勇）

【中国商飞上海飞机制造有限公司工会召开第一次代表大会】 严格按照《工会法》修订《工会会员代表大会制

中国商飞上海飞机制造有限公司工会召开第一次代表大会　（徐炳南）

度》《上飞公司职工代表大会制度》等组织建设相关文件，选举产生新一届300名工会会员代表（职工代表），并开展职工代表履职培训。组织召开上飞公司工会第一次代表大会，审议通过上飞公司工会工作报告、经费审查委员会报告和工会财务工作报告，选举产生上飞公司新一届工会委员会委员、经费审查委员会委员和女职工委员会委员，以及207名出席上级工代会代表。制订下发《中国商飞上飞公司工会第一届委员会委员、各工作委员会职责分工》，为工会带领广大职工在型号项目和公司发展建设中再立新功打下坚实基础。（沈　祎）

【世纪出版集团选举产生新一届工会领导班子】 9月27日，世纪出版集团二次工会会员代表大会暨二届一次职代会正式会议，对大会筹备工作情况和集团工会第二届委员会、经费审查委员会委员候选人产生和构成情况进行通报，听取《集团工会第一届经费审查委员会2016年度工作报告》，表决通过《上海世纪出版（集团）有限公司第二次工会会员代表大会选举办法》（草案）、《集团第二次工会会员代表大会总监票人、监票人名单》（草案）和《集团工会第二届委员会委员候选人名单》（草案），投票选举集团工会第二届委员会、经费审查委员会委员。大会结束后，集团工会召开工会第二届委员会、经费审查委员会全体委员第一次会议，选举产生世纪出版集团新一届工会主席何向莲、常务副主席王云斌、经费审查委员会主任张佩芳，并提名、酝酿、表决通过集团工会第二届女职工委员会组成名单，李敏君任女职工委员会主任。（江　文）

【中国福利会工会工作委员会成立】 6月14日，中国福利会召开工会工作委员会成立大会。市委宣传部副部长胡佩艳，市总工会副主席李友钟，中福会副主席、党组书记、秘书长赵丹妮等中福会党组班子全体成员、机关全体工作人员和基层单位的党政工负责人等出席会议。会上，市总工会宣读关于成立中国福利会工会工作委员会的有关决定，中福会基层单位工会代表、基层单位领导代表作交流发言，出版工会代表相关行业工会致贺词。邹勇飞担任中福会工会工作委员会主任，舒敏、郑允华任副主任，王颖淑任经费审查委员会主任。（徐莺音　王　瀚）

【市工人文化宫工会举行第七次会员大会】 8月4日，市工人文化宫工会举行第七次会员大会，选举产生第七届工会委员会委员、经审委员会委员。在此基础上，召开第一届工会委员会、经审委员会第一次全体会议，选举产生工会主席、副主席，经审主任。（王家辉）

干部管理

【概要】 2017年，上海工会深入贯彻落实中央、市委群团改革工作要求，进一步规范和创新工会干部人事工作。抓好机关系统干部队伍建设，广泛开展直管单位干部队伍调研，了解各单位干部队伍建设总体情况，为推动工会改革提供人力资源储备。深化“2+1”干部使用机制，按照“四个统一”要求，加强对挂职干部的安排使用和管理考核，组织召开挂职干部座谈会和开展专题培训，为其交流履职体验、提升其工会业务能力和综合水平搭建平台，积极做好市工青妇专职干部遴选相关工作，开展本年度全市18个工会专职岗位遴选工作；进一步规范志愿者招募程序，共招募16名志愿者协助参与市总工会相关部室重点工作任务。积极推进工会机关扁平化改革，明晰机关职能部室和直管单位的职责分工；在联动调整工作职能基础上，制定市总机关部室和直管单位年度目标责任考核办法，更好地发挥考核工作正向激励作用。（凌　颖）

【上海铁路局工会加强工会干部队伍建设】 2017年，上海局工会配齐配强基层专职工会干部，指导批复上海通信段、上海动车段等2个单位工会副主席的配备工作，帮助和指导合肥车辆段、蚌埠工务段等12家基层单位工会主席替补选工作，规范选举程序。加强工会干部培训，举办1期工会主席、1期工会干部、2期全局基层专兼职工会主席岗位培训班，共有419名全局专兼职工会干部接受培训，并组织开展基层工会干部应知应会考试，找出基层工会干部知识短板，切实提高培训的针对性和实效性。此外，组织9名新任职基层工会主席参加铁路总工会举办的工会主席培训班，组织4名工会干部参加市总工会举办的大型企业工会主席培训班。做好工会附属机构的人员配备和管理，统计测算全局文体馆退休人员情况，配合路局人事处，做好干部考察、文体馆干部招聘、锻炼培训等工作，配齐配强各地区文体馆工作人员；制订印发路局工会文化体育馆工作业绩考核办法，强化文体馆人员管理。（周业瑛）

【市医务工会举办工会干部履职能力提升培训班】 5月22—23日，市医务工会在上海工会管理职业学院举办为期两天的医务工会干部履职能力提升培训班。本次培训以工会干部履职相关知识与实务为重点，委托上海工会管理职业学院承办，由工会学院专业讲师为系统内工会干部进行授课。课程包括做好新形势下工会工作、民主管理与职代会制度、工会法与工会工作条例、职工之家标准化建设等。市医务工会直属基层工会、各区县医务工会、有关企业职工医院、民营医院工会主席、副主席、专职工会干部等教育培训70余人参加培训。（马艳芳）

【绿地集团工会开展工会干部考评】 为进一步加强绿地集团基层工会干部队伍建设，引导和培养一支政治素质高、业务能力强、工作作风好的工会干部队伍，绿地集团工会会同集团各直属党组织联合开展2017年度工会干部考评工作。考评采用“四维度”考评方法，即“个人自评—领导评价—党员（员工）代表评议—集团党务部门（工会）评审”的方式进行考评。集团直属工会干部中，曹玉霞、罗蓓文、于洪星等10人获“绿地集团2017年度优秀党务干事、工会主席”称号，并在集团党建工作年度会议上受到表彰。（王洋洋）

教育培训

【概要】 2017年，上海工会干部教育培训工作以理论教育和党性教育为主业主课，聚焦维护职工权益主业主责，充分发挥工会管理职业学院教育培训主阵地作用，分级分类开展工会干部教育培训，不断提升工会干部履行职责、服务职工的能力和水平，推动工会事业与时俱进、创新发展。一是切实加强制度建设。制定《上海市总工会机关工作人员领取讲课费管理办法（试行）》，进一步规范领取讲课费行为。制定下发《2017年上海工会干部教育培训计划》，对全市工会干部教育培训工作进行整体部署。二是组织开展有关培训。组织开展新任区局（产业）工会领导班子成员专题培训班和上海工会学习贯彻党的十九大精神专题研讨班，组织机关系统局级、处级干部分批参加市委党校等举办的十九大精神专题学习班，以习近平新时代中国特色社会主义思想武装头脑、指导实践、推动工作。认真根据对口援助工作要求，协调落实贵州遵义、青海果洛、云南迪庆等地工会干部培训班。三是认真完成有关调训任务。根据全总、市委组织部和市委党校第四分校调训要求，全年共完成局级干部调训28人次，处级干部调训62人次。同时组织全体机关干部参加“干部在线学习城”等全员网络培训。

（王继平）

【普陀工会组织开展十九大精神专题学习】 11月9日，区总工会召开“普陀区工会系统十九大精神专题学习会”，邀请区党的十九大代表、上海市劳模、桃浦镇莲花公寓居民区党总支书记梁慧丽分享参会感悟；区总工会经审委主任任春海传达全总、市总、区委关于学习贯彻党的十九大精神的有关要求；区人大常委会副主任、区总工会主席李松海对党的十九大精神进行解读，并就进一步贯彻落实党的十九大会议精神、推进工会工作创新发展提出要求。徐虎、曹道云、朱雪芹、于井子、杨明辉、陈扣娣等劳模代表；各大口、街镇工会副主席；区总工会机关和直管单位全体党员等80余人参加专题学习会。12月22日，“区工青妇群团组织学习贯彻党的十九大精神集中宣讲报告会”在阳光商务大厦举行。工青妇全体机关干部及区总工会直管单位全体党员50余人参加了学习会。举办“十九大知多少”网上知识竞赛，吸引8500余人次粉丝参与。

（陆蕾）

【闵行区举办新任工会主席培训班】 4月10—11日，闵行区总工会举办全区新任工会主席培训班。培训班依托上海工会学院的专业师资力量，并邀请兄弟区县工会主席担任讲师，以课堂授课为主，结合讨论交流。重点对新常态下如何做好基层工会工作、工会换届实务、参与创新社会治理以及工会经费使用等内容进行专题授课。各街镇、莘庄工业区及各委、局工会主席40余人参加培训。（毛胜楠）

【嘉定区总工会举办两委委员暨直属工会干部培训班】 11月16～17日，嘉定区总工会举办为期两天的“两委”委员暨直属工会干部培训班，嘉定区80余名工会干部参加培训。嘉定区人大常委会副主任、区总工会主席王建新出席培训并讲话。市委党校、嘉定区委党校、市总工会经审办相关同志应邀授课。

（黄点点）

【松江区总工会举办工会干部学习贯彻党的十九大精神专题培训】 12月14日，区总工会在工会学院举办全区工会干部学习贯彻党的十九大精神专题培训，邀请市总工会宣传教育部部长陈必华以《新时代、新理论、新工运》为主题，对十九大精神进行深入解读。培训系统阐述新时代工会工作所面临的新任务以及职工群众中出现的新情况，重点讲解工会组织要以习近平新时代中国特色社会主义思想为指导，更好地团结引领广大职工群众，发挥好桥梁纽带作用，在服务大局中展现工会干部的使命担当等理论和实践体系。

（韩春丽）

【松江区总工会组织街镇（开发区）总工会主席、副主席参加岗位资格培训】 岗位培训分为形势政策、业务知识、素质提升三大种类，主要课程由市总工会相关部室领导授课，包括《党的十九大精神解读》《工会维权法律法规》《工会经审工作》《“小三级”工会建设》《新“职代会条例”解读》《工会工作坊：街镇工会“转起来”“亮起来”工作创新分享》。来自16个街镇（开发区）总工会的25名工会主席、常务副主席、专职副主席参加培训和考试，并获得岗位资格证书。

（朱慧）

【松江区总工会组织街镇“小三级”工会干部培训】 松江区总工会重新修改并印刷工会法律法规选编，并依托全总、市总、工会学院和区委党校，分类分批组织街镇（开发区）工会主席、非公企业新上岗工会主席开展培训，全年培训354人次。3月23—24日，举办全区工会干部培训班，开展5次专题课，280余人参加培训。组织6家街镇开发区总工会主席、专职副主席赴山东管理学院参加“全总工会干部教育的特色培训班”，组织小昆山镇和石湖荡镇总工会主席参加第十四期县处级工会主席培训班。根据《上海市总工会关于进一步加强上海工会干部教育培训工作的意见》，下半年分两批组织43名非公企业新上岗工会主席参加上海工会管理学院举办的岗位资格培训。组织街镇开发区总工会主席、常务副主席、专职副主席27人参加以党的十九大精神及基层工会组织规范化建设为重点的岗位培训。

（朱慧）

【奉贤区总工会开展工会干部进修班】 奉贤区总工会分别于7月和11月举办两期直属工会主席、副主席、干事进修班。两次进修班分别设置党中央关于加强工会工作的重要论述解析、“互联网+”和“工会+”的太仓实践为主题开展专题讲座、手机摄影互动、十九大政策解读、工会基础知识和工作实务、工会经费的收缴管理与使用、职工保障实务操作等课题。奉贤功慧社会工作服务中心于8月举办信息报道撰写的专题培训，共计370名工会主席、副主席、干事、工会社会参训。

（钱洁）

【奉贤区总工会举办工会安全干部培训班】 10月25—27日，奉贤区总工会举办全区工会干部安全生产专题培训班，全区工具包试点单位及17年全区安康杯优胜企业，各优秀组织单位的工会干部共92人参加培训。培训邀请市总权益保障部副处级调研员邬明亮，区安监局局长曹桂宾授课。培训内容包括《“工具包”专题知识讲座》《安全生产警示教育》等法律法规

9月26—27日，上海建工集团举办工会干部培训班 （缪云明）

和工会的职能，对单位工会在安全生产工作中的权利义务、履职重点等进行了解读。 （胡　嘉）

【中国宝武举办工会主席研修班】 11月24日，中国宝武举办2017年度工会干部研修班。党的十九大代表，第十九届中央候补委员，中国宝武党委书记、董事长马国强作题为《凝心聚力奋发有为以新思想引领中国宝武实现"钢铁强国梦"》的专题报告。各级工会干部近400人听取专题报告。马国强从9个方面传达十九大精神，系统阐述中国宝武新一轮战略规划的主要内容。在第二阶段研讨中，宝钢股份、宝钢发展、宝钢金属、华宝投资等单位工会分别作专项交流。围绕2018年集团工会工作要求、如何落实《新时期产业工人队伍建设改革方案》，加强职工队伍建设以及创新工会工作等议题进行分组讨论和交流。 （李士伟）

【宝钢发展加强职工心理疏导职能建设】 2017年，宝钢发展工会组织身心健康教练团队成员和工会干部开展"企业危机干预与危机咨询技术""自我心理疏导修养提升"培训，提高身心健康教练团队成员和工会干部的心理疏导实战能力。组织身心健康教练团队的骨干成员研发和改进了10个心理健康知识专题课件，为一线职工和各级管理者普及心理健康知识，总计授课22次，培训635人。 （朱　宏）

【宝钢发展加强工会干部作风和能力建设】 2017年，宝钢发展工会加强工会主席专题研修，组织工会主席开展劳动合同法管理实务和履职能力专题培训，不断提高工会工作者职业化水平；加强工会干部能力建设，组织68名工会干部围绕班组建设和职工队伍建设、民主管理、服务职工、财务管理等内容开展实务培训，25名工会财务、经审人员参加集团公司专项培训，提升工会工作者的业务能力；加强新上岗工会干部能力建设，组织34名新上岗工会干部参加市总工会主席岗位资格培训，增强工会干部的实务知识。 （朱　宏）

【中国电信上海市工会专题学习《新时期产业工人队伍建设改革方案》】 7月10日，上海公司副总经理、工会主席常朝晖召集工会本部各部室就《新时期产业工人队伍建设改革方案》进行专题学习。通过学习，进一步明确上海公司工会要牢牢把握"坚持党的领导，把握正确方向；坚持服务大局，发挥支撑作用；坚持以人为本，落实主体地位；坚持问题导向，勇于改革创新"这些原则，以解决员工关心的突出问题为突破口和主抓手，争取整合各方资源，不折不扣地将改革举措落小落细落实。上海公司工会要在传统工作的基础上，结合《新时期产业工人队伍建设改革方案》的新要求，深化好服务、搭建好平台，通过培养更多高技能人才、推行"互联网+"普惠性服务、创新技能导向的激励机制、改进劳动和技能竞赛体系、完善权益保障机制等方面大气力加以推进，切实增强广大员工对改革的获得感。 （殷　茵）

【上海建工集团举办工会干部培训班】 9月26—27日，集团2017年工会干部培训班在教培中心举办，集团党委副书记、总裁卞家骏为工会干部作了《上海建工"十三五"规划与"三全战略"》主题报告，集团党委副书记、工会主席张立新主持报告会。培训班上，市总工会有关部门和集团有关部门负责人围绕职工劳动保护、发挥工会经审监督作用、职代会民主管理、工会组织规范化建设和企业文化建设等内容为工会干部作了政策解读。约120名来自集团所属企事业单位的工会主席和基层工会干部参加学习。 （余轶群）

【市金融工会举办工会负责人培训班】 10月25—27日，市金融工会在工会学院举办2017年工会负责人培训班。培训班结合金融系统的实际工作，安排《当前工会形势与任务》《工会经费管理与使用》《女职工劳动权益保护案例分享》《基层工会组织规范化建设》《民主管理与职代会运作》等课程。来自系统基层工会的60名工会负责人和工会干部参加培训。 （凌小幼）

【市教育系统工会举办主席培训班】 12月7—8日，由市教育工会主办，东华大学和上海海事大学承办的2017年度上海市教育系统工会主席培训班举行，各高校工会、区县教育工会、直属单位工会的主席、副主席、女工委主任、市教育工会机关干部等110余人参加培训。浦东干部学院教授、博导刘昀献，市教卫工作党委副书记、市教委副主任高德毅，市总工会宣教部部长陈必华分别以"十九大政治报告中党的理论创新发展""学习传达和部署贯彻党的十九大精神""结合十九大精神，谈工会文化自信"为题作报告。 （张　芳）

【市科技工会举办科技系统工会干部培训班】 8月30—31日，市科技工会在上海科技管理干部学院举办2017年科技系统工会干部培训班。各基层单位工会干部100余人参加本次培训。培训邀请上海卫星工程研究所党委书记、研究员、上海交通大学特聘教授曹继玉、上海工会干部管理学院教授、教学部副部长王仁富和上海科技管理干部学院副教授顾承卫,分别对《工会干部修养之道与文化之道》《新形势下工会工作的法制保障》《创新驱动发展、创新赢得未来》等内容进行专题讲座。（冯 莺）

【市卫生计生系统举办学习贯彻党的十九大专题报告会】 11月24日,市卫生计生系统工青妇退组织在市精神卫生中心举办学习贯彻党的十九大专题报告会。市卫生和计划生育委员会党委副书记、市医务工会主席郑锦主持报告会,并对下阶段工青妇退组织学习、贯彻十九大精神提出了要求。各直属基层工会、妇委、退管会负责人,各区医务工会以及部分职工医院工会负责人,各区卫生计生委团组织负责人,有关高校、医学院等单位团组织负责人近300人出席报告会。上海青年管理干部学院副院长王冰应邀在会上作题为《习近平新时代中国特色社会主义思想学习——科学社会主义发展新阶段》的辅导报告。（马艳芳）

【市体育局工会举办局系统工会干部专题培训】 10月26日,市体育局工会举办局系统工会干部专题培训,局系统各单位60余名工会干部参加培训。培训邀请上海工会职业管理学院教师张建新、王华生分别围绕基层工会抓手与创新、职代会制度的规范化运作进行专题讲座。（张 亮）

【市经信工作系统工会举办工会主席培训班】 10月24—25日,市经济和信息化工作系统工会主席培训班在中国石油上海大厦举行,市经济和信息化工作党委副巡视员、系统工会主任陆琪作开班动员讲话。此次培训班紧扣当前工作主题和社会热点,课程主要安排情绪与压力管理、新形势下的党群工作创新、当前民族热点问题及其对策,发挥工会经审监督作用等课程,系统80余家单位的工会主席参加学习培训。（黄 俭 顾 捷）

【光明食品集团工会举行"学习贯彻党的十九大精神,加强新时期产业工人队伍建设"专题报告会】 12月29日,光明食品集团工会在糖酒集团海棠大厦举行"学习贯彻党的十九大精神,加强新时期产业工人队伍建设"专题辅导报告会。市总工会研究室主任崔校军从如何全面学习领会党的十九大对工会工作提出的精神,如何深刻研究和把握工会工作面临的新变化,如何聚焦重点工作加以落实,特别是如何增强群众工作本领,创新群众工作体制机制和方式方法,推动工会增强政治性、先进性、群众性和在深化工会改革的过程中,进一步推进国企工会改革,及加强新时期产业工人队伍建设等方面工作作了阐述。来自子公司及基层单位的工会干部近80多人参加报告会。（朱菊英）

【光明食品集团举办工会干部应知应会培训班】 从6月中旬开始,集团工会举办三期三级以上基层工会干部应知应会培训班,每期安排三天培训时间。集团19个子公司的近300名工会干部参加培训。培训班由光明进修学院承办。近300名工会干部参加培训。培训班突出工会干部应知应会教育,结合光明工作实际,邀请集团党委委员、纪委书记张大鸣为学员们讲解中央八项规定、党纪党规和集团规章制度等,邀请市总工会6个部门的主要负责人为学员们上课,解读市总工会的主要工作,使工会干部进一步了解工会法律法规、新形势下的工会政策、市总工会的改革及工作要点和新时期产业工人队伍建设改革方案的精神。（朱菊英）

【市级机关工会举办工会和妇女干部学习贯彻党的十九大精神专题培训班】 11月28日,市级机关工会在市委党校举办工会和妇女干部学习贯彻党的十九大精神专题培训班,市级机关纪工委书记任勤相出席开班式并作讲话。培训班上,市委党校教务处处长、马克思主义学院常务副院长(执行院长)王公龙教授,科研处处长周敬青教授原原本本解读十九大报告和党章;党的十九大代表、一中院刑二庭副庭长、市总工会劳模代表宣讲团成员周欣谈了自己学习党的十九大报告的体会。市级机关工会和妇女干部以及部分劳模先进代表共230余人参加培训。（王 颖）

【市级机关举办系统工会主席培训班】 5月24—26日,市级机关工会在上海工会管理职业学院举办2017年市级机关系统工会主席培训班。市级机关纪工委书记任勤相出席开班式并作动员,市级机关工会主任陈玲主持开班式,来自市级机关系统72名工会主席参加培训。市委组织部原副部长冯小敏、工会管理职业学院党委书记王厚富、市总工会经审办副主任卢能飞、市政府发展研究中心信息处处长周师迅等分别作了"深入贯彻十八

7月4日,光明食品集团工会举办工会主席培训班(第三期)（朱菊英）

届六中全会精神，全面推进从严治党”“争做群团改革的实干家促进派”“工会财务与经审实务”“上海经济转型的现实基础与发展路径”等专题讲座。（王 颖）

【临港产工委举办工会劳动保护业务知识培训班】 9月1—12日，临港产工委举办工会劳动保护业务知识培训，临港产工委各基层工会共50多人参加培训。本次培训着重突出介绍工会组织在安全工作中如何更好地维护职工权益。培训邀请到市总工会多位专家进行授课，分别以职工劳动保护、工会参与维权、职业安全卫生防护“工具包”、工会劳动保护理论、生产安全事故报告和处置、对隐患和危害报告奖励实施办法以及工会劳动保护三年行动计划等主题，通过大量的案例，就日常工作中的安全管理和应急处理进行了详细讲解，让与会人员对参与企业安全生产工作掌握更多知识。（闫昊鹏）

【国盛集团工会举办工会干部培训班】 11月15—17日，集团工会在上海工会管理职业学院举办2017年度集团工会干部培训班，集团工会主席沈松龄主持培训班开班仪式。集团党委副书记、纪委书记黄跃民作动员讲话。市学习贯彻党的十九大精神宣讲团成员、市党建研究会常务副会长冯小敏，市总工会劳动关系工作部部长周永宝等分别在培训班上作了专题报告。（万 兵）

【工会学院承办新任区局(产业)工会主席、副主席培训班】 4月11日，新任区局(产业)工会主席、副主席培训班在学院开班，来自各区局(产业)的56名新任工会主席、副主席参加了此次培训。市总工会党组书记、主席莫负春在作学习动员时强调，要认真学习习近平总书记关于工人阶级和工会工作的重要论述，准确把握工会工作的时代背景，清醒地认识存在的问题与推进改革，坚持不懈改进作风与提高能力。此次培训拓展了视野，理清了思路，丰富了知识，为学员工会工作水平的提升奠定了基础。（钟文娜）

【工会学院承办新任省级工会领导班子成员培训班】 5月15日，新任省级工会领导班子成员培训班在学院开班。来自各省(区、市)总工会、中央直属机关工会联合会、中央国家机关工会联合会新任副主席及兼职、挂职领导班子成员，以及有关驻会全国产业工会、全总有关部门兼职、挂职领导班子成员50多人参加培训。此次培训主题明、内容实、学风好。通过培训，打牢了思想理论根基，强化了用习近平总书记系列重要讲话精神引领工会改革创新的自觉性和坚定性；认清了工会改革形势，坚定了把工会系统改革纵深推进的信心和决心；交流了特色经验做法，明确了推进工会改革创新的思路和举措。（钟文娜）

【工会学院承办上海工会女职工委员会委员履职培训班】 为进一步研究探索改革背景下上海工会女职工工作，提高工会女职工干部政治理论素养和业务工作水平，9月4—6日，上海工会女职工委员会委员履职培训班在上海工会管理职业学院奉贤校区举办，来自上海市各区、局、产业工会女职工干部近70人参加培训。此次培训的形式生动活泼，在教学过程中采用经验分享和小组讨论的方式充分调动大家的参与热情，还安排了刘长胜故居和中国劳动组合书记部现场教学，取得良好的培训效果。（钟文娜）

【工会学院承办全国工会女职工工作干部培训班】 9月18—22日，全国工会女职工工作干部培训班在学院举办。上海市总工会副主席桂晓燕、全国总工会女职工部副部长王英、学院副院长张炜出席开班式。来自全国各省(区、市)总工会、产业工会副主席、女工部部长共90人参加培训。此次培训课程主题鲜明、内容丰富，参加培训的女职工工作干部都非常珍惜这次学习机会，专心听讲、积极互动、深入思考，为更好地实现女职工工作目标起到了良好的推动和促进作用。（钟文娜）

【工会学院举办首期“企业工会主席领导力训练营”】 9月26日，为期三天的“企业工会主席领导力训练营”开营，来自全市大中型企业的47位工会主席参加了训练营。本次训练营是学院推进工会干部教育培训教学改革的重要项目，是基于上海群团改革“强基层”的指导思想，以打造一支能发挥作用、敢于挑担、积极作为、在职工群众中有影响力和感召力的企业工会主席队伍为基本目标，变“知识讲授”为“能力训练”，变“教师中心”为“共同参与”，变“围绕工会”为“跳出工会看工会”，在教学内容、教学方式和教学组织等方面改革创新工会教育培训。（钟文娜）

【工会学院承办社会化工会工作者初训班】 10月16日，为期一个月的上海社会化工会工作者初训班在学院开班。本次培训班有来自徐汇、杨浦、金山和奉贤4个区共59名新招录的社会化工会工作者。这是社会化工会工作者初任培训改革后的首期培训班。在培训内容上，设置了“职业素养”“工会基础知识”“工会业务”“素质能力”4个模块。在培训方式上，既有课堂教学、模拟训练，还有现场教学及一线工会工作者的经验分享，此外，还安排了走企业、访职工的社会调查实践活动。学员们通过一个月的培训学习，增强了工会意识、了解了工会形势、熟悉了工会业务，为上岗后的工作打下坚实的基础。（钟文娜）

【工会学院承办上海工会学习贯彻党的十九大精神专题研讨班】 12月20—21日，上海工会学习贯彻党的十九大精神专题研讨班在学院奉贤校区举办，市总党组、主席室领导，各区局(产业)工会、市总工会机关部(室)、市纪委驻市总机关纪检组、市总直管单位党政主要负责人共130余人参加了研讨班。市总工会党组书记、主席莫负春作首场主题报告，强调认真学习、广泛宣传、坚决贯彻党的十九大精神是各级工会组织的首要政治任务和工作主题。他要求各级工会做到：学习领会党的十九大精神，切实把握新时代工会事业发展的新要求；加强和改进新形势下党的群团工作，保持增强工会组织的政治性、先进性和群众性；提高群众工作本领，为提高党的执政能力和领导水平做出贡献。（钟文娜）

【工会学院与中国劳动组合书记部旧

址陈列馆共建工会干部培训基地】7月7日，上海工会管理职业学院与中国劳动组合书记部旧址陈列馆举行了共建“上海工会干部教育培训基地”签约揭牌仪式，学院党委书记王厚富、副院长张炜、教学部部长张荣富，静安区文物史料馆副馆长钱玮、党支部副书记马菁苒等出席仪式。共建工会干部教育培训基地，有利于工会干部进一步了解中国工会的发展脉络，增进新形势下工会工作的荣誉感、责任感与使命感，为提升工会干部教育培训的实效起到积极的作用。（钟文娜）

【工会学院与长白新村街道总工会共建工会干部培训基地】 10月20日，上海工会管理职业学院与杨浦区长白新村街道总工会共建“上海工会干部教育培训基地”举行签约揭牌仪式。杨浦区总工会副主席陈梗宝和学院副院长张炜共同为基地揭牌。接下来，学院将与长白新村街道总工会精诚合作、携手努力，发挥好、整合好、运用好现场教学基地的优秀资源，推广长白新村街道总工会非公企业工会改革的实践经验，扩大影响力。同时，改革创新学院工会干部教育培训的教学内容和教学方法，为上海甚至全国各地的工会干部培训提供更有特色的培训资源。（钟文娜）

【工会学院与黄浦区南京东路街道共建工会干部培训基地】 9月13日，上海工会管理职业学院与黄浦区南京东路街道总工会举行了共建“上海工会干部教育培训基地”签约、揭牌仪式。南京东路街道地处上海市核心区域，是上海非公企业工会改革的试点单位，工会工作特色鲜明、成绩卓著，有着优良的教学基础条件。教育培训基地的正式挂牌，将促进双方进一步交流合作、互利共赢，为提升上海工会干部教育培训实效发挥巨大地推动作用。（钟文娜）

【工会学院与富士康（松江）科技园工会共建工会干部培训基地】 11月30日，上海工会管理职业学院与富士康（松江）科技工业园工会举行了共建“上海工会干部教育培训基地”签约、揭牌仪式。学院在寻求工会干部教育培训基地共建单位中，最难的共建对象是非公企业，这也是全国性的难题。与富士康（松江）科技工业园工会共建培训基地，填补了学院教学实践基地中缺乏非公企业的空白，使教学实践走进更深、更广的领域，夯实了教学研究的实践基础。（钟文娜）

【工会学院2门课程荣获全国工会干部教育培训精品课程】 在全国总工会干部教育培训精品课程评选中，学院金世育老师的“职工之家‘标准化’建设（微课程）”和徐迟老师的“中国工人运动的重要事件”2门课程，分别获得基层组织建设类、其他类精品课程。上海工会管理职业学院按照《2016—2020年全国工会干部教育培训规划》要求，积极推进精品课程建设，以精品课程建设为抓手，深入研究工会干部教育培训课程建设的规律和特点，构建富有时代特征和实践特色、务实管用的工会干部教育培训课程体系。（钟文娜）

【市职工援助中心组织常态化业务培训】 2月23日，根据中心领导建设学习型组织的要求，由综合办公室牵头，中心七部门共同参与的“每周一讲”业务培训活动启动。第一场培训主题为《当职工休假遇到法定节假日》，由法律事务部从来访的热点问题中挑选出这一职工切身的话题。将详实的法规法条结合生动的实际案例，全面阐释了《当职工休假遇到法定节假日》理解误区和解决方法，引发参加培训员工课上的积极反响和课后的热烈讨论。活动旨在提升援助中心职工业务水平，加强各部门工作交流。（竺烨岚）

机关建设

【概况】 2017年，市总机关系统党组织以党的十九大精神和习近平总书记系列讲话精神为指导，按照市总党组和市级机关工作党委的要求，围绕工会主业主责，落实“服务中心、建设队伍”两大任务，按照“讲政治、强思想、严纪律、转作风、重实效”的工作思路，推进机关党建取得新成效。一是把政治建设摆在首位，认真学习宣传贯彻党的十九大精神。通过领导上党课、中心组学习、辅导报告、支部学习等，进一步领会精神，指导实践。积极开展“不忘初心，牢记使命，贯彻落实党的十九大精神”学习实践活动，把党对工会工作的要求，转化为服务职工的措施。二是扎实推进“两学一做”学习教育常态化制度化。制定实施方案，提出深学、实做、真改的要求和25项任务清单，并在机关系统广泛开展“争当工会改革实干家，争做职工信赖娘家人”主题活动，机关系统进一步加强作风建设，建立《市总工会机关领导干部直接联系基层和职工工作制度》，提出“六个一”工作任务，形成了下基层、访职工、办实事、做调研的常态化制度化工作模式。三是贯彻全面从严治党要求，推进党风廉政建设。召开市总机关系统党风廉政建设大会，部署年度重点任务。市总党组成员带头与分管部室、直管单位开展集体廉政谈话，构建一级抓一级、层层抓落实的责任体系。落实中央八项规定精神，持之以恒纠正“四风”；全面梳理排查廉政风险点，明确风险防控措施；完成市委巡视整改任务，强化日常监督检查。（黄建军）

【认真学习宣传贯彻党的十九大精神】 市总机关系统各级党组织将学习贯彻党的十九大精神与中央市委对群团改革的要求结合起来，与“两学一做”学习教育常态化制度化结合起来。一是注重示范引领。市总党组和直管单位各级理论学习中心组把学习党的十九大精神作为重中之重，坚持先学一步，学深一层，为广大党员作出表率。十九大代表、市总党组书记、主席莫负春和十九大代表、副主席李斌为工会系统广大党员干部职工宣讲党的十九大精神，为机关系统党员上党课，畅谈学习体会和履职感受。二是开展学习培训。机关系统党组织通过多种形式组织党员认真学习宣传党的十九大精神，切实学懂弄通实做。市总党组举办了“上海工会学习贯彻党的十九大精神专题研讨班”，直属机关党委组织处以上干部参加市级工委培训班等。各级党组织还通过形式多样的主题党日活动，组织党员深入学习，重温入党誓词，坚定理想信念，强化宗旨意识，以党章规范言行。三是坚持学用结合。机关系统党员干部牢

市总工会机关系统党组织组织党员认真学习宣传党的十九大精神 （黄建军）

固树立“四个意识”，自觉维护以习近平同志为核心的党中央权威和集中统一领导，坚定自觉地把十九大精神贯彻落实到工会发展改革实践中。围绕中心任务，不断提高专业能力，在服务改革大局中走在前，作表率。 （黄建军）

【深入推进“两学一做”学习教育常态化制度化】 一是强化思想引领，在深学上常态化制度化。市总党组制定了《关于市总机关系统推进“两学一做”学习教育常态化制度化的实施方案》，各级党组织结合实际，认真抓落实。坚持读原著、学原文、悟原理，重点学习党章党规、党的十九大、市第十一次党代会等重要会议精神和习近平总书记对工会工作发表的重要讲话、作出的重要指示，用党章党规规范党组织和党员行为，用习近平新时代中国特色社会主义思想武装头脑、指导实践、推动工作。二是以开展“双争”活动为抓手，在实做上常态化制度化。认真贯彻落实群团改革精神，坚持在转职能、转方式、转作风中有新作为，开展“争当工会改革实干家，争做职工信赖娘家人”主题活动，市总机关系统党组织和党员干部立足本职岗位，热情服务职工，根据职工需求，开展综合服务，创新建设“网络化、多元化、精准化”职工服务体系，通过“互联网+”平台为全市职工提供全方位、全天候服务，增强职工群众的满意度和获得感。三是运用重要途径，在真改上常态化制度化。通过组织生活会、民主生活会等党内政治生活，认真查找问题，分析原因，制定整改措施，在问题面前做到“真改、早改，改出成效”。 （黄建军）

【建立机关领导干部联系基层工作制度】 为深化机关系统作风建设，树立以职工为本思想，市总机关部（室）党员干部认真落实《上海市总工会机关领导干部直接联系基层和职工工作制度》，按照“建立一个基层工作联系点、结对一名困难职工、开展一天岗位体验活动、召开一次意见征集座谈会、完成一篇调研报告、做好一本工作记录”要求，深入基层调查研究，建立工作项目源于职工需求、工作措施契合职工实际、工作成效由职工评价的工作机制。经过努力，市总机关党员干部基本形成了下基层、访职工、办实事、做调研的常态化制度化工作模式。部分直管单位也参照市总机关联系基层制度要求，加强与基层工会和职工群众的联系沟通，使工会工作更接地气，更受职工群众欢迎。 （黄建军）

【党代表推荐选举工作】 认真完成党的十九大代表推荐提名和市第十一次党代会代表选举工作。市总机关系统各级党组织和党员以高度的政治责任感和历史使命感，严格按照市委、市级机关工作党委工作要求和规定步骤，认真行使党章赋予的权力，充分发扬党内民主，圆满完成党的十九大代表推荐提名和市第十一次党代会代表选举工作。其中，莫负春当选为党的十九大代表；莫负春和丁巍当选为市第十一次党代会代表。 （黄建军）

【召开市总机关系统党风廉政建设大会】 2月9日，市总工会召开机关系统加强党风廉政建设大会，传达学习韩正书记在市纪委全会上的讲话精神，部署2017年市总机关系统党风廉政建设工作。会上，市总工会党组书记莫负春强调，要深入学习贯彻党的十八届六中全会精神，营造风清气正的政治生态，把握好全面从严治党的

4月6日，市总工会直属机关党员代表大会召开 （黄建军）

主题和精髓，各级党组织要切实担负起主体责任，驰而不息纠"四风"，严格执行中央八项规定精神，防范隐形变异新情况，巩固市委巡视整改成效，防止问题反弹，健全长效机制。同时，切实加强党内监督，用好监督执纪"四种形态"。市总工会党组副书记、副主席肖堃涛主持会议。市纪委驻市总机关纪检组组长高黎萍肯定市总机关系统各级党组织在履行全面从严治党主体责任方面取得的显著成效，提出了2017年纪检工作要求。会后，市总党组成员同分管部室负责人和直管单位班子成员进行集体廉政谈话，层层落实责任，形成纵向到底、横向到边的责任体系。 （黄建军）

2月9日，市总工会机关系统加强党风廉政建设大会召开 （吴良荣）

【党组开展专项巡察工作】 为进一步落实全面从严治党主体责任，巩固深化市委巡视整改成效，市总党组会同派驻纪检组对4家直管单位工会学院、市工人文化宫、劳动报社、海鸥集团党组织开展了专项巡察。市总党组对此专门成立市总巡察工作办公室，常设于直属机关纪委，并制订下发《2017年度市总机关系统专项巡察工作思路》。2017年巡察的范围为市委专项巡视中合并巡视和延伸巡视的直管单位。党组抽调相关人员组成巡察组，针对被巡察单位的实际情况，围绕4个重点开展巡察工作：一是被巡察单位执行中央、市委和市总党组决策部署情况；二是加强党的建设情况；三是遵守党规党纪和中央八项规定精神情况；四是落实市委巡视整改情况等。通过专项巡察，认认真真查找问题，实事求是提出问题，立足长效解决问题，有力地推动被巡察单位各项工作的发展。 （黄建军）

【闵行区总工会项目化推进创先争优党工共建】 2017年，闵行区继续深化"创先争优党工共建"项目化工作，充分发挥"党建带工建"联动机制的作用。坚持"党建带工建、工建服务党建"原则，扩大党建和工建的协同效应，形成资源共享、人员交叉、阵地共建、活动联办的工作格局。各街镇、委局工会共申报"创先争优党工共建"项目32项，项目内容涉及提升党工组织活力、职工文体活动及素质提升、劳动关系和谐企业和文明单位创建、职工心理援助及志愿者服务等多个方面。区总工会组织专家对各项目进行评审和点评，以示范项目和优秀项目树立党工共建工作的典型。 （兰 奇）

【嘉定区总工会召开推进会落实"四责协同"机制】 6月9日，嘉定区总工会召开落实全面从严治党"四责协同"机制建设工作推进会，对党委主体责任、纪委监督责任、党委书记第一责任、班子成员一岗双责"四责协同"机制在全面从严治党征途中探索新路径、实现新作为、树立新标杆进行全面部署。嘉定区副巡视员、总工会主席陆晞出席会议并讲话，嘉定区总工会党组书记、常务副主席金伟荣主持会议，嘉定区总工会领导班子成员、部室、直属单位负责人参加会议。陆晞对落实"四责协同"机制，进一步推进嘉定区总工会全面从严治党工作提出要求。会议传达区委书记马春雷在嘉定区落实"四责协同"机制实现全面从严治党新作为工作推进会上的讲话精神，并对《嘉定区总工会关于全面从严治党"四责协同"机制建设的实施方案(试行)》进行解读。会上党组书记与班子成员，班子成员与分管部室、直属单位负责人分别签订《履责项目责任书》。 （黄点点）

【崇明区总工会成立党总支】 10月24日，崇明区总工会召开党总支部成立选举大会，选举产生书记、副书记和委员。根据党员大会选举结果，任瑛、黄晓、黄益民3人当选为党总支部委员，王可杰当选为党总支部书记，秦春华当选为党总支部副书记。成立后，党总支由4个党支部组成，共有52名党员。 （秦春华）

【中国宝武评选工会最佳实践案例】 为更好地推进工会工作创新开展，集团公司工会对各单位工会申报的特色工作成果组织了评审，在相关部门评价的基础上，经中国宝武工会全委(扩大)会无记名投票评选：武钢集团工会的《全员参与岗位安全风险描述，提升安全本质化水平》等11个项目被评为"2016年度工会最佳实践案例Top-Ten"；宝钢股份工会的《开展班组降本主题竞赛，促进现场成本改善》等11个项目被评为"2016年度工会最佳实践案例Top-Ten提名"。 （李士伟）

【中国宝武开展"好工会"评选】 5月19日，在各二级单位工会"本级自评"、基层一线职工与工会工作者的"会员评价"、集团公司工会各有关部门"专业评价"的基础上，经集团公司工会常委会无记名投票评选，宝钢股份、韶关钢铁、宝钢化工、宝钢金属、宝钢工程、宝钢发展6家二级单位工会获评2016年度集团公司"好工会"，八一钢铁等11家二级单位工会获评2016年度集团公司"较好工会"。 （李士伟）

7月17日，市工人疗养院第五届工会换届选举会员大会召开 （曹 雷）

【上港集团工会制订《上港集团工会议事规则（试行）》】 为进一步推进上港集团工会两级组织工作的制度化、规范化建设，上港集团工会于3月制订并下发《上港集团工会议事规则（试行）》，对集团和直属基层单位工会通过召开工会委员会会议、工会主席办公会议和工会经费审查委员会会议审议工会系统重要工作事项，提出明确要求。集团直属41家基层单位工会中26家对照集团要求制订本单位工会的“议事规则”，15家执行集团制定的“规则”。同时上港集团工会组织开展“议事规则”执行情况的专项督查，以自查加抽查的形式促进“规则”的进一步落实，严格要求规范重大事项的议事流程，查找短板完善不足。“议事规则”的制订与执行使上港集团两级工会组织的制度建设更加完善。 （张 容）

【上海金融系统召开“贯彻党的十九大精神 深化群团工作改革”推进交流会】 12月28日，上海金融系统召开“贯彻党的十九大精神，深化群团工作改革”推进交流会。市总工会巡视员何惠娟，团市委副书记刘伟出席会议并讲话，市金融党委副书记姚嘉勇主持会议并讲话。金融系统80余家单位党委分管领导、工会负责人及团组织负责人共200余人参加会议。何惠娟和刘伟对金融系统群团工作给予了充分肯定，对进一步加强系统工会和共青团建设提出希望和要求。会上，上海农商银行党委、太平洋集团财产保险公司工会、申万宏源证券股份有限公司团委3家单位做了交流发言，还举行了“上海金融APP（职工家园）”正式开通上线仪式。

（凌小幼）

【中国商飞公司工会加强能力建设】 2017年中国商飞公司工会重视能力建设，采取了多项措施。一是组织工会干部外出学习交流，扩大眼界，学习先进；二是评选工会优秀工作者、工会之友、工会积极分子，激发工会干部的工作积极性；三是评选工会优秀理论研究成果，开展2017年工会重点课题调查研究工作，不断提高工会干部的理论和实践水平；并以上海市职工队伍大调查为契机，以问卷调查、访谈、座谈等形式，开展公司职工队伍状况调查；四是收集公司及所属各单位工会56个典型工作案例，汇编成册，展示了十八大以来公司工会围绕建设大飞机“创新之家”“先进之家”“温暖之家”“文化之家”“职工之家”等方面取得的典型成效，较好地提高了工会组织和工会干部的能力。 （阎 超）

【市工人疗养院委员会召开第五次党员大会】 中共上海市工人疗养院委员会第五次党员大会于5月31日召开。大会通过无记名差额选举方式，选举王晓军、吕筑树、陈燕、陈卫军、唐文璟等5人为工疗第五届党委委员，卜晨晖、王珏、陈卫军等3人为工疗第五届纪委委员。会后，分别召开了中共上海市工人疗养院第五届委员会第一次全体会议，中共上海市工人疗养院第五届纪律检查委员会第一次全体会议。陈燕当选第五届委员会书记，陈卫军当选副书记、纪律检查委员会书记。 （王 珏）

【市工人疗养院召开第五届工会委员会换届选举大会】 7月17日，市工人疗养院召开第五届工会委员会换届选举会员大会。市总工会机关系统工会主任夏勇出席大会指导工作。党委书记、副院长、工会主席陈燕代表第四届工会委员会向大会作第四届工会委员会工作报告。大会采用无记名差额投票方式，选举出吕筑树、苏晶、徐璟、时小林、梁栋5人为第五届工会委员会委员，苏晶、杜君、高斑烨3人为第五届工会经审委员。会后，分别召开上海市工人疗养院第五届工会委员会、工会经审委员会第一次全体会议。吕筑树当选工会主席，苏晶当选工会经审委员会主任。 （梁 栋）

理论研究

综　述

2017年，市总工会聚焦产业工人队伍建设、职工队伍状况调查等重点工作，认真组织实施课题调研及调查研究、理论研究等各项工作，充分发挥了工会调研工作在服务工会全局中的重要作用。一是做好产业工人队伍建设改革专题调研及实施意见起草工作。为深入贯彻落实中共中央、国务院《新时期产业工人队伍建设改革方案》精神，在市委、市政府的领导下，市总工会牵头制订本市贯彻落实工作方案，明确了工作的基本思路和目标要求。根据工作方案部署，市总工会会同市委组织部等有关部门开展专题调研，深入了解产业工人队伍建设发展现状及存在的瓶颈难题，形成系列专题研究报告。在此基础上，市总工会会同市人力资源社会保障局等成立文件起草小组，研究形成《关于推进新时期上海产业工人队伍建设改革的实施意见(送审稿)》。二是组织开展2017年上海职工队伍状况大调查。根据近五年上海职工队伍发展变化特点和态势，制定调查工作计划和方案，明确调研各课题和实施办法，设置了“1(总课题)+7(分课题)+6(职工群体专题调查)+4(专项工作调查)”的课题体系；召开动员部署会，并加强与参与课题调研的市总工会各部门、直管单位及各区局(产业)工会的联系和协调，举全会之力予以推进；规范开展调查工作，调查过程中综合采取了抽样调查、典型调查等各种方法，形成阶段性调查成果。三是为进一步深化工会改革创新提供理论和决策依据。以加强国企党建和深化国企改革为契机，会同市委组织部等有关部门，经反复研究、谋划并听取各方意见，形成《新形势下加强和改进本市国有企业工会工作的指导意见》；积极参与非公企业工会改革，做好全国工会推广上海顾村经验观摩交流会相关文稿起草工作；积极参与服务职工经费保障、工会经费监督体系改革等相关政策研究工作，努力为领导决策服务。四是统筹做好其他相关工作。认真做好重要文稿起草、内刊采编、工会统计、工会年鉴、《上海工会志》编纂等各项工作，为服务工会全局工作作出积极努力。（崔校军）

【概要】 2017年是五年一次的全市职工队伍状况调研之年，结合本次大调查，市总工会制订整体工作方案，设置“1+7+6+4”的课题体系予以推进。一是总课题。立足政治、经济、文化、社会、生态建设及改革开放大背景，全面研究自2012年以来，伴随着经济体制、社会结构、改革开放、科技发展和人们思想观念的深刻变革，上海职工队伍的总体状况、内部构成、阶段性特点及发展态势，深入研究职工劳动经济、民主政治、精神文化、社会保障等各项权益的实现状况及面临的问题，提出加强职工队伍建设的各项对策建议。二是分课题。明确由市总领导牵头、市总各部门分工负责，开展关于劳动关系发展变化及工会维权机制建设状况、科创中心建设背景下工人阶级主力军作用发挥状况、职工思想状况、职工劳动经济权益实现状况、工会组织建设状况、工会干部队伍状况、区域化工建问题等7项课题的研究工作，为深入了解职工队伍发展变化情况、推动工会进一步改革创新夯实理论基础。三是职工群体专题调查。确定产业工人队伍状况调查、劳务派遣和项目外包职工队伍状况调查、“网约工”群体状况调查、外来务工人员队伍状况调查、小微非公企业职工队伍状况调查、上海自贸区职工队伍状况调查等6项课题，由工会管理学院及部分区局(产业)工会各自牵头组成联合调研组，深入开展专题调查工作。四是专项工作调查。由市总工会相关部门及市总工会女职工委员会办公室牵头，就加强和改进国企工会工作、深化上海工会改革及针对本市行业工会建设情况、全面二孩背景下女职工权益实现状况等开展调研，取得积极进展。（武吉波）

1月30日，上海职工队伍状况调查成果汇报会举行　（陈　蓓）

【上海职工队伍发展状况调研报告】 由市总工会研究室承担并撰写调研报告，是2017年上海职工队伍状况调查总报告。报告从职工队伍规模、素质提升、就业分布、就业形式、劳动经济权益、政治文化权益、劳动关系、对工会组织认可度等8个方面着手，回顾总结了近年来上海职工队伍发展状况及主要特点。在此基础上，又从就业存在结构性矛盾、用工模式不断创新发展、收入差距现象仍然突出、思想凝聚工作难度加大、劳动关系矛盾多发易发、部分职工获得感幸福感不强等6个部分切入，论述了上海职工队伍建设面临的主要问题和挑战。最终，提出了新形势下加强上海职工队伍建设的6大对策建议，即：坚守意识形态主阵地，大力加强职工思想政治工作；全面提升职工队伍整体素质，有效应对就业结构性矛盾；加强对劳动关系的研判，切实维护职工合法权益；维护劳动收入主体地位，不断提升职工群众获得感；提升公共服务质量和水平，持续增强城市吸引力；加强党的群团组织建设，提升工

会群众工作能力。（武吉波）

【关于推进上海产业工人队伍建设改革的调研报告】 由市总工会研究室牵头组成课题组，承担并撰写调研报告。报告总结梳理了上海产业工人队伍现状，并从加强顶层设计、加强党建工作、加强职业教育和培训、加强社会保障、加强和谐劳动关系建设、加强舆论氛围营造、加强先进典型选树等方面论述了上海产业工人队伍建设总体情况。在对上海产业工人队伍建设存在的主要问题进行深入剖析的基础上，提出了推进上海产业工人队伍建设改革的几点思考及总体考虑、重点举措、组织保障措施。其中，重点举措主要包括5个方面，即：加强政治建设，团结带领广大产业工人听党话跟党走；维护产业工人劳动经济权益，构建和谐劳动关系；提高职业教育和培训质量，提升产业工人的技术技能素质；增强产业工人职业发展能力，打造立体化职业发展空间；优化社会公共服务，满足产业工人不断增长的服务需求。（武吉波）

【关于本市劳动关系发展变化及工会维权机制建设情况的调研报告】 由市总工会劳动关系工作部承担并撰写调研报告，是2017年上海职工队伍状况调查分课题报告之一。报告从总体判断及近年来上海工会维权机制建设状况着手，梳理了5年来本市劳动关系基本情况。在对当前和今后本市劳动关系面临的挑战进行深入分析的同时，从源头参与机制、职工诉求表达机制、利益协调机制、矛盾调处机制等方面，对上海工会现行维权机制进行了反思。最终，对工会维权机制建设提出4大对策建议，即：加强源头参与工作机制建设，推动全方位、社会化的维权工作，着力解决工会维权基础薄弱问题；畅通职工诉求表达机制，着力解决职工民主权利落实问题；完善利益协调机制，解决劳资双方力量失衡问题；深化矛盾调处工作机制，着力解决全面深化改革过程中的社会稳定问题。（武吉波）

【关于科创中心建设背景下上海职工主力军作用发挥状况的调研报告】 由市职工技协服务中心承担并撰写调研报告，是2017年上海职工队伍状况调查分课题报告之一。针对科创中心建设对上海职工主力军作用发挥提出的新要求，报告首先对科创中心建设背景下本市职工技术技能提升、群众性技术活动状况进行了梳理。在此基础上，总结梳理了上海工会发挥职工主力军作用、推动职工科技创新存在的主要问题及原因，并提出了4方面的对策建议，即：加大资源整合，完善政策保障；加强载体建设，拓宽职工成长成才通道；聚焦园区、非公企业和农民工，提升职工创新能力和职业水平；推进激励机制建设，完善创新服务体系。（武吉波）

【上海职工思想状况调研报告】 由市总工会宣传教育部承担并撰写调研报告，是2017年上海职工队伍状况调查分课题报告之一。报告介绍了本次职工思想调研的基本情况，并从政治思想层面、培育和践行社会主义核心价值观层面、企业精神文明建设和职工精神文化权益保障层面对上海职工队伍思想状况进行了总体评价。在对职工思想状况存在的主要问题进行详细梳理并对问题背后的成因进行详细分析后，提出了加强职工思想工作的若干对策建议，主要包括：进一步加强工会的意识形态工作，进一步加强劳模精神、劳动精神、工匠精神的宣传引领，进一步加强网上工会建设等。（武吉波）

【关于本市职工劳动经济权益实现状况的调研报告】 由市总工会权益保障部承担并撰写调研报告，是2017年上海职工队伍状况调查分课题报告之一。报告首先进行了现状分析，指出本市职工劳动就业权益基本得到实现、劳动报酬权益基本得到满足、社会保障权益基本得到覆盖、劳动保护权益基本得到保障。同时，从就业歧视等入手，梳理了职工劳动经济权益实现中存在的一系列问题，并且从思想认识、机制建设、工会运作、服务项目等方面详细分析了制约本市职工劳动经济权益实现的各种因素。最后，提出了4方面的对策建议，即：抓宣传指导，搭好四种平台，不断增强职工权益维护的主动性，解决“愿不愿”的问题；抓源头参与，建好四种机制，不断增强职工权益维护的规范性，解决“敢不敢”的问题；抓服务项目，塑好四种维度，不断增强职工权益维护的常态性，解决“能不能”的问题；抓队伍建设，扮好四种角色，不断增强职工权益维护的实效性，解决“会不会”的问题。（武吉波）

【关于上海工会组织建设状况的调查报告】 由市总工会基层工作部承担并撰写调研报告，是2017年上海职工队伍状况调查分课题报告之一。报告对近年来尤其是群团改革以来上海组织状况进行了调查研究，归纳梳理了上海工会组织建设取得的主要经验和成果，认真分析了新形势下本市工会组织建设面临的挑战，特别是工会组织建设中存在的短板和问题，在此基础上提出了进一步加强工会组织建设的意见和建议，主要包括：坚持依法建会，提升工会组建效率；优化工会组织体制，适应新时代工运事业发展需要；坚持创新方式，增强工会组织覆盖有效性；坚持干部队伍建设，提升发展工会事业能力；坚持服务基层，增强工会组织活力。（武吉波）

【关于上海工会干部队伍建设的调研报告】 由市总工会组织部承担并撰写调研报告，是2017年上海职工队伍状况调查分课题报告之一。报告首先阐明了新形势下加强工会干部队伍建设的重要意义，接着从市总工会机关干部队伍、区局（产业）工会干部队伍、乡镇街道总工会干部队伍等3方面梳理了本市工会干部队伍的基本情况，以及各级工会在加强工会干部队伍建设方面作出的有益探索和主要举措。在深入分析研究工会干部队伍建设存在的瓶颈和问题之后，提出了4方面的对策建议，主要包括：选优配强工会领导班子和工会干部，深化工会社工队伍建设，加强工会干部教育培训工作，完善工会干部协管制度。（武吉波）

【关于社会治理创新背景下深化新时期上海区域化工建的研究报告】 由市总工会办公室承担并撰写调研报告，是2017年上海职工队伍状况调查分课题报告之一。报告分起始、发展、建制3个阶段对本市区域化工建的实践与探索进行了总结，并从社会化、法治化、智能化、专业化等4个维度审视了区域化工建与社会治理创新融合面临的问题与挑战，最终提出了新时期区域化工建的总体考虑与建议，主要包括：加强对区域化工建与党建、社建等其他工作融合研究；着力探索区域化工会融合的多种实现方式；建立健全新时期区域化工建网格化管理体制机制；发挥工会组织优势，实现工会整体工作与党领导的社会治理大格局有机融合。（武吉波）

【上海产业工人队伍状况调查报告】 上海工会管理职业学院牵头承担并撰写调研报告，是2017年上海职工队伍状况调查职工群体专题调查之一。在本次调查中，上海工会管理职业学院联合杨浦、松江、机电、航天、宝武、上汽与中国商飞工会，对13家企业229名职工开展问卷调查，对65名管理人员、技术人员与一线工人进行个案访谈。报告总结了当前上海产业工人队伍的八个阶段性特征：队伍结构年轻化、知识化、技能化，80后、90后职工成为产业工人主体；产业工人队伍就业较为稳定，就业分布日益多元；劳动时间较长，近六成职工周工作时间超过40小时，八成职工表示自己经常加班；收入水平持续增长，群体分化趋势较明显；社会保障参保率高，养老、医疗、工伤基本保障覆盖率近95%，体检、疗休养等福利待遇享受情况参差不齐；劳资关系较为和谐，民主管理参与渠道较广；普遍看好上海城市发展，高度关注民生问题，高房价为主要生活忧虑；八成以上职工加入工会，对工会工作的评价整体较高。同时，报告分析了产业工人"主人翁"认同感偏低、对工人的职业评价不高、对个人职业发展预期偏低、对岗位满意度评价分化明显等问题。据此，报告提出推进上海产业工人队伍建设的四方面政策建议：一是进一步提升产业工人的政治地位，营造尊重劳动、尊重产业工人的社会氛围；二是构建符合上海实际的产业工人技能形成体系，优化产业工人职业教育、培训的资金保障机制；三是完善产业工人评价、培养和使用机制，畅通职业发展通道，不断提高产业工人队伍的整体素质；四是旗帜鲜明地维护产业工人合法权益，完善落实企业民主管理制度，让改革发展成果更多更公平惠及广大产业工人。（邹卫民）

【上海劳务派遣、项目外包职工队伍状况调研报告】 上海工会管理职业学院牵头承担并撰写调研报告，是2017年上海职工队伍状况调查职工群体专题调查之一。在本次调查中，上海工会管理职业学院联合船舶、港务、运输、电信、医务工会，发放职工问卷380份、对36名劳动者进行个案访谈，召开企业座谈会、职工座谈会12场。报告在对劳务派遣、项目外包制度的源起及发展概况进行梳理的基础上，分析了本市劳务派遣、项目外包职工的阶段性特点：一是呈现"更年轻""更高学历""更多来源""更广分布"的特点，其中从地域上看，外省市劳动者占绝对比例，但来源地更显广泛；从行业分布看，由制造业向服务业拓展。二是在工作方面呈现"主要在一线岗位""工作年限增长""较好权益保障""较高满意度"等特点，其中劳务派遣工一线岗位占比49.1%、项目外包工一线岗位占比56.5%；有近50%的劳务派遣工、近75%的项目外包工在本岗位工作超过5年。三是在生活方面呈现"已婚为主""住房开支高""业余生活单调""城市归属感好"等特点。报告依次分析了两类职工队伍建设中面临的问题，认为对劳务派遣用工而言，使用比例基本用足10%，且需求量大；同工同酬有改善，但存在同工不同福利的挑战；"假派遣、真事实劳动关系"对劳动权益造成损害。对项目外包工而言，问题主要体现在"假外包、真派遣""假外包、真事实劳动关系"对外包工劳动权益造成损害，且项目外包工在工作监管及工作积极性激发上存在难度。据此，报告提出如下意见建议：在价值引领方面，要进一步加强对"劳动光荣"理念的引导；在企业管理方面，要进一步突出"岗位管理"的理念；在工会作为方面，要进一步转向"同工同权"的维护；在职工发展方面，要进一步着眼于以"技能提升"建设队伍。（邹卫民）

【上海网约工队伍状况调查报告】 上海工会管理职业学院牵头承担并撰写调研报告，是2017年上海职工队伍状况调查职工群体专题调查之一。在本次调查中，上海工会管理职业学院联合浦东、长宁、普陀、静安、移动工会，采取召开座谈会、个案访谈、问卷调查、文献调查等方法，对本市网约工集中的网约车、餐饮外卖、快递3类典型行业的基本状况、重点平台企业网约用工情况依次进行了调查分析。调查认为，当前上海网约工队伍基本状况特征为：以年轻男性为主，男性占比超过九成，35岁以下占比超过七成；以外来务工人员为主，占比超过八成；以低学历人员为主，高中、中专及以下学历达85.3%；以低技能、低职称人员为主；以已婚生育家庭为主；以民营企业就业为主；超时工作较为普遍；就业流动性较大；七成受访者为专职从事网约工作；收入满意度不高；社会保障覆盖率较低；职业发展自我预期不高；组织化程度待加强。为此，报告提出规制网约用工的建议：一是完善现行劳动法律体系，对网约用工进行分类规制，即对正当网约用工可从宽规制，对不正当网约用工应从严规制。二是加强政府监管责任，一方面要规范新业态企业履行管理责任，另一方面要加强维护市场竞争秩序和平台数据处理方面的监管。三是加强网约工的职业培训，建立由国家主导、平台企业兑现义务、工会组织适度负担的多元主体支撑培训模式。四是强化企业和行业自律，发挥行业协会对平台企业评估监测的应有作用。五是发挥工会独特作用，从入会方式、建会类型、经费保障、组织管理以及社会保险、权益保障等方面加大工作力度。（邹卫民）

【全面二孩政策背景下女职工生育权益保障状况调研报告】 由市总工会女职工委员会办公室承担并撰写调研报告，是2017年上海职工队伍状况调查专项工作调查报告之一。报告立足全面二孩政策出台等研究背景，梳理总结了上海保障女职工生育权益的主要举措及上海女职工生育权益的保障落实现状，在深入分析女职工生育权益保障面临的一系列主要问题之后，提出了5项建议，主要包括：完善政策法规，保障女职工生育福利待遇；完善生育保险制度，保护女职工和企业双方的利益；加强对二孩职工的支持，减

轻生育二孩的后顾之忧；加强对企业的扶持，减轻企业用工负担；继续做好女职工品牌服务工作，充分发挥工会作用。（武吉波）

【本市行业工会建设状况调查报告】 由市总工会基层工作部承担并撰写调研报告，是2017年上海职工队伍状况调查专项工作调查报告之一。报告梳理了本市行业工会的建设与发展现状，总结了行业工会探索实践与创新成果，提出了行业工会面临的一些问题和挑战，并给出了加强行业工会建设5大对策建议，主要包括：充分认识行业工会凝聚广大职工、维护职工权益、推进工会改革和促进社会经济发展的重要意义；确立行业工会地位，理顺组织体系，明确职能定位，发挥行业工会独特作用；坚持问题导向、实践导向、需求导向，建立符合上海特大型城市需求的行业工会组织体系；加强组织领导，重视自身建设，落实经费和人员保障，切实为行业工会发展创造有利条件；发挥条块联动优势，创新方式方法，推进行业工会建设发展迈上新台阶。（武吉波）

【《嘉定区工会志（1993—2011）》修纂工作圆满结束】 5月19日，嘉定区总工会召开《嘉定区工会志（1993—2011）》修纂总结会，嘉定区总工会主席陆晞出席会议并讲话。本次会议标志《嘉定区工会志（1993—2011）》修纂工作已圆满结束，《嘉定区工会志（1993—2011）》正式出版。《嘉定区工会志（1993—2011）》记述时限上起1993年3月，即上海市总工会同意去嘉定县总工会，建立嘉定区总工会之时，下至2011年12月。志书开头设图片、总述、大事记，正文采用章、节、目依次记述，横排竖写。体裁采用述、记、志、图、表、录诸体，确保以志为主。图片采取集中与分散结合，表格随文插附。会上，工会志编纂人员分别就志书的选材、编辑过程交流了经验和体会。嘉定撤县建区后的第一届区总工会主席和第三、四届区总工会主席作为代表，接受了《嘉定区工会志（1993—2011）》的赠送。（黄点点）

【市化学工会坚持以开展党群共建落实调研课题项目】 2017年，上海市化学工会对下属各单位工会组织状况进行了一次梳理，在梳理的基础上下发调研提纲，并选择部分具有代表性的基层企业，以实地走访的形式进行了专题调研。通过调研，进一步了解掌握了各基层工会组织现状，并广泛听取了各基层单位对进一步加强和改善党对群团工作领导的意见和建议，形成了《坚持党群共建，增强群团工作创新性和实效性》调研报告，报告围绕集团的工作实际和集团工会工作的发展变化，研究了集团工会组织遇到的新问题，对落实好新时期集团工会建设的新要求提出相关建议。（陈晓英）

【市烟草工会深入开展两级专题调研工作】 2017年，市烟草工会结合行业发展面临的客观形势和职工队伍的实际现状，组织各个基层单位工会带着问题、带着需求开展两级专题调研工作。调研重点关注职工队伍素质提升、劳模技术技能引领作用、职工民主权益维护和二、三级工会组织能力建设等，并通过课题实施逐步提高各级工会组织和专兼职工会干部联系实际开展群众工作的能力。本年度，参与调研工作的工会干部和骨干152人，形成调研成果32项。经专家推荐集体讨论，共评出二等奖2篇，三等奖4篇，优秀奖4篇；推荐上级工会参评论文10篇，其中获得上海市经信系统工会调研成果三等奖1篇，优秀奖5篇；上海卷烟厂、海烟物流两家工会荣获烟草工会2017年度调研工作优秀组织奖。（王蓓蕾）

【市教育系统工会理论研究会召开2017年工会理论研究会课题发布咨询研讨会】 1月18日，市教育系统工会理论研究会在秘书处（上海海事大学港湾校区）召开了市教育系统2017年工会理论研究会课题发布咨询研讨会。本次研讨会主要围绕选题思路、研究深度以及实际意义进行展开，总结2016年立项课题和结题论文的可取之处与有待完善之处，提出新形势下工会理论研究的方向及实现目标。经过讨论，专家组针对2017年工会理论研究参考课题提出如下建议：选题与问题的提出要立足于教育系统，不可以将研究方向作为论文标题；在整体方向上加以引导，并细化研究方向为群体研究、专题研究以及系列研究；选题要具有方向性，问题要有实际意义，做到"把握导向，把控质量"。（沈瑶）

【市教育系统工会理论研究会举办工会理论研究课题撰写培训会】 3月18日，市教育系统工会理论研究会在秘书处（上海海事大学港湾校区）召开市教育系统2017年工会理论研究课题撰写培训会。上海市教育系统工会理论研究会专家组专家、申报课题负责人等近90人参加会议。会上，市教育系统工会理论研究会专家从九个方面讲解了工会理论研究课题申报意向书写作的技巧（九宫格写法）。市教育系统工会理论研究会专家详细讲解了课题撰写基本要求，并从字体、字号、行距、对应内容、排版、综合性期刊文献引证技术规范、公文中标题的顺序和具体用法等细节着手对课题报告的格式进行详尽分析。（沈瑶）

【新闻出版工会编印《足迹——调研报告工作成果集》】 年底，为全方位、多视角展现新闻出版系统各级工会在理论调研和工作中取得的成果，新闻出版工会编印《足迹》一书，较为全面地反映了近年来各级工会在推进职工素质工程、开展技术创新、加强"互联网+工会"等方面取得的新成果。（方伟国）

【光明食品集团工会开展"面向产业工人的工会工作"调研报告征集活动】 为进一步贯彻落实中共中央、国务院《新时期产业工人队伍建设改革方案》，更好地帮助各级工会明确新时期产业工人队伍建设改革为什么改、怎么改、通过什么途径改、达到什么目标等一系列重大问题，光明食品集团工会发动广大工会群策群力，开展"面向产业工人的工会工作"调研报告征集活动。征集内容主要是围绕市总工会要求的7大问题展开，包括产业工人思想政治引领，推进职工素质工程建设；健全保证产业工人主人翁地位的制度安排；完善产业工人劳动经济权益保障机制；强化职业教育和职业培训；改进劳动和技能竞赛，创新技能导向的激励机制，加大对产业工人创新创效扶持力度；工会组织在产业工人队伍建设中如何发挥作用等等。征集活动得到了基层工会的踊跃参与，共收到调研报告92份，经过评选，有22篇调研报告分别获得一、二、三等奖。（朱菊英）

【工会学院和劳动报社共同主办网约工权益保障研讨会】 4月6日，由上海工会管理职业学院和劳动报社共同主办的“劳动论坛——网约工权益保障研讨会”在劳动报社召开。此次研讨会旨在讨论网约工的用工规制路径和网约工的权益保障问题，为工会源头参与“网约工”这一新兴就业群体的权益维护、利益保障建言献策，也为工会组织覆盖新兴就业群体提供理论先导和实践探索。来自高校、上海社科院、劳动保障部门、法院、律协劳委会和网络平台的专家学者等10余位嘉宾，结合自身工作实践和理论研究，就网约工的用工规制路径及权益保护问题先后发表自己的观点，并在现场进行交流互动。（钟文娜）

调研指导

【概要】 2017年，为进一步推动工会改革和工会事业的创新发展，市总工会根据区局（产业）工会及基层工会实际情况，通过走访、座谈等各种形式，深入基层一线、深入职工群众，针对深化工会改革、产业工人队伍建设改革、新型就业群体建会入会、行业工会建设、工会参与社会治理创新等重点领域，不断加强对各区局（产业）工会及基层工会的调研指导工作力度，推动各项重点工作落地落细落实，取得显著成效。（武吉波）

【李玉赋一行莅临江南造船调研并慰问劳模和一线工人】 5月26日，中华全国总工会党组书记、副主席、书记处第一书记李玉赋在上海市委副书记尹弘，市总工会党组书记、主席莫负春的陪同下视察了江南造船（集团）有限责任公司，并亲切看望慰问了江南造船劳模和一线技术工人，勉励江南造船的员工们精益求精，发扬工匠精神，造出更好的装备。中船集团党组副书记、副总经理吴永杰，中船上海船舶工业公司党委书记、董事长高烽，中船上海船舶工业有限公司党委副书记、纪委书记、工会主席李煜前等参加活动。（刘亦明）

【邓凯一行参观调研中国劳动组合书记部】 11月9日，中华全国总工会副主席邓凯一行在市总工会副主席桂晓燕、秘书长宋钟蓓、区总工会党组书记、副主席郑志勇等陪同下，到中国劳动组合书记部旧址参观调研。中国劳动组合书记部，成立于1921年8月11日，位于成都北路893弄3-7号，它是中华全国总工会的前身。在1925年5月1日召开的第二次全国劳动大会成立中华全国总工会之后，其工作宣告结束。在这一历史阶段，中国劳动组合书记部帮助工人组织工会，发动和领导工人罢工以及开展反帝、反军阀斗争，在中国共产党历史上，在中国工人运动史上，占有重要的地位。邓凯认真听取中国劳动组合书记部旧址陈列馆的讲解介绍，他提出，要把这个具有十分重要的纪念价值的历史建筑保护好，充分利用劳动组合书记部加强对工人运动历史和劳模精神的宣传，结合静安旧改规划，做好中国劳动组合书记部旧址陈列馆的修缮等工作。（严　琪）

【莫负春调研快递物流企业工会工作】 2月17日，市总工会党组书记莫负春、秘书长宋钟蓓一行赴青浦开展工作调研，重点了解快递物流企业工会工作建设及运转情况。在申通快递总部，市总工会领导与申通、顺丰、圆通企业工会干部进行座谈交流，仔细了解快递行业发展现状、职工队伍情况和企业工会工作开展情况。莫负春强调，要重视、加强工会工作，助推企业发展；要不断探索新的产业形态下工会工作的创新发展，认真做好直属企业工会工作，协助配合地方工会做好加盟店工会组织覆盖和工作覆盖；要探索建立行业性工会联合会，共同推动解决职工权益保护的共性问题。（朱建强）

【莫负春赴市医务工会调研】 2月23日，市总工会党组书记莫负春一行到市医务工会调研和指导。市总工会副主席何惠娟、姜海涛，秘书长宋钟蓓，市总工会办公室、研究室、基层部等部门负责人参加调研。市卫生计生委党委书记黄红出席调研会。市卫生计生委党委副书记、市医务工会主席郑锦全面汇报了市医务工会近几年的工作和成效。市医务工会副主席何园就最近排摸掌握的部分市级医院的护工情况作了专题汇报。莫负春在认真听取汇报之后，对市医务工会各项工作给予了充分肯定。他指出，卫生计生系统是为上海社会发展作贡献的行业，医务职工专业水平高、精英多、人才多，维权需求高。与此同时，医务职工工作强度大、压力大，是工会应该关心关注的重要群体。对今后的工作，莫负春提出5个方面的具体要求：一是要进一步认真学习和贯彻中央群团工作会议精神，积极推进工会工作改革创新，探索并总结形成一套新的、更为行之有效的服务职工的办法。二是要加强对社会主义核心价值观的宣传，大力弘扬医务行业精神。三是要进一步保持和增强工会的主责主业意识，切实代表和维护好医务职工的权益。四是希望医务工会能发挥行业专长，更好地服务全市职工。五是要凸显行业工会特色，将医务工会工作的触角延伸到体制外的民营医院、护工群体等。调研中，华山医院、肺科医院、龙华医院和新华医院工会负责人分别汇报了各院工会的特色工作。（马艳芳）

【莫负春赴崇明调研】 3月3日，市总工会党组书记莫负春到崇明调研，主要听取崇明工会工作的情况以及农民专业合作社工会建设的情况。崇明区委书记马乐声等领导参加调研。莫负春首先听取了崇明农民专业合作社工会建设的情况，之后来到竖新镇沐雨生态农庄，考察合作社的用工情况以及工会工作开展中遇到的问题。（秦春华）

【莫负春一行赴市经信工作系统调研】 3月3日，市总工会党组书记莫负春赴市经济和信息化工作系统调研。市经信工作党委书记陆晓春，副巡视员、系统工会主任陆琪参加会议，并分别介绍了经信工作党委和经信系统工会的工作情况。莫负春充分肯定了市经信系统工会近年来的工作，希望市经信系统工会在党建带工建、工

3月3日，市总工会党组书记莫负春一行赴崇明调研　　（秦春华）

会改革、产业工人队伍建设、参与社会治理创新等方面发挥带头作用。

（黄　俭　顾　捷）

【莫负春赴长宁调研房屋中介企业、IT等行业建会情况】　3月10日，市总工会党组书记莫负春、市总工会秘书长宋钟蓓等一行赴长宁调研房屋中介企业、IT等行业建会情况，听取工作中存在的问题及建议。长宁区委副书记韩志强，区人大常委会副主任、区总工会主席刘英，区总工会党组书记、副主席邱刚等参加调研。莫负春充分肯定长宁工会工作"基础实、标准高、有经验"，并就下一步长宁工会的工作提出要求，希望长宁在党建带工建、改革创新、加强自身建设等方面走在全市前列。同时，希望长宁积极探索工人文化宫全面回归公益，让更多职工群众体验公益服务，从中得到实惠。

（李悦琳）

【莫负春调研虹口工会工作】　3月23日，市总工会党组书记、主席莫负春、市总工会秘书长宋钟蓓一行赴虹口调研工会情况，听取工作中存在的问题及建议。虹口区委书记吴信宝，区委副书记、区长曹立强，区委副书记洪流，区总工会党组书记袁忠民等参加调研。座谈会上，区委副书记洪流介绍了虹口推进群团改革的总体情况；区总工会党组书记袁忠民汇报了工会的主要工作，并重点介绍了虹口金融、航运等行业建会情况；区总工会专、兼、挂职副主席分别从各自分管、协管工作出发，交流工作体会。莫负春充分肯定了虹口工会工作，并就下一步工作提出4点希望：一是要进一步认识工会工作的意义和价值；二是扎实做好基础工作，立足精细化、精致化工作要求，围绕虹口产业结构特点，从小处入手，做到组织覆盖、空间覆盖、工作覆盖、服务覆盖；三是持续推动工作创新，根据虹口区域定位，重点做好金融、航运等行业工会建设；四是将工会工作纳入区域化党建格局，更多引导企业履行社会责任、提供针对性服务。

（徐　洁）

【莫负春调研奉贤工会工作】　4月11日，市总工会党组书记、主席莫负春，市总工会秘书长宋钟蓓等一行来奉调研工会工作。区委书记庄木弟，区委副书记王霄汉，区人大常委会副主任、总工会主席陆建国参加座谈会。莫负春充分肯定了奉贤工会工作"有创新、有经验、有成效、有后发优势"。针对深化工会改革这一工作主线，他提出5点要求：一是坚持党的领导，做实"党工共建"；二是坚持围绕大局，服务区域发展；三是坚持创新发展，走在上海前列；四是坚持品牌建设，提升工作水平；五是坚持职工为本，加强精准服务。庄木弟充分肯定了奉贤工会改革成效，认为"工作扎实，有声有色"。他指出，工会工作是群团工作和区域经济社会发展的关键环节，一是要弘扬劳动精神和工匠精神，将其作为"奉贤美、奉贤强"的重要内容；二是要以《工会法》为基础，不断扩大工会组织覆盖；三是把工会工作作为社会治理现代化、科学化、市场化的重要抓手，发挥群团组织的优势和作用。会后，莫负春一行参观了东方美谷园区，视察了先锋高科技公司工会组织建设。

（薛思涵）

【莫负春调研市总工会援助服务中心工作】　5月19日，市总工会党组书记、主席莫负春带队来到市总援助服务中心调研工作。市总工会秘书长宋钟蓓等陪同调研。莫负春巡视了中心接待大厅及各部门，随后与中心班子成员召开座谈会并提出要求。他指出，随着群团改革方案的实施，援助服务中心作为市总重要的服务支撑载体承担的任务将更多、责任将更重。在今后的工作中，要紧紧围绕服务职工群众、围绕工会工作全局、围绕工作创新调整工作方面下功夫；在整合资源、带动区和基层工会，形成对工会系统的整体支撑方面下功夫；在加强党和自身建设，加强队伍培养方面下功夫；在严格管理、细化制度、狠抓落实方面下功夫。最后，莫负春就如何整合实施市总系统一体化接待平台、如何提高信息化服务水平等提出设想和要求。

（陈乐琪）

【莫负春调研市职保中心、市职保会】
5月19日，市总工会党组书记、主席莫负春在秘书长宋钟蓓等陪同下赴市职保中心、市职保会调研。莫负春一行先视察了互助保障办事大厅，现场观摩了办理参保给付手续的操作流程，随后听取了互助保障工作汇报。莫负春在肯定互助保障工作成效的同时，对今后推动互助保障事业发展提出了几点要求：一要根据时代变化，积极思考推进互助保障工作。包括关注非公企业工会改革，围绕新型就业群体、特殊困难群体，主动调整和创新互助保障项目等。二要不断提高服务水平。在服务方式上、便捷程度上持续优化改进，取得突破，让更多职工感受便利，进一步树立工会良好的社会形象。三要加强自身建设，进一步提高窗口服务水平和业务能力，加强人才队伍建设，努力培养人才，主动引进人才。四要进一步梳理市职保中心与市

5月19日，市总工会党组书记、主席莫负春一行赴市职保中心调研

（顾艳斐）

职保会的关系，既要保持市职保会的独立性，又要严格管理规范，加强外部监督。（顾艳斐）

【莫负春调研金山工会工作】 6月8日，市总工会党组书记、主席莫负春，副主席何惠娟，秘书长宋钟蓓等一行到金山调研工会工作。金山区委副书记程鹏，区总主席朱喜林、区总工会全体班子成员、枫泾镇、漕泾镇相关领导、区纺织行业工会及相关企业人员参加座谈会。莫负春认真听取了区总工会情况汇报、枫泾镇和漕泾镇非公企业工会改革试点工作情况汇报以及区纺织行业工会工作汇报。他充分肯定了金山工会、金山纺织行业工会。并就金山工会工作提出3点要求。一是坚持党的领导，融入区域党建发展格局。二是坚持服务职工，发挥职工群众主体作用，通过社会治理创新发挥工会作用，推动企业自治、行业自治。三是坚持改革，依法改革，聚焦改革重点和改革成效，结合实际，分析差异性，提高改革有效性。程鹏代表区委对市总领导的到来表示欢迎，感谢市总长期以来对金山工会工作的关心和指导，并表示区委将一如既往大力支持区总工会的工作，稳扎稳打，步步为营，做好非公企业工会试点改革工作任务。朱喜林汇报了金山区总工会概况，金山工会改革的特点和成效，以及2017年金山工会重点工作、实事项目及其推进情况。会上，枫泾镇副书记、漕泾镇分别就非公企业改革情况等作了交流汇报。（钱海东）

【莫负春调研嘉定区产业工人队伍建设】 6月28日，市总工会党组书记、主席莫负春，副主席桂晓燕、秘书长宋钟蓓一行来到嘉定工业区，走访调研新时期产业工人队伍建设情况，嘉定区总工会党组书记、常务副主席金伟荣，嘉定工业区党工委副书记陈冬梅陪同调研。在曼胡默尔滤清器上海有限公司，莫负春一行参观了生产车间、职工食堂、职工书屋、妈咪小屋等硬件配备和环境设施，对企业进行了深入了解。曼胡默尔行政方负责人介绍了企业情况和企业文化，工会方介绍了工会在促进企业发展和维护职工权益上所做的工作。金伟荣介绍了嘉定工会职工教育培训情况。座谈会上，莫负春一行与公司行政方、工会方和职工代表围绕“新时期产业工人队伍建设”进行了深入的探讨和交流。曼胡默尔滤清器上海有限公司是汽车零配件企业中的高端制造企业，企业文化中充分展现了以员工为核心的发展理念，在工会活力、培训体系和劳动保障等方面都形成了较好的工作品牌。莫负春要求，公司要在促进企业发展和维护职工权益方面，特别是在职工精神需求、价值需求满足上作更大的尝试和探索，并希望嘉定工业区要尝试和探索在园区层面上整合各类资源，降低企业发展运营成本，提高产业工人幸福指数，实现园区、企业和职工三方受益的发展环境。（黄点点）

【莫负春赴上海船舶调研座谈】 8月10日，市总工会党组书记、主席莫负春前往江南造船（集团）公司调研，就积极贯彻落实中共中央、国务院《新时期产业工人队伍建设改革方案》与上海船舶系统骨干企业的党委、工会负责人进行座谈。市总工会副主席桂晓燕以及中船上海船舶工业有限公司党委书记、董事长高烽，党委副书记、纪委书记、工会主席李煜前等参加座谈。莫负春指出，就产业工人队伍建设改革专门进行谋划和部署，这在我们党和国家的历史上尚属首次，对于

8月10日，市总工会领导赴船舶系统调研座谈《新时期产业工人队伍建设改革方案》贯彻落实情况

（刘奕明）

进一步巩固党的执政基础、实施制造强国战略、全面提高产业工人素质,具有重大而深远的意义。上海船舶系统是我国产业工人的集聚地之一,面对新时期产业工人队伍建设的新任务、新问题,各企业要进一步发挥工会组织"大家庭、大学校、大舞台"的作用,不断提高产业工人的政治地位、经济地位和社会地位,为推进产业转型、建设制造强国作出新的贡献。

(刘亦明)

【莫负春到杨浦调研】 8月25日,市总工会党组书记、主席莫负春调研杨浦工会工作,听取杨浦行业工会建设等工作情况汇报。杨浦区委副书记徐彬出席座谈会并介绍相关情况,麦碧莲作工作汇报,市总工会领导、杨浦区总工会班子成员、杨浦各街道(镇)总工会主席代表、行业工会主席代表20余人参加座谈会。莫负春希望杨浦在创新转型、产业结构调整中开展行业工会建设试点,通过试点推动具有行业特征的工会改革工作。 (张东寅)

【莫负春调研静安区工会文化场馆建设工作】 11月15日,市总工会党组书记、主席莫负春,副主席李友钟等一行4人到静安区总工会调研工会职工文化场馆建设工作。区人大常委会副主任、区总工会主席叶坚华,区总工会副主席谭振勇等陪同调研并参加座谈。莫负春一行实地调研了区工人文化宫、区工人体育场文体场馆的运营情况。座谈中,莫负春对如何适应新形势发展的需要,尽快将职工文化场馆实行公益转型,最大限度地服务好职工、服务好基层提出了要求。他要求工会在满足职工群众需求方面,要从更高的高度和更宽的视野来建设好职工文化场馆,满足广大职工美好生活的需要,并希望静安能继续走在全市的前列。多年来,区总工会每年都按照广大职工群众的需求,组织开展各类文化体育活动,文化公益场地逐年扩大,并打破"围墙",主动将文化活动送进楼宇、送进园区、送进企业,深受广大职工的欢迎。 (蒋康乐)

【莫负春调研城投集团】 12月26日,市总工会党组书记、主席莫负春到上海城投集团环境实业老港基地实地调研。城投集团监事会主席卞百平参加调研并讲话,工会主席徐文专题汇报工会工作。莫负春先后听取了老港基地的情况介绍,实地参观了一二三期填埋场封场修复项目、综合填埋场、再生能源利用中心(一期)以及上海生活垃圾科普展示馆,对老港基地承担确保城市安全运营的重任及对基地内环境改善的项目和生态老港的建设等给予肯定,并对老港运营一线职工群众科创工作给予高度评价。莫负春希望城投集团工会在现有工作的基础上,进一步加强教育和引领,激发职工的主动性、积极性、创造性;进一步提高劳动者的能力和素质,推动岗位创新;进一步加大投入,改善职工生产生活条件;进一步加强区域合作,创新社会治理;进一步创新探索,成为上海国有企业工会工作的领头羊和排头兵。

(陈 骏)

【松江区总工会深入开展产业工人等职工队伍调研工作】 松江区总工会积极参与职工队伍调研工作,完成市总五年一次职工队伍调查,共发放问卷198份,其中职工问卷180份,基层工会主席问卷18份。参与完成区公共服务产业工人主课题,以实地走访、召开专题座谈会和问卷调查三种方法相结合搜集基础数据、整理数据、参与形成调研报告。根据区产业工人总课题调研方案的安排,区总工会承担面向产业工人的工会工作及基础工作的课题调研。调研采取问卷调查、集体访谈和文献研究等3种方法,独立完成区产业工人调查子课题并形成调研报告,从工会组织建设的角度提出了加强产业工人队伍建设对策。

(朱 慧)

【上海建工集团工会对技术工人队伍建设情况进行调研】 围绕贯彻落实中共中央、国务院印发的《新时期产业工人队伍建设改革方案》,建设听党话、跟党走的高素质产业工人队伍的要求,结合市总工会每五年开展一次的上海职工队伍状况调查工作,6月起,上海建工集团工会、人力资源部通过下发近2000份问卷及座谈、研讨等方式,对集团技术工人队伍基本情况进行梳理,对各单位在技术工人队伍建设体制机制、提升队伍素质、培育工匠精神、畅通发展通道、提高经济收益等方面的经验做法以及存在的问题进行梳理汇总,最终形成《上海建工集团技术工人基本状况与工作对策》等调研报告,为进一步维护和发展职工权益、培育和弘扬工匠精神、促进高技能人才队伍建设夯实了基础。

(余轶群)

【市卫生计生系统工会工作理论研究会召开第二十届年会】 7月21日,市卫生计生系统工会工作理论研究会第二十届年会在市疾控中心召开。会议总结2016年度工会理论研究工作、

7月21日,市卫生计生系统工会工作理论研究会召开第二十届年会

(马艳芳)

表彰一批优秀工会理论研究成果，部署下一阶段的有关工作。会上，市卫生和计划生育委员会党委副书记、市医务工会主席郑锦就进一步做好卫生计生系统的工会理论研究工作，提出了3点要求：一是增强“大局意识”，确保工会理论研究保持正确方向；二是力求“三个紧贴”，确保工会理论研究成果转化；三是坚持“多管齐下”，确保工会理论研究水平不断提升。此外，市医务工会副主席何园代表系统工会工作理论研究会作工作报告。市一医院、新华医院、浦东新区医务工会、肺科医院作为获奖代表发布各自最新的调研成果。（马艳芳）

市工运研究会

【概要】 2017年，市工运研究会筹备换届、日常工作两手推进，积极完善规章制度，有序推进课题研究、会员服务等各项工作。一是进一步完善学会组织领导。在挂靠单位上海市总工会的指导下，根据社团管理相关规定，抓紧酝酿调整研究会新一届领导班子架构，加快学会换届步伐。二是进一步完善学会管理制度。根据换届要求及社团内部治理工作的规范要求，进一步对学会规章制度进行梳理完善，为换届做好制度准备。三是配合市总工会组织开展职工队伍大调查工作。形成系列调研成果，为推动工会理论创新、工作创新作出积极努力。四是以课题研究为中心，有序开展学会理论研究工作。包括面向学会各专业学科委员会及其他会员单位，开展研究会年度课题招标立项工作，确立9个招标课题，均形成调研成果，汇编为《2017年工运研究会招标课题调研报告集》。五是继续加强学会建设与会员服务工作。加强专业学科委员会和市工运研究会团体会员管理，推动会员加强理论研究与工作研究；编辑出版内部调研交流刊物《上海工运研究》《上海工运研究·资料专辑》各12期，免费向会员赠阅；积极参加市社联、市社团局组织的各项活动与培训。（邹卫民）

【杨浦区总工会工运研究会深入开展理论研究与课题调研】 立足工会面临的新形势、新问题，杨浦区总工会工运研究会大力推进调查研究和理论创新工作。一是根据年度重点工作，组织实施重点课题调研，引导全区各级工会广泛开展调研，全年共完成调研报告75篇，其中区级层面8篇，行业、街镇、直属工会67篇。二是聚焦非公企业改革、工会维权服务等，开展专题调研，其中长白新村街道总工会开展完成《非公企业工会改革的试点成效与路径创新》，定海路街道总工会开展完成《职工文化活动项目社会化运作模式的探索研究》，区医务工会开展完成《杨浦区公立医疗机构职工满意度调查及对策研究》，区人社工会开展完成《众创空间新型工会组织建设探究》。三是认真组织调研课题评审，对调研课题形成的报告成果，组织专家进行前后三轮评审，对优秀成果进行奖励。四是积极推动调研成果转化，把成果转化为领导决策、工作思路、创新方法，对涉及职工切身利益的问题及时向党委、政府报送；同时，通过市总工会《简报》和《工运理论研究》《杨浦论坛》等载体，宣传推广调研成果。（邹卫民）

【闵行区工会工作研究会聚焦工会改革深化调查研究】 以服务工会改革工作为主线，闵行区工会工作研究会组织力量开展课题调研。一是聚焦改革盲点难点问题，开展职工队伍调研。选取上海吴泾环卫综合服务有限公司作为区域内外来务工人员集中的典型企业开展调研，分析职工队伍的发展状况与趋势特点；落实《新时期产业工人队伍建设改革方案》，承接区委“地方政府如何将公共服务有效向产业人群覆盖，形成促进产业工人队伍建设的地方性扶持政策”专题调研。二是围绕工会改革创新发展目标任务，开展专项课题调研。成立专项课题组，开展园区工会建设情况专题调研，对辖区内有代表性的5家园区进行抽样调研；对颛桥镇非公企业工会改革试点工作进行专题研究，总结经验做法，思考深化对策，以此推动非公企业工会改革向全区拓展。三是规范研究会调查研究流程，下发指导文件，从选题、申报、立项、结题等环节予以规范。2017年，共收集各基层单位上报的调查报告、论文69篇，以此为基础，研究会组织开展论文研讨交流，促进成果转化。（邹卫民）

【纺织工运研究会围绕集团转型发展与职工需求开展调研】 2017年，纺织工运研究会结合集团转型发展、职工民生问题开展课题调研，均形成调研成果与调研报告。其中，围绕集团外贸存量业务转型中员工心态开展专题调研，反映职工诉求，为集团转型决策提供政策参考。开展“生育政策调整后如何帮助青年职工解决后顾之忧”专题调研，形成的报告报送中国轻纺烟草工会。针对纺织系统退休人员多的状况，组织力量开展系列调研，形成“关于加快实施退休职工社会化管理的建议”“关于完善职工医疗互助保险的商榷”“分级诊疗制度之我见”“关于如何丰富老年人精神文化的思考与建议”等论文成果，为纺织工会退管会工作提供借鉴和参考。（邹卫民）

【航天局工会工运研究会加强制度建设优化日常管理】 航天局工会工运研究会在2017年的理论研究与课题研究工作中，完善课题管理，强化自身建设，探索实行工会常委负责制活动形式，将20余家单位分类分块成立课题组，每个课题组明确一个主题，由一名局工会常委担任课题组组长单位，其他研究所、厂作为成员单位。各课题组每月开展一次研讨活动，每次活动明确研讨主题。一年来，形成《打造指尖上的职工之家——上海航天局关于“互联网+工会”的实践与思考》《工会在增强职工技术创新活力中的作用》《新形势下航天企业一线职工身心健康关爱机制的探索与实践》等调研成果，为工会工作创新发展提供理论支撑。（邹卫民）

【运输工会工运研究会抓课题调研促能力提升】 一是强化课题调研规划。年初制订全年理论学习与课题研究计划，围绕群团改革、集团发展、人才队伍建设、工会活力建设等，确立十个大类的课题研究计划。二是成立专题课题组深化调研。由运输工会主席班子牵头，会同相关单位工会主席，成立4个专题调研课题小组，就创新工会工作方式、提升职工整体素质、发挥劳模引领作用、增强基层工会活力开展调研,形成调研报告。三是结合理论学习与课题研究,深化工会干部队伍作用能力建设。先后开展工会法制化建设、劳动保护、和谐劳动关系等主题的专题培训交流,着力提升工会干部服务职工的能力与水平。(邹卫民)

【金融工会工运研究会坚持问题导向深化调查研究】 一是突出重点问题,搞好课题调研设计。结合群团改革、工会改革精神,于年初下发在系统内开展工会课题调研活动的通知,细分35个调研专题,从工会组织建设、职代会建设、企业民主管理、职工素质工程、职工权益保障与需求等方面,聚焦重点、热点、难点问题,开展课题调研。二是坚持上下联动,推动调研深入。结合各级工会的实际,上下结合、点面结合,分层分类开展调研,提升课题的深度与广度。三是注重实践运用,着力实现调研成果转化。一年来,通过调研形成了一批课题成果,编撰形成《在改革创新中前行——金融系统工会优秀调研成果汇编》和《上海金融系统群团工作改革创新优秀工作案例》,并召开成果交流会,为推动工作创新与工作实践奠定基础。

(邹卫民)

【上海大学工会工运研究会整合专家力量提升理论研究水平】 上海大学工会工运研究会充分利用高校多学科阵地优势,整合专家力量,吸收社会学、法学、政治学、经济学、管理学等学科专家、教授共同参与工会调查研究工作,强化学会理论研究科研力量,弥补工会干部自身知识面与理论功底不足的弱势。2017年,申报《教职工法律援助需求及法律援助运行机制研究》课题,被确立为市教育工会委托研究课题。年内,多项理论研究成果获全国、上海市课题项目奖项。此外,作为市总基层调研点事业单位组组长单位,充分发挥牵头作用,开展好基层调研点活动,于10月组织基层调研点事业组各成员单位就"职工队伍与工会工作新情况新特点新问题"进行交流研讨。(邹卫民)

【闵行区召开工会工作研究会年会】 3月10日,闵行区工会工作研究会召开2016年会。区人大常委会副主任、区总工会主席倪学斌出席会议并就进一步推动群团改革新形势下工会研究工作提出要求。会议分析了新形势下工会研究工作的重要性并指出,一要突出重点,加强对闵行经济社会发展状况和趋势的分析研判。各级工会要从职工所需、工会所能出发,找准研究工作的切入点、着力点和落脚点。二要开拓创新,运用新兴理论探索工会工作的内在规律。深入一线职工群众调查研究,使用科学的数据和研究模型,丰富完善工会工作的内涵。三要形成合力,加大对工会系统理论骨干和调研人才的培养。把理论研究同加强学习型、创新型工会建设,培养高素质、专业化工会干部队伍相结合,为做好工会研究工作提供人才保障。会议表彰了2016年度优秀调研报告(论文),浦江镇总工会、区教育工会、上海吴泾环卫综合服务有限公司工会等三家单位进行交流发言。(王 凯)

优秀论文

论文题目:浦东新区工会组织在非公经济党建中的作用研究

作者:浦东新区总工会

内容摘要:报告选取新区内成立时间较长且规模以上的311家非公企业,对非公企业工会在党建中的作用现状、问题与发展策略进行研究。报告认为,当前浦东新区非公企业主对工会、党组织的重要性具有清晰的认识;新区非公经济组织中,普遍建立了工会组织与党组织,初步建立了工会组织和党组织协同互动发展的相关机制。报告指出浦东非公经济工会在党建中发挥作用面临的四方面主要问题:一是非公企业对工会组织、党组织发展的重视程度有待进一步加强;二是近三分之一的非公企业工会组织本身发展力量较弱;三是非公企业工会组织设施不足,与党组织的设施共享、活动同步安排、工作同步检查评比等基本制度有待进一步完善;四是非公企业工会职能过于简单,工会人才储备缺乏、工作积极性不够高涨。就此,报告分别从企业、区总工会层面提出对策建议。在企业层面,非公企业管理者要正确认识工会、党建对企业发展的正向作用,从思想上、行动上给予工会高度的重视;要建立健全有效的工会组织架构、领导体系和制度体系,充分发挥工会对党组织发展的辅助作用和凝聚力;要积极搭建工会、党组织联合共建的平台、载体,实现工会工作与党组织、企业发展目标的高度融合;要全面建立以企业发展愿景为引领、以企业发展成果共享为核心、以职工满意度为标准的工建促党建绩效考核体系。在新区总工会层面,建议进一步发挥工会组织在非公企业党建中的作用,包括:一是全面实施包含工会和党建工作绩效在内的企业资质审查和评优评选新方式;二是从浦东的实际和实效出发,由区总工会与组织部门协调,倡导推行非公企业党组织和工会组织"二合一"新体制;三是区总工会主动与相关职能部门之间建立常态化、规范化的协调机制,力争在城区、园区、街道等多个层面,实现各类党建资源向非公企业工会组织开放共享,实现"党建带工建、工建促党建"的内外跨界衔接;四是根据工建党建联建的新形势和新要求,区总工会联同区委组织部加大对全区非公企业工会干部、党组织书记的培训力度;五是在全区范围内,积极搭建非公企业工建促进党建的跨单位交流展示平台,促进共建经验分享。(邹卫民)

论文题目:杨浦区区域医疗护理机构护工队伍现状调查及做好维权服务工作的建议

作者:杨浦区医务工会

内容摘要:报告选取辖区内15家护工单位,对医疗护理机构中护工队伍的现状、存在的问题进行研究。报告分析认为,杨浦区医疗护理机构护工队伍存在以女性为主、年龄结构偏大、非本市户籍占绝大多数、学历层次整体偏低、持有专业技术证书比例相对较低、队伍流动性较大等特点,与此带来护工队伍整体素质待提升、专业发展不足、工作稳定性较差、队伍管理不够规范等问题。为此,报告提出五方面建议对策:一是提高医疗护理机构工会组织建会率和护工入会率,加强对护工管理公司的监管,更好地维护护工合法权益;二是推进政府有关部门落实工作职责,帮助护工解决工作、发展中的困难与问题;三是切实加强护工专业知识培训,不断提升护工的业务水平与实践能力;四是切实发挥行业工会的作用，促进护工持证和技术技能等级提升；五是各级工会联动推进人文关怀，从工作、生活上给予关心关爱，让广大护工感受到组织的温暖，激励广大护工爱岗敬业。（邹卫民）

论文题目：黄浦区基层服务站的探索与实践

作者：黄浦区总工会

内容摘要：报告以黄浦区首批14家基层服务站为分析对象，对此项工作的探索实践进行归纳分析。报告认为，推进基层服务站建设，是加强基层工会组织建设的重要举措，是创新工会工作平台与活动方式的重要抓手，是创新基层区域化党建的具体实践，是推动解决工会联系服务职工群众“最后一公里”的有效创举。黄浦区基层服务站建设已形成“5+5+5”的建站模式，即五大职责（倾听民声、教育引导、扩大覆盖、服务维权、促进和谐）、五个规范（有服务阵地，保证群众找得到；有服务团队，保证有人办事；有服务规范，保证有序运行；有服务能力，保证工作质量；有服务经费，保证有钱办事）、五张清单（对象清单、需求清单、问题清单、资源清单、项目清单）。但是基层服务站建设运行中仍存在着服务内涵亟需深入挖掘、建设主体需要加入更多社会力量、内在动力需要不断提升等问题。为此，报告就深化服务站建设提出三方面建议：一是整合发挥好辖区党员、群团干部、企业社区资源、社会力量的作用，凝聚力量，构建基层党群共建新格局。二是聚焦社会治理和服务群众，创新工作机制、工作方法、活动模式，推动群众自治，扩大服务覆盖；三是完善管理模式、评价激励机制，加强服务站自身建设，不断打造形成特色阵地。（邹卫民）

论文题目：宝山区工会开展职工维权工作的调查研究

作者：宝山区总工会

内容摘要：报告在对宝山区劳动关系现状、发展趋势及存在困难分析的基础上，就工会在履行职责过程中如何运用科学途径参与维权进行研究。报告认为，从宝山区企业职工权益的整体情况看，劳动合同签订规范性较好，职工认可度高；加班加点情况虽存在，但职工普遍表示能接受；职工法定社会保障福利落实情况良好，部分职工享受补充性保险；大部分企业安全保护义务履行较好；企业职代会建制相对完善，职工民主参与度高；被调查企业86%已建立工会，多数职工对工会工作认同度较高。报告同时分析了当前职工权益维护中存在的问题与不足：协商机制建立相对缺乏，部分企业协商较为形式化；部分企业民主制度操作不规范，职工产生信任危机；一些企业带薪休假制度仍需改进，女职工权益保护状况仍有待提高；福利性活动相对缺乏，补充性保险有待改善。为此，报告提出五方面对策建议：一是加强维权体系建设，加大普法宣传力度；二是提高民主决策与监督，强化女性职工特殊群体利益保护工作；三是加强维权普法宣传工作，着力提升职工维权意识；四是把握好企业发展与职工发展间的关系，为职工维权创设有利环境；五是努力实现工会组织由“活动型”向“维护型”转变，切实履行好工会维权主业主责。（邹卫民）

论文题目：嘉定快递职工职业状况调研

作者：嘉定区总工会

内容摘要：报告采用实地采访、问卷调查、数据统计等方法，对嘉定快递行业职工职业状况进行调研分析。报告认为，嘉定快递业的快速发展带动了嘉定产业转型升级，为劳动者就业提供了大量工作岗位；但因为市场供不应求、行业门槛低的特点，导致快递业偏向浮躁，快递员个人合法权益受到侵犯的现象时有发生。据调查反映，超过九成的快递员每天工作8小时以上，九成快递员每月休息时间少于4天；快递员劳动合同签订率仅达7成、社保参保率明显低于平均水平；快递员月工资收入多在3千至8千之间，且主要靠工时换工资；快递行业尚没有统一的工时制度，相关的补贴差异较大；外省市农业户籍职工是快递员的主力，整体流动性较大；小型快递公司占据一定市场份额，但监管困难等。针对上述问题，报告提出四方面对策建议：一是进一步提高工会组织对快递行业的覆盖面，加快提升快递员加入工会组织的步伐；二是建议联合政府相关部门，共同促进嘉定快递行业协会的建立，有效促进行业发展、维护职工合法权益；三是从行业良性发展角度入手，鼓励各大快递公司尽快走向直营化道路；四是鼓励快递员加强自身学习，不断提升职业素质。（邹卫民）

论文题目：上海钟表制造业职工工资水平调研分析报告

作者：市轻工业工会

内容摘要：报告选择本市具有代表性、运转正常、独立核算、职工队伍比较稳定的20家钟表制造业企业，通过问卷调查方式，对新形势下行业职工工资收入水平状况进行调研，以期逐步在上海钟表行业建立职工工资合理增长的指导建议和上海钟表制造业主要岗位工资水平的发布机制。报告认为，当前上海钟表制造业企业中，工资性支出占企业全部生产成本平均值为31.9%，呈现明显下降趋势；上海钟表制造业企业职工月平均工资虽有一定增长，但仍处于低增长的区间，与本市职工月平均工资增幅仍有一定差距，影响职工队伍特别是专业技术人才队伍的稳定性；上海钟表制造业企业主要岗位职工工资收入虽有所增长，但总体增幅不大；多数企业中职工对本人工资收入水平的认知度较低。针对上述问题，报告提出六方面对策建议：一是强化管理，优化劳动组合，开源节流，提高行业劳动生产率；二是充分利用互联网+钟表、新媒体的优势来改造传统销售市场，提升上海钟表制造业品牌效应，优化创新营销环境；三是建议不断改善行业主要岗位工资水平，进一步提高专业人员、技术人员经济待遇，强化钟表人才建设；四是建立长效工资增长机制和考核机制，在保持企业经济增长的同时，不断完善职工工资增长机制；五是进一步发挥工会组织作用，建立完善民主协商机制；六是加大企业对职工技能培训的投入程度，营造良好的企业文化氛围。（邹卫民）

论文题目：对上海建交行业劳模创新工作室联盟的调查与思考

作者：市城乡建设交通工会

内容摘要：报告就本市建交行业劳模创新工作室联盟创建工作进行总结梳理，提出自2015年起，上海建交行业在全系统200多家劳模创新工作室的基础上，以人才创新、文化创新、项目创新、联盟创新为动力，将单一的劳模创新工作室建设拓展为劳模创新工作室联盟，先后建立了“绿色建筑和建筑节能”“绿色智慧交通”“水生态环境”“绿化市容环卫”“空港社区旅客服务”5个劳模创新工作室联盟，实现了跨行业、跨领域、跨所有制的融合与共享局面。同时，劳模创新工作室联盟发展存在着制约发展的瓶颈问题，包括：目前联盟的组织构成形式多为自主型、松散型的联合，必须依托企业或工作室这样的行政实体，组织形态较模糊；需求目标不一，各形态联盟的功能如何定位仍有待研究；一些联盟多为依赖劳模个人组织活动能力运行，自身创建与运行机制尚未健全。报告从三大方面为进一步推进劳模创新工作室联盟建设提出建议：从联盟致强的可行性方面，提出各劳模创新工作室应做到共享科研资源、分享技术经验、整合跨域资源、拓展社会资源，以岗位相连、职业相关、业务相通为原则，畅通联盟创建渠道。从联盟致强的方向性方面，提出要服务国家发展、行业发展、企业发展，做强劳模创新工作室联盟。从联盟致强的保障性方面，提出要加强党委领导、工会搭台、多方推进，不断整合资源、健全准入制度，形成联盟创建规划标准，不断推动劳模创新工作室联盟的优化发展。（邹卫民）

论文题目：新时代上海航天产业工人队伍建设的路径探析

作者：上海航天局工会

内容摘要：报告围绕如何在上海航天系统加快推进产业工人队伍建设改革进行理论研讨与实践研究。报告认为，党中央、国务院印发《新时期产业工人队伍建设改革方案》，为加快推进产业工人队伍建设改革提供了重大契机和强大动力，要贯彻落实这一改革方案，需把握内涵要义，提高产业工人队伍建设新认识、拓展产业工人队伍建设新境界、肩负产业工人队伍建设新使命，围绕职工素质建设、劳动和技能竞赛、发挥劳模和技师创新工作室作用等方面，在形成机制上下工夫。要落实重点举措，推进改革实践，特别要强化以“信仰、信念、信心、信赖”为重点的“四信”教育、强化以“存在感、成就感、荣誉感、满足感、幸福感”为内容的“五感”获得、强化以“核心要义、根本遵循、有效法宝、关键所在、内生动力、重要抓手”为主线的“六个”环节，坚持国家发展战略与正面价值导向，坚持弘扬工匠精神与工匠辐射效应，坚持创新体制机制与提升职工素质，走出一条符合航天产业特色、务实管用的上海航天产业工人队伍建设路径。此外，工会组织要充分发挥“大学校”作用，着力加强职工思想道德素质、科学文化素质、技术技能素质、科学素质、民主法治素质和健康安全素质，开创上海航天产业工人队伍建设新局面。（邹卫民）

论文题目：建工集团技术工人队伍基本现状与对策研究

作者：上海建工集团股份有限公司工会

内容摘要：报告在对建工集团技术工人进行专题调研的基础上，梳理汇总了建工集团技术工人队伍的基本数据、特征诉求、对企业及工会的感受度和意见建议，以及从企业和工会角度对技术工人队伍建设的理解、思考、做法建议。报告提出，上海建工集团目前有技术工人1308名，主要集中在专业单位，队伍整体呈现缩减趋势。从结构分布看，以一线操作、辅助岗位为主，年龄结构呈现“哑铃型”；在户籍、学历、技能等级等方面，呈现外地户籍多、上海户籍少，基础学历多、高等学历少，初级技能等级多、高级技能等级少，兼职管理多、专职技工少“四多四少”的显著特征。报告认为，在满足建工集团专业发展需要方面，当前技术工人队伍结构还存在技术工人总体数量不足、高技能人才短缺、技术工人职业发展通道不够畅通等问题。为此提出，要以高技能人才培养基地为载体，加强岗位开发和培育；以“劳模创新工作室”为沃土，充分发挥引领辐射作用；以“技能大师工作室”为孵化器，推进高师带徒培育优秀技能工人；以各类技能竞赛为舞台，培养选拔高素质技能人才；以《新时期产业工人队伍建设改革方案》为指引，畅通技术工人发展通道，拓宽技术工人发展空间。（邹卫民）

论文题目：上海出租汽车行业职工队伍状况调研报告

作者：市交通委员会工会

内容摘要：报告对上海出租汽车和网约车驾驶员情况进行调研分析。提出，从总量看，截至2016年底，上海出租汽车行业从业人员为94914人，较上年减少4.2%；从结构看，男性占比高达97.2%，平均年龄约为48岁，初中及以下学历占68.6%，平均工资为11.4年；从劳动与保障状况看，集中表现出工作时间长，工作压力大，工作中存在吃饭、如厕、临时停车“三难”与舒适性较差的问题，总体收入水平较低，但五险一金缴纳、职工休假、教育培训和劳动权益保护方面较为良好。而从上海网约车从业人员队伍状况看，截至2017年5月底，共有14833人以个人身份提交背景审查申请，已有5474人取得从业资格证件。就已受理的1万余名网约车驾驶员情况分析，男性占97.1%，平均年龄42岁，文化程度高中文凭居多，为37.6%，整体工作时长、工作压力比出租汽车驾驶员大，收入低于本市职工平均工资水平，社会保险、福利待遇不够完善是反映的主要问题。报告认为，在行业职工队伍建设中主要存在的问题表现为：尚未成立网约车相关工会组织，驾驶员劳动权益难以得到保障；行业吸引力不足、从业人员大量流失；后备劳动力供给不足、从业意愿下降；驾驶员营运风险逐渐增加，企业经营管理亟待提高。报告建议：探索采取分类纳入的方式，加强网约车驾驶员的建会入会工作；与劳动小时、市职工平均工资水平挂钩，建立基于平均工资浮动的收入增长机制，稳步提高驾驶员实际收入；引导传统出租汽车加快适应“互联网+”发展趋势，提高运行效率，降低驾驶员工作强度；适度放宽对驾驶员的属地限制和年龄限制，拓宽从业人员来源；制订完善驾驶员职业发展规划，打通驾驶员职业发展通道。（邹卫民）

论文题目：医务人员心理健康状况及影响因素研究报告

作者：复旦大学附属肿瘤医院工会

内容摘要：报告对全院职工心理健康及组织状况进行调查分析，认为研究群体职工的个人心理状态得分略低于全国总体水平，表明医务人员心理状况较差，主要表现在医务人员心理压力及身体压力感受均较高，消极情绪、抑郁倾向较高，职业整体枯竭水平较高，个人心理资源水平较低。其中，导致职工产生较大负面心理状态的主要影响因素包括工作负荷、工作要求变化、工作内容、倒班和工作家庭平衡等方面。就不同群体心理状况分析，护理岗位职工、30-39岁的职工群体、初级职称岗位职工以及女性职工，相对于其他类别的职工，其个人心理状态水平及组织态度相对更低，更需要组织管理者重点加以关注。为此，报告提出，要进一步优化工作要求，合理确定工作任务，帮助职工有效缓解职业疲劳与职业倦怠；要丰富工作资源，为职工提供健康、安全、良好的工作环境与配套措施，增强职工对组织的归属感；要推行职工协助计划和心理关爱服务，推动职工对心理健康的关注与了解；要加强对重点群体的重点关注，并提供针对性的心理干预。（邹卫民）

论文题目：上海市行业工会联合会建设探索研究

作者：市经信委工会

内容摘要：报告在对市信息化行业工会联合会开展调研的基础上，梳理上海行业工会联合会建设发展需重点关注的问题，探索提出深化上海行业工会联合会建设发展改革的举措建议。报告认为，行业工会联合会具有联系企业、联系职工、熟悉行业的优势，具有面向整个行业、超越个体企业的利益视野，具有联合行业企业、超越区域局限的服务能力，具有保障维护行业职工权益、促进行业劳动关系和谐的社会稳定功能，加强行业工会联合会组织建设，对于推动行业企业工会二次覆盖、规范行业企业工会工作、保障维护行业职工权益、促进劳动关系和谐、促进行业经济发展意义重大。报告认为，在深化群团改革的背景下，推进行业工会联合会建设必须牢牢把握改革的目标方向，科学把握工会发展与现代企业制度建设的关系，切实尊重企业工会、行业工会联合会特点与个性，注重推进制度、机制和方式方法改革创新。为此报告提出，要加强和改善党对行业工会联合会的领导，探索建立行业工会联合会党组织；要明确行业工会联合会的职能定位，使其成为党组织联系、引导、服务行业职工尤其是非公企业职工的重要阵地和组织依托，成为维护保障行业职工权益、引导促进行业职工发展和企业发展的服务平台和信息枢纽；要改革行业工会联合会运行模式，探索实现地方化、社会组织化、兼职化、专业化；要创新行业工会联合会工作方式，在新型入会方式、职工发展促进、企业发展服务、法律援助服务、劳动争议处理、劳资沟通协商平台、各类工作资源的挖掘与整合等方面，做出符合地域实际、行业实际、职工队伍实际的探索和创新。（邹卫民）

信息 信访 网络

网上工会建设

【概要】 年内,市总工会网宣办统筹协调市总工会重点工作、重大活动和重要会议的新闻发布,组织开展“上海市五一新闻奖”评选工作;及时采编基层工会网上信息,加强上海工会网络舆情检测,组织开展网评员队伍建设;认真做好市总工会网站(www.shzgh.org)、微信、微博、APP等新媒体平台建设及维护等工作,围绕打通服务职工最后一公里,推进网上工会建设。一是运行维护市总工会官方新媒体平台,同时开发建设“申工社APP”2.0。通过强化功能、优化栏目、美化界面、简化操作、深化联动,实现资讯、服务、参与及表达功能,“申工社APP”2.0于7月18日上线推出。截至11月底,累计下载量逾30万。年内粉丝数增长超过10万,绑卡会员数19.8万。二是推出上海工会网上工作行动计划。网宣办根据群团改革要求及全总相关要求,会同市总办公室制定《上海工会网上工作行动计划》,有效推进本市“互联网+”工会工作,推进服务平台和工作平台的无缝融合,构建线上线下深度融合的工会工作新格局,并按计划分阶段实现梯次目标和总体目标,进一步建立健全网上工会平台体系、服务体系和制度体系。三是全面开展“网聚职工正能量争做中国好网民”主题活动。发挥工会系统在网络空间的组织优势和群众资源,大力组织开展职工网络素质教育,加强网络思想引领;举办网上技术创新演练活动,推进素质技能提升;组织网上文化创意活动,弘扬网络空间正能量;培育职工网络宣传队伍,强化网络建设人才保障,培育“有高度的安全意识、有文明的网络素养、有守法的行为习惯、有必备的防护技能”的“职工好网民”。四是协助全总组织参与“第四届国家网络安全宣传周”,并在宣传周内,承办“网络、劳动与政治安全——移动互联时代的挑战与责任”论坛”和个人信息保护日“全国个人信息保护宣传‘12351’计划启动仪式暨上海市网络安全宣传进企业”活动。五是配合市网信办,共同开展网评员队伍建设。继续密切关注网络、新媒体平台上涉及工会职工、劳动关系舆论热点。定期编写“申工社”新媒体平台运营等舆情专报,供相关领导、部室参阅。 (陆 烨)

【开展2016年度“上海市五一新闻奖”评选】 2月21日,由市委宣传部、市总工会联合举办的2016年度“上海市五一新闻奖”评选工作启动。本次评选共收到来自12家新闻单位49篇参评作品。其中新媒体作品11篇,新闻图片5篇。经由市委宣传部、全市各大新闻媒体负责人、老报人,市总工会相关职能部门负责人等组成的评委会评审,《解放日报》“改革的每一掌都必须击中‘痛点’”、《文汇报》“35载紧握药匾,用心守护民族瑰宝”、《新民晚报》“‘中国制造’需要这样的工匠精神”、《劳动报》“长风破浪会有时直挂云帆济沧海——上海工会改革工作纪实”、上海广播电视台东方广播中心“寻找身边的工匠精神”5篇报道获一等奖;澎湃新闻“首批‘上海工匠’系列报道”获新媒体奖一等奖;《解放日报》“动物标本制作师:续写生命传奇”、《劳动报》“‘水管家’冒着酷暑一线作品”2篇作品获新闻图片奖。 (陆 烨)

4月26日,上海市五一新闻奖颁奖仪式举行 (吴良荣)

【浦东新区总工会提升工会线上平台影响力】 年内“浦东工会通”完善“我要咨询”“我要维权”等5项工会网上服务清单和9项生活服务清单相融合的服务平台,持续改进“线上受理+限时反馈”的服务处置机制,为职工提供更为便捷的服务,累计吸引32万名职工成为注册会员。受理网上入会申请3406人次,网上活动报名5100多人次,有25万余人次参与爱心妈咪小屋、浦东工匠、职业道德双十佳等评选活动。完善基层走访机制和网上反馈平台,调整直属工会考核方式,将网上职工满意度评价作为重要指标,网上“晒”出成绩单,把考核评价权交到职工群众手里,继续开展直属工会满意度网上测评,累计有12余万职工参与。“浦东工会通”微信号和“工会通”APP分别获得全国最有影响力工会新媒体,“浦东工会通”微信号长期入选全国新媒体大数据权威平台“清博指数”上海政务榜前25名。 (陈 维)

【徐汇区总工会落实上海工会网上工作平台任务】 按照上海工会网上工作平台建设的整体部署,区总工会全力完成区各基层工会与上海工会网上工作平台的联通对接。推进区工会数据库建设,做好工会组织库、会员库、干部库等各类数据库的数据采集工作,年内,共录入工会会员信息16.5万余条。强化网络信息安全保障,建立健全数据管理安全保密制度、岗位责任制度、数据访问授权管理制度等系列安全管理制度,保障数据使用安全。 (徐艳杰)

【闵行工会打造网上服务平台】 “闵行工会”公众微信号推送闵行工会特

色图文，如"红色经典诵读比赛""闵行职工需求大调研""10元看大片""职工身边的法—系列微剧场""闵行企业招聘"等职工热点话题608条，阅读数355532人次，粉丝人数15000余名。利用"云数据"，开展"劳动保护知识竞赛"等活动，与市总"申工社"APP密切互动，在全区范围内组织发动478个班组、2450名职工参加"中国梦·劳动美""上汽车享杯"2017年上海市班组（团队）文化网络大奖赛，实现各类赛事网上报名，并获得全能综合团队奖2个、单项团队奖4个、单项个人奖11个的好成绩。组建一支由16名区、镇两级工会干部组成的网评员队伍，完善新媒体网评工作制度，不断提升工会干部网络服务职工的能力和水平。（王岑吟）

【嘉定区总工会微信公众号获全国大奖】 6月1日，由中华全国总工会、中央网信办联合主办的"网聚职工正能量 争做中国好网民"主题活动及全国工会新媒体建设推进会在重庆举行。由嘉定区总工会主办的"嘉定工会"微信公众号从全国9000多个工会新媒体中脱颖而出，荣获"2017年全国最具影响力工会新媒体"称号。此次评选中，中华全国总工会密切关注9000多家工会新媒体的运营发展，借助第三方指标体系，从内容、传播、交互、管理四大维度的总体表现，对每个新媒体的影响力进行为期一年的影响力监测和综合排名，并结合新媒体大数据挖掘、专家主观评分、用户反馈抽样等多种方式，最终选出全国最具影响力工会微信公众号90个、客户端（APP）15个、微博5个，统称"全国最具影响力工会百家新媒体"。（黄点点）

【嘉定区总工会全面铺开上海工会网上工作平台工作】 10月17日，嘉定区总工会召开上海工会网上工作平台动员培训会，区总工会党组书记、常务副主席金伟荣出席会议并讲话，市总工会挂职干部王朴柱、上海建朗信息科技公司项目经理作讲解培训。至此上海工会网上工作平台工作在嘉定全面铺开，年底前基本完成基层工会组织和会员信息的采集工作，切实提升网络环境下的工会工作水平，注重扩大覆盖面，尽早实现两个覆盖，打通联系服务职工"最后一公里"。利用平台大数据功能进行决策，提升服务精准度。各街镇总工会主席、专职副主席、工会信息员；区总直属委局公司工会主席、网上平台系统管理员；区总机关部室负责人、本部门网上平台系统管理员，直属单位负责人100余人出席会议。（黄点点）

【"松江工会"微信再获"全国最具影响力工会新媒体"称号】 在中华全国总工会"网聚职工正能量 争做中国好网民"主题活动及全国工会新媒体建设推进会上，"松江工会"再次荣获"全国最具影响力工会新媒体"称号。"松江工会"微信将受众定位于松江区广大职工群众，立足于反映职工需求，提供政策咨询，分享维权案例，推荐服务项目，探讨工会工作，说好工会故事，传播工会声音，打造形成一个服务引领职工群众网络平台。"松江工会"微信坚持工会大宣传格局，以松江"一个目标、三大举措"战略布局为指引，以团结引领职工服务松江经济社会发展为目标，围绕时事热点及时发声，突出松江亮点大力宣传，聚焦工会工作重点持续推进，围绕职工关注焦点着重发力，围绕职工闪光点弘扬先进典型，多角度、多层次展现职工风采、宣传工会工作、传播松江形象，不断提升工会组织的凝聚力，不断增强职工群众的获得感。（韩春丽）

"松江工会"微信公众号再获"全国最具影响力工会新媒体"称号（韩春丽）

【奉贤区总工会推进网上工会建设】 年内，建成URP网络平台，推动"无纸化"办公和"大数据"运用，与市总工会网上工作平台成功对接，数据采集率居全市首位。运用"奉贤工会"微信公众号、网站、微博等新媒体平台，构建零距离、零时差、零门槛的网上服务大厅，积极对接市、区媒体，大力宣传奉贤工会改革新作为、新气象和职工建功新风采。开展会员服务卡抽奖、"爱心妈咪小屋"评选评议等活动，增强互动粘性、提升职工参与感和获得感。（钱 洁）

【"仪电·慧幸福"APP改版惠及广大仪电职工】 为使广大职工的工作和生活搭上互联网的信息快车，4月，市仪电工会"仪电·慧幸福"2.0版正式上线。新版APP增加了慧活动、慧生活、慧理财等板块。新版APP将工会最新资讯、制度法规、工会活动等内容更快捷广泛地传递给职工，为职工提供"慧理财""慧幸福"等普惠性服务的同时，也提供"慧心理"和"慧悦读"等个性化服务。截至年底，"仪电·慧幸福"APP工会会员注册人数2500余人，卡号注册1500余人；各类资讯数360余篇，心理热线互动160余人。（周黎俊）

【市纺织工会公众号正式上线试运行】 10月17日，经过3个月的筹备，市纺织工会公众号正式上线试运行。主要功能包括集团讯息、服务互动、工会矩阵、福利街等。截至年底，纺织工会公众号关注人数5169人，工会会员绑定4421人。（周 斐）

【市纺织工会通过微信平台组织学习党的十九大知识竞赛】 12月1—15日，市纺织工会在微信公众号平台上组织开展了《学习党的十九大知识竞答》活动。活动吸引了广大职工参加，特别是突破了地域的限制，使驻外职工也能够同时参与。竞赛采用AB卷、每卷30题，并推出了竞答送积分活动，提高了职工学习十九大精神的积极性。通过竞赛推动了职工学习、宣传党的十九大精神的工作，同时也

提升了广大职工对纺织工会微信公众号的关注度，增强了职工对会员卡功能的了解。（周 斐）

【上海电力建筑工程有限公司工会开通微信公众号】 年内，上海电力建筑工程有限公司工会运用“互联网+工会”新思路，开通微信公众号。先后开展“发现身边故事，点亮岗位之美”主题宣传活动，搭建“上电建筑学习考试平台”，增设“劳动保护微课堂”专栏，开展安全生产月主题教育；开设“主席信箱”，按照“简要问题在线解答、群体问题及时上报、复杂问题协调解决、专业问题对口负责”的原则，畅通职工诉求表达渠道。（杜英宏）

【宝信软件线上线下双线融合，打造工会一体化平台】 宝信软件工会借助公司IT行业的技术优势，采用“互联网+工会”的方式，通过线上线下双线融合发展，依托大数据精准分析，打造工会一体化平台，在工会工作全过程管理、职工在职全过程服务、职工与组织互动沟通中充满智慧元素。创建工会员工一体化信息平台，线上形成“指尖上的工会”；整合多平台资源，与E-HR，宝信BSMS系统形成关联信息共享；打造“线下—线上—线下”双线融合体系，推进工会智慧服务水平；集成工会大数据，“耳聪目明”双线精准服务员工。（徐 菻）

【华宝投资融合“互联网+”，用信息化手段提供员工服务】 华宝投资工会探索“互联网+党群”创新性尝试，建立党群移动服务平台，通过便捷的网络工具为员工提供即时服务，提升工会工作水平，让员工服务有温度，工会管理有力度。该平台基于微信端口的二次开发，能够通过多种维度对员工进行会员认证和识别，采取创新开放的互联网交互方式实现活动组织闭环管理，通过活动发布、活动推送、活动报名、活动签到、投票问卷、评论留言等全流程管理，为工会工作插上互联网的翅膀。该项目被集团工会评为当年中国宝武集团“工会最佳实践案例Top-Ten提名”。（杨殿君）

【上海烟草储运公司工会运用新媒体平台探索职工文化教育新阵地】 上海烟草储运公司工会充分运用新媒体活动渠道，围绕“线上学习、互动交流、取长补短”等关键词，探索文化新阵地、寻求教育新方法，推动职工素质新提升。一是线上学习效率高，海量信息早知道。引导职工将搜索引擎、官方网站等新媒体作为文化教育的新阵地，深入学习“十九大精神”“网络安全”等知识。二是互动交流沟通畅，齐心协力共成长。将即时通讯APP作为职工文化教育的新渠道，在线上共享各类知识、新闻、观点，打造“移动小课堂”，帮助职工集思广益、集体攻关，强化团队学习力。三是新老媒体两手抓，取长补短效果佳。要求职工在学习中“两眼看、两手抓”，将网络媒体与传统媒体紧密结合，充分汲取两者的优势。（沈 恺）

【国控工会加强“互联网+”建设扩大影响力】 国控工会不断完善宣传阵地，线上线下融合互补，在《国药控股》报、公司网站的基础上，加入“国控党群”（gykgdq）微信公众订阅号，更好地向国控员工和关注国控发展的社会各界人士传递信息。年内“国控党群”微信公众号上推出“金鸡迎新”“光荣五月”“知识竞赛”“员工俱乐部”等专题宣传活动，取得良好反响，微信公众号的黏性和亲和力，让国控工会成为了职工身边的工会。（尤 倩）

【铁路工会优化升级上铁职工家园APP】 上海铁路局集团公司工会按照全国总工会和铁路总工会关于实施“互联网+工会”行动计划，突出“应用、服务、创新、互动”四大要素，优化升级“上铁职工家园APP”。重点打造资讯天地、学创空间、服务驿站、互动乐园四大主要板块，优化整合新视窗、一线通、乐学堂等29个栏目，新增学习课程、书籍阅读、金点子、医疗保健、会员惠购、心理沟通、学习银行、网络直播等功能，满足广大干部职工多样化需求。自2016年12月1日上线运行以来，注册人数达到8.3万人，各类信息发布量近万条，信息点击量达到1147万人次，栏目最高点击量突破16万人次，点赞量达到4万余人次。（白 杰）

【中国移动上海公司工会“互联网+”思维下的立体式工会建设取得佳绩】 2017年，上海公司工会对现有三大平台功能进行优化，“和工社”进一步拓展“医食住行”功能、凸显女工三大品牌、加强线上互动，并向基层工会延伸；网上工作平台“工会之窗”优化电子化办公流程；平台界面向互联网化改造，建立工会会员数据库，并在未来逐步实现与“和工社”微信公众号和“幸福1+1”APP的互联互通，将工会主体工作放在网上，提升“互联网+”工会的影响力，为工会精准化服务助力，让工会的声音、维权措施渗透到各个角落。年内“和工社”微信粉丝数达到8700多人，较2016年提升400人，“幸福1+1”APP安装率达到92%以上。年度工会会员满意度达到99.34%，《“立体式”生态圈打造24小时在线“职工之家”》案例荣获市总工会颁发的2017年度上海市基层工会十大创新案例奖。（阮铭捷）

【上海机场集团工会依托新媒体举办职工食堂七夕特别活动】 8月28日，由上海机场集团工会主办的“爱在食堂”职工食堂七夕特别活动在浦东候机楼职工食堂、虹桥T2员工食堂举办。活动现场，20名集团工会志愿者担任服务员为200位职工送上限定套餐，集团工会新媒体吉祥物“云宝”现身活动现场与粉丝热情互动。作为推进“网上工会”建设的有益尝试，“爱在食堂”职工食堂七夕特别活动依托上海机场集团工会新媒体进行扫码报名，并通过线下扫码签到方式进行身份认证；工会志愿者招募通过网上发单、自愿扫码入微信群方式明确服务内容、服务时间。上海机场集团工会新媒体聚焦职工食堂，从食品安全到管理创新，对深受职工喜爱的上海机场两大“网红”职工食堂进行深入地报道，开启留言功能，将“民情直通车”主动“靠站”，接受职工群众评价，并对收集到的职工意见和建议进行跟踪反馈。（张雯倩）

【市医务工会微信公众平台入选全国最具影响力工会百家新媒体】 5月31日、6月1日，为期2天的“网聚职工正能量　争做中国好网民”主题活动及全国工会新媒体建设推进会在重庆召开，中华全国总工会、中央网信办对外宣布全国最具影响力工会百家新媒体名单，上海市医务工会微信公众平台喜获殊荣。市医务工会副主席何园作为获奖单位代表出席会议并领奖。市总工会的申工社、劳动报和上汽集团工会、上港集团工会及松江区、嘉定区总工会等微信公众平台同时入选“全国最具影响力工会百家新媒体”。（马艳芳）

【SMG 工会搭建工会网上交流服务平台】 为加快“互联网+”工会建设，上海广播电视台（上海文化广播影视集团有限公司）工会（简称“SMG 工会”）的微信公众号“SMG 职工之家”每天聚焦职工关心的热点，及时有效地传递“权威政策解读”“工会动态公布”“服务信息推送”。在市总工会宣教部（网宣办）每月统计的《上海工会系统微信指数 100 家》中，“SMG 职工之家”长期保持全市前 30 名的成绩，7 月最佳排名全市第九名。为配合 SMG 工会每一阶段的工作重点，2017 年还开通特别定制功能菜单，涵盖了“SMG 工匠”事迹宣传、职工体检安排查询、工会会员卡服务条例解读、工会活动预告回顾等宣传、服务信息，进一步实现工会与职工的互联互通，为分布在各个办公地点的职工提供最便捷、最优质服务。（秦伊龄）

【隧道股份市政集团第二分公司工会开设“微生活”交流平台】 隧道股份市政集团第二分公司工会运用“互联网+”的理念，借助企业微信开设职工沟通交流平台。“微生活”紧密联系重大工程一线职工，贴近职工实际，开设“党群客栈、解忧杂货铺、前程无忧港、呼朋唤友”等多个特色栏目。“微生活”自创办以来，深受广大职工群众的欢迎。该活动荣获 2017 年度上海基层十大创新案例奖。（孙 群）

【市总工会职工援助服务中心推出微信公众号】 6 月 29 日，市总工会职工援助服务中心“12351 职工服务平台”成立 5 周年暨微信公众号上线，市总工会副主席桂晓燕启动微信号上线。微信公众号通过整合全市各级工会资源，职工在登录微信平台后，系统可自动识别其地理位置，以“地图”形式同步显示周边工会服务机构、职工服务设施、服务项目及会员卡团购商户。平台还可提供招聘会信息、求职岗位查询、专享基本保障查询、普法专栏、工会法人资格登记、12351 知识库等服务。与此同时，各区职工服务中心使用账号登录平台，即可查询各区会员卡办理和使用情况、法律援助接待及受理量、互助保障信息，实现工作数据共享，让全市职工服务工作互连。（施杨欢）

【市总工会督查工作持续深化】 年内，市总工会督查工作围绕中央、市委、市府和全总工作重点，开展督促检查，全年编报 13 篇督查报告。（一）重点工作督促检查。年初，根据市总全委（扩大）会议精神，以各项重点工作作为督查工作重点，印发《上海市总工会 2017 年重点工作督查项目》，梳理出市总工会年度重点督查项目清单，涉及 10 个部室共 31 项。年中及年终分别对重点工作的推进落实情况进行督促检查，并形成督查专报报送市总主席室。（二）工会改革推进落实情况督促检查。贯彻市总十三届十次全委（扩大）会议精神，制订《关于实施工会改革督查相关具体要求的通知》，明确督查任务目标节点，协调组建 4 个督查组，深入各区工会总结经验、查找不足，推动落实好中央和市委对群团改革工会改革的具体要求。（三）领导批示指示督促检查。对于领导予以表扬的批示，及时将相关批示传阅到相关职能部门和相关工会，进一步激发做好工作的主动性与积极性。对于领导高度关注的专项内容，督促相关部门及时报送书面材料。全年共完成领导同志批示抄清 18 篇，完成专项督查项目 2 件。完成对直管单位自 2016 年起至今的发文情况梳理工作。（四）做好人大代表书面意见、政协委员提案督办以及提案办理回访调研和市委市政府督查考核工作，全年共督办人大代表书面意见 4 件、政协委员提案 17 件（其中主办 4 件）。（戴 菁）

【抓住工会改革主线开展督促检查】 2015 年 11 月，上海工会改革全面启动。为深入了解全市各级工会两年来贯彻落实工会改革方案的情况，结合大调研要求，12 月，市总工会专门成立 4 个督查调研组，对全市 16 个区的工会开展改革情况进行了专项督查调研。通过实地督查，听取情况报告，随机抽取各区部分街镇工会主席、企业工会主席、一线职工代表和职业化社会化工会工作者召开座谈会，并进行民主测评。对全市工会改革整体推进情况进行全面了解。各督查组分别向区委通报工会改革推进情况，认真听取了区委对工会改革的相关意见建议。最终形成了《上海市总工会关于落实中央、市委要求推进地区工会改革情况的督查报告》，得到市委主要领导肯定。（戴 菁）

【金山区总工会接受市总工会改革督查】 12 月 19 日，市总工会改革督查

6 月 29 日，市总工会职工援助服务中心“12351 职工服务平台”微信公众号上线 （赵田野）

组来金督查工会改革工作，听取区总工会改革工作汇报，与随机抽选出的街镇、园区、企业工会主席、职工及社工进行了访谈。汇报会后，督查组一行到区委进行访谈，征求区委领导对工会改革工作的意见。区人大常委会副主任、区总工会主席朱喜林汇报了金山工会改革工作自查情况，区总工会班子成员和各部室长、文化宫负责人参加会议。两年来，区总工会按照群团改革的总体要求和区委、市总的工作部署，以着力构建金山工会工作新格局、着力增强基层工会活力、着力增强职工的获得感归属感为目标，坚持问题导向、补齐短板，转职能、转方式、转作风，努力破解“四化”突出问题，全面深化工会改革措施，各项重点工作、实事项目取得实效。督查组高度肯定了金山工会改革工作，督查组组长、浦东新区人大常委会原副主任、区总工会原主席顾晓鸣希望金山工会进一步研究短板问题，不断挖掘先进经验做法，推动工会改革工作持续深化。（钱海东）

信息与督查

【概要】 市总工会信息工作坚持问题导向、围绕改革主线，特别是工会重点工作的进展动态、基层工会的创新做法和劳动关系领域的突出矛盾，为领导决策提供参考。编发《工会简报》39期、《专报》11期，上报全总信息16篇，多篇得到全总、市总领导批示；积极参与市总重点课题调研，通过多种形式对快递行业工会工作及职工生产生活情况进行调查，形成《关于快递行业职工状况与工会工作的问题研究》。一是加强信息针对性。每季度根据市委、全总和市总工作重点制定季度信息需求要点，发放至各区县局(产业)工会，明确季度信息工作的重点。收集基层工会特色工作的信息线索，深入了解形成信息，为领导决策提供参考。编发《杨浦定海街道总工会探索职工夜校服务职工新方式》《关于浦东机场委托和租赁企业工会组织建设的情况报告》等信息。二是注重信息实效性。结合工会预防化解群体性劳资纠纷履职情况通报工作，编辑报送职工维稳类信息。对掌握的群体性劳资纠纷、基层工会反映的现实困难等情况，进行综合分析研判，积极向党政反映普遍性、趋势性、倾向性的问题，发挥服务职工、稳定大局的作用。《关于本市特殊工种提前退休规定可能引发群体性纠纷的情况报告》等信息得到市委、市政府主要领导批示。三是突出信息时效性。抓住重要时间节点、围绕全总及市总重点工作编辑报送信息。及时上报市总工会全委会信息及学习贯彻中央、全总有关会议和领导讲话信息。（戴　菁）

【市医务工会开展信息员专题培训】 10月20日，市总工会副主席李友钟应邀来到市精神卫生中心为医务系统基层工会干部和通讯员作“学习贯彻党的十九大精神，推进工会工作创新发展”的专题辅导报告。报告着重讲解新时代工会的特点和任务、工会如何坚持党的领导与独立自主开展工作及如何体现工会工作的创新、协调、绿色等问题。（马艳芳）

【市总女工委督查医务工会女职工权益保障工作】 12月6日，由市总工会巡视员、市总工会女职工委员会主任何惠娟带队的市总工会女职工委员会督查组一行7人来到市血液中心对市医务工会女职工劳动权益保障工作情况进行督查。督查中，市医务工会副主席、女职工委员会主任何园作了关于市卫计系统女职工权益保障工作和本次督查的自查情况的汇报；上海市血液中心工会女工委负责人冯臻汇报了该中心女职工权益保障工作；上海市第一人民医院、上海市公共卫生临床中心和上海市第一妇婴保健院等单位女工委主任介绍了各自单位开展女职工权益保障工作的具体做法和体会。随后，督查组成员检查了市血液中心女职工工作的相关资料，并实地查看了该中心的爱心妈咪小屋、职工之家和血液中心站史展示室等，并对市医务工会在女职工权益保障方面所做的工作和取得的成绩给予高度评价。（徐　园）

信访与督办

【概要】 年内，市总工会受理和办理职工群众信访的总量为96485件(次)，与去年同期相比上升16.94%。其中来信1179件，同比上升12.93%；联名信13件，同比下降40.9%；来访1011批1854人次，同比批次上升101.8%，人次上升88.6%；集访22批815人次，同比批次上升69.2%，人次上升88.2%；来电94295次(含12315热线电话93055次)，同比上升16.7%。信访反映的主要矛盾集中在互助医保、生活保障、历史遗留等方面。以工会信访工作规范化建设为载体，积极妥善处理职工群众信访事项，促进了社会的和谐稳定。一是工会各级领导率先垂范。阅批职工群众来信，接待职工群众来访，专题研究信访突出矛盾，全面了解和掌握矛盾问题，扎实推进矛盾化解工作。二是加强工会“法治信访”“阳光信访”和“责任信访”建设。围绕“法治信访”要求，严格审核转交办的信访件，对信访诉求事项重核实、重事实、重依据，确保信访件处理依法合规，全年未发生因信访程序问题导致职工群众闹访或越级上访等影响稳定的事件。围绕“阳光信访”建设，积极落实国家信访信息系统上海分系统建设的各项工作措施，规范信访办理工作的各个环节，切实加强网上信访工作，逐步实现职工群众对信访事项办理工作的公开透明。围绕“责任信访”建设，积极引导职工群众逐级走访，推动及时就地解决信访问题，减少职工群众信访成本和奔波劳累之苦。三是坚持信访工作例会制度。每季度组织工会信访干部传达学习全总、本市信访会议精神和市总工会领导的指示要求，通报最新信访工作情况和信访矛盾特点，分析信访矛盾趋势，提出下阶段信访工作要点及重点。四是加强提升信访干部能力水平。举办信访干部政治理论、政策法规和业务知识等培训。（丁贤颍）

【市监狱管理局工会积极做好信访工作】 坚持落实责任制，加强对信访工作的领导；健全和完善两级工会信访管理网络，明确工会主席为信访工作第一责任人，对每起来信来访认真调查核实，会同有关部门和基层分类解决，做到“事事有回音，件件有落实”；参加工会信访干部培训班，提高信访干部履职能力；坚持与行政齐抓共管，在构建和谐社会中发挥作用。

春节期间联合行政对信访老户做好家访和慰问工作，做好平反落政补助历史遗留等信访件，维护稳定。

（江海群）

【市退管办指导各级退管组织做好退休职工信访工作】 市退管办通过健全信访工作例会制度，推动信访窗口单位的培训与交流，指导信访工作人员及时掌握相关涉老法律法规，不断提高信访工作的依法调处能力、沟通技巧和结案率。通过细致工作源头管理，了解和掌握退休人员的所思所想，降低重访、疏导群访。年内，全市各级退管组织共接待处理来信来访来电132260件，做到件件有答复，事事有回音，发挥了各级退管组织在维稳大局中的积极作用。 （黎 颖）

《劳动报》2017 年工会重要新闻要目

日 期	篇 目	作 者	版 面
1月1日	我的心愿朴实而温暖——回访2017年记录过的那些人	王 枫 郭翼飞 裴龙翔 黄嘉慧 张锐杰 赵思宇	第04、05版
1月3日	工会人比试“十八般武艺”——浦东举行首届职业化、社会化工会工作者技能比武	李轶捷	第04版
1月4日	为职工搭建线上线下双平台——黄浦工会举办职工交友联谊活动	黄嘉慧	第05版
1月4日	改革年令人期待	李轶捷	T1：劳权
1月5日	本市企业做好劳动保护 让职工平平安安过春节——本报记者实地探访长途客运、工程建筑、代驾等行业劳动保护实况	王 枫 徐容莉 郭翼飞 黄嘉慧 裴龙翔	第06、07版
1月6日	李斌当选为新一届劳模协会会长——上海市劳模协会第六届会员代表大会举行	徐 晗	第04版
1月7日	第六届世界五百强企业劳动论坛举行——各界代表共话“工匠精神·员工智造”	郭翼飞	第03版
1月9日	“工匠精神·员工智造”专刊	工会新闻部记者集体	T1–T8
1月10日	激活企业的每一个“零配件”——上飞公司工会加强班组建设实现双赢	张锐杰	第06版
1月11日	工会服务在指尖更在心上——“上汽职工之家”打造服务职工的“百宝箱”	赵思宇	第04版
1月11日	“老乡”也要明算账	李轶捷	T1：劳权
1月12日	你拿过“不合心意”的员工福利吗？	黄嘉慧	第05版
1月13日	讲述温暖背后的故事	李轶捷 王 枫 徐容莉 裴龙翔 郭翼飞	第06、07版
1月14日	奉献集体智慧服务社会发展——市劳模协会工会管理学院劳模学员分会走进职校	徐 晗	第03版
1月16日	热烈祝贺浦东公交荣获全国交通部文明单位——打造“智慧、绿色、人文”公交	李轶捷	第06版
1月17日	保障安全让职工过个好年	张锐杰	第06版

续 表

日 期	篇 目	作 者	版 面
1月18日	年终焦虑袭来，你“感染”了吗	徐容莉	第07版
1月18日	选择合情合理合法的途径化解矛盾	李铁捷	T1：劳权
1月19日	年会遇“尴尬事”拒绝还是顺从	张锐杰	第07版
1月20日	今年讨薪缘何静悄悄？	李铁捷 黄嘉慧	第08、09版
1月21日	唠几句家常问一声平安——全国总工会慰问团来沪为困难职工送上温暖	徐 晗	第08版
1月23日	“2017年上海市‘劳模年度人物’”候选人事迹	谢静怡	第04、05版
1月24日	今年春节，你加班了没	黄嘉慧	第05版
1月25日	冬日里有种温暖叫关爱	徐 晗	第04版
1月25日	低缴社保影响深远	李铁捷	T1：劳权
1月26日	春节在家做微信，能算加班吗？	黄嘉慧	第05版
1月27日	岗位上过年一样温暖	王 枫 徐容莉 赵思宇 张锐杰 黄嘉慧	第04、05版
2月3日	及时协商让职工回到了工厂	王 枫	第04版
2月4日	18家居民区建小区职代会	王 枫	第03版
2月6日	服务到心，把工作做到“37℃”	郭翼飞	第04版
2月7日	“激活”年假探亲假让团圆多几次	王 枫	第05版
2月8日	背回土特产能“润滑”同事关系吗	徐容莉	第07版
2月8日	这“一个月”真的很重要	李铁捷	T1：劳权
2月16日	为社区和企业工会“牵红线”	郭翼飞	第04版
2月17日	外地员工返沪为何姗姗来迟？	赵思宇	第05版
2月18日	今年再添一家行业工会联合会——江川路街道总工会服务辖区物业企业职工	赵思宇	第03版
2月20日	“一生一份职业，做学生喜欢的老师”	张锐杰	第04版
2月21日	需求井喷，“逃离”还是“逃回”北上广？	李铁捷	第05版
2月22日	推动工会宣教工作再上新台阶	徐 晗	第04版
2月22日	退而不休打工权益也需保障	李铁捷	T1：劳权
2月23日	工会工作“接地气”	郭翼飞	第04版
2月24日	地铁延长运营职工权益待厘清	裴龙翔	第05版
2月25日	让更多职工感受工会温暖——浦东谋划工会“网络化”“普惠制”改革	李铁捷	第04版
2月26日	治病更医心的“韩门高手”	黄嘉慧	第04版
2月28日	《2017年的第一滴血》道行业辛苦	王 枫	第05版
3月1日	全职妈妈重返职场有多难	郭翼飞	第05版

续 表

日 期	篇 目	作 者	版 面
3月1日	该得的别放弃不该得的莫强求	李轶捷	T1:劳权
3月2日	基层职工法律服务站凸显作用	张锐杰	第06版
3月3日	对话"雷锋"	李轶捷 赵竺安 郭翼飞 裴龙翔	第06、07版
3月4日	做工精确到毫米技能英语体能都练——记者探营世界技能大赛精细木工项目实训基地	张锐杰	第04版
3月6日	一个"海派"陶瓷艺术家的上海情怀	李轶捷	第08版
3月7日	着力构建全会共抓女职工工作的新体制	徐 晗	第10版
3月8日	赴一场春天里的约会	沈诗贤 王 枫	第16版
3月8日	女性隐性权益更需要关注	李轶捷	T1:劳权
3月9日	关爱无处不在美丽尽情绽放	徐容莉 张锐杰 郭翼飞 裴龙翔 赵思宇 王 枫	第06版
3月10日	微话剧演绎生活宣讲团传递力量	李轶捷	第12版
3月11日	劳模工作室领衔开展志愿服务——宝山成立志愿服务联盟提供25项服务项目	徐容莉	第07版
3月13日	在地铁隧道里绽放美丽	王 枫	第10版
3月14日	给职工一个支点让他们撬动地球	徐 晗	第06版
3月14日	你会给仍在试用期中的员工贴上标签吗?	黄嘉慧	第07版
3月15日	百余节目角逐"我要上五一晚会"星光奖	高国强	第06版
3月15日	让职工维权第一个想到咱工会	李轶捷	T1:劳权
3月16日	服务往下走,躬身服务职工群众	徐 晗	第06版
3月16日	抓好改革创新推动工会事业发展	徐 晗 郭翼飞	第07版
3月17日	市总机关挂牌"环卫工爱心接力站"	徐 晗	第04版
3月18日	聚焦一线,让工会工作更接地气——长宁区总工会着力打造服务型工会	张锐杰	第03版
3月20日	与蓝天结下三十年情缘	徐容莉	第04版
3月21日	是谁"夺走"了我的睡眠	徐容莉	劳动观察
3月22日	让实事项目落得更"实"惠及更多职工——市职工技术协会千方百计推动一线职工岗位创新	徐晗 郭翼飞	第06版
3月22日	期待生活变得更好	李轶捷	T1:劳权
3月23日	我有保底工资还缴五险一金——赵明心愿:旅游淡季老婆飞来上海团聚	徐容莉	第04版
3月24日	为务工人员搭建"第二个家"——探访长兴镇群团综合服务站	黄嘉慧	第04版

续 表

日 期	篇 目	作 者	版 面
3月25日	一组间接证据帮女职工拿回"奶粉钱"——朱雪芹职工法律援助工作室指导职工证明工资标准	郭翼飞	第03版
3月27日	坐看风起云涌尽显英雄本色——记风云四号卫星研制团队	王 枫	第04版
3月28日	上海工会巧用网络打造创新模式——心系职工"全天候"服务一"网"情深零距离沟通	徐 晗	第04、05版
3月29日	到2020年打造100个"卓越班组"	王 枫	第04版
3月30日	依法建会管会依法履职维权	徐容莉	第05版
4月1日	女职工享有更多关注和呵护——上海基层工会女职工工作改革侧记	李轶捷	第03版
4月3日	把更多服务更多经费沉到基层	裴龙翔	第05版
4月3日	企业解决争议的隐性成本上涨	赵思宇	第06版
4月4日	整夜坚守调度台　假期工作寻常事——记者走进华东电力调控中心体验调度员工作	张锐杰	第03版
4月5日	在"鸡毛蒜皮事"中展现智慧	裴龙翔	第04版
4月5日	别再说最低工资制度违背了市场经济	李轶捷	劳权周刊
4月6日	五大环节"转活"基层工会效能	赵思宇	第04版
4月6日	发挥枢纽组织作用推动职工创新	徐 晗	第05版
4月7日	打通非公企业民主管理"最后一公里"	裴龙翔	头版
4月7日	市总工会直属机关党代会召开	徐 晗	第02版
4月7日	职代会制度为非公企业发展添"洪荒之力"	裴龙翔　黄嘉慧 张锐杰　赵思宇	第06、07版
4月8日	利用"互联网+"建设智慧工会——奉贤区总工会多举措深化改革凝聚力量	赵思宇	第03版
4月10日	我们的工作既神圣又平凡	郭翼飞	第04版
4月11日	即便承受压力也不轻易离开职场	李轶捷	第05版
4月11日	让申城女职工生育更省心一点	包璐影	劳动观察
4月12日	"自由"的劳动潜在的风险——关注网约工权益保障	李轶捷　赵思宇 黄嘉慧　裴龙翔	劳动观察
4月13日	寻找浦东开发开放足迹定向活动启动	李轶捷	第04版
4月13日	职工见义勇为，企业应当"买单"吗	张锐杰	第05版
4月14日	合各方之力推动工会组建和运转	郭翼飞	第04版
4月14日	停靠站间距30厘米是如何练成的	赵竺安	第05版
4月16日	劳模精神激励青年学子成长成才——高校劳模文化育人工作推进会召开　市总工会主席莫负春参加会议	徐 晗	头版

续 表

日 期	篇 目	作 者	版 面
4 月 17 日	为自主品牌汽车研发最强“大脑”	赵思宇	第 04 版
4 月 18 日	劳动争议调处可预约可定制	徐容莉	第 04 版
4 月 19 日	朱雪芹工作室推出律师预约服务	郭翼飞	第 05 版
4 月 19 日	调休制度期待统一的裁量标准	李轶捷	劳权周刊
4 月 20 日	7 位上海工匠上讲台给大学生上课	郭 娜	第 03 版
4 月 20 日	“五大机制”激活非公企业工会	黄嘉慧	第 04 版
4 月 21 日	对接快递员需求优化工会服务	黄嘉慧	第 04 版
4 月 22 日	讲述劳模故事展现时代风范——劳模共话《劳模》杂志创刊五周年	徐容莉	第 03 版
4 月 24 日	游刃于汽车尺寸之间的“攻城狮”	赵思宇	第 04 版
4 月 24 日	职工书屋转型升级正当时	王卫朋	劳动观察
4 月 25 日	弘扬工匠精神赞美岗位奉献	赵竺安	第 04 版
4 月 27 日	2017 年五一劳动奖状(章)、工人先锋号揭晓——聚焦一线职工和重点改革领域	徐 晗	第 03 版
4 月 28 日	加强劳动争议预防完善多元化解机制	郭翼飞	第 03 版
4 月 29 日	劳动最光荣劳动者最伟大——韩正、应勇会见上海市“劳模年度人物”和全国五一劳动奖状奖章获得者代表		头版
4 月 29 日	榜样	裴龙翔	51 特刊
4 月 30 日	力量	郭翼飞	51 特刊
5 月 1 日	匠心筑梦执着前行	赵思宇	头版
5 月 2 日	“锂”想,并不遥远	王 枫	头版
5 月 2 日	寻访红色足迹聆听劳模心声	黄嘉慧 郭翼飞 徐容莉 赵竺安	第 06 版
5 月 3 日	爱赶时髦的乡村追梦人——记 2017 年上海市劳模年度人物、崇明区竖新镇仙桥村党支部书记管仕忠	黄嘉慧	头版
5 月 3 日	劳动关系矛盾预防化解需聚八方之力	郭翼飞	第 06 版
5 月 3 日	掌握认定原则更好维护职工权益	李轶捷	劳权周刊
5 月 4 日	30 年坚守,创新从未停歇	徐容莉	头版
5 月 4 日	推动职代会发挥更大作用	裴龙翔	第 04 版
5 月 5 日	艰苦面前,我们从不打退堂鼓——记上海工匠、上海三菱电梯公司安装工俞建民	郭翼飞	头版
5 月 5 日	职工做主角唱响劳动之歌	徐容莉 张锐杰 王 枫 赵思宇 李轶捷	第 04 版

续 表

日 期	篇 目	作 者	版 面
5月6日	走过"数万公里"，只为打通"最后一公里"——记黄浦区南京东路街道总工会专职副主席、全国五一劳动奖章获得者黄宪祖	黄嘉慧	头版
5月6日	外卖小哥是否也该有"劳动定额"？——专家建议制定集体合同　指导企业有序运作避免恶性竞争	王　枫	第03版
5月7日	让创业种子生根发芽——小记漕河泾开发区科创中心孵化运营部	裴龙翔	头版
5月8日	治理城市交通如"绣花"般精细	赵思宇	头版
5月9日	工会服务也要聚集人气	赵竺安	第12版
5月10日	"发票工资"隐患多	李轶捷	劳权周刊
5月11日	设工会信息员构筑调解网络	张锐杰	第04版
5月11日	那些与工作无关的特殊福利合适吗	郭翼飞	第05版
5月12日	共建文明交通同筑幸福空间	赵思宇	第04版
5月14日	撸起袖子共建美好城市——本市职工和工会干部学习贯彻党代会精神之一	王　枫　张锐杰	第03版
5月15日	服务职工让工会更有"温度"——本市职工和工会干部学习贯彻党代会精神之二	王　枫　徐容莉	第09版
5月16日	理思路找短板开创工会工作新局面	徐　晗	第04版
5月16日	尊重劳动者体现在每一个细节上	王　枫	第05版
5月17日	不要轻易"被代表"	李轶捷	劳权周刊
5月18日	企业面试考题有无边界?	黄嘉慧	第05版
5月19日	港珠澳大桥东人工岛建设"揭秘"	徐容莉	第06版
5月22日	"1+3=30000"	郭翼飞	第03版
5月23日	"上海工匠"海选启动职工可毛遂自荐	徐　晗	第08版
5月24日	上海一线技能人才队伍状况报告解读——技师、高级技师月平均可支配收入6028元高于社平数1503元	徐　晗	第06版
5月24日	工资1万元，共缴"五险一金"约5600元	李轶捷	劳权周刊
5月25日	勇担使命为非公企业职工铺平创新路	徐　晗	第05版
5月26日	上海非公企业工会改革大事记	工会新闻部记者集体	劳动观察
5月27日	最大限度增强非公企业工会吸引力、凝聚力和战斗力	郭翼飞　徐　晗	第03版
5月28日	推进基层工会改革加强基层工会建设给广大职工带来更多获得感——全国工会推广上海顾村经验观摩交流会在沪召开	郭翼飞　徐　晗	头版
5月29日	在笔尖上续写"英雄情结"	郭翼飞	第05版
5月30日	上海市职工技能培训实训基地揭牌	徐　晗	第04版

续 表

日 期	篇 目	作 者	版 面
5月30日	企业该明白钱不能这么赚	李 貌	第07版
6月1日	各行业高手解密"工匠精神"真谛	徐 晗	第06版
6月2日	民主管理体现了对职工的尊重——上海石化研究院保障职工知情权、参与权和监督权	李铁捷	第04版
6月3日	普惠服务满足职工五大需求——富士康工会推出"送暖添锦"项目	张锐杰	第03版
6月5日	这盏灯始终为居民亮着——记仙逸居民区党支部书记杨家生	张锐杰	第04版
6月6日	切实保障职工生命安全和健康——市总工会发出通知要求做好今夏劳动保护和防暑降温工作	徐 晗	第06版
6月7日	让更多职工成为"朗读者"——静安百余家职工书屋将推行星级制	王 枫	第05版
6月7日	"万金油"条款不由企业说了算	李铁捷	劳权周刊
6月8日	"四维网络"让维权不留死角——闵行区总工会构建"枢纽型"法律援助服务体系	赵思宇	第04版
6月9日	"撸起袖子加油干"	张锐杰	第04版
6月10日	点点温暖让员工感受工会的关爱——圆通速递工会从小事着手打造温馨"娘家"	黄嘉慧	第03版
6月12日	奔跑吧，小i机器人	赵思宇	第04版
6月13日	用机制和服务"融化"劳资纠纷	李铁捷	第04版
6月14日	把服务送到职工"家门口"	王 枫	第04版
6月14日	"任务合同"不可随意签	李铁捷	劳权周刊
6月15日	让工会经费资产在阳光下运行	郭翼飞 徐 晗	第04版
6月16日	浦东工会改革融入社会治理创新元素	李铁捷 黄 静	第04版
6月17日	沪第八次职工队伍状况调查启动——提高调查研究和决策服务工作水平	徐 晗	第04版
6月19日	帮村民收麦找鸡抓贼都是"大事"	黄嘉慧	第04版
6月20日	讲好中国故事 传承红色基因	徐 晗	第04版
6月20日	招聘应届生，企业投入成本上扬	徐容莉	第05版
6月21日	企业福利悄然告别"千人一面"	谢静怡	第05版
6月21日	还考核以该有的模样	李铁捷	劳权周刊
6月22日	工作往前走服务往下走	张锐杰	第04版
6月22日	健康保险和实物福利，你会选哪个?	黄嘉慧	第05版
6月23日	开拓创新共谱城市建设新篇章	裴龙翔	第04版

续 表

日　期	篇　　目	作　者	版　面
6月23日	企业"耍心机"员工买账否?	裴龙翔	第05版
6月24日	错过女儿中高考,只为五年之约——走进隧道股份上海路桥集团肇庆越江大桥项目部	张锐杰	第03版
6月26日	从"踩三轮"到行业"技术大咖"	裴龙翔	第04版
6月27日	静安区总工会着力破解职工"带娃难"——江宁路街道成立全市首个区域性职工亲子工作室	王　枫	第04版
6月28日	以工资增长为核心内容修订方案——金山区104家纺织服装企业签署"一份合同六项协议"	郭翼飞	第04版
6月28日	筹备期间不是权益的"空窗期"	李轶捷	劳权周刊
6月29日	通过劳动仲裁为企业上堂法律课——崇明区法律援助中心为职工成功要回合法工资	黄嘉慧	第04版
6月30日	部署"两学一做"学习教育常态化制度化工作——市总召开纪念"七一"座谈会	李轶捷	第04版
7月1日	精准服务聚焦建设者日常"痛点"——建设者在徐汇滨江有个温暖的家	裴龙翔	第07版
7月3日	除了钢筋水泥,工地上还有"家"	赵思宇	第04版
7月4日	培育"双师人才"推行"宽带薪酬"	张锐杰	第07版
7月4日	勇立潮头赢先机改革创新树标杆	蒋康乐　王　枫	第08版
7月6日	点亮技能殿堂助力职工岗位创新	徐　晗	第04版
7月6日	你会给家里的保姆书面"定规矩"吗?	张锐杰	第05版
7月7日	申城服务业蓝领居住状况调查	徐　巍　邰　佳　高　睿	劳动观察
7月8日	技能"登山图"让员工每一步有章可循——大金空调上海公司多举措提升一线工人职业技能	赵思宇	第03版
7月10日	探寻南极海洋生物中的"宝藏"	李轶捷	第04版
7月11日	把职工的安全健康生命放在第一位	徐　晗	第04版
7月12日	劳动争议案件审理开通"绿色通道"	裴龙翔	第04版
7月12日	别让职工心委屈	李轶捷	劳权周刊
7月13日	高温腐臭中与1.2万吨垃圾"作战"	赵思宇	第04版
7月14日	职工微电影节聚焦"最美劳动者"	郭翼飞	第04版
7月15日	围绕增强职工获得感做文章——金山区试点镇非公企业工会改革工作全面启动	郭翼飞	第03版
7月17日	让职工权益维护不留死角	徐容莉	第04版
7月18日	增住院在线给付等11项线上服务	徐　晗	第04版
7月19日	把上海工会改革进行到底	郭翼飞　徐　晗	第04版

续 表

日 期	篇 目	作 者	版 面
7月19日	围绕全市工作大局持续深化工会改革	郭翼飞 徐 晗	第05版
7月19日	企业的态度事关钱袋子	李铁捷	劳权周刊
7月20日	"特殊职工"也是工会的一份子	王 枫	第04版
7月20日	代表单位参赛,犯错谁买单?	张锐杰	第05版
7月21日	违法建筑少了劳资矛盾化解了	张锐杰	第04版
7月22日	晚上下班后,市宫大楼里热闹非凡——"公益乐学"首次列入实事项目 预计年培训8万人次	郭翼飞	第03版
7月23日	弘扬工匠精神展示职工风采	赵竺安	第03版
7月24日	一个科学家的三次选择	郭翼飞	第04版
7月25日	"你放心,有我们帮助你"	张锐杰	第04版
7月26日	务实创新给职工更多获得感	赵思宇	第04版
7月26日	高温津贴给的是关怀	李铁捷	劳权周刊
7月27日	宝钢股份工会"五个一"保职工安全	郭翼飞	第06版
7月28日	千米深的矿井内传递"娘家"情谊	徐 晗	第04版
7月29日	三张菜单囊括多种服务项目——杨浦区总工会精心打造职工文化服务体系	赵竺安	第03版
7月31日	牛哥,你为患病儿童找回"阳光"	王 枫	第09版
8月1日	沪滇携手友好协作互帮互学互助	徐 晗 陆卫超	第05版
8月2日	在改革中不断激发工会活力	郭翼飞	第08版
8月2日	与其埋怨"法律漏洞"不如打好"合同补丁"	李铁捷	劳权周刊
8月3日	最热最苦的地方工会干部与职工同在	徐 晗	第04版
8月4日	工会会员卡里有福利更有关爱——工会会员专享基本保障累计给付金额1亿余元	郭翼飞	第04版
8月5日	职工入会率计划达到7成以上——长宁区成立全市首家区级家政行业工会联合会	张锐杰	第03版
8月7日	和垃圾打交道,青春亦出彩	罗 菁	第04版
8月8日	不断提高工会系统党组织的战斗力	徐 晗	第04版
8月9日	1000余名家政员工有了"娘家"	裴龙翔	第04版
8月9日	要不要参股企业说了不算	李铁捷	劳权周刊
8月10日	维权队伍专业化水平稳步提升	徐容莉	第04版
8月10日	求职中的"陷阱",你中过招吗?	黄嘉慧	第05版
8月11日	以文化"饕餮大餐"向一线职工致敬	徐 晗	第04版
8月12日	全市首家"户外职工驿站"揭牌——9月底前开放93家驿站 方便户外职工热饭充电	王 枫	第03版
8月13日	"终于有了我想上的瑜伽课"	张锐杰	第04版

续 表

日 期	篇 目	作 者	版 面
8月14日	合成美好未来的追梦人	黄嘉慧	第04版
8月15日	打造有温度的外企工会文化	赵思宇	第04版
8月16日	制度护驾退而难休别再有	李轶捷	劳权周刊
8月17日	救同事导致溺亡,可算工亡吗?	张锐杰	第04版
8月17日	创新创业零距离"园区"职工做先锋	徐 晗 朱采薇	第05版
8月18日	联调联动机制确保维权及时见效	裴龙翔	第04版
8月18日	办公室里的摄像头,知道在哪吗	裴龙翔	第05版
8月19日	保障职工"舌尖上的安全"——市食药监局与市总工会联合开展食堂食品安全专项检查	徐容莉	第03版
8月20日	各级工会要高度重视劳动保护工作	徐 晗	第09版
8月21日	跟着他的脚步,聆听红色故事	赵思宇	第04版
8月22日	全市"爱心妈咪小屋"达到2126家	郭翼飞	第04版
8月23日	送上清凉饮食设立避暑驿站	黄嘉慧	第04版
8月23日	"权益保险"能否少点门槛	李轶捷	劳权周刊
8月24日	六大机制强化劳动关系矛盾预防化解	裴龙翔	第04版
8月24日	面对不合理的规定,你会接受吗	黄嘉慧	第05版
8月25日	21条举措破解"四难"瓶颈	王 枫	第04版
8月26日	用自己的语言"赞劳模颂工匠"——普陀工会举办"普工英"职工文艺展演活动	郭翼飞	第04版
8月28日	和汽车打交道,一辈子人生不老	张锐杰	第04版
8月29日	工商联会员企业职代会建制率90%	李轶捷	第04版
8月29日	带"爱宠上班",离我们有多远	徐容莉	第05版
8月30日	以问题为导向锁定三大任务	赵竺安	第04版
8月30日	劳动关系不清谁之过	李轶捷	劳权周刊
8月31日	市班组文化网络大奖赛将开启	徐 晗	第04版
9月1日	顺应新形势加强"互联网+"工会建设	张锐杰	第04版
9月2日	升级服务给环卫工人更多关爱——闵行区总工会持续推进"爱心接力站"建设	赵思宇	第03版
9月4日	义务剃头,坚持50年的执着	徐容莉	第04版
9月5日	创新入会方式打造智慧工会	裴龙翔	第04版
9月6日	把"工匠精神"这根接力棒传进校园	王 枫	第04版
9月6日	谁说这样折腾的不是自家招牌呢	李轶捷	劳权周刊
9月7日	努力实现党建工建"双促进双提高"	黄嘉慧	第04版
9月8日	一本服务卡温暖316名劳模的心	赵竺安	第04版
9月8日	开学季职场妈妈遭遇"时间贫困"	郭翼飞	第05版

续 表

日 期	篇 目	作 者	版 面
9月9日	2年投入600万元完成19个援藏项目——上海市总工会扎实做好对口援藏工作	陆 烨 汪佳侃	第04版
9月10日	“办最对得起学生的学校”	郭翼飞	第04版
9月12日	建设智慧工会,我们在行动	徐 晗	第04版
9月13日	做强“服务职工”品牌让城市更有温度	王 枫	第04版
9月13日	克扣这点钱何必呢?	李铁捷	劳权周刊
9月14日	“不管多晚,这里永远有家乡的味道”	黄嘉慧	第04版
9月15日	这样的请假回复到底算哪桩	张锐杰	第07版
9月16日	“伙委会”、职代会打理员工一日三餐——凯迪克大厦物业、工会联手打造“放心食堂”	王 枫	第03版
9月18日	二十年的守护	李铁捷	第04版
9月19日	做好实事项目服务各行各业职工	黄嘉慧	第04版
9月19日	上海工匠:“造物者”的骄傲	叶 赟	劳动观察
9月20日	真假外包判别亟待明确	李铁捷	劳权周刊
9月22日	引导农民工依法理性表达诉求	李铁捷	第04版
9月23日	非公企业工会改革又添“机场模式”	徐容莉	第03版
9月25日	万顷碧波上的海救先锋	裴龙翔	第04版
9月26日	8万余人线上竞技比高低	徐 晗	第04版
9月27日	确保工会改革举措落地生根——宝山区工会召开第七次代表大会	徐容莉	第05版
9月27日	竞业限制 靠限制也靠诚信	李铁捷	劳权周刊
9月28日	国庆假期里做兼职,有风险吗?	张锐杰	第04版
9月29日	“员工大锅菜做出宴会味道”——莘庄工业区工会着力推进职工放心食堂建设	赵思宇	第05版
9月30日	用镜头讲述劳动者的故事——“中国梦 劳动美”第四届全国职工摄影展开幕	徐 晗	第03版
10月9日	“上海2040”是一座思想的宝库——访上海市规划和国土资源管理局总规处处长熊健	郭翼飞	第04版
10月10日	在实践中不断提高服务职工的能力——市职工技协服务中心党总支“两学一做”学习教育活动侧记	陆卫超 徐 晗	第04版
10月11日	突显主业主责 让更多的职工踏上创新路——市职工技术协会转型发展维护职工学习权和发展权	徐 晗	第04版
10月11日	工时管理不能钻制度空子	李铁捷	劳权周刊
10月12日	为上海科创中心建设再添一把火——上海市职工技术协会第七次会员代表大会举行	徐 晗	第04版

续 表

日 期	篇 目	作 者	版 面
10月13日	扎根上海,企业给他们舞台——上海交运集团为一线驾驶员素质提升"加油"	王 枫	第04版
10月14日	职工书屋变身"加油站"——纺织工会创建新标准 传统平台焕发活力	王 枫	第04版
10月16日	京剧世界中,我也是一个行者	郭翼飞	第04版
10月17日	提升职工素质打造服务品牌	赵思宇	第04版
10月18日	夯实基层建设破解工作难题	张锐杰	第06版
10月18日	改革路上未来可期	李轶捷	劳权周刊
10月20日	抓基础强队伍做强工作品牌	徐容莉	第05版
10月21日	培养想干事会干事的工会工作者——市总工会开启社会化工会工作者初任培训新模式	徐 晗	第07版
10月23日	热血"保险人"爱心传千里	赵思宇	第09版
10月24日	做实做细做优服务职工实事项目	郭翼飞	第06版
10月25日	直面突出问题击破工作难点	黄嘉慧	第07版
10月25日	不要为了考勤而考勤	李轶捷	劳权周刊
10月26日	建设基础数据库确保有人办事	徐容莉	第11版
10月26日	择业时,企业哪种特质最吸引你	黄嘉慧	第12版
10月27日	围绕职工需求激发工会活力	赵思宇	第05版
10月28日	用心用情只为一颗"中国心"——中国航发商发为年轻职工搭建舞台	黄嘉慧	第03版
10月30日	花茂飞:人生就是一次次抉择	赵竺安	第04版
10月31日	让工会信息"一目了然"	张锐杰	第04版
11月2日	心中有信仰脚下有力量	徐 晗	第05版
11月3日	多措并举开拓"企业外入会"路径	李轶捷	第05版
11月4日	增强群团工作本领服务大局服务职工——市总工会党组中心组(扩大)学习会召开	徐 晗	第07版
11月7日	我们每个人都和"中国梦"紧密关联	郭翼飞	第05版
11月8日	找不到单位?	李轶捷	劳权周刊
11月9日	本市国有企业工会改革正式启动	李轶捷 徐 晗	第07版
11月10日	同事上班直播,你怎么看?	黄嘉慧	第05版
11月11日	一个家在上海,一个家在海上——中石化上海海洋石油局船舶分公司"家文化"让职工倍感温馨	赵竺安 王子泉	第03版
11月13日	捕捉金融犯罪案件的蛛丝马迹	赵思宇	第05版
11月14日	校企融合打造零门槛"职"通车	赵思宇	第05版

续 表

日 期	篇 目	作 者	版 面
11月15日	1708幅作品诠释匠心与奉献	赵竺安	第05版
11月15日	谁"扣押"了他们的权益	李轶捷	劳权周刊
11月16日	员工自愿加班,究竟是对是错?	张锐杰	第07版
11月17日	鼓足干劲投身实体零售业发展	裴龙翔	第05版
11月18日	十九大精神上海劳模代表宣讲团成立——推动党的十九大精神走进园区、企业、班组	徐 晗	第03版
11月20日	"我不是'袁隆平',我是一名农民伯"	黄嘉慧	第04版
11月21日	让技能高手搭上晋升的直通车	徐容莉	第04版
11月22日	市职工技协金融理财专业分会成立	徐 晗	第04版
11月22日	让"温情牌"更暖心	李轶捷	劳权周刊
11月23日	在金领驿站享受全方位工会服务	李轶捷	第04版
11月23日	工作那些事,能否说与他人听?	黄嘉慧	第05版
11月24日	"加入工会让我有了归属感!"	王 枫	第04版
11月25日	引导学生成今后的劳模未来的工匠——劳模(工匠)精神进校园活动将覆盖全市各高等院校和中高职学校	徐 晗	第03版
11月26日	砥砺奋进谋新篇教海扬帆正当时——写在徐汇区教育工会第五次代表大会召开之际	裴龙翔	第04版
11月27日	不懈追求"匠心"境界提升服务新风采	赵竺安 贺 昉	第06、07版
11月28日	护工入会调查	王 枫	劳动观察
11月29日	首批571家"放心职工食堂"揭晓	徐 晗	第04版
11月29日	推动民主管理保障职工权益	李轶捷	劳权周刊
11月30日	深化改革创新服务全区转型发展	赵思宇	第04版
11月30日	你会录用曾经的"深喉"吗?	张锐杰	第05版
12月1日	上海工会启动元旦春节送温暖行动	徐 晗	第04版
12月2日	为职工送上就近、便利、贴心的服务——徐汇虹梅街道总工会着力提升园区"温度"	裴龙翔	第03版
12月5日	职工群众现场学习提高法治素养	王 枫	第04版
12月6日	16项举措推动工会工作落细落实	裴龙翔	第04版
12月6日	"特殊时期"职工权益不容忽视	李轶捷	劳权周刊
12月7日	把工会工作站推进到职工身边	徐容莉	第04版
12月7日	你会将个人信息告知老板吗	黄嘉慧	第05版
12月8日	推进非公企业工会改革是重中之重	赵竺安	第05版
12月9日	提升依法维护职工权益的实践能力——市总工会与市二中院建立化解劳动争议合作机制	李轶捷	第03版
12月11日	在生命的最后一公里洒满阳光	裴龙翔	第04版

续 表

日 期	篇 目	作 者	版 面
12月12日	五个数字透视2017年上海工会实事项目	张锐杰	第08、09版
12月13日	落实会员权利扩大组织覆盖	王 枫	第04版
12月13日	避免纷争从协议的签订开始	李轶捷	劳权周刊
12月14日	空姐吃剩余飞机餐被停飞	张锐杰	第05版
12月15日	市总公布明年9项服务职工实事项目	徐 晗	第04版
12月15日	9大项目新鲜出炉，工会就在你身边	陆 烨 高大兴	第08、09版
12月16日	出实招求实效让参与者"乐在企中"——嘉定工业区总工会着力提升工作本领	裴龙翔	第03版
12月18日	把"安全"与"健康"牢牢锁在生产一线	陆 烨	第06、07版
12月19日	总有一种力量温暖着你	王 枫 赵竺安 裴龙翔 黄嘉慧	第06、07版
12月20日	以党建引领探索依法建会新形式	张锐杰	第04版
12月21日	提高群众工作本领做到八个"本领高强"	徐 晗	第04版
12月22日	使用虚拟货币发放工资你是否看好?	张锐杰	第05版
12月23日	面临新形势新问题要有新思路新作为——市总工会2018年务虚会昨日召开	徐 晗	第03版
12月25日	在"隐形的战线"上严守国门——访上海出入境检验检疫局植物检疫专家印丽萍	郭翼飞	第04版
12月26日	上海"三区"工会工作绘出新图景	范国忠 李仕婧	劳动观察
12月27日	四方联动让欠薪行为无所遁形	李轶捷 张锐杰 黄嘉慧	第10、11版
12月27日	互联网可以"加"劳动权益不能减	李轶捷	劳权周刊
12月28日	打造"四位一体"民主运作机制	黄嘉慧	第04版
12月29日	八万余名职工线上共襄文化嘉年华	徐 晗	第04版

2018

财务资产与经审

财务资产工作

【综述】 2017年,财务资产管理部以党的群团工作会议精神为指导,切实贯彻中央、市委、全总有关规定和市十一次党代会、市总十三届九次全委(扩大)会议精神,坚持围绕中心、服务大局,继续推进工会财务规范化管理、非公企业工会经费差异化改革和工会企事业资产分类管理,为上海工会改革发展提供财力和物质保障。(一)进一步加强工会财务管理。一是出台服务职工经费保障办法。按照“坚持依法依规、促进共建共享、落实各方责任”的原则,从职工福利费、职工教育经费、安全生产费、工会经费等方面对加强服务职工经费保障工作进行规范和明确。二是加强全面预算管理和核算账户管理。落实市总工会《关于加强机关及直属事业单位财务管理的若干意见》要求,制订出台《上海市总工会机关及直管事业单位全面预算管理办法》和《市总工会机关核算账户管理办法》,做好会计学会工作移交和账户注销工作。三是建立健全内控体系建设。制订市总工会内部控制管控清单,优化内控体系文件。四是建立财务资产管理信息化体系。建立市总本级及下属直管事业单位财务资产集中核算管理信息系统,实现预算系统年内上线,并做好核算系统上线准备工作。五是组织实施基层工会经费收支管理专项督查。推进工会经费依法拨缴、依法管理、依法使用。六是落实“两非一无”项目经费管理办法。对“两非一无”会员的会费收交、经费申请与下拨流程等进行指导,做好财政资金的申请和拨付,完成网上平台“两非一无”功能模块设计,并组织相关人员业务培训。(二)进一步推进工会企事业资产管理。一是推进机关、事业单位、国有企业工会投资开办企业清理规范工作。二是帮助指导直管事业单位开办企业归口海鸥集团管理工作。进一步理清市总直管事业单位职能,加快推进事企分开。三是推动文体场馆公益转型发展工作。配合市总宣教部走访全市文体场馆,指导、推进相关单位制定转型公益、清理出租方案,积极推进市工人文化宫退租还文工作。四是工会企事业股权处置工作。为全市47家工会企事业单位提供与股权处置相关的指导、解释、咨询等服务,并及时、规范地进行审核、批复;对相关区县局(产业)工会自行审批的公开挂牌项目提供必要的指导和帮助;及时掌握转让相关信息和处置进度,做好相关的登记统计。

(赵 伟)

【出台《关于加强服务职工经费保障的意见》】 4月27日,市总工会会同市人社局、财政局、安监局、教委等部门联合印发《关于加强服务职工经费保障的意见》(沪工总发〔2017〕7号)。《意见》切实贯彻“八项规定”精神,确立“坚持依法依规、促进共建共享、落实各方责任”原则,提出“规范操作、民主决策、加强监督”的工作要求,聚焦日常工作中涉及职工权益事项的经费保障问题,从职工福利费、职工教育经费、安全生产费、工会经费等四方面进行规范和明确。一是依据财政部《关于企业加强职工福利费财务管理的通知》(财企〔2009〕242号)要求,明确职工疗休养、健康体检的经费渠道及职工疗休养的对象、地点、费用标准,鼓励有条件的单位开展全体职工疗休养和为全体职工定期体检;明确职工福利费可以用于困难职工的救济、补助,为到龄退休职工赠送慰问品,鼓励单位自办职工食堂或安排用餐,并予以经费补贴,鼓励职工需求集中且有条件的单位为职工提供子女托育服务等多种形式关心关爱职工。二是重申职工教育经费提取标准、使用范围以及教育经费提取与使用情况的公开要求,提出用于一线职工教育培训的比例不低于60%;重申安全生产费用提取、用于劳动保护和职业健康检查等有关规定。三是从基层工会和上级工会服务职工经费保障两个层面进行了规定。明确基层工会要积极配合推进产业工人队伍培养建设,提高职工素质技能,组织开展劳动竞赛,明确了对达到标准的技能晋升和授权发明专利的职工个人的奖励;明确职工文体活动相关支出标准;明确在高温、寒冷和雾霾天气等极端天气情况下,可开展一线职工慰问;各级工会可从工会经费中列支职工互助保障费用,强调了上级工会对下服务内容及经费保障原则、方式。 (徐冬梅)

【加强全面预算管理和核算账户管理】 为落实市总工会《关于加强机关及直属事业单位财务管理的若干意见》要求,制订出台《上海市总工会机关及直管事业单位全面预算管理办法》和《市总工会机关核算账户管理办法》,加强机关和直管事业单位预算全过程、全覆盖管理,对现有银行账户进行梳理,明确核算管理和代理记账以及应予以注销和归口管理账户,明确市总核算和代理记账账户的预算编制归口部门、签批程序和签批领导。按照账户管理办法规定,平稳做好会计学会工作移交和账户注销工作,推进职工帮困基金会账户归口职工援助服务中心和读书办账户归口市文化宫管理工作,配合经审办做好账户审计工作。 (徐冬梅)

【组织开展基层工会经费收支管理专项督查】 根据中华全国总工会办公厅《关于开展基层工会经费使用管理情况专项督查的通知》要求,市总工会成立专项督查工作领导小组,印发专项通知,制定实施方案,对区局(产业)工会和基层工会进行全面检查。检查分基层自查、区局(产业)互查、市总抽查3个阶段,聚焦基层工会经费拨缴、使用,以贯彻落实中央八项规定和全国总工会《关于加强基层工会经费收支管理的通知》及补充通知规定。自查率达到100%,互查率30%,市总抽查200家基层工会,对推进工会经费依法拨缴、依法管理、依法使用,进一步提高各级工会意识,确保工会经费用于开展工会活动、用于服务职工会员起到重要作用。 (徐冬梅)

【建立以职工满意度为导向的工作评价机制】 为进一步推进预算绩效管理工作,市总工会2017年对属于市财政资金的上海市劳模节日慰问金、特殊困难帮扶金、低收入生活困难补助金3个项目;对群团改革后市总下沉市职工技协服务中心、市工人文化宫、市总工会职工援助服务中心等的工会实事项目,如公益乐学、12351项目、企业一线职工授权发明专利奖励等8个项目实施绩效跟踪管理。同时,对2016年度12个项目开展绩效评价管理。年终接受市财政局考评,在全市党群机关中排名第一。 (陆 娟)

【实施内控建设,建立财务资产管理信息化体系】 实施上海市总工会内部控制体系建设,公开招标确定服务商,完成总工会及直管单位的现场调研工作,包括业务访谈、资料抽查以及流程刻画等工作,编制完成内控缺陷汇总表、业务流程划分框架、业务流程图、制度修订建议,内部控制诊断报告、市总机关内部控制手册初稿。同时,制订市总工会内部控制管控清单,对市总机关及各直属单位核心业务循环的原则性管控内容进行梳理,在管控清单的基础上优化内控体系文件。建立市总本级及下属直管事业单位财务资产集中核算管理信息系统,完成总工会及直管单位的财务资产管理现状及需求调研,实现预算系统年内上线,并做好核算系统上线准备工作。

(陆　娟)

【推进工会企业清理规范工作】 按照市委部署要求,市总工会组织相关工会继续推进工会企业清理规范"回头看"工作,按照"积极稳妥、规范有序"的原则,通过创新工作方法、破解清理难题,全力推进清理规范工作。截至年底,全市514家机关、事业、国企工会开办的企业中,454家企业已完成相关清理工作,另60家企业正在办理关、停、并、转相关手续。通过清理规范,实现相关工会组织与其所办企业在业务关系、隶属关系上完全脱钩,在产权归属上彻底剥离。

(吴定俊)

【持续推进工会文体场馆清理整改工作】 按照全总关于工会文体场馆清理整改工作的要求,市总工会以"公益定性、财政保障、清退出租、公益转型"为思路同步推进清理整改工作。一是会同编办共同研究工会文体场馆的公益定位,明确全市工人文化宫定为公益一类事业单位,其他工人文体场馆定为公益二类事业单位。二是积极协调财政部门对工人文化宫进行全额保障,对工人体育场进行差额保障,在财政全额保障之前先由工会经费保障。同时,市总工会成立清理整改工作推进领导小组,按照四个一批的方式,着力清退一批合同到期或即将到期的租赁项目;转型合作一批与文化宫功能相匹配的出租项目;物理隔离一批租期较长的租赁项目,尽力减少商户对职工文体活动的影响;协商解除一批与职工文体服务不匹配的租赁项目。清理整改前,18家文化宫总面积19.6万平方米,出租面积6.72万平方米,总出租率34.3%。截至年底,清理、清退出租面积3.2万平方米,出租率降为16.3%。

(吴定俊)

【徐汇区总工会加强财务资产管理】 2017年区总工会不断优化支出结构,加强工会经费收支管理,强化工会经费收缴责任,拨缴经费收入比上年增长5.85%,拨缴经费收入和上缴上级工会经费均有一定幅度增加,为工会各项工作的顺利开展和年度目标任务的圆满完成奠定基础。2017年区总工会分别在大口工会主席、副主席培训班、区内审工作培训会,以及对部分街道和企业集团工会开展工会经费使用管理的专题培训,共有约180余人参加培训。资产工作方面,根据全总有关文件要求,区总工会开展对五月苑房产出租清理工作,至年末对外出租已基本清理完毕。同时,根据10月区政府企业清理工作会议要求,区总工会于11月启动对下属上海五月苑大酒店有限公司清算注销工作。

(周　超)

【静安区总工会开展新任工会财务干部业务培训】 9月,区总工会在静安区业余大学报告厅,以"如何做好工会财务工作"为主题,对全区基层工会新任财务干部开展工会会计业务培训。区总工会党组书记、副主席郑志勇作培训开班动员,全区近150名基层工会干部参加培训。培训分理论知识和上机操作两部分。培训从工会会计制度的概念、原则出发,对会计科目和会计报表作了详细说明,并结合丰富的案例宣传工会财务工作最新法律法规知识,帮助大家准确把握新形势下工会财务工作的新要求。培训还讲解了工会财务软件的基本操作。

(姚蓓蓓)

【市化学工会加大制度执行检查,严格落实财务管理要求】 2017年,市化学工会认真抓好工会财务业务能力的提升,通过财务季度例会制度,进一步做好工会经费预决算、工会财务收管用基础管理。三季度组织开展对各基层单位工会经费专项督查及票据清理检查活动。基层工会经费使用情况自查做到100%全覆盖,对85家基层单位工会按30%的比例组织开展互查,其中3家单位接受并通过市总工会的抽查。

(张雪莲)

【宝钢工程工会推进银行账户纳入资金管理系统】 2017年,宝钢工程工会以行政财务共享中心成立为契机,逐步推进基层工会财务进行集中管理。宝钢工程下属独立法人单位较多,为统筹管理各基层工会的银行账户,增强各基层工会银行账户的透明度,动态掌握各基层工会的资金情况,借助行政新开发的资金管理系统,开展工会及党群账户集中管理探索。该系统建立了账户信息、账户余额明细查询的集成展示功能,降低了日常账户余额信息的收集和维护成本;利用资金管理系统的附表挖掘功能,有效提炼各组织内部资金流动性、收益性及安全性的表现情况,为工会组织内部管理提升创造有利条件。

(蔡兴目)

【市社会系统工会出台意见,规范经费管理要求】 按照定额管理要求,市社会系统工会与各归口单位工会签订2017年度工会经费收缴的协议书,明确上下级工会权利、义务和工会经费使用的职责。明确2016年上缴经费下拨比例和10个方面使用工作提示,既向基层经费倾斜,同时明确使用规范,避免无序使用。按照市总工会要求,出台归口单位兼职工会主席津贴意见,进一步稳定基层工会骨干队伍。

(丁宗勇)

经　审

【综述】 年内,市总经审办各项工作主要体现在以下3个方面:不断创新经审工作的新手段、新方法。在审计方式上,将区局(产业)工会和市总工会直管单位的审计全部委托给会计师事务所,提高审计专业水平。在审计时间上,对市总工会直管单位的审计由一年一次改为一年两次,加强审计监督力度。在审计整改上,实行审计报告在报送被审计单位的同时抄送给同级党委,提高审计的权威性。不断完善经审制度的科学性、有效性。作为贯彻群团改革精神的重要举措之一,针对工会经审工作存在的短板和薄弱环节,制订《关于推进工会内部审计、国家审计、社会审计和职工会员监督“四位一体”的立体经审监督体系建设的意见》,要求强化工会经费使用监管,完善工会经审的监督体系。不断做实各项审计和指导服务工作。一是认真开展对同级审计;二是开展对市总直管单位的审计;三是开展对下审计;四是组织分层次、分类型的培训;五是认真开展各项业务活动,组织互助组例会、经审工作考核等。

（柴丽琼）

【市总工会经审会召开十三届十次全体会议】 3月1日召开。市总工会经审会主任桂晓燕出席并主持会议。会议讨论、审议并原则同意上海市总工会2016年经费收支决算和2017年经费收支预算(草案)。会议认为,今年预算管理的时效性更强,预算的精细化程度提高。2017年预算编制总体合理,体现了“压缩本级、支持下级”的原则,特别加大对小三级工会和工会实事项目经费支持的力度,预算项目更加细化,更加注重对预算支出的控制。经费使用上,一方面体现出群团改革经费下沉的要求,加大了对基层工会、基层职工经费使用的力度;另一方面从资金上大力支持了重点工作的推进。而市总工会机关运营的的各方面费用在持续下降,“三公”经费控制情况良好。会议审议并原则同意《关于上海工会2016年经费审查工作情况和2017年经费审查工作安排的报告》。年内市总经审工作围绕着力构建工会内部审计、国家审计、社会审计和职工会员监督的“四位一体”经审监督体系开展。在坚持改革创新、突出重点工作、提升整改成效和加强自身建设4个方面全面推进经审工作。（柴丽琼）

【市总工会经审会召开十三届十一次全体会议】 11月2日召开。市总经审会副主任倪伟琦主持会议。市总工会副主席、经审会主任桂晓燕参加会议,会议审议并原则同意2017年上半年经费收支情况和2017年预算调整。会议认为,2017年上半年,在市总主席室领导下和在各级工会的共同努力下,全面完成上半年经费收缴任务,但在确保工会经费收入和推进群团改革工作的同时,应进一步提高预算支出的执行率。市总工会要进一步提升财务管理水平和资金使用效能;进一步加强对投资基建项目的管理,加大对重大投资项目的跟踪与控制,确保工会资金安全和资产完整。会议听取市总工会经审办主任倪伟琦关于2017年经审办工作的汇报。桂晓燕指出,要进一步推进工会内审、国家审计、社会审计和职工会员监督“四位一体”的立体经审监督体系建设,特别要加强与审计局的沟通,逐步推动基层工会财务状况和审计结果公开。

（柴丽琼）

【市总工会召开上海工会经审工作改革推进会】 6月14日,市总工会与市审计局共同召开上海工会经审工作改革推进会,参加人员有市总工会经审会委员、各区局(产业)工会主席和经审会主任、市审计局相关处室及区审计局主要负责人。市总工会党组书记、主席莫负春,市审计局局长王建平出席会议并讲话,市总工会副主席姜海涛主持会议。会议研究部署上海工会经审改革工作,出台《关于推进工会内部审计、国家审计、社会审计和职工会员监督“四位一体”的立体经审监督体系建设的意见》。市总工会副主席、经审会主任桂晓燕介绍《意见》的主要内容及市总工会经审会工作安排。（柴丽琼）

【推进“四位一体”立体经审监督体系建设】 6月14日,市总工会出台《关于推进工会内部审计、国家审计、社会审计和职工会员监督“四位一体”的立体经审监督体系建设的意见》。《意见》明确,各级工会经审组织要充分发挥工会内部审计主体作用,把经审工作考核要求和具体内容,列入上级工会考核评估下级工会工作的重要内容和指标。对各区总工会以及年拨缴经费收入超过3000万元(含)的局(产业)工会要求设置经审办,经审办主任、副主任按工会职能部门正、副职领导职务配备或享受相应待遇。年拨缴经费收入小于3000万元的局(产业)工会应配备专职经审干部。因编制受限暂时无法配备专职经审干部的,应选派挂职干部、兼职干部或志愿者承担工作。各级工会经审组织要加强本级审计,市、区两级工会要主动配合审计机关对地方各级工会组织及其所属单位的审计工作,主动报送工会经审会经费审查工作情况和工作安排的年度报告。工会审计要建立购买社会审计服务制度,探索引入社会中介机构对本级工会及直属企事业单位、下属工会的预算执行和财务收支情况、基本建设、实事项目、经济责任等进行审计。同时,加大职工会员对经审工作的监督力度,强化工会代表大会、全委会、常委会、经审会等的监督作用。提高工会经审会中基层委员的比例,拓宽下级工会监督上级工会经费资产使用管理情况的渠道。建立健全财务状况和审计结果公开制度,逐步扩大公开的内容和范围。

（柴丽琼）

【开展社会中介机构审计备选库招标工作】 为进一步推进工会内审、国家审计、社会审计和职工会员监督“四位一体”立体经审监督体系的建立,根据《中华人民共和国政府采购法》《上海市政府采购管理办法》和《上海市总工会机关采购管理办法(试行)》等的规定,结合市总工会的实际情况,市总工会经审办对2017年6月底至2019年6月底市总工会购买社会审计服务的中介机构进行公开招标,共有8家单位(其中5家具备会计师事务所执业资格,3家具备工程造价咨询资质)入选市总工会社会中介机构审计备选库。（柴丽琼）

【开展2016年度本级审计】 根据《上海市总工会本市各级工会经审会对同级工会年度经费预算执行情况审查审计监督的暂行办法》的规定,市总工会经审会于7月18日起对上海市总工会财务资产管理部2016年度本级核算的相关账户的财务收支和财务管理情况进行审计。市总工会经审办共审计市总工会财务资产管理部核算的市总工会(机关)、市总工会(本级)、市总工会资产管理委员会(新)、市总工会恒森房款、市总工会工人文化宫筹建项目等5个账套。（柴丽琼）

8月29日，市总工会经审办对社会中介机构进行培训 （周 杰）

【开展市总工会直管单位审计】 为加强对市总工会直管单位的管理，市总工会经审办由原来的年审一次改为每半年审一次。年内，市总工会经审办共对9家市总工会直管单位（工会管理职业学院、市工人文化宫、劳动报社、职工技协服务中心、幼儿园、职工援助服务中心、保障互助中心、退休职工活动中心和海鸥集团）2016年度和2017上半年的预算执行情况和财务收支情况等内容进行审计。对工会管理职业学院、市总工会幼儿园、职工援助服务中心等单位的20个固定资产投资项目进行了工程结算审计，核减率23.27%，有效节约了基建资金。同时，继续对沪东工人文化宫改扩建工程进行跟踪审计，实现项目动态管理、资金严格控制、审计关口前移。 （柴丽琼）

【开展对区局（产业）工会预决算和专项资金审计】 年内，市总工会经审办共对30家区局（产业）工会开展2016年预算执行情况和财务收支情况审计，分别是：浦东新区总工会、黄浦区总工会、宝冶工会、电视台工会、久事工会、上实工会、申迪工会、徐汇区总工会、静安区总工会、海事工会、体育局工会、地产工会、农委工会、长宁区总工会、松江区总工会、交通委工会、经信委工会、合作交流工会、华能工会、虹口区总工会、奉贤区总工会、税务局工会、衡山工会、中铝铜业工会、杨浦区总工会、机电工会、人保局工会、百联工会、号百工会、电影工会；并对其中的8家工会2016年专项资金情况进行审计。本次审计全部委托会计师事务所进行第三方审计，市总工会经审办做好受托会计师事务所的培训、管理以及与被审单位的协调、沟通工作。 （柴丽琼）

【开展经审工作培训】 2017年，市总工会经审会采用多种形式，对经审干部进行分类培训。在工会学院奉贤校区组织了为期3天的区局（产业）工会经审主任脱产培训班，共培训经审主任47名；开展新上任经审干部培训，培训新上任经审干部116名；配合组织部和工会学院为新上任工会主席进行经审知识培训。同时，为有需要的区局（产业）工会进行工会经审干部岗位培训，为基层工会提供更多服务。 （柴丽琼）

【开展2016年经审工作规范化考核】 根据《上海市区县局（产业）工会经审工作规范化建设标准》的要求，经过单位自评、小组核定和市总工会经审办最终审定，并经市总工会经审会常委会审议通过，浦东新区总工会经审会等74家单位获工会经审工作规范化考核特等奖（考核达到A级标准）；上海电力建设有限责任公司工会经审会等19家单位获一等奖（考核达到B级标准）；上海市公安局工会经审会1家单位获二等奖（考核达到C级标准）；上海市通信管理局工会经审会等2家单位获三等奖（考核达到D级标准）。 （柴丽琼）

【徐汇区总工会构建立体经审监督体系】 2017年区总工会着力构建"四位一体"的立体经审监督体系，建立与国家审计机关的沟通协作机制，建立购买社会审计服务制度，充分发挥职工会员民主监督作用，切实增强工会经审工作的系统性、专业性、群众性。年内共完成工会经费审计项目30个，延伸审计12家，提出审计意见68条，审计过程中加大了对工会经费收入专用收据使用、中央八项规定执行情况等方面的审查力度，对审计发现的问题督促相关单位整改落实，进一步提高工会经费使用合规性和效益性。 （周 超）

【黄浦区区管工会经审工作业务培训开班】 8月10日，黄浦区区管工会经审工作业务培训开班，区总二届经审委员、特约经审员、各区管工会经审主任及负责人参加培训。针对黄浦工会经审干部调整，近期工会财务、经审出台新政策和规定的情况，培训用大量典型案例对工会经审工作的重要意义、基本知识等问题进行答疑解惑，就下发的《关于加强服务职工经费保障的意见》等政策内容做了全面的讲解。 （陆中斌）

【静安区总工会借力社会审计提高监督实效】 静安区总工会通过引进社会审计力量，确保工会经审职能的有效发挥，努力实现"审、帮、促"的工作目标，工会经审监督工作持续得到加强，并形成了自身特色。在引入社会审计机构参与区总经审的过程中，坚持以完善工会组织的内控制度建设和管理效益为主线，把"发现管理漏洞，健全监督机制，提高管理水平"作为审计监督的着力点，由"点"及"面"，帮助被审单位提升整体管理水平。 （陈 建）

【闵行区总工会全面落实"四位一体"立体经审监督体系建设】 区总工会出台《闵行区总工会关于推进工会内部审计、国家审计、社会审计和职工会员监督"四位一体"的立体经审监督体系建设的实施办法》全面落实市总工作要求。一是做好本级工会经费审查审计监督，对本级工会经费预算执行情况（决算）、预算调整等情况进行审查审计；二是开展对下审查审计监督，对7名工会主席进行离任审计对10个区属工会及下级工会进行工会经费管理审计；三是启动下级工会同级审计报告备案评审制度，共有35家区属工会上报同级审计报告，区总工会经审办从中评选出12个优秀审计项目，其中莘庄工业区总工会项目被评为全国总工会优秀审计项目，马桥镇总工会项目被评为上海市总工会优秀审计项目；四是编制印发《工会经费管理及经审工作实用操作手册》，举办各类工会经审干部业务培训，培训近700人次。（金　靓）

【闵行区总工会开展基层工会经费专项督查】　7—8月，闵行区总工会组织开展基层工会经费专项督查工作。一是落实自查自纠。要求各基层工会根据全总和市总工会有关工会经费使用管理的规定，围绕“八个不准”要求，对工会经费收、管、用情况开展自查自纠。二是开展全面互查。借调8名镇、街道、委局工会财务经审骨干组成专项检查组，对基层工会的经费收入来源、支出范围、资金管理、工会活动开展情况等全面检查。三是严格责任追究。对自查自纠和互查中发现的问题，要求基层工会及时制定整改措施，并形成整改落实报告备案，区总工会回访整改措施落实情况。本次工会经费专项督查工作面达到100%全覆盖。（王　凯）

【金山区总工会开展2017年度工会优秀审计项目演示活动】　10月19日，区总工会开展2017年度金山区工会优秀审计项目演示活动，区总党组常务副书记、副主席、经审办主任汪敏良出席活动并讲话。本次工会优秀审计项目演示活动对各直属工会申报的14个审计项目进行评审，通过各单位展示审计资料、描述审计过程、展现审计成果，充分展示2016年以来区各级工会经审组织的工作成绩，使审计工作从后台走到前台，审计的效力和成效得到彰显。（封梅芳）

【市化学工会引入社会审计力量提升工作质量】　为适应工会改革和工会工作新要求，市化学工会认真贯彻市总工会积极推进工会内部审计、国家审计、社会审计和职工会员监督“四位一体”的立体经审监督体系建设要求，在市总经审会公布的社会审计机构名单中选取上海求是会计师事务所参与工会实务审计工作。对下属的双钱、精化、能化和党校等4家企事业单位进行工会经费预算执行情况暨财务收支情况审计，对下属的投资和资产管理公司等2家单位的工会负责人进行离任审计。这是化学工会首次引入社会审计力量进行经审，通过引入社会审计机构，一是提升了工会经审监督的专业性；二是弥补了工会经审力量的不足，提高了工会经审监督工作实效。（陈晓英）

【宝钢发展工会加强工会经费收支与财务管理】　宝钢发展工会认真贯彻落实“关于加强基层工会经费收支管理”等文件精神，完成2016年工会经费决算及2017年预算编制工作，开展2016年度基层工会经费审查、财务检查工作和基层团队建设活动经费使用管理情况专项检查，评选“2016年度基层工会财务和经审工作先进单位”4家，进一步加强对基层工会财务管理的服务指导。修订《宝钢发展工会关于慰问、奖励等相关费用的规定（试行）》，进一步规范工会财务管理。（朱　宏）

【中国宝武工会举办工会财务经审工作专题研修】　10月13日，中国宝武工会在宝武管理学院举办2017年度工会财务经审专题研修班，提升工会财务、经审人员业务素质。300余名基层各级专兼职工会财务、经审人员和工会主席、工会干部参加学习。研修班上，专题学习《上海市总工会关于推进工会内部审计、国家审计、社会审计和职工会员监督“四位一体”的立体经审监督体系建设的意见》，并就如何做好新形势下的工会财务经审工作进行互动交流。（李士伟）

【上海铁路局工会全面加强工会经审工作】　上海铁路局工会加强对工会经费收支、资产管理等经济活动的审计监督，组织完成各类审计项目59个，同比增加6个，其中基层工会经费审计54个（含基层工会主席经济责任审计11个），直属文体馆经费审计5个，由社会审计机构独立完成的审计项目2个，审计帮扶救助专项资金6841万元、送温暖专项资金327万元，提出需整改的各类审计问题134个；组织完成基层工会经审工作规范化建设标准考核评比工作，通过自评和集中考评，评出A级单位34个，B级单位48个，C级单位17家。《关于南京东车辆段2015年和2016年经费预算执行情况的审计》被铁总经审办评为优秀审计项目。局工会在铁路总工会经审办组织的2016年度全路工会经审规范化建设考核评比中获得特等奖。（朱春明）

【上海化学工业区工会加强对工会经费的审查审计监督】　一是保障重点工作，强化财务和经审两个规范化建设。按3大类18个小类开展财务会计基础工作规范化建设考评，促进基层工会财务会计基础工作上台阶。按3大类16个小类21个观测点开展基层工会经审规范化建设考核，强化基层工会经审委员实务审计程序的规范化。二是把握审计内涵，构建“四位一体”经审监督体系。将工会内审、国家审计、社会审计和职工会员监督相结合，积极构建“四位一体”立体经审监督体系，充分发挥工会内审的主体作用，引入第三方社会审计机构，组织开展对基层工会的实务审计和绩效评价工作。三是规范经费支出，强化工会财务预决算管理，组织开展基层工会财务预决算报表集中审核。四是加大培训力度，不断提高财务经审工作水平。（张　俊）

【中国移动上海公司工会构建“六位一体”工会经费嵌入式风险防控管理体系】　中国移动上海公司工会从工会工作的发起、执行、结果、评估等各阶段出发，在意识、目的、制度、手段、平台、结果6个环节分别设立了嵌入式的“防控机制”，并依次对各防控环节设置了提前化、精准化、规范化、专业化、透明化、互动化“六个目标”，实现管好用好工会经费、服务会员感受幸福的初衷与使命，“六位一体”嵌入式风险防控体系在集团内、行业内多

次进行经验介绍和分享,产生示范效应,并获得了2017年度上海市基层工会创新案例提名奖。（万晓红）

【上海海事局开展工会经费专项督查工作】 8月11日,上海海事局根据市总工会《关于落实〈市总组织开展基层工会经费专项督察〉的实施方案》的精神,按照自查、互查、重点检查和整改四个阶段要求,组织开展了各基层工会经费自查和所属基层工会(洋山港海事局工会、浦东海事局工会、后勤管理中心工会、局机关工会)互查工作,互查面超过市总工会要求的30%。针对自查与互查中发现的问题,分析原因、查找根源,并进行及时整改,进一步健全工会经费的使用监督机制。在此基础上,上海海事局接受市总工会经费审查办公室委托上海久信会计师事务所开展的2016年度工会经费使用情况开展专项审查,进一步提升了工会经费使用规范化程度,切实保障会员权益。（谭　聪）

【人社局工会加强经费支出管理监督】 为进一步规范工会奖励、慰问、补助工作经费,局工会依法依规制定《上海市人力资源和社会保障局工会经费使用若干规定(暂行)》《上海市人力资源和社会保障局工会慰问制度(暂行)》;认真落实沪工总发〔2017〕7号文精神,举办《服务职工经费保障》专题讲座,聘请专业人员为局系统工会干部讲解文件相关要求及内容,明确经费使用的红线;举办局系统工会经审干部专题培训班,全面落实工会经审干部的工作职责,进一步规范基层工会经审工作;认真布置落实开展基层工会经费专项督查工作,成立专项督查工作小组,通过自查、互查、重点检查等3个阶段工作,及时发现问题,进行整改;根据市总工会委托第三方对局工会经费使用情况开展审计的工作要求,自觉接受审计监督,使工会经费更好地为工会建设服务,为职工群众服务。（瞿葆仁）

【市级机关工会举办财务经审干部培训班】 9月1—2日,市级机关系统工会财务经审干部培训班在上海国家会计学院举行。市级机关工会主任陈玲出席开班仪式并讲话。市级机关工会经审主任金林勇主持开班仪式。来自市级机关系统各单位工会的经审委员、工会财务人员近200人参加培训。培训采用专题讲座的教学形式,以推进工会财务管理及经审监督工作为目标,围绕市级机关系统单位工作实际,邀请市总经审办负责人对有关文件进行详细解读,并解答学员提问。（王　颖）

【上实集团工会首次引进社会审计机构参与经费审计】 根据《上海市总工会关于推进工会内部审计、国家审计、社会审计和职工会员监督“四位一体”的立体经审监督体系建设的意见》精神,在对集团各级工会经审工作全面排摸的基础上,首次引进社会审计机构对集团12家直管企业工会的2016年经费使用情况进行全面审计,实现内部审查与外部监督的有机结合,促进工会经费资产的使用管理监督在阳光下运行。经审计,共梳理出7个大类10个问题,集团工会经审委分别出具审计报告并下发整改通知。年底前,所有相关单位均上报整改方案。（王玉君）

关于调整本市工伤人员伤残津贴和生活护理费标准的通知

沪人社规〔2017〕14号

各委、办、局,控股(集团)公司,市社会保险事业管理中心,各区人力资源和社会保障局:

为保障工伤人员的基本生活,根据《上海市工伤保险实施办法》(以下简称《实施办法》)规定,经市政府同意,现对本市致残一级至四级工伤人员的伤残津贴和生活不能自理工伤人员的生活护理费标准进行调整,具体通知如下:

一、2016年12月31日前发生工伤且致残一级至四级工伤人员的伤残津贴在目前享受的标准基础上调整,其中致残一级增加500元/月,致残二级增加480元/月,致残三级增加450元/月,致残四级增加420元/月。

调整后的伤残津贴最低标准为:致残一级5850元/月、致残二级5530元/月、致残三级5200元/月、致残四级4880元/月。

二、2016年12月31日前发生工伤且经确认生活不能自理工伤人员的生活护理费在目前享受的标准基础上调整,其中生活完全不能自理增加280元/月,生活大部分不能自理增加220元/月,生活部分不能自理增加170元/月。

调整后的生活护理费标准为:生活完全不能自理3250元/月,生活大部分不能自理2600元/月,生活部分不能自理1950元/月。

三、2016年12月31日前已按规定办理按月领取养老金手续的致残一级至四级工伤人员,按照本通知第一条规定增加的伤残津贴低于其2017年养老金增加额的,按养老金增加额计发。

四、2017年1月1日至12月31日期间发生工伤且致残一级至四级的工伤人员,按《实施办法》规定计发的伤残津贴低于本通知第一条第二款规定的最低标准的,按最低标准计发。

五、由工伤保险基金按照《实施办法》规定支付伤残津贴和生活护理费的工伤人员,其按本通知规定调整后增加的费用由工伤保险基金支付。目前仍由用人单位按照《实施办法》规定支付伤残津贴和生活护理费的工伤人员,其按本通知规定调整后增加的费用由用人单位支付。

六、本通知自2017年4月1日起执行,有效期至2019年3月31日。2017年1月1日至12月31日期间发生工伤且致残一级至四级的工伤人员,自其实际享受伤残津贴之月起执行。

上海市人力资源和社会保障局
2017年3月31日

关于调整本市因工死亡人员供养亲属抚恤金标准的通知

沪人社规〔2017〕15号

各委、办、局,控股(集团)公司,市社会保险事业管理中心,各区人力资源和社会保障局:

为保障因工死亡人员供养亲属的基本生活,根据《上海市工伤保险实施办法》(以下简称《实施办法》)规定,经市政府同意,现对本市因工死亡人员供养亲属抚恤金标准进行调整,具体通知如下:

一、2016年12月31日前因工死亡人员供养亲属的抚恤金在目前享受的标准基础上,每人每月增加120元。

调整后的因工死亡人员供养亲属抚恤金最低标准为每人每月1246元,其中孤寡老人或者孤儿的最低标准为每人每月1332元。

二、2017年1月1日至2017年12月31日期间因工死亡人员的供养亲属,其按《实施办法》规定计发的抚恤金低于本通知第一条第二款规定的最低标准的,按最低标准计发。

三、由工伤保险基金按照《实施办法》规定支付抚恤金的供养亲属,其按本通知规定调整后增加的费用由工伤保险基金支付。目前仍由用人单位按照《实施办法》规定支付抚恤金的供养亲属,其按本通知规定调整后增加的费用由用人单位支付。

四、本通知自2017年4月1日起执行,有效期至2019年3月31日。2017年1月1日至12月31日期间因工死亡人员的供养亲属,自其实际享受抚恤金之月起执行。

上海市人力资源和社会保障局
2017年3月31日

2018

上海工会年鉴

友好交往

工会出访

【概要】 上海市总工会同20个国家和地区的工会签署了友好交流协议，形成覆盖亚、非、欧、美、大洋等五大洲友好合作交流格局。2017年，市总工会6批次出访团组分别赴美国、澳大利亚、越南、挪威、俄罗斯、日本、韩国和中国香港访问。分别就双方工会当前所关注的问题展开交流会谈。

（管一珉）

【上海市教育工会代表团访问日本】 应日本大阪府教职员组合的邀请，6月25—29日，以市教委副巡视员、市教育工会常务副主席王向群为团长的上海市教育工会代表团一行6人，赴日本大阪进行工会业务交流。代表团一行先后参访了大阪府教职员组合、兵库县教职员组合、大阪市教职员组合，并实地考察八尾市立高美南小学校、府立松原高等学校，听取两校校领导介绍办学理念、目标与措施等，实地参观校园、旁听上课。宾主双方就两地教职员工工作制度、休息休假、薪酬津贴、福利待遇，及中小学课程设置、教育教学、工会工作开展等，举行了3场专题座谈交流，并在参访过程中深入交换意见，共同探讨关心关注的议题，吸取先进经验与做法，促进共同发展进步。王向群指出，双方工会同仁要秉承优良传统，更加紧密联系，更加友好合作，增进了解，深化情谊。团结凝聚广大教职员工不仅精心传授科学知识，更着力传播良知，共同担当好传递中日世代友好接力棒的重任，教育引导广大师生尊重历史、尊重科学。

（管一珉）

【上海工会代表团访问美国和香港】 应美国洛杉矶县劳工联合会和中国香港工会联合会邀请，以市总工会副主席桂晓燕为团长的上海工会代表团一行6人，于7月10—17日对美国和中国香港相关工会进行访问。在加州教师工会联合会副主席、加州大学洛杉矶分校劳工研究与教育中心主任肯特·黄的衔接下，上海工会代表团走访了洛杉矶县劳工联合会，总书记拉斯蒂·希克斯向代表团介绍了特朗普执政后，美国工会面临的政治困局和工会近期主要工作目标。在与旧金山劳工理事会的交流中，总书记、司库蒂姆·保尔森介绍了新医改政策、移民政策等对会员的影响。代表团还拜访了以家政从业人员移民为主的美国国际服务雇员工会2015分会、洛杉矶电力工人培训中心、加州大学伯克利分校劳工研究与教育中心等，并与对方就当前形势下如何发展工会会员、提升最低工资标准、加强职工培训、加强工会自身建设以及工会面临的机会与挑战等问题进行深入探讨和交流。17日，代表团飞抵中国香港，拜访香港工会联合会，与该会理事长吴秋北、副理事长唐庚尧等交流了两地工会目前的主要工作。香港工会联合会职业再训练中心副总干事黄智美博士，专门介绍香港职业训练局开展职业培训的相关情况。

（李学兵 管一珉）

【上海工会代表团访问澳大利亚、越南工会】 应澳大利亚昆士兰州工会理事会和越南胡志明市劳动联合会的邀请，以市总工会秘书长宋钟蓓为团长的上海工会代表团一行6人，于8月3—10日对澳大利亚和越南相关工会进行了访问。8月3—6日，在澳大利亚昆士兰州工会理事会总书记洛斯女士和副总书记迈克先生的陪同下，上海工会代表团先后走访了总部位于墨尔本的维多利亚州工会理事会、澳大利亚全国总工会（ACTU）、位于悉尼的养老金管理公司 sunsuper，以及位于布里斯班的昆士兰州工会理事会等，了解澳方工会在组织工会运动、加

2017年上海工会与外国和台港澳工会主要交往简表

团　名	时　间	交往	人数
埃及公用事业工会代表团访华	3月28日—4月2日	来访	8
日本横滨市劳联代表团访华	4月19—22日	来访	13
市教育工会代表团访问日本	6月25—29日	出访	6
市总工会代表团访问美国和中国香港	7月10—17日	出访	6
市总工会代表团访问澳大利亚和越南	8月3—10日	出访	6
美国洛杉矶县劳工联合会代表团访华	9月10—17日	来访	6
意大利米兰总工会代表团访华	10月9—14日	来访	6
市总工会代表团访问挪威和俄罗斯	10月15—22日	出访	6
市教育工会代表团访问澳大利亚	10月17—21日	出访	6
市总工会代表团访问韩国和日本	11月13—20日	出访	6
巴西工人总联盟代表团访华	11月13—18日	来访	6
阿根廷工人中央工会代表团访华	11月20—26日	来访	2
日本工会总联合会大阪府联合会第十一次代表团访华	12月4—8日	来访	4

强工会组建、工会干部培养培训、与政府协调联系等方面所开展的工作，并就如何提升最低工资标准、如何开展新形势下工会网络工作等问题进行了深入探讨和交流。7日，代表团离开悉尼前往越南。在胡志明市期间，拜访了胡志明市劳联，与阮文凯常务副主席和办公室、财务部领导开展交流，并在胡志明市劳联法律政策部部长阮成督的陪同下，拜访其下属的平盛郡工会，并深入一家私企和一家纯外资企业考察工会工作开展情况。在河内期间，代表团与河内市劳联进行了友好交流。这次出访不仅加深了与澳大利亚和越南工会的沟通和友谊，更认识到了澳、越两国工会所处迥异的政治社会形态反映到工会的发展环境以及工会发展状况也有着较大差异。

（管一珉）

【上海工会代表团访问挪威、俄罗斯】 应挪威市政和普通雇员工会、俄罗斯圣彼得堡市和列宁格勒州工联邀请，市总工会巡视员何惠娟为团长的上海工会代表团一行6人，于10月15—22日对挪威和俄罗斯相关工会进行访问。10月15日，代表团一行抵达挪威奥斯陆，第一时间拜会了挪威市政和普通雇员工会，该工会主席诺曼特女士及其相关成员友好接见代表团。中挪双方就当下如何发展工会会员、扩大工会组织影响力、维护职工权益、加强工会自身建设及工会面临的挑战等进行了交流探讨。16日，代表团一行在挪威市政工会总部大楼列席了挪威市政和普通雇员工会第四次代表大会开幕式，听取了主席诺曼特女士所作的工作报告。17日，代表团一行离开挪威奥斯陆乘飞机抵达俄罗斯圣彼得堡市。拜访了位于劳动宫的圣彼得堡市和列宁格勒州工联，工联主席弗拉基米尔·德尔宾和相关人员接见了代表团，双方就当前形势下工会组织如何发挥作用、尤其是发挥行业工会的作用、扩大影响力及面临的问题挑战等进行了探讨。座谈后，代表团参访了劳动宫内的工联历史博物馆。在圣彼得堡期间，代表团还赴圣彼得堡市无线电公司，就工资集体协商、女职工特殊保护等具体问题进行交流。深入圣彼得堡电力公司访问，与俄罗斯西北地区电力和热能制造行业工会相关负责人和公司工会工作者座谈交流。就会费收缴、队伍建设、职工权益维护等交流探讨。走访了位于圣彼得堡郊区的俄罗斯第二大造纸厂syassky。深入车间了解一线职工的作业环境，并与圣彼得堡森林行业工会主席及工厂工会领导们就工资集体协商、职工劳动保护等交流探讨。

（沈美娣）

【上海市教育工会访问澳大利亚昆士兰州教育工会】 应昆士兰州教师工会和独立教育工会邀请，以市教育工会兼职副主席、复旦大学工会常务副主席司徒琪蕙为团长的代表团一行6人，于10月17—21日访问澳大利亚。访问期间拜访了独立教育工会、教师工会总部，分别与两个工会组织进行了工作交流。两地工会就共同关心的“如何与青年教师互动”“如何与女性会员互动”主题进行了交流、探讨。参观了昆士兰大学、TTS、BROADBEACH、VARSITY College等学校，听取了各所学校校长的介绍，了解了各所学校的办学特色、办学理念、教学情况、学生来源等。司徒琪蕙向澳方介绍了上海市教育工会关注青年教师、女性教师群体的工作情况。

（管一珉）

【上海工会代表团访问韩国和日本】 应韩国劳动组合总联盟釜山地域本部和日本大阪市劳动组合联合会的邀请，以市总工会副主席姜海涛为团长的上海工会代表团一行6人，于11月13—20日，对韩国的釜山、首尔和日本的大阪、神户、京都等地进行友好访问。11月13—16日，代表团先后拜会了釜山劳总本部、釜山港运工会、韩国劳总本部，听取对方介绍釜山地区工会活动所面临的主要课题和应对措施。拜会韩国劳总时，常务副委员长朴大寿介绍了韩国工会活动的政治环境和韩国工运所面临的热点问题及其应对措施。16—20日，代表团先后拜会了联合大阪、大阪市劳联、神户市劳联、京都市劳联。与联合大阪主要围绕非正规就业者的课题进行了深入地交流。与大阪市劳联、神户市劳联、京都市劳联主要围绕公务员工会的工作情况进行交流。另外，代表团还应邀参加了大阪市劳联成立70周年庆典大会。访问期间，姜海涛向韩国和日本工会界的同仁介绍了上海经济社会发展和工会工作情况。

（崔春吉）

团体来访

【概要】 上海工会坚持中国特色的工会外交，主张互相尊重、求同存异，与友好工会建立更紧密的伙伴关系。面对各种全球性挑战，我国工会倡导双赢的理念越来越得到他国工会的赞同，并在许多议题上形成合作共识。2017年应本会邀请来访的外国友好工会团组有阿根廷工人中央工会、埃及公用事业工会、巴西工人总联盟、美国洛杉矶县劳工联合会、日本横滨市劳联、日本工会总联合会大阪府联合会、意大利米兰总工会。代表团受到了市总工会领导的热情欢迎，与有关部室、单位和企业进行全面深入的交流，并赴北京、杭州、苏州等外省市考察工会工作，了解中国经济社会发展状况。同时，阿拉伯工会国际联合会、日本日中技能者交流中心、挪威全国总工会、马来西亚全国教育工会、中国工会“一带一路”人文交流——“21世纪海上丝绸之路”民心相通交流营等国（境）外工会应中华全国总工会和其他兄弟省市工会的邀请访沪。

（管一珉）

【埃及公用事业工会代表团访华】 应上海市总工会邀请以阿德尔·纳斯米·阿里·哈桑主席为团长的埃及公用事业工会代表团一行8人于3月28日至4月2日访问了上海等地。3月30日，市总工会党组书记、主席莫负春亲切会见了该代表团。莫负春向客人们介绍了上海的基本情况和上海工会在源头参与、集体协商、服务职工等方面的主要工作。他说，随着城市各种产业的发展，企业的形态发生了变化，劳动人口的分散性的特点愈发明显。对此，工会把服务向前延伸，建立了许多职工服务站、妈咪小屋和户外工作者休息场所，为职工群众提供法律咨询和各类便民服务。纳斯米介绍了埃及公用事业工会的概况和该会在为职工提供住房福利、解决实际困难等方面所做的努力。宾主双方还就共同关心的问题进行了交流。市总秘书长宋钟蓓会见时在座。在沪期间，代表团参观了上海外高桥第三发电有限责任公司，与市经济和信息化工作系统工会进行了座谈。代表团还赴苏州与苏州市总工会交流，并参观工业园区。埃及公用事业工会隶属于埃及工人工会总联合会，下辖20个地方分会，约有会员50万，主要来自电力、自来水、排水和住宅发展四行业，以电力为主，系埃及23个产业工会中最大的产业工会之一。该会每年举行工会代表大会，工会领导每5年选一次，全为兼职。公用事业工会主要依据劳动法开展工作，并和其它产业工会密切合作，在经济、政治、社会等领域为会员服务。工会在人民议会和协商会议中均有代表，参与立法和监督。

（张国峰）

【“21世纪海上丝绸之路”民心相通交流团访华】 4月5日，上海市总工会秘书长宋钟蓓会见了以梅根·罗兰·朱妮雅克女士为团长的“一带一路”沿线相关国家交通部门官员、海事领域部门负责人以及海上运输行业职工代表一行17人。宋钟蓓向来宾介绍了我国提出“一带一路”倡议的内涵、改革开放的理念及上海工会构建和谐劳动关系、维护会员权益、提高职工技能等方面的工作。客人们感谢上海市总工会的精心安排，认为工会为保障海员的利益发挥了不可替代的作用，并表示世界海事大学等在未来100年中要与中国工会密切合作，以共同应对全球化的挑战。在沪期间，该交流团先后参访了上海海事大学、中国航海博物馆、上海海事局和上海港。本次交流营活动是中国工会“一带一路”人文交流项目的重要内容，系首个海上丝绸之路职工交流活动，由中华全国总工会和中国交通运输部合作举办。

（张国峰）

【日本横滨市劳联代表团访华】 4月19—22日，应上海市总工会邀请，以执行委员长二阶堂健男为团长的日本横滨市劳联代表团一行13人来沪访问。在沪期间，上海市总工会主席莫负春在千禧海鸥大酒店亲切会见并宴请了代表团一行，秘书长宋钟蓓、办公室主任沈雄德等参加。莫负春向代表团介绍了中国经济社会发展情况、上海工会机构改革的概况以及上海工会加大工会组建力度，扩大工会覆盖面；维护职工权益、办实事服务职工等方面的工作。双方进一步探讨了不断推进两地工会在劳动关系领域、国际和区域性工会活动方面的合作与交流等事宜。代表团团长二阶堂健男先生介绍了日本工会的基本情况。代表团还参观访问了上海申通地铁集团有限公司和洋山港。

（崔春吉）

【日本日中技能者交流中心代表团访华】 9月8日，上海市总工会秘书长宋钟蓓会见了由中国职工对外交流中心邀请的以人见一夫理事长为团长的日本日中技能者交流中心代表团一行4人。宋钟蓓向客人们介绍了上海工会的主要任务及改革情况。人见一夫表示，此次访华的主要目的是与中国工会总结今年上半年度交流计划的落实情况，商讨今后继续开展交流和合作的新途径、新模式和新内容。日中技能者交流中心自1986年9月成立以来，积极从事对华经济、技术、文化等领域的交流与合作，迄今已接收中国职工对外交流中心派遣的各行业赴日技能实习生一万多名，分别在日本和中国举行各种专题研讨会，通过中国外国专家局每年向我国大专院校选派日语教师，为两国经济的繁荣和发展、两国人民的相互了解与友好做出了贡献。

（张国峰）

4月21日，上港集团工会接待日本横滨劳联代表团来访　（张　容）

【美国洛杉矶县劳工联合会代表团访华】 应上海市总工会邀请，以总书记拉斯蒂·希克斯为团长的美国洛杉矶县劳工联合会第6次访华代表团一行6人于9月10—17日访问中国。9月11日，市总工会主席莫负春会见了美国工会代表团。莫负春向来宾介绍了上海的基本情况和上海工会在网上建设、源头参与、职工培训等方面所做的工作。他说，在产业结构调整的背景下，工会不仅要关心职工的工资待遇和工作条件，还要重视人们的就业、生活、学习以及文体活动等，形成尊重劳动的氛围，努力提高工人的社会地位。拉斯蒂介绍了洛杉矶县劳工联合会的主要工作，并为与本会结成伙伴关系10年来所取得的累累硕果而感到自豪。宾主双方还就目前工会面临的机遇和挑战进行探讨。市总秘书长宋钟蓓会见时在座。在沪期间，代表团拜访了市教育工会和上海水产集团有限公司工会。在上海电影（集团）有限公司工会的安排下，参观了上影集团影视基地。代表团还赴广州和深圳与广东省总工会和深圳市总工会交流，并参访比亚迪股份有限公司。

（张国峰）

【意大利米兰总工会代表团访华】 应上海市总工会邀请，以总书记马西莫·博尼尼为团长的意大利米兰总工会第十六次代表团一行6人于10月9—14日访问中国。10月10日，上海市总工会主席莫负春接待了该代表团。莫负春向客人们简要地回顾了中意两国人民友好交往的历史，介绍了上海的经济社会基本情况和工会的主要工作。他说，在互联网行业快速发展的背景下，产业结构不断调整，员工的流动性较为频繁。对此，工会在推动建立适合于现状的保障体系、加强职工培训、发展家政等服务业人员入会等方面作出了积极的努力。马西莫介绍了米兰的概况和工会的任务。他说，米兰原来是个工业城市，但现仅存手工业、化工等产业，主要靠商业、金融和服务业。意大利失业率高，职工工作稳定性差，所以工会想方设法地帮助他们，使其能跟上时代发展的步伐。宾主双方还就世博会、老龄化等情况以及如何促进就业、怎样吸引小微企业职工入会等问题进行了广泛而深入的交流。市总秘书长宋钟蓓参加了会见。在沪期间，代表团走访了上海建工北横通道工程建设指挥部及北虹路立交项目部，并与上海建工集团股份有限公司工会进行了交流。在浦东新区总工会的安排下，参观了霍尼韦尔（中国）有限公司，并与其工会进行交流。代表团还赴苏州与苏州市总工会交流，并参访工业园区。

（张国峰）

【巴西工人总联盟代表团访华】 应上海市总工会邀请，由亚拉·阿尔瓦伦加·弗莱雷女士率领的巴西工人总联盟第五次代表团共6人于11月13—18日对中国进行友好访问。11月14日，市总工会副主席桂晓燕会见了代表团一行。桂晓燕向客人们介绍了上海工会的基本情况和主要任务。她说，随着互联网的发展，快递小哥、网约车司机等新形式就业人员增多。如何将这些群体的职工组织起来是我们工会工作重点关注的问题。弗莱雷感谢上海工会的热情接待。在沪期间，代表团参访了上海浦东发展银行总部大楼，并与市金融工会工作委员会进行座谈。代表团还赴北京和杭州与全总和浙江省总交流。

（张国峰）

【阿根廷工人中央工会代表团访华】

应上海市总工会邀请，由组织书记吉列尔莫·拉蒙·迪亚斯和拉潘帕省总书记胡利奥·阿尔韦托·阿科斯塔组成的阿根廷工人中央工会代表团一行2人于11月20—26日第四次对中国进行友好访问。11月21日，市总工会秘书长宋钟蓓会见了阿根廷工会客人，并向他们介绍了上海的基本情况和工会的主要工作。在沪期间，代表团参观了上海电气核电设备有限公司，与市机电工会进行了交流。代表团还赴北京和杭州与全总和浙江省总交流。

（张国峰）

【日本工会总联合会大阪府联合会第十一次代表团访华】 12月4—8日，应上海市总工会邀请，以事务局长田中宏和为团长的日本工会总联合会大阪府联合会第11次访华代表团一行4人来华访问了上海、杭州等地。在沪期间，上海市总工会副主席姜海涛会见代表团一行。姜海涛向代表团介绍了上海经济社会发展情况和上海工会机构改革的概况以及上海工会加大工会组建力度、扩大工会覆盖面、维护职工权益、办实事服务职工等方面的工作情况。另外，代表团还参观访问了上海三菱电梯有限公司。

（崔春吉）

【上海建工集团工会会见意大利米兰总工会代表团】 10月11日，上海建工集团党委副书记、工会主席张立新在集团北横通道工程建设指挥部会见了由意大利米兰总工会总书记马西莫·博尼尼率领的代表团一行。张立新首先介绍了近年来集团发展情况和工会主要工作，并就队伍建设、劳动竞赛、劳动保护等工作与意大利客人进行了广泛深入的交流。代表团成员高度肯定了建工集团在技术创新、绿色施工、职工权益保障等方面所取得的成就，希望加强两会之间的交流，增进双方的友谊。会见前，意大利客人还参观了北横通道1标段北虹路立交施工现场和工程建设展示厅。

（余轶群）

【市教育工会与洛杉矶县劳工联合会代表团会谈交流】 9月11日，以洛杉矶县劳工联合会总书记拉斯蒂为团长的洛杉矶县劳工联合会第六次访华团一行6人，在市总工会办公室副主任张国锋的陪同下，对市教育工会进行了工作访问。洛杉矶县劳工联合会与上海市总工会系统长期保持着交好交流关系，其旗下的加州教师工会联合会更是与上海市教育工会建立了隔年互访的机制。市教育工会常务副主席王向群对代表团的到来表示欢迎，副主席吉启华向客人们介绍了上海市教育工会最近几年的工会实践情况。宾主双方就互相关心的问题进行了交流。

（吴　波）

【申通地铁集团接待日本横滨市劳联访华代表团来访】 4月20日，日本横滨市劳联访华代表团一行13人，在市总工会办公室副主任张国峰的陪同下，到集团走访交流。集团党委副书记徐建群代表集团向代表团一行表示欢迎，并介绍了集团概况、员工队伍、网络规模以及“十三五”发展目标。代表团对上海地铁短时间内取得如此发展成绩表示敬佩，并就运营组织、维护保障、员工技能提升等展开交流。随后，代表团一行参观了上海地铁博物馆和10号线紫藤路站，现场体验上海地铁的高速发展和优质服务。

（姜　雪）

国务院办公厅关于加强困难群众基本生活保障有关工作的通知

国办发〔2017〕15号

各省、自治区、直辖市人民政府，国务院各部委、各直属机构：

在党中央、国务院的坚强领导下，近年来困难群众基本生活保障制度不断健全、水平稳步提升。同时，也存在部分保障政策衔接不够、保障水平与群众需求相比存在一定差距等问题。为进一步加强困难群众基本生活保障工作，经国务院同意，现通知如下：

一、进一步提高对困难群众基本生活保障工作重要性的认识

党中央、国务院历来高度重视困难群众基本生活保障工作，近年来先后出台了《社会救助暂行办法》以及临时救助、农村留守儿童关爱保护、困境儿童保障、特困人员救助供养等政策措施，全面实施了困难残疾人生活补贴和重度残疾人护理补贴制度，高效有序应对了各类重特大自然灾害，有效保障了各类困难群众的基本生活。进一步做好困难群众基本生活保障工作，是维护社会公平、防止冲破道德底线的基本要求，也是补上民生短板、促进社会和谐的内在需要。尽管近年来我国财政收入增速放缓，但是对困难群众的保障水平不能降低、力度不能减弱、工作不能放松。各地各有关部门要认真落实党中央、国务院关于社会政策要托底的部署要求和守住底线、突出重点、完善制度、引导舆论的民生工作思路，进一步加大困难群众基本生活保障工作力度，织密织牢民生兜底保障安全网。

二、进一步加强对重点群体的基本生活保障

各地要加大受灾群众困难排查力度，调整完善自然灾害生活救助政策，做好自然灾害应急救助。加快灾区倒损民房恢复重建，对2016年因遭受特大洪涝灾害仍住在临时安置住所的受灾群众，2017年要全部帮助解决住房问题。进一步落实临时救助制度，建立完善部门联动和快速响应机制，做好救急难工作，及时解决好群众遭遇的突发性、紧迫性、临时性基本生活困难。开展农村贫困人口大病专项救治活动。提高失能半失能特困人员的集中供养比例，将符合特困人员救助供养有关规定的残疾人纳入救助供养范围。统筹推进农村留守儿童和困境儿童保障工作，改善孤儿和贫困残疾儿童等群体的保障条件。鼓励有条件的地方合理提高困难残疾人生活补贴和重度残疾人护理补贴标准。

三、进一步加大困难群众基本生活保障资金投入

各级财政在一般性转移支付中，要把保障困难群众基本生活放在优先位置，确保政府投入只增不减。中央财政已拨付的救助补助资金要抓紧到位。优化财政支出结构，科学合理编制困难群众生活保障资金预算，增加资金有效供给，提升资金使用效益。落实社会救助和保障标准与物价上涨挂钩联动机制，防止物价波动影响困难群众基本生活。加强资金使用管理绩效评价，推进资金使用管理公示公开，建立健全资金监管机制。完善社会救助家庭经济状况核对机制，做好救助对象准确识别，提高资金使用的精准性和有效性。

四、进一步加强对困难群众基本生活保障工作的组织领导

各有关部门要密切协作，进一步完善政策措施，加强制度衔接和工作衔接，共同做好困难群众基本生活保障工作。发挥好全国社会救助部际联席会议等机制的作用，强化资源统筹、部门联动。各级政府要把困难群众基本生活保障工作作为优先安排，进一步加强领导。全国各县（市、区）都要建立健全由政府负责人牵头，民政部门负责，发展改革、教育、财政、人力资源社会保障、住房城乡建设、卫生计生、扶贫、残联等部门和单位参加的困难群众基本生活保障工作协调机制，定期研究解决本地区各类困难群众基本生活保障问题，确保党中央、国务院相关决策部署更好地落实到基层。各地区要完善“一门受理、协同办理”机制，确保困难群众求助有门、受助及时。推行政府购买社会救助服务，加强基层社会救助经办服务能力。

近期，各地要进一步扎实做好困难群众帮扶救助工作，真正做到解民忧、暖民心。精心组织、广泛开展春节期间对困难群众的走访慰问活动，切实解决低保家庭、建档立卡贫困户、特困人员、贫困残疾人、困难优抚安置对象等困难群众生活的实际问题。全力保障灾区群众生产生活，抓紧发放救灾救助款物。加强各级福利院、特困人员供养机构、救助管理机构等安全管理，切实消除火灾等安全隐患，提升服务保障水平。抓住春节期间外出务工人员集中返乡时机，引导外出务工父母切实履行对农村留守儿童和困境儿童的监护责任和抚养义务。加强生活无着流浪乞讨人员救助，在露宿人员集中地区设立开放式救助点和临时庇护避寒场所，确保生活无着流浪乞讨人员有饭吃、有衣穿、有场所避寒，给困难群众更多关爱和温暖。

国务院办公厅
2017年1月26日

2018

区局(产业)工会

区工会概况

【浦东新区总工会】 辖基层工会7919家，工会会员860336人，其中女会员368444人。一是学习宣传贯彻党的十九大精神。组建党的十九大浦东劳模工匠代表宣讲团，组织开展职工职业道德“双十佳”评选、职工文化艺术大比拼等活动。启动“践行国家战略，助力创新创业”全国引领性劳动和技能竞赛，举办第二届“张江杯”职工计算机程序员、动画绘制员大赛，培育形成“智慧自贸区”职工创新创造创优大赛、“金桥杯”职工职业技能大赛等十大竞赛品牌。推荐全国、市五一劳动奖状(章)74名，市工人先锋号22个。共选树“上海工匠”“浦东工匠”70名，命名区级劳模创新工作室、工匠创新工作室70家。职工科技创新“五项评比”顺利推进，累计收到科创项目申报1453项，树立10家职工科技创新基地，在市各类竞赛中获得奖项17个；一线职工授权发明专利奖励申报共计99项。制定地方教育附加专项区统筹资金资助职工创新项目操作办法，完成4653家企业补贴审核，核拨1595家企业计2.83亿元。二是维护职工合法权益。与区工商联联动，制定下发《关于推进浦东新区非公有制企业民主管理工作的若干意见》，签订集体合同3335份，覆盖企业数1.93万家，覆盖职工数97.49万人，签订工资专项合同2446份，覆盖企业数1.34万家，覆盖职工数59.33万人。实现符合协商条件的建会企业集体合同制度建制率动态保持在90%、工资集体协商建制率动态保持在80%；国有企事业单位职代会建制率100%，非公企业职代会建制率动态保持在80%以上的工作目标。推进劳动关系预防预警，排查“产能过剩”“产业结构或战略调整”“政府地块改造”等情形的企业2086家，涉及39497名职工。全年共参与化解劳资纠纷672件，涉及企业502家，涉及职工4808人，涉及金额约1.21亿元，其中10人以上的群体性纠纷78件，涉及职工4006人，涉及金额1.06亿元。培育祝桥镇、航头镇、医学园区成立法律援助分中心，“1+11+N”的组织架构不断优化。主动对接区联调中心，成立工会分中心，并派驻12名劳动争议调解员参与裁前调解。全年为职工提供代写法律文书、协商诉讼、仲裁诉讼代理服务等法律援助服务4296件，为职工挽回经济损失8882万元，其中参与调解3876件，占90.22%。联合区人保局等单位制定下发《浦东新区机关、事业单位基层工会有关经费使用指导意见》。办理工会会员服务卡27万张，新建爱心妈咪小屋146家，亲子工作室5家；建成81个职工服务站，8家户外职工驿站；为近6万名外来建设者提供健康体检。各级工会帮扶困难职工共44万人次，帮扶资金6229万余元。职工互助保障受理职工投保70.11万人次，理赔15.25万人次，理赔金额1.63亿元。组织动员2485家单位、1.2万个班组和26.4万名职工参加“安康杯”竞赛。三是深化工会制定下发《浦东新区关于加强非公有制企业工会建设的改革方案》，制订国企工会改革工作计划。全年全区新建工会组织608家，覆盖单位2164家，发展会员43380名，培育2043家非公企业工会规范化建设先进以上单位，模范职工之家、合格职工之家创建率和“双亮”率分别达到30%、70%和90%。注重“两非一无”人员入会工作，与区妇联、区家政协会对接，构建家政公司工会、街镇家政行业工会联合会、新区家政行业工会联合会的“三级”组织框架。组建浦东机场区域非公企业工会联合会，以“组织联建、服务联动、活动联办”的“三联”工作模式，把更多流动、分散、灵活就业的职工群体凝聚到工会组织中。完善“我要咨询”“我要维权”等5项工会网上服务清单和9项生活服务清单相融合的服务平台，改进“线上受理+限时反馈”的服务处置机制，累计吸引32万名职工成为注册会员。受理网上入会申请3406人次，网上活动报名5100多人次，25万余人次参与爱心妈咪小屋、浦东工匠等评选活动。制订实施《关于落实市总经审会推进工会内部审计、国家审计、社会审计和职工会员监督“四位一体”的立体经审监督体系的实施细则》，严格落实“四个责任制”。

（吴周筠）

【徐汇区总工会】 辖基层工会1898家，工会会员316229人，其中女会员125073人。深化工会改革，努力打通联系服务职工的“最后一公里”。结合贯彻市第十一次党代会精神，展现工会发展成就，在“徐汇工会”微信公众号上发布了“砥砺奋进的五年”工作回顾；以“厉害了我的徐汇人”为主题，组织宣传区各行各业的先进职工代表；制定徐汇工会学习宣传贯彻党的十九大精神总体计划，大力弘扬劳模精神，举办庆“五一”先进表彰大会，并通过市、区各类媒体进行宣传报道。积极挖掘和培育劳模先进，全年共有41家企事业单位和职工个人获评全国五一劳动奖状(章)、市五一劳动奖状(章)、市工人先锋号等奖项；区牙防所所长钱文昊获评“上海工匠”，朱兰家庭医生团队、赵祝清电子工程团队获评上海市“劳模创新工作室”。积极推动双实企业建立工会，全区12123家“双实”企业中，基层工会组织1689个，覆盖企业10999家、会员250980人，建会率90.73%、入会率84.82%。开展非公企业工会改革试点工作，创新制定针对建会企业、基层工会和会员职工的三张服务清单，覆盖辖区各类型企业1100余家，职工19000余名。建立区级、街镇层面家政服务行业工会联合会及全市首家区级房产中介行业工会联合会，覆盖企业33家、会员4602人。召开天平街道餐饮行业第三届第四次职代会，为《上海市职代会条例》修订工作提供可复制推广的做法经验。制订我区“四方联动”化解劳资纠纷工作制度，通过联席会议等形式，形成劳动关系矛盾联动调处常态化工作格局，并与区法院签订合作协议，建立劳动争议调解工作室。推进“四位一体”职工维权体系建设，制定事中事后监管平台工会板块工作流程，依托平台“双随机”和日常监督功能，对17家企业开展了劳动法律监督。做好职工实事项目，工会会员服务卡实行“即时办理，在线参保”政策，年内办理工会会员服务卡15768张，总数达到69860张；组织一线职工疗休养和健康体检，共组织17家单位531名职工参加疗休养，152名职工享受体检项目优惠补贴。向一线困难职工倾斜相关帮困政策，全年共帮扶慰问困难职工和劳模3115人次，投入资金375万元。组织各种形式的职工文体活动，以基层职工为主体，以职工需求为主导，共完成15项赛事、22项培训项目，参与职工15000余人次。推进“四位一体”经审工作体系建设，对下属社会团体、民非单位进行财务收支审计，对审计中发现的核算欠规范、不符合财经法规规定等问题进行警示。（徐艳杰）

【长宁区总工会】 辖基层工会2018家，工会会员343798人，其中女会员134941人。一是宣传贯彻党的十九大精神。举办“喜庆十九大 赞颂劳动美 共筑中国梦”寻找长宁最美职工朗读者大赛，50余个团体、220余名基层一线职工踊跃报名参赛，其中5个团体、15名个人入围长宁赛区决赛，并在市级决赛上取得优异成绩。集中表彰1名全国五一劳动奖章、17名市五一劳动奖章、5个市五一劳动奖状、9个市工人先锋号。启动第二批“上海工匠”培养选树活动，光华医院副院长何东仪被评为“上海工匠”。进一步深化职工创新实践载体，有3家工作室被评为上海市技师创新工作室。二是夯实基层基础，增强基层工会的动力和活力。确立以虹桥街道为试点推进非公企业工会改革工作，制订《非公企业工会兼职主席岗位津贴制》，为54名非公企业兼职工会主席发放津贴37.8万余元。在全市范围内率先成立区级层面的家政行业工会，16家家政公司、2000多名会员加入了联合会中。推进各街镇、园区工会继续以实地实体型企业工会组建为重点，重点督促50人以上企业规范建会，全年共有88家非公企业建立了规范的工会组织，全区辖有工会组织2018家，覆盖建会单位13799个，工会会员34.38万名。在全市率先探索在街镇建立社区工作者工会并同步落实工会经费。三是完善职工维权机制，促进劳动关系和职工队伍的和谐稳定。与区法院、区人社局、区司法局推动建立区“四方联动”工作机制并形成《合作纪要》。年内共接待来信来访1526人次，参与调解纠纷、提供法律援助996件，参与预防化解群体性劳资纠纷8起，涉及职工262人。全年签订集体合同企业6488家，覆盖职工114551人。推进劳动关系和谐企业创建工作，149家企业被评为市劳动关系和谐企业，长宁区被评2015—2016年度上海市推动厂务公开民主管理工作先进单位。四是推进服务职工工作，提升工会组织的吸引力。为在职职工44124人次、退休职工74829人次办理职工互助保障参保手续，28087人次参保人员获得4700余万元互助保障给付金。“四大节日”各级工会共走访困难职工4386人次，发放慰问款332万余元。近百家助学单位与300余名困难家庭学生结对，受助金额达43.8万元。举办11场招聘活动，共组织企业180多家，提供就业岗位近1479个，吸引职工、大学毕业生近2200人次应聘。开展“双月为老”服务，社区爱心单位和志愿者为社区老人42000人次提供了各类服务。成立“公益乐学”长宁工会快乐课堂，惠及职工4300余人。全年开展各类体育赛事近20余场，全区各行各业职工近10万人次参与。（杨柳青）

【普陀区总工会】 辖工会35个，其中街道镇总工会10个、区级园区工会1个、系统工会11个、直属企业工会5个、行业工会8个。基层工会2179家，覆盖单位8354家（其中独立工会1865家，联合工会314家）。职工20.56万人，工会会员20.1万人，其中女会员8.32万人，农民工会员11.07万人。深化工会改革、聚焦主业主责，各项工作扎实推进。一是举办工会系统十九大精神专题学习会。开展先进典型选树，推荐获评各类全国、市级先进集体个人30个。2人当选第二届“上海工匠”，选树产生12名“普陀工匠”。组建“劳模创城巡访团”，引领全区职工群众投身“善德普陀 同心家园 创城固卫”行动。开展慰问服务劳模720人次，发放各类慰问金180万余元。推进职工素质工程，开展“公益乐学”活动，开设书法、茶艺、插花等20门课程，累计培训80余场次、惠及职工2400余人次。举办“普工英”职工文体艺术节，开展全市首个工运文化定向寻访活动。二是夯实基层组织建设，重点推进“饿了么”网约送餐平台——拉扎斯信息科技有限公司建会，成立全市首家网约送餐行业工会联合会。组建全市第三家家政服务行业工会联合会，吸收会员1500余人。新建工会组织148家，其中独立工会50家、新发展会员4255人。推进非公企业工会改革，在长征镇工业园区开展改革试点，制定出台“1+6”改革方案和配套制度，推动园区非公企业工会组织覆盖率显著提升。加大基层经费保障，回拨补助下级工会共计855万余元，下拨各类专项工作经费补贴474万余元。三是聚焦主业主责，维护职工权益。以朱雪芹职工法援工作室为基础，构建完善覆盖区、街镇、园区楼宇的“1+1+10+X”三级法援实体工作网络。工作室累计接待咨询225件、1520人次，提供各类代书、代理仲裁、代理诉讼、调解947件，帮助职工挽回经济损失865.36万元。工作室得到全国总工会党组书记、副主席、书记处第一书记李玉赋提字“模范遵法守法，维护职工权益”予以肯定。筑牢劳动争议预警调解网络，与有关部门联合开展监督检查16次，联合处置群体性劳动争议3起、涉及职工近470人。召开区厂务公开工作领导小组（扩大）会议。深化拓展服务职工实事项目，整合资源推出“1+10+X”年度服务职工实事项目和普陀工会服务站点地图。新建爱心妈咪小屋32家，探索建立2家职工亲子工作室并开办暑托班。各级工会筹措发放各类帮困款物348万余元，慰问帮扶职工4940人次；高温季节深入企业工地393家，慰问职工3.78万人次；女职工体检惠及1002人次。21.37万人次职工参加市、区两级职工互助医疗保障，7.41万人次获得市、区两级理赔7212.23万余元。新建2家基层职工服务站，开设3家户外职工驿站，举办2场“工会服务大篷车进园区”活动。福利送优惠购活动累计惠及职工8000余人次。四是推进网上工作平台建设，开通“普工英”微信服务大厅，“普工英”微信平台在全市工会系统百强新媒体排行榜中名列前茅。召开普陀区工会第六次代表大会，选举产生新一届“两委”委员和区总工会领导班子。（陆 蕾）

【虹口区总工会】 辖基层工会1381家，工会会员108892人，其中女会员41417人。聚焦重点区域和行业，着力抓好25人以上企业单独建会，拓展以中版蓝桥为代表的园区服务站点工作覆盖，进一步织密工会基层网络。推进“两代表一委员”经营者所在企业建会列入年度工作目标，涉及“两代表一委员”共568名，已有533名委员代表所在单位完成建会，总体建会率达到97%。一是深化非公企业改革。针对工会建会难、职工入会难、会员办卡难、经费收缴难等难点问题，在欧阳街道召开现场会，结合辖区内企业和职工分布，探索建立以网格化为运作方式的区域性工会联合会，推动形成“小二级”工会组织运作新模式，欧阳试点经验在全区工会系统进行推广。二是加强1+3+8法律维权阵地建设。秉承“应援尽援，向一线职工、困难职工、农民工倾斜”原则，进一步做实职工法律援助工作。全年，各援助工作站点办理援助案件403件。三是拓展工会会员卡功能。全区新办工会会员服务卡10367张，持有效卡会员人数达57193人。全年累计106名发生大病、意外的持卡会员获得专享保障共计164万元。制订会员服务卡补贴方案，会员专享保障从2018年起列入财政预算，“为持卡会员提供会员专享保障”列入区政府实事项目，预计涉及费用约95万元。四是深化职工帮扶援助服务工作。年内市、区两级工会定向帮扶497人次，帮扶金额39.76万元；开展金秋助学帮扶活动，为86名困难职工家庭子女上学提供帮助，帮扶金额15.4万元；安排高温慰问专项经费70万元，慰问职工群众2.8万人次，发放防暑降温用品690万元。开展互助保障计划。全年在职职工各项保障计划参保3.24万人次、参保金额455万元；有1477人获得保障金，理赔金额479万元；退休参保9.01万人次，参保金额2272万元，通过互助保障受益的退休职工16929人，理赔金额2810.6万元；散户参保合计4.7万人，金额1176万。各街道窗口服务点合计受理理赔4.58万人次，理赔金额4457.7万元。五是打造职工文体活动平台。加快虹口区工人文体活动中心公益化进程，围绕一条主线（送服务、送文化、送健康、送法律），搭建区职工文体中心中阵地窗口平台，做实职工书屋、公益乐学等特色项目。区职工文体活动中心全年共接待活动人次近8万，组织职工文化活动800余场，开展公益文化活动100余场。六是加大对工会工作者的培训力度。举办“和谐劳动关系”培训班，小三级工会干部培训班、工会法律干部的“劳动争议调解”培训班，街道工会主席的“全总工会干部教育特色培训班”、集体协商和集体合同培训班、职工劳动保护培训班，非公企业工会改革培训班等，全年度培训费用共计60余万元，累计组织开展培训400余人次。七是规范疗休养工作。全年有85个团组、3798名职工赴黄山、西山、沙家浜、庐山疗休养，执行率达到100%。八是创新劳模管理、服务、保障办法。高温期间走访联系全区282名劳模，编辑出版《筑梦虹口——劳模风采录（1954—2017）》，征集各类劳模先进事迹295人，并在职工文艺汇演上举办首发仪式。九是整合职工文体资源。以“工人、工厂、工运”为主题开展纪念“五一”国际劳动节职工文化寻访活动，组织“不忘初心、砥砺前行”职工喜迎十九大文艺汇演。十是推进标准化管理。聚焦工作短板，研究制订《区总工会高标准管理要求》《虹口区重点领域非公企业建会管理要求》，其中内部管理标准获评区“全面推进高标准管理”优秀工作成果。做好工会财务、经审工作。推进工会内部审计、国家审计、社会审计和职工会员监督“四位一体”立体经审监督体系建设，加强工会预决算审查、工会经费收缴审查审计。 （徐　洁）

【杨浦区总工会】 辖行业、街道（镇）和直属工会组织32个，基层工会2095个，涵盖单位11431个，工会会员21.15万人。一是加强思想引领，团结广大职工凝心聚力谋发展。开展“党的十九大精神进园区、进企业、进班组”活动，组织全区工会干部和工会工作者深入学习宣传。加强劳模先进的挖掘选树，2人获“全国五一劳动奖章”、1个集体获“全国工人先锋号”称号；11人获“上海市五一劳动奖章”、9个集体获“上海市工人先锋号”称号、4个集体获“上海市五一劳动奖状”。新建8个劳模（先进）创新工作室和5个技师创新工作室，发挥高师带徒辐射效应。开展全国“双创”活动周宣传，选树1人获“上海工匠”称号。会同区卫生计生委，在全市率先推出劳模服务卡，建立家庭医生与劳模“双结对”（十佳家庭医生及团队与劳模结对）签约服务制度，提供劳模专项医疗服务。深入开展“建功‘十三五’，创新你我他”立功竞赛活动，会同区房管局和旧改办、建管委、重大办、卫生计生委、绿化市容局，分别在旧改征收、重大工程、家庭医生、绿化市容等重点领域，开展操作比武等“五比五赛”，组织“五送”（送保障、送健康、送文化、送关爱、送清凉）活动，深入长阳创谷园区、湾谷园区、周家嘴路越江隧道工程建设工地等开展慰问演出，承办“庆祝十九大，劳动最光荣”上海工会慰问滨江建设者专场文艺演出。二是持续深化改革，推动杨浦工会改革向纵深发展。推动非公企业工会改革，新发展非公企业会员8646人，非公企业会员交纳会费增长70.4%，缴纳工会经费增长33.6%，新建单独工会45家、工会联合会7家，覆盖企业466家，“两非一无”（非正规就业、非标准劳动关系和没有单独建会）会员补贴受益5632人。率先在全市成立区医养照护行业工会，覆盖新华医院、肺科医院等杨浦区域内31家医疗机构和52家养老机构近3000名医养照护职工。投入经费47.2万元，为医养照护行业职工提供会费补贴、专项保障、文体活动、行业维权等服务。持续强化工会改革保障，将工会经费进一步用于补助困难职工、奖励基层先进、补贴专项工作、扶持创新工作。年内，下拨各类经费补贴2576万元。三是健全维权体系，提升工会服务的效能和质量。率先在上缆园区军工路区域，通过职代会专题听取劳动保障部门区域劳动关系情况报告和工会集体协商民主管理情况报告、表决通过职代会实施办法。制订下发《关于推进街镇“四位一体”协调劳动关系体系建设工作的实施意见》，有效维护职工劳动权益。完善工会会员服务卡“一卡六助”功能，为持卡会员提供普惠、特惠、商惠服务。组织53场次专项招聘面试会，帮助2603人实现就业。新建9个基层服务站、3个“户外职工驿站”、11家“爱心妈咪小屋”，组织劳模、一线职工参加工会疗休养；联手复旦大学工会、区教育工会等单位，开展青年“交友大作战”、相约滨江交友联谊、怀旧海魂衫主题派对等“四季恋歌”活动，不断增强职工群众获得感。四是繁荣职工文化，满足杨浦职工精神文化需求。健全完善“一核五圈”（以沪东工人文化宫为核心，建设东、南、西、北、中五个职工文化服务圈）架构。新建5个职工文体活动基地、43个职工文体活动示范点，评选产生

4个职工文体活动示范基地和十佳职工文体活动示范点；推出“三张菜单”（职工文化服务培训课程、场地预约、赛事活动），设立上海开放大学杨浦分校等4个“公益乐学”分教学点，提供沪语、摄影、歌剧导赏等45项免费课程，线上线下参与职工超过15000人次；充分发挥职工文体活动基地作用，提供1000场次文体场馆预约服务。积极整合区域文化资源。承接市总工会“‘喜迎十九大’上海职工城市定向文化寻访——‘工业寻根’”主题活动，会同区国资委、滨江公司等单位，挖掘具有“工人、工厂、工运、工匠”特色的职工文化巡访点。联手市工人文化宫、市摄影家协会、市吉他协会和区教育局等单位，分别举办“创新路上的劳动者”职工艺术团赴长阳创谷慰问演出、浦江新貌摄影展、“东宫杯”2017上海吉他大赛等25场主题活动（赛事）。加快建设网上工会，形成“杨浦职工之家”微信公众号矩阵，在上海工会网上工作平台录入会员14.76万人，录入工会组织8084家。五是强化自身建设，提高群众工作能力。持续开展“大走访、大调解、大服务”主题调研活动，走访基层企事业单位，访谈一线职工，问题解决率95%以上。认真开展工会改革落实情况督查，形成工会改革督查自查报告。积极开展工会工作特色项目评估，16个工作项目荣获特等奖，22个工作项目荣获一等奖。年内，杨浦区获“2015—2016年度上海市推动厂务公开民主管理工作先进单位”，安莉芳（上海）有限公司等3家单位荣获上海市厂务公开民主管理先进单位。（张东寅）

【黄浦区总工会】 辖街道总工会、产业（局）工会、区管企业集团（公司）工会43个。基层工会3073家，涵盖单位13843家，职工322568人，其中女职工133172人、农民工86409人。工会会员316793人，其中女会员131271人、农民工会员84982人。工作机构设办公室、基层工作部、宣传教育部、财务资产管理部、维权保障部5个部室。直管事业单位有职工援助服务中心、工人文化宫、工人俱乐部、工人体育馆和工人体育场。主要工作：一是深化推进非公企业工会改革试点。南东街道作为全市试点单位，取得初步成效和示范效应；推动豫园街道小商品市场园区和打浦桥街道田子坊园区，形成工会参与人民调解机制、职工互助议事会等特色工作。新建工会组织49个，覆盖单位673家，新发展工会会员1.03万人，其中体制外入会2400人。工会服务逐步向快递员、护工、商场信息员等就业人群拓展。二是深化党建带工建促社建。江南智造园区等4个党建（群团）服务站被市总工会命名为“三最”服务站，被授予上海公益基地称号。通过党建（群团）服务站组织联建，共建立工会组织29个，覆盖单位402家，发展会员3474人。三是凸显工会维权工作成效。完善职工法律援助“零门槛”服务实体运作，接待法律咨询3455人次，完成852件援助案件，为职工争取合法经济权益600多万元，参与化解13起群体性劳资纠纷。建立健全“四位一体”工会维权工作体系，创建上海市和谐劳动关系达标企业200家。全区公有制企业、事业单位职代会建制率达到100%，非公企业职代会建制率92%。深化国有企业集体协商，签订集体合同1433份，建制率94%；签订工资协议1428份，建制率90%。四是引领职工建功立业。创评全国五一劳动奖章1人，市五一劳动奖章15人，市五一奖状5家，市工人先锋号班组8个，选树11名“黄浦工匠”。新增11个劳模创新工作室，对146名晋升技师及高级技师的职工、25名带教师傅和1名发明专利职工给予奖励。向各区管工会下拨198万元，支持保障41个劳动竞赛项目的开展，评选表彰106家区先进集体、105名先进个人。创评市优秀发明选拔赛金奖1项、市职工合理化建议创新奖及优秀成果奖2项、市职工先进操作法创新奖2项、区总工会获评上海市职工科技节优秀组织奖。五是提升工会群众工作能力水平。建立35家职工书屋、20个户外职工爱心驿站、为1000名春节期间留守岗位农民工送电话卡和医疗补贴卡、组织6925名职工疗休养和健康体检等11个工会实事项目，帮扶困难职工4311人，发放帮困款277.7万元。积极开展职工互助互济工作，全区28.82万人次参加互助保障计划，为3.64万人次办理理赔，共计6006.58万元。做好工会会员服务集中注册和新办卡工作，办理会员卡12.01万人，工会会员卡专享保障计划，理赔157人次，给付金额203万元。开展夏季劳动保护和高温慰问活动，慰问金额250万元。区总工会所属各文体场馆为532家单位提供950场次的体育公益服务，惠及职工2.86万人次。开展“劳动者之歌”主题讲演活动12期，惠及职工496人。组织538名职工开展书画、声乐、笛子沙龙等活动，承办第35届上海市庆“八一”军民长跑、第43届南京路马路运动会、农民工运动会等体育活动。

（陆中斌）

【静安区总工会】 辖街道总工会13个，镇总工会1个，园区总工会1个，机关事业工会18个，企业集团工会13个。基层工会2325个，涵盖单位10686家。职工217529人，其中女职工101838人。工会会员213527人，其中女会员100199人，农民工会员39456人。工作机构设：办公室、基层工作部、劳动关系部、维权保障部、宣传教育部。另有工人文化宫、工人体育场、职工援助服务中心、事业管理服务中心等4家事业单位。主要工作：一是以非公企业工会改革为重点，提升基层工会建设。推广“市北经验”，扩大工会覆盖面。规范组织建设，夯实工会工作基础。深入调查研究，推进工会阵地建设。二是以维护职能为主业，提升工会维权能级。加强维权意识，推动法律援助“零门槛”。加强民主管理，广泛开展集体协商。强化劳动监督，化解劳资矛盾和群体性突发事件。三是以岗位建功为抓手，提升职工主力军作用。大力发扬劳模精神和工匠精神，深化劳动竞赛，提高职工技术技能素质。加强对职工群众的思想引领。四是以职工需求为导向，提升精细服务水准。大力推进服务职工实事项目，完善精准帮扶的工作机制，切实保障广大职工的劳动安全和身心健康。五是以创新平台为载体，提升工会自身建设。延伸线上平台，着力打造网上工会。优化线下平台，开展职工喜闻乐见的文体活动。加强教育培训，提升工会干部履职能力。（蒋康乐）

【宝山区总工会】 辖有直属工会41家，其中：街镇总工会12个，园区工会3个，集团工会1个，委办局工会19个，行业性工会6个。基层工会2138家（其中，独立工会

2026家,联合工会112家),涵盖单位16377个,工会会员396127名。区总工会设办公室(财务资产部)、基层工作部(经审办)、宣传教育部、权益保障部。2017年公开招聘职业化工会工作者69人。召开宝山区推广顾村经验全面推进非公企业工会改革大会,承办全国工会推广上海顾村经验观摩交流会等重要会议。"顾村经验"被全国总工会发文向全国工会系统推广。全区"双实"企业工会组织1704家,覆盖6366家单位,建会率为87%;工会会员20.6万人,入会率为83%。吸纳企业体制外会员405人,网上入会58人;新增"两非一无"会员3000人,1188人完成经费收缴及补贴发放;新增农民工会员7800人。组建由63人组成的宝山工会法律顾问团、工会律师志愿团、工会法律人才团,参与化解劳资纠纷案件1846件,提供法律援助咨询2300件,参与29起重大伤亡事故和严重职业危害事故调查处理。上报市总工会群体性劳资纠纷6起,参与调处率达到100%,化解率达到95%。贯彻落实《上海工会劳动保护三年行动计(2015—2017)》,组织2573个班组、45518名职工参加"安康杯"竞赛,推进职工公共安全应急避险知识竞赛、职业安全卫生防护"工具包"进企业等工作,工会劳动保护干部基本实现持证上岗。做好"春送岗位、夏送清凉、金秋助学、冬送温暖"四大品牌工作。举办10场创业宣传活动和3场大型招聘会,347家次企业提供7586个岗位。实施市区两级"大病定帮""点亮心灯"重大节日慰问等帮扶项目,覆盖重大病职工、支内回沪困难职工、困难农民工、困难职工子女、低收入职工、劳模2613人次。14.98万人参加互助保障计划,为8619名企业职工赠送价值16.12万元的互助保障。"为十万职工送专享基本保障计划"纳入2017年区政府实事项目,11万人参加工会会员卡专享保障计划,理赔1.38万人次,给付2378万元。建立520户困难职工档案。组织121名劳模参加疗休养和健康体检,新办工会会员服务卡2.37万张,签约合作商户达到130家。举办17场午间服务日和网上特惠活动,惠及工会会员4057人次。成立由劳模、律师、教师、医师等7支志愿者队伍组成的志愿服务联盟,开展"服务居民心连心""美化环境我先行"等活动。依托"宝公惠爱心超市",组织发动30余家爱心企业捐助爱心款近200万元。组织开展"红五月"系列职工文体活动、"庆祝十九大"职工书画展、"走上新征程、工人有力量、共筑中国梦"学习宣传十九大精神先进职工文化进企业巡演等活动,掀起学报告、颂党恩、建新功的热潮。创评全国、市、区五一劳动奖状、五一劳动奖章、工人先锋号154个,选树3位"上海工匠",创评2家市级"劳模创新工作室"、1家市级"技师创新工作室"、2家市级"巾帼创新工作室"、3家区级"劳模创新工作室"。获评市级合理化建议优秀成果奖、合理化建议创新奖、先进操作法创新奖5项。新建13家"职工书屋",给予专项补贴5.6万元。40人次晋升技师、高级技师,一线职工授权发明专利奖励54个。对60家企业、1288个职工素质提升项目进行备案审核。组织开展职工职业道德建设活动,积极参与全国道德模范、宝山区爱岗敬业好人、"青创先锋、青春榜样"创评。创新职工文体活动方式,近5万名职工群众参加"幸福宝山路、文明修身行"主题健康走、市总工会班组文化大赛、"文体惠职工　工会在行动"——邀请职工看话剧和十大职工体育赛事等活动。宝山职工原创文艺节目获评市总工会"中国梦·劳动美——我要上五一晚会"3个金、银奖,区总工会荣获优秀组织奖,9项读书活动入选第十九届上海市读书节。"宝山工会"网站、微信公众号全年发布信息412篇,阅读量39万次。推荐、评选产生全国五一劳动奖状1家、工人先锋号1家,上海市五一劳动奖状7家、五一劳动奖章26人、工人先锋号10家、模范职工之家9家、优秀工会工作者7人,另有74家单位和44名个人获区级奖项。

(万　晶)

【闵行区总工会】 辖直属工会39家,其中产业(局)工会25家,街镇总工会13家,莘庄工业区总工会1家。基层工会组织5645个,覆盖单位16443家;职工653245人,工会会员640507人,其中女会员292282人,农民工会员390371人。11月,闵行区工会第六次代表大会召开,基层一线会员在常委会、委员会和工代表中的占比,分别提高为38.5%、53.7%和89.4%。全年法律援助案件总数6845件,涉及职工人数8157人,参与处置25起群体性劳资纠纷,涉及职工2337人,涉及金额近3500万元。全区签订集体合同1380份,覆盖职工225981人;签订工资专项集体合同1339份,覆盖职工209800人。22家单位申报区级职代会、集体协商示范点,4个行业(区域)申报区级行业(区域)集体协商示范点。281家企业、5家园区(村、楼宇)和31名企业经营管理者进入"上海市和谐劳动关系达标企业""闵行区劳动关系和谐园区(村、楼宇)""闵行区职工信赖的企业经营管理者"创建公示阶段。闵行区职工服务中心正式开展实体化运作。全区推荐产生全国五一劳动奖章1人,市五一劳动奖章25人;4人获评"上海工匠",10人被评为"闵行当代工匠";1个班组获得全国工人先锋号,11个班组获市工人先锋号荣誉称号;6家单位获市五一劳动奖状;1人被授予市劳模创新工作室,新建7个区"劳模(职工)创新工作室"。年内举办各类竞赛活动91场,参与职工12000人,其中,有10人获市群众性劳动竞赛专项表彰五一劳动奖章,9个团队获市群众性劳动竞赛专项表彰工人先锋号荣誉称号。共有47名职工成功晋升技师,33名职工晋升高级技师,14名职工获一线职工专利发明奖励,1人获市科技进步奖,3个合理化建议,1个先进操作法获市职工合理化建议和先进操作法项目。区总工会与青海省果洛州工会签署友好合作协议。

(王　凯)

【嘉定区总工会】 辖基层工会3174家,工会会员386374人,其中女会员148582人。一是加强思想引领,动员广大职工凝心聚力。以"学习十九大、永远跟党走"为主题,组建工会宣讲团、举办报告会、开设辅导讲座、征集感言体会、开展主题教育活动等形式,深入学习宣传贯彻党的十九大精神。在团队创先、岗位建功行动中,安科瑞公司徐军工作室获评"2017年全国工人先锋号",全区有25名个人、5家集体获评市五一劳动奖章(状),7个班组获评"2017年上海市工人先锋号"。区总工会评选表彰了235个"2016年嘉定区工人先锋号"班组和52个"区工人先锋号示范岗”。开展“中国梦·劳动美”主题宣传教育活动，举办“匠心传承、建功嘉定”五一庆祝大会、开展“工匠训练营”培训项目，举办职工教育培训课程286个班次，培训职工3.58万人次。评选10名嘉定工匠以及10名嘉定工匠提名。李建钢获评2017年“上海工匠”。李建钢技能大师工作室、李白创新工作室和杨旭创新工作室被评为市级创新工作室。区总工会评选“嘉定区工人发明家”“职工科技创新英才”各10名，“工人技术创新能手”7名、“职工科技创新标兵”6名，命名11个区级职工科技创新工作室，下拨创新工作室扶持金11万元。选送职工科技创新项目参加第29届上海市优秀发明选拔赛，获2金、13银、3铜的优秀成绩。推进“安康杯”竞赛，加强安全生产1000班组建设。全区续签职业病专项防治合同556份、覆盖职工6.68万名，有5.03万职工参加上海赛区竞赛，1.87万名职工参加嘉定分赛区竞赛，奥托立夫公司荣获全国“安康杯”竞赛典型案例优胜奖。二是深化工会改革，夯实工会基层基础。推进非公企业工会改革，总结推广南翔镇率先开展非公企业工会改革试点的阶段性经验，推动全区的非公企业工会改革工作。加强基层工会组建，全区新建单独基层工会122家、联合基层工会7家，覆盖单位190家、会员1.2万名；全区民办医院全部建立单独基层工会委员会。新建嘉定区物业行业工会联合会和筹建货运行业工会联合会两个区级行业工会，新建嘉定镇街道社会组织服务中心联合工会等10余家民非企业工会，探索灵活、分散、流动就业群体的组织覆盖和工作覆盖。加强职工（基层）服务站建设。开展“六有”工会创建，推荐评选产生市模范职工之家、模范职工小家各10家，嘉定区三星级先进职工之家35家、先进职工之家示范单位21家。三是完善职工维权机制，促进劳动关系和职工队伍的和谐稳定。与区法院、区人社局、区司法局分别签署合作纪要，联手制定下发《关于共同加强本区劳动关系矛盾预防化解工作的意见》。完善职工法律援助三级网络布局，新设南翔、马陆镇职工法律援助分中心和区法院职工法律援助窗口。全年共接待职工咨询2059人次，接受职工委托代理仲裁、诉讼案件845件，为职工追诉经济权益1652.6万元。参与处置各类群体性劳资纠纷52件，上报率、调处率均达到100%。督促指导各街镇落实集体合同的续签工作，全区有2900余家企业签订集体合同、工资专项集体合同和女职工特殊利益专项合同等3项合同，合同签订率动态保持在90%以上；全区105个村（园区）签订了区域性工资专项集体合同，覆盖企业3500余家，工资专项集体合同覆盖职工达18万余人。四是推进服务职工工作，提升工会组织的吸引力。发挥区工人文化宫服务职工主阵地作用，举办“中国梦·劳动美”职工文化作品展11届次，面向全体职工提供公益影片112场、“艺术课堂”249课次。成立劳动者摄影工作室、工匠精神体验工作室，搭建职工文体活动参与展示平台。劳模风采馆、职工创新馆爱国主义教育基地和科普教育基地，接待参观团队87批、4888人。乒乓房、健身房等场馆服务职工2.47万人次。开展“文化进企”服务13场。全年帮扶困难职工3855人次，直接发放帮困金144.92万元。开展工会大篷车服务21场，服务职工1万余名。全年，共组织53家基层单位开展职工疗休养和健康体检，服务职工近2000人次。有44名职工获职工晋升技师、高级技师奖励，11名职工获一线职工授权发明专利奖励，12名职工获带教师傅奖励。全年新增工会会员卡3.04万张，新发展会员卡商户90多家，有131名职工获得了会员服务卡保障金共137万元，有81名职工获得了市总和区总的大病慰问金共8.9万元。有779家单位参加互助保障计划，参保职工8.68万人、投保金额2561.4万元，办理给付2.3万人次、给付金额3895万元。开展职工心理服务，与区卫计委等单位联合举办“企明心”项目，送职工心理健康服务进企业，共开展心理讲座19场，服务职工近700名。五是加强工会自身建设，提升群众工作能力水平。召开嘉定工会第六次代表大会。强化工会干部培训工作，分级分类开展工会干部教育培训。组织对2013至2016年工会经费管理情况专项检查，建立区网上工会建设领导小组推进上海工会网上工作平台建设。嘉定工会微信公众号被全总评为2017年全国最具影响力工会新媒体。完成《嘉定工会志1993—2011》编纂工作。（黄点点）

【金山区总工会】 辖直属工会36家（镇、街道、工业区总工会11家、委局工会18家，区属公司工会7家），共有基层工会组织1765家，联合工会352家，工会联合会33家，工会会员272463人，其中25人以上实地实体型企业建会1130家，覆盖率达到80%。一是深化工会改革创新，全区工会工作实现新突破。12月召开全区企业工会改革推进会，国有企业与非公企业同步推进。一站式服务打通服务群众最后一公里，区职工服务中心挂牌成立；网站优化升级改造，全年编发信息407条；微信公众号改版升级，微信粉丝达2.7万人，共发布推文700余篇。发挥职工文化活动基地联动平台作用，组织开展“缘定鑫工”520大型交友活动、“鑫港湾”瑜伽培训课程等。落实金山普洱两地工会帮扶合作协议，举办两期培训班培训普洱市工会干部100余人。二是深化“四位一体”机制，与区法院、区人社局、区司法局联合下发《关于共同加强本区劳动关系矛盾预防化解工作的意见》，修订劳动关系指导员管理办法并确定“上代下”职责，举办劳动关系协调员培训班。开展集中要约行动和集体协商工作自查，全区备案集体合同684份、覆盖企业2900家，工资专项集体合同636份、覆盖企业2624家，评选“十佳优秀职代会提案”“十佳金点子”，全区职代会建制1435家，覆盖企业3348家。年内109家企业成功创建上海市和谐劳动关系达标企业。全年各级工会职工法律援助机构共受理、完成各类职工法律援助案件1346件，成立金山区工会劳动法律监督委员会，组织2次劳动关系领域影响职工队伍稳定矛盾问题排查调研，开展8次专项检查。217家单位职工参与“安康杯”安全生产竞赛活动，应用职业安全卫生防护“工具包”单位扩大到17家；工会劳动保护干部持证上岗基本实现全覆盖，6家单位申报市级、全国级“安康杯”先进。开展夏季劳动保护和防暑降温工作，慰问企业和工地896家，慰问职工8.39万余人次，金额达680余万元；开展隐患大排查372次、职工急救专题培训1200余人次、职工职业健康体检2124人次。依法履行生产安全事故调查处理职责，全年参与调查处理13起。三是深化普惠措施落实，全年累计办理会员服务卡12.29万张，各级工会共出资112.6万元为办卡会员购买专享基本保障。举办首届“卡卡惠员节”，线上线下共吸引2万多名职工参与。统筹安排职工疗休养、体检项目，区总共出资237.88余万元为7535名职工提供疗休养、体检补贴。配套“高级工、技师、高级技师带教师傅奖励”15人次，补贴金额2.20万元；“职工晋升技师、高级技师奖励”65人次，补贴金额9万元；“一线职工授权发明专利奖励”7人次，补贴金额1.40万元。帮扶1932人次，金额148.56万元；年内在职职工互助保障累计参保8.21万人次，金额738.10万元，给付1962人次金额537.58万元；退休职工住院补充医疗互助保障累计参保8.46万人次金额2257.97万元，给付1.05万人次金额1632.84万元。四是深化职工思想引领，首次启动金山工匠选树工作，选树金山工匠10人、提名10人，1人当选“上海工匠”。评选“劳模创新工作室”5家，获评市“劳模创新工作室”、全国示范性“劳模创新工作室”各1家；评选并表彰294名区先进生产(工作)者和98个区先进集体。制作《新起点　鑫梦想》专题宣传片和风采录。申报并表彰1名全国五一劳动奖章获得者、18名市五一劳动奖章获得者、3个市五一劳动奖状单位、6个市工人先锋号。组织申报8个市模范职工之家、8个市模范职工小家和6个市优秀工会工作者；举办金山区第十二届职工读书节暨第三届职工文化艺术节，与团区委、社工委联合举办金山·嘉兴第一届启(企)明星业余主持人大赛和足球赛。开展职工EBA培训100余人，班组长培训218人，基层工会干部培训200余人，外来务工人员专项培训500余人。五是深化自身组织建设。做实和规范31家“小二级”工会组织，制订《工会联合会目标考核方案》，探索特殊人群建会方式，全区完成“两非一无”人员入会及经费补贴3709人；完成实地实体型工会组建149家，同比上升10%，双实企业组建率达86.49%，入会率达77.52%。全区首家职工亲子工作室获评区社会建设优秀项目。在“鑫港湾”推进“户外职工驿站”建设，首批6个站点分别获得3万元的项目补贴，援建普洱那柯里“鑫港湾”工会服务中心。实施“四位一体”经审体系建设，制订《金山区总工会关于推进工会“四位一体”立体经审监督体系建设的实施办法》，推进工会接受国家审计；制定《金山区总工会关于委托社会中介机构开展经费收支审计的方案》，组织实施委托审计。

（钱海东）

【松江区总工会】 辖有镇、街道、开发区总工会18个，委、局工会25个，直属公司工会5个，行业工会5个，基层工会2578个，涵盖企业17634家，工会会员近52.3万人。一是团结引领广大职工。开展劳动竞赛区级专项表彰，组织开展职工技能大赛，参赛职工累计达2万多人次。着力搭建职工创新平台，创建1家市级劳模创新工作室、2家市级技师工作室。推动职工技能提升，开展松江区职工合理化建议和先进操作法优秀成果征集、命名活动，继续实施授权发明专利奖励、技能晋级奖励、带教师傅奖励等，3名职工获评“上海工匠”，13项优秀发明项目和职工创新成果获市级奖项。二是深化工会改革。联合区发改委、区委党校等有关部门，开展松江产业工人队伍建设改革调研，形成《松江区公共服务有效覆盖产业工人队伍》的调研报告。在2016年石湖荡镇纳入市非公企业工会改革试点的基础上，2017年制订出台《松江区总工会关于推进非公有制企业工会改革工作的实施意见》，分两批全面开展非公企业工会改革，实现非公企业工会改革全覆盖。各街镇(开发区)总工会结合区域特点推出工会经费差异化管理、企业工会主席津补贴制度等一系列举措。利用“松江工会”微信、微博、网站等新媒体宣传工会工作、引领服务职工。“松江工会”微信公众号再次荣获全总颁发的“全国最有影响力工会新媒体”奖。建立街镇(开发区)总工会网上工作联络员队伍，对接市总工会网上工作平台和服务平台。三是聚焦工会主责主业。增设区法院诉调中心工会法律援助窗口，签约4家专业化律师事务所，聘请50位专业律师和20余名劳动争议调解员。年内工会系统共参与法律援助案件8246件，为职工挽回经济损失7346余万元。联合区人社局等部门评审通过150家和谐劳动关系创建单位。做好工会预防化解群体性劳资纠纷履职通报工作，为1.9万名农民工追讨工资821.52万元；组织26家中小企业参加“工具包”试点工作，组织1.5万名职工参加全国职工安全知识竞赛。新办理会员服务卡4.8万张，累计达到23万余张；组织1万多名一线职工、各类先进参加体检、疗休养计划，累计补贴70余万元；新建“妈咪小屋”31家，为70家“妈咪小屋”补贴资金54.1万元，4家基层工会挂牌上海市职工亲子工作室创建点。四是做好职工文化建设。举办松江区第四届职工文化艺术节，累计60余家工会组织2万多人次职工参加。创建1家全国职工书屋，为一批职工书屋配送价值15万元图书。

（韩春丽）

【青浦区总工会】 辖镇(街道)总工会11家，委、局工会30家，区级公司工会7家，行业工会8家(纺织、建筑、旅游、餐饮、物业、环卫、印刷、快递物流)。基层工会组织2840家(包括工会联合会)，涵盖建会单位22050家，工会会员470156人，其中：独立企业工会2522家，会员258848人。工作机构设办公室、基层工作部、劳动关系部、综合保障部、宣传教育部。一是深化推进工会改革。研究制定《青浦区推进非公制企业工会改革实施意见(试行)》，建立快递物流行业工会联合会，成立盈浦街道吾悦商圈工会联合会、徐泾镇家政服务业工会联合会。拟定出台《非公企业工会经费、会费收缴和管理办法》《非公企业兼职工会干部履职津贴考核办法》，落实“两非一无”会员项目经费政策，建设“快递员驿站”20家。二是完善维权机制。联合区人民法院、区司法局共同下发《关于共同加强本区劳动关系矛盾预防化解工作的实施意见》，成立“区法院、区总工会劳动争议调解工作室”，聘请律师常驻仲裁院，为职工提供“调解+援助”同步法律援助服务。年内，参与劳动争议案件调解645件，提供法律援助572件。三是提升服务能级。全年帮扶困难职工1100余人次，帮扶金额67万元。互助保障参保职工22万余人次，赔付金额885万余元。新办会员服务卡3.7万余张，有效注册会员卡近11万张。举办“同吃年夜饭”“带副春联回家乡”“同一片蓝天”、农民工假日电影、职工健身大会等各类职工文体活动。四是激发职工劳动热情。组织586家企业8000余名职工开展合理化建议等群众性科技创新活动，组织快递、餐饮、物业等行业的200多家企业2.3万余职工开展技能比武活动。奖励晋升高级技师、技师、高师带徒共93人，奖励企业一线职工授权发明专利4人。“公益乐学”项目青浦教学点现场教学全年累计开班151个，培训学员1.8万余人次，新建赵巷、香花桥2个基层教学点。五是从严加强自身建设。围绕十九大、“两学一做”主题，组织全体班子成员、党员干部通过读原著、谈体会、集体瞻仰等多种形式开展学习活动。推进十九大精神进企业入车间到班组，开展“诵读十九大原文，点赞好声音”活动，组建工会系统宣讲团深入职工群众中开展宣讲活动。完成街镇总工会换届工作，培训工会干部1500余人次。

（朱建强）

【奉贤区总工会】 辖委、局、院、镇、街道、社区、开发区、区属公司工会、行业工会64个，基层工会1853个，辖区企事业单位3711家，职工总数19.4万。设办公室、基层工作部、劳动关系部、宣传教育部、权益保障部，直属事业单位1个，主管社团组织1个。一是推进职工素质工程。建立职工学院1所，职工学校46所，百人以上企业固定教学点617个和百人以下企业流动教学点（或联合教学点）1114个，车间（班组）课堂5600多个，累计培训职工100多万人次；创建全国职工书屋2家，市级职工书屋8家，区级职工书屋131家；深化推进“院、校、点、堂”职工教育体系建设，实施“十万在岗人员学力提升”计划；开展实训、讲座、舞蹈等各类培训250余场次，1.1万余人次参加培训；建立奉贤区职工修身基地；开展第二届“登高杯”劳动技能竞赛活动，参与职工820人；组织开展各类评先评优活动。二是推进工会组织建设。新建基层工会153家，覆盖企业294个，新增工会会员17531名；区级工会联合会2个；全区独立建会企事业单位建立职代会1455个，建制率达91%，开展集体协商签订集体合同1708份，覆盖企业3979家，签订工资专项集体合同1406份，覆盖企业3413家，集体合同和工资专项集体合同制度建制率分别达95%和85%以上，基本达标和达标企业（单位）达到开展集体协商企业的71%和45.5%。三是构建和谐劳动关系。建立以区职工援助服务中心为主轴，12个街镇、社区、开发区职工援助分中心和32个职工密集企业职工援助服务站为分支的“三级联动”职工援助服务网络。在各分中心开设法律援助服务窗口和来信来访窗口，设置劳动争议调解室。建立困难职工信息档案数据库，加大困难劳模、单亲家庭子女等特殊群体的定向帮扶。设立困难劳模帮扶专项基金，共筹集资金308万余元。开展“法律进企业”“为老服务日”“退休劳模庆重阳”等活动，覆盖在职职工、退休职工2000余人。大力开展“安康杯”竞赛。唱响工会服务“四季歌”。发放9370张工会会员卡覆盖863家基层工会组织，区域合作商户达到35家。新建8家户外职工“爱心接力站”，26个“爱心妈咪小屋”，4家“职工亲子工作室”。四是积极探索工会管理创新。年内对26家直属工会和33家基层工会进行经费收支状况的审计。召开第四次工代会，选举产生第四届工会两委班子，委员和代表中基层一线人员占比进一步提高。指导南桥镇等19家直属工会完成换届选举工作，杭州湾经济技术开发公司等13家直属工会做好届中补选。建成URP网络平台，推动“无纸化”办公和“大数据”运用，与市总工会网上工作平台成功对接。

（钱　洁）

【崇明区总工会】 辖18个乡镇总工会、2个园区总工会、1个直属工会联合会（社会组织工会联合会）、23个委局、区管公司工会和39个直属工会，1133个基层工会组织，9.4万名工会会员。崇明县总工会于1月24日由上海市总工会批复更名为崇明区总工会。设“三部一室”，分别为办公室、基层工作部、宣传教育部、维权保障部。新的领导班子3月29日在崇明区工会第一次代表大会选举产生，领导班子结构为“1+2+1+2”（1名主席，2名专职副主席，1名挂职副主席，2名兼职副主席）。区总工会下设一个正科级事业单位——崇明区职工服务中心。一是深化群团改革，切实加强工会组织建设。推进非公企业工会改革，召开长兴镇改革试点推进会。完成区总工会换届，选举产生区总工会新一届“两委”领导班子。落实“两非一无”人员经费保障政策，免除非公企业开设工会账户相关费用。评选30家区级工人先锋号，激发班组活力。二是加强职工队伍建设，大力弘扬劳模精神、劳动精神、工匠精神，在五一劳动节表彰10名“崇明工匠”。积极组织参与市级先进劳动者评选。区总工会“蓝领学校”开班运行，全年共培训一线职工1万余名。三是维护职工合法权益，深化和谐劳动关系建设。开展“零门槛”法律援助服务，全年共接待来信来访305件341人次，成功调解劳动争议212件，代写法律文书3件，代理仲裁42件。非公企业职代会建制率为90.2%，符合协商条件的建会企业集体合同制度建制率为92%、工资集体协商建制率为86%。加强工会劳动保护，推广应用职业安全卫生防护“工具包”。四是认真实施工会实事项目，提升会员获得感。开展工会帮困送温暖，全年发放各类帮困资金417.5万元，慰问7795人次。做好职工互助保障，全年共有12.4万人投保，参保2544万元；给付1.6万人次1879万元。承接和推广市总工会服务一线职工实事项目，共为7641名职工办理工会会员卡，5.2万名职工进行注册。建立7家职工户外驿站。持续开展崇明“的哥”流动审证服务，共为9800人提供服务。五是着眼工会干部队伍素质提升，加强工会自身建设。组织新任区总工会“两委”委员和新上岗社工业务培训。各乡镇总工会通过购买服务的方式联合办班，培训600名基层工会干部。改版崇明工会微信公众号，完善网上信息服务工作平台。扎实推进市总工会网上工作平台数据录入。启动工人文化宫公益化改革，积极推进租赁户清退工作。改革工会经审工作，加强与区审计局沟通协作，探索引入社会机构对工会组织进行审计。加强工会系统党的建设，成立区总党总支，推进“两学一做”学习教育制度化常态化。

（秦春华）

区总工会工会主席、副主席、经审主任名录

单位名称	主席	副主席	经审主任
浦东新区总工会	周　奇	张剑铭　吴　毅　邵建康　薛英平　刘华新　洪　刚	刘京蕾(女)
徐汇区总工会	朱伟红(女)	吴元华　钱建平　杨　杰　王海斌　王　承	徐敏宇(女)
长宁区总工会	刘　英(女)	邱　刚　孙志文　田　慧(女)　戴轶青　杨　军	赵永康
普陀区总工会	李松海	李戌渊　王　鹏　任颖清　于井子(女)　钟　频(女)	任春海
虹口区总工会	胡　军(女)	袁忠民　蒋红心　廖鸣春(女)　黄守虎　朱　琦(女)　陈　寅　潘　荣	蒋红心
杨浦区总工会	麦碧莲(女)	陈梗宝　朱晓雯　陈卫国　刘海燕(女)　杭国栋	王　岚(女)
黄浦区总工会	屠奇敏(女)	阮顺红　柏茜雯(女)　许卫峰　周文武　王　奇	朱旭峰
静安区总工会	叶坚华	郑志勇　谭振勇　许　俊(女)　徐　晔(女)　安从真	张　伟
宝山区总工会	王丽燕(女)	李中政　戴建美(女)　赖拥军　沈晓东　万慧云(女)	谢术平(女)
闵行区总工会	倪学斌	赵芝娟(女)　许向东　于　璐(女)　李　伟　胡振球　谷文平	袁　飞
嘉定区总工会	王建新	金伟荣　章　华(女)　徐军熠　李　炜　陈其康	胡素丰(女)
金山区总工会	朱喜林	汪敏良　曹　冠(女)　季　蕾(女)　童上高　胡赟星	汪敏良
松江区总工会	徐卫兴	陈军康　王　斌　孙禄君(女)　朱　蕾(女)　薛鸿斌	孙爱华(女)
青浦区总工会	赵宏林	吴　春　倪　健(女)　黄春风　周振波　黄　敏(女)	冯永新
奉贤区总工会	陆建国	张辉凤(女)　吴永强　樊国红(女)　王宇升　顾　帅	吴永强
崇明区总工会	张建英(女)	秦文新　王可杰　陆　杰　施　烨　沈　斌	王可杰

局(产业)工会概况

【上海市机电工会】 所属基层工会有147家,工会会员48963人,其中女会员9753人。主要工作:一是集体协商工作。经职代会表决通过《上海电气(集团)总公司2017年工资专项集体合同(草案)》。制订《上海电气工资集体协商工作监督检查办法》,首次对企业开展集体协商工作进行联合督查。二是职代会民主管理。召开上海电气(集团)总公司二届二次职代会,表决通过《奖惩管理制度》等文件,选举产生总公司、股份公司职工监事。开展企业厂务公开民主管理工作调研。三是法律援助服务。充实调整法律志愿者队伍,推出"菜单式"法律服务方案。全年共受理非诉类事务137起。参与26家企业的改制方案的评审。四是合理化建议活动。开展2017年优秀合理化建议征集活动,对历年优秀合理化建议成果进行表彰,加强合理化建议评审机制、应用机制、激励机制和后评估机制建设。五是劳动竞赛。开展"补齐短板献智慧,创新转型作贡献"主题全员劳动竞赛、海内外工程项目建设联合立功竞赛和"节能减排,降本增效"达标签约竞赛,促进了企业转型发展。六是创新工作室建设。制订《上海电气首席技师工作室建设与运行指导手册》,推动上海电气首席技师工作室规范化建设。上海电气4家工作室获评"上海市技师创新工作室"。七是帮困工作。全年共下拨资金578万元,对11375人次的困难职工、农民工进行节日帮扶、助学帮扶、大病救助等。八是职工实事项目。全年推出12项服务职工实事项目,使职工有更多的获得感。九是选树先进典型。经推荐评选,俞建民获得"全国五一劳动奖章"、15人获得"上海市五一劳动奖章"、5家单位获得"上海市五一劳动奖状"、4个班组获得"上海市工人先锋号"。华建国、赵黎明、原金疆被评为"上海工匠"。十是推动职工技能提升。举办2017"李斌杯"职工技能大赛,吸引了1345名职工报名参赛。持续推进"3+3+3"高技能人才培养工作,14名专科班学员和22名本科班学员获得"3+3+3"毕业证书。十一是职工文体活动。先后举办第三届上海电气职工"电气杯"乒乓球团体赛,"共庆十九大,健康你我行"上海电气职工徒步健身走活动,"喜庆十九大,共筑电气梦"上海电气职工书画作品大赛。十二

是工会干部培训。组织近300人的工会干部实务大培训。十三是网上工会建设。启动机电工会公众号服务平台二期开发工作，增设积分系统、报送系统、心理服务指导等服务模块。十四是经审工作。对机电工会2016年度经费收支预算执行情况、职工特急特需互助互济储金会收支情况进行审计，并委托会计师事务所对44户二、三级企业工会财务收支情况进行审计监督。（彭伟光）

【上海市仪表电子工会】 辖有65个独立基层工会，1个代管单位工会。职工14548人，其中女性4119人。工会会员14527人，女会员4112人。工作机构设办公室、基层工作部。一是学习宣传和贯彻党的十九大精神和习近平新时代中国特色社会主义思想，要求各级工会干部坚定正确的政治方向，不断增强“四个意识”“四个自信”和工会工作政治性、先进性和群众性的要求。二是深化厂务公开民主管理工作，构建劳动关系和谐企业。召开集团一届三次职代会，在深化国资国企改革、推动仪电新一轮发展全面实施过程中坚持职代会民主程序，维护职工权益。推进集体合同、集体协商工作。各企业运用各种形式推进厂务公开，开展创建“劳动关系和谐企业”活动全覆盖。1家单位被授予2015—2016年度市厂务公开民主管理工作先进单位称号。三是以深化职工创新活动素质工程为抓手，努力建设知识型、技术型、创新型职工队伍。立足仪电“7+1+2”产业链，选树弘扬各类先进典型，1家单位荣获市五一劳动奖状，4个班组荣获“市工人先锋号”称号；2人荣获市五一劳动奖章。开展职工“六型”劳动竞赛，推动仪电职工队伍转型，授予10个班组2017年度“仪电工人先锋号”荣誉称号；授予10人2017年度“仪电工匠”荣誉称号。创新试点劳模（工匠）工作室，营造以点带面氛围，命名一批劳模（工匠）创新工作室。落实职工技能奖励制度，推动职工技能升级，对2017年度取得相关专业技能证书或仪电紧缺人才目录相关资格证书的职工，以及取得发明专利、开展高师带徒的职工等50人次实施奖励，组织开展系统紧缺人才项目管理师（PMP）和集成项目管理师培训，对取得资质证书的员工进行奖励。四是关心关爱职工和劳模等特殊群体。继续做实做细工会会员服务卡的系列工作，完成职工互助保障工作专题培训，落实会员专享基本保障，全年参保14989人，完成助医助学帮困2559人次；进一步关爱劳模先进，组织市级以上先进和先进集体代表疗休养；组织申报全国劳模和市（部）劳模特困申请120人，市（部）劳模生活困难申请22人，为全国劳模和近100名高龄劳模送上春节慰问品。五是举办仪电文化体育节。开展户外定向赛、乒乓球、羽毛球、篮球、大怪路子等比赛，举办好声音歌唱、摄影、书画作品、原创艺术表演等文艺项目比赛和展示，共计2500人次参赛参演。（周黎俊）

【上海市化学工会】 辖基层工会88家，工会会员11964人，其中女会员2651人。2017年是华谊集团全面深化企业改革、深入实施“十三五”发展规划、实现智能制造、创新发展、价值增长的转型发展目标的重要之年。市化学工会认真学习领会党的十九大精神，贯彻党的群团工作会议和习近平总书记重要讲话精神，聚焦集团年度工作目标，认真履行基本职能，服务企业发展大局，维护职工合法权益，以“六个围绕”，即“围绕集团目标，聚焦宣传鼓劲，凝聚职工思想共识；围绕立功竞赛，聚焦降本增效，凝聚职工协力奋进；围绕基本职能，聚焦共享发展，凝聚和谐劳动关系；围绕自身建设，聚焦职工之家创建，凝聚工会干部能量；围绕华谊文化，聚焦“阳光华谊”建设，凝聚企业文化魅力；围绕制度建设，聚焦工会财务管理，严格落实经审督查”为抓手，落实工会基本职能，提升工会工作活力。（张雪莲）

【上海市轻工业工会（上海轻工业工会联合会）】 辖7个基层工会，职工2758人。会员2750人，其中女会员742人。现有15个行业工会，会员单位307家。工作机构设办公室、组织部、民管部、法律部、经济工作部、宣教部、生活保障部、财务部、技协三产办公室。一是组织开展“践行五大发展新理念，建功经济发展主战场”主题实践活动。在上海国际时尚消费品博览会上集中宣传轻工行业的“上海工匠”和“轻工工匠”事迹；组织历届创意设计大赛的获奖作品参加上海国际时尚消费品博览会，展示职工创意设计大赛的成果。编辑出版《轻工工运》特刊，专版宣传轻工行业“上海工匠”“轻工工匠”“巾帼巧手”和“优秀班组长”等。选树13名2017年度“上海轻工工匠”，推荐1人被评为“上海工匠”，两名“轻工工匠”获得上海市五一劳动奖章。二是运用好集体协商的维权手段，同钟表行业协会合作，完成《2017年度上海钟表制造业职工工资水平的调研报告》，发布《2017年度上海钟表制造业职工工资合理增长的指导建议》。三是组织行业性职工技能比武轻工工会同自行车行业协会合作，举办上海市电动自行车装配工岗位技能大赛，组织园区物业管理工作交流。推荐上海造币有限公司金加工班组团队撰写论文获2017年上海职工数控技术优秀论文一等奖。四是推动基层工会组织建设，开展先进职工之家评选活动，29家企业工会委员会被评为“2017年度上海轻工行业先进职工之家”，18个集体被评为“2017年度上海轻工行业先进职工小家”。上海造币有限公司工会被评为“上海市模范职工之家”。学习贯彻全国两会精神和工会业务知识的辅导；举办工会干部培训班，专题学习十九大文件，组织行业内劳动模范、轻工工匠和工会干部撰稿，交流学习十九大报告的体会。组织轻工行业职工钓鱼邀请赛，举办轻工职工摄影创作比赛，组织50多名先进职工代表参加疗休养，走访25家企业单位对职工进行高温慰问。五是加强工会干部队伍建设，召开行业工会主席和秘书长会议，制定《上海轻工业工会联合会工会工作志愿者管理办法》，招募一批工会工作志愿者，评选表彰38名“2017年度上海轻工行业优秀工会工作者”。（徐俊彦）

【上海市纺织工会】 辖基层工会78个，工会会员11591人，其中女会员4621人。4月，上海市纺织工会第十次代表大会召开，完成领导班子的新老交替。纺织工会围绕上海“创新驱动，转型发展”的目标任务，团结与带领职工高举“科技与时尚”的旗帜，走“全国布局，海外发展”之路。

引导广大职工积极投身“践行新理念、建功十三五”“改革正扬帆，共筑纺织梦”等主题竞赛活动。大力弘扬劳模工匠精神，启动“上海时尚工匠”培育选树实施计划。坚持以企业发展为核心，以凝聚工程为导向，以完善机制为抓手，以精准服务为目标，维护职工权益、关心员工成长、丰富职工生活，提升职工技能。推出微信公众号为职工组织开展活动，搭建平台。不断强化服务意识，体现工会自身价值。积极贯彻群团改革要求，在发挥各区纺织行业工会推动非公企业工会服务职工的同时，探索国企园区工会带动入驻非公企业建会新模式。与徐汇区天平街道工会联合，组建尚街Loft时尚园区联合工会。推动工会跨越所有制形式，建立起条块结合、优势互补的新型工会组织方式，进一步发挥产业工会在服务职工、帮助职工实现职业生涯和美好生活愿景的作用。（林裕良）

【上海市医药工会】 辖基层工会70个，其中独立基层工会69个、基层工会涵盖单位71个。职工20360人，会员19709人。机构设办公室、权益保障部、经济宣教部、组织民管部及财务室。主要工作：一是全面推进全剂型劳动竞赛工作，评出29个一、二、三等奖项目，9个先进操作法，2个优秀管理案例奖及3个学习型雁式团队优秀培育奖。开展合理化建议活动，收到13家单位上报的提案138条，12个提案获优秀成果奖，12个提案获入围奖。获评市优秀发明选拔赛优秀发明金、银、铜奖各1个，获得市职工合理化建议优秀成果奖1个、合理化建议项目创新奖2个、职工先进操作法优秀成果奖1个、先进操作法创新奖1个。二是加强先进群体建设。选树弘扬优秀员工群体，授予集团年度先进集体奖项64个，年度先进个人119名；开展全国和上海市五一劳动奖状（章）、工人先锋号评选，获1个全国工人先锋号、1个市五一劳动奖状、4个市五一劳动奖章及2个市工人先锋号；参与“上海工匠”千人选树计划，上药药材华宇药业毕琳丽获评“上海工匠”。积极申报市劳模创新工作室、技师创新工作室，上药新亚陈旭杰技师创新工作室、上药信谊高兆菊技师创新工作室被评为市技师创新工作室，王永振劳模创新工作室被评为市劳模创新工作室。三是丰富职工文化生活。开展“上药最动听”员工歌手大赛，通过线上、线下相结合的方式，吸引260名员工报名参赛。组织152个班组近1000名职工参加上海市班组网络大赛；组织近900名员工参加上实集团第八届职工运动会，获2个团体第一名、7个个人一、二、三名及1个团队共创佳绩奖。四是认真做好劳动保护工作。83名基层工会干部参加工伤保险专业培训。积极组织下属企业参加全国“安康杯”（上海赛区）竞赛活动，26家企业、793个班组、1.29万名职工参加，并荣获2016—2017年度全国安康杯（上海赛区）多项荣誉。五是做好帮困送温暖工作。组织开展“一日捐”活动，全年共17658人参加，捐款总金额达128.65万余元；落实元旦、春节和五一期间帮困送温暖的活动，全家共计帮扶困难职工1950人次，支出帮困金116.7万元；开展“拥抱幸福情暖上药”主题活动。六是抓好民主管理工作及工会组织自身建设。深化与规范基层企业职代会工作制度及职代会实务操作，推进职代会年度预报、即时预报和会后报告制度。推进以工资集体协商为主要内容的平等协商集体合同工作，集团下属企业中两项合同签订率均为100%。完善基层工会主席民主选举制度，工会主席直选比例为100%。组织工会干部90余人开展年度培训，拓宽工会干部的视野，提升实际工作能力。（陈玮雯）

【国网上海市电力公司工会】 辖基层工会31家，工会会员15086人，其中女会员3243人。主要工作：一是加强民主管理，促进企业和谐发展。扎实做好职代会提案办理工作，签订新版集体合同。公司连续第四次获得“上海市推动厂务公开民主管理先进单位”称号。健全公司董事长联络员工作机制。二是抓好先进选树，大力弘扬劳模工匠精神。完善劳模先进选树机制，完善公司系统各类先进典型后备数据库。1名职工荣获全国五一劳动奖章，2个集体被授予上海市五一劳动奖状，3名职工荣获上海市五一劳动奖章，3名职工获评第二批“上海工匠”，4个集体被授予上海市工人先锋号；1名职工荣获“国家电网公司特等劳动模范”称号，3名职工荣获“国家电网公司劳动模范”称号，7个班组被授予“国家电网公司工人先锋号”。三是加强班组建设，激发基层班组活力和创造力。召开公司班组建设推进会和座谈会，深化班组职工小家建设。加强班组长队伍建设，举办公司带电作业班组长技术交流论坛，定期组织开展“班组大讲堂”“班组长联谊会”活动，总结和提炼标杆班组先进管理经验、理念和工作方法。四是围绕中心工作，引导职工立足岗位建功立业。开展电网重点工程建设、缺陷查找无死角、运行操作精细化、“互联网+”电子渠道运营等8个专项劳动竞赛。新命名1个劳模创新工作室和3个职工创新工作室。1个工作室获评“上海市劳模创新工作室”，3个工作室获评“上海市技师工作室”，1个项目荣获上海市科技进步（工人农民组）三等奖，30个项目在第29届上海市优秀发明选拔赛上获奖，其中4个、7个、13个及6个项目分别获金奖、银奖、铜奖和入围奖。五是抓好职工服务，促进职工队伍和谐稳定。坚持参加职工医疗互助保障，投保率达100%。深入开展送温暖系列活动。积极开展高温慰问和“送清凉”活动，深入战高温、保供电一线。探索心理关怀等服务延伸，挂牌成立“职工身心健康工作室”，启动《公司员工情绪压力自我认知及应对能力提升》《营销窗口人员心理调适》等课题研究和实践。六是加强文化建设，打造职工精神家园。创建公司“国网印吧”文化品牌，充分发挥文体协会作用，举办书香国网、健步行、钓鱼比赛等职工喜闻乐见的文体活动。开展优秀职工文艺节目展评展演活动，打造一批内容健康、主题鲜明、富有特色的优秀文艺作品。（潘　锋）

【上海电力建设有限责任公司工会】 辖10个基层工会委员会，工会会员2689人，女会员263人。全年围绕“新思维·心服务”主题开展各项工会工作。一是扎实开展厂务公开民主管理工作。公司获2015—2016年度上海市推动厂务公开先进单位；下属建筑公司获2015—2016年度上海市厂务公开先进单位。二是开展群众性经济建设活动。开展以“弘扬工匠精神、进提质增效”为主题劳动竞赛系列活动，全面推进“五比五赛”竞赛内容，在职工中继续倡导"每天进步一点点"的竞赛理念，推动上海电建高质量转型升级。2项成果获"上海市职工先进操作法创新奖"，2项成果获"上海市职工合理化建议项目创新奖"；5月份，组织选手参加上海市职工焊接技能交流比武，获得了个人金奖、铜奖，团体铜奖的成绩。三是有效开展"安康杯"竞赛和劳动保护活动。以班组为重点，通过"班组安全论坛""班组安全演练""安全文化演播""安全知识竞赛""安全成果展示"等形式丰富竞赛内容。在上海市"安康杯"竞赛典型案例评选发布中，2家单位分获一等奖和优胜等奖。系统内在沪2家单位继续保持全国安康杯竞赛优胜单位荣誉，1家单位继续保持上海赛区安康杯竞赛优胜单位荣誉。四是加强工会自身建设。与基层单位工会签订《2017年工会工作目标责任书》，下发《关于开展"新思维·心服务"主题活动实施意见》，举办第七期"最具活力工会工作"成果发布会，拓展工会工作品牌。完成工会年度经费预决算工作和财务各类报表统计工作，完成工会经费上缴数的核定和收缴工作。1名工会干部获得上海市优秀工会工作者。五是妥善落实职工保障工作。开展了困难职工帮扶慰问工作，节假日全系统企业帮扶困难职工564人次，帮扶资金共104.7万元；开展高温送清凉慰问施工项目37个；慰问人数2687人；高温慰问金额43.68万元。公司建立职工大重病医疗互助基金，为困难职工提供帮助158人次，金额68.8万元。完善职工后勤生活保障工作。制订实施海外职工医疗管理办法和海外职工项目后勤生活管理办法，解除远赴海外工作职工后顾之忧。（傅　诚）

【中国宝武钢铁集团有限公司工会】 辖子公司、直属工会21个，会员177007人。2017年，中国宝武工会在集团公司党委和上级工会的领导下，全面贯彻党中央决策部署，认真学习宣传贯彻党的十九大精神，按照上级工会的工作要求，紧紧围绕集团公司年度工作会议暨职代会精神，始终坚持以政治性为灵魂、以先进性为核心、以群众性为根本，着力在协同中创新、在融合中发展，进一步增强工会组织体系能力和活力，认真履行工会"四项"职能，充分发挥党联系广大职工群众的桥梁和纽带作用，大力弘扬"中国梦·劳动美"的时代主旋律，积极倡导"辛勤劳动、诚实劳动、创新劳动"理念，充分调动职工参与企业生产经营活动的主动性、积极性和创造性，团结动员广大职工凝心聚力，紧紧围绕企业的中心工作努力奋斗，为促进中国宝武和谐稳定发展，发挥积极作用。（陈佩红）

【上海宝冶集团有限公司工会】 辖基层工会19家，会员6580人，其中女会员1019人。主要工作：一是开展立功竞赛，推进员工岗位建功活动。全年共开展劳动竞赛35次。公司申报的上海市专项劳动竞赛获得了上海市五一劳动奖状1个、奖章2人、工人先锋号集体1个及多项荣誉。二是以职工创新工作室为载体，组织召开年度职工创新工作室工作交流推进会，成立职工创新工作室专家顾问团，完成部级工法6部、技术成果13项、申请专利176项、技术开发21项、职业技能提升258人。职工创新工作室选树培育出了一批先进典型，获评上海工匠1名、上海市劳模创新工作室1个、上海市巾帼创新工作室1个，同时获得上海市职工发明专利金、银、铜奖。三是以"安康杯"竞赛为抓手加强劳动保护监督检查。开展"送清凉、促安康、保安全"专项活动。成立联合检查小组对职工食堂进行检查、改进。开展"安全永远在路上"征文、"安康杯"典型案例征集等宣传教育活动。开展劳动保护检查167次，发现和整改安全隐患192项。四是弘扬"工匠精神"培育工匠人才。组织开展"比赛、选拔、集训、参赛"一体化的技能竞赛活动，抓好创新型、技能型员工选拔培育的基础工作，根据技能人才晋级奖励计划，专项奖励69名晋升为技师、高级技师的员工11.6万元。五是关爱员工办实事。从工会补助、工会会员服务卡保障、住院医疗互助保障理赔三方面形成职工帮困合力。2017年，公司工会将大病职工补助标准提高至1万元。以"六个统一"为标准，共建国内、海外"职工小家"50多个，年内荣获上海市模范职工之家1个、模范职工小家1个。（张　冉）

【中国石化上海高桥石油化工有限公司工会】 辖基层工会22家，其中直属机关工会、作业部（业务中心）工会16家，合资企业工会4家，委托代管企业工会2家，共有会员5649人，其中女会员1253人。主要工作：一是抓好思想引领，学习贯彻十九大精神。专题下发《公司工会关于认真学习宣传贯彻党的十九大精神的通知》，部署"六个一"系列活动，抓好对十九大精神的学习领会。二是维护和保障职工合法权益。全年两次组织召开公司和基层二级职代会，落实职代会各项职权，各级工会共召开双向沟通座谈会71次，有效提升职工参与企业管理的积极性和主动性。三是推动职工岗位创新创效。以职工创新创效竞赛、专项劳动竞赛、班组"三标"竞赛、素质提升竞赛、安全环保竞赛等五项竞赛作为竞赛主题，深入推进"当好主力军、奉献在岗位、建功十三五"主题劳动竞赛；以强化"三基"要求，提升"三标班组"创建质量为目标，明确工作要点，推广典型示范；以大力推进职工素质工程建设，积极促进职工岗位创新创效为重点，因时制宜组织职工开展各类技能比武、事故演练、合理化建议征集等活动。2017年，共收到合理化建议条数2557条，采纳1710条，实施889条。四是深化服务职工工作。深入推进"走基层、访万家"活动，全年共走访职工4785户、基层班组369个，完成两个100%全覆盖目标；召开各层面职工座谈会，征集职工意见建议988条，落实解决或答复847条，占比85.7%；做好帮扶救助工作，对全公司范围内824人次困难职工实施帮困补助，金额149.9万元。基层工会节日家访慰问1099人次，有79位子女获得助学金额19万元。五是搭建文化建设平台。先后举办举办"喜迎十九大，开创新局面"迎新春职工汇报演出、组织开展"建设三个高桥、绿色健康长跑"、"喜迎十九大　永远跟党走"——高桥石化2017年职工摄影美术书法展等活动。公司体协羽毛球协会组队参加2017年度浦东新区高层次人才羽毛球邀请赛荣获团体冠军。乒乓球协会组队参加浦东新区安全生产协会第三届乒乓球比赛获团体第三名。（吴　斌）

【中国石化上海石油化工股份有限公司工会】 辖基层直

属单位工会委员会26个,工会会员13013人,其中女会员3621人。上海石化工会继续推动"创先争优、建功立业"竞赛活动,采用全员劳动竞赛及专项劳动竞赛相结合的"1+5"竞赛模式,即:1个"增收节支"全员增效项目,"公司重要装置创先争优专项竞赛""成本核算进班组""火炬气氢气减排""包机制"及"大检修"等5个专项劳动竞赛项目,深入开展"安康杯"竞赛活动、群众性劳动保护检查及高温慰问等工作;发挥工会"大学校"作用,把班组作为提高职工素质的主阵地,以"三标"班组创建标准为指引,深入推进"班组示范点""学习型组织""特色班组"创建活动,组织开展"匠心"讲坛活动,强化典型引路,营造学先进、做先进的良好氛围;深化以职代会为基本形式的厂务公开民主管理工作,进一步完善职代会制度,注重职代会民主程序的规范运行和职工代表提案的规范运作,发挥各级工会组织在职工利益诉求表达中的主导作用,落实厂务公开工作;深化关心服务职工工作,做优做实职工维权帮扶项目,组织职工参加"一日捐"和市职工保障互助计划;加强工会组织建设和工会干部队伍建设,广泛开展"走基层、访万家"活动,实施"职工小屋"服务职工实事项目,推动和解决好基层"最后一公里"问题。

(石小建)

【上海航天局工会】 辖基层工会32个,会员18493人,其中女会员4919人。局工会立足航天发展的新常态和职工群众的新需求,丰富工作内涵,创新工作载体,注重产业特色,培育工作亮点,圆满完成全年各项工作。一是聚焦学习,宣传贯彻党的十九大精神。制订工会系统学习宣传贯彻党的十九大精神总体计划,利用"护航工社"APP平台,开展"喜迎十九大,奋进新时代"网络答题活动。大力弘扬劳模精神和工匠精神。推选汤卫平入选上海市劳模年度人物,推荐王曙群获得"美丽上海追梦人"(第一季)宣传,推荐3名一线职工获得上海工匠。持续推动职工素质工程建设。实施职工技能等级晋升、高师带徒、一线职工授权发明专利奖励,全年共计93人次获奖,奖励金额26.3万元。二是融入中心,开展岗位建功创新创效活动。建立卓越、示范和金银铜牌班组逐级创建的梯度晋级机制,强化命名班组、集团金牌和院典型班组的示范引领作用。开展"践行新理念、建功'十三五'"主题活动,全年组织各类主题活动、劳动竞赛961场,参与职工18249人次,征集合理化建议1437条,产生经济效益26929万元,发挥广大职工推动企业发展源动力作用。承办2017年上海职工科技节开幕式,成立"上海航天星客科技联盟",设立职工创新基金,开设虚拟"创客银行",支持17个创新项目投入金额达60余万元。三是强化维护关爱职能,完善职代会建设,提升规范运行质量。强化职代会提案征集和承办落实质量,提案人对提案承办落实情况满意率达100%。实施《2017年航天局工会十大实事项目实施方案》,全年共帮扶775人次,发放帮扶慰问金及实物54万元;组织职工家属看航天、特殊一线职工家属体检、一线先进职工疗休养,为50对新人举办第九届"天赐良缘"青年集体婚礼。同时,开办"天之骄子"暑托班和寒托班,为近200个职工家庭解决后顾之忧。四是强化两级工会自身建设,进一步提升群众工作水平和能力。组织工会干部参加集团、上海市和谐劳动关系培训班,外送专(兼)职工会干部参加三级心理咨询师培训。加强审计督查,推动财务规范化管理。开展基层工会财务规范化全覆盖互查,并对基层工会主席进行诫勉谈话。加强网上工会建设,优化"指尖上的职工之家"使用体验。推进"护航工社"手机APP应用和"星级文体协会"建设,借助系统内外资源,实施面向全体会员的普惠制服务。

(周　博)

【中船上海船舶工业有限公司工会】 辖基层工会20个,工会会员55383人,农民工会员24225人。公司工会深入学习贯彻党的十九大精神和习近平习近平新时代中国特色社会主义思想,大力推进新时期产业工人队伍建设。紧紧围绕集团公司转型发展战略和"十三五"发展各项任务目标,立足工会职能,转变思想观念,明确工作重点,谋求工作实效,积极引领船舶系统各级工会组织、全体工会干部和广大职工群众认清形势、直面挑战、创新实践、奋勇拼搏,在创新方式方法、拓展工作路径、强化自身建设、提升工作能力、围绕形势任务、助推经济发展、维护职工权益、促进和谐稳定等方面取得良好工作业绩。

(姚　莹)

【上海市烟草工会】 辖基层工会11个,职工7818人;其中女职工1744人;工会会员7818人。机构设办公室、一科、二科、机关工会、退管办。主要工作:一是发挥工会组织引导凝聚作用。工会宣教注重职工思想引领,通过确立班组学习主题、弘扬劳模工匠精神系列讲座、开展"爱我中华"职工文体活动、组织近274个班组1436名职工报名参加上海市班组(团队)文化网络大奖赛。开展班组创建活动,共有66个班组被评为局级工人先锋号,3个基层一线班组被评为上海市工人先锋号。劳模创新工作室成果显著,2个基层工作室被集团挂牌命名,2个被命名为上海市技师创新工作室。二是开展职工岗位建功竞赛活动。员工合理化建议活动持续完善,共征集建议18074条,参与率达到89.33%,采纳率77%。2700多名职工参与"践行新理念,建功'十三五'"主题劳动竞赛,荣获上海市职工先进操作法创新奖3项,2项职工的发明成果分别荣获上海市优秀发明选拔赛银奖和铜奖;1个基层组织荣获上海市五一劳动奖状,3名个人荣获上海市五一劳动奖章。三是突出服务维护职能。组织召开集团情况通报会,实施办事公开民主管理整体运行情况网上评议,督促职代会提案落实工作。落实大病救助、救急济难、住院互助、节日补助,助学帮困749人次;组织165名先进职工开展疗休养,赴基层单位22个一线作业点慰问高温岗位职工2350人。

(王蓓蕾)

【上海汽车集团股份有限公司工会】 辖企业工会61个。工会会员102191人,女会员18617人。设经费审查委员会、女职工委员会、工会资产监督管理委员会、综合管理部和权益保障部。主要工作:一是推动群众性创新,提升职工使命感。组织职工开展"双百万"创新、"五小"攻关、合理化建议等群众性技术创新活动,职工提出合理化建议超过100万条。打造工程师创新论坛,先后举办专题研讨会

250次。二是大力开展网上工会建设，提升职工参与感。2017年，“上汽职工之家”粉丝数超过16万人，发布文章总数824篇，累计浏览量超过1000万人次，新设网上“学习大厅”，课程总数量近500个，学员总数超过8.8万人，累计举办学习交流活动近50场。“上汽职工之家”荣获“全国最具影响力工会新媒体”称号。三是聚焦维护和服务主责主业，提高职工获得感。做好托底帮扶，全年拨付企业工会或直接定向补助至个人的慰问金约358万元。参与市总工会职工互助保障计划，推动在沪所有基层企业为职工购买5万元以上补充商业医疗保险，提高职工因病致贫的抵御能力。开展实事项目，推出“点亮心愿”“助梦计划”“送清凉、送贴心”“88共享出行”等一系列品牌服务项目，对104项职工普惠项目予以资助共计172.83万元。注重人文关爱，开展法律援助、心理疏导、疗休养、各类文体活动等；关心关爱长期出差在外的员工、失独家庭、外派员工、不同用工群体，了解他们的所思所需，及时给予帮助和支持。（范　融）

【上海市漕河泾新兴技术开发区发展总公司工会】　辖7个基层工会，会员1232人，其中女职工589人。主要工作：一是创先争优：赵巷新兴产业经济发展有限公司朱翊元获上海市五一劳动奖章。总公司系统10人晋升技师、高级技师。“降本增效共助科创新型优秀案例”荣获2017年度上海市职工先进操作法创新奖。总公司工会荣获市总工会工会财会竞赛优秀奖。二是组织建设：依法规范基层工会民主选举，尝试新型职工群体入会建会方式，将市总“网上申请”“网上入会”“网上维权”等一系列网络建设实事落到实处。三是文化活动品牌创建：举办总公司系统“畅想·唱响”迎新歌会、“欢乐家庭日”亲子活动，“激情漕河泾”保龄球赛，组织开展“援黔爱心助教”捐赠活动。四是民主管理：指导监督二级公司工会定期召开职工代表大会，审议《集体合同》《女职工权益保护专项集体合同》《行政和工会集体协商办法》。坚持司务公开和对话制度对公司转型升级、人才培养计划、促进劳动关系和谐等热点问题通过双向沟通取得共识。五是服务保障：开展元旦春节帮困送温暖、三八妇女节、五一劳动节系列活动；为1300名职工办理工会服务卡，覆盖率达100%，每月为职工举办简易门诊上门服务。六是加大基层工会经费审计监督力度，按照规定督促基层工会及时足额收缴经费，按规定合理使用工会经费。（虞　润）

【中国能源化学工会华东电力工作委员会（国家电网公司华东分部工会）】　辖基层工会4家，工会会员1582人，其中女会员421人。履行华东电网产业工会和大型企业工会职责，领导国网上海市、江苏、浙江、安徽、福建省电力工会及直管（代）单位工会。主要工作：一是弘扬劳模精神，积极组织引导职工深化建功立业活动。举办2017年华东电网交流特高压劳动竞赛。二是加强日常民主管理工作，服务企业稳定发展大局。三是关心关爱职工，完善帮扶长效机制。组织开展华东电网劳模疗休养活动，关爱劳模、先进的工作、生活。四是组织文体活动，促进职工身心健康。征集华东机关摄影书画作品，征集读书征文；邀请专家进行健康、心理教育等专题讲座。举办华东电网系统第十五届“团结杯”网球友谊赛。五是加强工会自身建设，举办培训班，提升工作水平。调控中心调度控制科获得全国工人先锋号、上海东甸物业管理有限公司获得上海市五一劳动奖状、调控分中心获得上海市工人先锋号，财务处王淑勤获评2016—2017年度上海市三八红旗手。（施炜伟）

【上海化学工业区工会】　辖基层直属工会33个，工会会员7979人，其中女会员2138人；工会干部208人，其中女工会干部102人。主要工作：一是加强思想引领，打造先进队伍，助推园区改革新发展。认真学习贯彻党的十九大精神，引导广大职工群众牢固树立新时代中国特色社会主义共同理想；大力培育和选树具有时代特征、化工区特点和社会影响力的劳动模范和先进典型，引导职工践行职业道德规范、职场行为准则、文明创建标准和社会价值标杆；深化建功立业劳动竞赛，深入开展职工科技创新成果、先进操作法、合理化建议等职工创新创效活动，促进企业发展和职工技能提升；深入实施素质工程，广泛开展技术培训、岗位练兵、技能竞赛、师徒帮教等多种形式的活动，全面提升广大员工的思想道德素质、科学文化素质、专业技术素质和技术创新能力，为化工区持续创新驱动发展提供后续保障。二是完善组织建设，维护职工权益，全面提升工会组织凝聚力。加强基层工会组织规范化建设，开展“强基层、补短板、增活力”行动，规范和落实基层工会选举制度，健全和完善会员（代表）大会制度，推进基层工会女职工组织的规范化建设；构建和谐劳动关系，推进劳动合同、集体协商和集体合同、劳动争议调解等制度建立；深化厂务公开民主管理工作，推动职代会制度规范运行，促进劳动关系的和谐稳定；推进建“家”工作，增强工会工作的规范化、制度化、民主化，激发基层工会的活力，提升基层工会自身建设的规范化水平；提升财务经审工作水平，开展特色创新工作，扩大基层工会经费绩效评价的试点范围。三是关注身心健康，认真办好实事，激发工会组织活力。加强职工文化建设，开展符合园区广大职工需求的文体活动，以“安康杯”竞赛活动和“安全生产1000班组”创建活动为抓手，开展群众性安全生产活动。落实实事项目，推进上海工会会员服务卡、上海职工晋升技师、高级技师奖励计划和上海市一线职工授权发明专利奖励计划；开展困难职工帮扶工作，关爱女职工身心健康，推动园区“爱心妈咪”小屋建设。（张　俊）

【国药控股股份有限公司工会】　辖基层工会21个，会员5318人。主要工作：一是厂务公开民主管理：发挥“互联网+”作用，有效运用网站、内网、微信公众号，对公司的经营状况及重大经营策略，职工关心、诉求强烈的企业事务，与职工切身利益有关的内容进行公开。二是保障职工生活：上海地区16家子公司共募集爱心款16.29万余元。两节期间走访慰问困难职工16人，发放慰问金4.3万元。全年为上海地区3900名职工办理工会会员服务卡，实现上海地区工会会员卡全覆盖，12位患重大疾病职工获理赔。三是职工先进文化建设：举办迎新舞会、中秋主题活动、国药控股第六届职工运动会等。四是工会财务和审计工作:细化预算项目,提高预算编制正确率、执行有效性,依法完成经费收缴工作。工会经审委员会通过组织建设、规章制度、审查审计、业务建设、财力保障和工作创新6大方面及51项考核内容来有效提升经审工作规范化。2017年国控工会经审委荣获上海市总工会经审办公室考核特等奖。 (尤　倩)

【中国铁路工会中国铁路上海局集团有限公司委员会】 辖基层工会34家,会员182240人,其中,职工会员总数152728名,劳务派遣工会员17073名,集体职工、铁路公安等其他用工会员12439名。主要工作:一是凝聚共识。学习贯彻党的十九大精神,制定下发学习通知,通过工会干部带头宣讲、组织知识竞赛、开辟学习专栏等形式,推动党的十九大精神进车间、到班组。二是发挥职工主力军作用。深化"遵章守纪,按标作业"主题竞赛,开展劳动安全"隐患大家找"活动,举办第七届职业技能竞赛,共53个工种、8.2万名职工参赛,涌现出局级以上技术能手123人。推进合理化建议和技术改进活动常态化,共征集合建技改项目1.5万项,37个项目获省部级成果奖。集团公司荣获2016年度全国"安康杯"竞赛优胜单位称号。三是加大劳模先进选培力度。组织开展年度"七十佳"暨"最美上铁人",推荐产生省部级以上先进集体52个、先进个人87名。评选命名首批"上铁工匠"10名,通过五一表彰会、拍摄专题片、编印风采录等形式,发挥示范引领作用。深化劳模工作室创建,组织对38个局级劳模工作室进行达标测评考核。年内,上海动车段张华劳模工作室被推荐申报上海市劳模创新工作室,合肥机务段戴建军劳模工作室被推荐申报全国示范性劳模和工匠人才创新工作室。四是深化企业民主管理。修订《集团公司民主管理实施办法》,夯实民主管理基础。组织召开职代会、职代会联席会,审议通过《上海铁路局公司制改革方案》等议题。组织职工代表中期视察,做好提案征集办理工作。在"上铁职工家园"APP开设两级厂务公开专栏,扩大厂务公开覆盖面。集团公司荣获全国厂务公开民主管理先进单位和2015—2016年度上海市推动厂务公开民主管理工作先进单位。五是增强职工获得感。加大"三线"建设力度,建成九景衢铁路生产生活设施,补强沿海铁路、沪杭客专等高铁综合维修工区,改造既有线生产生活岗点247个。开展冬送温暖、夏送清凉、四季关爱活动,年内投入1.3亿元,帮扶救助和慰问职工31万余人次。六是丰富职工精神文化生活。开展以"喜迎十九大、再创新辉煌"为主题的职工文艺调演6场,展示职工自编自导自演节目140余个,其中集团公司调演汇演13个优秀节目。承办全路首届职工艺术节,集团公司创作的《筑梦复兴》荣获一等奖。组织开展"走遍上海局"职工健步走网络竞赛活动。集团公司体协被评为2013—2016年度全国体育先进单位。七是加强工会自身建设。召开工会一届一次全委会,指导完成27个基层工会换届选举工作。举办各类培训班,加强"互联网+"工会建设,举办纪念三八国际劳动妇女节107周年、《工会天地》百期纪念活动,集团公司工会荣获全国总工会财务工作先进单位、上海市模范职工之家,集团公司被总公司推荐申报全国五一劳动奖状。 (白　杰)

【上海国际港务(集团)股份有限公司工会】 辖基层工会41家,工会会员18188人,其中女会员2720人。职工参与企业民主管理的渠道进一步拓宽。职代会基层职工代表比例提高到61.5%,职代会提案办理职工满意率100%。全年开展职工代表联系活动7650人次、巡视活动188次,整改问题332项,集团被评为全国厂务公开民主管理先进单位。弘扬劳模精神掀起"劳动最光荣"热潮。沪东公司工程技术部设备组荣获全国工人先锋号,明东公司、长江公司荣获上海市五一劳动奖状,海港公安局陆志明等5名职工荣获上海市五一劳动奖章,锦江航运公司航运部等5个班组荣获上海市工人先锋号,冠东公司刘树荣获"上海工匠"称号。上港集团黄华夺得2017年中国技能大赛第九届全国交通运输行业"上港杯"电动港机装卸司机职业技能竞赛冠军;1.4万名职工投入立功竞赛活动,集团实现全年集装箱吞吐量突破4000万TEU的历史性跨越。集团"8.15"爱心基金和职工帮困基金合计实施"三定"和定向帮困1503人次,对99名困难职工子女进行助学帮困,实施特殊医疗帮困8人次,1100人次获得一次性帮困救助合计388.19万元。各级工会组织共开展送温暖、送清凉专项慰问活动1003次,慰问职工89520人次,发放和赠送防暑降温慰问金580.2万元。实事项目职工满意度进一步提升。坚持开展职工食堂管理季度督查工作和改进推进情况专题宣传报道。初步完成"上港之爱"APP开发工作,实现职工保险理赔与帮困救助的信息共享。"上港文体"APP投入试运行,对基层单位职工文体中心的支持力度进一步加大。贯彻群团改革精神助推工会自身建设。制订和实施《上港集团工会议事规则(试行)》,建立集团工会联系基层工会工作机制。加强"网上工会"建设,建立集团工会组织建设基础数据库。业务承包公司工会工作稳步推进,制订下发《关于加强装卸业务承包公司工会工作的若干意见(试行)》。 (张　容)

【上海长江轮船公司工会】 辖基层单位12家,工会会员1060人,其中女会员355人。主要工作:一是开展职工劳动竞赛和"安康杯"竞赛活动。《车床自动堆焊技术创新改进》荣获市职工合理化建议项目创新奖,《世界最大邮轮变频岸电系统》荣获市职工先进操作法创新奖。组织开展2017年公司旅游服务技能大赛、"安全生产月"系列活动。开展《全国职工公共安全卫生应急避险知识》普及竞赛试卷答题活动,组织基层单位200名班组长和部分一线职工参加了答题卡活动,提高职工的公共安全卫生应急避险意识。《改变传统安全教育模式,开展体感式安全教育》获得市总"安康杯"竞赛优胜奖。二是加强自身建设,开展建家活动。积极开展创建"先进职工之家""先进职工小家"活动。推荐优秀单位和班组参加长航集团的"模范职工之家""模范职工小家"的评选。汽服公司工会,实业公司工会被长航集团工会评为"模范职工之家",船员公司"盛泰"轮班组和工业公司"紫金山"船坞班组被评为"模范职工小家"。上海长航医院工会被市总工会授予上海市“模范职工之家”称号。三是为职工办实事，凝聚职工队伍。开展春节送温暖活动，对劳模先进、特困职工和伤残职工等进行慰问。“两节”期间，公司共筹集送温暖资金10.37万元，慰问职工243人次。开展金秋助学活动，全年共发放助学款0.7万元，资助困难职工家庭子女。工会购买5万多元高温慰问品，慰问一线职工800多名；组织两批共87名基层一线职工去南京和沙家浜疗休养；做好在职职工及退休职工补充医保续保工作。开展文娱活动，举办职工羽毛球赛和企业今昔职工摄影作品展活动。（章　伟）

【上海市运输工会】 辖基层工会53个，工会会员9056人。工作机构设有办公室、宣教部、保障部、事业部等，设有女职工委员会和退休职工委员会，所属事业单位有上海交通运输工人俱乐部和交运休养院。主要工作：一是学习宣传贯彻党的十九大精神。制作学习贯彻十九大精神宣传展板，组织开展十九大代表与劳模、班组长面对面交流座谈，推动学习宣传贯彻党的十九大精神到基层一线，进班组岗位。二是推进群众性立功竞赛活动。开展以“比业绩、比技能、比安全、比成果、比亮点、比贡献，为主要内容的“六比六创”主题立功竞赛，以安全促发展、安全保生产、安全增效益为目标，开展“安康杯”竞赛活动，深入推进企业安全生产和职工劳动保护工作。三是深入推进职工整体素质提升。举办船舶水手、厢式车修理工、人力资源管理、企业信息管理、高客车驾驶员节油、汽车维修钣喷工、模具工、酒店服务管理等8项技能操作比赛，共有6000余名一线职工与管理人员参与，3000余人进入决赛，43名职工获得各类奖项，得到工资晋级和一次性奖励。四是推进企业民主管理建设。筹备建立集团职代会制度。集团一届一次职代会审议通过《集团行政工作报告》《集团一届职代会实施办法》《集团职代会民主管理综合委员会工作细则》《职代会民主评议直属企业行政领导班子实施办法》《集团第十七次集体协商协议》等重要制度和文件，完成集团职代会建制全覆盖。建立工会法律顾问工作制度，开展“工会干部法务沙龙”活动，组织基层工会主席与律师面对面探讨交流。五是深入推进群众性职工文体活动。组织开展劳模先进“迎春健康走”、女职工“趣味三项”、“最美交运人”、演讲“欢乐三打一”、安全消防、垂钓、集邮、摄影、乒乓球等10项职工文化比赛活动。六是推进工会组织自身建设。开展工会理论调研，形成研究成果。探索建立企业扁平化管理、事业部制管理模式下的工会组建基本模型，指导下属基层工会完善组织建设。注重强化基层工会干部能力培养，开展工会业务知识和技能模块化培训。（杨伟民）

【中国邮政集团工会上海市委员会】 辖基层工会29个，工会会员21622人（其中女会员6783人），工会专兼职干部69人。年内，以“一个融合、二个面向、六大工程、六有建设”为抓手，深化六大工程建设，创新工会工作方式，推进自身队伍建设。围绕企业发展中心，牢固树立党建、工建“一盘棋”思想，坚持面向基层一线、面向员工群众，持续推进增强权益保障力度，充分发挥三级维权体系作用，畅通员工诉求表达渠道，将员工诉求处理工作关口前移，促进企业和谐稳定发展。落实职代会制度，全面推进集体协商制度，保障和深化员工参与企业管理和重大决策的权力。研究探索多种渠道为投递环节来沪务工人员提供临时住宿的相关举措，继续开展对投递、火车押运岗位连续从事满一定年限者的奖励工作。坚持开展员工体检体测、员工心理疏导咨询工作，帮助员工舒缓工作生活压力。组织一线劳模先进参加休养活动。完成职工小家建设三年规划目标，全公司建成271个职工小家，完成率达100%。坚持“六个老有”方针，以老同志需求为导向，积极为老同志做好事、办实事、解难事，推进为老服务工作迈上新台阶。以弘扬劳模精神、发挥劳模作用为抓手，制订《上海邮政劳模（职工）创新工作室管理办法》，促进劳模工作经验做法的制度化、标准化推广，命名19家创新工作室。围绕企业发展战略，突出重点业务和员工技能水平，完善上海邮政劳动竞赛组织领导机构，组织开展群众性劳动竞赛活动。（王　瑛）

【中国移动通信集团工会上海市委员会】 辖基层工会1家，工会会员数6074人，其中女会员3048人。工会在公司创新转型中发挥桥梁纽带作用，积极履行工会职能，努力营造企业稳定和谐的劳动关系，不断提升“互联网+”工会内涵。主要工作：一是发挥党建引领作用，坚持党建带工建，持续加强工会理论研究和工会干部队伍建设，开展工会主席巡回联系日活动，有序推进各级职工代表大会召开和集体合同签订，不断提升各级职工之家创建成效，全面提升工会组织价值。二是展现转型发展成果，开展2017年度劳动竞赛，培养选树各级工匠，聚焦员工技能提升，积极承办领军先锋助力智慧城市发展，并收获多项市级荣誉。三是丰富班组建设内涵，将班组建设与党建工作、重点工作、班组长能力提升、“幸福1+1”活动相结合，激发班组活力，增强员工安全意识、职业道德等多方面能力，全面提升员工身心健康。四是加大关爱员工力度，贴近员工迫切需求，开展2017年度职工小家建设“暖心工程”，涉及177个职工小家，惠及7000多名会员，持续开展心理关怀、法律援助、员工关爱讲座，落实工会会员服务卡的办理和激活，不断提升“和工社”服务能级关注员工“医食住行”，“互联网+”工会案例收获2017年度上海市基层工会创新案例奖。五是提升女工三大品牌的影响力，进一步加强对女员工及家庭的关爱力度，奉贤分公司等三家单位荣获五星级爱心妈咪小屋称号。六是实现线上经费管理，对工会财务电子平台进行升级，加强工会财务信息化管理的精细程度，构建“六位一体”工会经费嵌入式风险防控管理体系，充分运用网上大数据提升集中采购员工满意度，收获2017年度上海市基层工会创新案例提名奖。（史　旭）

【中国电信集团工会上海市委员会】 辖基层工会34家，挂靠工会2家，三级部门工会379个，工会小组1419个，会员总数32142人。年内，公司工会荣获全国工会财务工作先进单位，上海公司荣获上海市推动厂务公开民主管理工作先进单位，公司工会荣获上海市科技节优秀组织奖，公司羽毛球队荣获中国电信首届员工羽毛球比赛团体亚军。主要工作：一是深入学习贯彻党的十九大精神，让身边的十九大代表邱莉娜讲报告、谈体会，让十九大精神的学习进分局、进班组、进厅店、到员工、上网络，把广大员工的思想统一到党的十九大精神上来。二是激发活力、提升技能，为中国电信创新转型建功立业。利用多种渠道和方式，扩大岗位创新资助平台的影响力，设立100万的资金用于创新项目资助，经评审已对智慧家庭组网应用场景、大数据服务提升徐汇城市安全管理等95个项目资助88.92万元。工会还向市总工会申报专利奖励申请24份、技师奖励申请15人、高级技师奖励申请7人，持续扩大员工岗位创新成果的转化。围绕"天翼工匠、转型升级"的竞赛主题，共举办18项技能竞赛，包括政企渠道系列劳动竞赛、光缆操作技能大赛、语音客服技能竞赛、软件人才竞赛、技术应用案例、投诉压降竞赛、精品智能组网装维技能竞赛。探索工作室的标准化建设，构建起工作室标准化的指标体系，为公司各级工作室持续发挥好作用形成制度保障。三是弘扬先进、树立标杆，着力提升员工队伍道德素养。开展"每周之星"的评选，并通过公司OA登录首页面进行展示，已形成一定的典型效应。上海公司周纪东和周学明获2017年度"上海工匠"，工会与市总工会、经信两委一同承办2017年智慧城市建设系列活动，5人获"领军先锋""智慧工匠"提名。四是强化维权、深化服务，着力构建和谐劳动关系。在继续做好大病、单亲、助学等传统帮扶品牌的同时，2017年公司帮困救助会按照《集体合同》的相关要求，对《帮困救助会工作实施细则》进行修订，扩展帮困对象，适当提高帮困的标准。工会以集团"四小示范点"为标杆，投入1450万元专项资金，继续推进员工工作环境品质提升工作，全年改善99个点，新建四小数量110个。拓展丰富"四小"内涵，引入共享经济理念，将实事项目拓展到"集享格"员工爱心物品柜等便利服务。引入法律E通咨询服务、员工健康睡眠项目，满足员工多种需求。五是丰富活动、舒缓减压，增强员工队伍向心力。举行"活力之韵"第五届员工文化艺术节，为员工精心设计3大展示、7项赛事、10类赏学项目和100项活动，吸引万余名员工参与。翼友文体俱乐部，新增烘焙、园艺、读书会等项目，现已扩充至15家俱乐部。六是加强建设、夯实基础，激发工会组织活力。第二年对基层部门工会主席、工会小组长开展工会业务能力提升进行专项培训。工会持续深化完善财务制度建设，修改《中国电信上海市工会(本部)经费使用和资产管理有关规定》；对各二级单位工会通过全覆盖自查与飞行抽查相结合，为严格执行工会财务制度，切实管好用好工会经费夯实基础，确保工会经费惠及员工，服务发展。 （殷　茵）

【中国海员工会交通运输部东海救助局委员会】 辖有基层工会10个，会员939人，其中女会员65人。主要工作：一是开展岗位建功。按照市总工会和救捞系统工会工作部署，围绕救助中心工作，部署开展"安康杯"竞赛、优秀班组创建等劳动竞赛活动，聚焦抢险救助、安全生产等工作，充分发挥一线职工主力军作用，岗位建功行动取得积极成果，先后荣获上海市工人先锋号、上海市五一劳动奖状、上海市五一劳动奖章等多项省部级集体和个人荣誉。二是深化练兵比武，提升职工素质。坚持训练与实战并重，工作训练化、训练工作化，将职工技能比武常态化、长效化。积极组织开展职工综合技能比武，并组队参加救捞系统职工综合技能比武，发掘了一批技术专业型、技能复合型人才。三是积极推进职工暖心食堂建设。出台《职工暖心食堂建设指导意见》，以一线职工食堂为重点，以提升一线职工的获得感幸福感为出发点，常态化地开展职工暖心食堂建设。四是广泛开展职工文体活动，丰富职工文化生活内涵。充分发挥群团组织的作用和优势，抓住重要节点，打造职工喜闻乐见、参与度高的品牌节日文化活动，组织"大爱·无私·担当"职工文艺展示活动。固定工间体育锻炼时间，鼓励全体会员全民健身、全面健康，组织和成立篮球、足球、插花、摄影、书画等12个兴趣小组，指导和支持兴趣小组定期组织开展活动。五是深入开展职工帮困帮扶工作，发挥工会桥梁纽带作用。开展"送清凉、保健康、为平安护航"高温慰问活动，深入基层一线调研，倾听群众诉求和意见，协助解决职工切身利益问题。坚持开展困难职工帮扶和金秋助学活动，根据职工需求修改完善《医疗互助保障制度》提高帮扶力度，扩大帮扶覆盖面。六是夯实组织基础，提升基层工会工作水平。制订印发《东海救助局工会经费收支管理实施办法》《东海救助局关于上海工会会员服务卡使用管理办法》，加强工会工作的制度化规范化建设。以深化救助管理体制改为契机，根据《中国工会章程》和《工会法》要求，指导局属10个基层工会进行改选和增补。组织开展工会干部培训班，对30余名兼职基层工会干部和新当选基层工会主席进行专项培训，进一步提高工会干部队伍的能力和素质。 （王　鑫）

【中国海员工会交通运输部上海打捞局委员会】 辖基层工会7个，工会会员1137人，其中女会员77人。上海打捞局工会服务中心工作，聚焦打捞主业，把握职责定位，积极主动作为、团结职工、凝聚人心，认真履行工会工作职能。强化工会组织队伍建设，完成4家基层单位届中改选，指导4家基层单位完善三级工会组织建设。认真部署开展"安康杯"竞赛，聚焦抢险打捞主业，开展主题鲜明的技能比武、劳动竞赛等活动，全年共934人次参与。更好服务船员群体，开通"上海打捞局工会服务站"微信企业号，逐步构筑网上职工之家，全年共发布消息105条，阅读量为7956人次。丰富职工业余精神文化生活，促进职工身心健康，提倡快乐工作、健康生活的理念，开展"送书上船"读书征文活动、杨浦滨江健步走、组员参加救捞系统职工羽毛球赛。实施职工实事项目，全年为1141名在职职工续办工会会员专项保障B类，为1131名在职职工、1530名退休职工办理《上海市在职、退休职工住院补充医疗互助保障计划》的参保手续，持续开展元旦春节帮困送温暖、高温慰问、"六一"金秋助学活动，全年共计发放各类慰问金近23万元。 （王　立）

【中交上海航道局有限公司工会】 辖基层工会14个，会员6113人。主要工作：一是竞赛助推发展，多措并举显成效。公司竞赛活动考评有5个方面，24项，设立专项劳动竞赛经费，促进公司承接重大工程建设。开展“奋战四季度，实现年度产值指标”专项劳动竞赛，超额完成全年产值目标，投入竞赛奖励360多万元。达华测绘有限公司荣获上海市五一劳动奖状，新海豚轮等五个班组荣获上海市工人先锋号，夏宪忠、薛海兵、杨春雷、赵东华四人荣获上海市五一劳动奖章；在市重点工程实事立功竞赛活动中，航道赛区荣获先进赛区称号，横沙八期工程项目团队荣获金杯团队，上海交通建设总承包有限公司、中港疏浚有限公司获上海市立功竞赛优秀公司；5个集体荣获上海市立功竞赛优秀团队、8人分别荣获市立功竞赛建设功臣、优秀建设者称号。“安康杯”竞赛活动做到全覆盖，上海交建公司、中港疏浚公司、上航建设公司获全国“安康杯”竞赛优胜单位。二是深化素质工程，系列活动结硕果。开展第六届“我阅读、我快乐、我成长”职工读书活动，该系类活动被评为第十九届上海读书节经典传承项目；举办第三届职工乒乓球团体赛，来自10家单位的100余名选手参赛；举办“航道情、劳动美——我的成长故事”微电影大赛；与人力资源部共同举办公司第六届职工技术比武总决赛，120余位选手参加6大项目的比拼。三是提升品牌效应，传递航道正能量。樊祥生、钱杰寐、谷银远3位劳模领衔的工作室先后被命名为上海市劳模创新工作室，高级技师张日国、施卫星的工作室被命名为上海市技师创新工作室，季岚航道治理创新工作室被命名为上海市巾帼创新工作室；举办在职劳模、先进座谈会，组织在职劳模、五一奖获得者及家属进行体检，安排退休劳模每年一次体检；开展“情系航道、奉献航道——海外建功标兵”评选活动，表彰5名海外建功标兵和10名海外优秀建设者；编印2018年班组学习手册《形势与任务100问》，下发到各船舶、班组。四是深化企务公开，依法维权送温暖。公司二十一届一次职代会，收到提案41份，立案25件。召开2017年企务公开民主管理工作会议暨总经理信息发布会，召开职代会联席会议，审议通过《公司补充医疗保险基金管理办法》。五是加强工会建设，完善机制促发展。按照《公司工会考核评价试行办法》，从组织、民管、竞赛、劳动保护、法律、素质工程、宣教文体、财务经审、自身建设9个方面，对11家基层工会进行考核；加强公司直管项目部工会的建设，制订下发《公司直管项目部工会经费筹集使用管理规定》，对项目部工会经费的筹集、使用、管理作出明确规定；举办劳动保护知识培训班；加强工会财务管理，经费收支工作得到加强；精心打造“上航局职工之家”微信订阅号，每周更新工会工作动态、市总工会资讯、劳权保障、各类最新资讯等信息。（于美庆）

【中交第三航务工程局有限公司工会】 辖基层工会13个，职工8680人，工会会员8680人，另有农民工会员297人，女会员1097人。2017年，三航局工会一是不断深化“六杯六赛”主题竞赛活动，发挥好、调动好，保护好职工的工作积极性。二是抓好劳模（先进）创新工作室建设，形成劳模品牌，全年共新创劳模创新工作室8家。三是深化技术创新活动，努力在企业科技创新上下功夫。组织召开第十四届“主人杯”双献成果发布会，成果能紧密结合企业生产实际，涉及安全生产管理、风电技术探索、铁路施工、船舶改造、节能减排等领域，并已经在实际施工过程中得到应用。四是进一步深化文明工地创建活动，不断提升三航形象。五是深化制度建设，努力形成民主管理工作的长效机制，坚持和推进职代会、集体协商二大机制建设，不断巩固已有成效，进一步提高职代会制度的运行质量。六是维护职工权益，进一步巩固劳动关系和谐企业创建成果，突出在维护职工生命健康权益、政治文化权益、为职工办实事谋实利等方面发挥作用。七是坚持开门办会，推进工会各项工作取得新进展。（黄书展）

【上海机场（集团）有限公司工会】 辖基层工会46家，工会会员21465人，其中女会员6271人。主要工作：一是完善企业民主管理。通过职工代表恳谈会、主席接待日、线上动员、劳模建言等渠道，全年共处理意见建议138条，及时反馈职工本人。开展“职工代表看机场发展”活动，实施职工代表巡视工作，扩大职代会民主评议领导干部工作试点范围。成立浦东机场非公企业工会联合会，将工会服务覆盖面延伸至机场区域内的租赁、委托等非公企业。二是融入管理，夯实三基，持续深化职工素质建设。推行“班组达标考评”，在2017年第二届全国民航班组建设表彰大会上，集团公司共有1家班组获得全国民航最具影响力班组，4家班组获得全国民航示范班组荣誉称号。广泛开展劳模及高技能人才创新实践活动，共有3家创新工作室获得市级荣誉称号。搭建比武建功平台，提升职工队伍素质，以工匠精神引领职工发展成长。组织开展第十一届职工技能大赛，对集团级三类竞赛项目进行精简、优化和调整，调整后共有66个综合项目成为集团级比赛项目，1万余名职工参与比赛。联合浦东、虹桥两场，积极组队参加中国民用机场安全检查员职业技能竞赛，浦东、虹桥安检参赛队获团体优胜一、二等奖，个人综合和单项一等奖等19个奖项，创历史新高。完成中国民航航空油料飞机加注员职业技能大赛组织工作，并获得大赛优秀组织奖，航油加注员孙建强获得个人综合一等奖，被授予“全国技术能手”。三是精准聚焦，改进方式，全面构建普惠服务体系。推动职工之家升级改造，年内集团工会给予下属49家一线职工休息场所改造支持经费，让其进行布局调整、增添服务设备、增加服务功能等。拓展“掌上工会”功能，工会新媒体发布活动信息，线上线下相互促进有机融合，成功举办“吃吃的爱”七夕职工食堂特别活动、“奔跑吧2017”青年交友定向拓展活动等活动，建立工会微信社区品牌准入机制，进一步规范集团工会微信社区的品牌引入程序，引入苹果中国、迪士尼等国际知名品牌，为职工谋取更多福利。加大保障力度，精准服务增强员工满意度。职工保障额度提升至2万元；落实集团公司《劳务派遣员工重大疾病及意外伤害保障计划》，做好保障金管理工作。筹措好职工保障资金，承担工会会员服务卡专享保障参保费39.55万元。慰问职工265人次，帮扶补助慰问金81.2万元。为718人次住院和患大病职工发放医疗保障金共计143.2万元。加大员工心理关爱力度，与第三方心理咨询机构合作，为职工提供EAP心理关爱服务。举办“员工情绪识别与应对”“我们身边的心理学”等课程，受到职工普遍好评。四是文化引领，聚力凝心，举办“三八节女职工风采展示”“六一岗位体验”“集团工会请您喝文化早茶”“青年交友拓展”“职工读书节”等活动；举办球类运动会和智力运动会等7个大项比赛，全年共对申报的148个兴趣小组给予经费支持。（顾 胤）

【中国海员工会上海海事局委员会】 辖有基层工会12个，会员2133人，其中女工会员383人。主要工作：一是坚持政治引领，强化组织建设，模范职工之家不断涌现。组织开展基层工会经费自查和互查工作，进一步健全工会经费使用监督机制和规范化程度；开展“暖心工程”系列工作，持续推进职工之家建设。二是立足经济建设，岗位建功、职工创新和团队创先能力持续增强。《PSC一键选船操作法）》等6个项目荣获上海市职工先进操作法创新奖、2个项目荣获上海市职工合理化建议项目创新奖，刷新了获奖数目记录。创新团队不断涌现，海巡166轮获全国工人先锋号，数据信息中心工程制图QC小组获2017年全国优秀质量管理小组，“金山卫士”工作室编写的“散装化学品船装卸作业现场监督检查示范教程”被交通部海事局评为五星示范课程。三是劳模管理制度进一步完善，“陈维工作室”创建工作继续深化。建立劳模先进档案，在培养、选树、表彰、关心等方面持续加大力度，4个集体、2名个人获得省部级以上荣誉。做好劳模动态跟踪管理服务，慰问劳模先进68人次。四是加大宣传教育力度，保持队伍思想团结向上。青年演说大赛展现上海海事人的奋斗精神；“崇明好声音”大赛，唱出海事核心价值观；王锡光志愿者团队活跃在申城的大街小巷，展现海事人服务社会的形象。五是以深化职工服务为导向，以保障职工权益为抓手，职工获得感显著提升。开展“卡卡”服务季活动，扎实推进会员服务卡工作，完成2100余人的新办卡与注册工作，驻沪单位覆盖率达100%。有序推进职工医疗费清算工作，基层工会结合自身特点，积极开展多种形式的活动，金山海事局组织中西医义诊活动和“三八”节赏梅踏青等，崇明海事局开展重阳节慰问困难离退休职工工作等，服务职工水平进一步提升。（谭 聪）

【上海市城乡建设和交通工会工作委员会】 辖基层工会49个，职工56216人，其中女职工12944人；会员55940人，女会员12896。主要工作：一是大力选树先进典型，充分发挥引领效应。推进劳模创新工作室及其联盟的创建。现系统共有劳模创新工作室、技师创新工作室、巾帼创新工作室等各类创新工作室289个；建设交通行业有市级劳模创新工作室有54个，占全市总数180个的近1/3。多渠道选树先进，激励职工建功立业。会同市公务员局评选出全国住房城乡建设系统先进集体4个、先进工作者10名和劳动模范11名；评选出全国工人先锋号1家，上海市五一劳动奖状1家，上海市五一劳动奖章6人，上海市工人先锋号5个；评出40个上海市巾帼文明岗，8名上海市巾帼建功标兵。二是切实加强民主管理，着力维护职工权益。发挥示范引领作用，开展厂务公开民主管理工作先进评选，总结基层企事业单位的成功经验。加强对各企事业单位职代会预审备案等程序监督检查和指导帮助。做好市总工会《关于进一步深化本市厂务公开民主管理加强和谐劳动关系建设的实施意见》《关于加强和改进本市国有企业工会工作的指导意见》联合发文工作。三是深入开展培训竞赛，努力提升职工素质。推进职工岗位创新，大力提升职工技能。推荐的项目获第二十九届上海市优秀发明选拔赛金奖1项，银奖2项，铜奖2项，获上海市职工合理化建议和先进操作法优秀成果奖、创新奖共3项；2名职工被评为上海工匠。开展第六届“城建杯”建设交通行业服务热线业务技能竞赛，提高服务热线人员的职业技能和综合素质，推动热线行业服务水平的全面提升。强化安全意识，大力推进“安康杯”竞赛活动。四是竭诚关爱服务职工，不断满足职工需求。开展丰富多彩的职工文体活动。以“党的温暖，家的情怀”为主题，举行“家文化”展示暨纪念三八国际妇女节107周年大会；举行庆祝五一国际劳动节暨“美丽中国风采建交”文艺汇演；组织开展“我的生活有书相伴”读书小故事讲述大赛，深化“书香建交”读书活动；先后举办第二届“建设交通杯”职工乒乓球比赛、第四届“建设交通杯”龙舟赛，凝聚职工，展示团队形象。广泛开展送温暖活动，全方位关爱职工。加大职工之家建设力度，增强职工的幸福感、获得感和归属感；开展送温暖工程，深入服务窗口单位、工地一线走访慰问；与团工委联合开展大龄青年“心公益”交友联谊活动，为青年职工搭建交友平台；推进爱心妈咪小屋建设，为女职工提供工作生活便利；推进工会会员服务卡工作。五是注重抓好自身建设，塑造优化队伍形象。制定建设交通系统（行业）工会工作联席会议制度，加强学习培训，指导基层工会组织工作，规范工会换届，落实工会主席直接选举，工会组织建设得到进一步加强。（钱 蓉）

【上海建工集团股份有限公司工会】 辖基层工会64个，其中直属工会24个。职工35021人，其中女职工6758人。会员34493人，女会员6720人。主要工作：一是牢牢把握正确政治方向，职工思想教育工作深入开展。采取自学、宣讲培训、报告会、研讨会等多种形式，掀起学习宣传贯彻党的十九大精神的群众性热潮；组织开展“讲好建工故事、传播建工声音、弘扬建工文化”系列活动，对《上海建工之歌》进行改版，实现上海建工标识从视觉到听觉的拓展延伸。二是围绕企业转型升级目标，群众性劳动竞赛取得成效。先后召开港珠澳大桥澳门口岸旅检大楼工程“三保二创”立功竞赛推进会、浦东国际机场卫星厅工程和北横通道工程立功竞赛推进会、“精品杯”立功竞赛中途推进会，推动重点工程节点目标顺利完成；在上海市重点工程实事立功竞赛表彰大会上，集团3家单位荣获“金杯公司”称号，3个集体荣获“金杯团队”称号，集团荣获先进赛区称号；在上海市职工科技节活动中，集团申报的2个项目获金奖，4个项目获银奖，5个项目获铜奖，1项施工工法获优秀成果奖，集团工会获优秀组织奖。三是维权服务工作务实推进。开展职代会民主评议企业领导干部，平均称职率达到94.79%；对12家子集团职代会质量评估工作进行检查调研，集团被评为全国厂务公开民主管理示范单位、上海市十佳厂务公开民主管理工作先进单位，并获得上海市五一劳动奖状。四是全面促进职工发展，深化职工素质工程建设。集团有1人被授予全国五一劳动奖章，13人被授予上海市五一劳动奖章，1个集体被授予全国工人先锋号，2个集体被授予上海市五一劳动奖状，3个集体被授予上海市工人先锋号；召开上海建工庆“五一”劳模先进座谈会暨2017年全国和上海市五一劳动奖表彰会，3个技师工作室被评为上海市技师工作室，3名职工被评为上海工匠并受到表彰。五是密切联系职工群众，工会自身活力不断增强。形成《上海建工集团技术工人基本状况与工作对策》调研报告，获全国大型建筑企业工会工作研究会优秀论文评选一等奖；召开2015—2016年度工会系统先进表彰大会，对深化创建职工之家活动进行部署。集团3家工会被评为上海市模范职工之家，4家工会被评为上海市模范职工小家。（余轶群）

【上海市交通委员会工会】 辖基层工会16个，工会会员2468人，其中女会员918人。主要工作：一是加强组织建设，扩大夯实工会基础。推进本市道路养护行业企业工会的组建率，保障道路养护行业职工的合法权益，会同市路政局工会做好上海市交通工会道路养护行业分会组建的前期调研准备工作。二是组织劳动竞赛，提高行业队伍素质。举办第四届“宇通杯”上海公交驾驶员节能比武大赛决赛（纯电动车），评选10名上海公交行业节能明星和节能先进；组队参加全国“宇通杯”公交驾驶员节能技术大赛，获得12米纯电动车第一、二、五名，10.5米纯电动车第二名；完成2017年公交行业176名驾驶员高级工、495名驾驶员中级工技能大赛工作。完成800名公交驾驶员纯电动车节能驾驶的理论培训和实操训练。三是关爱宣传劳模先进，发挥引领示范作用。成立上海公交行业首个劳模（技师）创新工作室联盟，年内完成纯电动公交车节能驾驶操作规范。组织交通行业50位一线劳模代表迎新春电影招待会；分二批组织交通行业45名劳模先进代表赴全总厦门疗休养基地开展休养活动，执法总队荣获上海市五一劳动奖状，海博馆开放管理部荣获上海市工人先锋号，完成海博馆市劳模项天平品牌设计创新工作室的创建工作；执法总队全国劳模徐皓然ITS创新工作室成功申报市级劳模创新工作室。四是维护职工权益，保障行业稳定。开展出租汽车行业驾驶员“三难问题”调研，完成800多个临街社会化公厕、近50个临时就餐点道路停车状况的拍摄工作，为驾驶员“三难问题”做好基础性工作。关心行业重病大病职工，全年为260个困难职工家庭送上慰问金及慰问品近30万元；为执法总队部份执法站点添置空调、冰箱等生活设施，改善生活工作环境；完成委属单位2466名会员卡的新办和注册工作，出资5万元为每位会员建立会员专享保障计划；扎实推进公交行业爱心接力站的创设工作，向优秀爱心接力站赠送光波炉、血压仪、健康称。五是推进文化建设，丰富职工精神生活。举办交通委系统“群开心”系列活动——拼图比赛和扑克牌比赛。六是运用新媒体，推进网上工会建设。完成“上海交通工会”微信公众号的开发、建设。七是加强经费管理，提高经费使用效能。完成海博馆、发展研究中心工会近三年财务收支情况的专项审计工作。完成市总对委属单位工会经费使用管理情况的专项检查。做好市总对委工会2016年财务收支情况的专项审计工作。（陈　健）

【中国石化集团上海海洋石油局有限公司工会】 辖基层工会8个，工会会员1483人，其中女会员227人。2017年局工会按照局党委和上级工会的工作部署，围绕局“十三五”发展目标，围绕中心、服务大局、履行职责、在促进企业和谐健康发展中积极作为。一是促进企业民主管理工作再上台阶。充分发挥职代会、职代会联席会议的作用，召开四届三次职代会、四届职代会二次、三次、四次联席会议，讨论审议关于优化用工配置和离岗人员分流安置工作的实施细则等，征集意见和建议。开展基层单位集体合同落实情况大大调查。二是动员广大职工在创新创效建功立业中谋求新发展。推进“当好主力军、奉献在岗位、建功十三五”主题劳动竞赛，开展岗位练兵和职业技能竞赛。全年，开展各类先进的选树评比，船舶分公司获得上海市五一劳动奖状，岳建洪、刘海涛被评为上海市五一劳动奖章，勘探七号和研究院开发所被命名为上海市工人先锋号。认真开展“安康杯”竞赛活动，2017年局工会获得全国“安康杯”竞赛安全文化先进单位荣誉称号，一海大队获得上海市“安康杯”竞赛优胜单位的荣誉称号。举办劳动保护工会干部及班组长专项培训。三是真情服务职工力求新作为。印发《关于认真开展2017年“走基层、访万家”活动的通知》，深入基层一线和职工家庭调查研究，及时更新、完善困难职工档案，做好困难职工的动态管理。全年帮扶慰问困难职工79人次，帮扶金额19.63万元。落实职工健康体检，建立职工健康档案，做好上海市总工会互助保障及出险理赔等工作。加强职工人文关怀，开展女职工EAP专项问卷调查、女职工专场文化活动。积极开展“冬送温暖、夏送清凉”活动，走访慰问一线员工。因地制宜开展各类文体活动。分别举办职工游泳比赛、第三届“海油杯”足球比赛、2017迎春健步走及春季网上健步走活动，探索文体协会运作模式。四是在职工思想引领和队伍整体素质提升上积极担当。认真学习贯彻党的十九大会议精神，以及习近平总书记系列重要讲话精神，深入开展“中国梦·劳动美”主题教育活动。加强形势任务教育，开展工会干部业务培训，加强“石化海洋石油e家亲”微信公众号建设，扩大工会影响力和覆盖面。（耿卫军）

【上海市绿化和市容管理局工会】 辖基层工会25个，工会会员1579人，其中女会员697人。主要工作：一是积极维护职工合法权益，开创和谐稳定新局面。坚持问题导向，深入集体协商帮解困。组织召开上海绿化环卫职工收入正常增长机制推进小组会议。维护职工权益，广泛协商立标准。制定并印发《2017年上海市绿化养护行业工资福利待遇工作指导意见》和《2017年上海市环卫行业工资福利待遇工作指导意见》。落实职工代表大会制度，强化厂务公开民主管理。完善以职代会为基本形式的基层民主管理制度。二是坚持围绕中心，服务大局，积极营造建功立业新氛围。深入开展具有行业特色的劳动竞赛活动。通过开展“创新型、技能型、增值型、生态型、安全型、优质型”劳动竞赛。主动搭建职工职业技能竞赛平台。按照“培训、练兵、比武、晋级、奖励”五位一体的育人机制，组织开展绿化、环卫、林业等三个行业职工职业技能竞赛。大力培育选树先进典型。参加本市第二批上海工匠推荐，命名4家市绿化市容行业劳模创新工作室，搭建了市绿化市容行业创新工作室联盟。三是提升竭诚服务宗旨意识，增强职工获得感。扎实开展问寒送暖工作，共慰问一线职工、农民工、困难职工、困难劳模11389人，发放各类慰问款物逾376万元。深化推进关爱环卫工人"爱心接力站"创设活动。全市申报创设并通过验收、挂贴统一标识的"爱心接力站"已有5700余座。组织开展关爱环卫工人专项行动。评选表彰2017年度市"十佳城市美容师""十佳爱心接力站"和关爱环卫工人·共建洁净家园"十佳社会共建案例"，评选出20名"最美环卫工人"。认真做好服务女职工工作。通过"擂台赛"的形式，4个巾帼班组成功创建为市巾帼文明岗，1名女职工获评市巾帼建功标兵，推荐1名女职工申报市巾帼创新新秀奖。四是强化筑牢核心价值观，积极营造推进行业文化新风尚。组织开展"劳动者风采"多媒体朗诵演讲比赛，27家单位参赛，参加市总工会"中国梦·劳动美——我要上五一晚会"文艺汇演中获得银奖；参加建设工会"劳动者风采"多媒体朗诵演讲比赛，获得一等奖和二等奖。组织举办2017"绿容杯"行业职工乒乓球大赛、行业职工迎接2018年趣味定向健身跑比赛活动。五是夯实自身建设基础，不断提升工作能力上水平。"两学一做"学习教育扎实深入，组织规范化建设得到加强。做好局工会、行业工会副主席、委员、经审委员的增补工作；指导6家任期届满的基层工会以公推直选的方式做好换届改选；印发《关于开展工会信息报送、评比、奖励办法的通知》，共报送信息279篇，中国上海录用35篇，市总工会网站13篇，申工社APP13篇。

（唐鸿仙）

【华东建筑集团股份有限公司工会】 辖基层工会16个，工会会员5656人，其中女会员2256人。工会围绕集团"服务改革求突破、实干兴企勇担当"党内主题活动，团结动员广大职工为全面完成集团各项目标任务贡献智慧和力量。一是聚焦集团中心工作，引领广大职工为企业发展作贡献。集团7家子分公司，1200余人参与70余项市重大工程。上海院贾水钟荣获上海工匠并荣获上海市五一劳动奖章，都市总院花炳灿荣获上海市五一劳动奖章，华东院数字化技术研究咨询部荣获上海市工人先锋号。开展第二届"我为建筑工业化献良策"金点子评选活动，都市总院(参数化建模在建筑工业化中的应用研究)荣获2016年度上海市职工合理化建议项目创新奖。二是推进职工文化建设，提升职工队伍整体素质。开展以"展示新风采，放飞我梦想"为主题的华建集团第九届职工文化艺术节，举办"华建朗读者大赛"、职工摄影大赛、企业文化微电影大赛、职工风采展示大赛、汇编《项目背后的故事——华建企业文化故事荟》，举办"绽放三月，遇见最美的你"——集团三八妇女节主题表彰会暨职工形象礼仪讲座，嘉奖通报市级以上先进女职工、表彰22个集团三八红旗手(集体)和个人。三是强化主业主责意识，实现好、维护好、发展好广大职工权益。强化《工资专项集体合同》《职工疗休养方案》维权工作。会同党政领导慰问走访困难职工，对59名患大病、重病造成家庭生活困难的职工实施助医、助学和生活帮困，资助金额44万元。协助做好职工健康体检和女职工专项体检；完成献血组织、慰问工作。充分利用华建"康NET心"APP平台，开展日行万步、工会邀请去赏花等活动，举办职场健康课系列讲座，集团荣获上海市建设健康城市年度健康单位先进；被WHO世界卫生组织健康城市合作中心正式命名为"健康促进单位"。四是以学习贯彻党的十九大精神为动力，切实加强和创新工会自身建设。组织第三期工会干部培训班，修订编制《华建集团工会制度汇编(2017版)》，抓好基层工会换届、新任工会主席上岗培训、定期召开集团工会委员扩大会议，加强同地产集团、劳动报、临港集团等兄弟单位工会工作学习交流。完成华东总院等5家基层单位工会经费审查工作，集团工会经审委荣获2016年度市总工会经审工作特等奖。

（谢志群）

【鲁中矿业有限公司工会】 辖11个二级单位工会，76个车间(区队)工会，会员4925名，其中女会员940名。主要工作：一是开展群众性经济技术创新活动。发挥工会"大学校"作用，开设职工讲堂，先后举办10期讲座，780人次参加学习交流。推进创新工作室建设，在劳模、技师、职工三个层面成立14个公司级职工创新工作室。落实职工"五小"成果82项、合理化建议45份。二是深化"安康杯"竞赛，认真组织开展"三学一做"活动。成立群监会，全年组织4次检查，查出隐患74个，督促各单位进行了整改。开展安全短信征集活动，征集安全短信1244条。三是举办了班组长学习培训班，先后举办6期班组长培训班，共对303名班组长进行了脱产轮训。四是举办乒乓球、羽毛球、春季长跑、五一拔河、女子排球、男子篮球、中国象棋等9个门类17项体育比赛。举办职工业余合唱团成立6周年庆祝晚会，组织书画摄影爱好者参加第三届上海市职工网络文化艺术节。五是举办庆"三八"联欢晚会。六是组织帮困基金捐款，各单位工会共组织4813名职工向帮困基金捐款167930元，补充了帮困基金。救助特困职工68人，发放救助金121200元。七是召开十五届二次、三次职代会，审议通过《在岗职工内部退养方案》《棚户区改造二期住房选房实施方案》。召开十五届四次职代会，听取审议公司工作报告，对公司中层助理以上管理人员进行民主评议。八是实施关爱行动。组织女职工体检，发放女职工特殊津贴。为全体职工发放防暑降温品。九是坚持职工思想动态信息报送制度，严格执行信访接待制度，全年接待职工来访29人次。

（李宗峰）

【上海市水务局(上海市海洋局)工会】 辖有基层工会17个，工会会员1316人，其中女会员389人。主要工作：一是积极组织开展群众性劳动竞赛活动。广泛组织开展以"践行新理念、建功十三五"为主题，以提升素质、岗位建功为主线的群众性劳动竞赛活动。竞赛中一批先进单位和个人受表彰。市供水管理处供水管理科等2个集体被授予上海市工人先锋号，陈春等4人被授予上海市五一劳动奖章。二是积极维护职工合法权益。根据《关于深化养护行业市场化改革，提高一线职工工资水平的意见》

精神，督促指导二个行业工会联合会分别就设立行业最低工资标准、建立河道养护行业一线职工岗位津贴、技能等级津贴制度、建立河道养护企业职工健康体检制度等相关事项开展集体协商，并以市水务局名义向各区水行政主管部门转发《2017 年上海市河道养护行业工资福利待遇工作指导意见》和《2017 年上海市排水管道养护行业工资福利待遇工作指导意见》。督促基层单位落实职代会制度，完成全国农林水利气象工会的《水利系统企事业单位职工代表大会规定》问卷调查。在水文监测勘测、闸门运行等领域持续深入开展"安康杯"竞赛活动，举办劳动保护安全监督检查培训班，免费为两家行业工会联合会成员单位提供培训。开展好"一日捐""冬送温暖"和劳模"三金"发放等工作。为局属共计 1267 名工会会员做好工会会员服务卡注册投保工作，为 3 名职工办理高级技师、技师晋升奖励。举办职工健身游泳，有 177 人获得游泳达标证书。三是开展职工技能提升活动。开展河道修防工、泵站运行工、水文勘测工等涉及水利、供水、排水三大行业 7 个工种的竞赛，共 340 人参加。在水务海洋行业组织开展"清源杯"无人机在水务海洋系统应用、水务工程建设安全质量监督等系列技能竞赛。连续第 4 年在全市组织包括中央在沪单位在内的防汛减灾预报技术比武活动。以协同创新水生态环境关键技术为目标，组建"水生态环境劳模创新工作室联盟"。积极开展巾帼建功活动，谭琼被授予全国巾帼建功标兵、全国城乡住房建设系统先进工作者，王霞萍被授予上海市三八红旗手。四是开展各类文化体育活动。组织开展 2017 年职工健身行活动。建立羽毛球、乒乓球、足球、篮球、游泳、桌球、瑜伽、桥牌、长跑、摄影、烘焙等 40 多支职工俱乐部，各俱乐部开展比赛交流活动近百场。五是加强工会自身建设。积极开展工会之家建设和先进评比活动，市供水管理处被授予全国五一劳动奖状，市堤防（泵闸）设施管理处黄浦江上游管理所被授予工人先锋号，贾卫红被授予上海市五一劳动奖章。健全完善工会工作考核奖励制度，制订《上海市水务局（上海市海洋局）工会奖励管理办法》（试行），对 15 个直属工会工作进行考核。完成 17 家工会的新工会法人资格证书办理；按照上海工会网上工作平台建设要求，局系统 17 家基层工会全部完成网上会员信息录入工作。认真做好新建工会、到期换届和届内增选工作，对组织建设情况进行自查自纠。组织工会干部参加市总工会的各类培训班，举办对局系统工会财务、出纳人员业务培训班。认真做好工会经费收缴和审核划拨工作，确保工会经费足额收缴和拨付到位。指导基层单位做好 2017 年度工会经费预算管理工作。完成局系统工会经费使用情况专项督查、财政票据核销管理工作。委托专业事务所对 6 家基层工会开展审计工作。（王佐仕）

【中国建筑第八工程局有限公司工会】 辖基层工会 25 个，会员 176094 人，其中女会员 11996 人。主要工作：一是典型培育选树再创佳绩。全年共获得全国和省级荣誉 141 个，其中荣获全国五一劳动奖状 4 个、全国五一劳动奖章 4 人、全国工人先锋号 4 个，推出 3 名农民工典型和 1 名上海工匠，典型群体效应进一步彰显。先后在上海第六届驻沪世界 500 强企业劳动论坛、第七届上海职工科技节开幕式上介绍经验。在《工人日报》《劳动报》等刊稿 350 篇。二是劳模示范引领成效明显。举办第五届劳模创新论坛，新晋 10 个局级劳模创新工作室，成立第二批 4 个劳模工作室联盟。三是引领广大职工建功立业有新成效。在厦门金砖国家会议中心、北京新机场等 15 个重点项目开展局级示范性劳动竞赛，257 个工程项目开展"铁军杯"劳动竞赛，参赛职工（含农民工）9.5 万人。22 个集体、14 名个人受到上海市政府表彰，中建八局赛区获得上海市立功竞赛先进赛区称号，2 家公司获评金杯公司，1 家公司获评金杯团队。全年获得全国和省部级安康杯奖项 10 个，780 个项目工地组织"安康杯"竞赛活动，参赛职工（含农民工）18 万人次。开展评选出 15 部优秀微电影进行展播，《迪士尼项目可视化安全案例》获得上海市"安康杯"竞赛典型案例一等奖。举办第八届商务算量、第三届安全讲师、第四届 BIM 应用、第四届施工技能、首届物资采购管理创新等大赛 155 场次，1.4 万人参赛。先后获得"上海市职工先进操作法优秀成果奖""上海职工数字化设计成果"铜奖、第三届国际 BIM 大赛"最佳 BIM 施工企业大奖"、中建协第一届钢筋算量及 BIM 建模技能大赛第二名。四是职工关心关爱力度进一步加大。组建工会联合会 810 个，9.1 万名农民工入会。新建项目工会工作站 133 个，新增职工书屋 143 个。3 个公司、3 个项目分别获得上海市模范职工之家、模范职工小家称号。为 6.5 万名职工和农民工送温暖 540 万元，为 800 个项目发放清凉用品 925 万元，为 198 名职工子女（含农民工）发放金秋助学金 13.9 万元，为 1617 名病困职工送去 340 万元慰问金。五是职工文化活动进一步丰富。举办上海地区羽毛球团体赛、元旦健康跑等活动，参加上海建交委五一文艺汇演。与劳动报联合主办第二届"铁军杯"上海市职工摄影大赛。《铁军三项》微电影获上海首届微电影节大赛铜奖和最佳摄影奖，8 部微电影在上海市建交委举办的"家文化"成果展播活动中获奖。六是加强工会自身建设有新突破。研究制订中建八局《关于加强和改进工会工作的实施方案》，启动中建八局"党建 e 通"工会模块的开发与建设。中建八局工会首次获得全国厂务公开民主管理工作先进单位，并与 2 家公司获评上海市十佳厂务公开民主管理先进单位。全年获得女职工荣誉奖项 22 个，其中全国巾帼文明岗 2 个、全国五一劳动奖章 2 个，有 6 个集体和个人获得上海市巾帼文明岗、巾帼建功标兵荣誉。（陈　湘）

【上海大屯能源股份有限公司工会】 辖基层工会 15 个。现有会员 18000 人，其中女会员 3012 人。2017 年，公司工会全面推进群众安全、技术创新、班组建设、困难帮扶、女工工作、文体活动等各项工作，有力促进公司安全、科学、和谐发展。经过两级工会的培养选树，2 人被授予上海市五一劳动奖章；2 个车间班组被授予上海市工人先锋号；中煤职院被中华全国总工会授予全国职工教育培训示范点；黄松技术创新工作室荣获上海市优秀技术创新工作室称号；选煤中心荣获上海市五一劳动奖状、2017 年全国职工书屋示范点并获赠 4 万多元的书籍；龙东煤矿荣获上海市厂务公开民主管理先进单位。主要工作：一是激发活力、创新创效，经济技术创新助推发展。发挥劳模创新工作室的示范引领作用，积极开展合理化建议征集、"五小"技术创新、"提质增效、降本降耗"专项竞赛等活动，全年共完成职工"五小"技术创新成果1322项，征集合理化建议6456条；召开职工技术创新成果发布暨表彰会，表彰100项职工创新成果，并予以推广应用。全年围绕重点工程、急难险重工程等共完成劳动竞赛232项。提质增效做出了积极贡献。班组建设稳步推进。深入开展"五型"班组、安全示范班组和星级班组创建活动，发挥班组网络管理平台作用，加强经验交流，推进班组网上考核。研究下发大屯公司10个工种职工技能竞赛方案，制定技术文件，组织开展理论考试和实践操作，对公司技能竞赛获奖的30名选手进行表彰。二是配合行政开展安全生产月、百日安全等活动，抓好群监员的选拔、调整、培训工作，各基层工会组织开展以"安全培训提素质，班组管理强基础"为主题的安康杯竞赛活动，进一步增强职工职业安全卫生法制意识。三是发扬民主，维护权益，促进和谐建设成效显著。坚持职代会制度，筹备召开公司2017年工作会暨职代会和公司工会二届六次会员代表大会，组织开展厂务公开民主管理工作检查考核，做好《集体合同》和《女职工专项合同》备案、审核工作；统筹做好扶贫济困送温暖和节日慰问工作，年内，两级工会组织帮扶救助慰问职工7064人次，用款266万元。开展职工荣誉疗休养工作，完成29批次共1136名职工参加的疗休养；启动新一轮会员服务卡办理、注册工作。为22979名职工办理上海工会会员服务卡。为66名符合救助条件的患病（身故）职工申请上海工会会员专享保障金111万元，重大疾病慰问金4.1万元。开展"巾帼绘和谐助力新发展"为主题的系列活动。四是强基固本、繁荣文化，深化建家工作取得实效。加强工会组织建设，召开公司工会第三次会员代表大会。深入开展以"安全和效益"为主题的会员季活动。强化经费上解工作，强化财务基础管理工作，开展两级工会财务预决算的审批工作，搭建职工参与体育活动平台，成立公司篮球协会、棋类协会等8个协会组织，举办10多项比赛活动，参加上海市"中国梦·劳动美——我要上五一晚会"比赛活动，公司选送的3个节目，分别荣获舞蹈类金奖、声乐类金奖和银奖的好成绩。

（王安友）

【上海市金融工会工作委员会】 辖基层工会127个（独立工会124个、联合工会3个），工会会员25.8万人，其中女会员13.2万人。认真学习贯彻党的十九大精神，举办上海金融系统学习宣传贯彻党的十九大精神专题报告会，开展"一起读响十九大"主题活动，举办上海金融系统群团改革工作交流会。大力推进职工岗位建功，组织"制度创新、服务争优、技能提升"主题竞赛活动，开展合理化建议、先进操作法优秀成果评选，推进金融系统重点用能机构节能减排专项立功竞赛活动，各类立功竞赛参赛职工人数达到169563人。召开加快推进上海国际金融中心建设—上海金融系统表彰会暨金融职工立功竞赛活动总结交流会，编纂下发《中国梦、金融人、劳动美——上海金融系统全国五一劳动奖章、五一劳动奖状（章）、工人先锋号风采展示》手册，开展优秀案例评选活动，征集评选系统各单位工会创新工作优秀案例、创建职工之家优秀案例、职工维权工作优秀案例，好中选优甄选40个优秀案例汇编成册，推广先进工作经验。组织《银行业窗口服务质量规范》《证券业窗口服务质量规范》《人身保险业窗口服务质量规范》《机动车辆物损（理赔）服务质量规范》地方标准的修订工作。推进"网上工会"建设，"金融职工家园"APP正式上线，继续实施金融系统职工十项实事项目，推进先进职工之家健康小屋建设，开展妈咪小屋助推计划，完成27家单位3.2万职工工会会员卡办卡和注册工作，举办"金融员工心理健康提升计划"工作培训班，继续开展"上海金融职工身心健康大课堂"系列活动，共开展12次健康讲座和2次急救培训，近2000名金融职工参加，加强群团干部培训，举办工会负责人培训班和第三期劳动关系协调员培训班。推进金融职工文体活动广泛开展，组建上海金融代表队参加2017年度全国金融系统第三届职工运动会，共计获得5个冠军、6个亚军、1个季军等奖项，取得团体总分全国第二名的好成绩，推荐金融职工代表队参加上海市四季大联赛，进一步完善并实施上海金融系统《职工文体活动评估办法》，开展理事单位职工文体活动评估工作。推进工会经审、财务工作，开展对4家单位的工会经费审计和8家单位的工作财务规范性检查工作，举办金融系统工会财务工作专题培训班，下发工会财务规范性制度汇编。

（李　伟）

【上海市税务工会】 辖直属工会14家，其中机关工会8家，事业单位工会6家，会员1686人。系统基层工会16家，会员9000余人。2017年，上海市税务工会把握围绕中心、服务职工的总基调，落实各项工作任务，取得了良好成效。一是突出政治性，强化责任意识，注重思想引领。组织学习十九大研讨班和新任主席培训，提高履职能力。通过对系统工会副主席进行改选和基层工会换届选举，增强工会活力；组织"中国梦税务情"文艺汇演，把职工思想和行动统一到十九大精神上来。二是对标先进性，提升能力素质，助力岗位建功。开展劳动竞赛。市税务工会成功申请到6个上海市五一劳动奖章6个和2个上海市五一劳动奖状，用于劳动竞赛表彰；宣传先进典型。举办"致敬身边榜样，汇聚前行力量——最美税务人先进事迹集中展示"主题活动；组织"看改革发展，寻初心足迹"红色主题定向活动。虹口区税务局荣获上海市五一劳动奖状，税务七分局王英荣获上海市五一劳动奖章。税务十一所、货劳科荣获上海市工人先锋号。三是践行群众性，履行服务职能，关心关爱职工。修订完善职工疗休养管理办法，组织职工代表近150人参加疗休养活动；开展元旦春节期间走访慰问大病职工和"爱心一日捐"活动。为系统各直属单位及市局机关共计1553名职工办理2017年工会会员专享基本保障。开展"三八"节女职工活动，推进爱心妈咪小屋建设，建成小屋23家。四是聚焦税务文化，活动丰富多彩，促进身心健康。在"中国梦·劳动美——我要上五一晚会"活动中，《梦里寻"根"》等节目获奖。组织开展"好读书、读好书"读书心得评选及"十大读书示范项目"征集评选活动；举办瑜伽、乒乓、羽毛球等多项活动和赛事。

（娄晓辉）

【上海市人力资源和社会保障局工会】 辖基层工会20个，工会会员2812人，其中女会员1553人。工会以"服务中心、服务大局，服务职工"为主线，全面履行各项职能。一是举办局系统表彰大会，弘扬和培育"工匠精神"，市职业能力考试院和市社保中心普陀分中心分别荣获上海市五一劳动奖状和上海市工人先锋号。二是广泛开展以"践行新理念、建功十三五"为主题的劳动竞赛。突出主题教育，组织职工开展"申赛风采"手机摄影作品、喜迎"党的十九大·展示人社新风采"摄影作品征集展示活动，举办"健步迎世赛·快乐伴我行"主题活动、2017年"喜迎市党代会·踏访红色足迹"健步行活动。三是服务会员职工，为职工做好事、办实事、解难事。完成对全局20家单位共计2701人的工会会员卡注册工作。做好女职工橙丝带关爱行动，全局爱心妈咪小屋被评为五星级的7个，四星级、三星级各9个。关爱困难职工，对局系统39名困难职工进行慰问，对因患各类重（大）病的职工或职工家属49人进行帮扶助困。四是开展职工文化建设，丰富精神生活。与局党办共同举办"喜迎党的十九大·展示人社新风采"职工文艺汇演活动。组织职工参加"中国梦·劳动美""上汽车享杯"2017年上海市班组（团队）文化网络大奖赛活动及"森河杯"上海职工足球超级联赛、第二届上海市职工电子竞技暨实况足球团体赛，举办电影创作及欣赏讲座等。五是强化工会自身建设，提升工会工作管理水平。制订《上海市人力资源和社会保障局工会经费使用若干规定（暂行）》《上海市人力资源和社会保障局工会慰问制度（暂行）》，修订完善《关于局系统困难职工帮扶工作的暂行办法》，制订《上海市人力资源和社会保障局工会议事规则》，制订《上海市人力资源和社会保障局工会固定资产管理制度（暂行）》等项制度，把执纪问责落到实处。举办局系统工会宣传干部、局系统工会经审干部、女工干部培训班，强化工会干部能力建设。

（瞿葆仁）

【上海市教育工会】 有直属基层工会84个，工会会员81325人，其中女会员40922人。工作机构设办公室、基层工作部、宣教文体部、生活保障部、女工部。市教育工会大力弘扬劳模精神、劳动精神和工匠精神，踊跃参加"践行新理念、建功'十三五'"劳动和技能竞赛，在"民主政治、教师素质、生活保障和工会组织"四大工程建设中取得新成绩，在参与上海教育综合改革和科创中心建设、促进经济持续健康发展和社会和谐稳定中发挥重要作用。一是探索协商民主，推进工会协商民主的制度化建设与发展，将协商民主作为高校工会工作中维护教职工民主管理权利的重要抓手。二是坚持立德树人，注重发挥劳模、先进的示范引领作用，将大力弘扬师德风范作为落实新时代工会工作的重要内容。三是坚定文化自信，弘扬中华优秀传统文化，将中华优秀传统文化根植于新时代工会工作的全方位、全过程。四是建好网上工会，提升网络环境下的工会工作水平，为新时代工会工作创新推动网络育人体系讲好工会故事。五是坚持需求导向，大兴调查研究之风，对基层工会和教职工群众的美好生活需要底数清、情况明、判断准、对策好。通过吸引凝聚上海教育系统的广大教职工，全面深化教育教学改革，共建共享优质教育，为上海"四个中心"和科创中心建设，为加快推进新形势下工会工作创新发展做出贡献。

（吴 波）

【上海市科技工会】 辖基层工会48个，工会会员28182人，其中女职工10528人。主要工作：一是政治理论武装头脑。通过各类会议、教育活动等，及时传达、部署各项工作；基层工会利用各种多媒体平台和宣传阵地等，在广大职工群众中加强正面宣传和引导，弘扬社会主义核心价值观。积极参与创新文化建设，构建和谐院所。二是建功立业勇创佳绩。开展多种形式的劳动竞赛和职工技术创新活动，精心培育"大国工匠""上海工匠"。（万达）童庆荣获"上海工匠"称号。通过实施职工素养提升计划，近300人参加"一季一展示（暨一季一交流）"活动；1800余名职工参加"一季一活动"；700余名职工参加"一季一培训"，助力科技系统中心工作。组织"建功'十三五'科技系统职工群英会"，喜迎十九大的召开。召开五一劳动奖项表彰大会，1人荣获全国五一劳动奖章，2个（法人）单位荣获市五一劳动奖状，5人荣获市五一劳动奖章，2个部门（车间、班组等）荣获市工人先锋号。完成系统先进评选，6家单位获得先进集体，20人获得先进个人。三是和谐聚心广惠职工。进一步加大所务公开力度，积极关注职工代表素质提升，组织优秀代表、优秀提案评选。做好市总工会和科技工会的服务职工实事。开展艺术走进职工活动，支持春天合唱团、春韵京剧社、科技摄影协会等各协会的工作。召开2016年"安康杯"竞赛活动总结大会，19家单位66个班组126名个人获得表彰。四是创新思维提升实效。继续加强作风建设，深入开展"两学一做"等学习教育。召开科技工会第四届工会委员会全体委员会议，议定委员会议事规则、增补副主席等。通过讲座、培训、块组半年度工会工作交流等，抓好工会干部队伍建设。推进全年市科技工会课题调研工作，《贯彻群团改革精神，深化工会建设内涵》获得2016年度上海工会优秀调研报告、论文评选优秀奖。落实工会财务和经审工作要求。下发《关于加强科技系统基层工会经审工作规范化建设的意见》，进一步抓好经审队伍建设。各级工会严格落实财务制度，促进工会经费支出规范高效、公开透明。

（冯 莺）

【上海市医务工会】 有直属基层工会59家，其中独立基层工会58家、联合工会2家，共涵盖70个单位。职工总数73217人，其中女职工52098人，农民工60人；会员数73180人。主要工作：一是持续推动工会工作改革创新。组织工会干部履职能力培训，提升工会服务职工能力和水平；突出发挥行业工会优势，关心关注行业内民营机构、非在编群体权益。二是大力弘扬劳模精神、工匠精神。加大全国、上海市五一劳动奖项、上海工匠、劳模创新工作室的培养选树和宣传力度，通过举办"守护生命"大型劳模专家义诊、七一名中医义诊等活动，弘扬行业正能量。三是积极开展医务职工文化建设。以五年一次的上海市卫生计生系统第十一届职工运动会为契机，大力推动医务职工文体活动广泛开展。以上海市医务工会职工文化活动中心为主要平台，丰富医务职工业余文化生活。四是持续推动医务职工一线创新。引导广大医务职工立足岗位、建功立业，开展第七期医务职工科技创新“星光计划”优秀项目，组织卫生应急、院前急救、病媒应急处置、青年药师岗位技能竞赛，为一线职工成长成才搭建平台。五是深入推进院务公开民主管理。通过调研检查、评优评先推动卫生计生系统院务公开民主管理工作的制度化、规范化建设，继续研究推广“网上职代会”项目。六是不断提升工会服务职工力度。推动上海工会会员服务卡全覆盖，认真做好元旦春节送温暖、夏季高温送清凉等慰问以及困难职工帮扶等常规工作，持续推进员工关爱计划。七是切实加强工会组织自身建设。加强工会财务经审工作制度建设，规范工会经费管理和使用。加强调查研究，召开第二十届卫生计生系统理论研究年会，编撰《工会理论研究》专刊。积极推进网上工会建设，发挥市医务工会微信公众平台的宣传、服务效应。（张　宸）

【上海市新闻出版工会】 辖有基层工会25家，职工5103人，其中女职工2350人；工会会员5022人，其中女会员2319人；农民工1652人，女农民工819人。主要工作：一是积极推进素质工程。通过开展“庆祝‘十九大召开’上海出版小合唱大赛”、举办上海出版界职工糖果制作大赛、组织“我最难忘的一本书”寄语征集活动等，丰富职工精神文化生活。二是强化维权机制建设。2017年所属基层单位签订集体合同覆盖面达77%，较之去年上升4个百分点，签订女职工权益保护专项集体合同覆盖面达96%，签订工资专项集体合同覆盖面达72%。积极推进职代会制度建设和厂务公开民主管理，系统基层单位职代会建制率达92%，上海新华传媒电子商务有限公司荣获上海市厂务公开民主管理工作先进单位。积极组织动员系统185个班组、3452名职工参与“安康杯”竞赛活动，1家单位获市总工会“安康杯”竞赛优胜单位。三是展现女职工亮丽风采。举办“书香好味道——青年女编辑厨艺大比拼”活动，组织女编辑合唱团参加“中国梦·劳动美——我要上五一晚会”，获合唱类金奖。组织开展评选年度三八红旗手（集体）活动，对系统6名三八红旗手、5家单位（班组）三八红旗集体进行评选表彰。四是为职工群众办实事。开展“爱心一日捐”活动，57家单位、5003名职工踊跃参与，捐款金额23.4万元。对困难企业、困难职工发放一次性帮扶款11.5万元，惠及困难职工137人次。资助198位患重病退休职工，资助金额47.3万元。拨出21.7万元专款用于购买防暑用品，慰问系统全体职工。为系统41家单位、5025名会员办理注册工会服务卡会员专享B类基本保障，支付金额10.5万元。拨出14万元专款，组织系统劳模先进、一线职工等赴市总工会指定基地开展疗休养活动。五是夯实基础工作开展评比表彰。做好原《工会法人资格证书》和《组织机构代码证》两证合一集体换领工作。编印《足迹》一书，反映各集团、基层工会近年来工作经验和成果。对6家基层工会财务收支情况开展审计，加强工会财务工作监督检查。召开先进表彰会，对年度先进职工之家、先进职工小家、优秀工会工作者等予以表彰。年内，1家基层工会获上海市模范职工之家，1家单位班组获上海市模范职工小家，1家单位和个人分获上海市五一劳动奖状（章），3家基层单位班组获上海市工人先锋号，1人评为上海工匠。（方伟国）

【上海报业集团工会】 辖基层工会16个，工会会员2777人，其中女会员1131人。主要工作：一是认真学习领会党的十九大精神，全力做好工会工作。集团工会召开一届第八次全委会议，要求各级工会要把学习贯彻十九大精神作为当前及今后一个时期的重要政治任务。二是创新宣传载体，扩大工会影响力。年初，集团工会开通微信公众号“上报工会微家园”。截至年底，共推送近百篇原创文章，关注粉丝近千人，注册会员达五百人。打通联系服务职工的新窗口，实现互联网和工会工作的融合，开创“互联网+”工会工作新格局。三是强化新闻宣传力度，提升工会信息工作在市总工会层面的地位和影响。集团工会注重发挥媒体传导优势，充分利用有效平台进行广泛宣传，拓展宣传渠道，提升上报集团工会工作在市总工会影响力度。四是创新职工文体活动新模式，践行“道正声远”企业精神。以职工文化艺术节为平台，推进集团企业文化建设。举办职工文化艺术节，朗读会活动荣获2017年度上海市振兴中华读书活动优秀示范项目奖。开展最美报人青年职工才艺大赛（定向赛）和2018迎新年5公里健康跑项目。五是为职工做好事办实事，营造集团和谐氛围。举办“情义在上报”集团职工第三次捐赠义卖义拍活动。解放日报社、文汇报社、新民晚报社工会等16家单位参加活动，近2000名职工奉献爱心，共筹得善款6.1万元，用于集团爱心手拉手基金，帮助集团身患大病的职工。（褚　珺）

【上海广播电视台（上海文化广播影视集团有限公司）工会】 辖基层工会74个，会员17634人，其中女会员8039人。2017年，工会全面贯彻落实党的群团工作会议精神，围绕年初制订的工作目标和六项重点，稳步推进工作。开展“安全播出”劳动竞赛，确保十九大期间的播出任务，评选表彰59位具有技艺专长、掌握高超技能、体现领军作用、有突出贡献的“SMG工匠”和22个先进班组。其中幻维数码高级特效师赵迪文成为首位当选“上海工匠”的职工。推进SMG的现代企业制度，指导帮助下属五岸传播完成集体合同制度试点工作。继续完善服务职工的实事项目，试点开办台总部工会和东方卫视中心工会的职工亲子工作室，解决职工后顾之忧。开展丰富多彩的职工文体活动，举办SMG《融》墙绘活动，123名职工共同绘制96平方米《融》墙绘。组织在职和退休的SMG复员、转业军人1300余人，共庆建军90年。打造“书香SMG”品牌，提升职工素质和岗位技能。首度开展SMG模范职工之家、模范职工小家、优秀工会工作者评选活动。认真履行工会经费收缴工作，做到按时、足额上缴，完成市总工会经费考核指标。（秦伊龄）

【上海社会科学院工会】 辖基层工会23个，会员744人，其中女性会员376人。2017年，上海社科院工会围绕院国家高端智库建设目标，聚焦民主管理、权益保障、队伍建设等重点工作，为院各项事业发展作出努力。主要工作：

一是切实推进民主管理。召开院三届四次职代会，征集职工代表提案18份；对代表提案和建议认真处理，做到件件有回复，发挥了职代会的民主管理平台作用。二是着力做好职工福利保障工作。及时为全院职工办理互助保险投保及为生病住院职工和身患大病职工办理理赔和申请特种病补助。组织两批职工赴福建霞浦疗休养，调节职工身心健康。三是积极举办职工文化体育活动，丰富职工们的业余文化生活。举办院职工书画比赛暨职工书画展、首届“智库创新杯”职工台球赛、2017年“歌唱祖国、热爱生活”主题歌咏大赛、第三届智库创新杯拔河大赛。在职工健康服务方面，分别联合春泽中医和上海中医药大学实习学生，为院职工举办健康义诊活动。四是积极做好劳模先进评选和服务工作。经推荐1人获得上海市五一劳动奖章，上海社科院研究生院获得2017年上海市工人先锋号。平时积极做好劳模服务工作。五是有力推进工会组织建设。为新进院员工办理工会会员服务卡，为老职工办理服务卡年度注册。承担市总工会《外来务工人员群体调查》课题，报告受到好评。六是女职工委员会工作。配合院妇委会组织相关活动，举行三八妇女节庆祝表彰大会，注重妇女研究和妇女工作者培训，开展青年联谊活动，组织妇女权益保护自查和开展亲子工作室可行性调研等。七是加强内部管理与基层党组织建设。自7月份起，院工会党支部在院机关党委下成立，积极发挥基层党组织的战斗堡垒作用。（杨鹏飞）

【上海市体育局工会】 辖基层工会29人，工会会员2308人，其中女会员922人。围绕上海体育“十三五”发展目标，不断增强工会组织和工会工作的政治性、先进性、群众性，为上海建设全球著名体育城市作出应有贡献。围绕天津全运会备战工作，开展“我为全运做贡献”系列活动。通过“服务送一线”活动，为备战天津全运会的一线运动队送服务、送培训、送讲座共计11场次，营造积极向上的备战氛围。进一步服务广大职工群众，开展“放心食堂”建设和评比工作，有力地保障了运动员和职工饮食安全。围绕深入学习贯彻党的十九大精神，举办工会干部培训，规范民主管理与职代会制度的运作，夯实基层工会工作基础，组织丰富多彩的文化体育活动。开展《多肉盆栽创意DIY》、“珍惜生命、关爱健康”专题培训、“六一”亲子活动、亲子教育讲座等，举办局系统职工羽毛球比赛。认真做好元旦春节等重大节日的帮困送温暖工作。走访慰问局系统患大病重病的困难干部职工、教练员和伤残运动员等66户家庭，发放慰问金19.8万元。夏送清凉活动中，实地走访25家训练、场馆单位，赠送防暑降温用品1900余份。制定下发《关于加强市体育局系统基层工会经费使用管理的意见》，完成对体育职业学院、体育彩票管理中心等11家基层工会财务收支审计工作。（张　亮）

【上海市经济和信息化工作系统工会工作委员会】 有直属单位工会82家，含基层单位工会264家（其中联合工会1家），涵盖单位数264个；职工7.43万人，工会会员7.12万人，其中，女职工2.95万人，女职工工会会员2.82万人。主要工作：一是认真贯彻落实群团改革要求，推进工会工作改革，组织经信系统内的干部职工认真学习党的十九大精神，举办“砥砺奋进结硕果，同心齐步绘愿景”市经信工作系统工会城市定向赛；召开上海市信息化行业工会联合会第二届委员会第一次全体会议，选举产生新一届主席、副主席，扩大对信息化行业小微企业的有效覆盖；根据“顺应互联网发展趋势，加强网上群团组织建设”要求，运用“互联网+”手段，系统工会微信公众号上线，连同市总工会网上工作平台投入使用，创新工会工作手段。二是充分激发主人翁精神，组织动员广大职工立足岗位建功立业，市经信系统工会联合上海市企业家协会共同承办2017上海智慧城市建设“智慧工匠”选树、“领军先锋”评选活动，选树10名智慧工匠和10名领军先锋、智慧工匠和领军先锋提名奖各10名；深化“践行新理念、建功‘十三五’”主题劳动竞赛和“安康杯”等主题活动，加强对典型事迹、典型人物、典型企业的宣传；推进劳模创新工作室、技师创新工作室建设，组织劳模创新工作室沙龙，开展班组长培训，落实职工晋升技师、高级技师奖励工作。三是提升服务能级，增强影响力和凝聚力、加强职工文化建设，落实季度文体活动安排，组织系统职工扑克牌（80分、大怪路子）精英比赛、组织系统职工参加市总工会举办的上海市班组（团队）文化网络大奖赛；联合《解放日报》《文汇报》《新民晚报》、上海电视台、东方网等主要媒体举办“初心铸就精妙匠心，梦想创造美丽未来”的“美丽上海追梦人”典型宣传活动，推出一批感动上海年度人物；加大对困难职工的帮扶力度，深入开展元旦春节送温暖、夏季送清凉、金秋助学等系列帮扶活动，累计发放各类帮扶款46.35万元；加强劳模帮扶；认真做好工会会员卡宣传、统计、发放工作，帮助系统职工用好会员卡政策，已有58家单位办理2.7万多张会员卡，为基层购买职工保障金近28.14万元；与市中小企业发展中心合作，服务供给侧改革，组织专精特新企业举办两场共享计划特卖活动，举办《国学智慧与人生修养》专题报告会；组织系统25个单位的近200名单身男女青年参加“缘起经信，爱在金秋”单身青年交友活动，帮助单身职工解决婚恋问题。四是进一步加强工会自身建设。定期开展大型央企（开发区）工会主席例会和直属单位工会板块活动，围绕年度重点工作、学习和贯彻十九大精神，群团改革、工匠精神等主题开展交流座谈，组织系统工会主席、女工干部、经审干部培训班，提升工会主席和工会干部为群众服务的能力；做好调研工作，收集系统各级工会调研报告48篇，编撰专集，促进调研工作成果转化工作。（黄　俭　顾　捷）

【光明食品（集团）有限公司工会】 辖基层工会236家，涵盖单位423家。职工64462人，其中女职工26823人。会员64462人，其中女会员26823人。主要工作：一是宣传教育。举办“学习贯彻党的十九大精神，加强新时期产业工人队伍建设”专题辅导报告会，举办“唱响新时代、共筑光明梦”职工文艺汇演活动。组织全体会员参加“中国梦·劳动美”2017上海市班组（团队）网络文化大奖赛，获优秀组织奖。光明足球队在市总工会组织的第二届上海职工足球超级联赛中晋升甲级，在所有32支球队比赛中获得第四名。在上海市微电影大赛中《光明猪倌》《劳模郁非》分别获得金奖和优秀作品奖。承办上海市职工风筝大赛,让光明的品牌在全市推广。二是经济建设。开展以劳模(先进)、职工(技师)创新工作室创建为重点的"建功十三五,再造新光明"劳动竞赛活动。组织开展创建集团级及市级巾帼文明岗(标兵)活动,创建市级劳模创新工作室2家;创建集团级劳模创新工作室8个,职工(技师)创新工作室16个,集团级巾帼文明岗19个。开展技能登高竞赛活动。以"学技术,钻业务,勇创新,当能手"为主题开展技能竞赛活动,通过技能比武有10名职工晋升高级工,6名职工晋升技师。三是权益保障。落实市总工会12项实事工程,组织职工疗休养行动912人参加;办理工会会员服务卡60540张,88人获得重病保障理赔,合计123万元;晋升技师、高级技师奖励97名;授权发明专利一线职工7人,发放奖励金1.4万元(集团工会配套1000元/人);师徒带教师傅获得奖励12人,做好全总帮扶系统建档工作和困难职工档案库建设,申报困难职工一次性生活帮扶463人。新建4家爱心妈咪小屋和4个亲子活动室。开展金秋助学帮困活动,共计90个职工家庭受益,帮扶总金额达29.75万元。开展"串职工门、知职工情、凝职工心"活动,慰问战斗在一线的域外职工3200人,慰问金额8.7万元。深入开展"安康杯"竞赛活动,参赛单位突破50家,参赛职工达2万人。深入高温作业的一线员工,开展高温慰问活动,共慰问近1万一线职工,慰问金达109.24万元。开展"隐患大家找,现场随手拍"职工合理化建议活动,共收到职工合理化建议244条。四是民主管理。在职代会闭会期间,集团工会与安保办一起组织职工代表就安全生产、劳动保护和职业病防范等进行巡视活动,共对11家生产型企业提出70多项整改意见。五是劳模先进。做好选树先进工作,苏米亚和金卫国等2人获得上海工匠;陆爱民、邹广彬获得全国五一劳动奖章;苏米亚等9名同志获得上海市五一劳动奖章。关心关爱劳模先进,加强劳模管理工作。组织开展劳模先进到黄山茶林场、海博安吉山庄等产业基地疗休养,慰问困难劳模64名,发放慰问金6.6万元。开展劳模摸底调查工作。六是网上工会建设。9月,光明食品集团工会微信公众号上线。七是自身建设。组织集团近300名工会干部进行业务和应知应会培训。集团工会、经审委召开常委会,完善各类奖励、补助、慰问的暂行规定。成立督查小组,对子公司独立建账的单位进行自查,集团工会财务工作获得全国总工会授予的2016年度市级工会财务工作先进单位称号。引入社会审计监督方法加大对集团及子公司工会的经费审计工作。完成梅林股份、益民集团等工会主席离任审计和13家二级子公司的预算执行情况的审计。做好新法人资格证书的更换工作,共更换法人资格证书123份。八是调研工作。开展产业工人队伍建设调研活动,征集论文92篇并评奖。 (朱菊英)

【上海市民政局工会】 辖有二级工会3个,基层工会51个,职工6575人,工会会员4952人,其中女职工3087人,女会员2380人。主要工作:一是深入推动群众性劳动竞赛活动,25个班组被授予局"工人先锋号"。二是大力弘扬工匠精神,组织开展首届上海工匠—王刚先进事迹宣讲活动,共计18场3200多职工参加。三是举办"弘扬工匠精神,岗位再建新功"征文活动,32家单位职工撰写征文154篇。四是举行"扬工匠精神,展巾帼风采"——纪念三八国际妇女节107周年暨先进表彰大会,表彰荣获市、局三八红旗手(集体)。五是举行市民政局庆"五一"先进表彰大会,表彰新一批荣获市、局先进荣誉称号的集体和个人。六是做好上海工匠选树工作,市宝兴殡仪馆遗体整容师徐军被命名为2017年上海工匠。七是举办市民政局"喜迎十九大,颂歌献给党"职工歌咏大会,17家单位组成的15支代表队计800多名干部职工参加演出。八是制定《进一步推进职工书屋建设的意见》,加强对基层"职工书屋"建设指导。九是举办局系统"飞思杯"职工乒乓球邀请赛,激发职工群众的工作热情和团队凝聚力。十是广泛开展"两节"送温暖活动,通过市总工会、社会组织等支持,筹集近120万元帮困款加大对困难职工帮扶力度。十一是按照市总工会的统一部署,为51家基层单位3753名职工办理了会员服务卡。十二是对基层工会财务工作督导,组织15家基层工会财务开展集中互查。 (胡积伟)

【上海市监狱管理局工会】 辖有20个基层工会,会员8002人,其中女会员1631人。机构设组宣部和办公室。主要工作:一是坚持服务主责主业的工会工作方向。全面推进全员性岗位练兵比武,将民警职业技能竞赛纳入市总工会群众性劳动竞赛,发挥榜样引领作用,加强劳模创新工作室建设,积极参加并成功获评市级劳模创新工作室和师创新工作室。通过报刊媒体宣传五一劳动奖状(章)等先进典型,弘扬新时代红烛精神,展示监狱人民警察的风采。二是增强维权职能和服务会员群众的力度。重大节日对全局困难干警职工、劳模先进及离退休老干部进行走访慰问,高温季节配合行政做好防暑降温和慰问工作,慰问金100余万元;帮困助学200人,金额21.16万元;给予患大重病22名困难会员专项补助5万元;为39470人次干警职工续保市总医疗互助保障计划;完成全体会员工会会员卡的年度注册工作;申报技师等级奖励6人,技师等级以下奖励137人,共计奖励金额7.45万元;局工会和基层工会分13批组织先进代表、特殊岗位会员650余人参加市总工会短期休整活动;做好工会预警报告的《热点反映》和信访工作;关心青年会员婚恋问题,组织局100多名未婚青年干警参加联谊交友活动等。三是推进警营文化,激发队伍活力。打造好传统的"知心"品牌,"知心杯"读书征文活动被评为上海读书节示范引领项目,组织参加上海读书节读书小故事大赛,获得2个团体三等奖;组织千名会员参加上海书展;在文体活动突出会员参与率和覆盖面,先后开展足球、羽毛球、篮球、游泳友谊赛、棋牌比赛、"我是歌王"歌唱大奖赛和上海职工城市定向文化寻访等活动;组队参加市级相关文体活动和市总工会"我要上五一"文艺汇演节目取得银奖和铜奖;配合局政治部,做好局警官合唱团的集训、排练和演出活动。四是做好女工工作和退管工作。定期召开工会干部会议,开展三八节主题活动;组织参加市级公益讲座、青年联谊、亲子活动、花艺比赛、拼布缝纫创意大赛等活动,丰富女性会员生活,展示警花风采;做好退管工作,开展送清凉送温暖,慰问金达

29 万余元，对平反纠错提前退休人员生活困难补助近 86 万元。组织退休职工参加市级棋牌、舞蹈大赛和申城老人浦江游。五是加强工会组织建设和规范工会财务经审工作。召开工会全委（扩大）会议和主席例会，对工会经费和修订工会有关规定等履行民主程序；做好局工会委员、主席的增补工作，并指导和配合基层工会做好工代会和换届选举工作；举办全局工会干部学习班、新上岗工会主席参加岗位资格培训班；规范工会财务工作，开展自查自纠和专项互查活动，做好两级工会的经费预、决算审查。

（江海群）

【锦江国际（集团）有限公司工会】 辖基层工会 79 家（涵盖肯德基基层工会 304 家），会员数 50282 名，入会率达 100%，女职工 20932 人，100% 建立女职工组织，工会专兼职人员 748 名，实现工会组织和会员入会全覆盖。主要工作：一是加强工会基层组织建设。9 月集团工会召开全委会，选举孙侃为集团工会副主席、经审委主任。指导做好各二级工会梳理基层工会组织换届改选工作，启动工会的法人资格变更登记工作，有 67 家基层工会领取了新的法人资格证书。二是加强工会干部队伍的教育培训工作。开展集团各级工会干部多层次、多内容的学习培训。三是在集团内开展“企业所需，工会所能，职工欢迎”的各项活动，增强工会组织的吸引力和凝聚力。四是加强职工队伍建设。锦江国际职工现有技术工人 3615 人，其中技师 205 人，高级技师 206 人，高师带徒结对 34 对。建立劳动保护监督检查委员会 28 家，劳动争议调解委员会中职工代表 134 人，工会小组劳动保护检查员 249 人，参加劳动竞赛和职业技能竞赛的职工 17617 人次，提出并实施合理化建议 103 项。集团工会形成三级帮困送温暖长效工作机制，年内集团级帮困 302 人次，帮困资金总计 92.3 万元。

（张祥伟）

【上海市东湖（集团）公司工会】 下属基层工会 10 个，职工 4067 人，工会会员 3755 人，其中女会员 1342 人。主要工作：一是认真贯彻党的十八大、十九大精神，加强思想引领。发扬工匠精神，崇尚劳动光荣，举办先进深入基层 6 家单位进行巡回演讲。开展 2016 年度集团先进评选表彰工作及 2017 年上海市五一劳动奖章、上海市工人先锋号的评选和申报工作、上海工匠选树工作。西郊宾馆西式面点师张超荣获 2017 年“上海工匠”称号。二是以建立健全职代会为抓手，推进企业民主管理。落实《上海市职代会条例》，在集团所属各单位全面落实职工代表大会制度，推动职工代表大会规范运作，构建和谐稳定的劳动关系。开展元旦春节期间送温暖活动，集团领导和各单位党政工领导走访慰问患病及困难职工，开展“一日捐”活动。深入持续开展“安康杯”安全竞赛活动，配合行政做好安全生产月的宣传、教育工作。做好年度职工团体医疗互助保障工作，在职职工参保 3972 人；做好集团员工团体医疗互助保障金的给付工作，全年为在职员工住院等理赔 188 人次，金额 347654.4 元。三是以党建带工建，加强工会自身建设，切实提升工会工作能力和水平。指导基层工会依法开展换届选举工作。强化依法治会管会，提高工会工作规范化制度化水平。认真梳理工会制度，在原先基础上将 10 项工会制度和 5 项工会财务制度编入集团制度之中。

（胡　明）

【百联集团有限公司工会】 辖基层工会 130 个，工会会员 33058 人，其中女会员 16444 人。集团工会围绕集团中心工作，为集团的创新转型提供保障。主要工作：一是各级工会通过报告会、宣讲会、征文比赛、摄影活动、书画展示等形式，组织职工开展学习宣传党的十九大精神的活动。二是推评 1 个全国工人先锋号、2 个上海市五一劳动奖状、5 名上海市五一劳动奖章、4 个上海市工人先锋号，3 名上海市群众性劳动竞赛五一劳动奖章、3 个上海市群众性劳动竞赛工人先锋号。三是推进“i 百联，人人惠”主题劳动竞赛活动，全年实现订单数 51 万笔，实现订单金额 8479 万元，为 i 百联的业务推广作出贡献。四是开展职工思想状况网上调查工作，3575 位职工参与问卷调查。五是在职代会闭幕期间，组织 10 个职工代表巡视小组，对 10 家基层企业开展巡视工作，涉及工会工作、班组建设、职工食堂等内容。六是在夏季高温期间，慰问 5015 名职工。在工会服务卡大病保险项目中投保总金额 68 万元，惠及 34081 名职工。奖励 132 名结对带教师傅、97 名高中级技师，金额共计 51.5 万元。

（姜　杰）

【申能（集团）有限公司工会】 辖有基层以上工会 6 个，基层工会 46 个，会员 15218 人，其中女会员 4674 人。主要工作：一是调动职工的劳动积极性和创造性，广泛动员职工岗位建功立业。开展“申能工匠”培养选树工作，系统各单位共上报 27 名申能工匠候选人，燃气市北销售公司陈文兆被命名为 2017 年上海工匠；组织系统 35 家单位 794 个班组计 10156 名职工参与“安康杯”竞赛活动，2 个集体获全国“安康杯”优胜单位，5 个集体和个人获上海赛区先进；引导系统职工创新实践，积极参加市优秀发明、技师创新工作室、合理化建议和先进操作法的选拔，共计 7 个集体获市级荣誉；做好市五一劳动奖状（章）、工人先锋号推荐申报工作，落实劳模“三金”发放、困难补助、疗休养等工作。二是发挥各方优势资源，联手推进年度重点工作。开展纪念申能创立 30 周年系列活动；深化车间工团主题实践活动，从申报备案的 144 个活动项目中，评选产生 15 个优秀项目；深化希望小学支教活动，续签 5 年助学协议，选派 6 名职工志愿者支教；充分发挥“申飞扬能无限”微信公众号网络宣传作用，每周两次定时推送。三是创新维权服务方式，切实维护和保障职工合法权益。指导和帮助基层工会健全以职代会为基本形式的民主管理制度，保障职工合法权益，促进企业改革平稳有序推进；系统 30 家单位签订综合集体合同，24 家单位签订工资专项集体合同，21 家单位签订女职工专项集体合同，2 家集体荣获市厂务公开民主管理工作先进单位；通过“五帮一送”工作载体，不断提高帮困工作力度，为职工购买工会会员专项基本保障，组织近 250 名基层一线职工赴庐山、黄山等地疗休养。四是强化工会自身建设，不断提升服务工作能力水平。组织工会干部、广大职工学习贯彻落实党的十九大文件精神，建立工会领导、委员联系点制度，与基层工会加强交流联系，促进沟通服务；召开第四次女职工代表大会，选举产生新一届女职工委员会，举办心理讲座、郊游踏青、艺术彩绘、观看话剧、摄影比赛等女职工活动；加强对工会经费收支情况的监督，规范工会经费的管理与使用，2家单位通过市总工会重点检查，做好工会主席离任审计工作；推进工会建家工作，系统2家单位荣获上海市模范职工之家和模范职工小家、1人被评为上海市优秀工会工作者。（李晓萍）

【上海久事（集团）有限公司工会】 辖工会73家，职工60578人，其中女职工8295人。会员59826人，其中女会员8028人。主要工作：一是落实群团改革工作要求。根据《关于加强国有企业工会工作的实施意见》，制定任务清单和工作方案。坚持联系基层的工作机制，每季度召开一线职工座谈会，听取职工的意见与建议。将合理化建议征集活动作为长效机制纳入党建考核中，共收到各类合理化建议500余条。二是加强工会制度建设。稳步推进职工董监事建制工作，规范职工董监事任职资格、产生程序、履职要求及向职代会述职等工作制度。组织70余名董监事参加专项培训。整理编制《工会工作实务操作手册》。统一为75家工会组织换领新版《工会法人资格证书》。三是建立先进选树培育机制。制定先进培育计划，为劳模梯队建设做好人才储备。有2家单位、7名职工荣获上海市五一劳动奖状（章），3个班组荣获上海市工人先锋号，1名职工荣获全国五一劳动奖章，2名女职工荣获上海市三八红旗手。鼓励职工在技术岗位上不断创优，有8人成功晋升为技师、3人晋升为高级技师，先后有60人签订师徒带教协议，其中有3人获得技能晋升。修理工花茂飞，荣获2017年“上海工匠”称号，成为久事系统第一位获得此项殊荣的个人。四是进一步对接职工需求。扎实推进工会会员服务卡工作，全年共为61567名在册会员办理了工会会员专享B类保障，支付保费123.13万元，有248人次获得总计328.2万元理赔款。健全久事系统的困难职工档案信息管理系统，实现依档帮扶，充分依托工会会员服务卡，全面规范帮扶资金发放。对在开展组织建设和相关活动过程中存在资金困难的基层予以专项补贴，共审核下拨各类经费291.5万元。五是加强凝聚力工程建设。认真落实好“安康杯”竞赛、高温劳动保护、职工食堂食品安全等工作。深入一线开展高温慰问和送清凉工作，发放慰问品2575份，金额15.76万元，下拨送清凉专项慰问金16万元。开展上海久事第一届职工艺术节暨久事集团成立30周年庆祝活动，先后有近万人次参加、观摩了艺术节的各项活动。坚持开展朗诵、摄影、烹饪、插花、乒乓球等兴趣小组。六是加强工会自身建设。增补9名全委会委员、1名经审委员及经审主任，选举产生集团职工董事1名、职工监事1名。拓展工会宣传新阵地，借助久事党建微信公众号平台优势，将工会各项工作、活动及时通知宣传，让职工通过指端感受身边的工会。开展对基层工会主席、财务及经审人员财务、经审知识专题培训，系统开展经审工作，共检查66家基层工会503本凭证。（陈　珺）

【上海申通地铁集团有限公司工会】 辖基层工会30个，工会会员26719人，其中女会员6658人。主要工作：一是深入推进职工素质工程。推进新一轮“卓越班组”建设工作，深化“美丽地铁，我爱我家”环境创优活动。围绕“非凡匠心，筑梦地铁”主题策划开展上海地铁博物馆特展，制订《关于开展“地铁工匠”、“地铁职工创新工作室”选树评比工作的实施意见》，评选首届上海“地铁工匠”“地铁职工创新工作室”，组织开展上海地铁“匠心”沙龙活动。二是深入推进群众性竞赛工作。形成劳动竞赛专项20项，立功竞赛专项10项；承办全国城市轨道交通行业劳动竞赛先进评比工作；开展轨道交通建设立功竞赛暨创“双优”工作中途检查；组织筹备集团第五届职工岗位技术比武，策划集团中式烹饪师岗位技术比武；开展2017年度明珠计划专项劳动竞赛擂台赛；会同建管中心筹备开展第一届轨道交通BIM技术应用大赛等。三是深入落实职工服务保障。建设完成5个职工活动室；开展“阳光志愿者”培训；推进集团职工大病医疗互助办法实施；组织集团1736个班组团队，2.5万余名职工参加“安康杯”竞赛活动；开展“寻找身边风险源，我为安全献一计”安全生产管理建议征集活动；组织工会劳动保护业务知识专项培训。春节慰问困难职工和先进代表共37次，发放慰问金5.4万余元；高温季节，为职工添置空调、冰箱、冰柜、电扇等防暑降温电器，达20余万元。四是深入推进职工文化建设。组织上海地铁年度风采人物颁奖典礼暨职工文艺汇演；召开集团第五届职工运动会，设22个项目比赛，近6000人次参与；组织上海地铁第四届职工才艺专项赛“欢乐地铁人”比赛；参加第一届中国城市轨道交通文化博览会，组织“镜头里的城轨”主题摄影大赛；选送优秀节目、优秀团队参加市总工会“我要上五一晚会”等。五是深入推进女职工特殊权益保障。开展“美丽地铁、巾帼绽放”先进女职工表彰暨女性职业形象讲堂活动；组织女职工形象《劳动报》专题宣传；组织单身青年参加万人相亲大会；举办亲子运动会等。此外，严格执行全总和市总各项经费开支的标准，制定集团工会经审“四位一体”相关管理规定。（严婵琳）

【上海城投（集团）有限公司工会】 辖基层工会116个，工会会员12687人，其中女会员3726人。2017年城投集团工会深入推进岗位建功立业、和谐企业创建、企业文化培育、工会自身建设等各项工作充分发挥各级工会作用。一是不断推进建功立业主题活动，凝聚职工服务企业发展。开展“五比五赛”竞赛活动。制订《管理办法》《考核办法》和《评比办法》。开展“安康杯”竞赛活动。3家单位获全国安康杯竞赛先进，8个集体、2位个人获市安康杯竞赛先进；开展群众性“双创”活动。评出“十佳”金点子和十个优秀操作法。在市二十九届科技节上，获得1项金奖、2项银奖、3项铜奖、2项一线职工发明专利。二是不断推进民主管理工作机制，开展和谐企业创建活动。完善集团“三级四层”多级职代会制度。选举产生集团职工董事、监事，完善集团法人治理结构；推进集体协商制度。集团各级企业集体协商协议签署达95%以上，专项工资协议签订并履行备案程序60%；落实三级企务公开制度。在《城投报》、集团OA及工会微信号进行信息公开。以每季《职工思想动态》形式报集团领导决策参考。三是不断推进职工素质工程建设,夯实企业文化建设基础。推进企业文化建设。以"凝心聚魂　共筑城投梦"为主题举办第六届职工艺术节;选树、宣传城投人故事。召开五一劳模先进座谈会和表彰会,选树5名第二届城投工匠;营造人才强企良好氛围;开展技能比武活动,举办市船舶驾驶员、船舶轮机员(环卫)职工技能比武大赛。四是不断推进帮困送温暖活动,落实各项职工实事工程。关心一线职工,确保生产安全生活安康。开展生活帮扶、医疗帮扶、劳模、一线职工疗休养、改善后勤保障设施等工作;开展城投健康减肥达人活动;关心困难职工,确保平台帮困全覆盖。依托市慈善基金会、老年基金会及城投帮困基金平台,三节结对帮扶困难职工近1000人次,全年助学161人次,发放助学金28万元。出资近60万元为1.47万名会员购买B类会员专享保障;关心农民工、劳务工,确保三项特殊关爱。组织推进农民工入会,中秋国庆前夕为重大工程外来务工人员送慰问,对节日期间留沪农民工开展送温暖、送文化活动,将服务职工实事项目延伸到农民工和劳务工。五是不断推进自身建设创新,服务基层工作规范开展。加强工会班组建设。举办2017年班组长专题培训和劳动保护培训,开展班组示范点建设活动;加强工会队伍建设。对全系统工会主席进行系统培训,抓好城投工会专职兼职志愿者三支队伍建设;加强网上工会建设。运营维护集团工会"城城帮你忙"微信号,举办"互联网+"工会微信培训;开展工会法人资格登记、变更、换届管理和工会经费收支管理及财务收支情况、专项资金的审计工作。

（朱文慧）

【上海隧道工程股份有限公司工会】　辖基层工会114个,工会会员21962人,其中女会员5667人。一是完善工会组织体系,推进落实群团改革要求。根据上海群团工作改革要求,推动完善各级工会组织体系。积极开展职工队伍状况调研,同时做好工会换届改选和工会主席离职补选工作,不断完善工会干部任用机制,在南昌区域市场也完成了工会工作委员会的组建工作。二是助推企业经济转型,开展群众性劳动竞赛活动。根据《上海市总工会"十三五"劳动竞赛规划》的各项部署,以"创新协同,产业升级,实现引领"为主题,开展"大隧道板块—风险防控赛、轨道交通板块—精品项目赛、城市运营板块—智慧运维赛"等6大板块为主题的竞赛活动。同时开展"安康杯"竞赛活动,全面推进安全生产管理体系建设,提升企业安全文化与员工安全意识。三是提升职工技能素质,深化职工科技创新活动。广泛开展合理化建议、"五小"及优秀发明选拔赛等群众性科技创新活动。深化各类创新工作室建设,推荐市级创新工作室命名,积极开展上海工匠培养选树计划。四是完善职工活动机制,营造文化融合的和谐氛围。组织开展第三届隧道股份"路桥杯"职工足球赛、2017年隧道股份羽毛球大赛。组队参加"建设交通杯"龙舟赛、"上汽车享杯"上海市班组(团队)文化网络大奖赛活动和上海职工城市定向文化寻访"工业寻根"主题活动。五是增强源头服务意识,提高服务职工的工作水平。全年共帮扶困难职工539人次,开展劳模生日关爱及职工婚嫁、生育、疾病、危难等关爱201人次,金额32.29万元。开展送清凉、送温暖等工地慰问及为一线职工送体检,惠及职工及农民工4725人次,共计金额94.09万元。开展大学生社会实践活动,3名困难职工大学生子女参加了实践基地的社会实践活动。

（牛泽鑫）

【上海地产(集团)有限公司工会】　现有基层工会59个,工会会员4945人。2017年工会工作情况:(一)推动和谐企业建设。2017年是集团深化改革发展年,集团成员企业重组融合任务重,涉及员工安置交流难度大,集团工会和各基层工会及时将重大决策及事关职工切身利益的重大事项交职代会或职工大会审议通过,适时公开业务管理费、职代会提案落实情况,工会干部深入一线,倾听职工呼声、反映职工意愿、表达合理诉求,认真履行工会职责,有效地维护了职工合法权益,为顺利实施企业改革调整工作,维护职工队伍的稳定做出积极贡献。(二)开展职工素质建设。一是围绕集团党委"新征程·新贡献"主题实践活动,积极培育优秀的职业精神。在基层一线积极选树先进典型,中星集团新城房产公司荣获上海市五一劳动奖状、建材耀皮谢建强、中企古北物业何忠雷荣获上海市五一劳动奖章,建材耀皮傅星军荣获上海工匠。二是协同党群部组织开展文明单位创建活动。通过深化市级文明单位创建,集团共有15家成员企业被评为2017—2018年度市级文明单位创建单位。三是深化劳动竞赛活动,以创新为导向,引导员工自觉投身集团创新发展工作,集团5家成员企业参与全国"安康杯"竞赛及安康杯经典案例评选,上海耀皮工程玻璃有限公司的《气钉枪安全操作专项治理活动》荣获安康杯竞赛典型案例优胜奖。上海耀皮康桥汽车玻璃有限公司职工科研团队参评2017年上海市职工(技师、巾帼)创新工作室,获市技协拨付工作室1万元资助金。参与市巾帼文明岗评选,中星集团申城物业有限公司复旦南区物业服务中心和上海世博土地控股有限公司管理一部荣获市巾帼文明岗。四是鼓励职工岗位成才,落实上海职工晋升技师、高级技师奖励计划,对集团系统符合条件的人员进行摸排核对并组织申报,合计申请奖励职工5名。(三)开展实事工程。一是牵头推进职工文体活动平台建设,在集团办公大楼设立职工健身中心、职工书屋、爱心妈咪小屋等多功能复合型职工文体活动中心;二是组建9个文体爱好者协会,开展丰富多彩的群众性文体活动;三是加强员工福利保障,研究制定和审议通过《关于落实服务职工经费保障工作的实施意见》,集团本部和各成员企业工会制定各自《服务职工经费保障项目及标准》,规范和完善职工福利制度,强化服务职工的经费保障。(四)开展文体活动。组织开展以"活力地产、魅力地产"为主题的艺术健身系列活动,较好地展示了员工的才艺技能。开展"魅力地产"地产养投项目考察活动及组织系统先进赴黄山、庐山疗休养活动,得到员工的肯定。(五)关爱女职工。组织开展"文化地产、芳菲女性"三八节主题活动、"书香三八"读书征文暨地产书香家庭最美家庭评比活动及"文化地产　花样年华"主题花艺沙龙等,丰富女职工精神文化生活。(六)深化企业文化建设。围绕集团使命、愿景、核心价值观,在集团企业和员工中广泛征集企业文化活动实例，会同党群部编制完成上海地产集团《企业文化》手册、《上海地产集团企业文化建设三年行动计划》，助推集团战略目标实现。

（王卫卫　张晓娟）

【中国联合网络通信集团工会上海市委员会】 辖基层工会1家，工会会员2024人，其中女会员796人。2017年，工会在上海分公司党委的领导和行政的支持下，在集团工会和上海市总工会的指导下，以学习贯彻十九大精神为主线，以工会"五心工程"为抓手，从支撑经营发展、加强民主管理、启动员工帮助计划、员工关爱工程、加强自身建设等方面入手开展工作，促进企业快速、健康、和谐发展，贴近员工，贴近一线，以开展各项实事项目将公司的关爱传递给了广大员工，进一步增强企业凝聚力，扩大了工会组织在员工中的影响力。

（康　迪）

【上海电力股份有限公司工会】 辖基层工会17家，会员6162人，其中女会员887人。主要工作：一是大力弘扬劳模精神，选树先进营造氛围，围绕中心工作，发动职工寻找和挖掘身边职工的闪光点，通过新媒体大力宣传先进、弘扬劳模精神，大力弘扬"以奋斗者为本"价值理念。二是竭诚服务职工群众，精准对接多元需求，以"抓两头、带中间"的工作思路，围绕职工群众最关心、最困难、最忧虑的实际问题开展帮扶活动，认真倾听职工诉求，畅通渠道，化解矛盾。三是持续开展劳动竞赛，提升员工技能水平，健全完善"培训、练兵、比武、晋级"四位一体的员工职业技能发展机制，广泛开展群众性安全生产活动，强化广大职工安全责任意识。四是创新文娱活动项目，丰富职工业余生活。五是坚持推进民主管理，强化工会自身建设，进一步增强职工代表、工会管理人员理论与实践水平，提升履职尽责发挥作用的能力，不断提升工作能力和工作实效。

（陈威俊）

【中铝上海铜业有限公司工会】 辖基层工会7个，职工666名，其中女职工121名，工会会员666名，其中女会员121名。上海铜业工会围绕上级工会工作精神和要求，以创新民主管理、职工建功立业、加强班组建设、精准服务职工、夯实工会基础、激发工会活力、增强党群共建重点工作为平台，认真结合实际，有效开展工作。一是学习宣传贯彻党的十九大精神，面向基层一线和职工群众，举行"学习十九大、喜迎新时代"主题系列活动，举办"学习宣传贯彻党的十九大精神"主题演讲比赛（选拔赛）。二是创新民主管理模式，增强职工群众满意度。按期召开上海铜业四届二次职工代表大会，审议公司行政工作报告和各项涉及职工切身利益的重大事项、公司重要决策，并依法履行民主程序。坚持实行厂务公开制度，公司重大决策、生产经营管理、涉及职工切身利益的重大问题、各类评先评优、招投标情况、职工代表和会员代表候选人选举等通过公司设立的公告栏进行公示，听取职工群众意见和建议，维护职工合法权益；坚持每月职工思想动态分析制度，按时上报公司工会，为有效做好职工热点工作，解决职工思想问题奠定基础。三是职工建功立业，企业凝聚向心力。公司工会积极落实中铝集团工会《中国铝业公司安全、干净班组竞赛方案》《安全环保质量攻坚战》精神开展"安全、干净"劳动竞赛；积极参与"上海劳模""上海工匠"培养选树、"师徒带教工作室，劳模创新工作室，助推技能人才职业发展"活动。四是依规使用经费，精准维护权益，构建和谐氛围。修订完善《中铝上海铜业有限公司工会经费使用规定》，规范工会经费预决算制度和使用制度。严格贯彻落实中央八项规定精神，经审委定期审查监督工会经费收支和资产管理情况，依规管好用好工会经费；按期完成上海市总工会互助保障工作要求，为在职、退休职工办理互助保障，为工会会员投保专享互助计划；并对不同困难程度进行分类帮扶。同时积极发挥公司帮困基金作用，为职工群众排忧解难；开展元旦春节公司、基层领导帮困送温暖活动。五是夯实工会基础、激发工会活力。加强工会组织建设，明确工会委员会委员、经审委、女职工委员会的职责和任务。参与上海市总工会、中铝集团、中国铜业工会"上海工匠""中铝工匠"培养和选树工作。六是党群共建，带领职工为企业做贡献。深入学习中央《关于加强和改进党的群团工作的意见》，切实改进工作方式，按"群众所急、党政所需、自己所能"开展群团工作，切实履行工会职责。七是工会工作实现"互联网+"，加强网络舆论、信访维稳建设，增强工会工作时效性。健全完善网络服务平台，各项工作与市总实现网上对接，完成公司、基层二级工会网上注册、登记、组织信息建立、会员信息导入、先进工匠选树申报审核等各项工作；按照公司党委部署，党工部工会微信群坚持每天信访维稳零报告制度，做好预防工作；丰富职工文化业余生活，开展元旦春节、劳动节、国庆节文体活动。

（徐家富）

【中国商用飞机有限责任公司工会】 现有二级工会7个，职工10800人，会员10750人，女职工2822人。2017年，公司工会在公司党委和上级工会的领导下，围绕公司党委提出的"严党建、强支部、大监督、聚群团"总体要求确定年度工作思路和重点，主要抓好三个方面的工作。一是贯彻落实党的十九大精神，确保十九大精神和习近平总书记关于大飞机事业发展的重要指示精神进企业、进车间、进班组、入脑入心，在基层一线落地，激励职工群众为实现大飞机梦再立新功。自觉把工会工作纳入公司党建总体规划和工作部署之中，发挥工会组织重要作用，增强工会组织的政治性、先进性、群众性，打造一支忠诚于大飞机事业的铁杆核心队伍。二是深化"双推双争双提升"主题实践活动，构建企业和职工事业共同体，着力抓好"班组强基础、创新助成才、竞赛提素质、典型重示范、民主定规范、维权促和谐、实事解难题、帮扶惠民生、文化建家园、扶贫求精准"10个方面的工作。三是以改革创新为动力，推动工会工作创新发展。推进工会"两学一做"学习教育常态化、制度化，加强工会审计监督，营造公司工会风清气正的良好生态。深化工会制度建设。制订《公司工会工作议事规则》《公司工会日常采购财务管理办法》等制度，加强公司工会日常采购财务管理，坚持涉及职工切身利益的基层工会经费支出向职工群众公开。加强职工之家建设。总结推广职工之家、职工小家建设经验成果和创新做法。实施工会“互联网+”行动计划，改版大飞机职工之家APP，推进线上线下活动相互促进有机融合。加强能力建设。组织工会干部业务培训和外出学习，评选优秀工会干部等，开展年度工会重点课题调查研究工作，评选优秀成果，不断提高工会干部的理论和实践水平。收集汇编工会工作典型案例，公司工会建设大飞机“创新之家”“先进之家”“温暖之家”“文化之家”“职工之家”等方面取得突出成效。（阎　超）

【上海临港产业区工会委员会】　辖基层工会75家，会员5970人，其中女会员1390人。临港产工委始终坚持“服务园区、服务企业、服务职工”的工作理念，充分发挥桥梁和纽带作用，以开展立功竞赛为载体，鼓励职工在岗立业，推动企业与职工共同发展；以深化文化建设为导向，丰富职工精神生活，打造凝心聚力工程；以服务关心职工为根本，做实事办好事，为职工创造更好的工作生活条件；以推进民主管理为手段，维护职工合法权益，构建和谐稳定的劳动关系。各项工作取得显著成效，并选树一大批先进集体和个人，截至年底共获得全国荣誉14项，市级荣誉186项。（陈　浩）

【中国电信集团工会号百信息服务有限公司委员会】　辖基层工会2个，工会会员332人，其中女会员162人。2017年，号百公司工会坚持融入中心、服务大局，进一步凝聚员工队伍，以“双百”活动平台为载体，强基础、铸品牌、促发展，使工会工作在促进号百深化改革中发挥积极作用。获得上级工会组织颁发的各类集体与个人荣誉称号6项，包括上海市模范职工小家、集团模范职工小家、第二十九届上海市优秀发明选拔赛职工技术创新成果金奖铜奖、上海市五一劳动奖章等。通过员工权益保障平台、岗位创新平台、文化体育协会平台等载体，积极开展帮困救助、岗位练兵、文娱体育等活动；关切员工诉求，凝聚员工力量，打造健康向上、奋发有为、勤于学习、协同高效的员工队伍，诠释“积极向上、创新实干、风清气正”的企业文化理念。（沈　匀）

【上海上实（集团）有限公司工会】　下设基层工会37个，工会会员4461人，其中女会员1151人。在集团党委和上级工会的领导下，围绕集团中心工作，在促进企业转型发展、依法科学维护职工合法权益、保障职工队伍和谐稳定的进程中发挥积极作用。着力激发职工主人翁精神，组织动员职工建功立业。围绕十九大精神的学习与贯彻，各级企业工会以邀请专家辅导、开设学习微信群、实地参观学习等形式开展学习，有效增进了工会干部和职工对十九大精神的理解和领会。突出维权主业主责，促进职工队伍和谐稳定。严格按照建会程序，成熟一个建立一个，将职工组织起来。开展高温慰问活动，为一线职工共发放总价值13万元的防暑降温用品。坚持素质为先，不断丰富企业文化内涵。支持鼓励各级工会打造“全员素养提升计划”“午餐论坛”等素质工程品牌栏目，为职工成长成才搭建舞台，为企业发展提供人才队伍。坚持主动关心，增强工会组织的影响力和凝聚力。各级工会对困难职工救助帮困总计327人次、总额22.8万元，“一日捐”捐款人数3137人次、总金额23.99万元。强化自身建设，不断提高工会履职服务能力。首次引进社会审计机构对集团12家直管企业工会的2016年经费使用情况进行审计；严格按照工会章程，按期基层工会到期换届；工会网上平台建设，完成会员重视网上登记工作。（王玉君）

【上海市农业委员会系统工会工作委员会】　辖基层工会45个，职工3418人，会员3196人。主要工作：（一）弘扬劳模精神，激励职工岗位建功。一是认真开展2017年上海市五一劳动奖推荐评选工作。经各基层单位推荐评选，市农业科学院顾卫红荣获2017年上海市五一劳动奖章，市农业技术推广服务中心农药科荣获2017年上海市工人先锋号。二是组织各单位职工积极参加第二十九届上海市优秀发明选拔赛，获优秀发明金奖1个、银奖2个、铜奖1个。同时开展第二批专利发明奖励申报，有17个项目通过审核，有9人获奖。三是积极开展劳动竞赛。申报市级劳动竞赛专项表彰，市新型职业农民职业技能大赛获2项个人表彰和3项集体表彰。同时系统内有5个单位也根据行业特色和单位特点开展了不同层次的劳动竞赛。四是鼓励职工学习创新，制订《关于市农委系统职工技术创新/合理化建议及新晋升技师等的奖励办法（试行）》，规范奖励范围、奖励金额和申领程序。（二）积极为职工做实事。一是认真做好困难职工帮扶工作，组织“一日捐”活动，全系统共慰问四百余名困难职工，系统工会帮扶9名大病职工，助学6个职工子女，慰问劳模6名。二是为2761名工会会员办理工会会员服务卡专享保障，除市总工会补贴的每人40元外，全部由系统工会支付。三是组织系统市劳模、市三八红旗手和2016年度先进工作者参加市总工会疗休养计划，共10批次434人次。组织劳模参加市总工会疗休养。四是做好夏季劳动保护和防暑降温工作，推进职工之家建设。五是举办“爱在鲜花港”单身青年交友活动。六是关爱女职工，鼓励基层工会做好爱心妈咪小屋建设工作，新建安全中心、检测中心、农技中心3个三星妈咪小屋。组织女职工参加三八节市工人文化宫女医师义诊活动，开展女性乳腺疾病的专项检查。（三）积极组织各类活动，营造良好的学习交流氛围，增强工会凝聚力。一是开展系列活动庆祝三八节，举办“爱的旋律”音乐、诗歌赏析会，组织部分女职工参加“魅力女性—公益讲座周”和市总工会女工委、市妇联系列公益讲座，组织系统女劳模、三八红旗手等赴庐山疗休养。二是与团工委联合举办“聚焦三农，喜迎十九大”摄影大赛和第四届“兴农杯”职工体育比赛，系统430多名职工参赛。（四）加强组织和制度建设，提高依法管会能力。一是继续做好工会建会和换届选举工作。指导14个工会换届选举和增补委员，及时做好本系统法人资格换证工作。二是要求各基层工会积极配合行政做好第十四次厂务公开自查，采用多种形式推进厂务公开完善民主管理。三是参加市总工会工会审计专题培训，加强工会财务内控工作。配合市审计局驻农委审计组做好工会审计工作，委托会计师事务所对2016年度工会预算执行情况和财务收支情况进行审计，做好工会经费自查和工会专项督查。四是支持基层工会开展优秀工会干部和工会活动积极分子评选，激励工会干部工作积极性和主动性，增强工会组织的生机和活力。（陈颖娅）

【上海国盛（集团）有限公司工会】 辖基层工会29个，工会会员1960人，其中女会员490人。国盛集团工会以把握工作正确政治方向为引领，以发展和谐劳动关系为主线，全力维护职工合法权益，工会各项工作有序推进、取得积极进展。工会通过弘扬先进典型，在资本运作、资产整合、不动产运作和维稳各条战线培育先进，引领、鼓舞和凝聚广大干部员工。近年来，1个集体荣获全国工人先锋号，1个集体荣获上海市劳模集体，2人荣获上海市劳模，1个直属企业荣获上海市五一劳动奖状，4人荣获上海市五一劳动奖章，4个集体荣获上海市工人先锋号。此外，有多个集体和个人获得上海市模范职工之家（小家）、上海市优秀工会工作者等荣誉，工会以职代会制度建设为抓手，执行好《上海市职代会条例》，落实市总工会《关于进一步加强本市国有及国有控股集团公司职工代表大会制度建设的若干意见》，推进集团改革发展和职工权益维护。召开年度职代会，审议通过《上海国盛（集团）有限公司职工代表大会工作规范修正案》《上海国盛（集团）有限公司集体合同》《上海国盛（集团）有限公司女职工权益保护专项集体合同》等，年内被评为2015—2016年度上海市厂务公开民主管理工作先进单位。精心组织“安康杯”竞赛，推动群众性安全生产活动深入开展。引导和鼓励干部员工结合岗位特点，认真学习安全生产知识，积极参加“隐患随手拍”和“安全知识问卷”等各项活动，促进企业安全文化建设，推动企业安全管理水平的提高。设立市总工会“公益乐学”国盛集团教学点，并为国盛本部、工投集团、国盛资产、国盛置业、国盛科教、国盛仁源等6家直属工会分教学点授牌。按照市总工会拨付经费1:1配比“公益乐学”教学资金，指导分教学点利用碎片化时间，推出适应职工要求的服务项目，满足职工精神文化需求。举办乒乓球、游泳、健康养生、烘焙等文体活动，丰富职工的文化生活。（万 兵）

【绿地控股集团工会】 辖有基层工会25个，工会会员1573，女性会员696人。2017年，绿地集团工会在集团党委和市总工会的领导下，主动适应新常态，积极践行绿地文化，为提升集团行业竞争力和国际影响力，推动集团在更高水平上再成长发挥积极作用。一是围绕集团中心任务，动员职工团结一致谋发展。积极开展立功竞赛活动，挖掘先进经验，树立先进典型，以《绿地报》、工会专栏、集团党建网、“绿地文化之窗”微信公众号为载体开展宣传和交流。二是关爱凝聚员工，构建和谐企业。落实员工关爱措施发挥工会工作实效，积极开展三八妇女节、家庭日、夏日送清凉和员工生日会等活动，一如既往做好员工“三必访”，为4000多人办理工会会员服务卡并参加专项保障，做好职工大病保障、住院补充医疗续保、理赔等工作。积极争取市级以上荣誉，多个集体和个人获上海市五一劳动奖状、上海市五一劳动奖章、上海市三八红旗手，市重大工程立功竞赛优秀公司等荣誉。三是加强工会自身建设。不断完善工会工作制度，形成《绿地集团基层工会管理办法》《困难职工帮扶办法》《关于进一步做好员工关怀工作的意见》等长效管理制度；根据集团不断发展壮大的实际，及时在新成立单位中成立工会；开展工会干部培训、年度考评、优秀党群干部评选等工作，不断提高工会工作水平，更好地为企业发展、为员工服务。（王洋洋）

【上海电影（集团）有限公司工会】 辖基层工会14个，会员2342人，其中女会员1022人。2017年主要工作：一是坚持职代会制度，开好三届六次职代会，加强企业民主管理。上影集团三届六次职代会审议通过《上海电影（集团）有限公司劳动用工管理办法》（草案），报告提案征集和处理情况。二是围绕创新驱动，扎实开展岗位练兵和劳动竞赛。举办“创新与特色”—第七届基层工会工作PPT展评；坚持开展“美食每客”——2017职工餐厅厨艺秀活动，以独特形式唱响“五一”劳动之歌。举办上影集团“降本增效”先进表彰会暨工匠微电影开拍仪式，开展“降本增效”活动。本年度共有32个班组41个项目参加评审，共降本节支538.95万元，开源增效约453.2万元，合计约992.15万元。三是开展丰富多彩的职工文体活动，打造企业文化品牌。举行上影集团“魅力上影·非凡女性”纪念三八国际劳动妇女节107周年活动；首次举办“快乐相缝”上影集团女职工DIY缝纫创意作品培训暨比赛活动；举办“鱼乐无穷”——上影集团第十一届职工钓鱼比赛；举办第二期微电影骨干培训体验班，完成《无暇》《爱注定》两部微电影的拍摄任务；举行主题为“劳动成就梦想”的“五一”庆祝活动暨第四届“追梦上影”职工微电影比赛颁奖典礼，启动“追梦上影”第五届职工微电影比赛活动；开展乒乓球、羽毛球、趣味运动会等一系列赛事，丰富职工业余文化生活。四是关心职工健康，落实职工保障措施。坚持职工体检制度及职工医疗保障计划的实施，为2198位工会会员免费办理上海工会会员服务卡，保障费用从24元/人增加到70元/人；开展高温季节劳动保护及秋季帮困助学活动。（高 羿）

【五冶集团上海有限公司工会】 辖基层工会12个，工会会员2824人，其中女会员647人。公司工会围绕“打造一流五冶、建设幸福五冶”发展战略，带领职工深入践行“持续创新，追求卓越”的发展文化，“严细新实，持续提升”的管理文化，“忠诚为先，业绩为重”的责任文化，“阳光科学，广聚英才”的用人文化。通过抓思想引领、团队建设、员工关爱、劳动竞赛、职工技术练兵、文化体育等活动为公司各项发展目标的顺利实现做出了积极贡献。深入开展2017年上海市专项劳动竞赛项目，其中建筑分公司荣获上海市五一劳动奖状，机电分公司匡礼毅、交通市政分公司陈刚荣获上海市五一劳动奖章，检修分公司南钢项目部宽厚板轧机班组荣获2017年上海市工人先锋号，开创立功竞赛活动新局面。（孙 亮）

【上海世纪出版（集团）有限公司工会】 有直属工会21家，基层工会57家，现有工会会员4087人，其中女会员1948人。主要工作：一是围绕中心，发挥工会组织作用。

召开集团二次工代会暨二届一次职代会，审议《集团 2014 年—2016 年工作报告》，选举产生集团新一届工会主席、工会副主席和经审委主任、女职工委员会主任。积极组织提案活动，对所属工会换届进行指导，召开集团工会全委员（扩大）会议，征求对集团改革和开展工会工作的意见和建议。二是关爱职工，推进实事项目落实。元旦春节期间，募集到“爱心一日捐”捐款 21.33 元万元，向 39 名身患大病、62 名生活困难的在职职工，共发放补助款 14 万元。高温季节，向 39 名身患大病、52 生活困难的在职职工，共发放补助款 13 万元；向 21 家单位 3900 多名在职职工发放 40.59 万元的清凉慰问品。组织 250 名先进职工分 5 批赴市总工会黄山和西山度假村疗休养。安排全部职工年度健康体检。工会女职工委员会编辑出版集团职工子女征文《您陪我长大，我陪您到老——和爸爸妈妈说说心里话》；举办八一退伍转业军人电影招待会。三是弘扬先进，加强企业文化建设。举办三八妇女节先进表彰活动。举行职工子女征文活动朗读比赛决赛。组队参加 2017 年“华夏杯”桥牌赛、羽毛球赛，取得好成绩。工会、团委联合举办青年编校技能竞赛，并代表上海地区参加第六届韬奋杯全国出版社青年编校大赛，获个人三等奖、优秀奖和团体三等奖。四是强化服务，认真推进退管工作。285 名退休职工获得重病基金理赔，理赔金额 67.4 万元。在元旦春节期间走访、慰问退休劳模、老同志、90 岁以上高龄和特困职工。

（江　文）

【中国福利会工会工作委员会】　辖基层工会 10 个，工会会员 1825 人，其中女会员 1467 人。自 6 月 14 日成立以来，中国福利会工会工作委员会紧跟市总工会推进网上工会工作平台的步伐，构建线上、线下深度融合的工会工作新格局，打造权益维护的新阵地、服务职工的新窗口、联系职工的新渠道、教育培训的新平台，实现组织网上联通、信息网上推送、业务网上办理、职工网上互动。不断加强组织建设，完善工会工作机制，加强建章立制，明确领导成员工作分工，明确岗位职责，确立每周工作例会制度、每季度基层工会负责人例会制度和年度工作会议制度。同时不断充实干部队伍，积极推动工会干部“上挂下派”，从基层单位中抽调人员，增强工会工作活力、提高工会工作效率。

（王　瀚）

局（产业）工会主席（主任）、副主席（副主任）、经审主任名录

单位名称	主席（主任）	副主席（副主任）	经审主任
上海市机电工会	朱　斌	李　斌　袁胜洲　李　敏　麻秀娟（女）	李　敏
上海市仪表电子工会	顾　文（女）	张　波　林华勇　王海云（女）	林华勇
上海市化学工会	黄岱列	汪耀华　李爱敏（女）	汪耀华
上海市轻工业工会（上海轻工业工会联合会）	庄　勤（女）	应蓓卿（女）　李　黎　曹湛卢	
东方国际（集团）有限公司工会（上海市纺织工会）	黄　勤（女）	邵玉虎　陈　敏（女）　吉伟忠　郭　愚（女）	邵玉虎
上海市医药工会	陈　欣（女）	佘　群　陈　旻（女）　朱　阳	张坚挺（女）
国网上海市电力公司工会	娄　为	华洁铭	吴　钧
上海电力建设有限责任公司工会	林德斌	钱晓政	陆秀国
中国宝武钢铁集团有限公司工会	傅连春	陈英颖（女）	陈英颖（女）
中冶宝钢技术服务有限公司工会		姜　武	文　俭
上海宝冶集团有限公司工会	裴志清		毛一新
中国石化上海高桥石油化工有限公司工会		梁端胜	梁端胜
中国石化上海石油化工股份有限公司工会	马延辉	陈宏军	陈宏军
上海航天局工会	李　昕	王　林　赵海燕（女）　王　磊（女）	王　林
中船上海船舶工业有限公司工会	朱大弟	姚　莹（女）	姚　莹（女）
上海市烟草工会	杨桂选	胡勤伟　蔡建国	蔡建国
上海汽车集团股份有限公司工会	钟立欣	甘　平　祝培莉（女）	祝培莉（女）
上海市漕河泾新兴技术开发区发展总公司工会	孙雯莉（女）		张　红（女）

续 表

单位名称	主席(主任)	副主席(副主任)	经审主任
中国能源化学工会华东电力工作委员会	王　路		冯新卫
上海华虹(集团)有限公司工会	陈继旺	赵　蓉(女)　董骏平　李　鸿	薛　遥(女)
中国华源集团有限公司工会	吴鸿妹(女)		
上海化学工业区工会	钱忠祺	李庆红(女)　丁贵忠　杜志伟	李庆红(女)
国药控股股份有限公司工会	冯　蓉(女)	沈　莉(女)	张　健(女)
中国铁路工会中国铁路上海局集团有限公司委员会	孙曙光	邹开伟　包晓朵(女)	邹开伟
中国远洋海运集团有限公司工会	张善民	是　铮	是　铮
上海国际港务(集团)股份有限公司工会	庄晓晴(女)	王晶奇	王晶奇
中国海员工会上海长江轮船公司委员会			赵麒麟
上海市运输工会	张　正	王　勤(女)	
中国邮政集团工会上海市委员会	黄来芳(女)	秦国敏(女)	罗坚石
中国移动通信集团工会上海市委员会	梁志强	刘德彪	沈国玮(女)
中国电信集团工会上海市委员会	常朝晖	金小铭(女)　陈晓军	陈晓军
中国海员工会交通运输部东海救助局委员会	马平原	宗爱君	张　铭
中国海员工会交通运输部上海打捞局委员会	白成军	王　军	杨　康
中交上海航道局有限公司工会	包中勇	汪　正	成彦璟(女)
中交第三航务工程局有限公司工会	傅瑞球		王　珏
中国民航工会华东地区管理局委员会	西绍波		雷　晓(女)
中国东方航空集团有限公司工会	袁　骏	高　峰	冯金雄
上海机场(集团)有限公司工会	张永东	于明洪	于明洪
中国海员工会上海海事局委员会	顾　平	崔　虹(女)	张强伟(女)
上海市城乡建设和交通工会工作委员会		张　静(女)　樊　好	刘方定
上海建工集团股份有限公司工会	卞　炯	张　超　廉永梅(女)	张　超
上海市交通委员会工会		曹秀峰(女)　韩竹青　周建荣	王　青(女)
中国石化集团上海海洋石油局有限公司工会	刘振东	钱碧云(女)	郑　莉(女)
上海市绿化和市容管理局工会	肖龙根	冯　磊(女)　张洪斌	冯　磊(女)
上海市绿化市容行业工会	肖龙根	冯　磊(女)　张洪斌　吴　炜　赵　进　李　影(女)	冯　磊(女)
华东建筑集团股份有限公司工会	王　玲(女)	姜凯耀　张　铁	夏　明
鲁中矿业有限公司工会	李　洲	李祥生　王光辉	王　辉
上海市水务局(上海市海洋局)工会	徐永康	高　伟(女)　谢翠松	高　伟(女)
中国建筑第八工程局有限公司工会	于金伟	王为兵　李现花(女)　张　慧(女)　苏亚武　黄德彪	王为兵
上海大屯能源股份有限公司工会	马振欣		王安友

续 表

单位名称	主席(主任)	副主席(副主任)	经审主任
上海市金融工会工作委员会	姚嘉勇	赵 彪 周 健 吴 勇 杨 明 赵永刚 马海燕(女)	许耀武
上海市税务工会	胡兰芳(女)	汪 菁(女)	董 理(女)
上海市人力资源和社会保障局工会	朱 军	李 萍(女)	
中国教育工会上海市委员会	成旦红	李 蔚(女) 吉启华 司徒蕙琪 李序颖	吉启华
上海市科技工会	陈 龙	赵福祥 汪显坤	汪显坤
上海市医务工会	郑 锦(女)	张 浩 何 园(女) 李卫平 宋耀君	张居正
上海市新闻出版工会	薛建华	王瑛萍(女)	王瑛萍(女)
上海报业集团工会	刘 可(女)	党 勇 尹 欣(女) 叶志明 王 倜 童 杰	吴有培
新华通讯社上海分社工会	朱忠良	陆 斌	陆孺牛
上海市文化广播影视管理局工会	游海洋(女)	李盛旺	戴曙萍(女)
上海广播电视台(上海文化广播影视集团有限公司)工会	袁 雷	郑丽娟(女) 严洪涛 黄豆豆	李 桦(女)
上海社会科学院工会	杨鹏飞	王 英(女) 韩汉君 赵蓓文 刘 峰	王 英(女)
上海市体育局工会	赵光圣	吴晓莹(女) 王曙芳(女) 张 亮	张 元
上海市经济和信息化工作系统工会工作委员会	陆 琪	汪 羽 徐 方(女)	徐 方(女)
上海市信息化行业工会联合会	陆 琪	汪 羽 徐 方(女) 王 勇 戴志伟 陆 森	
光明食品(集团)有限公司工会	潘建军	姜 伟	李 林
上海市民政局工会	刘忠飞	丁 烨(女)	许夏萍(女)
上海市监狱管理局工会	肖美芳(女)	吴学军	张顺华
锦江国际(集团)有限公司工会	宋 刚	孙 侃	孙 侃
上海市东湖(集团)公司工会	孙 玮(女)	胡 明(女)	陈 杰
上海市衡山(集团)公司工会	熊 凯	黄嘉宇	陈月华(女)
上海市市级机关工会工作委员会	陈 玲(女)		金林勇
百联集团有限公司工会	许国良	祁月红(女)	吴玲芳(女)
上海市商业行业工会	刘晓敏(女)	王逢祥 姚黄平 林 强	
申能(集团)有限公司工会	须伟泉	王偕勇 李松华 杜卫华	徐任重
上海久事(集团)有限公司工会	孙 江	王雯洁(女) 马卫星(女)	徐 珉(女)
上海申通地铁集团有限公司工会委员会	蔡伟东	严婵琳(女)	徐宪明
上海城投(集团)有限公司工会	徐 文	黄 吉	黄 吉

续 表

单位名称	主席(主任)	副主席(副主任)	经审主任
上海电器科学研究所(集团)有限公司工会	陈红洁		何正平(女)
上海市社会系统工会工作委员会	屈新平	金　雷	吴光荣
上海隧道工程股份有限公司工会	朱东海	刚保平(女)　周翀凯　李章林	刚保平(女)
上海地产(集团)有限公司工会		王卫卫(女)	王幸儿(女)
东浩兰生(集团)有限公司工会	葛　平	吴明华　毕权军　龚祥和	吴明华
中国联合网络通信集团工会上海市委员会	李　爽(女)	魏　炜	张乐燕(女)
上海市合作交流系统工会工作委员会	张荣生	潘　健　仇文江　马秋生	朱继伟
上海市电力股份有限公司工会	顾　皑		杨　静(女)
中铝上海铜业有限公司工会	张火兴	龚　斌	王　琳(女)
上海市通信管理局工会	凌　坚		
上海市宾馆业工会联合会		王行泽　徐中尼　高耀敏(女)	
中国商用飞机有限责任公司工会	刘林宗	吴建军　沈　伟(女)	缪根红
中国民用航空华东地区空中交通管理局工会	孟　磊(女)		黄　钧
上海临港产业园区工会	韩国华	邰惠青(女)	叶　娣(女)
中国电信集团工会号百信息服务有限公司委员会	刘苏南	刘德顺	易梅青(女)
上海上实(集团)有限公司工会	陈　欣(女)	季　定(女)	黄　刚
上海市公安局工会	周海健	姚少杰　丁　艳(女)　倪蓓蓓(女)	钱洪乔
上海市农业委员会系统工会工作委员会	陶振华(女)	陈　赛(女)	陈　赛(女)
上海国盛(集团)有限公司工会	王旭岗		颜　妍(女)
华能上海分公司工会	陈永平		张晓煜(女)
绿地控股集团工会	张海峰		徐跃华(女)
上海世博发展(集团)有限公司工会	吴晓莺(女)	居　正	孙惠宏
上海申迪(集团)有限公司工会	金　涛	蒋　靖　周　锋	戴蓓蕾(女)
上海电影(集团)有限公司工会	李　雷	范奕蓉(女)　易　磊	
中国金融工会上海工作委员会	蔡　莹	周　健　吴　勇　齐　红(女)　王翠婷(女)　郑明强　赵　彪	
五冶集团上海有限公司工会	倪治寿		王继红
上海东方网股份有限公司工会	陆　黛(女)	王　迪(女)　寇志红(女)	张丽娜(女)
上海化工研究院有限公司工会	黄　焱	周勇明　刘　虹(女)	刘彦明
上海世纪出版(集团)有限公司工会	何向莲(女)	王云斌　夏一鸣　李敏君(女)	张佩芳(女)
中国福利会工会工作委员会	邹勇飞	舒　敏(女)　郑允华(女)	王颖淑(女)
上海市市场监管工会工作委员会	钟小明	陈春平(女)	陈春平(女)

直管单位

概 况

【上海工会管理职业学院】 全面落实市总工会改革实施方案要求，围绕“全国一流的工会干部教育培训基地、工会理论研究基地、工会学术交流基地”的建设目标，一手抓转型、一手抓发展。学院按照市总工会要求，积极创新培训方式，不断提高培训质量。积极配合基层工作部，开办为期一个月的社会化工会工作者初训班，并按照精品项目的要求打造系统化的培训内容、多样化的培训方式、针对性的实践项目。探索“工会主席训练营”培训新模式，变“上级调训”为“需求导向”；变“知识讲授”为“能力训练”；变“教师中心”为“共同参与”。筹建上海工会干部培训网络学院，适应工会干部工作学习的“生物钟”。网络学院于11月正式上线运行，以线上自主学习和线下集中辅导相结合、线上模拟测试与线下统一考核相结合，既扩大了培训覆盖面、又保证了培训质量，逐步满足工会干部个性化、持续化学习需求。为了使培训内容及时反映上海工会改革的新实践新成果，学院与上海工会改革试点单位密切合作，按照“六有”标准先后建立7个现场教学基地，为不同的培训对象了解上海街镇、园区、楼宇、国有企业、外资企业、非公企业等的工会改革新进展提供了窗口。为强化工会理论研究职能，学院一方面承担市总调研课题，主动融入市总调研和理论创新工作，锻炼队伍；一方面发挥教学科研人员的专业特长，创办《上海工会智库》，为上海工会改革发展提供决策参考和政策咨询。学院与劳动报社共同举办的“网约工权益保障研讨会”，广泛听取专家学者意见，探讨网约工权益保障问题，为工会源头参与新兴就业群体的权益维护建言献策。学报《工会理论研究》“热点透视”栏目分别围绕“上海工会改革”“上海市职代会条例修订”“非标准劳动关系”“网约工权益保障”“产业工人队伍建设改革”“非公企业工会改革”等6个专题组稿，聚焦党中央的最新精神、最新的劳动法律法规以及工会实践热点。承办了全总新任省级工会领导班子培训班、全国工会女职工工作履职培训班、市总新任区局（产业）工会主席培训班、上海工会学习贯彻党的十九大精神专题研讨班等高规格培训班。全年共开办各级各类培训班328期（场），培训工会干部20267人（次），学员满意率平均在98%以上。 （钟文娜）

【上海市工人文化宫】 位于西藏中路120号，市中心人民广场区域，是职工群众文化活动场所之一。2017年，承办“中国梦·劳动美”上海市庆祝五一国际劳动节特别节目。承办“中国梦·劳动美”“上汽车享杯”2017年上海市班组（团队）文化网络大奖赛，有17335多个团队、8万多人报名参加。参与策划、组织各类文化活动、公益专场演出、音乐会近90场，观众近5万人次。举办“茉莉飘香、情系职工”一线职工专场慰问演出、“茉莉飘香、乐动申城”上海市工人文化宫茉莉花交响管乐团新年音乐会、“讴歌中国梦·喜迎十九大”苏浙沪皖四地“新时期劳动者之歌”歌曲创作研讨会等，全年创作排演艺术类作品约20个。组织策划浦东机场天天演“爱乐空间”专场音乐会、“爱乐空间”茉莉花合唱团专场迎新春音乐会、“经典畅想 漫游世界”市宫茉莉花弦乐团首场专场演出等12场公益音乐会，观众超4000人次，公众号阅读量超2万次。策划“戏苑新风”戏曲演唱会20场，观众超6000人次。恢复成立“市宫京剧社”，与市人大京剧票友会联袂举行专场演唱会。6月，正式推出“星空剧社”公益品牌项目。“品味上海”项目举办“《习近平用典》专场书法展”等12场公益展览。同时，组织由上海、南京、杭州、哈尔滨、厦门、无锡等城市工人文化宫联合主办的《“中国梦·劳动美”六城市职工书画巡展》。举办“中国梦·劳动美”第四届全国职工摄影展以及上海站摄影采风活动。年内，拍摄市总工会、市工人文化宫重要新闻94次。举办首届上海市职工趣味运动会，近千名职工及其家属参与定向徒步、自行车骑行、钓鱼、桌游等活动体验项目。全年发布推送155篇，最高阅读量超5000。网络直播5次，单次点击量超10000，点赞数超45000次，5次累计近13万。举办“悦读修身·书香上海”第19届上海读书节活动。组织2017“匠心筑梦”上海职工征文大赛，将优秀作品以《匠心筑梦》为名结集出版。完成《主人》杂志年度改版工作。策划编写《行走的味道——上海特色旅游食品赏鉴》等专项图书。开展“文化中国”职工文学爱好者培训，辅导基层职工文学爱好者80余人。连续第四年实施职工文化服务配送，并推出2017年文化服务菜单。继续推进“百千万职工素质培训工程”。“公益乐学”通过剧场版、流动课堂等2个子系列，实现各教学点的联动互动，全年共建设27家教学点，各教学点服务职工8.6万人次。全年共进行公益乐学现场版教学537场，成功预约12000人次，企业版教学288场，服务10000人次。公益乐学官微推送图文175次，共292条，总用户数增加到14703人。开设公益乐学劳模班，朱雪芹、马卫星等知名劳模参与其中，授课40余次。开展“带副春联回家乡”活动，全市16个区局（产业）及下属企事业单位组织送春联慰问农民工活动。组织上海职工书画家50人举行“五一义卖”活动，所得2.6万余元全部捐献给沪上困难职工子女求学。上海市群众艺术馆为市宫江南丝竹社颁发“上海市江南丝竹保护传承基地”铭牌。

（王家辉）

【劳动报社】 劳动报社是上海市总工会直属事业单位，出版的《劳动报》于1949年7月1日在上海创刊，系新中国成立以后第一张工人自己的报纸。2017年，《劳动报》发行量近20万份，在上海各大报和全国地方工人报中均位居前列。2017年，报社《申城10万快递“小哥”签订合同者不到三成》荣获“第26届上海新闻奖”二等奖，另有3篇作品获得三等奖；《长风破浪会有时 直挂云帆济沧海——上海工会改革工作纪实》荣获上海五一新闻奖一等奖，另有4篇作品获得二、三等奖；市委宣传部等相关上级部门授予其他的各类专报表扬、奖项和先进个人共计20余项。本报以立足职工立场和工会视角为基本定位，以新闻调查、深度报道为载体，大力推进新媒体平台建设，不断扩大《劳动报》的社会影响力。本报品牌栏目“劳动观察”刊发的《护工入会调查》《普通劳动者的诗与远方》等10余篇报道获得市委宣传部的阅评表扬和市总工会主要领导批示。《劳权周刊》、“夏令热线”“高温下的坚守”“中国梦·劳动美”等传统品牌栏目刊发了大量弘扬社会主义核心价值观的时政新闻、人物特写、调查报告和评论,反映关注职工、讴歌先进,充分体现了机关宣传报的价值观。报社业已形成“116”宣传报道工作格局,即:1 报——《劳动报》,1 刊——《上海工运》杂志,6 个新媒体平台——劳动报官网、官方微博、劳动报 APP、手机报、官方微信和演播厅。年内共有 16 条微信阅读量突破 10 万+。网站日均浏览量达到 58800,峰值达到 333850。全年获各类表扬和主要奖项共计 32 个。

（胡晓云）

【上海市职工技协服务中心】 上海市职工技协服务中心是上海市总工会的直属事业单位,也是上海市职工技术协会的日常办事机构,下设办公室、财务科、技术服务科、技术培训科、技术创新科、经济发展科等部门。2017 年,充分发挥职能型事业单位功能和作用,认真做好有关职工技术创新、技能提升和技术协作方面的工作。一是加强职工创新工作。承办 2017 年上海职工科技节,举办上海职工创新大会、第七届李斌技师创客论坛等 6 项活动,全市共有 113 万名职工参与职工科技节活动,技协服务中心被评为 2017 年上海科技节优秀组织者;举办第二十九届上海市优秀发明选拔赛,1462 项职工创新创造项目参赛。经评审,723 个优秀发明项目获奖;深入开展职工合理化建议和先进操作法优秀成果征集、命名活动,91 家区局(产业)工会申报 177 个合理化建议优秀成果、136 个先进操作法优秀成果。经评审,40 项成果分别被命名为上海市职工合理化建议和先进操作法优秀成果;积极推荐职工优秀创新项目参展参评,6 个职工发明创新项目分获 2017 年上海市科技进步二、三等奖,31 个项目获得第二十二届全国发明展览会金、银、铜奖,3 个项目荣获第十二届海峡两岸职工创新成果展金奖;制订《关于推进工业园区、创业园区、高新技术产业园区非公企业职工创新实施计划》等文件,建立上海园区和非公企业职工创新工作联席会议制度,多次召开园区和非公企业职工创新工作现场推进会,举办“创新创业零距离”工匠创客论坛和园区、非公企业职工创新创意成果展,建立 100 家非公企业职工创新活动直联点,推进园区和非公企业职工创新。二是加强技能人才培育工作。制订《千名技能人才交流培训实施计划》,开设“上海工匠”大讲堂,举办技师技能专题辅导讲座,开展非公企业职工焊接技能培训和送教二维工程图识图到企业等培训活动;搭建职工技能交流竞赛舞台,先后举办市职工焊接技能比武、市职工焊接、数控技术论文征集、数字化设计成果展示等活动,近万名职工参与;精心做好 2017 年度“上海工匠”选树的组织发动、申报培训、资格审核等工作,命名 94 名“上海工匠”;深入开展职工创新工作室创建命名活动,命名 150 个上海市职工(技师、巾帼)创新工作室。分别建立上海职工焊接、数控和设计制造 3 个技能实训基地,推进职工知识更新和技能提升;认真做好职工技能晋级等奖励工作,分别有 4709 名晋升技师和高级技师的职工、1721 名带教师傅、2139 名获得授权发明专利的一线职工获得一次性现金奖励。三是加强职工科技服务工作。举办 6 期专利实务培训班,近 1000 名职工参加;组织市职工科普讲师团成员到企业、街道作报告 14 场,受众 8000 多人;认真做好对云南、西藏日喀则等对口协作地区的经济技术协作,先后组织 5 个职工技术小分队到云南、西藏日喀则开展技术交流、技术培训和医疗义诊活动,共义诊病人 2100 余人,培训技术人员和医护人员等 1100 多名,并在沪举办云南技术人员培训班,培训云南技术骨干 130 多名。年内,市职工技协服务中心荣获市总工会“责任目标考核先进单位”。

（张　刚）

【上海市总工会职工援助服务中心】

2017 年适逢上海市总工会职工援助服务中心(以下简称“服务中心”)成立五周年,服务中心进一步承接职能拓宽服务领域、深入基层夯实作风建设、规范服务体系提高服务品质,荣获“2015—2016 年度上海市市级机关文明单位”,切实推动援助服务向职工服务的深化发展,取得显著成效。开展全市 16 个区级服务中心走访调研,了解各区发展现况及特色工作,探索服务职工新模式。一是改变经验式服务为精准化服务。工会会员服务卡。贯彻好莫负春为实现工会会员服务卡“把卡发出去,把卡用起来”的工作目标,保障“即时办理、在线参保”全新办卡模式的运营上线。“工会会员服务卡”网站配套提供“周五课堂”视频教学课程方便基层干部在线学习。分析统计全市各区、产业基层工会激活率及动卡率,督促农商行主动联系激活率均数水平以下单位上门开卡服务。扩展“月季年”会员卡活动内涵和外延。全年办理工会会员服务卡 52.68 万张,新增动卡 22.43 万张,新增激活卡 25.85 万张,累计消费笔数 1610902 笔,消费金额 20.5 亿元。法律援助工作方面,全市各区工会法律援助通过与区内职能部门联动、排查在转改制、“五违四必”开展过程中需关停企业,通过电话联系、上门普法答疑等多种方式为劳资双方搭建沟通平台,快速、高效地维护了职工的合法权益。服务中心共受理符合援助条件的案件 26391 件,为职工挽回经济损失 4.38 亿元。承担隶属于市总工会的产业(局)工会及其下属工会组织的旧证换新证工作,共完成 3910 家单位的证书存量转换工作。二是转变传统式服务为互联网+服务。通过努力形成“一片心、一叠卡、一张网、一个家”的工作架构,形成职工服务工作线上线下实体和虚拟两大空间,整合全市工会职工服务系统网络资源。上线“12351 职工服务平台”微信公众号。12351 职工服务热线全年接听来电 93055 个。“12351 短信平台”发送职工帮困资金发放等短信 10 万人次。对接“12345 市民热线”完成“三方通话”443 个,接受派发工单 1579 件。完成转交 10 个区、17 个产业工会交办类事项 48 件,涉及职工 2988 人次。承担全市职工互助保障信息管理维护。在做好原有“送岗位”“送温暖”“心理服务”等传统职工服务品牌的同时,开展职工就业服务。举办专场转型就业洽谈会 5 场,意向帮助 570 人次职工上岗就业;举办 2017 上海工会“我的青春我做主”择业洽谈会,开展“心理体验日”活动 11 场;举办两期《员工心理管理执

行师》培训班。（陈乐琪）

【上海市职工保障互助中心】 市职工保障互助中心（简称“市职保中心”）、市职工保障互助会（简称“市职保会”）围绕群团改革要求，在建机制、增功能、增实效上下功夫，努力打通服务职工“最后一公里”。一是做好互助保障计划的参保和保障金给付工作。截至年底，“四项医疗互助保障计划”有效会员达827.49万人次，同比增加45.75万人次。其中“在职住院保障计划”有效会员207.05万人，“退休住院保障计划”394.18万人，“特种重病保障计划”160.75万人，“女职工特种保障计划”65.51万人。此外，“意外伤害保障计划”有效会员137.41万人，“意外伤残保障计划”有效会员123.64万人。年内，“四项医疗互助保障计划”共向212.52万人次职工给付12.51亿元保障金，减轻了参保职工医疗费负担。二是优化工作方式，便捷服务工会会员。配合市总工会会员服务卡全天候开放办理，7月起，参保方式改现场受理为在线办理，落实专人在3个工作日内完成参保审核，实现“会员专享基本保障”在线办理、随时受理、准时起效。年内共300.19万名工会会员参加该保障。2017年，市职保中心承担起对参加“会员专享基本保障”并首次确诊患12类重病的职工进行大病慰问的实事项目。年内共对3000名工会会员发放大病慰问金300万元。三是回应新型就业群体需求，推出互助保障新计划。根据市总工会对加强网约工、护理工、快递及家政服务人员等新型就业群体研究的指示精神，9月，在杨浦区率先推出“医养照护行业工会会员保障计划”，为护工人员提供一份专项综合医疗保障计划，包括特种重病保障及意外伤害保障，约2100名医疗护工参保，覆盖杨浦区在册的医养照护人员。四是根据基层实际需求，延长社区互助保障业务受理时间。7月18日起，市职保会将社区业务受理时间从16:30延长至17:00，与社区事务受理中心接待时间全面同步，市职保会落实专人小组，进行数据处理与统计，确保退休人员能在第一时间拿到互助保障金。五是加强对社区服务点的指导和服务。市职保中心、职保会送培训到基层，先后举办6场互助保障业务培训，覆盖全市16个区服务处、220个街镇服务点，约250名区服务处和街镇工作人员参加培训。本年度中心荣获“上海市文明单位”称号。（顾艳斐）

【上海市总工会幼儿园】 上海市总工会幼儿园隶属于上海市总工会，是一所具有浓厚环保气息和教育特色的一流大型寄宿制幼儿园，占地15201平方米，建筑面积9300平方米，教职员工近170人，中外幼儿近500名（教师100%是学前教育本科、专科毕业生）。设有15个班，招收3—6岁幼儿。幼儿园以促进幼儿身心健康全面和谐发展为宗旨，以实施“健康爱清洁、活泼有礼貌、自信肯动脑、能说善交往”为教育目标，为幼儿创设了良好的生活和实施素质教育的一流教育环境。针对寄宿制幼儿的生活适应性、情商发育、亲子关系、良好生活习惯、自理能力、交往能力和社会性发展等多方面，进行幼儿素质教育模式和寄宿制幼儿园特色课程设置等专题科研，成功的培养了一批又一批个性良好、善于交往、行为规范、思维敏捷的学龄前儿童。该园连续10届获上海市文明单位，先后获全国五一巾帼标兵岗、市五一劳动奖状、市五一巾帼奖、市三八红旗集体、市托幼机构保育工作先进集体、市平安示范单位、市先进女职工集体、市厂务公开民主管理工作先进单位、市爱国卫生先进单位、市慈善之星、市花园单位、五星级环保绿色单位等荣誉称号。园长先后荣获“上海市劳动模范”“上海市三八红旗手”“全国优秀教师”“上海市优秀园丁”“上海市职工最信赖的管理者”等称号，并当选为市第八次、第九次党代会代表。（秦　峰）

【上海海鸥控股（集团）有限公司】 集团以落实群团改革转职能为着力点，以市场为导向提升集团核心竞争力，强化集团管控功能。在“海鸥十八条”改革以后，围绕工会的主业主责进一步强调海鸥集团的经营特性，积极稳妥地推进集团各项工作。一是落实群团改革转职能要求，发挥集团经营管理优势。全面落实市总职工保障计划，实现社会经济效益双丰收。截至11月底，集团完成疗休养68296人次，体检32259人次，超额完成全年指标数，职工满意度和服务质量不断提升。整合发展好市总系统事业单位剥离的经营性资产，实现归口集团统一经营管理。规范妥善做好嘉定养老公寓、浦东养老公寓、银发物业公司、银发大厦、伊敏实业公司、技协东海俱乐部等资产划转或委托经营的交接工作，确保职工队伍稳定和交接工作有序完成。二是加强整合调整补短板，推动集团市场化运作。健全完善集团经营管理制度，强化内控管理机制，盘活人力资源，克服集团发展短板，着力加强下属单位领导班子建设，为形成集团整体上的人才发展规划和统筹机制打下基础。完成集团资产重组阶段性目标，推进股权优化调整工作，进一步做实集团资产。探索推进集团“事企分离”改革新路径，实现各单位良性循环发展，提升经营发展水平。三是发挥党组织的领导作用，推动集团健康发展。集团抓落实建机制，做好巡视问题整改和回头看工作。通过制定集团党委会和纪委会议事规则，签订党风廉政建设责任书，开展党风廉政培训等形式落实党风廉政建设工作，强调党在企业经营发展中的政治领导核心作用。（范文婕）

【上海海鸥国际酒店投资管理有限公司（千禧海鸥大酒店）】 上海海鸥国际酒店投资管理有限公司（千禧海鸥大酒店）是全国工会系统酒店中首家委托国际品牌千禧酒店集团（Millennium Hotel and Resorts）管理的五星级酒店，同时也是全国工会酒店系统内的唯一一家“国家金叶级绿色饭店”。主要工作：一是2017年酒店完成营业收入12627.92万元，客房平均出租率76.46%，荣获国内外行业权威的2017年度卓越酒店、最佳商务酒店奖、最佳酒店服务等各类奖项。二是开拓新市场，保持竞争力。共获得386家海内外企业签订住房合同，与60余家如飞利浦、米其林等国际知名企业通过全球网站系统签署用房合同，与去年同期相比，新签约客户增长了74家。三是加强软硬件的建设，提升服务总体水平。年初酒店对二楼宴会厅实施升级改造，使两个宴会厅在宾客使用和体验上有显著提高，婚宴及宴会营收较去年同期同比提升了5.6%。客房整体改造也完成样板房设计与客户反馈。四是进一步提升管理层员工队伍的综合素质。年内，酒店共选派27人次参加外部财务、工程、消防类培训，还特聘外籍讲师到店为中高层管理人员开展《领导力知与行》培训。五是发挥党支部核心作用，加强党风廉政建设，探索新形势下适应企业发展的党建工作体系，提升党建工作的影响力。（李 渊）

【上海国际海员俱乐部海鸥饭店】上海市总工会全资辖下的上海国际海员俱乐部海鸥饭店是上海海鸥控股（集团）有限公司成员单位，坐落于黄浦江与苏州河交汇处，是浦江两岸景观资源独占的四星级旅游饭店。饭店调整经营策略，根据市场动态进一步做好收益管理，优化平均房价和出租率的关系，针对公司宴请和私人宴请市场调整价格定位，做精做细品质。全年经营状况保持平稳，服务质量不断提升，降本增效成效显著，达到了良好的效果。在抓好经营的同时，进一步优化管理和服务，始终致力于提升宾客舒适度和满意度，作为国家银叶级绿色旅游饭店，饭店积极履行生态文明建设责任，配合做好北外滩滨江平台海鸥段的步道建设、装饰施工和对外开放等工作。饭店深入推进军民共建、校企共建、社区共建活动，做好与提篮桥街道等单位的同创共建活动，开展“走进社区，邻里守望”学雷锋志愿者活动，“星级大厨社区厨艺课堂活动”以及扶贫帮困、无偿献血等工作，积极履行企业社会责任。饭店以“优美的海鸥在风浪中争第一”为企业精神，连续多年获得上海市文明单位、A类纳税信用单位和上海市服务诚信先进单位等荣誉，还被市诚信办评为上海市四星级诚信创建企业。（胡文佳）

【沙家浜大酒店公司】 2017年沙家浜大酒店通过民主选举，产生新一届工会委员会。新一届工会委员会在酒店党总支及上级工会的领导下，充分调动职工的积极性，强化自身建设，突出参与、维护职能，推进企业民主管理。主要工作：一是组织部门开展岗位技能竞赛。以“开展全员岗位培训”为内容，开展岗位技能竞赛。二是开展“送温暖工程”，切实关爱职工、服务群众。在高温季节，组织慰问坚守在一线的职工，及时慰问探望生病职工，送去工会组织的温暖及关爱。开展职工体检，为职工送上一份健康和关爱。为职工发放生日蛋糕券、园林卡。深入一线了解职工生产生活，积极采纳职工合理化建议和意见。做好工会管理和自身建设工作。积极完成上级工会及酒店党总支布置的各项工作，建立和完善各项工作制度，加强工会自身建设，提高工会工作水平，全面履行各项工会职能。进一步加强企务公开制度，强化职工的民主管理和民主监督。认真落实各项劳动保护措施，切实做好职工维权工作。（刘思家）

【上海市工人疗养院】 上海市工人疗养院隶属于上海市总工会，定级为二级医疗机构，始建于1952年，1988年挂牌上海市职工康复医院，2009年市总工会投资1.6亿的工疗新大楼落成运营，同时挂牌“上海市劳模体检基地”，2017年获评中国健康促进基金会和中华医学会健康管理分会联合颁发的“全国健康管理示范基地”，多次荣获“全国模范疗养院”“上海市花园单位”称号，连续多年获评上海市文明单位，是一家集健康体检、健康管理、职工疗休养、职工慢病康复为一体的综合性疗养院所。工疗以体检为核心精心打造工会管理品牌，配备先进的医疗设备、量身定制的自动化排检系统、优质医疗团队（中级以上医务人员占比50%其中付高9名）和信息化管理体系（提供受检单位健康管理档案），全方位满足受检者多样化体检需求，其中医院自主知识产权项目“人体调控功能测评”，先后获得美国诺贝尔医学研究院杰出成就金奖及国家科技成果生产力转化评价证书。作为市总工会的服务窗口，工疗围绕主责主业，以关爱一线职工、不断满足广大职工的健康需求为己任，承担“职工健康体检保障计划”项目，开设“流动体检车项目”，惠及到包括农民工在内的越来越多的一线职工，真正体现“服务跟着车轮走，职工体检动起来”的关爱理念。（唐文璟）

【上海市总工会洞庭西山休养院】 2017年，西山休养院围绕工会主责主业，以党的十九大精神为指引，深入推进“两学一做”学习教育常态化制度化，以“抓重点、强基础、增实效”为主线，大力提升服务质量，优化管理模式，确保经营稳定，较好地完成各项工作和经营管理目标。全年共计接待5.24万人次，实现营业收入2918.4万元，实现GOP 362.09万元。主要工作：一是组织建设：坚持民主集中制原则，按照“三会一课”“两学一做”学习教育常态化制度化和开展“四评议”活动的总体要求，召开专题民主生活会，总结经验、查摆问题。二是发挥服务职能：充分发挥疗休养院所服务职能，从服务接待流程、线路等方面进行调整与优化，同时，完善接待服务环境，实施中央庭院绿化改造和沿太湖堤岸加固工程。全面完成对部分客房、餐厅、娱乐设施功能的升级改造。三是提高市场化运营能力：依托度假村（休养院）官方微信，在西山花果、太湖水上游下功夫、做文章，定期推送游览胜景、水产瓜果、人文古迹等方面的休养旅游服务咨询，不断拓展客源市场；引入“微支付”“支付宝”等在线支付平台载体；在元旦、春节等节假日和部分西山特产上市采摘季节，适时推出各种参与性、娱乐性的活动项目；针对工会会员服务卡持卡职工，推出西山自驾游“折上折”体验活动。四是塑造企业文化：注重志愿者服务队建设，每年开展爱心一日捐和义务献血、义务劳动、义务带休养团队等活动。3月，休养院被评为2015—2016第十八届上海市文明单位。（夏鹤麟）

【上海市总工会黄山休养院】 黄山休养院开业于1986年，是全国工会系统第一个集资建造的职工休养基地，休养院占地132亩，建筑面积13000平方米，绿化面积达76%，现有4栋独立接待楼宇，可供休养入住接待的有效床位数150张，有歌厅、棋牌楼、超市、餐厅、养生堂等综合设施。2017年，接待疗休养人数24719人次，实现营收4585万元，全年实现营业总收入1105万元，同比净增197.8万元。为切实开展职工疗休养保障计划接待服务工作，发挥好工会维护广大职工疗休养权益，黄山休养院始终秉承以“劳动光荣，休养快乐”为宗旨，围绕工会的主业主责，努力打造为基层一线工会会员服务、促进职工身心健康的休养园地。每年接待大量劳模、各类先进职工，为休养团队提供包括餐饮、住宿、休闲娱乐等全方位服务，为推动疗休养事业的健康发展作出积极的贡献。（贝 卓）

【上海市退休职工服务中心】 上海市退休职工服务中心主动适应社会发展新形势和退管工作新要求，努力提升管理能力和服务水平，扎实推进为老服务工作持续健康发展。一是努力为退休职工办实事办好事。指导和带领全市各级退管组织对困难退休职工认真排摸、精准定位，通过普惠与特惠相结合，有107.8万人次的退休职工在两送活动中受益，慰问金额达4.84亿元；指导协调各级退管组织积极开展社区为老服务活动和尊老社会一条龙服务工作，全年为老服务达25.2万人次，制作发放14万张高龄老人优待证，让全市更多的退休职工享受到了就近、就地、便利、优惠、贴心的服务；为千名特困老人送去免费健康体检，引导退休职工关注疾病预防，降低因病致贫率。二是努力搭建文化、体育、娱乐等活动平台，丰富退休职工的精神文化生活。开展上海市退休职工第十一届“清凉杯”扑克牌比赛、上海市退休职工健身舞蹈（广场舞）展演、九九重阳歌会等体育娱乐活动比赛；组织1000名申城老人参加免费看“今日新上海”活动；充分发挥银发艺术团的示范引领作用，通过舞蹈大赛、歌唱比赛、公益义演等形式，吸引和带领更多有特长的老人参与公益机构组织的慈善义演，奉献爱心。三是努力推进退管工作的服务水平。以专题讲座、业务培训、学习研讨、块组工作交流学习等形式，指导各级退管组织做好基础管理服务工作；通过健全全市退管系统信访窗口单位例会制度、信息通报网络和开展定期培训交流，指导信访工作人员不断提高依法调处能力和沟通技巧，切实维护好退休职工的合法权益；积极开展退管工作理论研究活动，组织各级退管组织撰写学术论文或调查报告302篇；充分发挥《上海退休生活》杂志的宣传载体作用，面向全市退管系统的退休人员发行，全年杂志发行量超过10万份；规范市退休职工大学教学管理，不断扩大办学规模，全年共开设各类班级325个，招收学员1.23万人次。四是努力协助政府做好退休人员社会化管理试点工作，开展针对性的调查研究、多方面征求意见，为市政府推进企业退休人员社会化管理工作提供具有参考价值的意见和建议。（黎 颖）

上海市总工会直管单位负责人名录

单位名称	职务	姓名
上海工会管理职业学院	党委书记	王厚富
	院长、党委副书记	吴 萌（2017.2免）
上海市工人文化宫	主任、党委副书记	侯伟康
	党委书记	谢 鹰
劳动报社	总编、党委副书记	王厚富
	党委书记	邵新宇（女）
上海市职工技协服务中心	主任、党总支书记	张 刚
上海市总工会职工援助服务中心（上海市职工物价监督总站）	主 任	高 越（女）
	党总支书记	陈 鲁（2017.4任）
上海市职工保障互助中心	主任、党总支书记	顾学庆
上海市总工会幼儿园	园长、党支部书记	周稼超（女）
上海市退休职工管理委员会办公室 上海市退休职工服务中心	主任、党总支副书记	刘培顺（2017.12任）
	党总支书记、副主任	顾莉萍（女）
上海海鸥控股（集团）有限公司	董事长、党委副书记	吕泰康
	总裁、党委副书记	孙 伟（2017.12任）
	党委书记、副总裁	黄银萍（女）

说明：1. 主要负责人名录以2017年12月底为准。
2. 上述人员职务以市总工会批复为准。

人物

2017年上海市“劳模年度人物”候选人简要事迹

张冬伟

全国五一劳动奖章　沪东中华造船(集团)有限公司电焊班长

张冬伟是央视《大国工匠》8名主角之一。

他从事液化天然气(LNG)船的围护系统二氧化碳焊接和氩弧焊焊接工作。他刻苦钻研,潜心传承,成为公司高端产品LNG船,以及当今世界最先进、建造难度最大的45000吨集装箱滚装船的建造骨干工人。要对0.7毫米厚的殷瓦钢进行焊接犹如在钢板上“绣花”,短短几米长的焊缝,需要焊接五六个小时,对人的耐心和专注度、责任心要求非常高,他每次都保质保量完成极高难度任务。

他还带出了30余名复合型殷瓦焊工。先后参与编写多本焊接书。

钱　进

上海市劳动模范　中国商飞民用飞机试飞中心主任　中国商飞公司总飞行师

5月5日,钱进以C919大型客机首飞机组观察员的身份登机,凭着近40年的飞行经验,全程指导大飞机安全成功首飞,圆满完成我国首款完全按照国际先进适航标准研制的C919大型客机首飞重任。

他首次在国内建立了依托国际航空枢纽机场开展大客机试飞的多方沟通协调机制,科学协调了C919大型客机首飞所需的机场、空域、气象等各方面资源。

他创新性地开展C919大型客机首飞机组、指挥员团队选拔和培训,推动试飞中心朝着世界级的民用试飞机构的目标迈出了一大步。

张　彦

全国劳动模范　上海盛东国际集装箱码头有限公司桥吊司机

10月,张彦作为党代表赴京参加了党的十九大,并被中组部确定为38名重点宣传对象之一。

在2017年举行的全国交运行业职业技能竞赛中,上港集团获得团体第一名。由张彦装卸操作创新工作室培训并选送的5名参赛桥轮吊司机分获项目前三名。

张彦从一名大学生成长为七次打破集装箱作业效率世界记录的技术操作能手,至今他创造的196.78TEU/小时的世界纪录仍无人超越。在上港工作的13年里,他累计安全操作70万个标箱,为上港创造了2亿多元的装卸收入。

李章林

上海市劳动模范　上海隧道工程有限公司项目经理

2017年李章林荣获上海土木工程科学技术一等奖。

在诸光路工程技术不断突破的同时，2017 年李章林提出“五化三型”管理理念，凭借安全管理模式与风险预判功能，在全国施工行业内推广应用。

他带领团队承建了5条超大直径隧道，占全国总量的30%。他创立并完善了中国具有自主知识产权的超大直径泥水平衡盾构施工技术体系，实现了中国在此领域的跨越式发展。

李章林发表论文 2 篇，发明专利 6 项，参编专著 1 部。个人获评全国建筑业企业优秀项目经理等荣誉。

俞卓伟

全国先进工作者　华东医院院长

2017 年市委宣传部批准摄制以俞卓伟事迹为原型的电影《医者责任》已进入后期制作阶段。

俞卓伟主持研究项目获上海康复科技进步一等奖。他主编了多部专著，承担了中国工程院交办的课题。

他十年前就开始实践三甲医院资源下沉社区，支持培养社区家庭医生、全科医师。

“坚持公立医院的公益性”是俞卓伟不变的办院理念。组织食堂员工十多年来为街道独居老人烹饪营养餐 130 万份；带头参加各种义诊活动。关心每位职工，多次通宵达旦抢救病重的普通员工。

李　杰

上海市劳动模范　同济大学研究所所长

2017 年，李杰获得国家自然科学二等奖，当选为国际结构安全性与可靠性协会主席，获得同济大学“卓越教师奖”，被授予“师德师风优秀教师”称号。

李杰在工程可靠性基础理论研究中做出了具有国际声望的学术贡献，实质性地推动了结构工程领域的技术进步。

他先后获得上海市科技进步一等奖等高层次科技奖励 12 项；在国际核心学术期刊发表论文 400 余篇，论著被他人引用 1 万多次。所建立的概率密度演化理论，被国际认为是“实现了突破性的进展”。

陆凯忠

全国劳动模范　上海建工集团上海市基础工程集团有限公司电工

2017 年陆凯忠带领团队，完成了 14 台盾构机的安装拆解、升级改造、维修保养工作。刚荣获市轨交建设工程安全质量信用第一名的发明就是陆凯忠的新型扳手。

盾构机的正常运作关系着地铁工程能否按时通车运营，而 PLC 控制系统作为盾构设备的大脑中枢系统，陆凯忠除了利用国产化的电气元件加以替换改装，自主研发和改造升级，他还纳入远程模块和无线遥控系统，构建盾构机数据库信息化管理。

陆凯忠是一名为近百台盾构机保驾护航的“盾构电气通”。

朱　兰

上海市先进工作者　徐汇区斜土街道社区卫生服务

中心全科医生(团队长)

2017年,朱兰获得全国十大最美医生、中国好医生、全国道德模范提名等荣誉。

3月,朱兰出席全国家庭医生签约服务推进会,并做大会交流发言。截至9月底,朱兰团队的家庭医生人均签约1047户,组合签约总人数达5515人,开具延伸处方4433张。作为一名全科医生,她19年如一日,深化家庭医生服务社区工作,用责任构筑社区健康的堡垒。

朱兰在社区率先进行家庭健康评估和慢性病群组干预管理模式,并在区内社区卫生服务中心全面推广与借鉴。

郭康玺

全国五一劳动奖章　沪港国际咨询集团有限公司党委书记、董事长

2017年郭康玺创新"互联网+"专业咨询业务20项,开启了咨询行业一次新的革命。

财政部中国资产评估协会4月发文表彰郭康玺。

郭康玺领导沪港集团审计资产6.3万亿元,为国家、企事业单位节约资金120亿元,查处问题7.4万个,提出有效管理建议7万条。

他先后主编或参编20多本专业书籍,其中2017年主编出版3本。获评中国优秀工程造价成果二、三等奖,上海市优秀工程咨询成果一、二等奖。

累计向社会捐款超过800万元,2017年让利500万元再次提升员工收入。

杨　磊

全国劳动模范　宝钢特钢有限公司锻造首席操作

杨磊获2017年"上海工匠"称号,被列为重点宣传对象。他还获2015年巴黎国际发明展银奖,全国发明展银、铜奖,为企业创造效益约8646万元。

杨磊练就了用眼用耳把准"一锤定音"的绝技。在国家军工、核电、航空航天等使命产品中,总结出独创的锻造生产工艺技术,先后运用于航母、潜艇、核电、火箭、大飞机等锻件生产中,填补了国内空白,产品质量接近或超过同类进口产品,获上海市科技进步二等奖、国防科技进步二等奖和中航工业集团科技一等奖。

表彰

2017年上海市五一劳动奖状名单(176个)

徕卡显微系统(上海)有限公司
上海国际旅游度假区管理委员会
上海浦东新区工惠职工培训中心
上海浦东公惠社会工作服务中心
菲尼萨光电通讯(上海)有限公司
上海振华重工(集团)股份有限公司
上工申贝(集团)股份有限公司
华澳国际信托有限公司
上海老港申菱电子电缆有限公司
上海康桥实业发展(集团)有限公司
京西重工(上海)有限公司
上海市进才中学北校
上海洋帆实业有限公司
上海市浦东新区周浦医院
上海富申评估咨询集团有限公司
上海巨人网络科技有限公司
上海市徐汇区城市网格化综合管理中心
上海市中国中学
中国华信能源有限公司
贺利氏古莎齿科有限公司
上海天域时捷信息系统有限公司
北新泾社区马路娣调解中心
上海和睦家医院有限公司
上海长宁公共租赁住房运营有限公司
上海金贝摄影器材实业有限公司
上海中环投资开发(集团)有限公司
上海长寿敬老志愿者指导中心
上海剧星传媒股份有限公司
德邦证券股份有限公司
上海烟草集团虹口烟草糖酒有限公司
中电国际新能源控股有限公司
上海市第二师范学校附属小学
上海长阳创谷企业发展有限公司
上海市杨浦第三房屋征收服务事务所有限公司
上海市杨浦区投资服务发展中心
上海永业思南置业发展有限公司
上海全国土特产食品有限公司
富士施乐(中国)有限公司
上海蔡同德堂药号有限公司
上海豫园商城房地产发展有限公司
上海立章保洁服务有限公司
上海静安置业(集团)有限公司
上海上实龙创智慧能源科技股份有限公司
上海新镇江酒家经营总公司
上海静安投资有限公司
上海市宝山区文化广播影视管理局
上海柯瑞冶金炉料有限公司
大华(集团)有限公司
上海元熙实业发展有限公司
华漕镇许浦村民委员会
大金氟涂料(上海)有限公司
圣戈班韩格拉斯世固锐特玻璃(上海)有限公司
上海胜僖汽车配件有限公司
上海梅陇城市建设投资发展有限公司
上海市闵行区城市管理行政执法局
上海市嘉定区给排水管理所
上海绿行绿化养护有限公司
上海太太乐食品有限公司
上海德珂斯机械自动化技术有限公司
上海市嘉定好管家业主服务中心
上海台界化工有限公司
金山区教育局
上海汉钟精机股份有限公司
聚威工程塑料(上海)有限公司
上海昌强工业科技股份有限公司
上海天敏自动化仪表有限公司
国基电子(上海)有限公司
上海市松江区第四中学
上海庆益鞋业有限公司
上海荣泰健康科技股份有限公司
日立电梯(上海)有限公司
上海沪工焊接集团股份有限公司
上海美都环卫服务有限公司
上海裕生特种线材有限公司
奉贤区妇幼保健所
上海树园盆景花木有限公司
上海井上高分子制品有限公司
上海人本集团有限公司
上海水星家用纺织品股份有限公司
上海新河市政建设有限公司
上海市崇明区海塘管理所
上海电气集团置业有限公司
上海电气电站服务公司
上海一冷开利空调设备有限公司通惠空调设备厂
上海飞乐音响股份有限公司
上海上药第一生化药业有限公司
国网上海市电力公司物资公司
国网上海市电力公司青浦供电公司
上海电力建设启动调整试验所
上海宝钢工程咨询有限公司
宝钢新日铁汽车板有限公司
上海宝鸿工贸实业有限公司
上海航天精密机械研究所
上海申航进出口有限公司
中船第九设计研究院工程有限公司
上海烟草包装印刷有限公司
上海赛科利汽车模具技术应用有限公司
华域汽车电动系统有限公司
上海实业交通电器有限公司
上海东甸物业管理有限公司
上海铁路局上海大型养路机械运用检修段

中远海运能源运输股份有限公司
上港集团长江港口物流有限公司
上海明东集装箱码头有限公司
上海吴淞口国际邮轮港发展有限公司
上海浦东东站长途客运有限公司
上海信息产业(集团)有限公司
中交疏浚技术装备国家工程研究技术有限公司
中交上海港湾工程设计研究院有限公司
中国货运航空有限公司
东航期货有限责任公司
上海国际机场股份有限公司航站区管理部
中华人民共和国洋山港海事局
国核工程有限公司
上海市园林工程有限公司
上海建工出租汽车有限公司
上海市交通委员会执法总队
鲁中矿业有限公司小官庄铁矿
中国建筑第八工程局有限公司西北分公司
上海大屯能源股份有限公司姚桥煤矿
中国工商银行股份有限公司上海市闸北区天目东路支行
中信银行股份有限公司上海静安支行
中国银行股份有限公司上海市天钥桥路支行
上海市地方税务局虹口区分局
上海市职业能力考试院
上海应用技术大学
上海音乐学院
上海市教育委员会教学研究室
中国船舶工业集团公司第七〇八研究所
中国科学院上海技术物理研究所
上海中医药大学附属岳阳中西医结合医院
复旦大学附属眼耳鼻喉科医院
上海市同济医院
上海市临床检验中心
上海新闻出版职业技术学校
新民周刊社
上海五岸传播有限公司
中石化上海工程有限公司
中国海诚工程科技股份有限公司
上海现代制药股份有限公司
中国航空无线电电子研究所
农工商房地产集团万阳(上海)置业有限公司
上海跃进现代农业有限公司
上海市龙华殡仪馆
上海市监狱总医院
上海和平饭店有限公司
上海锦江外事汽车公司
上海国际贵都大饭店有限公司
上海市保安服务总公司
上海市食品药品监督管理局执法总队
上海出入境检验检疫局机电产品检测技术中心
上海市法律援助中心
上海市消费者权益保护委员会秘书处
上海新华联大厦有限公司
上海世纪联华超市长宁有限公司
上海外高桥第二发电有限责任公司
上海强生科技有限公司
上海巴士第四公共交通有限公司
上海水产集团龙门食品有限公司
上海地铁第四运营有限公司
上海城投水务工程项目管理有限公司
上海元中实业有限公司
众华会计师事务所(特殊普通合伙)
上海鼎胜建筑工程管理设计有限公司
上海城建物资有限公司
上海燃气工程设计研究有限公司
上海中星集团新城房产有限公司
上海东浩兰生赛事管理有限公司
中建二局第一建筑工程有限公司上海分公司
上海明华电力技术工程有限公司
中国民用航空华东地区空中交通管理局飞行计划处理中心
上海市工业区开发总公司(有限)
上海实业发展股份有限公司
上海市公安局交通警察总队
上海国盛集团资产有限公司
华能国际电力股份有限公司上海石洞口第二电厂

2017 年上海市五一劳动奖章名单(598 个)

俞继宏　上海群志光电有限公司工程师
蒙小强　三国(上海)企业管理有限公司工会项目责任经理
胡　军　安靠封装测试(上海)有限公司设备主管
王希平　上海振华重工(集团)股份有限公司装配钳工
孙文强　上海利华建筑装潢有限公司部门主管
卢　洁(女)　上海市浦东新区明珠小学副校长
肖方琴(女)　上海大信劳务派遣有限公司数据员
黄　红(女)　上海老港申菱电子电缆有限公司工会主席
李彩辉(女)　三生国健药业(上海)股份有限公司高级副院长、知识产权高级总监
彭志群　上海怡顺建设发展有限公司安全员
徐晓根　上海康桥中药饮片有限公司质量监管
徐　赟　扬子江药业集团上海海尼药业有限公司技术人员
江华锋　上海耀华称重系统有限公司主任工程师
刘伟文　上海浦东施湾建筑安装工程有限公司总工程师
杜　龙　上海清美绿色食品有限公司技术人员
蔡忠铭　上海市浦东新区龚路中心小学校长兼党支部书记
李　萍(女)　上海亚荣电梯设备制造有限公司工会主席
汪思慧(女)　上海浦东开发(集团)有限公司规划管理主管

吴文臣　上海英恒电子有限公司软件工程师
邹向宇　赛默飞世尔（上海）仪器有限公司产线支持工程师
康　艺（女）　上海沪郊蜂业联合社有限公司科普工作者
刘洵岑（女）　上海金桥土控联合投资开发有限公司土地招商部经理
唐仕东　中钞油墨有限公司油墨工艺研究
何国光　上海三凯进出口有限公司常务副总经理
连　池（女）　上海市浦东新区税务局科员
桂宏伟　浦东新区航务管理署八级普通管理
吴觅修　上海孙桥现代农业联合发展有限公司技术主管
尧　云　上海陆家嘴城市建设开发投资有限公司城开区域建设部副经理
陶　勇　久江控股集团有限公司财务总监
张剑斌　浦东新区市场监管局注册许可分局副局长
杜敏明（女）　上海宜欧国际物流有限公司副经理
周　鑫　上海西门子医疗器械有限公司职员
瞿文学　浦东新区动物疫病控制中心技术员
焦　春（女）　施耐德（上海）电器部件制造有限公司质量工程师
顾伟军　昌硕科技（上海）有限公司部门主任
朱文莲（女）　上海星申机械有限公司质量技术部经理
俞钱辉　上海高桥捷派克石化工程建设有限公司运保主管
高　建　上海嘉里粮油工业有限公司工会主席
黄　英（女）　上海国安园林景观建设有限公司工会主席
钱爱梅（女）　上海市浦东新区规划设计研究院技术员
张卫国　特乐斯特机械（上海）有限公司车间副主任
刘祖山　上海悦鑫五金制品有限公司技术副总
赵建东　玛戈隆特骨瓷（上海）有限公司技术总监
孙惠倩（女）　上海畅顺达国际物流有限公司工会主席
嵇仙伟　上海市住安建设发展股份有限公司工会主席
张　毅　上海南汇自来水有限公司管道养护所周康养护站站长
卢　航　上海浦东新区杨高公共交通有限公司修理分公司技术人员
杨志明　上海浦东新区金高公共交通有限公司国际旅游度假区接驳线驾驶员
张大伟　上海市浦东建筑设计研究院有限公司技术委员会主任
金龙国　上海韩泰轮胎销售有限公司企划、原料购买科科长兼工会主席
何中强　上海帆顺餐饮有限公司行政总厨
强　强　西藏大厦股份有限公司上海西藏大厦万怡酒店防损部总监
徐高尚　上海恰尔斯电力（集团）有限公司变电班班长
缪志贤　徐汇区绿化和市容管理局党委书记、局长
沈　丽（女）　莱博实业（上海）股份有限公司常务副总
谢　晨（女）　捷普科技（上海）有限公司SAP经理
叶可央（女）　上海西岸开发（集团）有限公司规划管理部部长
王菊昇　上海汇成物业有限公司总经理助理
金华冬　上海龙华汽车配件有限公司技术部工程师
龙中柱　上海东岳生物化工有限公司技术副总
陈　旭　上海市第八人民医院科主任
杨莉华（女）　上海徐汇区长颈鹿美语培训中心财务主管
曹来根　上海怡亚通龙川供应链管理有限公司工会主席
武颖晖（女）　亿滋食品企业管理（上海）有限公司工会主席
曾建阳　上海彼菲国际物流有限公司工会主席
程流风　上海徐房房屋维急修中心队长
李　青　舜元建设（集团）有限公司总工程师
于春雷　上海置信电气股份有限公司总经理助理兼生产管理部主任
苗其巍　携程旅游网络技术（上海）有限公司法务总监
刘　勇　上海久焱国际贸易有限公司服装部业务经理
周颖芳（女）　长宁区初级职业技术学校教导主任、工会主席
钟　霄　上海禾煜贸易有限公司生产部总经理
王丽晔（女）　力新仪器（上海）有限公司销售总经理
尹威封　上海高洁环境卫生服务有限公司道路保洁工
姚　键（女）　联合利华中国集团税务副总监
李崇华　上海新长宁集团仙霞物业有限公司水电维修工
殷民华　上海荣茂工贸有限公司董事长、党支部书记
王坚欣　尤妮佳（中国）投资有限公司党支部副书记
石向东　华阳街道社区卫生服务中心工作室负责人
顾志君　上海美天副食品有限公司副总经理
刘　丹（女）　上海香雪海国际贸易有限公司财务
程　鹏　上海长城电子信息网络有限公司副总经理、党支部书记
雷命龙　上海康利石材有限公司厂长
姜　维　上海英盾保安服务有限公司保安队长
王先锋　上海电科电器科技有限公司研发副总经理
杨子平　上海华为电信设备工程有限公司工会主席
刘宪华　上海市公安局普陀公安分局副局长
姜同金　上海市普陀区住房保障和房屋管理局房屋征收（拆迁管理）科科长
王金妹（女）　赵家花园居民区党总支书记
刘日东　上海市普陀区少年儿童业余体育学校教师
周士春　上海久环建设工程有限公司施工员
成　慧（女）　上海普环实业有限公司第一分公司班组长
夏莉莉（女）　上海蓝鸟机电有限公司总经理助理工会主席

惠光杰 上海月星控股集团有限公司保安队长
张 豪 上海市江宁学校副校长
赵国林 上海军盛物业管理有限公司工程部主管
郇恒娟(女) 上海捷铭律师事务所主任律师
何 平 上海市公安局虹口分局刑侦支队副支队长
陆 仪 上海三吉电子工程有限公司客户服务中心主管
徐凯里 上海市复兴高级中学校办主任
张益辉 上海市第一人民医院分院呼吸科主任
杨 可 上海苏宁云商销售有限公司运营总监
储光亚 上海森信建设集团有限公司工会主席、总会计师
吕景海 上海贝曼元脉信息技术有限公司总经理
钱 亮 上海杨浦滨江投资开发有限公司土地事业部经理
杨 珺(女) 易保网络技术(上海)有限公司副总经理
童文飞 上海杨浦环境发展有限公司海真保洁分公司清道工
周富海 上海三湘建筑装饰工程有限公司质量部副经理
陈清军 安信信托股份有限公司信托业务三部总经理
王 祎(女) 上海市杨浦区建设和管理委员会总师室负责人
忻晶浩 上海诺亚荣耀投资顾问有限公司公共关系政府事务副总监
胡小芳(女) 上海馨浦老年社工师事务所护理员
周志明 中共上海市杨浦区委信访办公室主任
涂意辉 杨浦区中心医院关节外科主任
王亦莉(女) 上海新眼光医疗器械股份有限公司综合事务部总经理
刘 菁(女) 中民普惠金融服务有限公司经理
程世林 申杰环境发展(上海)有限公司技术经理
钟 琼(女) 陈娟英敬老院护理组长
汤可才 上海市黄浦区青少年科技活动中心教师
孙 宏 上海卧室用品有限公司办公室主任
江乃恩 上海新世纪房产服务有限公司保洁领班
朱冬亮 老凤祥股份有限公司技术创意管理中心副主任、东莞公司副总经理
徐建春 上海第十二机床厂班组长
卫水刚 上海力进铝质工程有限公司高级设计师
倪 岚(女) 上海华盛建设(集团)有限公司党委副书记、工会主席、副监事长
王雪梅(女) 丰收日(集团)股份有限公司店长
赵毓萍(女) 上海药房股份有限公司淮海店副经理
郭乃根 上海申丰地质新技术应用研究所有限公司研发室主任
徐 成 上海三意楼宇实业有限公司技术工人
游玉敏(女) 上海豫园南翔馒头店有限公司豫园店技术总监兼副经理
张 峰 上海市静安区绿化管理中心八级职员
曹敬衡 惠氏营养品(中国)有限公司企业沟通部总监
符永明 上海市静安区北块房屋维修应急中心有限公司工人
孙 亮 上海市民立中学校体质健康中心主任
郑广良 上海格尔软件股份有限公司销售经理
吴全英(女) 上海幸福实业有限公司企业人力资源管理师
徐定良 上海绿凯商场有限公司党支部书记、工会主席
陈凤平 上海凯司令食品股份有限公司技术总监
徐文东 复旦大学附属华山医院静安分院静安区中心医院院长、党委副书记
阮建荣 上海嘉荣环保科技有限公司总工程师
蔡华民 上海吉祥房地产有限公司静安香格里拉大酒店餐饮部经理
蒋茂生 上海永兴硬质合金有限责任公司储运科长
王建峰 龙盛置地集团有限公司财务总监
商智勇 上海闸环北站环境卫生工程有限公司车间副主任
龚 霆 上海市公安局静安分局交警支队副支队长
鲍远林 上海万事红管道燃气经营有限公司抢修主管
金淑萍(女) 上海市宝山区社会保障服务中心办公室主任
包建平 上海晟敏投资集团有限公司副总经理、工会主席
翟亚玲(女) 上海宝山区高境镇养老院护理班长
苏屹巍 上海市宝山区燃气管理所副所长
王忠明 上海市宝山区绿化和市容管理局管理科科长
沈跃群(女) 上海市宝山区环境保护局污染控制(法制)科负责人
杨定蕾(女) 上海师范大学附属经纬实验学校副校长
胡志英(女) 上海吉爱家庭服务有限公司护工
陈名亮 上海宝房通河物业管理有限公司副总经理
郭玲勇(女) 上海三航奔腾建设工程有限公司人力资源部经理、办公室主任、工会主席
吉丽丽(女) 上海朗骏智能科技股份有限公司质量部经理
张惠清 上海升广科技有限公司技术部组长、工艺师
黄德凯 上海派克汉尼汾流体连接件有限公司生产经理、工会主席
唐伟国 上海第一冷冻机厂有限公司副总工程师兼质管部部长、工会主席
李福全 上海吴淞市政建设有限公司下水道养护班长
金 文 上海市宝山区水务局工程管理科科长
周春艳(女) 上海市宝山区住房保障和房屋管理局市场管理科科长

唐　鸣　上海市第一人民医院宝山分院(吴淞中心医院)麻醉科主任
吴红梅(女)　上海市宝山区市场监督管理局组织人事科科长
杨　凡　上海通用金属结构工程有限公司总工程师、工会主席
张钢雨　中国二十冶集团有限公司海外分公司经理
吴在盛　上海宝世威石油钢管制造有限公司工会主席
吴晓清　上海七宝商城农副产品综合交易市场经营管理有限公司班长
谢玉妹(女)　上海漕河泾开发区闵行高科技园发展有限公司工会主席
蒋仲德　上海凤庆菜市场经营管理有限公司总经理、党支部书记
张学军　上海闵行区颛桥镇社区工作者事务所银一居委会书记
路凤琴(女)　闵行区农业技术服务中心高级农艺师、副主任
潘阿锁　上海爱登堡电梯集团股份有限公司总工程师助理
胡爱民　闵行区民政局科长
张生民　上海全安医疗器械有限公司设备维修
王　松　上海神舟汽车节能环保股份有限公司部长
高庆平　上海纳杰电气成套有限公司工会主席
顾叶芃　上海紫竹高新区(集团)有限公司紫竹高新区工会副主席
金国建　闵行区林业站农艺师
江　磊　微软亚太科技有限公司高级开发经理、工会主席
计　英(女)　闵行区启智学校教师
周　霆　上海锦湖日丽塑料有限公司研发经理
姜玉稀　上海三思电子工程有限公司副总工程师
蔡文辞(女)　康师傅控股有限公司食品研究员
孙永山　闵行区司法局梅陇司法所所长
张传武　上海禾泰物业管理有限公司部门经理
顾　昊　闵行区莘庄社区卫生服务中心医疗康复部部长
杨　明　保力马科技(上海)有限公司制造部长、工会主席
陈道宏　广汽菲亚特克莱斯勒汽车销售有限公司上海分公司党委书记、执行副总裁
陈绪强　上海广为焊接设备有限公司产品开发工程师
吕秋辉(女)　莱尔德电子材料(上海)有限公司人事行政主管
杨忠义　上海市闵行区住宅建设发展中心主任
吴逸鹤　上海市嘉定区房地产交易中心科长
刘永磊　福耀集团(上海)汽车玻璃有限公司模具设计科科长
曹　彬　上海联影医疗科技有限公司部门经理
姜益青　上海市嘉定区殡仪馆整容组副组长
徐国胜　嘉定区房屋应急维修中心班组长
程　熙　上海市嘉定区水产技术推广站工程师
顾　翀　上海市嘉定区发展和改革委员会科长
金静曦　上海市嘉定区建筑业管理所执法室主任
朱燕青(女)　上海市嘉定区南翔小学教导主任
刘旭东　上海联盈塑料印刷有限公司注塑车间主任、工会主席
侯　波　上海天灵开关厂有限公司副总经理
张彦斌　奥托立夫(上海)汽车安全系统研发有限公司高级技术人员
杭玉英(女)　莱尼电气系统(上海)有限公司运营经理、镇总工会委员、公司工会副主席
王亚德　华荣科技股份有限公司技术中心经理
王文华　上海真新街道社区工作者事务所社工
印永华　上海迎新保洁服务有限公司机修工
段智勇　上海华镛精密机械有限公司工程师
黄雪元　上海市嘉定区中医医院急诊科主任
陆晓菲　上海市嘉定工仁社会工作服务中心社工
陈　良　上海市嘉定区城市管理行政执法局执法大队中队长
张忠胜　上海三牛食品有限公司生产经理
许利战　德力西电气有限公司技术总监
朱品军　上海新时达电气股份有限公司售后经理
张正锋　重机(上海)工业有限公司资材调达课长兼工会主席
钱其军　上海细胞治疗工程技术研究中心集团有限公司集团总裁、研究中心主任
高庆锋　上海嘉乐股份有限公司总经理
平庆东　上海起帆电缆股份有限公司职工
王庆华(女)　金山区农村经济经营管理指导站站长
龚　辉　复旦大学附属金山医院心血管内科主任
褚红梅(女)　上海市金山区人民法院枫泾法庭副庭长
镇　云(女)　金山区金山卫镇水务站站长
王意君　上海皓月电气有限公司制造部副部长
刘利权　上海中石化工物流股份有限公司汽车驾驶员
王卫国　上海国荣果业专业合作社技术总监
严冰卿(女)　上海汇得科技股份有限公司总经理助理
陈晓兰(女)　华博汽车镜(上海)有限公司总经理助理
孙德红　上海巴士化工物流有限公司职工
董万田　上海发凯化工有限公司总经理
胡　叶(女)　上海颐和苑老年服务中心生活管家
陈云峰　上海泰胜风能装备股份有限公司焊接组组长
姚廷国　上海金标实业有限公司项目总监
陈家明　上海索伊电器有限公司综合办主任
洪登军　上海致远绿色能源股份有限公司组长
牛佳耕(女)　巴特勒(上海)有限公司全国质量保证经理、工会主席
吴　伟　九亭镇城市网格化综合管理中心主任
陈碧莲(女)　松江区农业技术推广中心副主任

仇忠启　上海德稻集群文化创意产业(集团)有限公司战略发展总监
杭玉敏(女)　上海城通轨道交通投资开发建设有限公司城交中心事业部部长
王晓光　本田摩托车研究开发有限公司班组长
马　明　正泰电气股份有限公司主任工程师
赵金芳(女)　上海市松江区方松街道社区卫生服务中心医务科长
郭宁伟　上海市松江一中班主任、德育处副主任
赵敏勇　上海市松江区岳阳街道长桥居民委员会党总支书记、居委会主任、工会主席
朱　杰　上海市松江区九里亭街道九里亭社区居民委员会书记
宋向军　上海市松江区人民法院副庭长(正科)
赵文方(女)　上海市松江区园林绿化管理中心科长
常延沛　上海中联重科桩工机械有限公司旋挖钻机产品经理
张家鑫　上海伊斯曼电气股份有限公司一线技术员
余迪勇　上海扬盛印务有限公司后道生产主管
关红鹿　上海江河幕墙系统工程有限公司项目经理
侯红立　上海金日冷却设备有限公司襄理
张　勇　上海克劳德刀片制造有限公司职员
李玉宝　上海春黎电子实业有限公司车间主任
李　果　上海松江大众出租汽车有限公司职工
葛　虹(女)　方松社区人口综合服务管理中心负责人
金　浩　上海钟书实业有限公司董事长
黄新龙　上海市公安局青浦分局三级警长
夏丹红(女)　井盛橡塑(上海)有限公司总经理助理、工会主席
张　军　上海冈腾日用装饰有限公司电工
邹建生　申通快递有限公司董事长助理、副总裁
朱军芳(女)　青浦区赵巷镇金葫芦第二社区居民委员会党总支书记
戚仁玉　上海市青浦区盈浦街道办事处社区平安办主任
黄　健　上海佳吉快运有限公司工会主席
王雪明　上海东色日化有限公司设备科主任
刘志坚　博凯机械(上海)有限公司工程师
秦婉婉(女)　上海真兰仪表科技股份有限公司研发员
高　璇　上海晶盟硅材料有限公司制程部门主管
王　铮　上海福寿园实业发展有限公司雕塑师
张　磊(女)　上海西虹桥商务开发有限公司党政办副主任
陶彦川　上海市青浦区市场监督管理局市场主体监管科副科长
胡大明　上海市青浦区农业技术推广服务中心种子科科长
王叶锋　上海阿卡得电子有限公司维修技师
陆康其　上海市青浦高级中学校长兼党总支书记
李松青(女)　新大洲本田摩托有限公司工会副主席
石纪刚　青浦区华新镇陆象村村民委员会支部书记
夏　健　上海淀山湖新城发展有限公司规划建设部经理
王继龙　上海汇益控制系统股份有限公司工会主席
王　平　帝斯曼维生素(上海)有限公司对外事务专员、工会主席、党总支副书记
瞿剑平　上海奉贤交通能源(集团)有限公司董事长
钟敏增　上海寒翁福农业发展有限公司销售
梁仕胜　上海华悦包装制品有限公司吹膜工
王翠珍(女)　上海市奉贤区职工援助服务中心副主任
肖卫刚　奉贤区谐和综合协管服务中心职工
吴志群(女)　上海航星机械(集团)有限公司人力资源总监
季春友　上海惠尔利农资有限公司评价师
季　辉　莹特菲勒化妆品(上海)有限公司行政总监
吴丽敏(女)　上海康允食品有限公司会计
李　燕(女)　爱舍(上海)新型建材有限公司人事干部兼工会主席
黄秀琴(女)　上海碧海金沙投资发展有限公司党组织副书记
陈　忠　上海神仙酒厂高级酿酒师
瞿　明　上海创峰市政工程有限公司工程师
包东欢　加利派包装制品(上海)有限公司工会干部
赵　叶　上海市奉贤区排水管理所副所长
曹　枫　上海古华药业有限公司销售经理
朱银莲(女)　上海市奉贤区教育局科长
阮红娟(女)　奉贤区中医医院党总支副书记
杜丹丹(女)　上海京清蓉服饰有限公司制版员
程　娟(女)　上海浦东电线电缆(集团)有限公司人事部长
黄锦辉　上海申驰实业有限公司工程师
龚建琴(女)　上海市崇明区民政局(上海市崇明区社会团体管理局)党委书记、局长
韩　瑾(女)　上海裕生企业发展有限公司工会主席
郭菊香(女)　崇明堡镇虹宝社区居委党支部书记
陈泉生　上海市崇明区蔬菜科学技术推广站科研人员
蔡兴良　上海气功成套公司三分厂生产车间主任
沈　竑　上海沐雨生态农业有限公司科研人员
钮菊香(女)　崇明区港西镇静南村村民委员会党支部书记
陆水祥　上海市崇明区长兴镇网格化综合管理中心主任
孔　萌　上海发那科机器人有限公司研发中心副部长
盛三妹(女)　上海一冷开利空调设备有限公司管理员
侯朝勤(女)　上海马陆日用友捷汽车电气有限公司产品工程部部长
王　贤　上海三菱电机上菱空调机电器有限公司党委书记、副总经理

顾家铭 上海天安轴承有限公司副总经理、总工程师
黄国飞 上海电缆研究所有限公司专业技术学科带头人
黄晨宇 上海锅炉厂有限公司工人
樊 青 上海施耐德工业控制有限公司生产部经理
欧阳丽(女) 上海电气集团股份有限公司中央研究院分布式能源应用研究室主任、分布式能源产品部部长兼上海电气分布式科技有限公司总经理
卜 健 华鑫证券有限责任公司部门经理
刘 颖(女) 上海仪电智能电子有限公司质量工程师
奚志峰 上海氯碱化工股份有限公司工艺能源主管
王晓春(女) 上海华谊丙烯酸有限公司安环部安全工程师
吴林山 双钱轮胎有限公司载重轮胎分公司工会主席
张慧群(女) 上海造币有限公司电器组长
朱佳艺 上海印钞有限公司设计雕刻师
阮兰英(女) 上海纺织时尚定制服饰有限公司副总经理
王志娴(女) 上海纺织建筑设计研究院第一设计所副所长
夏广新 上海医药集团股份有限公司中央研究院助理院长、药物设计技术总监、药物化学研究室主任
刘 英(女) 上海医药集团药品销售有限公司大区经理
李跃雄 上海雷允上药业有限公司神象参茸分公司副总经理
黄振宇 上药控股有限公司全国医院供应链服务部总经理
施红军 上海送变电工程公司应急抢修中心副主任
薄东兴 国网上海市电力公司嘉定供电公司班组长
韩浩江 国网上海市电力公司市北供电公司运检部副主任
朱东升 上海电力安装第一工程公司罗源项目执行经理
强 益 欧冶云商股份有限公司欧冶材料北方分公司副总经理
张 忠 上海宝地杨浦房地产开发有限公司商办事业部副总经理
余寅槎 华宝证券有限责任公司电子商务部总经理
黄志兴 上海宝钢化工有限公司设备部首席工程师
朱庭锐 上海宝翼制罐有限公司工厂部模具工程师
邵卫东 宝钢特钢有限公司制造管理部首席工程师
周磊磊 宝钢不锈钢有限公司冷轧厂轧钢工艺主任工程师
邹世文 上海梅山钢铁股份有限公司炼钢厂连铸浇钢首席操作
李克刚 中冶宝钢技术服务有限公司行车分公司经理、党委书记
李伟伟 中冶宝钢技术服务有限公司第三分公司作业长
谢洪军 上海宝冶集团有限公司国际工程公司项目经理
李述良 中国石化上海高桥石油化工有限公司水务中心装置长兼第二党支部书记
富小青 中国石化上海石油化工股份有限公司公用事业部主任技师
王余东 中国石化上海石油化工股份有限公司芳烃部主任技师
董瑶海 上海航天技术研究院型号总设计师
蔡红豪 上海航天技术研究院型号总指挥
马雪阳 上海航天控制技术研究所副总工程师
俞志勇 江南造船(集团)有限责任公司总带班
盛同范 上海外高桥造船有限公司部长
韩 月 上海外高桥造船有限公司工人
竺华君 沪东重机有限公司技术人员
彭其林 沪东中华造船(集团)有限公司作业长
陆方东 沪东中华造船(集团)有限公司总装三部部长
周志勇 上海船舶研究设计院主任
夏顺雨 江南造船(集团)有限责任公司江南研究院舰船技术研究所副所长
陈 辉 上海烟草集团有限责任公司上海卷烟厂工人
朱 钢 上海实业交通电器有限公司总监
孙学东 上海皮尔博格有色零部件有限公司制造总监兼质量总监
贾 鸣 上海汽车资产经营有限公司投资交易执行总监
杨艳红(女) 博世华域转向系统有限公司财务部总监
李 君 联合汽车电子有限公司电子控制器业务部总监
张觉慧 上海汽车集团股份有限公司乘用车分公司总工程师、技术中心常务副主任
凌君旸(女) 上海柴油机股份有限公司主任工程师
章 磊 上海纳铁福传动系统有限公司总经理
罗来军 联创汽车电子有限公司副总经理
王雪忠 上海汽车变速器有限公司总监
黄治德 上海拖拉机内燃机有限公司模修工
张 悦 上海华力微电子有限公司总监
王海红(女) 上海先进半导体制造股份有限公司工程部经理
刘静云(女) 国药控股股份有限公司财务与资产管理部部长
孔令坤 上海高铁维修段技术员
顾 蓉(女) 上海铁路局上海客运段列车长
许向军 上海铁路局上海机车检修段班组长
王宁茜 上海铁路局上海动车段工长
徐家骏 上海外轮代理浦东有限公司调度室主任
张建华 中波轮船股份公司调度室总船长
蒋雨雷 中海国际船舶管理有限公司上海分公司船长
张玉涛 上海庆刚国际物流有限公司集卡司机

林　佳(女)　上海港国际客运中心开发有限公司市场商务部经理兼资产管理公司总经理
高晓丽(女)　上海国际港务(集团)股份有限公司集团资产财务部总经理
陆志明　上海港公安局洋山分局交警大队大桥中队中队长兼东海大桥检查站站长
翟军斌　上海市汽车修理有限公司汽车修理三厂车间主任
顾云峰　上海交运集团股份有限公司汽车零部件制造分公司模具中心主任助理
费　智　上海市轮渡有限公司船舶轮机长
张佳婕(女)　中国邮政集团公司上海市分公司干事
施　平　中国邮政集团公司上海市邮区中心局驾驶员
董卫芳(女)　中国邮政集团公司上海市奉贤区分公司理财经理
王光华　中国移动通信集团上海有限公司内设机构管理人员
孙蓓莉(女)　中国移动通信集团上海有限公司营业厅经理
陈晓芳(女)　中国电信股份有限公司上海移动互联网部工程师
钱名海　中国电信股份有限公司上海嘉定电信局局长、党委书记
王　艺　中国电信股份有限公司上海研究院物联网首席技术支撑
韩　俊　中国电信股份有限公司上海网络操作维护中心首席集约化维护技术支撑
杨长勇　中国电信股份有限公司上海东区电信局班组长
沈斌杰　中国电信股份有限公司上海浦东电信局陆家嘴分局长
陈元弟　交通运输部东海救助局船长
许慧琳(女)　上海航空有限公司客舱服务部乘务三部四分部高级副经理
唐新权　东方航空进出口有限公司报关公司经理
刘仕英(女)　中国东方航空股份有限公司客舱服务部乘务二部分部高级副经理
周天民　中国东方航空股份有限公司信息部服务产品部副经理
张　劲　上海东方航空设备制造有限公司副总工程师兼技术开发部经理
缪明霞(女)　上海国际机场股份有限公司安检护卫保障部分队长
吕坚伟　上海机场建设指挥部高级项目经理
徐　娜(女)　上海机场(集团)有限公司虹桥国际机场公司能源保障部水环境管理科科长助理
顾智勇　中华人民共和国浦东海事局船舶处处长(科级)
杨　涛　上海市城乡建设和交通发展研究院高级工程师
尹　竹　中铁上海工程局集团有限公司项目经理
徐　勇　中国船级社上海规范研究所技术支持和保障部主任
郝后安　中铁二十四局集团有限公司精测队队长
刘　忆(女)　上海市公积金管理中心受理科科长
吴彩娥(女)　上海勘测设计研究院有限公司河口海岸设计部主任
方　芳(女)　上海建工房产有限公司项目经理
陆　峰　上海建工二建集团有限公司区域项目经理
林　岚(女)　上海上安机电设计事务所有限公司设计总监
许海英(女)　上海市政工程设计研究总院(集团)有限公司设计师
陈　意　上海外经集团控股有限公司项目经理
王瑞瑶　上海建工材料工程有限公司党委书记、董事长
杨　军　上海第一建筑劳务服务有限公司项目施工员
杨军志　上海兴法建设劳务有限公司工人
金　青　上海建工五建集团有限公司区域项目经理
陈　颖(女)　上海建工四建集团有限公司工程师
俞建强　上海建工一建集团有限公司区域项目经理
沈　光　上海市基础工程集团有限公司项目经理
曹　旸　上海市机械施工集团有限公司项目经理
刘海涛　中石化海洋石油工程有限公司上海特殊作业分公司井下作业部经理
杨天春　上海动物园饲养员
花炳灿　华东建筑设计研究院有限公司华东都市建筑设计研究总院总工程师
尚晓云　莱芜莱新铁矿有限责任公司区长
贾卫红　上海市水务规划设计研究院主任
刘焜明　中建八局广西分公司项目副指挥长
董开龙　中建八局大连分公司后勤司机
王文丽(女)　中建八局第三建设有限公司财务资金部副经理
吕　恩　中建八局海外事业部马来西亚公司经理
刘祥林　中建八局东孚物业管理有限公司物业工程主管
谢圣美(女)　中国建筑第八工程局有限公司法务部经理
卢晓波　中建八局第二建设有限公司基础设施事业部经理
张慧敏(女)　中建八局装饰工程有限公司项目经理
刘　星　中建八局青岛分公司南通群兴建筑安装劳务公司安装工长
郭训栋　中建八局第一建设有限公司项目经理
汪宏友　中建八局第四建设有限公司青岛新机场项目总指挥
毛登文　中建八局总承包公司项目经理
陈　勇　中建八局广州分公司广州经理部经理
王文元　中建八局上海分公司董事长兼党委书记
王　兴　上海大屯能源股份有限公司孔庄煤矿队长
贾　巡　上海大屯能源股份有限公司铝板带厂车间副主任

鲁继亮　上海大屯能源股份有限公司发电厂班长
刘思思(女)　上海股权托管交易中心股份有限公司党委办公室主任助理
朱　凌(女)　交通银行太平洋信用卡中心联盟业务总监
卓新桥　中海信托股份有限公司总裁助理
彭义刚　上海证券交易所总监助理
张珍珍(女)　中国银行业监督管理委员会上海监管局科长
王　燕(女)　中国人民财产保险股份有限公司上海市分公司业务主管
殷春平　太平洋资产管理有限责任公司风险管理委员会委员、产品委员会执行委员、产品管理部兼营运部总经理
曹雪松　海通证券股份有限公司上海分公司总经理、党委书记
陈忠义　国泰君安证券资产托管部总经理
钱美华(女)　申万宏源证券有限公司营业部总经理
葛剑辉　广发银行上海分行支行行长
顾　贤(女)　招商银行上海分行会计主管
陈申炜(女)　中国民生银行上海广场支行行长
鄂永健　交通银行股份有限公司总行高级经理
万　霞(女)　中国建设银行上海市分行投资银行部副总经理
杨园君　上海农村商业银行股份有限公司支行行长
邱纪晟　上海浦东发展银行股份有限公司上海分行员工
杨晓波　安信信托股份有限公司总裁
王　英(女)　上海市国家税务局第七税务分局副科长
庄英萍(女)　华东理工大学教授
刘玉红　华东师范大学后勤保障部膳食服务中心夏雨厅主任
邢彦锋　上海工程技术大学车辆工程系主任
李晓欧　上海健康医学院医疗器械学院副院长
艾连中　上海理工大学医疗器械与食品学院副院长
陈南梁　东华大学纺织学院院长
黄　蔚(女)　上海师范大学天华学院语言文化学院院长助理
金可可　华东政法大学教授
奚红妹(女)　上海对外经贸大学教授
童小华　同济大学测绘与地理信息学院院长
宋志坚　复旦大学复旦大学基础医学院数字医学研究中心主任
刘　健　上海市科学技术协会普及部部长
周金秋　中国科学院上海生命科学研究院研究组长
赵跃平　中国船舶重工集团公司第七〇四研究所副总工程师、军品二部主任、主任工程师
董显林　中国科学院上海硅酸盐研究所研究中心主任
卢　强　上海五零盛同信息科技有限公司总经理
毛　洁(女)　上海市卫生和计划生育委员会监督所副所长
张　晰(女)　上海市血液中心中心副主任
詹红生　上海中医药大学附属曙光医院所长、科主任
吴　毅　复旦大学附属华山医院康复医学科主任
姜格宁　上海市肺科医院胸外科行政主任
张　玮(女)　上海中医药大学附属龙华医院主任
吴蓓雯(女)　上海交通大学医学院附属瑞金医院护理部主任
徐雷鸣　上海交通大学医学院附属新华医院消化内镜诊治部主任、消化内科副主任
华克勤(女)　复旦大学附属妇产科医院党委书记
张国桢　华东医院主任医师
胡慧海　上海新华传媒连锁有限公司营业员
朱爱军　解放日报社要闻编辑部主任、报社首席编辑
舒　明　文汇报社副主任
柳　遐(女)　真实传媒有限公司项目部总监
严　敏　上海东方娱乐传媒集团有限公司东方卫视传媒分公司独立制作人
周晓方(女)　上海东方广播有限公司广告中心首席销售经理
王　震　上海社会科学院副研究员
沈　琼　上海体育职业学院男子排球队主教练
赵　涤　中国人民解放军四八〇五集团申佳船厂厂长
朱雪焱(女)　上海医药工业研究院班组长
于乃江　中国航发商用航空发动机有限责任公司设计研发中心副主任
杨春平　上海商业会计学校教师
罗开峰　中国核工业第五建设有限公司作业班长
袁婷婷(女)　中国石油天然气份有限公司上海销售分公司嘉定第四加油站站经理
梅宇飞　上海航空电器有限公司研发工程师
龙红星　联芯科技有限公司技术研发部总经理、新技术发展部总经理
邵　斌　上海市上海农场种植事业部副经理
赵来芳(女)　光明食品集团上海五四有限公司信访办主任、工会副主席、人事部副经理
谢朋军　上海乳品四厂有限公司工厂厂长
张水涛　上海光明长江现代农业有限公司副队长
夏永兴　上海海博星辉出租汽车有限公司驾驶员
马　店　上海益民食品一厂有限公司生产值班长
俞　瑾(女)　上海市食品进出口有限公司业务员
沈铭菊(女)　上海申光高强度螺栓有限公司总经理
邬春华　上海市民政第二精神卫生中心社工部主任
刘　勇　上海市益善殡仪馆班组长
张志华　上海市青浦监狱警官
施文化(女)　上海市司法警官学校电工
韩　波　上海锦浦投资管理有限公司门店经理
施建中　上海虹桥宾馆有限公司董事长、党委书记、总经理
陈建国　上海锦江旅游控股有限公司综合管理部副总监

朱　虔　锦江国际(集团)有限公司投资发展部部门经理
黄　维(女)　上海西郊宾馆餐饮部经理助理
于绍迎　中共上海市委办公厅文印中心装订科、行政科科长
王小清　上海市地矿工程勘察院所长
傅云霞(女)　上海市计量测试技术研究院机械所所长
周　瑟　上海上勤餐饮管理有限公司副经理
周　杰　上海海关科长
孟祥飞　上海机场出入境边防检查站主任科员
邹勤南　上海图书馆(上海科学技术情报研究所)工会主席
刘晓光(女)　上海铁路运输检察院公诉科科长
王晓艳(女)　上海出入境检验检疫局外高桥保税区办事处办公室主任
俞秀芳(女)　上海联华快客便利有限公司店长
张　航　上海奥特莱斯品牌直销广场有限公司党总支书记、总经理
盛春英(女)　上海百联西郊购物中心有限公司顾客服务中心领班
卢海军　上海百联物业管理有限公司保安主管
朱　佳(女)　上海百联汽车服务贸易有限公司党委办公室主任
刘　毅　东方证券股份有限公司总裁助理兼证券金融业务总部总经理
邰士明　上海巴士客车维修有限公司生产主管
张必伟　上海巴士公交(集团)有限公司总经理党委书记
杨逸俊　上海久事国际赛事管理有限公司部门经理
王国林　上海强生集团汽车修理有限公司修理工
张　听　上海申强出租汽车有限公司驾驶员
王继东　上海交通投资(集团)有限公司项目经理
陆袁骏　上海强生物业有限公司项目主管
宋萍萍(女)　上海地铁第一运营有限公司车站站长
费云璐　上海轨道交通十八号线发展有限公司第五项经部经理
杨志豪　上海市隧道工程轨道交通设计研究院分院院长
刘齐山　上海磁浮交通发展有限公司技术经理助理
余　毅　上海市环境工程设计科学研究院有限公司分所所长
顾锦昕　上海老港废弃物处置有限公司班长
姜　峥　上海市市政工程建设发展有限公司董事长、总经理
付瑞秋(女)　上海三盛房地产(集团)有限责任公司成本总监
方士雄　中共上海市社会工作委员会处长
何宇峰　上海宝诚汽车销售服务有限公司技术总监、诊断技师
郭春生　上海岩土工程勘察设计研究院有限公司副总工程师
陈　伟(女)　上海建桥学院招办主任
汪　涛　上海城建投资发展有限公司长沙晟星建设投资有限公司总经理
沙丽新(女)　隧道股份上海市城市建设设计研究总院(集团)有限公司装配式桥梁技术研发中心总工
李　瑞(女)　上海市政养护管理有限公司收费站站长
徐英浩　上海煤气第一管线工程有限公司分公司经理
裴烈烽　隧道股份上海隧道工程有限公司副经理
何忠雷　上海古北物业管理有限公司小区经理
王　建　上海兰生轻工业品进出口有限公司分公司总经理助理
肖小苹(女)　上海外服(集团)有限公司业务中心总经理
沈　茹(女)　中国联合网络通信有限公司上海市分公司员工
胡　坚　中建三局第一建设工程有限责任公司商务结算主管
何培荣　中国建筑第二工程局有限公司上海分公司项目生产经理
余万纤子(女)　中建三局装饰有限公司上海分公司法务员
庄恒建　中建七局(上海)有限公司项目执行经理
生宝杰　上海电力(马耳他)控股有限公司项目经理
蔡治华　上海电力新能源发展有限公司计划部副主任
郑　宏　中铝上海铜业有限公司人力资源部主管
蔡　俊　中国商飞民用飞机试飞中心试飞员中队长
朱林刚　上海飞机设计研究院党总支副书记兼副部长
孟见新　上海飞机制造有限公司车间副主任
邹惠青(女)　上海漕河泾开发区浦星建设发展有限公司工会主席、总经理助理
石　兴　号百信息服务有限公司电商部总经理助理
施兴荣　上海上实现代农业开发有限公司工会主席、党支部书记、副总经理
颜立进　上海市公安局浦东分局三级警长
顾卫红(女)　上海市农业科学院特菜研究室主任
陈　坚　上海国盛(集团)有限公司股权资本运营部总经理
李　彪　华能国际电力股份有限公司上海石洞口第一电厂检修部锅炉专业专工
沈　骏　绿地国际酒店管理集团业主副总
吴正奎　绿地控股集团有限公司审计中心常务副总、财务部副总
王　强　上海申迪建设有限公司执行副总经理
钟　峻(女)　上海申迪(集团)有限公司投资管理部总经理
汤蕴哲　上海世博建设开发有限公司部门经理
田　舜　五冶集团上海有限公司党委副书记

王志磊(女)　上海东方网股份有限公司人机界面部副总监
皮江耘　徐汇区组织部办公室主任

2017年上海市工人先锋号名单(300个)

上海东昌凌志汽车销售服务有限公司油漆班组
上海三国精密机械有限公司焊接班
中共上海市浦东新区委员会办公室政策研究处
霍尼韦尔(中国)有限公司机械系统工程应用部
浦东新区税务局第十一税务所
科思创(上海)管理有限公司健康福祉项目——工会俱乐部工作组
恒为科技(上海)股份有限公司 NEC 业务线硬件部
上海卓杰服饰有限公司样品开发部
上海之合玻璃钢有限公司行政部
藤仓电子(上海)有限公司制造部
浦东新区农业技术推广中心经济作物技术推广科
浦东新区第三少年儿童体育学校自行车队教练组
上海嘉里食品工业有限公司维修组
上海赛飞航空线缆制造有限公司 DMU 数字样机组
上海邮佳驾驶员培训有限公司邮佳后勤班组
上海浦东江南村镇银行股份有限公司会计运行组
上海市公安局自由贸易试验区分局出入境管理支队
上海市浦东新区公利医院泌尿外科
上海泾东建筑发展有限公司施工预算班组
徐汇区精神卫生中心社区药物维持治疗门诊
上海城开房地产经纪有限公司万源城项目组
钛马信息网络技术有限公司钛马车联网项目组
上海太福装卸服务有限公司驻上海铁路局华铁旅服公司虹八班
上海耶里夏丽实业有限公司徐家汇店服务组
上海启武保安服务有限公司华东理工大学保安队
上海日盛环境保洁服务有限公司武康路女子清道班
上海希科陶瓷电器有限公司创新争优组
长宁区工人文化宫会务会展部
上海仓灏投资管理有限公司物业管理部
岛津企业管理(中国)有限公司小型分析仪器事业部
上海达吉斯高级内衣有限公司营销部
上海海尚物业管理有限公司海德花园管理处班组
伟恒通(上海)有限公司兆丰环球大夏保安部
长宁区海松劳动人事争议调解服务社海松工作室
上海协力岩土工程勘察有限公司工程部
上海爱照护养老有限公司万里社区爱照护长者照护之家
斯达拉姆德一机械制造有限公司装配钳工(技工)组
上海国信汽车销售有限公司机电班组
上海英雄金笔厂有限公司产品研发中心
上海市普陀区石泉街道社区卫生服务中心仇宝华家庭医生工作室
上海市虹口区国家税务局货物和劳务税科
上海亿君汽车服务有限公司神州专车运营部
上海海直建设工程有限公司 KRA 先锋号
上海文文千友酒店管理有限公司汉唐品粤酒店前厅部
上海鸿俊保安服务有限公司罗泾电厂保安大队
上海胧爱文化传播有限公司胧爱校园团队
上海益盟软件技术股份有限公司投资教育培训中心
上海杨浦区新鞍市政工程有限公司后勤班组
上海通略机动车驾驶员培训有限公司第三教练组
上海经佳文化产业投资股份有限公司华升项目部
上海易城工程顾问股份有限公司“智库”项目组
上海天泽汽车销售服务有限公司客服部
东亚联合控股(集团)有限公司第一项目经营部
上海捷拓实业有限公司漕泾发电项目部辅控三值
上海黄浦区众和协管服务中心交警支队第二责任区交通协管队中队
上海文汇工程咨询有限公司榆林小壕兔光伏发电工程项目部
黄浦区城市管理行政执法局执法大队小东门街道中队
上海蜂星电讯设备连锁有限公司五角场营业厅班组
上海老同盛有限公司电商团队
上海豫园商贸发展有限公司梨膏糖商店
上海长翎管理咨询有限公司物业部
上海大宁商业投资有限公司大宁广场音乐部
上海市静安区市场监督管理局静安寺市场监管所
上海健桥医院护理部
中航物业管理有限公司上海分公司凯迪克大厦工程部
上海山崎面包有限公司静安久光店班组
上海西艾爱电子有限公司直流接触器工段
上海仲诚通信设备有限公司逸仙班组
上海富驰高科技有限公司生产计划部
上海东方泵业(集团)有限公司流体计算部
西门子制造工程中心有限公司 LVSCUSTOMERSUPPORT
上海发网供应链管理有限公司徐泾仓储中心
上海百图低温阀门有限公司装配班组
上海森马服饰有限公司巴拉巴拉研发中心小组
上海市第五人民医院泌尿外科
上海叶大园艺有限公司绿化养护组
上海莘城环卫有限公司车队
上海徕木电子股份有限公司财务中心
闵行区社会保障中心工伤认定科
上海衡山药业有限公司质量控制部
上海江南旅游服务有限公司出租部内勤组
闵行区机关事务管理中心厨师班
上海闵行华漕大润发商贸有限公司生鲜部烘焙组
上海正帆科技股份有限公司运营管理部仓储物流组
上海市嘉定区市场监督管理局江桥市场监督管理所
上海市嘉定区广播电视台技术部
上海市嘉定区就业促进中心嘉定区来沪人员就业服务中心
上海磊成物业管理有限公司管理部
上海嘉定公共交通有限公司嘉定69路(安菊线)
上海球明标准件有限公司技术中心
爱普香料集团股份有限公司技术研究团队
上海嘉麟杰纺织品股份有限公司织造部配缸班

上海力卡塑料托盘制造有限公司生产部注塑班杜永闯班组
上海市金山区市场监督管理局综合执法大队
上海市金山区建筑管理所稽查科
上海通工汽车零部件有限公司开发部
上海皮鞋厂销售公司
上海鹰峰电子科技股份有限公司电子数控组
新浜镇市容环卫管理所公厕保洁组
上海松江飞繁电子有限公司整机调试班组
上海广野金属有限公司数控班组
上海松江埃驰汽车地毯声学元件有限公司维修班组
上海华侨城投资发展有限公司行政部党群室
上海市松江区城市管理行政执法局上海市松江区整治违法建筑工作领导小组办公室
上海百劲机械有限公司焊接工段
上海思晋智能科技有限公司 VIRobotics 团队
上海市松江区地方海事处油墩港海事所
上海弘和纺织品有限公司缝纫车间 2 组
上海京申大众公共交通有限公司青浦 6 路
复旦大学附属中山医院青浦分院磁共振室
上海智造空间家居用品有限公司物流部
纽福克斯光电科技(上海)有限公司电子车间 OEM 线
贝亲母婴用品(上海)有限公司实验室检验小组
上海永乐文化发展有限公司永乐班组
上海市青浦区殡仪馆整容化妆组
上海大观园经济城招商部
圆通速递有限公司客服中心
南方国际(集团)资产运营部
上海达贤实业有限公司工程部
奉贤区城市管理行政执法局执法大队机动中队
上海市奉贤区市场监督管理局注册许可科
能率(中国)投资有限公司开发部
上海戈吕克机械制造有限公司机加工部门
上海金力泰化工股份有限公司钻石班
上海富士电梯有限公司质检组
上海阿波罗机械股份有限公司电焊班组
新海镇社区事务受理服务中心医保窗口
上海中医药大学附属岳阳医院崇明分院康复科
上海崇明巴士公共交通有限公司南东线班组
高斯图文印刷系统(中国)有限公司装配车间总装三组
上海电气集团置业有限公司房地产置换中心
上海沃马—大隆超高压设备有限公司生产班组
上海仪电科学仪器股份有限公司实验室仪器销售团队
上海仪电物联技术股份有限公司轨道交通 17 号线项目组
上海金陵投资有限公司金桥物业中心
上海电动工具研究所(集团)有限公司计量测试中心
上海试四赫维化工有限公司 YQC64 班组
上海华谊能源化工有限公司生产管理部北区甲醇丁班
上海家化联合股份有限公司灌装班组
上海德福伦化纤有限公司机保班组
上海汽车地毯总厂有限公司技术中心班组
上海上药中西制药有限公司质量控制部
上海上药新亚药业有限公司新亚制药厂制剂车间 6#流水线
上海上药信谊药厂有限公司信息中心
上海电力实业有限公司崇明北沿风力发电场项目组
国网上海市电力公司检修公司电缆运维一班
国网上海市电力公司奉贤供电公司营业班
中国宝武钢铁集团有限公司人才开发院技师培训中心
上海宝信软件股份有限公司轨道交通区域化项目实施管理团队
宝钢发展有限公司餐饮管理公司人才开发院食堂
宝钢资源控股(上海)有限公司财务共享中心
宝山钢铁股份有限公司钢管条钢事业部条钢产品经营部初轧厂生产准备作业区
上海宝冶集团有限公司郑州分公司
中国石化上海高桥石油化工有限公司化工一部 ABS 装置第一班
中国石化上海石油化工股份有限公司热电部电控联合装置
上海航天实业有限公司外场保障组
上海卫星装备研究所卫星总装班组
上海船厂船舶有限公司总装部机装作业一区钳工一班
上海船舶工艺研究所总体工艺班组
上海烟草集团有限责任公司技术中心烟草化学研究室
上汽通用汽车智造创新工作室
上海汽车集团股份有限公司乘用车分公司荣威 RX5 班组
上汽大众汽车有限公司大众品牌营销事业部
安吉汽车物流有限公司整车物流事业部班组
上海漕河泾新兴技术开发区科技创业中心孵化营运部
国家电网华东电力调控分中心
上海华虹宏力半导体制造有限公司三厂制造部班组
上海化学工业区物业管理有限公司气体供应部
国药控股国大药房上海连锁有限公司希望路店
上海铁路局上海站售票车间售票大班
上海铁路局上海通信段南京动车 CIR 检测工区
上海铁路局上海货运中心北郊经营部快运大班
中远海法轮
上海中远川崎重工钢结构有限公司生产部小料班组
上海锦江航运(集团)有限公司航运部
上海海勃物流软件有限公司港口科技创新小组
上港集团瑞泰发展有限责任公司销售运营部
上港集团龙吴分公司安全监督部
上海浦东国际集装箱码头有限公司操作一班
上海长江汽车服务有限公司东昕检测站班组
上海英提尔交运汽车零部件有限公司 POLOGP 标杆班组
中国邮政集团公司上海市嘉定区分公司丰庄邮政支局
中国移动通信集团上海有限公司网络维护中心管线系统组
中国移动通信集团上海有限公司电子商务中心服务支撑部
中国电信上海公司企业信息化部规划应用与需求联合团队
中国电信上海公司帐务中心市场服务处

中国电信上海公司青浦局维护中心接入网班组
交通运输部上海打捞局服务中心食堂
中交上海航道局有限公司职工教育中心船员培训部
中交三航局有限公司交建工程分公司高桥预制厂
中国东方航空股份有限公司上海飞行部飞行二部
上海东航投资有限公司基本建设项目管理部
上海国际机场地面服务有限公司值机星盟组
上海浦东国际机场货运站有限公司安全保卫部
上海机场(集团)有限公司虹桥国际机场公司飞行区管理部运行指挥中心 AOC 班组
上海市住房保障和房屋管理局档案管理中心档案管理科
上海发电设备成套设计研究院产品事业部电站辅机研究所
中交第三航务工程勘察设计院有限公司以色列海法 Bayport 港口项目团队
上海市燃气管理处法制科(稽查执法科)
中铁十五局集团有限公司上海轨道交通 18 号线工程土建 4 标项目部
上海建工集团海外事业部加蓬奥耶姆体育场项目部
上海久创建设管理有限公司策划咨询部
上海市政建设有限公司黄浦江上游水源地金泽水库输水泵站 JSK-C5 标项目部
上海中国航海博物馆开放管理部
上海市绿化和市容管理局行政服务中心上海市绿化市容热线
华东建筑设计研究院有限公司数字化技术研究咨询部
上海市堤防(泵闸)设施管理处黄浦江上游堤防管理所
中建八局西南分公司重庆江北机场项目部
中建八局天津分公司北京新机场项目部
交通银行总行营运管理部
中国银联钱包事业部
安信农业保险股份有限公司上海浦东支公司
中国太平洋保险集团股份有限公司数据分析与洞见部
中国太平洋财产保险股份有限公司上海分公司桂林路 929 号五星级智慧示范门店
上海银行徐汇支行
上海市社会保险事业管理中心普陀分中心
上海大学机电工程与自动化学院精密机械系无人艇团队
上海海洋大学国际渔业履约团队
上海体育学院附属竞技体育学校男子拳击队
上海交通大学机械系统与振动国家重点实验室
中国科学院上海高等研究院微小卫星工程中心量子科学实验卫星研制团队
中国电子科技集团公司第二十三研究所光纤传感研发部
上海市第十人民医院心脏中心
上海交通大学医学院附属第九人民医院眼科
中国福利会国际和平妇幼保健院信息科
复旦大学附属儿科医院重症医学科
上海市健康促进中心上海市卫生计生公益咨询服务中心班组
上海新华传媒连锁有限公司物流中心编目部
上海中华印刷有限公司小森八色商业轮转机组
上海丽佳制版印刷有限公司印刷部海德堡 2 号印刷机班组
上海法治报社新闻部
上海市文化广播影视监测中心技术科
看东方(上海)传媒有限公司《人间世》项目组
上海社会科学院研究生院
上海体育职业学院自行车队
中机国能电力工程有限公司设计事业部土木班组
中国电建集团上海能源装备有限公司给水泵组
中国石油西气东输管道公司苏浙沪管理处南京维抢修中心
光明渔业有限公司养殖部
上海海丰地区社区管理委员会海丰物业“五零”班组
上海西郊国际农产品交易有限公司蔬菜部
上海市第三社会福利院医疗门诊部
上海市周浦监狱五监区
新锦江大酒店宴会班组
上海锦江商旅汽车服务股份有限公司迪士尼班组
上海兴国宾馆管家部
上海衡山国际发展有限公司前厅 PA 班组
上海市人民检察院第二分院公诉处
虹桥出入境边防检查站边检站二队
上海市商务委员会市场运行调控处(市副食品管理办公室)
上海市崧泽强制隔离戒毒所五大队
上海展览中心音讯组
上海中心气象台天气影响预报科
上海市环境监察总队上海化学工业区环境监察支队
中国浦东干部学院科研部
上海市测绘院信息中心平台运维室
上海百联物业管理有限公司中科院上海浦东科技园物业服务中心客服班组
上海黄浦华联吉买盛购物中心有限公司管理班组
上海又一城购物中心有限公司会计信息部总收银班组
百联全渠道电子商务有限公司百联到家班组
上海燃气浦东销售有限公司第一营业所民用抄表组
上海强生物业有限公司久事商务大厦客服班组
上海交通投资(集团)有限公司漕宝停车场管理分公司
上海巴士第一公共交通有限公司 123 路班组
上海开创远洋渔业有限公司 LOJET 轮
上海地铁第二运营有限公司 2 号线徐泾东站
上海地铁维护保障有限公司工务分公司机械检测班组
上海环境油品发展有限公司盈邦加油项目部
上海中心大厦商务运营有限公司观光团队
上海环境物流有限公司沪环运货 5004 班组
上海城投原水有限公司水质中心
上海城投污水处理有限公司石洞口污水处理厂污泥干化焚烧车间
上海电器科学研究所(集团)有限公司船用电气事业部中压科研团队
东方国际创业股份有限公司贸易事业部第五业务部
上海永达汽车租赁有限公司大客车分公司运营班组

上海岩土工程勘察设计环境工程公司
上海吉祥航空股份有限公司运行控制中心(AOC)
中国华信能源有限公司审计部
上海隧道沿江通道新建工程1标项经部
隧道股份路桥集团总承包三部班组
隧道股份城建投资淮安市现代有轨电车有限公司
隧道股份市政集团机顶分公司
上海耀皮工程玻璃有限公司中空乙班5#线班组
中国联合网络通信有限公司上海市金山区分公司
中建三局集团有限公司(沪)技术部
中建五局华东建设有限公司嘉兴市秀洲新区九里村拆迁安置房项目
上海上电电力工程有限公司能源服务中心
国家计算机网络与信息安全管理中心上海分中心信息安全处
上海飞机客户服务有限公司航材支援部
中国民用航空华东地区空中交通管理局气象中心气象信息室
上海瓦锡兰齐耀柴油机有限公司生产测试班组
上海市公安局刑侦总队九支队(市反电信网络诈骗中心)
上海市农业技术推广服务中心农药科
上海光通信公司投资发展部
上海绿地建筑工程有限公司绿地上海之鱼项目部
上海国际主题乐园配套设施有限公司玩具总动员酒店客房部
上海野生动物园发展有限责任公司市场营销部
上海艺术发展有限公司上海电影博物馆
太平人寿保险有限公司上海分公司电商业务发展部
上海化工研究院有限公司检测中心

执行韩国“世越号”沉船打捞任务的集体和个人即时表彰

一、上海市五一劳动奖状(1个)
上海打捞局救捞工程船队
二、上海市五一劳动奖章(4个)

王伟平	交通运输部上海打捞局救捞工程船队副队长、党委书记
陈世海	上海打捞局技术开发中心主任
顾德章	交通运输部上海打捞局救捞工程船队潜水监督、饱和潜水技师。
龚晓明	交通运输部上海打捞局救捞工程船队“大力号”船舶队长

第44届世界技能大赛即时表彰

一、上海市五一劳动奖状(2个)
上海市杨浦职业技术学校(车身修理项目在沪国家集训基地)
上海市城市建设工程学校(上海市园林学校)(花艺项目在沪国家集训基地)
二、上海市五一劳动奖章(1个)

杨山巍	车身修理项目金牌选手

三、上海市工人先锋号(12个)
车身修理项目技术指导团队
花艺项目技术指导团队
网站设计与开发项目技术指导团队
餐厅服务项目技术指导团队
印刷媒体技术项目技术指导团队
货运代理项目技术指导团队
上海市杨浦职业技术学校车身修理项目在沪国家集训基地后勤保障团队
上海市城市建设工程学校(上海市园林学校)花艺项目在沪国家集训基地后勤保障团队
上海信息技术学校网站设计与开发项目在沪国家集训基地后勤保障团队
上海市南湖职业学校餐厅服务项目在沪国家集训基地后勤保障团队
上海出版印刷高等专科学校印刷媒体技术项目在沪国家集训基地后勤保障团队
上海国际港务(集团)股份有限公司货运代理项目在沪国家集训基地后勤保障团队

2017年度“打好河道整治攻坚战,全面提升上海城乡水环境”劳动竞赛中表现突出集体和个人专项表彰名单

2017年河道整治专项表彰名单

一、上海市五一劳动奖状(5个)
上海市青浦区水务局
上海市金山区水务局
上海市嘉定区水务局
上海市水利管理处
上海市长宁区建设和交通委员会
二、上海市五一劳动奖章(6个)

鲁　瑛(女)	上海市奉贤区柘林镇柘林镇党委书记、临海社区党工委书记
姚金华	松江区水务局河道和水资源管理科科长康建权　闵行区水务局调研员
龚成刚	上海市水务局副主任科员
颜勇海	宝山区财政局科长
牟　娟(女)	杨浦区建管党工委书记、建管委主任、重大办主任
康建权	上海市闵行区水务局调研员

三、上海市工人先锋号(8个)
浦东新区川沙新镇河长制办公室
静安区拆除违法建筑领导小组办公室
上海市水文总站水质管理科班组
虹口区凉城新村街道办事处单位社区管理办班组
上海市城市排水有限公司生产管理部
崇明清清护河志愿者队

普陀区建设和管理委员会市政管理科
市住建委城市管理处

2017 年建设市民满意的食品安全城市百日立功竞赛中的先进集体和个人专项表彰名单

一、上海市五一劳动奖状(2 个)
上海市食品药品监督管理局执法总队
静安区彭浦新村街道办事处
二、上海市五一劳动奖章(6 个)
丁　磊　上海市徐汇区市场监督管理局食品安全监管科
陈春花　上海市崇明区市场监督管理局长兴镇市场监管所
薛惠琴　上海市嘉定区市场监督管理局嘉定新城市场监管所
沈卫镝　上海市黄浦区市场监督管理局瑞金二路市场监管所
罗建军　上海市普陀区市场监督管理局食品安全协调科
邵梦阳　上海市公安局治安总队食品药品环境犯罪侦查支队
三、上海市工人先锋号(4 个)
上海市公安局治安总队食品药品环境犯罪侦查支队
奉贤区市场监督管理局海湾市场监督管理所
闵行区市场监督管理局七宝市场监督管理所
浦东新区洋泾街道食品安全委员会办公室

2017 年上海市卫生应急技能竞赛获奖人员专项表彰名单

上海市五一劳动奖章(3 个)
庄　源　上海市疾病预防控制中心　主管技师
李传奇　上海市疾病预防控制中心　主管医师
季晟超　上海市东方医院　副主任医师

“聚焦精准发力　助推脱贫攻坚”劳动竞赛中的先进集体和个人专项表彰名单

一、上海市五一劳动奖状(2 个)
上海市人民政府驻昆明办事处
上海市人民政府驻西藏办事处
二、上海市五一劳动奖章(10 个)
崔　勇　上海市对口支援新疆工作前方指挥部喀什二院工作队领队
李永波　上海援疆巴楚分指分指挥长
胡志宏　上海援疆泽普分指分指挥长
胡　广　上海援疆叶城分指分指挥长
虞刚杰　上海市对口支援新疆工作前方指挥部莎车分指挥部分指挥长
蒋克勤　上海市第八批援藏干部联络组日喀则中级人民法院副院长
许秀明　上海市第三批援青干部联络组州直联络小组组长
袁鹏彬　上海市第十批援滇干部联络组文山州联络小组组长
邢　光　上海市第十四批援三峡库区干部联络组组长
高　源　上海对口支援克拉玛依前方指挥部医疗组组长
三、上海市工人先锋号(10 个)
上海市援藏“组团式”医疗工作队
上海市第八批援藏干部联络组江孜小组
上海市援藏“组团式”教育工作队
上海市第二批援黔干部联络组
上海市第十批援滇干部联络组红河州联络小组
上海市第十批援滇干部联络组普洱市联络小组
上海市对口支援新疆工作前方指挥部社会发展组
上海市对口支援新疆工作前方指挥部干部人才组
上海市对口支援新疆工作前方指挥部产业发展组
上海市对口支援新疆工作前方指挥部规划管理组

2017 年中国技能大赛—上海水务行业职业技能竞赛中取得优异成绩的个人专项表彰名单

上海市五一劳动奖章(3 个)
卢　捷　上海城投水务(集团)有限公司制水分公司长桥水厂生产运行工
陈　敏　上海城投原水有限公司青草沙水库管理分公司运行管理员
黄晓俊　上海城投污水处理有限公司白龙港污水处理厂污水处理车间副主任

2017 年度上海市重点工程实事立功竞赛中的先进集体和个人即时表彰的名单

一、上海市五一劳动奖章(1 个)
上海建工五建集团有限公司
二、上海市五一劳动奖章(7 个)
李建伟　中国一冶集团有限公司上海分公司总工程师
刘炜中　建港务建设有限公司第三分公司分公司总经理
薛海兵　中港疏浚有限公司项目经理
张　兵　上海市机械施工集团有限公司第一工程公司总经理
赵　玮　上海中建申拓投资发展有限公司总工程师

余凯华　上海市城市排水有限公司公司工程师
张耀三　上海隧道工程有限公司项目经理
三、上海市工人先锋号(1个)
上海市浦东新区建设(集团)有限公司工程管理部

2017年上海工匠名单

魏　钧　上海振华重工(集团)股份有限公司
朱邦范　上海浦东建筑设计研究院有限公司
侯晓磊　上海赛飞航空线缆制造有限公司
洪程栋　上海立悦旅游汽车服务有限公司
杨致俭　上海炳蔚文化传播有限公司
钱文昊　上海市徐汇区牙病防治所
何东仪　上海市光华中西医结合医院
夏银桂　上海埃波激光仪器有限公司
颜桂明　上海联合拍卖有限公司
毛蔚瀛　上海易城工程顾问股份有限公司
陈林声　上海陈林声美容美发有限公司
吴公保　上海静安建筑装饰实业股份有限公司
吴　昊(女)　上海雷允上药业西区有限公司
陈　健　上海鸿翔制衣有限公司
杨　前　中国二十冶集团有限公司建筑分公司
周建华　上海宝隆宾馆有限公司宝隆宾馆
陆忠明　大金空调(上海)有限公司
翟念卫　上海翟倚卫文化发展有限公司
巩洪亮　上海紫丹食品包装印刷有限公司
李建钢　上海古猗园小笼食品有限公司
曹秀文(女)　中国农民画村
常延沛　上海中联重科桩工机械有限公司
黄拥军　上海江河幕墙系统工程有限公司
钱月芳(女)　上海松江顾绣研究所
施克松　上海崇明百叶水仙花专业合作社
华建国　上海电气核电设备有限公司
赵黎明　上海锅炉厂有限公司
原金疆　上海汽轮机厂
朱熙华　上海造币有限公司
冯忠耀　上海德福伦化纤有限公司
雍　飞　上海璞利服饰有限公司
毕琳丽(女)　上海上药华宇药业有限公司
谢邦鹏　国网上海市电力公司浦东供电公司
王和杰　国网上海市电力公司检修公司
洪　华(女)　宝山钢铁股份有限公司电厂
杨　磊　宝钢特钢有限公司
季益龙　上海梅山钢铁股份有限公司炼铁厂
钱　国　宝冶集团有限公司高炉工程事业部
张　华　中国石化上海高桥石油化工有限公司
徐　俊　上海航天动力技术研究所
周恩杰　上海卫星装备研究所
朱云飞　上海航天精密机械研究所
俞洪昌　沪东中华造船(集团)有限公司
陈景毅　江南造船(集团)有限责任公司
丁钺宗　上海烟草上海卷烟厂
陆恩斌　上海汽车制动系统有限公司
熊　俊　上海汽车集团乘用车分公司
朱东鹰　上海铁路局上海电务段
刘　树　冠东国际集装箱码头有限公司
李　军　交运汽车零部件制造分公司
周纪东　中国电信股份有限公司上海分公司
周学明　中国电信股份有限公司上海分公司
吴震东　东航技术有限公司
徐万鹏　中铁十五局集团有限公司
胡建平　中交第三航务工程勘察设计院有限公司
王恒栋　上海市政工程设计研究总院
顾　军　上海市园林工程有限公司
袁正峰　上海市建筑装饰工程集团有限公司
杨飞飞　园林建设综合开开发有限公司
贾水钟　上海建筑设计研究院有限公司
姜炳清　中建八局装饰工程有限公司
童　庆　万达信息股份有限公司
周平红　复旦大学附属中山医院
耿道颖(女)　复旦大学附属华山医院
郑民华　交通大学医学院附属瑞金医院
万小平　上海市第一妇婴保健院
李　嵩　上海商务数码图像技术有限公司
罗开峰　中国核工业第五建设有限公司
门光德　中海油田服务股份有限公司、油田技术事业部上海作业公司
赵迪文　上海幻维数码创意科技有限公司
苏米亚(女)　光明乳业股份有限公司
徐　军　上海市宝兴殡仪馆
翁建和　上海锦江汤臣洲际大酒店
张　超　上海西郊宾馆
张品芳(女)　上海图书馆
汤红云(女)　上海市计量测试技术研究院
陈文兆　上海燃气市北销售有限公司
花茂飞　上海市强生集团汽车修理有限公司
金卫国　上海开创远洋渔业有限公司
陆鑫源　地铁维护保障有限公司通号分公司
刘必胜　上海环境物流有限公司
李晓峰　上海上电漕泾发电有限公司
王　峰　上海隧道工程有限公司
傅星军　上海耀皮玻璃集团股份有限公司
王　伟　上海飞机制造有限公司
赵浙卫　上海飞机制造有限公司
何建强　上海市水利工程集团有限公司
蔡能斌　刑侦总队刑技中心照录像室
苏　伟　上海市南电力(集团)有限公司
干文华(女)　上海市现代食品职业技能培训中心
李要朋　上海澎美实业有限公司
顾惠明　明恒建筑装潢有限公司
李强涛　深圳中广核工程设计公司上海分公司
周耀斌　上海市质量监督检验技术研究院

上海汽车集团股份有限公司工会

2017年国家网络安全周，上汽集团工会“88共享出行”被主流媒体争相报道

上海汽车集团股份有限公司工会直管企业工会61个。集团工会设经费审查委员会、女职工委员会、工会资产监督管理委员会、综合管理部和权益保障部。

上汽集团工会在集团党委和上级工会的领导下，团结带领广大职工群众紧紧围绕集团各项目标任务，推动群众性创新，提升职工“使命感”。全年，职工提出合理化建议超过100万条，举办专题研讨会250次；大力开展网上工会建设，提升职工“参与感”，“上汽职工之家”实名认证粉丝数超过16万人，荣获“全国最具影响力工会新媒体”称号，并在“上海政务类”微信账号中稳居前八；聚焦维护和服务主责主业，提高职工“获得感”，推动在沪所有基层企业为职工购买5万元以上补充商业医疗保险，提高职工“因病致贫”的抵御能力。直击职工“衣食住行”中的痛点和难点，“点亮心愿”“助梦计划”“送清凉、送贴心”“88共享出行”“为爱畅行”“宝贝加油”等一系列品牌服务项目应运而生。

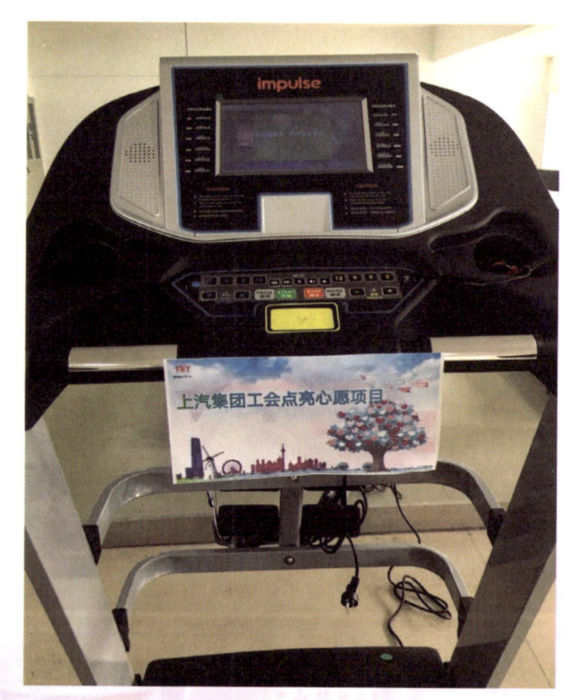

上汽集团工会积极推进“点亮心愿”实事项目，努力改进职工工作环境

上汽集团纪念改革开放40周年拔河比赛

“大通杯”2017上汽集团职工篮球联赛

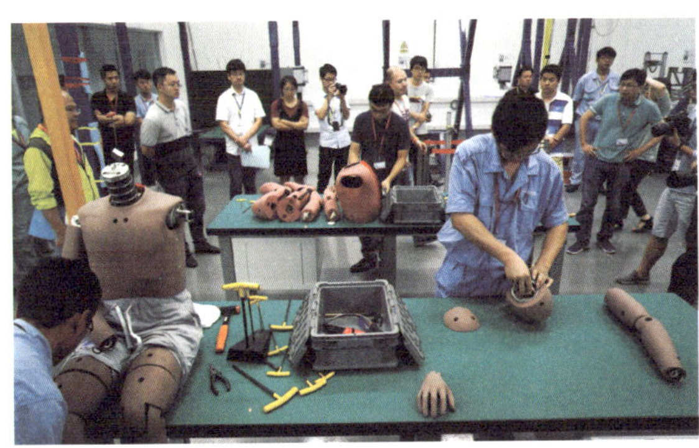
上汽职业技能竞赛

“为爱 畅行”单身青年交友联谊

企业领导为职工送清凉

上汽集团加强与长沙地区企业职工的联动

激情鼓乐鼓舞飞扬－上汽工会志愿者拓展活动

上 海 市 纺 织 工 会

纺织工会第十次代表大会

召开四届五次职代会 签订集团集体合同

推动非公企业建会 成立天平街道尚街园区联合工会

集团董事长、党委书记童继生顶烈日慰问职工

上海代表队集体照

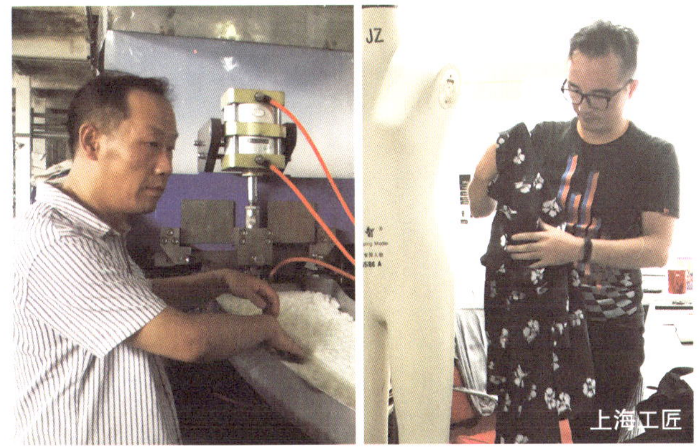
上海工匠

金秋助学，加油

久违了，足球！

寻根之旅

上海市纺织工会成立于1950年10月。2003年与各区总工会共同探索，建立了区纺织行业工会联合会。目前已覆盖不同所有制的920多家纺织企业，约12万职工。2017年4月，上海市纺织工会第十次代表大会召开，提出增强创新意识、提升服务能力，在新的起点上实现工会工作新跨越的奋斗目标。

年内纺织工会紧紧围绕集团“创新驱动，转型发展”的目标任务，团结与带领职工高举“科技与时尚”的旗帜，走“全国布局，海外发展”之路。引导广大职工积极投身“践行新理念、建功十三五”“改革正扬帆，共筑纺织梦”等主题竞赛活动。大力弘扬劳模工匠精神，启动“上海时尚工匠”培育选树实施计划。坚持以企业发展为核心，凝聚力工程为导向、完善机制为抓手、精准服务为目标，维护职工权益、关心员工成长、丰富职工生活，提升职工技能。组织活动、搭建平台，建立工会微信公众号。积极贯彻群团改革要求，探索国企园区工会带动入驻非公企业建会新模式。成功地与徐汇区天平街道工会联合，组建尚街Loft时尚园区联合工会。建立起跨越所有制形式、条块结合、优势互补的新型工会组织方式，发挥产业工会在服务职工、帮助职工实现职业生涯和美好生活愿景的特殊作用。

中国电信集团工会上海市浦东电信局委员会

中国电信集团工会上海市浦东电信局委员会牢记习总书记对工会组织的要求，认真贯彻党的群众路线教育实践活动和上海电信党委改进群团工作指导意见等精神，全心全意为职工群众服务，努力成为浦东电信局党委的得力助手、员工思想教育的引导者和员工贴心的“娘家人”。

浦东电信局坚持职代会制度，确保广大员工的知情权和参与权。通过开设厂务公开民主管理专栏，定期向全局员工发布工作内容，让员工在第一时间了解区局重大事项和各项工作开展情况，接受广大员工的监督。

根据上级公司的指导意见，修订和完善了浦东电信局工会、部门工会等“六必访、六必贺”

职代会上行政与工会签订平等协商协议

浦东电信局三林世博分局成为中国电信集团“四小”建设示范点

浦东电信局客户保障中心投诉班组获得上海市“工人先锋号”称号

工作要求，明确凡员工本人退休、患病以及直系亲属患病等必走访和慰问的规定；围绕企业中心，充分发挥员工推动创新转型的主力军作用，努力增强工会工作的政治性、先进性、群众性；加强与共青团和青年的交流，加强外包工会组织的共建，形成蓬勃向上的正能量。

近年来，先后获得上海市模范职工之家红旗单位、全国厂务公开民主管理先进单位、全国模范职工之家等称号。

浦东电信局员工开展读书活动

浦东电信局开展“活力电信”健身活动

浦东电信局员工参加中国电信上海公司庆祝改革开放40周年原创文艺作品展演获金奖

浦东电信局员工在中国电信上海公司第五届员工文化艺术节的服饰秀比赛上获得金奖

上海三枪（集团）有限公司工会

上海三枪（集团）有限公司职代会上行政与工会签约

三枪集团物试化试检测中心获上海纺织三八红旗集体

李勇针织面料研发技师创新工作室揭牌

全国劳模获得者曹春祥

上海三枪（集团）有限公司迪士尼品牌运营部荣获全国纺织工业先进集体

上海三枪（集团）有限公司是上海东方国际集团旗下知名的老字号品牌企业，隶属于上海龙头（集团）股份有限公司，从1937年创立“三枪”品牌至今已走过了82年光辉历程。

新一届的上海三枪（集团）有限公司工会成立于2016年5月，有工会委员7人，经审委员3人，专职工会人员2人，下设10个部门工会，现有工会会员1500多人。在集团党政领导下，工会大力弘扬时代劳模精神，以两个劳模创新工作室和一个技师工作室为引领，激发职工劳动热情；深化民主管理建设，构建和谐劳动关系；积极开展技能大赛、亮点行动，搭建职工展示舞台；加强劳动保护监督，提高安全防范能力；竭力维护职工权益，完善工会保障机制。

面对新形势、新任务，三枪工会积极落实中国工会十七大精神，努力肩负起上海市委、市政府“五大任务”“三个引领”和打响“四大品牌”的光荣使命，在推进东方集团“全球布局、跨国经营”的战略进程中，以“爱国第一，时尚健康”为品牌文化，为全面完成三枪百年百亿的战略目标凝心聚力，谱写品牌长青的新征程。

品牌创立30周年活动中，总经理王卫民和志愿者合影

开展“爱国第一、时尚健康”健步走运动会

上海上实（集团）有限公司工会

上海上实（集团）有限公司工会现下设二级工会组织12个，在职职工3522人，职工入会率达100%。在集团党委和上级工会的领导下，紧紧围绕集团中心工作，在促进企业转型发展、依法科学维护职工合法权益、保障职工队伍和谐稳定的进程中发挥积极作用。

着重激发职工主人翁精神，组织动员职工建功立业。围绕十九大精神的学习与贯彻，各级企业工会以邀请专家辅导、开设学习微信群、实地参观学习等形式开展学习，有效增强工会干部和职工对十九大精神的理解和领会。突出维权主业主责，促进职工队伍和谐稳定。严格按照建会程序，成熟一个建立一个，将职工组织起来，切实维权。持续开展“高温慰问”活动，为一线职工共发放总价值13万元的防暑降温用品。坚持素质优先，不断丰富企业文化内涵。支持鼓励各级工会打造“全员素养提升计划”“午餐论坛”等素质工程品牌栏目，为职工成长成才搭建舞台，为企业发展提供人才资源。坚持主动关心，增强工会组织的影响力和凝聚力。各级工会对困难职工救助帮困总计327人次、总额22.8万元，“一日捐”捐款人数3137人次、总金额23.99万元。强化自身建设，不断提高工会履职服务能力。首次引进社会审计机构对集团12家直管企业工会的经费使用情况进行审计；严格按照工会章程，按期换届；积极推进工会网上平台建设，所有会员全部完成网上登记工作。

集团工会召开年度工作会议

集团领导为先进集体代表颁奖

集团工会运动会

集团家庭日活动

东华大学工会

东华大学工会成立于1951年9月25日，现有会员2400多人，学院、部处等部门工会19个，工会小组130余个。2018年，东华大学工会在上级工会和学校党委领导下，在学校行政班子支持下，认真贯彻落实习近平新时代中国特色社会主义思想和党的十九大会议精神，深入学习贯彻中国工会十七大等会议精神，按照中央和上海市关于加强党的群团工作的有关要求，以学校第十次党代会精神为指导，紧紧围绕学校改革与发展目标，严格遵照《东华大学工会章程（试行）》，通过完善工作机制，创新工作方法，加强调查研究，提高服务水平，充分发挥了工会、妇委组织的桥梁和纽带作用，切实依法维护了教职工的合法权益，并在民主管理、文体活动、维权保障、宣传教育、组织建设和妇女工作等方面取得可喜的成绩，东华大学荣获上海市五一劳动奖状，材料科学与工程学院荣获全国工人先锋号。

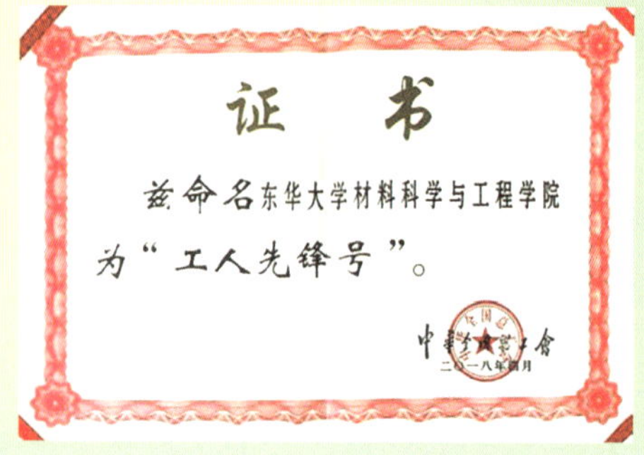
证书

兹命名东华大学材料科学与工程学院为“工人先锋号”。

中华全国总工会
二〇一八年四月

东华大学材料科学与工程学院荣获全国工人先锋号

奖励证书

证书编号：2018157

授予东华大学“上海市五一劳动奖状”称号。

上海市总工会 上海市人力资源和社会保障局
二〇一八年四月

东华大学荣获上海市五一劳动奖状

举办以“唱响新时代 共筑东华梦”为主题的纪念改革开放40周年教职工合唱比赛

举办以“弘扬高尚师德 砥砺奋进新时代”为主题的教职工讲演竞赛

女教授联谊会研讨会合影留念

召开东华大学教代会

申能（集团）有限公司工会

申能工匠命名表彰暨“1+N”劳动竞赛发布会

表彰上海工匠——陈文兆

申能（集团）有限公司工会紧紧围绕集团“十三五”发展战略和“创新引领、转型提升”的工作主线，紧扣“两个确保、五个更加注重”的中心任务，以申能成立30周年为契机，以服务广大职工群众为工作主线，选树培养“申能工匠”，积极实施“1+N”劳动竞赛；以群团改革为要求，加强国企工会改革工作，深入推进工团主题实践活动；注重工会自身建设，推行厂务公开民主管理，完善帮扶工作体系，团结、凝聚和引领系统广大职工，在推动集团创新转型和业务板块协调融合发展中充分发挥了工人阶级主力军作用。2017年系统1名职工被评为“上海工匠”，1名女职工被评为“全国用户满意服务明星”，外高桥第三发电、燃气浦销公司获评全国“安康杯”优胜单位，外高桥第二发电荣获市五一劳动奖状等荣誉。

埃及公用事业工会至外高桥第三发电公司参观

第四次女职工代表大会

系统职工棋牌大赛

申能集团创立30周年活力盛典

中国石化上海石油化工股份有限公司工会

5月23日，全国总工会基层工作部领导到上海石化调研职工民主权利实现和保障工作

2月8—9日，上海石化召开七届一次职工代表大会

上海石化第七届职工运动会闭幕式暨职工才艺展示活动

3月31日，上海石化召开劳动竞赛启动会

2017年，在上海市总工会、中国石化工会工委和上海石化党委的领导下，上海石化各级工会组织始终坚持“促进企业科学发展、维护职工合法权益”的工作原则，切实履行工会组织的维护、建设、参与、教育“四大职能”，找准工会工作着力点，教育引导广大职工发扬主人翁精神，团结动员全体职工在服务企业发展、促进企业和谐中发挥主力军作用，顺利完成了既定的各项目标任务。

黄浦区南京东路街道总工会

全总领导调研街道工会和京城驿站

近年来，黄浦区南京东路街道总工会深入推进非公企业工会改革发展，建阵地强服务，打造职工身边工会。荣获“全国模范职工之家红旗单位”。

推进非公企业工会改革创新。建立8片区楼宇工会工作室，形成服务职工“15分钟覆盖圈”。健全以党建为引领、“以上代下”协调、星级工会创评、经费拨缴管理、经费下拨激励5项创新机制。打造“中央厨房”、社会组织、网上工会3大服务平台。2017年以来，开展项目、活动500余场次、普惠2万余名职工。

推动组织建会加强服务保障。破解“建会难”瓶颈，实现工会组织数308个，建会数2340个、覆盖职工4.5万名，建会率92.5%。推行“1+4+X”集体协商机制和法律“预约服务”。形成主题竞赛、科技创新、岗位竞技、资质晋升奖励和“安康杯”等“4+1”劳动竞赛。建立黄宪祖非公企业工会运作创新工作室，积极推动实事项目，为广大会员服务。

形成创新成果叠加效应呈现亮点。首创成果4项，建立工会工作室、“以上代下”清单、律师函件依法收缴经费、区域性工会经费托管服务中心；品牌项目有首席职工评选、餐饮技能竞赛、经审一线工作法、白领微课堂、南东杯赛4+1运动汇、南东梅园交友6项。街道总工会获评市非公企业工会改革示范点。

①形成党建带工建新局面

②楼宇白领加入工会组织

③依法维权调处劳动争议

④餐饮职工技能竞赛展示

上海开创远洋渔业有限公司工会

工会领导慰问船员

上海开创远洋渔业有限公司是一家主要从事远洋渔业捕捞和海洋食品加工上市企业，现有职工近千名。现今，上海“开创国际”已经发展成为一家全球布局、跨国经营、利用世界资源打造的在国际渔业领域享有较高声誉的中国远洋渔业跨国企业。

召开职工代表大会

开创公司工会在党委的领导下，始终不忘初心，牢记使命，紧紧围绕企业改革发展目标，坚持以人为本、创新发展，发挥工会组织桥梁和纽带作用，并着重抓好四个方面工作。一是充分运用职代会和厂务公开民主管理渠道，维护职工权益，构建和谐劳动关系。二是开展促进企业发展的各项工作。着力推进劳动竞赛和职工创先争优活动，利用劳模创新工作室和技能大师工作室，创新生产方式，提高职工技能，增强企业发展后劲。三是深化企业凝聚力工程，树立“爱与尊重、员工第一”的理念，建立“远洋渔业家属联谊会”和职工帮困机制；组织职工健康体检和疗休养等，关心关爱职工、提高企业凝聚力。四是加强职工素质工程，以“职工书屋”和“职工文艺汇演”为抓手，开展文体活动，丰富职工业余文化生活。

举办职工文艺汇演

公司工会先后获得了全国农林水利系统“和谐企业”、上海市“文明单位”、全国“安康杯”竞赛（上海赛区）优胜单位、全国农林水利系统“模范职工之家”荣誉称号。

举办职工乒乓球赛

组织职工技能比赛

上海造币有限公司工会

上海造币有限公司是一家具有90多年悠久历史的国家造币企业，主要从事设计生产国家流通硬币、金属纪念币。公司秉承“厚德广行，敬业报国”的行业精神，以“为国造币”为崇高使命，依靠一流的产品设计、精湛的加工工艺，为保证国家货币流通、维持国家经济稳定做出了重要贡献。

上币工会始终坚持“真心、热心、贴心”的工作宗旨，不断强化维护、建设、参与、教育四项职能，积极发挥桥梁纽带作用，致力打造“责任到心、维权到位、温暖到家”的工作品牌。近年来，先后获得全国五一劳动奖状、全国模范职工之家、上海市学习型企事业单位、上海市慈善之星等多项荣誉。

召开职代会

举行“歌唱祖国 共筑中国梦”迎国庆升国旗仪式

中国金融工会慰问一线职工书法公益活动

组织迎新春赠春联活动

“不忘初心 砥砺前行”劳模事迹展演会

公司员工朱熙华、马庆荣获上海市五一劳动奖章

上海日用—友捷汽车电气有限公司工会

司情通报会

上海日用—友捷汽车电气有限公司工会委员会成立于 1998 年。2015 年，公司工会第四次代表大会选举产生了第四届工会委员会。目前，公司工会下设七个分工会，会员总数 492 名，职工入会率 100%。

近年来，日用—友捷工会在公司党委的领导下、在上级工会的指导下，积极贯彻党的十八大、十九大精神，认真学习习近平新时代中国特色社会主义思想，保持政治性、先进性和群众性，努力发挥党联系职工群众的桥梁纽带作用、团结引领广大职工建功立业的主力军作用、职工合法权益代表者和维护者作用。

在推进企业改革发展的建设中，日用—友捷工会始终围绕中心、服务大局，不断深化职工素质工程，大力弘扬劳模精神、工匠精神。坚持突出维护这一基本职责，建立健全集体协商、民主管理，促进和谐稳定的劳动关系。坚持以职工为中心，深入实施职工互助保障和爱心妈咪小屋等实事项目。重视职工精神文化建设，长期开展四大节日帮困家访慰问、篮球赛、足球赛、羽毛球赛、乒乓球赛、插花活动、服饰搭配讲座、中秋单身员工聚餐、拔河比赛、职工运动会等。四大社团定期活动，“日用大家庭”微信公众号影响力攀升，企业凝聚力进一步增强。

日用—友捷工会先后获得“上海机电工会模范职工之家”“上海市五一劳动奖状”“上海市和谐劳动关系达标企业”等荣誉称号。

集体合同签约

职工运动会

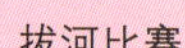

拔河比赛

妇女节插花活动

上海市安装工程集团有限公司工会

为弘扬公司企业文化，提升广大职工对企业的认同感、归属感和自豪感，传承好公司60年积淀的优良传统和优秀文化，力求打造专家型企业，全面提升专业化、差异化、精细化能力，增强公司持续发展后劲的要求，上海市安装工程集团有限公司工会坚持以服务重大工程建设为主线，深入开展形式多样立功竞赛和群众性创新实践活动，公司荣获了2017年度上海市立功竞赛优秀公司称号。

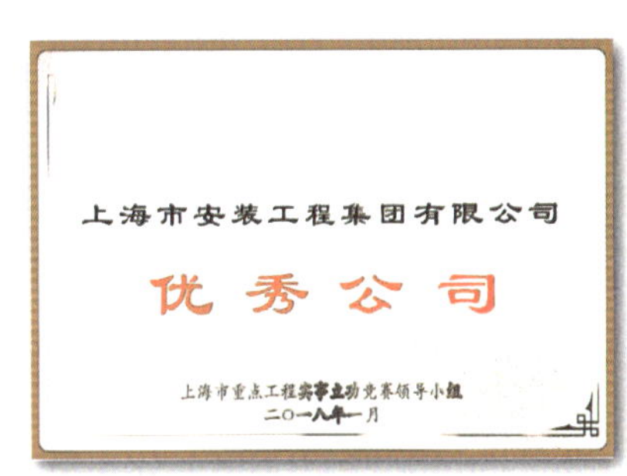

立功竞赛优秀公司

安装集团工会坚持以推进职工素质工程为目标，把培育工匠精神，打造专业人才作为引导职工建功立业的抓手，先后组织开展了“工匠杯”系列群众性技能比武活动。并结合安装集团成立60周年纪念活动，主办了职工健康跑、“唱响上安之歌”歌咏比赛、安装集团职工书画摄影篆刻作品展和职工微感言等活动，吸引一大批职工积极参与，有效地激发了职工学技术、学管理的热情，并将60周年的企业精神得到了弘扬和传承，促进公司文化建设。

安装集团60周年系列丛书发布

在企业加快转型发展、推进“全国化”战略、建设成为一个国内一流的建筑全生命周期机电工程总承包企业的征程中，安装集团工会将继续通过组织群众性创新实践活动，推动企业和职工共同发展。

60周年系列活动——唱响上安之歌

60周年庆祝大会——诗朗诵《六十载征程铸辉煌》

60周年系列活动——职工健康跑

60周年庆祝大会展区

上海西岸开发（集团）有限公司工会

市委书记李强参观调研徐汇滨江

集团工会召开第二次代表大会，选举产生新一届工会领导班子

组织工会干部前往徐汇滨江建设者之家参观学习

2018 世界人工智能大会工作人员合影

上海西岸开发（集团）有限公司，是经上海市徐汇区人民政府授权，全面负责并实施上海重点开发区域之一——徐汇滨江地区综合开发建设的国有独资企业集团。集团成立于 2012 年 12 月，目前拥有一级子公司 15 家和二级子公司 15 家，企业员工约 300 人。

近年来，西岸集团在区委、区政府的领导下，以习近平新时代特色社会主义思想为指导，围绕上海建设科创中心及打响“四大品牌”战略部署，聚焦“四个徐汇”战略框架，服务建设现代化国际大都市一流中心城区的目标，坚持“规划引领、文化先导、生态优先、科创主导”理念，成功举办了 2018 年世界人工智能大会，央视、腾讯、网易、小米等一批重点龙头企业落地，在区域功能开发、产业招商、文化发展、城区管理等各方面工作取得显著成效。

公司工会紧紧围绕推动企业中心工作和任务，充分发挥工会组织维护、参与、建设、教育的职能，切实有效地开展各项工作。一是积极组织开展以“学理论、提素质、创新业”为主题的立功竞赛活动，提升职工综合素质和业务能力。二是切实加强职代会建设，积极组织职工代表巡视活动，发挥职工代表参政议政的作用。三是着力加强和谐企业建设，关心关爱职工，完善帮扶长效机制，做好各项慰问工作。四是积极加强企业文化建设，组织开展以“改革开放再出发，滨江建设新征程”为主题的职工健步走和知识竞赛、西岸艺术文化观展以及各类文体兴趣小组活动，丰富职工精神文化生活。五是弘扬劳模精神，大力弘扬在重大项目建设中形成的特别能吃苦、特别能战斗、特别能攻坚的劳模先进精神，全力营造学习先进、争当先进的氛围。

集团党委书记、董事长李忠辉荣获上海市五一劳动奖章，所属上海徐汇滨江开发投资建设有限公司荣获上海市五一劳动奖状，所属上海黄金世界商厦有限公司徐汇滨江公共开放空间现场管理岗荣获徐汇区十佳党员示范岗。

西岸青年志愿者服务队

开展三八妇女节手工创意活动

团队协作攻关

开展职工代表巡视

举行“ELiterun”精英跑接力赛

徐汇滨江 8.4 公里贯通工作人员合集

举办新春牌艺比赛

举办退休人员欢送会

中国移动上海公司工会

中国移动上海公司工会下属基层工会29个，工会会员数8000多人。公司工会以党的十九大及党的群团工作会议精神为指导，在上海市总工会和上海公司党委的领导下，发挥组织优势，积极履行工会职能，努力营造企业稳定、和谐的劳动关系，不断提升“互联网+”工会内涵，在公司创新转型中发挥桥梁纽带作用。

组织基层工会主席和副主席学习十九大精神

一是发挥党建引领作用，通过多种形式宣传党的十九大精神。坚持“党建带工建”持续加强工会理论研究和工会干部队伍建设，深入开展工会主席巡回联系日活动，有序推进各级职工代表大会召开和集体合同签订，不断提升各级职工之家创建成效，提升工会组织影响力、感召力。

开展合规护航班组论坛主题活动

二是展现转型发展成果，开展劳动竞赛，弘扬劳模先进精神，培养选树各级工匠，聚焦员工技能提升，积极承办领军先锋赛事，助力智慧城市发展，并获得多项市级荣誉。

三是丰富班组建设内涵，将班组建设与党建工作、重点工作、班组长能力提升、“幸福1+1”活动相结合，激发班组活力，增强员工安全意识、职业道德等能力，促进员工身心健康。

四是加大关爱员工力度，贴近员工需求，职工小家建设“暖心工程”，涉及177个“职工小家”，惠及7000多名会员；持续开展心理关怀、法律援助、员工关爱讲座，落实工会会员服务卡的办理和使用，不断提升“和工社”服务能级。“互联网+”工会案例获评2017年度上海市基层工会创新案例奖。

开展“暖心工程”建设

五是提升女工三大品牌影响力，加大对女员工及家庭的关爱力度，奉贤分公司等三家单位荣获“五星级爱心妈咪小屋“称号，并给予女员工展现巾帼半边天风采的展示平台，获得多项市级巾帼奖，提升女员工对公司的归属感和认同感。

六是实现线上经费管理，对工会财务电子平台进行升级，提高工会财务信息化管理的精细程度，构建“六位一体”工会经费嵌入式风险防控管理体系。《基于工会经费嵌入式风险防控管理体系，提升员工获得感的探索》获评2017年度上海市基层工会创新案例提名奖。

交流展示“互联网+”立体式工会建设成果

上海市建筑科学研究院（集团）有限公司工会

2017 年集团工会以党的十九大精神为指引，在集团党委的领导下，紧紧围绕集团发展规划，聚焦集团发展，着力加强基层工会组织建设，认真履行维护职能，坚持在改革中创新、在创新中发展，建设健康文明、昂扬向上的职工文化，为推动集团完成全年各项工作目标发挥积极作用。

组织集团工会干部培训

集团工会及时传达全国总工会和上海市总工会关于学习宣传贯彻十九大精神的有关通知，组织工会干部学习十九大报告，开展以“不忘初心跟党走，盈科而进谱新篇”为主题的“最美朗读者”十九大报告朗读比赛活动。建科人坚持“以科技创新，服务重点项目”的理念，发挥在项目管理、风险管理、建筑节能、绿色建筑和城市公共安全等技术优势，建科院和工程咨询公司被推荐参评市立功竞赛优秀公司，集团另有 2 个项目团队、3 名员工被推荐参评市级和赛区级立功竞赛的先进称号。通过外赛带内赛，集团工会举办了“共享协同、降本增效”职工 BIM 技术应用竞赛，为提升职工创新创造的意识和能力进行有益的探索。竞赛积极搭建平台，通过 BIM 项目征集、应用培训、举办讲座、答疑解惑、邀请外单位共同进行技术交流等活动，激发了广大职工积极开展 BIM 技术创新和应用实践的热情学习和交流，进而促进了单位之间进一步的协作发展。活动受到了广大职工的欢迎，也得到了上海市 BIM 技术应用推广中心的大力支持和高度的评价。今年，通过创建，刘格春、成晟“工程咨询及既有建筑改造项目管理”劳模创新工作室和周红波“BIM 与城市管理”劳模创新工作室成为市建设交通工会劳模创新工作室。

集团领导为先进集体代表颁奖

开展欢乐亲子嘉年华活动

集团羽毛球赛

举办十九人报告朗读比赛

上海大学工会

举办第一届“工匠杯”技术技能竞赛

荣获上海市“模范职工之家”荣誉称号

无人艇团队荣获2017年度上海市工人先锋号称号

承办上海市第八届教工运动会游泳比赛

召开民主管理恳谈会

在校党委领导下，上海大学工会结合学校立德树人的根本任务和高水平大学建设的奋斗目标，做党的得力助手，做教职工知情权、参与权、表达权、监督权的维护者，做校园正能量的传递者和营造者，做教职工身边的娘家人、热心人，在实践中不断地思考、探索和创新，主动担当、主动作为，开展了卓有成效的工作，被教职工亲切地称为“暖心部门”“阳光单位”。

召开四届四次“双代会”，新增近400位非在编教职工入会，起草《上海大学教职工校内申诉处理实施办法》，妥善协商处理4起教职工申诉，为学校改革、发展、稳定服务。召开民主管理恳谈会，首次将教代会代表的意见和建议直接反馈相关职能部门，共同推进学校各项工作又好又快地落实与发展。机自学院“无人艇”团队荣获市工人先锋号，拍摄以无人艇研究团队为代表的身边好教师微电影，举办第11届上海大学青年教师课堂教学竞赛，探索举办首届校“工匠杯”技术技能竞赛，促进教职工队伍素质全面提升。连续3年实施医疗专家进校园等6项教职工健康实事系列工程，广受好评。对20个文体协会“放管服”，全年组织教职工参加校内外各类文体展演、交流、比赛共29场，参与人数逾6300多人次。承办上海市第八届教工运动会游泳比赛。

上大工会有担当，工会工作有特色，为暖心校园发挥了特有的贡献，被市总工会授予上海市“模范职工之家”荣誉称号。在2017年度教育系统工会工作考评中，上大工会被评为优秀等级。

松江区方塔中医医院工会

承办区医务工会艺术节书法比赛

承接区医务工会书画基地活动

举办朗诵比赛

参加区运动会

医院联欢会

松江区方塔中医医院是松江区中医龙头单位，也是上海市中医药培训基地，在医院党政班子的领导下，工会坚持围绕“以病人为中心，以安全为核心”的宗旨，带领全体职工团结奋进，锐意改革，大胆创新，狠抓医疗质量和优质服务，取得了优异的成绩。

一、领导重视，院务公开工作有序推进。

医院领导高度重视院务公开工作的开展，定期通过院务会、院周会、职代会、全体职工大会及党员大会、公开栏等各种形式将医院的年度工作目标、长远打算、重要的规章制度等方面进行了公示，取得了职工的信任，并在2017年荣获了2015—2016年全国厂务公开民主管理先进单位、上海市文明单位称号。

二、积极开展“建文明班组 创文明岗位 做文明职工”的创建。

1. 骆氏妇科：

先后被评为“上海市骆春、骆氏中医妇科劳模创新工作室”及“上海市基层名老中医专家研究工作室”等，为学科建设及人才培养搭建了更好的平台。

2. 肿瘤科：先后获得了 “松江区工人先锋号”和“上海市工人先锋号”称号。

三、重视医院文化建设，有效开展各项活动。

1. 松江区医务职工书画基地及语言艺术基地建设：

2016年5月起承担基地各项活动近30次，满足了职工多层次精神文化需求。

2. 松江区医务工会体育健身节及文化艺术节：承办活动6次，得到了区医务工会及所有参赛者的好评及肯定。

3. 积极参加市、区组织的各项活动，并取得了很好的成绩：获得了2018年上海市班组（团队）文化网络大赛中获得“改革开发我诵赞赛事双百强奖”等。

4. 医院文化有声有色：组织医院各类文体活动，如中医药文化节、十月歌会等，得到得到了职工的欢迎及肯定。

四、科研活动：在建课题市级20项目、区级18项，如上海市综合医院示范儿科门急诊建设项目、基层中医药适宜技术推广项目、中医药公共卫生服务能力建设项目。

中国建材国际工程集团有限公司工会

近年来，中国建材国际工程集团有限公司坚持自主创新与集成创新相结合，取得了一大批科技成果并成功实施产业化和工程化，成功获批建设浮法玻璃新技术国家重点实验室等多个国家级研发平台，承担国家973、863、十二五、十三五科技支撑项目，参与二代浮法玻璃及新型干法水泥技术研究，就行业前沿、共性、重大关键技术开展研究，共获国家科技进步二等奖3项，省部级科技类奖30多项，国家授权专利1000多项。2018年5月以排名第一的成绩获评上海普陀区区长质量奖。

中国建材国际工程集团有限公司工会第三次代表大会

中国建材国际工程集团有限公司工会团结动员广大职工牢固树立“四个意识”，坚持“四个自信”，自觉践行“两个维护”，全力服务中心工作，着力强化维权服务，物质文明、精神文明、生态文明等各项建设工作取得了新成绩，作出了新贡献，先后获得上海市五一劳动奖状、上海市文明单位、上海市工人先锋号、普陀区示范工会、上海市模范职工之家、上海市创建学习型企事业达标单位、上海市“安康杯”竞赛优胜单位、普陀区第二届职工最满意企业、长风社区（街道）精神文明建设先进集体、长风社区“劳动关系和谐企业”等多项荣誉称号。

三八妇女节活动

韩国KCC120吨浮法玻璃项目

羽毛球比赛

中国山东德州智慧农业大棚项目

上海久事（集团）有限公司工会

上海久事（集团）有限公司工会牢牢把握“政治性、先进性、群众性”要求，自觉维护党赋予工会的重要职责，围绕久事党建“6+1”工作体系要求，加强工会干部的政治素养和职工的思想道德教育，引导职工积极践行社会主义核心价值观，使之成为生动活泼、特色鲜明、富有成效的群众性实践。

上海工匠花茂飞

近年来，久事集团工会主动落实群团改革要求，制定工会工作任务清单，精准化开展工作，努力营造积极向上的企业内部环境。聚焦工会主业主责，进一步对接职工需求，以满足广大职工多样化、多层次，多方面的需求为使命，坚持为职工谋幸福。坚持源头参与，加强服务型工会建设，不断发挥工会在企业全局工作中的重要作用，使广大职工切实感受到工作组织的温暖，工会的向心力和凝聚力进一步提升。深化职工素质工程建设，培养和造就高素质的职工队伍，建立先进选树培育机制，为劳模梯队建设做好人才储备。不断做优工会实事项目，把竭诚为广大职工服务、维护职工切身利益作为工会工作的出发点和落脚点，持续拓展实事项目的广度和受益面。坚持加强服务型工会建设，畅通联系职工的新渠道、教育职工的新平台，工会工作阵地得到扩展，工会组织的活力不断增强，作用不断显现。

集团领导进行高温慰问

久事集团第一届职工艺术节

职工舞蹈比赛

开展烘焙兴趣小组活动

海通开元投资有限公司工会

庆祝海通证券30周年徒步活动

日益壮大成熟的团队

海通开元投资有限公司成立于2008年，是海通证券旗下专业从事私募股权投资的全资子公司，公司设立了6家股权投资管理平台，专注于TMT、金融、大消费、文化产业、医疗健康、新技术、新能源、环保、信息安全、智能制造等景气度上升阶段国家支持行业的投资机会；目前管理规模约200亿元人民币。海通开元及旗下基金累计完成对多个行业近400余家企业的投资，总投资金额逾200亿元，通过上市、并购等方式累计退出50余家。

海通开元荣获上海市五一劳动奖状

自公司成立于以来，海通开元秉承“价值发现和价值实现”的投资理念，依托母公司强大的资源网络以及自身对中国资本市场运作规律的深刻理解、丰富成熟的项目开发渠道和专业的投资管理团队，为投资人和被投资企业提供全方位的财务增值服务。党的十八大以来，海通开元在海通证券党委的坚强领导下，深入学习贯彻习近平新时代中国特色社会主义思想，推进和落实国家经济转型及产业结构调整等方面的政策，切实改善金融服务，通过不断创新，充分发挥好股权投资自身在支持和服务实体经济中的生力军作用。

海通开元在各大投资机构评选中名列前茅

海通开元投资有限公司及董事长张向阳多次获得中国证券报、上海股权投资协会等机构颁发的投资专业多个奖项；2018年荣获上海市总工会颁发的“上海市五一劳动奖状”。

年轻而朝气蓬勃的团队

上海航天设备制造总厂有限公司工会

王曙群对接机构产品最终检查

运载火箭总装厂房

第 45 届世界青年技能大赛全国选拔赛集训

一级运载火箭转运

企业行政大楼

上海航天设备制造总厂有限公司隶属于中国航天科技集团公司上海第八研究院，是我国唯一集弹、箭、星、船、器研制和生产的综合航天企业。公司工会贯彻落实十九大“建设知识型、技能型、创新型劳动者大军，弘扬劳模精神和工匠精神，营造劳动光荣的社会风尚和精益求精的敬业风气”的要求，大力营造“弘扬工匠精神，推动总厂发展”，把“工匠精神”作为职工价值追求的匠人文化氛围。

公司工会针对企业现状，发挥“政治性、先进性、群众性”优势，广泛开展推优宣传、职工技术创新活动，在弘扬工匠精神、培育工匠、培育技能人才方面进行了探索和实践，培养出以全国五一劳动奖章、中华技能大奖、上海工匠获得者王曙群为代表的一大批优秀技能人才，履行了航天总装企业大力集聚支撑中国创造、技艺精湛的高技能人才的使命，为建设航天强国提供一线技术技能人才的保障。

上海创邑实业股份有限公司工会

愚园路红旗颂歌

创邑 SPACE 丨浦江开业趴

1881 线下演讲活动

绿色地球倡议组织跳蚤市集公益活动

上海创邑实业股份有限公司（英文名：CREATER）是上海弘基企业（集团）股份有限公司（联想控股占比27.6%）旗下一家以空间运营为核心业务的创新型企业。创邑CREATER创立至今，一直着力塑造全新的产业形态，凭借自身独具的前瞻性眼光以及丰富的运营经验，为在上海打拼的创业者们提供一个更有归属感、满足感与成就感的创邑系列园区，上海创邑实业股份有限公司成立于2010年，工会总人数121人，占职工总数的99.8%。

CREATER创邑秉承“创新、共享、成长”核心价值观，作为上海较早一批城市更新运营者，始终致力于推进旧改建筑项目的商业运作，目前在核心城区成功打造26个空间，从型态更新、内容赋能、管理创新三方面来创造工作（创邑OFFICE）、居住（创邑LIVE）、街区（创邑ART）15分钟社区生态圈。目前CREATER创邑在上海核心城区拥有26个空间，总体量达33万平方米，为20000+会员打造工作、居住、休闲一体化社区生态。

获得“2018年度十大城市更新案例之老城复兴”愚园路项目。愚园路自1918年成路至今已历经整一百年，2015年起，在长宁区政府顶层规划引领下，CREATER创邑以“艺术生活化、生活艺术化”的发展理念，通过形态更新、业态提升、人文传承、社区营造、创新管理五大模块进行愚园路适应性改造。是集海派特色、文创商业、精致居住、新型办公、社区邻里中心和公共空间艺术为一体的综合型城市更新项目。

CREATER创邑荣获全国联合办公行业十强运营商、上海市四新经济创新基地、上海市文化创意产业园区、上海市特色商业街等荣誉称号。

上海市杨浦区职业技术学校工会

杨浦职业技术学校党总支书记、校长卞建鸿

五一劳动奖章获得者——马波

教职工疗休养

上海市杨浦职业技术学校是国家级重点中等职业学校，占地面积 75.6 亩，设有现代汽车、旅游烹饪和创意设计等三大专业群，现有教职工 135 人，学生近千人。

近年来学校工会在校党总支领导下，不断加强内涵发展，认真履行四大职能，建设教工之家，维护教工权益，关心教工身心健康，开展教学大比拼、师德标兵评选、体检和疗休养、各类文体及庆祝活动，弘扬身边先进，丰富教工生活，增强学校凝聚力。

自 2013 年起学校选手连续参加世界技能大赛车身修理项目比赛，在第 42 届获得优胜、43 届荣获银牌、44 届勇夺金牌。学校获“上海市文明单位”、“上海市五一劳动奖状”及上海市中小学行为规范示范校等称号，学校车身修理项目国家集训基地后勤保障团队获“上海市工人先锋号”。2018 年，校长卞建鸿荣膺“上海市教育功臣”、教师马波获“上海市五一劳动奖章”、学校选手杨山巍获“上海市青年五四奖章”等称号。学校优秀师生受到了国务院总理李克强及上海市主要党政领导的亲切接见，人民日报、中央电视台等多家主流媒体对学校的报道多达 100 余次，为宣传职业教育、培养工匠精神营造了良好的社会氛围。

教工社团活动——书法

教工社团活动——钢琴

44 届世界技能大赛车身修理项目冠军 杨山巍

锦江国际（集团）有限公司工会

锦江国际集团是中国规模最大的综合性酒店旅游企业集团之一，拥有酒店、旅游、客运三大核心主业和地产、实业、金融等相关产业及基础产业。“锦江”具有80多年历史的中国民族品牌，是中国驰名商标、上海市著名商标。锦江国际集团工会管辖基层工会81家，会员数45010名，入会率达100%，实现了工会组织和会员入会的全覆盖。

集团领导与劳模、先进合影

一、加强工会组织建设。在集团内选拔懂工会、爱职工、群众工作经验丰富的同志担任工会领导，积极开展“企业所需，工会所能，职工欢迎”的各项文体活动，增强工会组织的吸引力和凝聚力。

“锦江杯”职工技能大赛选手合影

职工代表统计选票的现场

二、加强劳模管理工作。集团现有劳模85名，上海市“劳模创新工作室”3个，“上海市首席技师工作室”3个，锦江国际“劳模创新工作室”7个。

三、加强职工队伍建设。认真抓好职工队伍建设和技术技能培训工作，提高职工队伍活力，激发职工热爱企业的工作积极性。锦江国际职工现有技术工人3615人，其中技师205人，高级技师206人。

四、做好困难职工送温暖工作。制定集团困难职工“大走访、送温暖”工作计划：一是建立500万元的职工“重危疾病救急基金”；二是提高新一轮特困职工帮扶金额标准；三是投入1800万元为职工办理“商业补充医疗保险”。

五、落实劳动保护工作措施。安康杯竞赛工作小组结合夏季安全生产劳动保护工作的特点，重点检查各企业高温作业场所，确保职工安全和健康。

时刻准备、提供一流服务

接待邮轮旅游宾客

中国教育工会上海市浦东新区委员会

争做“四有”好老师主题活动

现有基层工会组织498个，工会会员32860人。2017年，在教育党工委和上级工会的领导下，坚持围绕中心、服务教工，大力宣传身边的先进典型，引领广大教师争当“四有”好老师。举办第三届青年教师教学技能竞赛，推进“书香校园”教职工读书活动，举办教职工“三笔一画”大赛和“美在校园”手机摄影大赛，服务教职工的专业发展。开展“教职工依法参与学校民主管理与监督状况”专题调研，切实维护教职工的民主权利。积极构建市总、区总职工互助计划、区级医疗补助和工会会员卡专项保障以及“一日捐”送温暖帮困保障体系，开通24小时教师心理健康咨询服务热线（4008206235），抓好妇女之家、爱心妈咪小屋建设，搭建青年教师交友联谊平台，体现工会大家庭的温暖。指导基层工会做好按时换届直接选举工作，积极推进基层工会会员大会三报告和满意度测评制度，增强工会组织的凝聚力。工会荣获“2017年度浦东新区模范工会”称号。

工会工作会议暨工会经费政策培训

教工小合唱比赛

“三笔一画”和手机摄影比赛颁奖仪式

中冶宝钢技术服务有限公司工会

市总工会领导慰问参加全国第六届焊接大赛选手

中冶宝钢技术服务有限公司作为世界500强、大型上市央企——中国冶金科工集团有限公司的控股子公司，已发展成为国内规模最大、综合实力最强的钢铁服务运营商。目前，公司形成了设备检修、协力生产及钢渣利用、装备制造、工程建设四大板块为核心的跨行业、多元化产业发展格局。

中冶宝钢技术现有员工19090人，其中女工人数2983人，公司工会下设12个基层工会委员会，共有成建制班组2320个。工会的主要工作有：

（一）权益维护：公司工会会同人力资源部、技术质量部、培训中心等部门做好工作调研，针对新时期职工劳动竞赛和技能提升体系提出工作计划。同时，配合市总工会做好上海市推进产业工人队伍建设技能提升宣传片的拍摄工作。组织好公司工会三大保障续保，并详细研究保障条款，积极推进职工保障理赔，确保职工权益保障。

（二）劳动技能竞赛：公司工会承办了“2018年第六届全国职工职业技能大赛上海选拔赛”焊接比赛活动，并代表上海市参加了在沈阳举行的全国第六届焊接大赛；在上海市优秀发明选拔赛30周年总结暨职工创新表彰会上公司荣获“2018年第六届全国职工职业技能大赛上海选拔赛”焊接团体金奖，个人金奖1枚，银奖1枚，铜奖1枚；围绕中心工作公司工会组织开展“大干100天再创新业绩”专项劳动竞赛活动，为全面完成年度各项目标奠定了坚实的基础。

（三）文体活动：公司工会组织基层员工参加各类文体赛事；公司羽毛球协会在公司工会指导下，自发组织活动，调动羽毛球运动爱好者积极性，做好训练和比赛。被上海市文化体育协会评为“优秀组织团队”。公司足球协会连续三年参加市总“森河杯”职工足球联赛并取得好成绩。

（四）劳模先进管理：加强公司劳模先进管理工作，切实做好劳模先进的评选和服务。组织劳模参加市总工会的休疗养；组织全国劳模参加市总统一安排的体检；积极完成劳模三金申报等事项。第三分公司张晓东获评2018年度“上海工匠”。

公司足球队获得上海职工足球超级联赛的奖杯

上海市基础工程集团有限公司工会

基础集团工会深入贯彻落实习近平新时代中国特色社会主义思想和十九大精神，在基础集团党委和建工集团工会的领导下，坚持围绕企业中心开展工作，竭诚服务职工。为助力企业“全国化”战略，工会积极探索实践将外埠重大工程纳入立功竞赛活动，鼓励职工岗位建功；将关心关爱、帮困扶贫全覆盖，缓解外埠职工办理居住证难的问题，关心外埠职工家属子女，加大节日慰问力度；通过集体合同平等协商途径，给属地化职工更多职业晋升机会，共享企业“全国化”发展成果。基础集团工会以劳模创新工作室建设为抓手，打造企业发展“微引擎”，强化技术工人队伍，打造匠人品牌，大力推动陆凯忠劳模创新工作室与盾构事业部相融合，测量工作室多专业典型选树，特种设备工作室的梯队建设等。为弘扬工匠精神，通过“基础集团工会”微信公众号平台，开设“劳动光荣，精益求精”专题报道，讲述基础匠人正能量故事。多年来，基础集团工会通过开展公益乐学，体育比赛等职工喜闻乐见的活动，凝心聚力。坚持结合党组织结对帮困，传递企业温暖。始终以服务企业、服务职工为己任，担负起新时代赋予工会的新任务，为实现基础集团专家型企业的目标而努力奋斗。

市总工会党组书记、主席莫负春慰问全国劳模陆凯忠

推动劳模创新工作室建设

慰问工程项目一线职工

开展重大工程立功竞赛活动

举办专题培训会

组织外埠职工家属开展“六一”亲子活动

宝山区顾村镇总工会

自2016年7月起，宝山区顾村镇总工会作为首批非公企业工会改革试点单位，以“四个依法”（依法建会狠抓基础、依法管会突出重点、依法履职责任到人、依法维权夯实机制）的改革创新精神，努力破解非公企业工会组建难、职工入会难、经费人员保障不足、维权服务不到位等瓶颈问题，打通联系服务职工群众“最后一公里”；扩大工会有效覆盖，激发基层工会活力，做实精准服务，积极探索服务职工新模式，组织开展更多更好的惠利职工项目，使非公企业工会“建起来、转起来、活起来”。

全总领导参观调研非公企业工会改革试点单位——上海法维莱交通车辆设备有限公司

全总领导参观调研宝山区职工服务中心顾村镇分中心

开展一线职工高温慰问

全国工会推广上海顾村经验观摩交流会

开展镇“五一”表彰会

召开年度总结表彰会暨迎新联欢会

顾村镇在总结提炼非公企业工会改革前期经验的基础上，镇党委研究出台《顾村镇深化非公企业工会改革》的“1+6”文件，正式启动以协调劳动关系建设为主要内容的深化改革工作，努力构建“党委领导、政府支持、各方配合、职工参与、工会工作”的工作格局。

顾村镇总工会立足主责主业，运用“上代下”维权机制，强化劳动关系矛盾的预防化解，切实维护职工的合法权益，进一步提升职工的获得感，努力开创非公企业工作新局面，赋予“顾村经验”更丰富的内涵。

浦东新区陆家嘴街道总工会

浦东新区陆家嘴街道总工会在街道党工委的领导下和浦东新区总工会的指导下，深入开展非公企业工会改革试点工作，以楼宇经济和中小企业工会为改革的重点领域，以楼宇白领和商业、服务业从业人员为重点服务人群，通过健全组织体系、创新工作方式、强化保障机制，努力做实小二级工会，做活小三级工会，实现“两个回归”（回归法律法规、回归主业主责），和“两个全覆盖”（建立全覆盖的组织体系和全覆盖的工作服务网格）的改革目标。2017 年新增独立建会企业 73 家，新增覆盖建会单位数 227 家，新增会员 2248 人，被浦东新区总工会评为 2017 年度“模范工会”。

购买社会力量开展职工服务项目

召开街道工会代表会议

建设楼宇职工服务站

推动项目工地工会建立

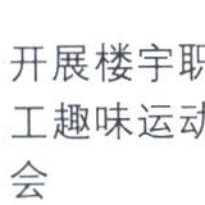

开展楼宇职工趣味运动会

组织街道总工会两委委员培训

举办会员定向拓展大赛

上海三菱电梯有限公司工会

工作总结座谈会

植树活动

职工桌球赛

职工足球赛

上海三菱电梯有限公司工会紧紧围绕公司年度经营方针“产品服务增价值，协同降本争市场”，坚持党的领导，坚持依法办会，立足服务职工、服务大局，多维度地开展工会工作。

工会加强民主管理与维权工作，坚持职代会与集体协商制度；进一步深化职工经济技术创新活动，组织劳动竞赛、班组建设及合理化建议活动；以名师带高徒为抓手，注重从青年员工自身成长发展特点出发，尊重他们发展的自主要求，变自然成熟为促进成才；开展送温暖送清凉活动，关心生病及困难职工生活；组织第十三届职工运动会，弘扬体育精神，丰富职工业余生活；加强自身建设，提高工会适应新形势、新要求的能力。

公司工会在不断丰富职工的文化生活和业余生活上进行探索与实践，充分发挥部门工会的主动性，发掘由职工自发形成的活动小组，并定期开展活动。公司工会还加大对职工活动的宣传力度，通过公司期刊和微信号等媒体，广泛宣传，扩大工会组织的影响力和吸引力。

职工厨艺比赛

职工拔河赛

绿地商业集团工会

安全生产月知识竞赛

绿地读书会活动

绿地商业（集团）有限公司是世界 500 强综合性企业集团——绿地集团旗下的核心成员企业，公司业务涵盖零售、国际贸易、购物中心、物流地产四大领域，并已成为绿地转型发展和创新升级的重要动力源。

集团工会成立于 2003 年 10 月 23 日，是在上级党组织领导下，职工自愿结合的群众组织，是公司联系广大职工的桥梁和纽带，现有会员 3800 余人，下设 3 个分工会，工会委员会委员 9 名，经审委员会委员 3 名。

集团工会始终坚持党的领导，把握政治方向，把工会建设纳入到企业发展和党建总体规划部署之中，在集团党委的领导和支持下，以“围绕主业、规范建设、凝聚团队、关爱全覆盖”为工作重心，组织开展各项活动。

迎新春活动

岗位技能知识竞赛

商管公司羽毛球赛

“六一”家庭日活动

上海市公共卫生临床中心工会

WHO合作中心挂牌仪式

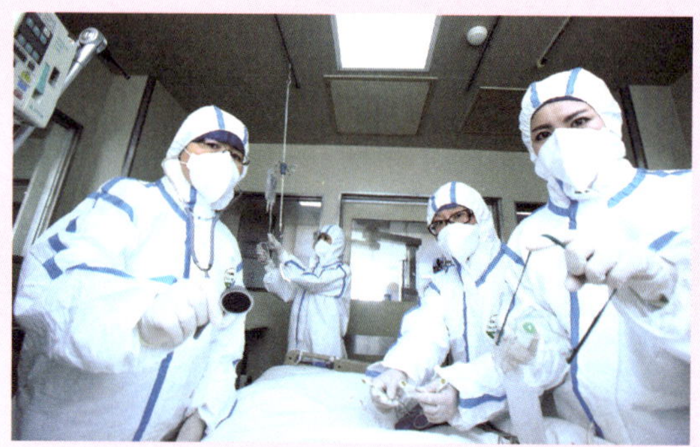
创建一流的创新型、研究型、综合性公共卫生服务平台

上海市公共卫生临床中心是具百年历史的三甲医院，WHO新发与再现传染病临床研究与培训中心、全国传染病医师进修教育培训基地、中国疾病预防控制中心艾滋病临床进修教育基地等。连续六年蝉联上海市文明单位，2017年获评全国文明单位，2018年获得上海市五一劳动奖状。

中心工会是一个有活力、凝聚力、创新力的团队。连续五年获得医务工会年度工作考核优秀，有较强的工会理论研究能力，承接局级课题，连续两年获得医务工会理论研究年会论文一等奖；其中一项获上海市总工会理论研究优秀成果奖；成功申请发明专利一项。曾获全国科教文卫先进职工之家，上海市卫生计生系统模范职工之家。

和谐医患关系

爱心妈咪小屋

公卫中心致力于创建一流的创新型、研究型、综合性公共卫生服务平台，切实保障和提高市民健康水平；始终秉承“团结、奉献、诚信、卓越”的发展理念，忠实履行维护城市公共卫生安全的伟大使命。

国学文化活动

职工春节联欢会

上海南亚新材料科技股份有限公司工会

第十届"南亚之韵"总结表彰大会

流动红旗班组竞赛

南亚新材料科技股份有限公司2017年获上海市民营企业100强（第64名），中国电子材料行业百强企业，嘉定区先进制造业综合实力金奖，2017年公司实现销售额逾18亿元，利润1亿余元，上缴税收近4000万元。

职工代表大会

南亚工会在上级工会和公司领导的关心支持下，围绕公司经济发展总目标，按照职代会通过的工作计划和任务，着重做好四方面工作：一是从充分利用公司内刊、宣传栏、黑板报、微信公众号等媒介，宣传发动广大职工围绕公司发展大局努力工作；二是组织各项培训，提高职工素质和技能，全年培训1300余人次；三是结合公司生产管理，开展主题竞赛，如安康杯竞赛、"奋战百日强管理、改善品质增效益"专项竞赛、"安全生产流动红旗"班组竞赛等；四是关爱职工，创建文明企业和谐之家，维护职工合法权益，帮助职工排忧解难，丰富职工业余文化生活，引导职工履行社会责任。公司连续7次获评全国安康杯竞赛上海赛区优胜单位；有5个班组分别获评"上海市工人先锋号""嘉定区工人先锋号示范岗""嘉定区工人先锋号"班组；有一批职工分别获得上海市农民工先进个人、嘉定区技术能手、创新能手、十大科技创新英才、南翔镇优秀员工等奖项。

安全生产知识竞赛

职工趣味运动

参加南翔镇市民合唱大赛

中国建筑第八工程局有限公司工会

项目工地送清凉

慰问困难职工

在上海市重点工程实施立功竞赛表彰大会上交流发言

表彰先进集体和个人

2017年，中建八局工会在局党委和上级工会的领导下，把握服务重点、突出价值创造、激发组织活力，在融入中心服务大局中切实履行工作职责，在构建和谐促进发展中当好桥梁纽带，自身凝聚力、创新力和影响力不断提升，为企业的创新发展做出了积极贡献。局党委书记、董事长校荣春在上海市立功竞赛表彰大会上作发言，经新华社微信转发，收获100多万人次的点击量。有22个集体、14名个人受到上海市政府表彰。举办第五届劳模创新论坛，为第五批19个局级劳模工作室和第二批4个劳模工作室联盟授牌。以市总工会国有企业改革试点单位为契机，召开工会改革工作推进会，落实“1+9”改革的制度体系和具体任务。年内全局工会系统共获得全国和省市级荣誉141个，地市级荣誉159个。其中，荣获全国五一劳动奖状4个、全国五一劳动奖章4个、全国工人先锋号4个，推出了3名农民工典型和1名上海工匠，局工会获评上海市十佳厂务公开民主管理先进单位，并首次获评全国厂务公开民主管理工作先进单位，先后在上海第六届驻沪世界500强企业劳动论坛、第七届上海职工科技节开幕式上介绍经验，典型群体效应进一步彰显。

召开立功竞赛暨安康杯竞赛推进大会

开展关爱农民工实事项目活动

FedEx Express 联邦快递（集团）有限公司上海分公司工会

联邦快递（中国）有限公司上海分公司第一届工会（以下称“联邦快递上海工会”）在长宁区总工会的指导下于2007年12月29日正式批准成立。

成立以来，联邦快递上海工会在保护员工合法权益的基础上，积极维护员工与企业的关系，促进员工和企业共同成长与和谐发展。

联邦快递上海工会一直致力于将工会建设成为真正的“职工之家”。工会组建了多个俱乐部定期开展活动，如英语俱乐部、体育俱乐部等，提升员工自身素质，加强团队合作精神；近几年工会也与长宁区总工会开展便民利民项目合作，为会员提供亲子心理讲座、健康知识分享等活动。

通过工会及全体会员的共同努力，各项工作都取得较好的成绩，分别获得“全国模范职工之家、上海市五一劳动奖状、全国工人先锋号”等奖项和称号。

参加“我为上海安全行”活动

骑行俱乐部活动

大金湖旅游疗养

亲子烘焙活动

上海市路政局工会

荣获上海市五一劳动奖状

高温慰问路政行业一线职工

纪念改革开放 40 周年演讲大赛

上海市路政局工会在市交通委工会和局党政的领导下，聚焦“进博会保障”“精细化管理”“职业技能提升”“路政文化建设”等中心任务，突出“维护、服务”两项根本职能，深化完善工会“先进示范、民主管理、职工关怀、文化自信和组织建设”五个工程体系的建设，努力实现“建设好一个体系，运作好一个平台，打造好一个品牌”的工作目标，不断促进路政行业和谐稳定，助推交通事业繁荣发展。

主题党日和大调研活动

迎新春团拜会

“迎接进口博览会倒计时 100 天”誓师大会

上海市嘉定区中心医院工会

食堂餐饮安全检查

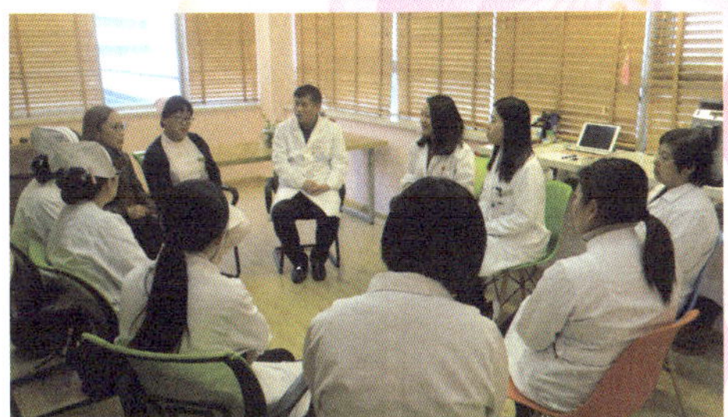
“巴林特”活动

“快乐吧”活动

“嘉偶伊人”旗袍秀

嘉定区中心医院创立于1947年，是一所集医疗、教学、科研、预防、康复为一体的二级甲等综合性医院。医院工会现有会员1260余人，共设5个分工会，18个工会小组，职工入会率和工会会员服务卡办卡率均达到100%。

医院工会致力于关爱职工身心健康、丰富职工业余生活。定期组织巴林特、快乐吧活动，缓解疏导员工心理压力；每月组织检查食堂餐饮食品卫生，为职工提供营养、健康的饮食保障；开设爱心暑托班，为职工解除后顾之忧等等。2017年起，工会还牵头成立乒乓、篮球、徒步、阅读、摄影、视频制作、合唱、舞蹈、旗袍队等9个社团，员工参与率逾50%，获得广泛好评。工会在探索与拓展关爱员工新渠道的同时，也积极创新民主管理形式，认真开展各类职工培训，切实维护员工合法权益，高效落实劳动保护，实行全方位的员工关怀。

在上级工会和院党委的领导下，医院工会还积极开展工会课题研究，专注于提升工会专职人员综合素质；开展“创、建、做”活动，2018年，华孙英副院长获“上海市五一劳动奖章”。医院工会始终坚持为服务职工打造一支高水准、高质量的优秀工会队伍，为全体医务人员营造温馨、快乐、和谐的工作氛围不懈努力。

爱心暑托班

梦想篮球队

上海交通大学工会

“纪念改革开放40周年教职工书画作品展”

举办工会主席培训班

上海交通大学工会（全称：中国教育工会上海交通大学委员会）成立于1950年4月，现有工会会员7000余名，二级工会组织58个，其中院（系）工会29个、机关工会13个、直属单位工会10个、直属企业及附属单位工会6个；共有教职工文体协会32个，体育类协会18个，文艺类协会14个。

上海交通大学工会认真学习贯彻习近平总书记关于群团工作系列重要讲话精神，切实履行参与、维护、建设、教育四项基本职能，通过开展“践行新思想，奋进新时代”主题活动，组建校队开展青年教师教学竞赛，发挥教代会在学校民主管理的主渠道作用，完善教职工全方位帮扶救助体系，丰富“娘家人”普惠平台，打造教职工文体多元工作格局。不断提高政治站位，强化使命担当，创新工作形式，拓展服务内涵等方面，团结引领广大教职工围绕学校“双一流”大学建设建功立业。。

曾荣获“全国模范职工之家”“全国厂务公开民主管理先进单位”“中华慈善突出贡献单位奖”“上海市劳动关系和谐职工满意企事业单位”等市级以上20余项称号。2018年获上海市五一劳动奖状。

荣获上海市五一劳动奖状

在上海市青年教师教学竞赛中斩获佳绩

举办教职工高雅原创诗文诵读会

举行千人健步走活动

定期召开学校教代会

泛亚汽车技术中心有限公司工会

工会主席胡奇志

职工职代会

泛亚汽车技术中心有限公司（以下简称泛亚）成立于1997年6月12日，同时组建工会。泛亚成立注册资金6900万美金，是由通用汽车（中国）公司与上海汽车工业（集团）总公司（现上海汽车集团股份有限公司）共同组建的国内第一家中外合资汽车设计开发中心，也是国内第一家获颁“国家认定企业技术中心“的合资汽车企业。目前泛亚拥有一支三千余人的员工队伍，其中博士占2%，硕士占47%，学士占47%。

泛亚汽车技术中心有限公司工会在上汽集团工会和公司党委的领导下，认真贯彻落实党的十九大精神，紧紧围绕上汽集团“新四化”发展战略，秉承“管理者承诺”，弘扬“工程师精神”，传承“爱岗敬业、勇于创新、甘于奉献”的楷模精神，努力营造和谐的企业发展环境；积极深化厂务公开民主管理和职代会制度建设，依法维权源头参与，畅通职工民主渠道，切实维护职工合法利益；围绕大局，激发职工主人翁意识，服务职工，甘做职工信赖的“娘家人”。泛亚工会持续奋进，硕果累累，先后被中华全国总工会授予“模范职工之家”“上海市厂务公开民主管理工作十佳单位”等称号，引领广大员工为创新转型发展建功立业，在和谐共建中不断凝聚职工的智慧和力量，全力打造职工“温暖美丽”的家园。

纪念改革开放40周年文体活动

上海电力医院工会

5.12 护士节劳动竞赛颁奖

青西湿地亲子健步活动

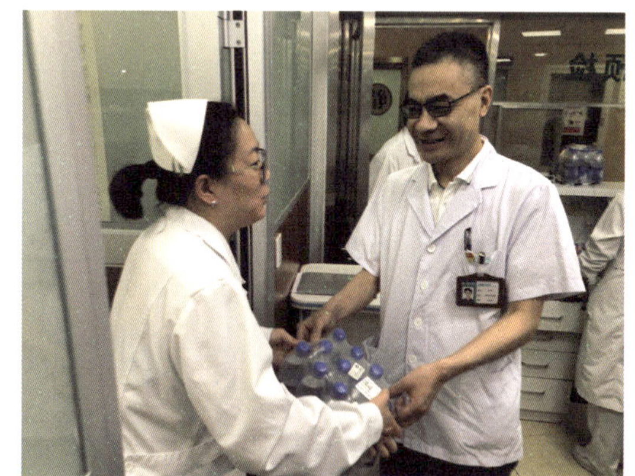
高温慰问一线工作人员

上海电力医院工会在国网上海市电力公司工会和医院党委领导下，积极推进医院的民主决策、民主管理和民主监督，全面落实职代会制度，维护广大职工合法权益，动员和组织职工投身医院的改革和发展，为更好地服务企业、服务社会，坚定不移地推动医院改革发展发挥了重要作用。

上海电力医院工会分为6个分工会，共有7个工会干部。工会目标：建设团结创新、奋发有为的工会组织。工会理念：开放、包容、服务、和谐。工会定位：把握医院发展与职工成长成才的交汇点。

2018年以上级单位幸福企业建设及员工帮助计划的实施为契机，院工会成立EAP活动小组，导入EAP+管理融和理念，从“关注职工心理、关心职工健康、关爱职工生活、帮助职工成长”四个维度出发，常态化开展EAP理念宣贯和心理学基础知识分享，提升组织和职工的积极心态，帮助职工快乐工作、幸福生活，促进职工成长成才。

庆祝首届医师节大会

徐汇区牙病防治所工会

全国五一劳动奖章获得者钱文昊

徐汇区牙病防治所工会委员会委员5人，工会经审委员会委员3人，会员185人，入会率100%。2017年，钱文昊所长获“上海工匠”称号，这是医院职工第二次入选。为进一步展现牙防特色，展示首届“上海工匠”、全国劳模徐培成的医德医技，工会配合上海电视台纪实频道完成《医道》纪录片的拍摄。同年，单位技术室根据自身发展和临床需求，开设各类诸如钛支架计算机切割、嵌体贴面、医技配合、洁牙等业务，并获“上海市职工创新工作室”称号。2018年，单位荣获全国文明单位，钱文昊获全国五一劳动奖章。全年在新华网、新民晚报、劳动报等主流新闻媒体获宣传33篇。单位启动“大美西藏口腔保健志愿服务公益行”，组织共7名医务志愿者赴西藏开展为期10天的口腔健康保健义诊服务。组织两批口腔专家骨干积极参加区卫计委援滇医疗队，助推精准扶贫工作。

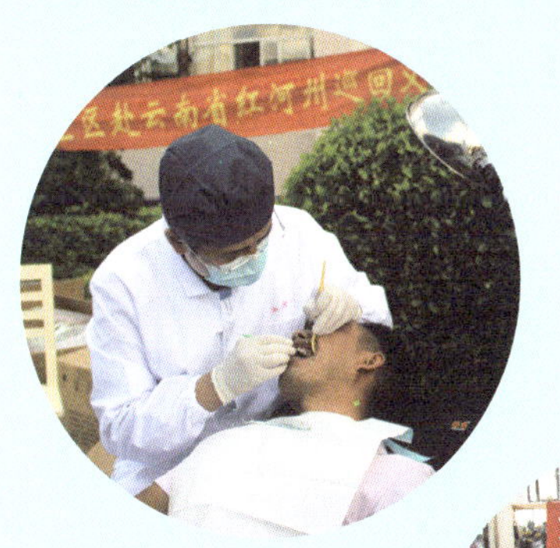

赴云南、西藏开展义诊

职工趣味运动会

职工健步走活动

东方证券股份有限公司工会

签订集体合同

多年来，东方证券股份有限公司积极深化厂务公开民主管理和创新实践和谐劳动关系的运作机制，2018年4月，东方证券股份有限公司被上海市总工会、上海市人力资源和社会保障局授予上海市“五一劳动奖状”光荣称号。

公司始终坚持加强党建和企业文化建设，倾力打造团结进取的优秀团队、推进市场化机制建设，形成了独特的企业核心竞争力；大力开展幸福家园等丰富多彩的企业文化建设活动，有效增强各级党组织的战斗堡垒作用，增强广大干部员工的幸福感和获得感，成为公司改革创新发展的坚强有力保障。

女职工才艺课堂

职工之家

群团工作专题研讨会

重走长征路活动

上海燃气浦东销售有限公司工会

公司五届一次职工代表大会

工程监管技术比武

上海燃气浦东销售有限公司成立于2000年10月，是申能集团直属燃气集团系统单位。主要负责原浦东地区天然气业务发展、销售服务、输配管理和施工安装等相关工作，现有职工725人，用户133.66万，年直供售气量7.17亿立方米。

公司工会以“服务中心、服务大局、服务职工”为原则，以建立“学习型、创新型、和谐型、服务型”工会为目标，立足“党群共建创先争优”平台，坚持不断实践职工思想教育创新，广泛开展建功立业劳动竞赛，切实推进和谐劳动关系建设，持续强化职工素质工程建设，积极营造健康向上的和谐劳动关系。

公司先后获得全国“安康杯”竞赛优胜单位、全国模范职工之家、上海市五一劳动奖状、市职工最满意企业、市厂务公开民主管理工作先进单位、上海市文明单位、上海市工人先锋号、上海市“安康杯”竞赛优胜单位、上海市重大工程立功竞赛优秀公司等荣誉。

燃气微客服平台设摊宣传

燃气安全社区宣传活动

“康健杯”职工趣味运动会

上海市“五一劳动奖章”获得者韩英杰燃气表具教学

电装（中国）投资有限公司上海分公司工会

电装（中国）投资有限公司上海分公司工会自2007年成立以来，在维护职工权益的同时坚持团结和带领广大职工与企业同心协力促发展，开创了劳资互利双赢、企业与职工共同成长的可喜局面。工会与公司每年举行工资、奖金年度例行集体谈判，职工工资收入连续11年稳步增长。

工会每年组织劳动竞赛、合理化建议评比、职场改善活动，为企业发展献计献策，为帮助职工提高岗位技能和改善劳动条件贡献工会力量。工会除了组建7个体育俱乐部，每年还会举办家庭日、运动会、工会日等多项大型活动，大力推动企业文化建设、营造和谐职场氛围。

工会被上海市总工会授予“上海市基层工会十佳创新案例奖”，上海工会管理职业学院在电装工会挂牌“上海市工会干部教育培训基地”，电装工会还担任了上海市总工会《非公企业集体协商》课题组的主要成员，总结集体协商方面的可复制可推广经验，推动全市非公企业集体协商的提质增效工作。被全国工商联、国家人力资源和社会保障部、全国总工会联合评为“全国双爱双评先进企业工会”。

① 参与《非公企业集体协商》课题组调研活动
② 电装工会被授予“上海市工会干部教育培训基地”
③ 荣获“上海市基层工会十大创新案例奖”
④ 工会主席汤乃飙出席上海市工会第十四次代表大会
⑤ 获评“全国双爱双评先进企业工会”
⑥ 开展年度工资集体谈判

统计

各区局(产业)工会组织数据一览表(一)

单位名称	基层工会	基层工会涵盖单位	职工	女性	农民工	工会会员	女性	农民工
	个	个	人	人	人	人	人	人
总计	**48310**	**207414**	**7980293**	**3073796**	**3101850**	**7666012**	**2978626**	**2972173**
浦东新区总工会	7919	21414	934339	397653	329397	860336	368444	307754
徐汇区总工会	1898	14579	321206	126645	104937	316229	125073	103512
长宁区总工会	2018	13799	344084	135019	153363	343798	134941	153313
普陀区总工会	2179	8354	205625	84515	112659	201003	83154	110694
虹口区总工会	1381	5732	112040	42154	18260	108892	41417	17706
杨浦区总工会	2095	11431	219173	83967	120298	211597	82833	118700
黄浦区总工会	3073	13843	322568	133172	86409	316793	131271	84982
静安区总工会	2325	10686	217529	101838	40036	213527	100199	39456
宝山区总工会	2138	16377	415588	148295	150866	396127	144198	145628
闵行区总工会	5645	16443	653245	296282	395654	640507	292282	390371
嘉定区总工会	3174	9899	397506	152758	172443	386374	148582	166981
金山区总工会	1765	12544	278679	122251	167857	272463	120502	164167
松江区总工会	2578	17634	543541	260740	335396	523289	250438	330228
青浦区总工会	2840	22050	470156	198928	329713	445887	189940	318402
奉贤区总工会	1853	3601	184389	78962	73137	174735	76205	68243
崇明区总工会	1133	2897	105717	44017	51697	94084	40991	44694
上海市机电工会	147	148	49842	9843	3662	48963	9753	3296
上海市仪表电子工会	65	65	14548	4119	1160	14527	4112	1156
上海市化学工会	88	90	12017	2658	138	11964	2651	133
上海市轻工工会	7	7	2758	743	0	2750	742	0
上海市纺织工会	78	78	12025	4813	1465	11591	4621	1437
上海市医药工会	70	71	20360	10003	673	19709	9657	665
国网上海市电力公司工会	31	31	15086	3243	0	15086	3243	0
上海市电力股份有限公司工会	18	21	6429	955	0	6415	953	0
上海市电力建设有限责任公司工会	10	10	2812	269	29	2689	263	10
中国宝武钢铁集团有限公司工会	182	183	66137	10461	0	66137	10461	0
中冶宝钢技术服务有限公司工会	13	13	18172	2944	13008	17220	2826	12230
上海宝冶集团有限公司工会	19	19	6673	1034	2277	6580	1019	2199
上海高桥石油化工公司工会	9	9	5983	1373	0	5983	1373	0

续　表

单位名称	基层工会	基层工会涵盖单位	职　工	女　性	农民工	工会会员	女　性	农民工
	个	个	人	人	人	人	人	人
中国石化上海石油化工股份有限公司工会	27	27	13204	3677	27	13013	3621	27
中铝上海铜业有限公司工会	7	7	774	121	2	774	121	2
上海航天局工会	32	33	18524	4919	791	18493	4919	787
中船上海船舶工业有限公司工会	21	21	67684	9089	32754	55517	7284	26942
中国商用飞机有限责任公司工会	11	11	10908	3015	61	10339	2944	55
上海市烟草工会	11	11	8032	1762	154	7762	1762	154
上海汽车集团股份有限公司工会	46	46	107937	19106	14825	102191	18617	9994
上海市漕河泾新兴技术开发区发展总公司工会	7	7	950	375	0	949	375	0
中国能源化学工会华东电力工作委员会	4	4	1582	421	0	1582	421	0
上海华虹(集团)有限公司工会	7	7	7234	2062	0	7234	2062	0
上海华源(集团)有限公司工会	3	3	112	38	0	112	38	0
华能上海分公司工会	8	8	2497	570	0	2497	570	0
上海化学工业区工会	33	34	8197	2210	1354	7979	2138	1248
国药控股股份有限公司工会	21	23	6248	3397	331	5318	2986	241
中国铁路工会上海铁路局委员会	34	34	33129	4634	2579	32499	4570	2571
中国远洋海运集团有限公司工会	74	83	26098	3872	4991	25496	3685	4891
上海国际港务(集团)股份有限公司工会	40	42	21015	2781	3368	19941	2763	2392
中国海员工会上海长江轮船公司委员会	12	12	1070	361	99	1060	355	99
上海市运输工会	54	54	9056	1458	2110	8427	1382	1773
中国邮政集团工会上海市委员会	31	63	22729	6992	4194	22684	6983	4182
中国移动通信集团工会上海市委员会	1	29	6074	3048	192	6074	3048	192
中国电信集团工会上海市委员会	66	74	32332	11981	166	32142	11925	166
中国电信集团工会号百信息服务有限公司委员会	2	2	332	162	0	332	162	0
中国海员工会交通部东海救助局委员会	11	11	1014	72	0	1014	72	0
中国海员工会交通部上海打捞局委员会	6	6	940	64	0	940	64	0
中交上海航道局有限公司工会	10	10	4305	410	793	4305	410	793

续 表

单位名称	基层工会	基层工会涵盖单位	职工	女性	农民工	工会会员	女性	农民工
	个	个	人	人	人	人	人	人
中交第三航务工程局有限公司工会	9	9	3495	544	0	3493	544	0
民航华东地区空中交通管理局工会	15	15	2122	501	0	2122	501	0
中国民航工会华东地区管理局委员会	9	9	3947	1888	70	3898	1883	37
中国东方航空集团公司工会	40	44	44382	16516	1828	44127	16450	1823
上海机场(集团)有限公司工会	46	46	21588	6287	1956	21465	6271	1956
中国海员工会上海海事局委员会	22	22	2829	422	0	2814	416	0
上海市城乡建设和交通工会工作委员会	56	56	56216	12944	46	55940	12896	46
上海建工集团股份有限公司工会	65	552	163147	12363	128126	162619	12325	128126
上海市交通委员会工会	16	16	2468	918	0	2468	918	0
上海海洋石油局工会	8	8	1640	227	0	1483	227	0
上海市绿化和市容管理局工会	25	25	1579	697	0	1573	696	0
华东建筑集团股份有限公司工会	16	16	5656	2256	1	5627	2251	1
鲁中矿业有限公司工会	11	11	5829	948	545	4925	940	0
上海市水务局工会	17	17	1243	389	0	1243	389	0
中国建筑第八工程局有限公司工会	25	444	188831	12335	154947	176094	11996	142433
上海大屯能源股份有限公司工会	17	17	17843	3016	0	17837	3012	0
上海市金融工会工作委员会	126	146	262563	134807	130	257872	132340	130
上海市税务工会	14	14	1546	816	0	1546	816	0
上海市人力资源和社会保障局工会	20	20	2946	1629	0	2812	1553	0
上海市农业委员会工会工作委员会	45	45	3418	1266	95	3196	1182	85
上海市科技工会	48	132	28988	10528	876	28182	10239	688
上海市教育工会	77	77	84921	42159	11461	82058	40922	10366
上海市医务工会	59	63	73217	52098	60	73180	52084	60
上海市新闻出版工会	25	25	5103	2350	1652	5022	2319	1652
上海报业集团工会	16	16	2777	1131	0	2777	1131	0
新华通讯社上海分社工会委员会	1	1	111	65	0	111	65	0
上海市文化广播影视管理局工会	22	22	1694	867	0	1684	862	0
上海广播电视台工会	74	81	17930	8165	455	17634	8039	443
上海市社会科学院工会	23	23	744	376	0	734	370	0
上海市体育局工会	29	29	2614	1053	0	2308	922	0

续　表

单位名称	基层工会	基层工会涵盖单位	职工	女性	农民工	工会会员	女性	农民工
	个	个	人	人	人	人	人	人
上海市经济和信息化工作系统工会工作委员会	256	281	74394	29511	1916	71242	28232	722
光明食品(集团)有限公司工会	236	423	64462	26823	10098	64462	26823	10098
上海市民政局工会	53	55	5505	2833	293	4115	2148	124
上海市监狱管理局工会	20	20	8012	1633	492	8002	1631	482
锦江国际(集团)有限公司工会	79	383	50282	20932	5356	50282	20932	5356
上海市东湖(集团)工会	10	10	4067	1377	0	3755	1342	0
上海市衡山(集团)工会	11	11	3776	806	355	3247	718	163
上海市市级机关工会委员会	329	338	50312	18275	840	47444	16946	762
百联集团工会	130	130	33058	16444	2676	33058	16444	2676
上海水产(集团)总公司工会	15	15	2946	229	586	2897	214	584
上海申通地铁集团有限公司工会	30	30	27908	6733	702	26719	6658	3
上海久事(集团)有限公司工会	65	79	60578	8295	2741	59826	8028	2623
上海城投(集团)有限公司工会	116	121	12700	3729	388	12687	3726	388
申能(集团)有限公司工会	46	46	15017	4497	1	14987	4486	1
上海电器科学研究所(集团)有限公司工会	8	10	1630	450	40	1572	421	40
东方国际(集团)有限公司工会	42	43	3192	1287	123	3032	1235	24
上海市社会系统工会工作委员会	15	77	30342	9509	1248	28996	9353	1211
上海隧道工程股份有限公司工会	114	126	26589	6700	9203	21962	5667	5230
上海地产(集团)有限公司工会	59	79	5137	1740	151	4945	1675	151
东浩兰生(集团)有限公司工会委员会	30	33	2904	1481	100	2795	1434	81
中国联合网络通讯有限公司上海市分公司工会	1	1	2024	796	0	2024	796	0
上海市合作交流系统工会	64	64	37012	3731	26062	18419	2943	8417
上海市通信管理局工会	2	2	207	67	0	207	67	0
上海上实(集团)有限公司工会	37	45	4499	1168	1018	4461	1151	1012
上海临港产业区工会工作委员会	51	62	7500	1723	1211	5970	1390	1182
上海市公安局工会委员会	1	1	10905	2536	0	10905	2536	0
上海国盛(集团)有限公司工会	29	31	2014	498	0	1960	490	0
绿地控股集团工会	12	12	4857	1528	34	4857	1528	34
上海申迪(集团)有限公司工会	8	10	11443	5742	0	11113	5610	0
上海世博发展(集团)有限公司工会	6	6	317	160	0	304	152	0

续 表

单位名称	基层工会	基层工会涵盖单位	职工	女性	农民工	工会会员	女性	农民工
	个	个	人	人	人	人	人	人
上海电影(集团)工会	26	50	2745	1122	221	2429	1027	113
中国金融工会上海工作委员会	29	53	23078	11714	45	17549	8991	25
上海东方网股份有限公司工会	3	3	895	633	0	895	633	0
五冶集团上海有限公司工会委员会	12	12	2824	647	0	2824	647	0
上海化工研究院工会	1	1	863	278	0	754	247	0
上海世纪出版(集团)有限公司工会	52	54	4252	1980	354	4087	1948	336
中国福利会工会工作委员会	6	6	456	377	23	456	377	23

各区局(产业)工会基层组织数据一览表(二)

单位名称	专职工会工作人员	女性	兼职工会工作人员	女性	本级工会建立女职工组织		本级工会女职工工作人员		建立经费审查委员会
					建立女职工委员会	仅设立女职工委员	专职	兼职	
	人	人	人	人	个	个	人	人	个
总计	**10287**	**4225**	**196589**	**96339**	**20437**	**23666**	**1525**	**80214**	**36639**
浦东新区总工会	1490	751	23371	12619	2408	4586	233	9576	4549
徐汇区总工会	577	299	5830	3320	891	797	47	2318	1132
长宁区总工会	33	21	5384	3127	1587	423	5	2122	2018
普陀区总工会	333	175	6433	2987	466	1661	26	2847	1377
虹口区总工会	175	97	3723	2168	557	667	49	1737	953
杨浦区总工会	172	112	6608	3769	1070	922	32	4157	1953
黄浦区总工会	159	76	9655	4448	1523	1507	39	4245	3073
静安区总工会	122	71	9070	5296	460	1693	30	4885	1433
宝山区总工会	76	41	21549	10901	947	1188	21	13444	2138
闵行区总工会	2006	279	20436	10470	3270	1702	36	9059	5006
嘉定区总工会	66	29	12127	4020	1126	1467	13	3333	1950
金山区总工会	89	45	6469	2811	704	933	19	2160	1313
松江区总工会	94	44	10453	4536	828	1500	31	3292	1730
青浦区总工会	223	71	8748	3454	1638	1116	9	3044	2700
奉贤区总工会	330	112	6092	2985	650	848	75	2176	1032
崇明区总工会	267	105	2857	1331	291	725	28	1159	632
上海市机电工会	123	45	1047	446	87	44	30	328	133

续 表

单位名称	专职工会工作人员	女性	兼职工会工作人员	女性	本级工会建立女职工组织		本级工会女职工工作人员		建立经费审查委员会
					建立女职工委员会	仅设立女职工委员	专职	兼职	
	人	人	人	人	个	个	人	人	个
上海市仪表电子工会	16	5	378	192	32	33	3	145	65
上海市化学工会	36	15	373	170	47	36	9	167	78
上海市轻工工会	14	7	66	40	3	3	6	27	7
上海市纺织工会	21	10	302	152	31	40	6	129	78
上海市医药工会	40	18	544	350	49	19	8	269	70
国网上海市电力公司工会	132	56	302	115	26	5	30	98	29
上海市电力股份有限公司工会	28	7	88	31	14	1	7	45	17
上海市电力建设有限责任公司工会	15	5	88	30	7	3	3	24	10
中国宝武钢铁集团有限公司工会	174	69	1116	481	161	21	41	310	164
中冶宝钢技术服务有限公司工会	3	1	136	40	8	2	1	45	5
上海宝冶集团有限公司工会	46	17	130	44	10	9	0	46	19
上海高桥石油化工公司工会	29	8	87	34	4	5	0	29	9
中国石化上海石油化工股份有限公司工会	49	27	201	91	23	2	20	70	24
中铝上海铜业有限公司工会	1	0	8	2	2	1	0	3	0
上海航天局工会	60	33	309	157	24	8	23	141	32
中船上海船舶工业有限公司工会	28	13	585	204	15	4	2	87	19
中国商用飞机有限责任公司工会	39	22	243	116	6	5	8	37	10
上海市烟草工会	48	26	101	54	11	0	8	70	11
上海汽车集团股份有限公司工会	168	82	1192	499	45	1	29	208	46
上海市漕河泾新兴技术开发区发展总公司工会	8	6	72	42	2	4	5	17	6
中国能源化学工会华东电力工作委员会	5	3	13	7	2	2	4	8	3
上海华虹(集团)有限公司工会	1	1	120	61	5	2	0	37	7
上海华源(集团)有限公司工会	0	0	5	1	0	2	0	2	2
华能上海分公司工会	6	3	61	15	4	4	2	31	7
上海化学工业区工会	1	0	208	102	10	23	0	86	33
国药控股股份有限公司工会	2	1	152	103	5	16	0	33	21
中国铁路工会上海铁路局委员会	58	21	393	121	30	4	8	105	33
中国远洋海运集团有限公司工会	71	34	612	280	36	32	20	212	62
上海国际港务(集团)股份有限公司工会	108	42	332	130	29	11	16	112	36
中国海员工会上海长江轮船公司委员会	12	0	43	16	5	7	0	17	12

续 表

单位名称	专职工会工作人员	女性	兼职工会工作人员	女性	本级工会建立女职工组织		本级工会女职工工作人员		建立经费审查委员会
					建立女职工委员会	仅设立女职工委员	专职	兼职	
	人	人	人	人	个	个	人	人	个
上海市运输工会	74	17	199	83	16	26	8	66	24
中国邮政集团工会上海市委员会	12	11	453	258	29	2	2	108	31
中国移动通信集团工会上海市委员会	25	20	30	17	1	0	0	19	1
中国电信集团工会上海市委员会	84	44	1115	757	49	16	10	238	64
中国电信集团工会号百信息服务有限公司委员会	1	1	16	11	1	1	0	5	2
中国海员工会交通部东海救助局委员会	1	1	54	13	1	9	1	12	3
中国海员工会交通部上海打捞局委员会	1	0	31	5	1	4	0	7	3
中交上海航道局有限公司工会	14	5	30	11	4	4	4	7	8
中交第三航务工程局有限公司工会	26	14	45	23	8	1	5	12	8
民航华东地区空中交通管理局工会	8	5	83	35	12	3	5	33	4
中国民航工会华东地区管理局委员会	10	3	97	47	8	1	2	23	9
中国东方航空集团公司工会	94	50	410	227	29	9	21	154	37
上海机场(集团)有限公司工会	31	10	422	203	41	5	4	168	46
中国海员工会上海海事局委员会	14	7	139	35	17	0	5	22	14
上海市城乡建设和交通工会工作委员会	202	86	1632	713	33	23	26	178	56
上海建工集团股份有限公司工会	150	58	1158	411	28	36	11	175	64
上海市交通委员会工会	6	3	123	70	12	4	3	43	16
上海海洋石油局工会	4	2	98	44	7	1	0	31	8
上海市绿化和市容管理局工会	24	11	89	52	9	16	9	44	23
华东建筑集团股份有限公司工会	2	1	217	122	10	6	1	53	15
鲁中矿业有限公司工会	27	7	103	25	11	0	5	32	11
上海市水务局工会	1	0	130	57	3	14	0	34	17
中国建筑第八工程局有限公司工会	89	39	1406	188	22	3	30	159	25
上海大屯能源股份有限公司工会	113	42	234	30	17	0	22	134	17
上海市金融工会工作委员会	180	111	3218	1893	63	52	34	523	105
上海市税务工会	13	4	70	36	5	9	3	33	14
上海市人力资源和社会保障局工会	3	1	116	44	7	13	1	43	13
上海市农业委员会工会工作委员会	29	12	228	112	6	39	0	93	45
上海市科技工会	24	14	651	326	27	21	8	202	48
上海市教育工会	193	115	1490	767	56	20	55	554	73

续 表

单位名称	专职工会工作人员	女性	兼职工会工作人员	女性	本级工会建立女职工组织		本级工会女职工工作人员		建立经费审查委员会
					建立女职工委员会	仅设立女职工委员	专职	兼职	
	人	人	人	人	个	个	人	人	个
上海市医务工会	102	72	610	351	47	12	30	267	49
上海市新闻出版工会	6	3	161	104	14	11	1	53	15
上海报业集团工会	6	4	107	44	8	6	1	24	11
新华通讯社上海分社工会委员会	0	0	9	4	1	0	0	3	1
上海市文化广播影视管理局工会	7	5	92	47	3	19	4	38	8
上海广播电视台工会	20	10	587	330	13	50	5	142	51
上海市社会科学院工会	0	0	69	37	0	22	0	39	8
上海市体育局工会	12	5	120	58	3	17	3	31	21
上海市经济和信息化工作系统工会工作委员会	91	44	1999	961	84	126	16	581	219
光明食品(集团)有限公司工会	127	66	961	512	70	163	24	433	236
上海市民政局工会	13	7	259	166	18	29	2	119	35
上海市监狱管理局工会	51	22	380	126	20	0	10	73	20
锦江国际(集团)有限公司工会	73	26	675	460	32	46	9	168	79
上海市东湖(集团)工会	5	1	41	16	0	9	0	11	8
上海市衡山(集团)工会	8	2	68	40	3	6	2	26	10
上海市市级机关工会委员会	74	43	2126	1033	99	205	20	714	261
百联集团工会	156	66	495	263	63	62	24	219	130
上海水产(集团)总公司工会	6	2	41	15	1	8	1	10	8
上海申通地铁集团有限公司工会	30	16	298	143	17	13	6	71	30
上海久事(集团)有限公司工会	67	26	389	165	25	30	8	119	49
上海城投(集团)有限公司工会	94	51	528	261	32	69	24	177	112
申能(集团)有限公司工会	65	30	335	175	16	22	13	91	42
上海电器科学研究所(集团)有限公司工会	0	0	61	33	5	2	0	26	7
东方国际(集团)有限公司工会	16	7	174	95	13	23	2	64	31
上海市社会系统工会工作委员会	34	18	318	147	12	2	13	46	14
上海隧道工程股份有限公司工会	67	23	463	234	43	59	7	180	57
上海地产(集团)有限公司工会	14	8	236	121	10	37	1	80	34
东浩兰生(集团)有限公司工会委员会	14	7	125	70	12	12	3	38	25

续 表

单位名称	专职工会工作人员	女性	兼职工会工作人员	女性	本级工会建立女职工组织：建立女职工委员会	本级工会建立女职工组织：仅设立女职工委员	本级工会女职工工作人员：专职	本级工会女职工工作人员：兼职	建立经费审查委员会
	人	人	人	人	个	个	人	人	个
中国联合网络通讯有限公司上海市分公司工会	4	2	96	54	1	0	1	4	1
上海市合作交流系统工会	28	12	610	300	13	29	13	116	56
上海市通信管理局工会	1	1	6	2	1	1	1	2	1
上海上实(集团)有限公司工会	0	0	182	92	2	26	0	49	23
上海临港产业区工会工作委员会	9	6	281	139	7	40	5	93	19
上海市市公安局工会委员会	5	3	40	3	1	0	2	3	1
上海国盛(集团)有限公司工会	5	1	110	56	5	14	0	26	18
绿地控股集团工会	4	2	81	48	0	12	1	13	12
上海申迪(集团)有限公司工会	7	5	88	46	1	6	0	23	3
上海世博发展(集团)有限公司工会	3	1	31	14	5	1	0	13	6
上海电影(集团)工会	4	3	98	59	5	16	2	51	3
中国金融工会上海工作委员会	19	12	659	315	12	10	4	117	23
上海东方网股份有限公司工会	0	0	28	19	2	1	0	11	3
五冶集团上海有限公司工会委员会	24	10	55	19	1	11	6	8	12
上海化工研究院工会	2	1	9	3	1	0	1	7	1
上海世纪出版(集团)有限公司工会	5	3	255	151	29	16	3	122	40
中国福利会工会工作委员会	0	0	34	25	5	1	0	16	5

工会基层组织建设状况(一)

所在行业	基层工会	基层工会涵盖单位	职工	女性	农民工	工会会员	女性	农民工
	个	个	人	人	人	人	人	人
总计	**48310**	**207414**	**7980293**	**3073796**	**3101850**	**7666012**	**2978626**	**2972173**
按国民经济行业分组								
农、林、牧、渔业	776	1580	74411	27178	26844	71984	26193	25395
采矿业	73	155	28396	4626	2800	27344	4620	2257
制造业	13728	34108	2340104	900610	1209059	2234969	870194	1155767
电力、热气、燃气及水生产和供应业	461	490	79697	20213	10315	79058	20076	10198

续　表

所在行业	基层工会	基层工会涵盖单位	职　工	女　性	农民工	工会会员	女　性	农民工
	个	个	人	人	人	人	人	人
建筑业	1797	3393	696209	80242	470818	647365	77010	429862
批发和零售业	4165	17947	451337	211558	155448	441532	208050	153644
交通运输、仓储及邮政业	2041	2678	468041	107744	75288	458507	106496	72261
住宿和餐饮业	2359	7292	266818	137774	114981	242781	124399	112396
信息传输、软件和信息技术服务业	1860	5603	227341	86152	51350	219937	84365	49994
金融业	812	1444	344940	172479	8015	331124	166303	7900
房地产业	1396	3223	118243	39767	29562	112669	38084	27446
租赁和商务服务业	3118	33483	581591	246412	227885	561545	239822	222227
科学研究和技术服务业	785	1703	119785	40313	16899	116759	39616	16742
水利、环境和公共设施管理业	788	1244	88820	30307	31047	85488	29337	29357
居民服务、修理和其他服务业	5286	53447	875703	328929	402527	840260	316029	392441
教育	2938	3024	282887	192321	17779	275674	187921	16345
卫生和社会工作	992	1474	232491	156313	18726	228099	153950	18462
文化、体育和娱乐业	1027	1790	80514	37244	9007	77906	36275	8658
公共管理、社会保障和社会组织	3908	33336	622965	253614	223500	613011	249886	220821
按经济类型分组								
国有企业	1941	3427	512511	130055	74256	481890	125162	55536
集体企业	1938	20089	381574	132984	145461	368452	130474	143972
股份合作企业	493	620	76154	32748	22493	69886	30166	19184
联营企业	53	58	6814	2539	2375	6802	2537	2371
国有独资公司	883	1672	446871	77453	208298	412706	72577	185317
其他有限责任公司	2833	6177	492277	168381	127535	468959	158931	120554
股份有限公司中的国有控股公司	884	1053	606505	214964	38478	586937	209673	31603
其他股份有限公司	565	767	158280	58102	31762	152766	56002	29599
私营企业	23708	123784	2559759	1012265	1424937	2474370	986179	1385655
其他内资企业	441	1953	173763	24470	136664	169938	23987	136510
港澳台商投资企业	1674	2707	434777	191830	264425	413541	186878	252764
外商投资企业	4076	7600	938063	421071	337861	889855	399842	328376
财政拨款的事业单位	4519	6324	459507	281091	36830	451931	276883	35945
其他事业单位	1083	3948	206088	111325	29135	202796	110225	28397
机关	1174	1293	157325	53735	2888	156477	53391	2857
个体经济组织	343	6829	41871	17957	21968	40763	17584	21328

续 表

所在行业	基层工会	基层工会涵盖单位	职工	女性	农民工	工会会员	女性	农民工
	个	个	人	人	人	人	人	人
社会团体	150	920	26912	10179	12740	26735	10061	12727
民办非企业单位	356	425	33359	20010	6804	31488	18657	6124
基金会	5	6	99	54	2	94	54	2
其他组织	1191	17762	267784	112583	176938	259626	109363	173352

工会基层组织建设状况(二)

所在行业	专职工会工作人员	女性	专职工会工作人员年龄构成			专职工会工作人员文化程度构成				
			35岁及以下	36-50岁	51岁及以上	研究生	大学本科	大专	高中(中专、中技)	初中及以下
	人	人	人	人	人	人	人	人	人	人
总计	**10287**	**4225**	**2789**	**4713**	**2785**	**665**	**5492**	**2879**	**1119**	**132**
按国民经济行业分组										
农、林、牧、渔业	148	55	42	61	45	14	76	37	17	4
采矿业	104	36	14	58	32	1	61	39	3	0
制造业	2430	701	777	963	690	135	1163	721	335	76
电力、热气、燃气及水生产和供应业	449	162	105	238	106	18	307	89	34	1
建筑业	929	341	268	459	202	50	530	260	82	7
批发和零售业	563	271	126	257	180	30	226	197	102	8
交通运输、仓储及邮政业	949	333	236	424	289	57	502	279	101	10
住宿和餐饮业	286	111	73	139	74	3	101	103	70	9
信息传输、软件和信息技术服务业	333	157	130	151	52	28	214	72	19	0
金融业	267	157	65	119	83	54	165	41	7	0
房地产业	257	93	62	109	86	26	136	78	17	0
租赁和商务服务业	600	187	206	254	140	28	271	210	85	6
科学研究和技术服务业	241	108	78	96	67	29	129	61	20	2
水利、环境和公共设施管理业	258	81	95	112	51	6	167	66	17	2
居民服务、修理和其他服务业	602	327	110	279	213	11	207	278	103	3
教育	660	434	108	393	159	103	481	59	15	2
卫生和社会工作	358	245	85	184	89	26	238	74	19	1
文化、体育和娱乐业	157	66	56	60	41	9	84	51	13	0

续　表

所在行业	专职工会工作人员	女性	专职工会工作人员年龄构成			专职工会工作人员文化程度构成				
			35岁及以下	36-50岁	51岁及以上	研究生	大学本科	大专	高中（中专、中技）	初中及以下
	人	人	人	人	人	人	人	人	人	人
公共管理、社会保障和社会组织	696	360	153	357	186	37	434	164	60	1
按经济类型分组										
国有企业	1320	526	253	634	433	89	744	374	108	5
集体企业	377	93	126	170	81	1	163	135	71	7
股份合作企业	115	42	23	42	50	4	30	36	32	13
联营企业	22	9	6	12	4	0	9	10	3	0
国有独资公司	586	279	138	274	174	69	359	134	24	0
其他有限责任公司	798	317	243	313	242	52	420	246	73	7
股份有限公司中的国有控股公司	1306	568	230	678	398	125	804	324	49	4
其他股份有限公司	117	61	36	49	32	9	53	40	13	2
私营企业	2429	945	757	1112	560	36	895	923	492	83
其他内资企业	31	13	10	7	14	0	8	11	12	0
港澳台商投资企业	305	62	135	109	61	19	164	72	45	5
外商投资企业	967	170	461	320	186	53	556	243	114	1
财政拨款的事业单位	1017	639	159	586	272	134	738	126	15	4
其他事业单位	314	171	58	152	104	35	197	64	17	1
机关	326	164	58	159	109	33	217	68	8	0
个体经济组织	32	14	4	14	14	0	5	17	10	0
社会团体	39	22	13	19	7	0	28	7	4	0
民办非企业单位	81	57	34	30	17	2	43	17	19	0
基金会	0	0	0	0	0	0	0	0	0	0
其他组织	105	73	45	33	27	4	59	32	10	0

工会基层组织建设状况（三）

所在行业	兼职工会工作人员	女性	女职工组织		本级工会女职工工作人员	
			建立女职工委员会	仅设立女职工委员	专职	兼职
	人	人	个	个	人	人
总计	196589	96339	20437	23666	1525	80214
按国民经济行业分组						

续 表

所在行业	兼职工会工作人员	女性	女职工组织		本级工会女职工工作人员	
			建立女职工委员会	仅设立女职工委员	专职	兼职
	人	人	个	个	人	人
农、林、牧、渔业	2914	1189	192	484	23	1019
采矿业	657	185	48	20	15	174
制造业	51583	22044	6322	6076	256	18786
电力、热气、燃气及水生产和供应业	1973	840	218	205	81	738
建筑业	9307	3597	687	945	130	2359
批发和零售业	13572	7061	1310	2548	73	5913
交通运输、仓储及邮政业	7796	3490	820	996	143	2947
住宿和餐饮业	7279	3491	1130	1113	31	3503
信息传输、软件和信息技术服务业	6241	3417	826	843	37	2509
金融业	5917	3311	353	407	49	1514
房地产业	5412	2194	486	765	48	1745
租赁和商务服务业	20406	10843	1345	1538	69	12763
科学研究和技术服务业	3428	1805	332	387	49	1359
水利、环境和公共设施管理业	2883	1454	256	446	37	1019
居民服务、修理和其他服务业	18445	8811	2247	2623	68	8299
教育	13851	9491	1489	1391	183	5850
卫生和社会工作	4701	2930	527	420	76	1993
文化、体育和娱乐业	3490	1849	394	516	28	1368
公共管理、社会保障和社会组织	16734	8337	1455	1943	129	6356
按经济类型分组						
国有企业	10433	5120	769	932	302	4049
集体企业	15300	7200	815	929	30	7287
股份合作企业	1318	614	213	234	16	576
联营企业	155	77	21	26	2	57
国有独资公司	6705	2824	341	466	140	1738
其他有限责任公司	11853	5305	1006	1535	121	4919
股份有限公司中的国有控股公司	9785	4815	554	273	205	2506
其他股份有限公司	2314	1201	221	272	19	778
私营企业	76198	35553	9982	11826	145	34755
其他内资企业	1558	634	134	284	2	515

续　表

所在行业	兼职工会工作人员	女性	女职工组织		本级工会女职工工作人员	
			建立女职工委员会	仅设立女职工委员	专职	兼职
	人	人	个	个	人	人
港澳台商投资企业	5556	2667	861	690	16	2208
外商投资企业	15609	7752	1976	1801	59	5479
财政拨款的事业单位	20779	13060	2025	2243	268	8353
其他事业单位	6244	3146	437	517	66	2546
机关	4955	2522	405	539	68	1665
个体经济组织	1370	597	158	149	2	535
社会团体	1034	408	65	66	2	181
民办非企业单位	1349	896	108	212	15	623
基金会	11	5	1	2	0	4
其他组织	4063	1943	345	670	47	1440

工会权益保障工作（一）

所在行业	工会所在单位签订劳动合同			
	基层工会	涵盖单位	签订劳动合同的职工人数	签订劳动合同的农民工
	个	个	人	人
总计	**43965**	**181751**	**6857966**	**2190505**
按国民经济行业分组				
农、林、牧、渔业	689	1360	66223	19626
采矿业	73	155	26985	2317
制造业	13118	32791	2150815	901860
电力、热气、燃气及水生产和供应业	453	482	76441	7391
建筑业	1769	2830	460669	230704
批发和零售业	4144	17784	436125	133915
交通运输、仓储及邮政业	1976	2610	436962	56586
住宿和餐饮业	2333	6910	255663	101530
信息传输、软件和信息技术服务业	1837	5426	222863	40809
金融业	802	1403	334128	7185
房地产业	1359	3186	112780	24874
租赁和商务服务业	3071	32507	547339	190946

续 表

所在行业	工会所在单位签订劳动合同			
	基层工会	涵盖单位	签订劳动合同的职工人数	签订劳动合同的农民工
	个	个	人	人
科学研究和技术服务业	738	1642	114214	14028
水利、环境和公共设施管理业	684	1138	80777	26125
居民服务、修理和其他服务业	4635	41246	697265	273006
教育	2542	2609	236853	12720
卫生和社会工作	877	1315	203461	12845
文化、体育和娱乐业	934	1630	72904	7315
公共管理、社会保障和社会组织	1931	24727	325499	126723
按经济类型分组				
国有企业	1909	3395	457607	50610
集体企业	1905	19839	363844	112053
股份合作企业	491	618	72739	14770
联营企业	53	58	6269	1951
国有独资公司	876	1665	380541	156129
其他有限责任公司	2763	5707	455223	83412
股份有限公司中的国有控股公司	873	1018	565116	16486
其他股份有限公司	560	762	152192	24224
私营企业	23400	123137	2469552	1185777
其他内资企业	440	1465	45279	6908
港澳台商投资企业	1602	2630	410147	215902
外商投资企业	3889	7399	871505	260279
财政拨款的事业单位	4033	5770	398674	27016
其他事业单位	893	3676	178503	21554
机关	0	0	0	0
个体经济组织	278	4612	30775	13434
社会团体	0	0	0	0
民办非企业单位	0	0	0	0
基金会	0	0	0	0
其他组织	0	0	0	0

工会权益保障工作（二）

所在行业	本年度领导干部联系生活困难职工户活动		工会送温暖工程工作	
	参加活动的领导干部	联系的困难职工家庭	建立了送温暖工程基（资）金	送温暖工程基（资）金结存额
	人	户	个	元
总计	**28141**	**34674**	**5622**	**1002316038**
按国民经济行业分组				
农、林、牧、渔业	675	818	77	2218594
采矿业	85	135	19	2888559
制造业	6048	7003	1087	361620675
电力、热气、燃气及水生产和供应业	604	666	139	73204048
建筑业	1568	2245	228	39010427
批发和零售业	1503	1844	353	14533552
交通运输、仓储及邮政业	1963	2899	374	116683320
住宿和餐饮业	621	821	172	6658152
信息传输、软件和信息技术服务业	412	394	176	64493343
金融业	431	633	108	62410167
房地产业	858	1016	206	85243868
租赁和商务服务业	946	1214	236	12426341
科学研究和技术服务业	579	539	135	27097891
水利、环境和公共设施管理业	796	949	135	6375113
居民服务、修理和其他服务业	1499	1876	420	6802530
教育	5408	6332	1023	76634230
卫生和社会工作	1253	1549	260	23444413
文化、体育和娱乐业	603	804	116	2870544
公共管理、社会保障和社会组织	2289	2937	358	17700271
按经济类型分组				
国有企业	3649	4682	546	201663858
集体企业	1053	1577	224	4831923
股份合作企业	287	482	58	2374576
联营企业	23	25	13	58189
国有独资公司	1709	2442	290	93737105
其他有限责任公司	2219	2671	428	139387898
股份有限公司中的国有控股公司	2286	3292	340	289349118
其他股份有限公司	549	748	104	10627589
私营企业	3878	3911	1231	7353172
其他内资企业	232	220	29	1330310

续 表

所在行业	本年度领导干部联系生活困难职工户活动		工会送温暖工程工作	
	参加活动的领导干部	联系的困难职工家庭	建立了送温暖工程基(资)金	送温暖工程基(资)金结存额
	人	户	个	元
港澳台商投资企业	600	630	113	10599149
外商投资企业	1450	1762	397	92762131
财政拨款的事业单位	6755	7879	1374	68979002
其他事业单位	1329	1677	173	21344989
机关	1396	1841	152	13012689
个体经济组织	58	60	7	17527
社会团体	74	78	13	16000
民办非企业单位	193	192	46	44817313
基金会	4	4	0	0
其他组织	397	501	84	53500

工会签订集体合同情况(一)

类型	综合集体合同(不包括各类专项集体合同)			工资专项集体合同		
	合同	覆盖企业	覆盖职工	合同	覆盖企业	覆盖职工
	份	个	人	份	个	人
总计(0)	**19887**	**103177**	**4445484**	**17963**	**89119**	**3535068**
国有企业及国有独资公司(1)		3872	1257777		3391	816184
集体企业(2)		2127	127653		1964	114103
私营企业(3)		83279	1972543		71147	1701860
港澳台、外商投资企业(4)		7821	714625		7277	613883
其他(5)		6078	372886		5340	289038

工会签订集体合同情况(二)

类型	高危行业劳动安全卫生专项集体合同			女职工权益保护专项集体合同			其他专项集体合同		
	合同	覆盖企业	覆盖职工	合同	覆盖企业	覆盖女职工	合同	覆盖企业	覆盖职工
	份	个	人	份	个	人	份	个	人
总计(0)	**1952**	**8541**	**617152**	**18949**	**98449**	**2184384**	**708**	**6011**	**184120**
国有企业及国有独资公司(1)		463	267308		3680	491680		297	78209

续 表

类型	高危行业劳动安全卫生专项集体合同			女职工权益保护专项集体合同			其他专项集体合同		
	合同	覆盖企业	覆盖职工	合同	覆盖企业	覆盖女职工	合同	覆盖企业	覆盖职工
	份	个	人	份	个	人	份	个	人
集体企业(2)		180	10761		1925	73486		27	954
私营企业(3)		6224	159556		79204	1015343		4625	43483
港澳台、外商投资企业(4)		1180	69839		7596	423761		498	59208
其他(5)		494	109688		6044	180114		564	2266

工会民主管理工作(一)

所在行业	建立职代会制度情况		本年度召开过职代会(包括职工大会)	职代会职工代表(建立职工大会制单位不填)		工会所在单位实行厂务公开情况
	建立职代会制度	建立职工大会制度			女性	
	个	个	个	人	人	个
总计	**15453**	**25900**	**36839**	**659900**	**242004**	**40215**
按国民经济行业分组						
农、林、牧、渔业	224	466	650	8629	2799	665
采矿业	34	29	61	1944	312	59
制造业	5500	7116	11137	239870	80248	12252
电力、热气、燃气及水生产和供应业	245	194	392	11149	2822	420
建筑业	685	1003	1549	27629	6167	1643
批发和零售业	944	2556	3013	39219	15676	3620
交通运输、仓储及邮政业	761	941	1487	34198	9139	1770
住宿和餐饮业	636	1562	1864	21543	8983	2143
信息传输、软件和信息技术服务业	545	1114	1498	18020	7077	1555
金融业	216	489	634	12883	6266	658
房地产业	350	950	1013	12997	3937	1265
租赁和商务服务业	860	1988	2479	44471	15593	2811
科学研究和技术服务业	241	445	600	11564	3787	679
水利、环境和公共设施管理业	251	453	645	8992	2613	700
居民服务、修理和其他服务业	1560	2733	3911	62273	21372	4062
教育	1053	1630	2619	42820	26696	2668
卫生和社会工作	521	376	850	25612	15290	865
文化、体育和娱乐业	256	655	801	7965	3332	886
公共管理、社会保障和社会组织	571	1200	1636	28122	9895	1494
按经济类型分组						

续 表

所在行业	建立职代会制度情况		本年度召开过职代会(包括职工大会)	职代会职工代表(建立职工大会制单位不填)	女性	工会所在单位实行厂务公开情况
	建立职代会制度	建立职工大会制度				
	个	个	个	人	人	个
国有企业	986	831	1675	42473	11780	1815
集体企业	653	1194	1637	33086	9236	1766
股份合作企业	180	288	423	8655	2236	463
联营企业	23	29	41	792	244	51
国有独资公司	432	417	761	21340	6328	839
其他有限责任公司	1068	1501	2332	42823	14133	2440
股份有限公司中的国有控股公司	596	256	784	36927	12455	827
其他股份有限公司	256	250	455	12663	4556	486
私营企业	6664	15024	19038	251044	87869	20689
其他内资企业	120	199	279	3917	1614	378
港澳台商投资企业	689	767	1235	33797	11079	1480
外商投资企业	1736	1800	3035	83361	30998	3613
财政拨款的事业单位	1532	2644	4018	62713	36893	4186
其他事业单位	412	548	878	22682	11225	942
机关	0	0	0	0	0	0
个体经济组织	106	152	248	3627	1358	240
社会团体	0	0	0	0	0	0
民办非企业单位	0	0	0	0	0	0
基金会	0	0	0	0	0	0
其他组织	0	0	0	0	0	0

工会民主管理工作(二)

所在行业	工会所在单位建立董事会涵盖单位	董事	职工董事	女性	工会主席或副主席进入了董事会	工会所在单位建立监事会涵盖单位	监事	职工监事	女性	工会主席或副主席进入了监事会
	个	人	人	人	人	个	人	人	人	个
总计	**4316**	**16995**	**1524**	**462**	**859**	**3174**	**5697**	**1479**	**560**	**663**
按国民经济行业分组										
农、林、牧、渔业	54	206	16	7	13	46	76	21	10	10
采矿业	4	22	1	1	1	4	11	2	0	0
制造业	1316	5550	393	129	191	789	1529	368	151	202
电力、热气、燃气及水生产和供应业	53	292	26	8	15	43	117	32	8	14

续　表

所在行业	工会所在单位建立董事会涵盖单位	董事	职工董事	女性	工会主席或副主席进入了董事会	工会所在单位建立监事会涵盖单位	监事	职工监事	女性	工会主席或副主席进入了监事会
	个	人	人	人	人	个	人	人	人	个
建筑业	284	1229	162	28	107	218	459	142	45	72
批发和零售业	413	1441	129	45	91	340	572	134	53	70
交通运输、仓储及邮政业	216	1106	66	12	46	158	356	87	26	28
住宿和餐饮业	427	442	39	11	26	367	99	24	13	20
信息传输、软件和信息技术服务业	218	976	87	21	40	150	327	91	38	30
金融业	154	1071	47	11	24	139	420	134	53	27
房地产业	370	1425	145	50	84	305	540	153	60	62
租赁和商务服务业	339	1169	128	35	67	294	510	111	34	47
科学研究和技术服务业	81	406	23	10	16	60	143	35	14	20
水利、环境和公共设施管理业	61	290	76	17	22	47	119	30	13	12
居民服务、修理和其他服务业	179	724	101	20	71	120	193	58	13	23
教育	46	235	55	47	23	18	35	13	11	4
卫生和社会工作	31	117	11	2	8	19	45	12	6	7
文化、体育和娱乐业	59	238	8	3	9	50	131	29	10	12
公共管理、社会保障和社会组织	11	56	11	5	5	7	15	3	2	3
按经济类型分组										
国有企业	0	0	0	0	0	0	0	0	0	0
集体企业	127	503	86	24	42	105	227	59	18	31
股份合作企业	127	552	84	23	44	90	195	71	17	27
联营企业	10	47	1	0	0	6	9	0	0	0
国有独资公司	349	1476	162	45	101	325	734	220	86	68
其他有限责任公司	992	3752	322	100	205	837	1427	354	129	165
股份有限公司中的国有控股公司	406	2058	144	33	79	336	945	263	103	102
其他股份有限公司	187	980	79	23	43	164	380	124	58	43
私营企业	993	3667	466	150	246	605	1007	267	99	162
其他内资企业	48	254	34	24	25	26	56	18	9	6
港澳台商投资企业	200	989	20	6	20	104	209	33	11	20
外商投资企业	877	2717	126	34	54	576	508	70	30	39
财政拨款的事业单位	0	0	0	0	0	0	0	0	0	0
其他事业单位	0	0	0	0	0	0	0	0	0	0
机关	0	0	0	0	0	0	0	0	0	0
个体经济组织	0	0	0	0	0	0	0	0	0	0

续 表

所在行业	工会所在单位建立董事会涵盖单位	董事	职工董事	女性	工会主席或副主席进入了董事会	工会所在单位建立监事会涵盖单位	监事	职工监事	女性	工会主席或副主席进入了监事会
	个	人	人	人	人	个	人	人	人	个
社会团体	0	0	0	0	0	0	0	0	0	0
民办非企业单位	0	0	0	0	0	0	0	0	0	0
基金会	0	0	0	0	0	0	0	0	0	0
其他组织	0	0	0	0	0	0	0	0	0	0

工会劳动保护工作（一）

所在行业	工会建立劳动保护监督检查委员会	工会建立分公司、分厂、车间一级工会劳动保护监督检查委员会	工会小组劳动保护检查员	本年度本级工会劳动保护监督组织受理举报案件	提请劳动安全卫生监督部门处理案件
	个	个	人	件	件
总计	**13572**	**19897**	**55009**	**559**	**24**
按国民经济行业分组					
农、林、牧、渔业	224	302	517	11	0
采矿业	41	196	408	0	0
制造业	5542	6547	23067	411	10
电力、热气、燃气及水生产和供应业	211	416	2871	0	0
建筑业	647	1978	4850	10	1
批发和零售业	889	608	2502	7	0
交通运输、仓储及邮政业	593	1970	4441	4	0
住宿和餐饮业	519	340	1082	5	0
信息传输、软件和信息技术服务业	394	278	1545	5	2
金融业	130	138	298	1	0
房地产业	310	196	636	2	2
租赁和商务服务业	791	2381	2451	4	1
科学研究和技术服务业	202	308	1302	9	7
水利、环境和公共设施管理业	218	242	726	0	0
居民服务、修理和其他服务业	1332	1111	2111	22	0
教育	634	662	1467	10	0
卫生和社会工作	387	490	2368	24	0
文化、体育和娱乐业	184	71	252	1	0
公共管理、社会保障和社会组织	324	1663	2115	33	1
按经济类型分组					

续　表

所在行业	工会建立劳动保护监督检查委员会	工会建立分公司、分厂、车间一级工会劳动保护监督检查委员会	工会小组劳动保护检查员	本年度本级工会劳动保护监督组织受理举报案件	提请劳动安全卫生监督部门处理案件
	个	个	人	件	件
国有企业	924	1984	7885	16	0
集体企业	581	1255	1483	63	0
股份合作企业	170	128	290	15	0
联营企业	16	13	55	0	0
国有独资公司	355	1367	5231	0	0
其他有限责任公司	988	1904	3840	9	4
股份有限公司中的国有控股公司	481	2178	11765	73	0
其他股份有限公司	182	382	631	12	0
私营企业	6506	4719	11389	255	8
其他内资企业	103	122	282	6	0
港澳台商投资企业	538	463	1581	33	2
外商投资企业	1296	2382	4032	53	2
财政拨款的事业单位	1065	1168	3557	16	0
其他事业单位	292	1777	2878	8	8
机关	0	0	0	0	0
个体经济组织	75	55	110	0	0
社会团体	0	0	0	0	0
民办非企业单位	0	0	0	0	0
基金会	0	0	0	0	0
其他组织	0	0	0	0	0

工会劳动保护工作（二）

所在行业	本年度工会参加安全生产检查	本年度工会组织职工查找事故隐患和职业危害数量		本年度工会参加处理工伤事故	女职工劳动保护	
			事故隐患和职业危害整改数		执行女职工禁忌从事劳动的有关规定	执行女职工在经期、孕期、产期、哺乳期享有特殊待遇的有关规定
	次	件	件	件	个	个
总计	**124276**	**156759**	**141433**	**2854**	**43434**	**43609**
按国民经济行业分组						

续 表

所在行业	本年度工会参加安全生产检查	本年度工会组织职工查找事故隐患和职业危害数量		本年度工会参加处理工伤事故	女职工劳动保护	
			事故隐患和职业危害整改数		执行女职工禁忌从事劳动的有关规定	执行女职工在经期、孕期、产期、哺乳期享有特殊待遇的有关规定
	次	件	件	件	个	个
农、林、牧、渔业	2614	853	697	87	703	704
采矿业	415	3591	3581	14	69	68
制造业	46572	88784	82590	1157	13281	13298
电力、热气、燃气及水生产和供应业	3077	5149	4771	36	434	439
建筑业	7576	12348	11938	176	1714	1715
批发和零售业	8321	3231	1437	103	4070	4075
交通运输、仓储及邮政业	9028	28474	27759	264	1919	1928
住宿和餐饮业	3896	1560	711	129	2278	2282
信息传输、软件和信息技术服务业	2718	728	526	56	1771	1784
金融业	939	80	24	2	756	769
房地产业	4093	1163	890	30	1328	1340
租赁和商务服务业	5718	2375	1371	31	2978	2983
科学研究和技术服务业	1613	1737	1566	38	754	756
水利、环境和公共设施管理业	2939	1703	1459	119	731	734
居民服务、修理和其他服务业	8466	1642	851	97	4424	4433
教育	8066	1668	381	241	2586	2646
卫生和社会工作	4178	801	418	167	904	908
文化、体育和娱乐业	1868	341	160	37	948	957
公共管理、社会保障和社会组织	2179	531	303	70	1786	1790
按经济类型分组						
国有企业	13683	37485	36285	355	1839	1864
集体企业	5478	1479	769	96	1816	1823
股份合作企业	1312	461	305	33	482	483
联营企业	108	102	94	15	52	52
国有独资公司	7484	23785	22455	199	845	858
其他有限责任公司	10767	8943	8203	266	2665	2680
股份有限公司中的国有控股公司	8419	55725	54861	313	847	862
其他股份有限公司	1529	1267	1102	71	539	540
私营企业	42636	9569	5334	583	22703	22706
其他内资企业	582	54	40	10	424	424

续 表

所在行业	本年度工会参加安全生产检查	本年度工会组织职工查找事故隐患和职业危害数量	事故隐患和职业危害整改数	本年度工会参加处理工伤事故	女职工劳动保护	
					执行女职工禁忌从事劳动的有关规定	执行女职工在经期、孕期、产期、哺乳期享有特殊待遇的有关规定
	次	件	件	件	个	个
港澳台商投资企业	4070	4259	3040	162	1639	1645
外商投资企业	10984	9330	6720	281	3962	3975
财政拨款的事业单位	13498	3187	1393	350	4312	4384
其他事业单位	3320	984	723	119	1017	1022
机关	0	0	0	0	0	0
个体经济组织	406	129	109	1	288	287
社会团体	0	0	0	0	0	0
民办非企业单位	0	0	0	0	4	4
基金会	0	0	0	0	0	0
其他组织	0	0	0	0	0	0

工会法律工作(一)

所在行业	建立工会劳动法律监督组织	工会劳动法律监督员	本年度工会劳动法律监督组织受理违法、违规案件		工会所在单位建立劳动争议调解委员会	劳动争议调解委员会中工会成员(职工代表)
				本组织自行处理的案件		
	个	人	件	件	个	人
总计	**10000**	**17503**	**925**	**106**	**21273**	**62833**
按国民经济行业分组						
农、林、牧、渔业	196	314	34	11	273	741
采矿业	30	133	0	0	42	154
制造业	4092	6412	564	53	6791	21252
电力、热气、燃气及水生产和供应业	120	229	3	0	233	880
建筑业	481	1121	27	3	904	2489
批发和零售业	574	927	21	9	1971	5935
交通运输、仓储及邮政业	444	1011	11	0	748	2682
住宿和餐饮业	405	659	12	4	1319	3287
信息传输、软件和信息技术服务业	308	414	2	1	889	2285
金融业	117	201	0	0	262	742

续 表

所在行业	建立工会劳动法律监督组织	工会劳动法律监督员	本年度工会劳动法律监督组织受理违法、违规案件	本组织自行处理的案件	工会所在单位建立劳动争议调解委员会	劳动争议调解委员会中工会成员(职工代表)
	个	人	件	件	个	人
房地产业	228	352	4	4	596	1470
租赁和商务服务业	473	660	23	5	1562	3931
科学研究和技术服务业	184	323	5	1	363	1152
水利、环境和公共设施管理业	176	345	2	0	302	846
居民服务、修理和其他服务业	912	1443	33	9	2241	5997
教育	567	1497	18	1	1304	4432
卫生和社会工作	305	849	9	2	533	2048
文化、体育和娱乐业	140	207	14	1	374	1012
公共管理、社会保障和社会组织	248	406	143	2	566	1498
按经济类型分组						
国有企业	609	1417	28	5	965	3464
集体企业	446	706	67	1	816	2418
股份合作企业	135	211	13	0	256	670
联营企业	12	27	1	1	23	77
国有独资公司	256	762	7	2	389	1562
其他有限责任公司	608	1161	23	3	1121	3281
股份有限公司中的国有控股公司	288	1060	10	5	487	2834
其他股份有限公司	154	278	3	1	237	652
私营企业	4792	6645	466	58	11586	30500
其他内资企业	110	191	4	0	187	461
港澳台商投资企业	451	663	85	9	847	2671
外商投资企业	1006	1575	98	20	2019	6278
财政拨款的事业单位	869	2222	108	1	1802	6360
其他事业单位	233	538	12	0	370	1196
机关	0	0	0	0	0	0
个体经济组织	31	47	0	0	168	409
社会团体	0	0	0	0	0	0
民办非企业单位	0	0	0	0	0	0
基金会	0	0	0	0	0	0
其他组织	0	0	0	0	0	0

工会法律工作（二）

所在行业	本年度劳动争议调解委员会受理劳动争议	集体劳动争议	本年度劳动争议调解委员会调解成功劳动争议	集体劳动争议
	件	件	件	件
总计	**3557**	**122**	**725**	**45**
按国民经济行业分组				
农、林、牧、渔业	59	0	1	0
采矿业	0	0	0	0
制造业	1964	71	271	13
电力、热气、燃气及水生产和供应业	15	0	2	0
建筑业	107	8	22	7
批发和零售业	80	3	38	3
交通运输、仓储及邮政业	48	0	16	0
住宿和餐饮业	161	2	37	1
信息传输、软件和信息技术服务业	121	1	13	0
金融业	11	0	2	0
房地产业	20	0	10	0
租赁和商务服务业	141	8	40	4
科学研究和技术服务业	20	2	6	1
水利、环境和公共设施管理业	21	1	7	1
居民服务、修理和其他服务业	338	1	110	1
教育	70	0	19	0
卫生和社会工作	94	1	19	1
文化、体育和娱乐业	21	1	5	1
公共管理、社会保障和社会组织	266	23	107	12
按经济类型分组				
国有企业	206	2	88	1
集体企业	325	3	9	1
股份合作企业	22	0	2	0
联营企业	12	0	10	0
国有独资公司	34	1	30	0
其他有限责任公司	307	2	17	0
股份有限公司中的国有控股公司	22	0	17	0
其他股份有限公司	26	2	9	2

续 表

所在行业	本年度劳动争议调解委员会受理劳动争议	集体劳动争议	本年度劳动争议调解委员会调解成功劳动争议	集体劳动争议
	件	件	件	件
私营企业	1818	58	265	21
其他内资企业	14	0	0	0
港澳台商投资企业	155	17	25	5
外商投资企业	351	24	128	5
财政拨款的事业单位	142	10	111	10
其他事业单位	95	2	8	0
机关	0	0	0	0
个体经济组织	28	1	6	0
社会团体	0	0	0	0
民办非企业单位	0	0	0	0
基金会	0	0	0	0
其他组织	0	0	0	0

工会经济技术工作（一）

所在行业	工会开展劳动和技能竞赛	本年度参加劳动和技能竞赛职工	本年度职工提出合理化建议	本年度已实施合理化建议	本年度技术革新项目	本年度职工发明创造项目
	个	人次	件	件	项	项
总计	**9633**	**2635894**	**1305376**	**1048922**	**10657**	**7275**
按国民经济行业分组						
农、林、牧、渔业	169	18777	1105	666	49	21
采矿业	32	151121	2930	1032	628	93
制造业	2767	577374	1210858	992252	6447	3370
电力、热气、燃气及水生产和供应业	218	43343	3691	1606	370	206
建筑业	447	325521	5127	2849	1008	1084
批发和零售业	657	120328	4228	1696	62	10
交通运输、仓储及邮政业	625	714295	47786	34081	348	98
住宿和餐饮业	339	41612	2738	1120	5	1
信息传输、软件和信息技术服务业	231	70735	2777	1365	257	173
金融业	183	175866	6063	1757	145	26

续　表

所在行业	工会开展劳动和技能竞赛	本年度参加劳动和技能竞赛职工	本年度职工提出合理化建议	本年度已实施合理化建议	本年度技术革新项目	本年度职工发明创造项目
	个	人次	件	件	项	项
房地产业	315	21555	1331	632	20	9
租赁和商务服务业	400	29553	2398	1354	31	8
科学研究和技术服务业	150	28493	2435	1396	608	1334
水利、环境和公共设施管理业	279	28048	924	407	66	22
居民服务、修理和其他服务业	606	61432	1353	480	40	3
教育	1350	92336	5707	4084	207	493
卫生和社会工作	466	84313	2199	1410	343	307
文化、体育和娱乐业	182	23170	1132	528	0	0
公共管理、社会保障和社会组织	217	28022	594	207	23	17
按经济类型分组						
国有企业	1082	398785	48685	28736	1409	1175
集体企业	276	19125	874	411	8	4
股份合作企业	108	17750	1839	1150	90	20
联营企业	17	1568	310	110	25	2
国有独资公司	480	303249	89559	54046	1404	887
其他有限责任公司	790	154551	268147	218124	964	682
股份有限公司中的国有控股公司	541	509819	213614	158690	3335	1222
其他股份有限公司	135	517901	2597	1426	116	137
私营企业	2803	192095	6309	3833	645	401
其他内资企业	17	1338	45	29	1	1
港澳台商投资企业	249	101491	36114	19428	259	98
外商投资企业	729	181623	627332	556542	1601	1337
财政拨款的事业单位	1975	178567	7372	5037	550	902
其他事业单位	361	52904	2554	1343	250	407
机关	0	0	0	0	0	0
个体经济组织	70	5128	25	17	0	0
社会团体	0	0	0	0	0	0
民办非企业单位	0	0	0	0	0	0
基金会	0	0	0	0	0	0
其他组织	0	0	0	0	0	0

工会经济技术工作（二）

所在行业	本年度荣获国家专利项目	本年度推广先进操作法项目	建有职工技协组织	技协会员
	项	项	个	人
总计	**14194**	**3436**	**167**	**8532**
按国民经济行业分组				
农、林、牧、渔业	68	29	6	66
采矿业	8	62	0	0
制造业	5573	1082	55	3179
电力、热气、燃气及水生产和供应业	420	81	5	985
建筑业	2176	923	14	915
批发和零售业	47	10	6	29
交通运输、仓储及邮政业	76	108	9	270
住宿和餐饮业	1	6	4	7
信息传输、软件和信息技术服务业	557	59	4	1151
金融业	2	112	3	109
房地产业	12	52	9	246
租赁和商务服务业	8	17	4	117
科学研究和技术服务业	2915	276	11	547
水利、环境和公共设施管理业	90	94	6	522
居民服务、修理和其他服务业	13	30	18	37
教育	1728	196	9	344
卫生和社会工作	480	276	0	0
文化、体育和娱乐业	7	0	1	2
公共管理、社会保障和社会组织	13	23	3	6
按经济类型分组				
国有企业	1982	445	26	2267
集体企业	6	5	5	36
股份合作企业	69	23	3	105
联营企业	7	0	0	0
国有独资公司	1849	612	14	621
其他有限责任公司	1411	392	20	1063

续 表

所在行业	本年度荣获国家专利项目	本年度推广先进操作法项目	建有职工技协组织	技协会员
	项	项	个	人
股份有限公司中的国有控股公司	2267	658	16	2231
其他股份有限公司	285	38	5	791
私营企业	676	236	39	358
其他内资企业	5	2	0	0
港澳台商投资企业	103	52	6	70
外商投资企业	1636	297	6	212
财政拨款的事业单位	2215	485	11	485
其他事业单位	1683	191	16	293
机关	0	0	0	0
个体经济组织	0	0	0	0
社会团体	0	0	0	0
民办非企业单位	0	0	0	0
基金会	0	0	0	0
其他组织	0	0	0	0

职工文化体育工作

所在行业	工会直属文化宫、俱乐部	工会直属体育场(馆)	工会直属图书馆(室)(藏书1万册以上)
	个	个	个
总计	**472**	**243**	**269**
按国民经济行业分组			
农、林、牧、渔业	7	4	1
采矿业	11	4	3
制造业	110	71	65
电力、热气、燃气及水生产和供应业	25	7	9
建筑业	19	11	17
批发和零售业	18	1	1
交通运输、仓储及邮政业	36	14	11
住宿和餐饮业	18	0	5

续 表

所 在 行 业	工会直属文化宫、俱乐部	工会直属体育场(馆)	工会直属图书馆(室)(藏书1万册以上)
	个	个	个
信息传输、软件和信息技术服务业	22	2	2
金融业	21	9	11
房地产业	10	6	3
租赁和商务服务业	10	1	3
科学研究和技术服务业	16	11	2
水利、环境和公共设施管理业	7	5	3
居民服务、修理和其他服务业	7	4	2
教育	47	49	58
卫生和社会工作	35	8	17
文化、体育和娱乐业	15	16	15
公共管理、社会保障和社会组织	38	20	41
按经济类型分组			
国有企业	58	29	32
集体企业	1	0	1
股份合作企业	6	2	3
联营企业	0	0	0
国有独资公司	31	9	12
其他有限责任公司	31	28	11
股份有限公司中的国有控股公司	38	23	22
其他股份有限公司	11	5	5
私营企业	85	28	33
其他内资企业	4	2	2
港澳台商投资企业	13	7	7
外商投资企业	57	15	10
财政拨款的事业单位	92	80	93
其他事业单位	23	11	20
机关	22	4	18
个体经济组织	0	0	0

续　表

所在行业	工会直属文化宫、俱乐部	工会直属体育场(馆)	工会直属图书馆(室)(藏书1万册以上)
	个	个	个
社会团体	0	0	0
民办非企业单位	0	0	0
基金会	0	0	0
其他组织	0	0	0

工会财务和经费审查工作

所在行业	工会经费情况			工会经费审查组织	
	按工资总额2%拨缴工会经费	有拨缴,但不足额	没有拨缴工会经费	建立经费审查委员会	建立经费审查委员会办公室
	个	个	个	个	个
总计	**22038**	**18768**	**7504**	**36639**	**5750**
按国民经济行业分组					
农、林、牧、渔业	422	284	70	579	119
采矿业	48	18	7	65	17
制造业	5496	6403	1829	10569	2400
电力、热气、燃气及水生产和供应业	296	112	53	377	45
建筑业	905	635	257	1365	289
批发和零售业	1408	1828	929	2950	281
交通运输、仓储及邮政业	1118	492	431	1426	223
住宿和餐饮业	724	1204	431	1806	201
信息传输、软件和信息技术服务业	643	766	451	1307	154
金融业	462	222	128	578	84
房地产业	878	415	103	1130	101
租赁和商务服务业	1100	1475	543	2315	219
科学研究和技术服务业	437	230	118	586	80
水利、环境和公共设施管理业	554	167	67	656	87
居民服务、修理和其他服务业	1549	2792	945	4030	565
教育	2563	280	95	2652	213
卫生和社会工作	691	214	87	837	129
文化、体育和娱乐业	611	276	140	748	94

续 表

所在行业	工会经费情况			工会经费审查组织	
	按工资总额2%拨缴工会经费	有拨缴，但不足额	没有拨缴工会经费	建立经费审查委员会	建立经费审查委员会办公室
	个	个	个	个	个
公共管理、社会保障和社会组织	2133	955	820	2663	449
按经济类型分组					
国有企业	1758	100	83	1568	335
集体企业	933	798	207	1543	259
股份合作企业	239	216	38	402	48
联营企业	32	18	3	45	6
国有独资公司	840	25	18	740	112
其他有限责任公司	1678	608	547	2111	329
股份有限公司中的国有控股公司	820	43	21	769	108
其他股份有限公司	300	186	79	439	54
私营企业	6015	12988	4705	17372	2768
其他内资企业	127	235	79	344	38
港澳台商投资企业	770	678	226	1230	247
外商投资企业	2119	1378	579	3061	602
财政拨款的事业单位	3981	402	136	3885	412
其他事业单位	775	210	98	860	161
机关	1045	58	71	904	126
个体经济组织	85	181	77	264	36
社会团体	52	71	27	84	33
民办非企业单位	222	76	58	264	17
基金会	3	1	1	1	0
其他组织	244	496	451	753	59

上海印钞有限公司工会

上海印钞有限公司是隶属于中国印钞造币总公司的一家大型骨干印钞企业，从事人民币和增值税专用发票、银行专用票据等有价证券及护照等高级防伪证书的生产经营活动，为维护社会经济的正常秩序，促进国家金融事业的发展做出突出贡献。

公司历经七十多年的不懈努力，已发展成为拥有先进工艺技术、精良机械设备、科学经营管理、良好品牌信誉的现代化企业，确保了钞券生产始终处于一流水平。

公司工会积极适应印制行业转型发展，紧紧围绕企业中心工作，不断加强自身建设，努力为职工服务，充分发挥工会组织的桥梁纽带作用。创新工作思路，积极维护职工合法权益，促进班组建设工作，丰富文体活动内容，营造和谐氛围，促进企业全面完成生产经营管理等各项任务目标。

组织职工技能比武

劳动竞赛经验交流会

陆晔程机台荣获上海市工人先锋号

定期召开职工代表大会

迎新春赠春联活动

上海市医药工会

召开第二届第二次职工代表大会

毕琳丽获评第二批上海工匠

召开全剂型同线劳动竞赛表彰推进会

市医药工会坚持以党的十八届五中、六中全会精神和习近平新时代中国特色社会主义思想为引领，紧紧围绕集团“深度资本化、再次国际化、聚焦大健康、拓展新边疆”的要求，正确认识和适应经济发展新常态，紧紧围绕集团发展目标，努力发挥工会组织团结引领作用，在持续深化群众性经济技术创新活动、加强先进群体与工会组织自身建设、构建和谐劳动关系等方面开展了一系列工作。

加强先进群体建设，丰富职工文化生活。选树弘扬优秀员工群体，在全国和上海市五一劳动奖状（奖章）、工人先锋号评选中，获1个全国工人先锋号、1个市五一劳动奖状、4个市五一劳动奖章及2个市工人先锋号；积极参与“上海工匠”千人选树计划，上药药材华宇药业毕琳丽获评上海工匠。积极申报市劳模创新工作室、技师创新工作室，上药新亚陈旭杰技师创新工作室、上药信谊高兆菊技师创新工作室被评为市技师创新工作室，王永振劳模创新工作室被评为市劳模创新工作室。将集团核心价值观贯穿于员工文体活动之中，不断提高职工精神文化追求和素养。开展“上药最动听”员工歌手大赛，积极参加上海市班组网络大赛、上

高兆菊技师创新工作室获评上海市技师创新工作室

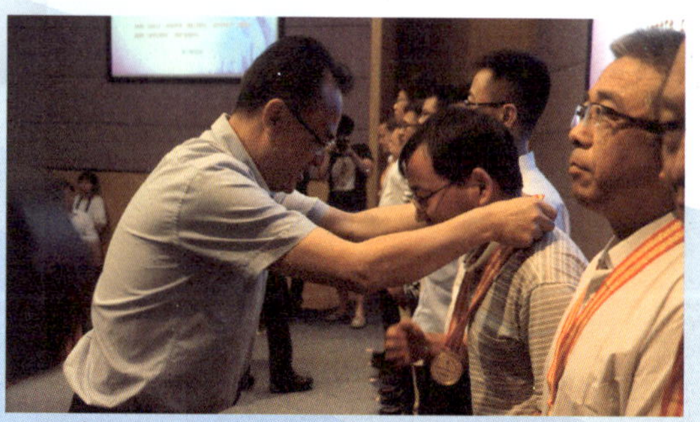
上药职工在市职工技协各类发明创新评选中获奖

参加上实集团“五一”先进表彰会

第二届卓越班组长培训

新亚陈旭杰技师创新工作室获评上海市技师创新工作室

开展”拥抱幸福情暖上药”女职工关爱行动

实集团第八届职工运动会。

发挥工人阶级主力军作用，持续深化群众性经济技术创新活动。继续把劳动竞赛作为激发职工创造活力的重要载体，总结2016年同线劳动竞赛过程中涌现出来的好经验与好做法。引导员工从本职工作入手，从身边小事着眼，鼓励职工为企业发展献计献策，立足本职工作开展合理化建议活动，将群众性经济技术创新工作的各个平台整合贯通，发挥职工岗位建功见效和创新的积极性，积极参加市职工技协“十大平台”的各类赛事并获得获得市优秀发明选拔赛优秀发明金、银、铜奖各1个，获得市职工合理化建议优秀成果奖1个、合理化建议项目创新奖2个、职工先进操作法优秀成果奖1个、先进操作法创新奖1个。

关注民生，做好帮困送温暖工作。组织开展 “一日捐”活动，全年共17658人参加，捐款总金额达128.65万余元；落实元旦、春节和五一期间帮困送温暖的活动，全家共计帮扶困难职工1950人次，支出帮困金116.7万元；开展“拥抱幸福情暖上药”主题活动，通过帮助困难女职工实现心愿，让困难女职工感受到工会大家庭的温暖。

抓好民主管理工作及工会组织自身建设。深化与规范基层企业职代会工作制度及职代会实务操作，推进职代会年度预报、即时预报和会后报告制度。推进以工资集体协商为主要内容的平等协商集体合同工作，集团下属企业中两项合同签订率均为100%。完善基层工会主席民主选举制度，工会主席直选比例为100%。组织工会干部90余人开展年度培训，拓宽工会干部的视野，提升实际工作能力。

探望慰问上药药材百岁老人

举办“上药最动听”员工歌手大赛

参加上实集团第八届职工运动会

申通快递有限公司工会

组织职工参加手机摄影培训

申通快递北京分公司加盟网点集中入会暨“会站家”一体化建设启动仪式

参加青浦区快递物流行业技能比武

申通快递申瑞车队（上海片区）荣获全国工人先锋号

在上海市“诚信杯”乒乓球赛上获得亚军

申通快递有限公司工会坚持以履行工会职责，维护职工合法权益为基础，助推企业经济发展为己任。在上级工会和公司党政的指导下，工会在助力精神文明建设、提升员工生活质量、实施帮困救助、推动网点一线员工入会等方面取得较好成绩，工会被上海市总工会授予“职工之家”荣誉称号。申通快递申瑞车队（上海片区）被评为全国工人先锋号，是快递物流行业中唯一获此殊荣的团队。公司副总裁陈海建被授予上海市五一劳动奖章。

公司工会建立员工活动中心，并组建了“申行者俱乐部”，积极组织职工参加体育健身、技能比武、行业知识竞赛等活动。每年为工会会员发放春节回家探亲车费补贴，三八妇女节为女员工送去慰问品，每两年为直属员工进行一次健康体检。申通快递爱心救助基金由公司工会审核、办理上报，对全网困难员工、网点、社会帮困扶助、政府扶贫项目进行资助，先后资助金额近400万元。2018年6月，公司工会在北京房山申通举行了北京网点一线员工集中入会暨“会站家”一体化建设启动仪式。“会站家”的建立，为员工提供了读书、洗澡、娱乐、健身、饮水等多项福利，为员工创造了更加温馨舒适的工作生活条件。

参加“放歌淀山湖”青年歌唱大赛获金奖

开设瑜伽培训班

上海电气集团股份有限公司中央研究院工会

举办甲状腺健康知识讲座

开展“送清凉”活动

举办迎新嘉年华活动

举办“沪语微课堂”活动

举办迎中秋烘焙活动

联合街道共庆端午包粽子活动

上海电气集团股份有限公司中央研究院（以下简称“中央研究院”）作为上海电气集团股份有限公司的科技创新体系核心，2004 年 10 月 8 日成立，重点研发集团产业和科技发展中迫切需要解决的前瞻性技术、共性技术和关键技术，已在智慧能源、智能制造、医疗康复机器人、环保等领域取得突破。中央研究院工会作为职工的“娘家人”，始终坚持以“党政所需、职工所盼、工会所能”为出发点和落脚点，以党工群团共建为抓手，围绕中心服务大局，履行职责民主管理，服务职工关系和谐，已连续 11 年承办“创新创意”设计大奖赛，收到参赛项目 756 项，参与人数 2800 余人次，在优化设计、节能减排、技术攻关等方面为集团作出贡献；积极建立打造“爱心妈咪小屋”、 为员工团体购买“春运票”等实事项目，2017 年，中央研究院爱心妈咪小屋获评上海市爱心妈咪小屋“四星级”标准。多个集体被授予“全国机械工业先进集体”“上海市模范职工之家”“上海市五一劳动奖状”“上海市劳动模范集体”“上海市五一巾帼奖（集体）”等多项殊荣。近年来，中央研究院工会认真扎实开展职工之家建设，坚持以职工为本，把尊重、爱护、关心职工为立企之本、兴企之道，实现发展成果共建共享，充分调动广大职工的积极性、主动性和创造性，推动中央研究院在转型创新突破的道路上不断迈上新的台阶。

中国科学院上海应用物理研究所工会

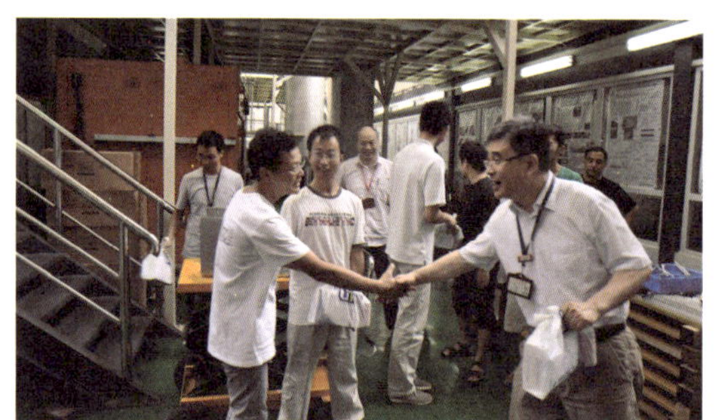
开展高温慰问基层活动

慰问患病职工

召开职工代表大会

参加科技系统群英会

中国科学院上海应用物理所工会在所党委和上级工会的部署领导下，认真学习领会中央对群团组织提出的新任务新要求，找准工会工作的出发点和落脚点，增强群众意识，提高服务能力，推进民主管理，强化和推进主旋律的教育和宣传，为扎实推进研究所重大科技项目提供有力保障。

认真开展各类丰富多彩的文化活动，展示职工积极向上的精神面貌。积极组织群众性体育活动，其中“环所健步走”活动已经成为我所职工体育的一个品牌。工会建立了帮困基金会、职工大病救助和医疗费补助等帮扶机制，重点开展冬送温暖和夏送清凉的困难帮扶工作，把研究所的关爱送到基层科研一线。工会每年组织职工参与“安康杯”竞赛活动，努力构筑职工安全“防护网”。2017 年，所工会获得上海市“模范职工之家”称号。

参加科技系统龙舟赛

参加社区的端午包粽子活动

举办健步走活动

上海勘察设计研究院（集团）有限公司工会

副主席王艳玲参加上海市第十四次工代会

各级领导高温慰问一线员工

上海勘察设计研究院（集团）有限公司工会委员会成立于2004年3月，现有15个基层工会组织。在上勘集团党委和上级工会的领导下，工会组织认真学习贯彻党的十九大精神，深刻理解新时代、新思想和新征程的基本内涵，紧紧围绕企业中心工作，坚持服务大局、服务基层和服务职工，在当好创新发展主力军，民主参与企业管理，构建和谐劳动关系，维护企业和员工共同发展的进程中发挥了积极作用。2018 年，工会组织围绕中国改革开放 40 周年和上勘院庆 60 周年主题内容，组织、调动全体员工爱岗敬业、开拓创新、奋发有为、无私奉献，完成一系列重大工程项目，创造多项科研发明成果，涌现出一批先进典型和模范人物，同时开展了丰富多彩的文化活动，对于提升员工的归属感和幸福指数，推进企业创新升级和转型发展起到十分重要的作用。

召开上勘集团三届五次职工代表大会

参加市社会系统工会志愿者为民服务活动

承办市地信产业协会乒乓球比赛

举办上勘集团首届职工厨艺大赛

召开女职工成才与发展交流座谈会

组织女职工健康知识讲座

上海市浦东新区公利医院工会

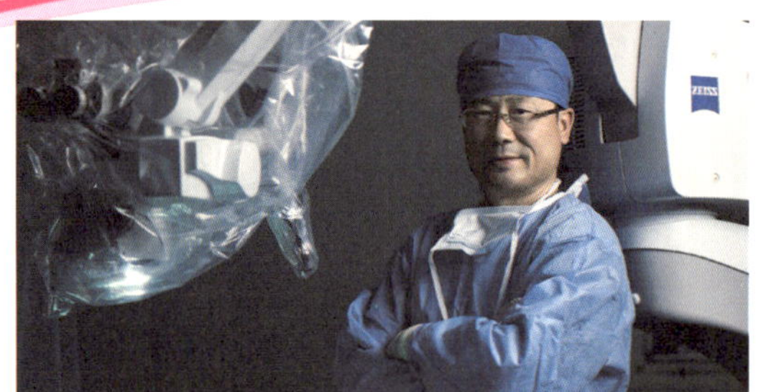

骨科主任杨铁毅获得“上海工匠”称号

神经内科主任李龙宣获得全国医药卫生界生命英雄“平凡英雄“称号

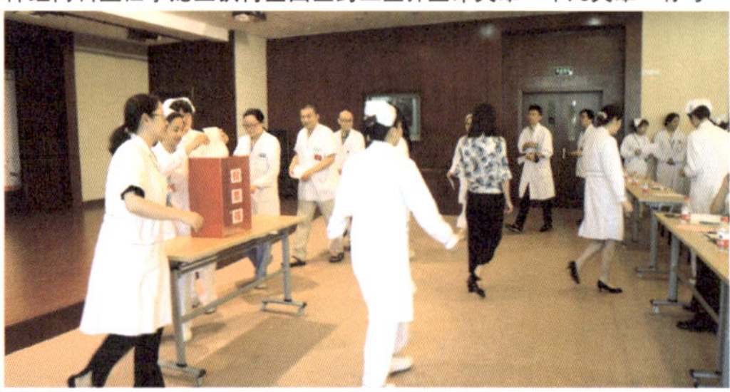

职工代表现场投票

组织开展团建活动

市总工会职工亲子工作室——暑期雏鹰学堂

上海市浦东新区公利医院始建于1943年，是海军军医大学（第二军医大学）附属医院（非直属）、上海市文明单位、上海市模范职工之家、上海市劳动关系和谐职工满意企事业单位、上海市人文服务心理疏导示范点、上海市企业文化建设示范基地。

挖掘先进典型，营造全员向上氛围。院工会组织职工积极参加各类先进评选、科技创新、劳动竞赛等建功立业活动，提升职工专业能力、创新能力、团队合作能力。提倡劳动光荣的工作风尚、精益求精的工匠精神，成功推荐抢救室获得“上海市巾帼文明岗”、骨科主任杨铁毅获得“上海工匠”“上海市五一劳动奖章”等市、区级集体和个人奖项12项。

关注职工健康，推出EAP关爱项目。在充分调研职工职业心理健康问题的基础上，出台《关于本院在职职工入住等级病房费用减免管理办法》，组建院内心理志愿服务关爱团队，开展普惠型群体关爱主题项目，连续两年开设“暑期雏鹰学堂”，为市总工会职工亲子工作室，浦东新区卫生健康系统唯一一家。

创新民主管理，推动医院和谐发展。创新性地推出由院务委员会、学术委员会、职代会组成的“三驾马车”民主管理模式，凸显“专家治院、员工管院”的理念，积极构建劳动关系和谐职工满意的氛围；连续多年开展“员工热点难点问题征集活动”，重点解决职工反映集中、反映强烈的突出问题；成立人事争议调解委员会和职工权益保护工作小组，协调和解决各类争议；通过院内竞争性谈判、电子问卷征集意见等方式，阳光采购全员慰问品。

上海市崇明中学工会

校长吴卫国

上海市崇明中学创建于1915年，2007年被命名为上海市实验性、示范性高中，是一所全日制公办、现代化的寄宿制高级中学。学校秉承著名数学家苏步青题写的“志存高远、自强不息”的校训，坚持正确办学方向，形成了“自主教育”的办学特色，高起点、高质量、高水平地创建现代新型学校。学校形成了“为了全体师生的发展，为了中华民族的振兴”办学理念，要创办让学生和家长满意的学校与教育，创造让学生和教师满意的环境与条件。学校积极筹谋，合理规划，调整布局，添置设施设备，为师生创设良好的学习和办公环境；工会积极组织开展各项活动提升教工素养，丰富教工生活。近年来，学校先后被评为评为全国文明单位、全国中小学心理健康教育特色学校、全国精神文明建设先进单位、全国和谐校园先进学校等各项荣誉。学校教师在各类比赛中率获佳绩，2018年吴卫国校长荣获上海市五一劳动奖章。

志愿者活动

崇明土布艺术培训活动

教工运动会

上海国盛（集团）有限公司工会

缅怀先烈 牢记使命

"公益乐学"茶艺现场教学活动

慰问困难职工

慰问困难职工

上海国盛（集团）有限公司成立于2010年1月，多年来，在集团党委和上海市总工会的领导下，集团工会以把握工作正确政治方向为引领，以发展和谐劳动关系为主线，紧紧围绕党政所想、职工所盼、工会所能，全力维护职工合法权益，在凝心聚力上下功夫，各项工作有序推进、取得积极进展。

集团工会通过弘扬先进典型，在资本运作、资产整合等多战线培育先进，引领、鼓舞和凝聚广大干部员工。近三年来，1个集体荣获"全国工人先锋号"，1个集体荣获"上海市劳模集体"，2名个人荣获"上海市劳模"，1个直属企业荣获"上海市五一劳动奖状"，4名个人荣获"上海市五一劳动奖章"，4个集体荣获"上海市工人先锋号"。在集团上下形成聚焦平台建设、弘扬先进典型、全面加强基层工会建设的良好氛围。

通过加强职代会建设，进一步加强企业科学、民主、规范管理，依法维护职工合法权益，做到程序合法，使得职工群众理解、支持改革，保证资本运作、资产整合等各项任务顺利完成。

为弘扬"开放、包容、进取、分享"的国盛企业文化，集团工会设立上海市总工会"公益乐学"国盛集团教学点，开展形式多样、内容丰富的"公益乐学"教学课程，不断满足职工精神文化需求营造职工快乐工作、快乐生活的良好氛围，丰富职工的文化生活，增进职工之间交流，将国盛企业文化和职工文化有机融合。

放飞心情、凝聚真情

中国能源化学工会华东电力工作委员会

学雷锋一日捐活动

交流特高压技术技能竞赛决赛

中国能源化学工会华东电力工作委员会是中国能源化学工会在华东地区的派出机构，履行华东电网产业工会和大型企业工会职责，领导国网上海市、江苏、浙江、安徽、福建省电力工会及直管（代）单位工会。

2017 年华东电力工委认真贯彻上级工会各项要求，围绕企业中心工作，服务大局，进一步促进了企业和员工的共同发展。一是弘扬劳模精神，积极组织引导职工深化建功立业活动。举办 2017 年华东电网交流特高压劳动竞赛。二是加强日常民主管理工作，服务企业稳定发展大局。三是关心关爱职工，完善帮扶长效机制。组织开展华东电网劳模疗休养活动，关爱劳模、先进的工作、生活。四是组织文体活动，促进职工身心健康。征集华东机关摄影书画作品，征集读书征文；邀请专家进行健康、心理教育等专题讲座。举办华东电网系统第十五届“团结杯”网球友谊赛。五是加强工会自身建设，举办培训班，提升工作水平。调控中心调度控制科获得全国工人先锋号、上海东甸物业管理有限公司获得上海市五一劳动奖状、调控分中心获得上海市工人先锋号。财务处王淑勤荣获评 2016—2017 年度“上海市三八红旗手”。

新春职工文艺演出

端午节龙舟赛

东方航空技术有限公司工会

东方航空技术有限公司，是中国东方航空股份有限公司全资子公司，负责东航700余架飞机的工程和维修服务工作，是东航重要的安全保障单位。曾先后获得“中央企业企业文化示范单位”“全国文明单位”“全国模范职工之家”“上海市五一劳动奖状”等诸多荣誉。

东方航空技术有限公司工会致力于打造职工“温暖的家”“成才的家”“幸福的家”，现所辖基层工会17个，拥有职工12000余人。公司工会通过开展班组建设、技能竞赛，为东航输送技术过硬，管理有方的优秀人才；积极弘扬工匠精神，以四个劳模工作室为载体，实现技术和管理双创新；建立并注册57个职工业余协会，涵盖运动、休闲益智、艺术、文学等类别，覆盖职工超过2500人，着实提升幸福感受；共建立24个职工之家和“爱心妈咪小屋”，搭建“家企互动”平台，打造职工喜爱的温馨港湾。

民航技能竞赛创佳绩

职工之家温馨你我他

工会代表大会保障会员权益

劳模工作室求创新

心理疏导员培训架桥梁

东航机务艺术团展风采

国药控股股份有限公司工会

公司领导与员工恳谈会

六一儿童节活动

国药控股股份有限公司，于 2003 年 1 月在上海成立，2009 年 9 月在香港上市（01099.HK）。拥有 543 家子公司（含国药股份、国药一致两家上市公司），职工总数 6 万余人，药品分销及配送网络覆盖全国 31 个省、区、市的 237 个城市，服务逾 23 万家行业客户。目前已发展成为中国最大的药品、医疗保健产品分销商和零售商及领先的供应链服务提供商。

国药控股股份有限公司工会上海地区共有基层工会 21 个，会员 5318 人。2017 年国药控股工会在上级工会和公司党委的领导下，以党的十九大精神为指引，按照市总的整体工作部署，遵循公司“融入中心、完善体系、强化自身”的总体思路，团结动员广大职工在推动企业发展中发挥主力军作用，进一步提升提高职工归属感，为公司发展凝心聚力。

慰问劳模先进

工会会员卡大篷车活动

第六届职工运动会

“悦画悦美”三八妇女节活动

上海城投（集团）有限公司工会

五一先进表彰

实事项目班组示范点

开展“五比五赛”立功竞赛

三八节活动

职工技能比武

2017年，城投集团工会紧紧围绕企业“确保重大工程建设、确保城市运行安全”两个确保的目标任务，团结和带领广大职工，在深入推进岗位建功立业、和谐企业创建、企业文化培育、工会自身建设等各项工作中，充分发挥各级工会的作用。

开展“劳动最光荣 使命在城投”系列宣传活动，讲好“城投和城投人”的故事。在《劳动报》上开设“城投人讲城投与城市的故事”系列通栏，特邀企业内领军人物、行业内知名专家、城投劳模、科技精英参与受访和撰稿计22篇，宣传城投企业和城投人在上海大发展过程的形象和成就。开展“五比五赛”为主题的立功竞赛、劳动竞赛和安康杯竞赛活动，推进企业“两个确保”目标任务完成。荣获1个市金杯团队，11家优秀公司，14名建设功臣，46个优秀团队、72名优秀建设者；3家单位荣获全国“安康杯”竞赛先进，8个集体、2位个人荣获市“安康杯”竞赛先进。开展职工群众性“双创”活动，深化“降本增效”全民行动。评选出“十佳”金点子和十个优秀操作法。在市29届科技创新发明节上，获得1项金奖、2项银奖、3项铜奖、2项一线职工发明专利。组织开展了市船舶驾驶员、船舶轮机员（环卫）职工技能比武大赛。开展“城投劳模、城投工匠”选树培育，营造“主力军、子弟兵”的示范效应。召开“五一”劳模先进座谈会和先进表彰会，选树了5名“第二届城投工匠”。“三八”期间组织巾帼先进代表参加上海中心大厦座谈会和“公益乐学”活动。完善多级职代会运作机制，强化代表职工源头参与力度。坚持抓职代会制度“三级四层”全覆盖工作，积极推进集团职代会和所属基层单位民主管理制度的整合、联动和互补。选举产生集团职工董事、监事，完善集团法人治理结构。完善职工思想动态双月收集报送机制，关注企业改革发展和职工具体权益的热点、难点。深化2017年服务职工实事项目，提高职工的满意度。开展会员专享保障、职工体检、疗休养、帮困送温暖、“夏送清凉、冬送温暖”、职工安康、巡回医疗、职工文化建设、助老服务等项目，更好地为职工做好事、办实事。其中，出资近60万元为1.47万名工会会员购买B类会员专享保障。完善精准帮扶“2+1”平台，拓展“城投人帮城投人”形式和途径。依托市慈善基金会、老年基金会以及城投帮困基金平台，节日结对帮扶困难职工近1000人次。全年共助学161人次，发放助学金28万元。中秋、国庆前夕各级工会为重大工程外来务工人员开展形式多样的送温暖、送文化活动。举办第六届职工艺术节，提升城投文化软实力。以“凝心聚魂 共筑城投梦”为主题的艺术节分别组织开展了微诵读、微小说、微摄影赛，并在上海舞蹈中心组织摄影展和汇演。围绕建立和完善“互联网+”工会工作模式，办好“城城帮你忙”微信平台。组织网宣员举办“互联网+”工会微信、APP培训，全年推送各类信息127条。

第六届职工艺术节展演

第六届职工艺术节展演

实事项目“健康减肥达人”活动

中交上海航道局有限公司工会

召开第二十一次工代会选举产生新一届工会委员会

召开企务公开民主管理工作会议

中交上海航道局有限公司是一家拥有113年历史的、国内规模最大的航道、堤筑施工企业。公司下属共有13家单位，有工会会员6350人（包括劳务派遣员工）。公司工会在上级工会、公司党委的领导下，在行政的大力支持下，紧紧围绕“改革创新、转型升级”的战略部署，情系职工促和谐，维护大局促稳定，充分发挥纽带和桥梁作用。在和谐企业建设、企务公开民主管理、劳动竞赛、劳模工作室创建、“安康杯”竞赛、职工素质工程、维护职工合法权益、职工文化建设等方面都取得了可喜的成绩。近年来，公司荣获全国优秀施工企业、全国模范劳动关系和谐企业、全国模范职工之家等荣誉。公司工会将继续团结带领广大职工，助推企业高质量发展，为实现“百年上航，卓越领航”新梦想接续奋斗！

开展“遵纪守法，携手筑梦”法制宣传活动

举办第六届职工技术比武总决赛

举办第三届职工乒乓球团体赛

上海市劳模创新工作室——谷银远绞吸工艺创新工作室揭牌

举办“品读经典、共享书香”名家名篇朗诵比赛

上海化工研究院有限公司工会

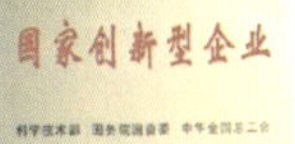

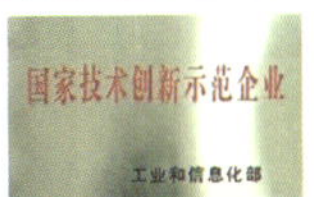

国家级荣誉称号、品牌资质

上海化工研究院有限公司（以下简称“上化院”）是一个集多学科为一体的综合性化工研究开发、工程应用的国家级高新技术企业，是化工行业知名的科研院所，主要从事新材料、新能源、新装备的研究开发和行业服务，坚持科研发展和产业服务结合，支持新型产业发展和传统产业技术提升，服务于先进材料、生物医药、公共安全、节能环保等领域。

历年共承担国家各类科技攻关、产业化开发和工程应用项目 2000 多项。科研成果累计获得 300 多项国家、省部级科技奖励，制定国家及行业标准 300 余项，拥有国家重点新产品 17 项，上海高新科技成果转化项目 30 多项、申请专利 740 余项，获得授权专利 475 项，数百项科研成果和专利技术，在国内外推广应用。

公司工会在公司党委和行政的大力支持下，认真学习贯彻党的十九大精神和习近平总书记系列重要讲话精神，落实中央党的群团工作会议要求，进一步贯彻市总工会制定的《关于加强和改进本市国有企业工会工作的指导意见》，紧紧依靠广大职工、会员，围绕公司的中心工作，服务大局，以推进职工民主管理和丰富职工文化生活为工作重点，认真履行工会的各项职能，发挥工会的桥梁纽带作用，不断推进工会工作和自身建设，团结和调动广大职工积极投身公司建设，在各项工作中都取得较好的成绩。

公司十大优秀人物表彰

召开职工代表大会

公司足球队获得普陀区青年足球赛亚军

职工文艺汇演

科创节志愿者风采

上海汽车制动系统有限公司工会

荣获上海市五一劳动奖状

公司五届四次职代会暨集体合同签约仪式

上海汽车制动系统有限公司系上汽集团华域汽车系统股份有限公司与德国大陆股份公司共同设立的一家合资企业。该公司成立于1994年7月，是生产助力器、制动卡钳、制动软管、电子驻车制动系统的高新技术企业。经过20多年的发展，公司已成为国内领先的知名整车企业乘用车制动系统产品和系统集成解决方案的的核心供应商。上海汽车制动系统有限公司荣获上海市文明单位、上海市五一劳动奖状、上海市高新技术企业、上海市纳税百强企业，连续多年获得嘉定区先进制造业综合实力金奖，是中国汽车行业协会制动器委员会理事长单位，并荣获嘉定区第一届区长质量奖等诸多殊荣。

公司工会在上级工会和同级党委领导下，深入学习贯彻党的十九大精神，以习近平新时代中国特色社会主义思想为引领，积极响应上汽“新四化”发展战略，深入推进创新争优活动，努力营造和谐奋进的企业发展环境；拓宽、畅通职工民主渠道，集体协商机制，聚焦在职工比较关注的集体合同、劳动环境、职业健康、职工维权等诸多方面，职工的总体满意度逐年改善；以提升素质、岗位建功为主线，动员广大职工积极参与创新型、技能型劳动竞赛，打造独具特色的企业文化，用自己的勤劳和智慧诠释着“中国梦·劳动美”和“责任至上，智动未来，追求卓越”的企业精神，实现上汽人的光荣与梦想，引领广大职工争做新时代的奋斗者。

马闯创新工作室获“上海市巾帼创新工作室”称号

参与上海市班组（团队）文化网络大奖赛获奖

师徒带教

新春团拜会

上海市城乡建设和交通工会

上海市城乡建设和交通工会工作委员会在市总工会、市建设交通工作党委的领导下，以习近平总书记系列重要讲话精神为统领，认真学习贯彻党的群团工作会议精神，始终坚持“政治性、先进性、群众性”的总体要求，始终坚持“代言、维权、谋发展”的基本职能，始终坚持“立足系统、面向行业、服务中心、服务群众”的工作原则，以“提升站位、凸显特色、注重服务、优化形象”为工作目标，充分发挥先进模范的引领作用，劳模创新工作室创建工作成效明显；认真抓好两个条例的贯彻落实，厂务公开民主管理工作深入发展；广泛开展技能比武劳动竞赛，广大职工的劳动热情技能水平不断提高；认真组织各类培训展示活动，广大职工能力素质得到提升；用心做好服务基层关爱职工的工作，切实维护保障职工群众的正当权益；切实加强工会组织自身建设，不断提高工会干部能力素质工作水平。总之，通过一系列切实管用的举措和精准贴心的服务，让工会组织真正成为职工之家、温暖之家，团结引领广大职工群众，为上海建设交通事业的发展贡献智慧和力量。

召开上海市建设交通系统（行业）工会工作联系会议

调研劳模创新工作室创建工作

市建设交通工作党委书记崔明华慰问劳模先进

慰问高温天气奋战在项目一线的员工

举办第六届“城建杯”职工业务技能竞赛

举行庆祝“五一”国际劳动节暨文艺汇演

“家文化”展示暨纪念“三八”国际妇女节

交通银行上海市分行工会

交通银行上海市分行工会从小事、实事、具体事抓起，着力解决好员工最关心、最直接、最现实的需求，完善体制机制，创新工作载体，优化工作内容，升华员工体验，不断提升员工的幸福感和获得感。

交行创立110周年火炬传递仪式暨迎新登高活动

一是幸福交行家园建设细化推进。制订实施分行幸福交行家园建设方案并推进项目落地，组织基层网点参加幸福网点培训和建设等相关工作。

行领导慰问困难员工

分行参加总行幸福网点创建相关活动并获奖

徐汇支行员工叶若翔获颁全国金融五一劳动奖章（左一）

分行荣获总行2018年员工文化体育艺术“家”年华团体亚军

二是员工关爱服务项目普惠员工。着力推进10件实事，服务效果显现，送健康下基层、职工小家创建、互助会及“送温暖”、“关爱在身边”、员工参保大病商业险等工作扩大惠及面，为全行员工统一制作新行服。

三是文化体育艺术活动普遍开展。积极参加总行及上级工会各项文体活动和比赛，成功举办有史以来规模最大的分行职工运动会和各项文体赛事，各文体俱乐部、员工艺术团、各基层工会正常开展各类文体活动。

四是劳动竞赛技能竞赛全面开花。在总行及上级工会各项竞赛中皆获得优异成绩，开展覆盖前、中、后台的20多项分行特色劳动竞赛，分行营业部和漕河泾支行获评进博会“最美金融服务窗口”。

五是民主管理自身建设更加完善。职代会制度和行务公开等民主管理制度实现基层全覆盖，职工提案处理效率进一步提升，持续开展财务规范化达标竞赛活动，并对工会印章进行集中管理，基层工会组织工作和会员管理工作规范有序。2018年有10多个集体和个人分获各层级荣誉。

中船上海船舶工业有限公司工会

开展“船舶工匠”选树推荐工作

为深入贯彻落实《中国制造 2025》和《中共上海市委、上海市人民政府关于加快建设具有全球影响力的科技创新中心的意见》精神，进一步激发上海船舶系统广大职工爱岗敬业、钻研技术、攻坚克难、创新超越。自 2016 年以来上海船舶工会、上海公司人力资源部和团委共同开展了“船舶工匠”选树推荐工作。选树工作于每年 6 月份启动，经单位推荐、专家推荐、个人自荐等三种申报渠道，通过资格认定、专家评审、社会公示等环节，经上海公司党委会审议，最终命名朱建华等 26 人为船舶工匠。

中船上海船舶工业有限公司党委、上海船舶系统工会高度重视职工文化建设，通过开展贴近群众、丰富多样的职工文化活动，激发广大职工的活力和创造力。今年以来，上海船舶工会在造船企业重点开展了文艺慰问演出活动，利用职工喜闻乐见的文艺形式，对弘扬社会主义核心价值观和正能量，起到了积极作用。

举办高温慰问船舶职工专场文艺演出

上海飞机制造有限公司工会

欢歌喜迎党的十九大

上海飞机制造有限公司（以下简称上飞公司）隶属于中国商用飞机有限责任公司（以下简称中国商飞公司），为其所属的飞机总装制造中心。2017年，上飞公司工会在上级工会和公司党委的领导下，围绕“保首飞、保交付、严管理、严作风”工作主线，深入推进“双推双争双提升”主题实践活动，履行工会职能，激发职工创新热情，在大飞机总装制造征程中提升工会工作新作为。逐步建立起以技师、能手、工匠等一批拔尖技能人才为引领，为大飞机研制提供人才保证和智力支持。2008年以来，先后涌现8名享受国务院特殊津贴的高技能人才，18名全国（上海市）技术能手，8名上海市首席技师；先后建立了5个国家级（上海市）技能大师工作室1个，上海市技师创新工作室1个，中国商飞首席技师工作室7个，有效带动了飞机总装制造职工技能队伍。一批工人阶级的先进模范脱颖而出，先后涌现出胡双钱和王伟2名“大国工匠”，有27个集体获得省部级以上先进集体荣誉，29名个人获中国商飞级以上劳模称号。连续7年保持“全国安康杯竞赛优胜单位”荣誉。聚焦型号项目需求推进质量信得过班组达标创优，制定下发班组建设相关制度，把班组建设例会延伸到班组现场，强化班前会规范化，宣贯质量十条“铁律”。开展“一班一品”建设，推行班组建设“五个一口清”。组织10个金银牌班组与23个普通班组开展结对共建，发挥优秀班组带动作用力。紧扣型号项目节点和任务攻关开展专项劳动竞赛，开展2017“双保双严”劳动竞赛，围绕C919首飞会战、ARJ21新支线飞机“保6争8”等中心任务，

上飞公司举行两会（工作会和职代会）

大国工匠胡双钱、王伟

工会第一次代表大会

公司第一届“十大工匠”

ARJ21 事业部“大干一百天”劳动竞赛

采取立“军令状”，工位、班组“PK”等多种竞赛形式，为完成型号节点注入更多活力。全力推进群策群力全员提案改善活动，共征集改善提案达17000余条。职工创新成果参展2017国防邮电产业职工技术创新成果展，5个项目获第二十九届上海市优秀发明奖金银铜奖，职工团队创新提案获上海市职工优秀合理化建议。加强企业民主管理，构建以职代会为基本形式、职代会提案督办为重要渠道、厂务公开为主要载体的民主管理工作格局，对职代会审议通过的提案认真督促落实，每季度进行针对性的职工代表巡视。建立健全民主管理相关制度，规范运作。引领职工素质提升，充分发挥劳模先进、工匠选树等典型人物资源，叫响做实工匠品牌工会造。开展向全国劳动模范、全国道德模范、大国工匠胡双钱和大国工匠王伟学习活动，举办首届“十大工匠”表彰暨“工匠讲坛”活动。依托劳模、工匠创新工作室和首席技师工作室，发挥工匠、高师“1+N”的育人效应，形成“百名工匠”师徒梯队。关心职工生产生活，慰问大国工匠、劳模和加班加点的一线职工，每年为职工办十件实事，有效解决职工反映强烈的“急愁难”问题。精准帮扶困难职工，开展“大飞机爱心日”职工一日捐活动，发放节日慰问品、职工疗休养、新建“爱心妈咪小屋”、职工子女入托入园、“六一”亲子活动、职工保险等“暖心”活动。健全服务保障举措，做好大病帮困、意外帮困和助学帮困。丰富职工文体生活，开展上飞职工迎新文艺演出和喜迎十九大文艺汇演，16个文体协会展示交流活动。积极推进浦东基地职工体育场馆建设，为职工提供更加完善的文体设施。

优秀班组长能力提升培训

班前会军事化训练

以赛促产 C919事业部劳动竞赛宣誓

三八系列活动——送书籍

职工体育场启用暨迎新健康跑

上飞公司感动人物颁奖暨职工迎新文艺汇演

文艺协会展示交流活动

复旦大学工会

召开学校教职工代表大会暨工会会员代表大会

举办工会干部培训会

复旦大学工会创建于1950年，是全国高校中较早建立工会的学校之一。目前拥有会员7000余名（含非编会员）。

长期以来，复旦大学工会始终是党联系群众的桥梁和纽带，始终把维护教职工的根本利益作为自己的历史使命。学校工会认真学习贯彻习近平总书记关于群团工作系列重要讲话精神和党的群团工作工作会议精神，在上级工会和学校党委领导下，坚持以教职工为本的工作理念，在维护教职工合法权益、促进学校民主管理、推进和谐校园建设、提升教职工队伍素质、开展教书育人工作等方面取得了显著成绩。近年来先后获评上海市教育工会“先进教工之家”“优秀工会组织”、上海市总工会“模范职工之家”、全国科教文卫体先进工会组织、全国科教文卫体系统“模范职工之家”等荣誉称号。2018年获上海市五一劳动奖状。

打造“网上教职工之家”

举办爱心暑托班

举办教工趣味运动会

开展教职工校园健走活动

上海第二工业大学工会

职工文艺汇演

第九届教代会暨十三届工代会第二次会议

全国百名劳动模范参观"包起帆创新之路展示馆"

暑假教职工疗休养

上海第二工业大学工会在学校党委和上海市教育工会的领导下，秉承围绕中心、虚事实做，服务大局、实事做好，找准位置、好事做多的工作理念，牢牢抓住教代会和校务公开这两项事关全局的重要工作，积极开展了会员凝聚力工程、健康咨询工程和协会建设工程，学校先后获评上海市厂务公开民主管理工作先进单位，后勤服务公司荣获全国工人先锋号，校工会荣获全国教科文卫体系统模范职工之家、上海市教育系统先进教工之家免检单位和上海市第八届教工运动会优秀组织奖等，连续五年承办了上海教师书法·板书·钢笔字·中国画大赛，在上海教育系统有一定的影响力。

获得上海市第七届教工运动会龙舟大赛第一名

承办上海教师书法·板书·钢笔字·中国画大赛

学校举行青年教师教学竞赛

上海海事大学工会

中国高等航海教育发轫于上海，1909年晚清邮传部上海高等实业学堂（南洋公学）船政科开创了我国高等航海教育的先河。1959年交通部在沪组建上海海运学院。2004年经教育部批准更名为上海海事大学。

校工会在上级工会和学校党委领导下，在校行政和广大教职工的大力支持下，认真履行工会维护、建设、参与、教育四项社会职能，坚持以教职工为本的工作理念，在维护教职工合法权益、促进学校民主管理、推进和谐校园建设、提升教职工队伍素质、开展教书育人工作等方面取得了显著成绩。先后荣获上海市总工会、中国教科文卫体及中华全国总工会授予的“模范职工之家”称号，航海系荣获上海市人民政府授予的“上海市模范集体”。2017年，“宓为建智能港口物流创新工作室”荣获市级劳模创新工作室命名。2018年，学校荣获上海市五一劳动奖状。

召开教职工代表大会暨工会会员代表大会

开展教代会民主评议领导干部

承办上海市教育系统基层工会主席培训班活动

举办教代表专题沟通下午茶

举办教师节主题晚会暨从事教育工作三十年颁证仪式

开展教工篮球赛

承办上海市教育系统首届非编职工龙舟赛

举办教工“一小时读书”活动

举办教工健美操嘉年华活动

承办市教育工会“大怪路子”比赛

上海理工大学工会

参加高校声乐交流演唱会

上海理工大学办学文脉源于1906年创办的教会大学沪江大学和1907年创办的德文医工学堂，是一所以工学为主，理学、管理学、经济学、文学等多学科交融发展的上海市属重点建设高等院校，被誉为“制造业黄埔军校”。

先进表彰大会

校工会在学校党委和上级工会的领导下，紧密围绕学校中心工作，唱响时代主旋律，传递正能量，不断加强校园文化建设。坚持校院两级教代会制度，拓展民主管理模式，充分发挥工会的桥梁纽带作用，真心实意为教职工排忧解难，同时不断创新文体活动，丰富教职工业余文化生活。

近年来，学校相继评为“全国工人先锋号”“上海市五一劳动奖状”“上海市模范小家”“上海市教育系统劳模创新工作室”等称号，并有多位老师先后获评“上海市劳动模范”和“上海市五一劳动奖章”。

参加第八届教工运动会

教职工篮球训练

教工羽毛球团体赛

参加杨浦区第二届运动会篮球、乒乓球、羽毛球比赛

上海市公用事业学校工会

翰墨飘香，以“赛”强素质助提升

参加城市定向寻访活动

“宝贝当家”职业体验

徐汇职教系统教职工羽毛球友谊赛

暖意融融话丝巾多姿多彩显魅力

代表交通委参加建交系统龙舟赛

上海市公用事业学校工会是教职工自愿参加的群众组织，是学校联系广大教职工的桥梁和纽带。现有会员207人，其中女职工145人，职工入会率100%，下辖14个基层工会小组。第十一届工会委员会成立于2016年5月，工会委员7人，其中主席1人，副主席1人，职工代表56人。校工会下设经费审查、女工、提案、宣教文体、生活民管、劳动争议调解等6个专门委员会，各设3名委员。校工会在校党委领导下以党的十九大精神为指引，认真履行工会各项职能，切实维护教职工合法权益，积极推进学校民主管理，有效开展特色文体活动，不断增强工会的吸引力和凝聚力，努力开创新时代工会工作新局面，为创造和谐校园作出贡献。2017年荣获上海市模范职工之家称号，是2015—2017年度上海市教育系统先进教工之家免检单位。

申万宏源证券有限公司工会

召开工会表彰大会

申万宏源证券有限公司工会委员会以贯彻落实习近平新时代中国特色社会主义思想和党的十九大精神为指导，坚持政治性、先进性、群众性，紧密围绕公司党政中心工作，切实服务员工实际需求，履行工会各项职能，凝聚和引导员工为实现公司整体战略目标建功立业。近年来，工会开展了“引进客户、引进资产、争当立功竞赛状元”“抓增量，促增效”等系列主题劳动竞赛、以合理化建议为主要内容的“金点子”大赛和创新创意课题大赛，调动广大干部员工投身公司发展的主动性、创造性和积极性；举办第一届和第二届职工“融”文化年活动，以系列化的文化体育活动，丰富员工业余生活，进一步凝心聚力；积极推进大病互助基金、健康小屋、爱心妈咪小屋等年度实事工程，提供“有温度、暖人心”的精准服务，真正让员工得实惠；建立健全工代会、职代会制度，召开会议并审议通过了一系列与职工利益切身相关的事项和制度，有效维护广大职工的合法权益，确保员工和企业同发展、共享发展成果。

组队参加中投公司系统第四届职工运动会

举办申万宏源第一届羽毛球赛

申万宏源第一届羽毛球赛激战正酣

荣获中投公司系统第四届职工运动会集体跳绳第一名

上海公路桥梁（集团）有限公司工会

上海公路桥梁（集团）有限公司是隧道股份旗下的大型施工企业，多年来，创造了诸多上海第一、中国第一。

作为重大工程的先行者，路桥集团工会以劳动竞赛为抓手，开展竞赛工作。确保了昆阳路大桥、进口博览会配套工程及轨道交通 13、14、15 号线等一大批重大工程的建设节点。

“两优一先”表彰大会

作为城市基建的守护者，路桥集团工会积极推动创新跃变，通过职工合理化建议、技能竞赛等活动，激发职工的创新创造活力。2018 年路桥集团获得各类型科技奖项 12 项；各类专利累计 69 项。

作为企业文化的推动者，路桥集团工会开展了形式多样的群众性活动。用心推进企业文化建设，不断满足员工多层次的精神文化需求，营造了企业追求完美的浓厚氛围。

关爱农民工健康体检活动

中秋节主题活动

庆三八节女职工茶艺展示活动

职工乒乓球比赛

职工篮球锦标赛

路桥集团新年登高活动、拔河比赛

昆阳路越江工程

上海中建八局投资发展有限公司工会

上海中建八局投资发展有限公司在近十年的发展中，以综合开发助力城市发展，用央企担当筑就美好生活。公司工会聚焦保障职工权益、服务职工群众，十年如一日从“活力、善学、温情、责任、魅力”五个方面持续打造“幸福工程”，不断提升员工的幸福感、获得感、安全感。工会通过实施“铁军杯”立功竞赛、“何朱意劳模创新工作室”积极推广绿色建筑、BIM应用等，不断创新企业管理；通过马拉松、铁军杯“篮球赛”、乒羽联赛、拓展活动等文体活动，不断激发员工活力；通过开展“同行主力军”特训营、周末大讲堂等，助力职工成长；持续多年开展“四送”活动，为员工办好“三件实事”，打造员工喜爱的“温情中建”，和谐员工关系；牢记央企责任，持续开展“书送幸福”“童心筑梦”等系列“筑福行动”公益活动，回馈感恩社会。公司先后荣获“广厦奖、全国人居经典综合大奖、全国保障性安居工程建设劳动竞赛先进单位、全国模范职工小家、全国青年文明号、上海市五一劳动奖状、上海市住宅建设实事立功竞赛先进集体、上海市重点工程实事立功竞赛金杯集体、上海市青年文明号”等多项国家级、省部级荣誉，展现了央企助力上海城市建设的综合实力和良好形象。

立功竞赛奖励安全行为之星

君莲闵都雅苑项目开展“三保一创”立功竞赛活动

职工公益行健康跑活动

开展“童心筑梦”公益夏令营活动

公司开发项目：上海中建广场

开展团队拓展活动

华东师范大学工会

“华东师范大学教职工法律服务中心”和“华东师范大学教职工心理健康服务中心”揭牌

闫方洁荣获第四届全国高校青年教师教学竞赛一等奖

华东师范大学工会在组织教职工依法参与学校的民主管理，维护教职工合法权益，真诚服务教职工的同时，始终围绕学校中心工作，协同教务处等职能部门持续推进青年教师的培养，通过多措并举，有力促进了青年教师的成长，一大批青年才俊脱颖而出，成为学校发展的中坚力量。

从上世纪九十年代开始，在校内实行每两年一届的青年教师课堂教学竞赛，迄今已举办12届。经过长期的积累，学校从制度保障、培训研修、支持帮扶、考核评价、荣誉体系等方面设计了结构完善、循序渐进、重点突出、全员参与的青年教师培养机制。在近三届的上海高校青年教师教学比赛中，学校选手成绩优异，是上海市唯一的连续三届有选手代表上海市参加全国高校青年教师教学竞赛的高校，在近三届全国高校青年教师教学竞赛中获得2个一等奖和1个二等奖。

召开“双代会”

第三届上海高校青年教师教学竞赛总结会上获多项表彰

教务处团队

选拔师范生参加“卓越教师”海外研修项目

上海应用技术大学工会

第五届教职工代表大会暨工会会员代表大会第二次会议

教师节表彰会

上海应用技术大学（Shanghai Institute of Technology），是全国最早以"应用技术"命名的市属公办普通本科高校。上海应用技术大学工会现有部门工会24个，会员总数1681人。近年来，在上级教育工会、学校党委的领导及行政的大力支持下，校工会认真落实中央和市委关于加强党的群团工作要求，紧紧围绕学校中心工作，全面履行工会职责。在推进和创新民主管理、职工队伍素质建设、校园文化建设、职工福利保障、基层建设和妇女工作等方面取得可喜成绩。

学校荣获上海市五一劳动奖状，校工会获得教育系统"先进教工之家"（免检）称号，校工会妇工委被评为上海市"妇女之家"示范点，多位教师获得上海市三八红旗手，一个团队获得全国巾帼文明岗，工程学院食品科学与工程系班组荣获2018年度上海市工人先锋号。

▲1+N系列活动之健步走
▼家国40年系列活动之演讲比赛
◀学术星空下午茶

上海华谊集团技术研究院工会

研究院工会在党总支和上级工会的领导下，在行政的大力支持下，紧紧围绕研究院改革发展和科技创新工作，引导和带领职工立足本职、凝心聚力，扎实推进各项工作的开展，全力打造集团 HTS 品牌。在集团的支持和全体员工的共同努力下，研究院获得 2018 年“上海市五一劳动奖状”的称号。

荣获上海市五一劳动奖状

研究院人员合影

研究院工会通过定向越野赛事、华谊标杆、华谊塔形式等拓展活动，加强员工间的合作与交流，营造积极向上的团队氛围。研究院职代会通过了推荐申报上海华谊集团技术研究院为 2018 年上海市五一劳动奖状候选对象的议案，落实院务公开、员工民主参与的权利；研究院工会联合安环部门以安全生产月为契机，开展合理化建议征集活动，让员工在参与创新、转型、发展过程中能畅所欲言、献计献策，也为提升科研安全、降低科研成本发挥了积极的作用；院劳动保护监督检查委员会展开高温、防暑、防汛等特殊时间的劳动保护检查，切实做好职工维权工作，通过积极参与月度安全检查，为职工科研环境的安全、避免不安全因素造成员工的伤害提供各项服务；同时，落实年度职工体检工作，特殊工种员工体检，女职工妇科体检。研究院工会坚持关爱员工办实事，进一步构建和谐劳动关系，开展寓教于乐的文体活动，年内组织 30 名员工参加了集团举办的健身徒步走、钓鱼比赛、保龄球、集团本部“华美蓝图、谊同塑就”拓展活动、集团艺术展等各项活动和比赛，其中保龄球比赛获二等奖。研究院坚持做好新形势下的帮困送温暖工作，切实为职工办实事、做好事。升级重装了“妈咪小屋”，为 119 名在岗职工续保 A 套总工会互助保障、续保 4 名退休人员的总工会住院保险和银发意外保险等工作，并落实理赔工作；为院女员工赠送节日礼品，为 16 岁以下的职工子女赠送节日礼物。通过做好日常的贴心服务，让员工感受到关心和温暖，进一步增强了组织的凝聚力。

员工拓展培训

员工拓展培训

徒步健身活动

保龄球比赛

上海徐汇园林发展有限公司工会

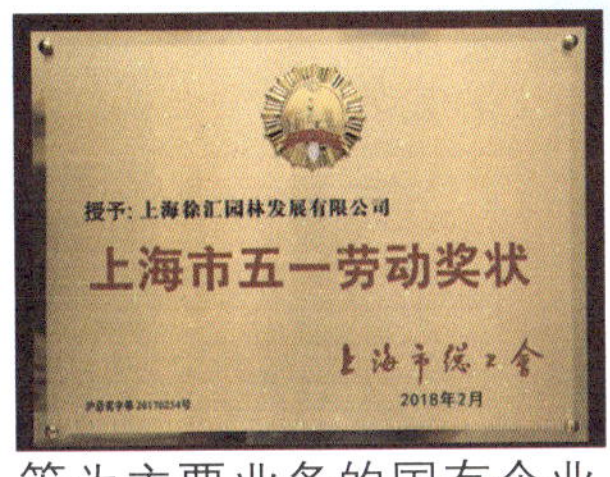

徐汇区绿化市容举办的《歌声庆贺十九大、不忘初心跟党走》主题合唱大赛

上海徐汇园林发展有限公司由原徐汇区园林管理所2002年改制而来，是一家以从事绿化设计、施工、养护、室内绿化装饰等为主要业务的国有企业，已连续10届荣获上海市文明单位称号，并被上海市总工会授予“上海市五一劳动奖状”。公司肩负着徐汇区公共绿地、公园、行道树的建设、养护管理和全区绿化、防台防汛、应急保障等任务。承担了徐家汇公园、徐汇区生态专项、滨江公共开放空间等大型公共绿地和爱建园、盛大花园等一批大型居住小区绿化的设计施工。

公司工会注重职工技能提升，每年多次组织职工参加各类行道树、花灌木修剪等技能比武，屡获佳绩。2017年度荣获上海市绿化行业职业技能竞赛行道树修剪竞赛一等奖和园林景点布置竞赛一等奖、2018年度荣获环城绿带森林防火技能比武一等奖。同时创立有“高修南大树养护管理创新工作室”，先后被命名为市绿化市容行业、徐汇区和上海市的劳模创新工作室。同时工会注重职工权益保障，做好职工与公司的桥梁，2018年3月获得“上海市和谐劳动关系达标企业”称号。此外通过组织参加各种文体活动，如市绿化行业协会的足球赛，区绿化局的“歌声庆贺十九大、不忘初心跟党走”合唱比赛，徐房集团法律舞台剧比赛等，增强职工凝聚力

行道树修剪比武

参加上海市绿化职业技能竞赛

花灌木修剪

嘉定区马陆镇总工会

市总工会领导调研马陆镇工会工作

庆祝五一劳动节大会

嘉定区马陆镇总工会共有企业工会 964 家，工会会员 48385 人。由于镇域分城乡东西两片，使得工会工作向多元化发展。西片新城核心区是整个嘉定城市建设的重中之重，由社区工会着力推动楼宇企业和商业综合体工会工作往深入发展，各类工会特色服务品牌十分成熟。东片乡村、园区在基层工会努力下，确保大量实地实体型企业普遍建会，劳资关系和谐，各项工作日臻完善。马陆镇总工会着力推动服务、维权、组建以及阵地建设等方面工作。为职工提供免费体检、学习培训、艺术观赏等服务。通过做优工会法律援助窗口，特聘律师与工资集体协商指导员走进企业、走近职工，大力开展维权服务工作，确保职工队伍和谐稳定。重点抓好“老大难”企业，新城核心区各商业综合体与楼宇企业的建会工作，全镇建会率达 97%。通过均匀分布在全镇的数个群团服务站开展多项文体活动、兴趣课程、技能培训，增强工作抓手，提高服务能力，凸显阵地服务优势。大力建设两个“爱心接力站”，切实解决户外职工休息饮水、避暑取暖等问题。

开展“向新征程出发”职工趣味运动会

为春节留守职工送”福“

葡萄行业工会“农家菜”大比拼

“大篷车”进企业活动

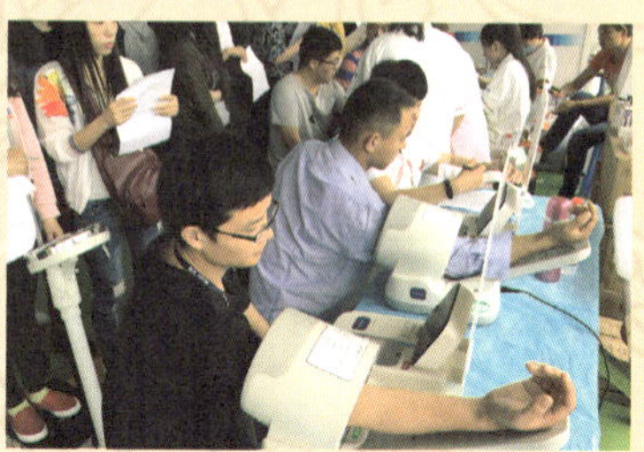
送体检进企业

上海广播电视台工会 上海文化广播影视集团有限公司工会

劳动竞赛总结表彰会

“书香 SMG”总结表彰会

2017 年，上海广播电视台（上海文化广播影视集团有限公司）工会（以下简称“SMG 工会”）以习近平总书记重要讲话精神为指导，全面贯彻落实党的群团工作会议精神，紧紧围绕年初制定的工作目标和六项重点推进工作，成绩显著。其中包括：“安全播出”劳动竞赛，评选表彰 59 名“SMG 工匠”和 22 个先进班组。其中幻维数码高级特效师赵迪文成为首位当选“上海工匠”的职工。努力推进 SMG 的现代企业制度，指导帮助下属五岸传播完成集体合同制度试点工作。继续完善服务职工的实事项目，试点开办台总部工会和东方卫视中心工会的“职工亲子工作室”，解职工带娃难。开展丰富多彩的职工文体活动，举办 SMG《融》墙绘活动，123 名职工共同绘制 96 平方米《融》墙绘，彰显 SMG 澎湃活力。组织在职和退休的 SMG 复员、转业军人 1300 余人，共庆建军 90 年。继续打造“书香 SMG”品牌，提升职工素质和岗位技能。首度开展 SMG 模范职工之家、模范职工小家、优秀工会工作者评选活动。认真履行工会经费收缴工作，做到按时、足额上缴，完成市总工会经费考核指标。

赵迪文当选“上海工匠”

五岸传播职工大会表决通过《集体合同》

SMG 亲子工作室

SMG《融》墙绘

中国电信上海市工会

中国电信上海市工会围绕中国电信集团转型升级 3.0 战略，按照“强基础、铸品牌”和公司总体工作思路，提出“重心下沉、办好实事、聚焦一线、凝心聚力”的工作方针，贴近员工现实需求，提升服务员工水平，坚持为员工办实事做好事，激发员工工作热情和活力。

在大力推进新时期产业工人队伍建设的总体要求下，工会组织加强学习，积极作为，通过完善集体协商等职代会制度的建设和功能的发挥，确保在全面深化改革进程中创建和谐劳动关系；大力宣传和弘扬劳模精神、叫响“工匠”品牌，着力提升员工队伍道德素养；始终以改革创新的精神，持续提升员工的获得感和幸福感，为中国电信创新转型建功立业。

中国电信集团工会领导为工人先锋号授牌

为四小建设示范点授牌

参加上海市“五一”电视晚会

国防邮电工会领导慰问上海公司员工

向外包员工送新春祝福

理想公司肖荣劳模创新工作室

上海柴油机股份有限公司工会

公司70周年庆

2017年，上海柴油机股份有限公司工会在上级工会和公司党委的领导下，团结依靠各级工会、广大工会干部和全体会员，扎实推进工会各项工作，围绕公司“内外并举、转型发展”的经营工作重点，开展“激发创新创效活力、建设舒心工作环境、促进员工全面发展、共建美好奋斗家园”工作，努力建设学习型、服务型、创新型的“职工之家”。弘扬劳模工匠精神，提高员工技术能级和综合素养，提升协同作战能力，努力建设高素质员工队伍。围绕创新转型目标，开展立功竞赛活动、群众性创新创效活动、班组建设工作，“发动机气门座圆圈锥孔切屑装置的研制”项目荣获“上海市职工技术创新成果奖”金奖，“一种数显扳手信息采集装置”项目获银奖。通过落实“点亮心愿”实事项目、开展人文关爱活动、深化360度“八助”服务，创新举措，多角度全方位服务职工，做职工贴心人。通过签约新一轮集体合同，开展劳动保护专项安全督查工作，维护职工合法权益。在公司建厂70周年之际组织“春·风·驻·家·园”群众性系列文体活动，开展形式多样的职工文化建设，深化女职工“七色花”行动，发展“尚彩”职工文化。

“任建新工作室”被集团工会命名为“上柴公司刀具和工装创新工作室”

建厂70周年群众性系列文体活动

开展第三届“读书节”活动

开展“比技能、比效率、比贡献”立功竞赛

开办第二期“启航暑托班”

上海静安置业（集团）有限公司工会

劳动竞赛成果展示

集团下属锦迪公司获得“上海市模范职工之家”

“吴公保工匠工作室”成立

年度劳动竞赛金牌小区经理

自2017年10月，上海静安置业（集团）有限公司被市总工会确定为上海国企工会改革试点单位后，置业集团工会认真贯彻中央关于群团改革要求，按照市总工会等6部委联合下发的《关于加强和改进本市国有企业工会工作的指导意见》要求，增强“三性”，去除“四化”，立足国有企业特点，把改革重点放在“转职能、转方式、转作风、补短板”上。作为一家静安区区属的综合性国有房地产开发集团，上海静安置业集团坚持“以党建带工建，工建服务党建”，履行好工会维护职工权益的主业主责，拓展劳动竞赛、劳模工匠带教育人两大平台，打造一批高素质高技能的产业工人队伍，凝聚广大职工为建设美丽静安建功立业。

集团“书友会”命名揭牌

“同心杯”乒乓球比赛

“团结联谊杯”羽毛球大赛

国际志愿者主题活动

2018

上海工会年鉴

索引

A

B

C

D

E

F

G

H

J

K

L

M

P

Q

R

S

T

W

X

Y

Z

图书在版编目(CIP)数据

上海工会年鉴. 2018 / 上海工会年鉴编纂委员会编.
—上海:上海社会科学院出版社, 2019
ISBN 978-7-5520-2773-0

Ⅰ. ①上… Ⅱ. ①上… Ⅲ. ①地方工会—工会工作—上海—2018—年鉴 Ⅳ. ①D412.851-54

中国版本图书馆 CIP 数据核字(2019)第 097992 号

上海工会年鉴(2018)

编　　者:《上海工会年鉴》编纂委员会
责任编辑: 蓝　天
装帧设计: 姚　毅
出版发行: 上海社会科学院出版社
上海顺昌路 622 号　电话 63315900　邮编 200025
http://www.sassp.com　E-mail:sassp@sass.org.cn
印　　刷: 上海展强印刷有限公司
开　　本: 890×1240 毫米　1/16
印　　张: 29.25
插　　页: 24
字　　数: 1040 千字
版　　次: 2019 年 6 月第 1 版　2019 年 6 月第 1 次印刷

ISBN 978-7-5520-2773-0/D·530　　定价: 260.00 元